Recensioni

L'*opus magnum* di Anne Baring, vent'anni di elaborazione, è uno degli eventi editoriali dell'anno: brillante, profondo e magistrale. In esso l'autrice affronta le vere radici culturali delle innumerevoli facce della nostra crisi — spirituali, psicologiche, ecologiche, sociali, politiche ed economiche. Sin dal 2008 molta attenzione è stata rivolta ai sintomi economici che ora si stanno traducendo in un malessere sociale diffuso, ma pochi commentatori hanno sondato il profondo come fa questo libro e richiesto una prospettiva radicalmente nuova. Per troppo tempo l'anima e il principio femminile sono stati marginalizzati e soppressi, ma l'esperienza di vita e l'impegno appassionato di Anne Baring le hanno permesso di comprendere e articolare lo squilibrio che esiste nella nostra cultura occidentale e mostrare come può essere superato. Il libro è un simbolo di speranza e rinascita, una lettura essenziale per chiunque desideri comprendere gli schemi della storia culturale occidentale e le potenzialità del suo sviluppo futuro.

David Lorimer, Direttore del programma, The Scientific and Medical Network

Anne Baring ha dedicato la sua vita al recupero dell'*anima mundi* dell'umanità — l'anima del mondo e anche la sua propria. *Il sogno del Cosmo* è il punto culminante di quella ricerca, frutto di una vita intera di pensiero e sentimento, conoscenza e visione. È la storia di uno straordinario viaggio personale, ma anche un tentativo di confronto verso i temi più grandi della nostra epoca. In ogni pagina si respira la sua passione morale, il suo amore per la bellezza, la sua aspirazione spirituale, la sua profonda attenzione alla Terra. Soprattutto, Anne Baring invita a una sostanziale trasformazione nel modo in cui gli esseri umani vivono su questa Terra e tra di loro. Non è troppo dire che questo libro è un *cri de coeur* che proviene dal profondo della psiche collettiva che porta in sé non solo il nostro passato ma anche il nostro futuro. *Il Sogno del Cosmo* pulsa di feroce tenerezza e d'amore impellente per un nuovo essere infinitamente prezioso che lotta per nascere.

Richard Tarnas, autore di *The Passion of the Western Mind* e *Cosmos and Psyche*

Anne Baring è una scrittrice appassionata. Perché? Non solo perché è capace di accumulare un vasto corpo di sapere, di ordinarlo e di produrne una lucida chiarezza: poi viene il suo vero genio, che consiste nel vedere la luce che vuole emergere —

dai volumi, dai secoli, dalla storia, dai miti e dalle leggende. La sua abilità di dare un senso all'esperienza umana e di esprimerla così poeticamente come fa, getta una luce essenziale sulla nostra condizione attuale. Questa è politica contemporanea e dovrebbe venir applicata dai leader. Questa è storia come dovrebbe essere insegnata nelle scuole, per liberare l'anima immaginativa dei bambini. Questa è intuizione e ispirazione che apre la mente e i cuori degli adulti del ventunesimo secolo. Questo libro cambierà la vostra prospettiva su ciò che significa essere umani e vi renderà capaci di vedere l'opportunità che ora abbiamo, noi umani, per evolvere. Basta leggere l'introduzione e lo capirete. Questo libro è una miniera d'oro.

Scilla Elworthy, fondatrice dell'Oxford Research Group (1982) e di Peace Direct (2002), è stata premiata con il Niwano Peace Prize nel 2003. È consigliera del World Future Council e membro del Comitato direttivo del PAX, un servizio di aiuto a prevenire guerre e genocidi.

Come Anne Baring scrive nella sua introduzione, questo libro è una vocazione. È l'*opus magnum* per produrre il quale si potrebbe dire, senza esagerare, che Anne si è incarnata in questa vita per il beneficio di molti. Il Sogno del Cosmo è, al contempo, un'autobiografia visionaria che include molti degli stessi sogni di Anne, e un'esauriente storia archetipica della costellazione, della separazione da, e della resurrezione del femminino. In quest'opera di sapienza ci sono profonde intuizioni sulle origini della misoginia così come le rivendicazioni sentimentali dell'istinto e le sue pericolose ombre, che si esprimono nella violenza e nell'oppressione. Anne ci guida in un viaggio straordinario per comprendere le radici della nostra attuale sof-ferenza e la via da percorrere per abbracciare una nuova e necessaria visione sacra della realtà — supportata dalle nuove scienze — che include l'intera natura e il cosmo. Se doveste leggere un solo libro nel prossimo decennio, questo volume enciclopedico è quello che dovreste leggere.

Veronica Goodchild,
autrice di *Songlines of the Soul: Pathways to A New Vision for a New Century*

Anne Baring è una delle grandi pioniere del Divino Femminile del nostro tempo. Il suo lavoro è un meraviglioso connubio di profonda conoscenza, esperienza mistica profonda e matura e il dono di una vivida e immediata comunicazione. Il suo ultimo libro, *Il Sogno del Cosmo*, è il compimento dell'opera di una vita, il frutto di vent'anni di lavoro. È un capolavoro che durerà a lungo e merita di essere letto da tutti i ricercatori e da chiunque sia interessato alla nascita di una nuova civiltà fuori dal caos del nostro tempo.

Andrew Harvey, autore di *Return of the Mother* e *Radical Passion*

"La verità deve apparire solo una volta, in una sola mente, perché sia impossibile che qualsiasi cosa le impedisca di diffondersi universalmente, infiammando tutto."

— Pierre Teilhard de Chardin

Anne Baring (1931–) MA Oxon. PhD (Hons) è un'analista junghiana — autrice e coautrice di sette libri tra cui, con Jules Cashford (1992), *Il mito della dea: Evoluzione di un'immagine*. Il suo libro più recente — *Soul Power* — scritto con la dottoressa Scilla Elworthy — offre un programma per un'umanità consapevole. Il suo lavoro è dedicato al riconoscimento del fatto che viviamo in un mondo che ha un'anima e al ripristino del senso perduto di comunione tra noi e la dimensione invisibile del Cosmo, fonte o fondamento di tutto ciò che chiamiamo "vita". Il suo sito è dedicato all'affermazione di una nuova visione della realtà e dei problemi che ci attendono in questo cruciale momento di scelta.

www.annebaring.com

Il Sogno del Cosmo
una ricerca dell'anima

Una preghiera per il nuovo millennio
© Anne Baring

Alle soglie di questo nuovo millennio possa lo Spirito Santo di Sapienza risvegliarci a un più profondo senso di relazione con la Terra, con gli altri, e con le dimensioni nascoste della vita ancora velate alla nostra vista.

Possano la Sua Luce e il suo Amore risplendere nei nostri cuori e illuminare le nostre menti. Possa Ella aiutarci a prendere coscienza dell'unità e della sacralità della vita e di prenderci cura del nostro prossimo come di noi stessi.

Possa Ella ispirarci a essere protettori invece che distruttori di vita. Possa perdonarci per il sacrificio della vita di miliardi di uomini, donne e bambini e possano le loro anime essere liberate dal terrore, dal dolore, dalla solitudine e dalla disperazione in cui sono morte nel passato lontano e recente.

Possa Ella aiutarci a riconoscere e a trasformare il male e a rispondere al tormento di tutti i popoli perseguitati come se fosse il nostro. Possa aiutarci a vedere che il male è la volontà di infliggere terrore, dolore, umiliazione, tortura o morte ad altri esseri umani.

Possa Ella guarire coloro che non sanno amare e che portano una ferita profonda causata da un'intollerabile sofferenza dell'infanzia. Possano essere liberati dalla compulsione di infliggere dolore e sofferenza agli altri.

Possa Ella liberarci dalla schiavitù del fanatismo politico e religioso alla cui devastante eredità assistiamo oggi. Possa guidarci a scegliere leader consapevoli che servano i veri bisogni di tutti i popoli e di tutte le specie su questo pianeta.

Possa Ella aiutarci a trovare il coraggio e la determinazione per frenare l'avidità che sta distruggendo l'ecosistema terrestre e sfruttando le sue risorse a beneficio della sola nostra specie. Possa ispirarci a offrire le nostre vite al servizio della grande rete di relazioni viventi che è la Sua vita e la vita del Cosmo.

Possa Ella darci l'umiltà, la saggezza, la forza e la compassione per compiere la Grande Opera di trasmutazione della nostra natura da vile metallo in oro.

Il Sogno del Cosmo
una ricerca dell'anima

Anne Baring

Tradotto in italiano da
Carla Arosio

Illustrazioni di
Robin Baring

2022

Pubblicato per la prima volta nel Regno Unito nel 2013 da
Archive Publishing
Shaftesbury, Dorset, England

Progettato per Archive Publishing da Ian Thorp MA

© 2013, 2022 Archive Publishing
Testo © Anne Baring, 2013, 2022

Anne Baring rivendica il diritto morale di essere identificata come autrice di quest'opera

Una scheda CIP per questo libro è disponibile da
The British Cataloguing in Publication data office

ISBN 978 1 906289 23 2 (Hardback)
ISBN 978 1 906289 24 9 (Paperback)

Ristampato 2015
Ristampato 2017

Traduzione italiana stampata nel 2022

ISBN 978 1 906289 53 9 (Tascabile)

Tutti i diritti riservati. Nessuna parte di questa pubblicazione può essere riprodotta, archiviata in un sistema di recupero o trasmessa in qualsiasi momento o con qualsiasi mezzo digitale, elettronico, meccanico, fotocopie, registrazione o altro, senza il previo permesso dell'editore.

I disegni all'interno del libro sono riprodotti per gentile concessione dell'artista,
Robin Baring, Alresford, Hampshire.
www.robinbaring.com

Le Pleiadi: immagine fotografica dello spazio profondo creata da
Greg Parker, New Forest Observatory, Regno Unito e Noel Carboni, Florida, USA

www.archivepublishing.co.uk

Ringraziamenti

Vorrei esprimere la mia più profonda gratitudine a mio marito per il suo amore e sostegno durante più di cinquant'anni di matrimonio. Come con la mia famiglia, e mia figlia e mio nipote, si sono sviluppate profonde connessioni animiche con alcune persone la cui fiducia, incoraggiamento e preziosa amicizia mi hanno aiutata a portare a termine questo libro — in particolare, Jules Cashford, Scilla Elworthy, Veronica Goodchild, Belinda Hunt, Betty Kovács, Kimberley Saavedra, Paul Hague, Douglas Hamilton, Andrew Harvey, David Lorimer e Richard Tarnas. Vorrei ringraziare in particolare Joy Parker senza le cui capacità di editing e l'incoraggiamento questo libro non avrebbe potuto essere completato. La mia gratitudine va anche a tutti gli autori i cui libri hanno contribuito alla mia comprensione e agli editori che li hanno pubblicati. Non avrei potuto completare questo libro e tutti i miei altri lavori senza l'inestimabile aiuto di Kit Constable–Maxwell che ha creato il mio sito web e mi ha insegnato come gestirlo. Per ultimo, ma non meno importante, vorrei ringraziare il mio editore, Ian Thorp, che ha permesso a questo libro di vedere la luce del giorno.

Dediche

Questo libro è dedicato a
mio marito, Robin; mia figlia, Francesca; mio nipote, Hamish

The human heart can go the length of God,
Dark and cold we may be, but this
Is no winter now. The frozen misery
Of centuries breaks, cracks, begins to move;
The thunder is the thunder of the floes,
The thaw, the upstart Spring.
Thank God our time is now when wrong
Comes up to face us everywhere.
Never to leave us till we take
The longest stride of soul men ever took.
Affairs are now soul size,
The enterprise
Is exploration into God.
Where are you making for? It takes
So many thousand years to wake
But will you wake for pity's sake?

— Christopher Fry
A Sleep of Prisoners 1945

Indici

Prologo: Civiltà – William Anderson xii
Introduzione: un tema mitico di scelta xv
Prefazione xxi

Parte Prima: La mia ricerca ha inizio 1
1. La mia ricerca ha inizio 3
2. Il sogno del risveglio 23
3. L'Albero della Vita 41

Parte Seconda: L'Era lunare, la partecipazione originaria
4. La Grande Madre: partecipazione all'anima del Cosmo 59
5. La Visione sciamanica: Relazione con tutta la Creazione 83

Parte Terza: La psiche dissociata e la patologia della separazione e della perdita
6. L'Era solare: Separazione dalla Natura e battaglia tra bene e male 107
7. Il mito della Caduta e la dottrina del peccato Originale 133
8. Misoginia: Origine ed effetti dell'oppressione delle donne 157
9. La visione con un occhio solo 181

Primo interludio: la Bella Addormentata, una fiaba per il nostro tempo

Parte Quarta: Recuperare la connessione con l'anima
10. La resurrezione del femminile: il risveglio dell'anima 217
11. Jung e la riscoperta dell'anima 243
12. L'ombra, il Drago e l'anima primordiale 267
13. Guerra come stupro dell'anima 295

Parte Quinta: Una nuova visione della realtà
14. Una rivoluzione metafisica: scienza e Universo Conscio 325
15. L'anima del Cosmo 359
16. Istinto e corpo come una manifestazione dell'anima 391
17. Vino nuovo in bottiglie nuove: una nuova immagine di Dio 427

Secondo interludio: la Via del Tao

Parte Sesta: Coscienza stellare, trasformazione e partecipazione finale
18. La grande opera alchemica: il processo della trasmutazione dell'anima 455
19. Vedere oltre il velo: la sopravvivenza dell'anima e la vita oltre la morte 489
20. Luce e amore, la pulsazione del Cosmo 523

Appendice 1: *Lamento per la Tragedia della Guerra* – una poesia di Anne Baring 539
Appendice 2: Mellen–Thomas Benedict – La sua storia narrata da lui stesso 531
Bibliografia xxvii
Indice xxxv

Prologo

Civiltà
di
William Anderson

Al loro principio tutte le civiltà possiedono una caratteristica comune: presentano una nuova immagine dell'Uomo. In ogni caso l'immagine e il modo in cui si manifesta variano in base alle risorse e ai bisogni dell'epoca. Nell'Atene di Pericle fu presentato un nuovo ideale dell'uomo, sotto forma di dramma, con le tragedie pubbliche dei grandi drammaturghi, e per la lettura privata con i dialoghi di Platone. All'inizio dell'era cristiana fu data al mondo, nella forma dei Vangeli, una concezione completamente nuova dell'uomo, un uomo che perdona e ama i suoi nemici, ed è tutt'uno col Padre. Nelle diverse fasi dello sviluppo di religioni come l'Hinduismo o il Buddhismo, possiamo indicare i molti livelli del rinnovamento dell'ideale umano realizzato in un caso nelle *Upanishad* e nella *Bhagavad Gita* e, nell'altro, nei ritratti, nella pittura e nella scultura dei Bodhisattva.

In ogni caso si può dimostrare che la nuova immagine nasce per trascendere i conflitti dell'epoca e per risolvere i dualismi attraverso una nuova concezione dell'unità dell'uomo con il suo Creatore e il mondo naturale. È come se il potere più profondo dell'anima dell'umanità, stracolmo di compassione e di preoccupazione per le lotte e le divisioni degli uomini, si innalzasse nella visione di tutto ciò che è stato perso o trascurato, di infinite possibilità di pensieri ed emozioni, di risultati che potrebbero essere compresi e di nuove direzioni e vocazioni a cui gli uomini potrebbero aspirare.

Il modo in cui ogni civiltà è fiorita e ha lasciato il segno è dipeso da certi uomini e certe donne che consegnano i loro bisogni alle sorgenti della coscienza e della creazione, che condividono ai livelli più profondi con tutta l'umanità. Sono gli interpreti dei sogni dei loro simili, coloro che danno il nome ai simboli dominanti, gli archetipi del potere, le cui prime energie devono essere purificate e dirette dalle preghiere e dalle contemplazioni del santo, dal coraggio e dalle capacità espressive del poeta e dell'artista, e dalla razionalità e dal genio speculativo del filosofo e dello scienziato.

Lo scopo della civiltà è vincere la barbarie, la condizione del vivere allo stato di paura. Una grande civiltà pone, sulla bilancia delle nazioni, l'espressione dell'amore, una base di sicurezza, la condivisione dell'esperienza e la speranza per questa vita e la prossima. Permette lo sviluppo di talenti che altrimenti languirebbero nelle piccole società chiuse, preoccupate unicamente della propria conservazione. Il nome che Cicerone assegnò agli scopi più elevati della civiltà fu *humanitas*, un termine familiare agli studiosi medioevali e l'unico che attribuisce alla natura pienamente sviluppata dell'uomo tutti le conoscenze e le abilità.

Si può vedere la civiltà come una applicazione della volontà conscia sulle energie amorfe della psiche umana, che le devia dal dissiparsi nella paura e nella guerra verso fini pacifici e fecondi. La tecnologia della civiltà è sempre stata impiegata per sviluppare metodi di attacco e difesa, atti a preservare la società; in altre parole per fornire sicurezza alla paura fisica, ma la vera civiltà si confronta con la paura nel più profondo livello della mente. La tecnologia, vista in questo modo, è, per prima cosa una faccenda dello spirito. Dietro le forse sociali, politiche ed economiche che dettano la vita dell'umanità ci sono le energie archetipiche della psiche, molto più potenti, ed è attirando queste energie nella luce della consapevolezza e dando loro direzione che l'artista, il pensatore, l'uomo religioso ci liberano dalla superstizione, dalla paura e dai pregiudizi da cui le nostre vite sarebbero altrimenti governate.

L'epoca gotica fu l'effetto del lavoro comune degli uomini, in una comunione di spirito in cui la loro religione, la loro arte, la filosofia, la scienza e la tecnologia erano in armonia. All'opposto, nel secolo presente, si possono indicare i risultati del corpo internazionale dei fisici, che, liberati da una religione ormai abbandonata, incuranti dell'arte, prendendo dalla filosofia il rigore intellettuale e logico ma non il fine speculativo e morale, hanno fatto della loro scienza e delle sue applicazioni così potenti un'arma per investigare e cambiare il mondo naturale, tanto che la loro conoscenza è divenuta desiderabile per i governi e gli amministratori. Mancando il supporto di tutte le altre forme superiori di conoscenza e ispirazione, respinte come superstizioni o irrilevanti, non conoscendo alcun imperativo morale tranne il sostegno della loro scienza, si sono venduti, in cambio del sostegno del governo, alle forze della barbarie. Nella filosofia determinista che guida la scienza moderna non esiste una sanzione per l'operato della coscienza.

La grande arte dei maestri gotici vive, come l'uomo moderno sotto una minaccia di distruzione così completa che, se qualcuno sopravvivesse come le rovine belle e inquietanti di Rievaulx e St–Jean des Vignes a Soissons, gli uomini e le donne sarebbero affondati in una barbarie così assoluta. Nella loro lotta per vivere non ci sarebbe alcuna conoscenza a preservare la loro storia, alcun tempo per contemplare il messaggio dei frammenti rimasti. Tuttavia, per aiutare a evitare tale disastro, questi grandi edifici, le più grandi opere d'arte raggiunte dalla civiltà occidentale, possono ancora sfidarci con la trasformazione dell'odio e della barbarie in amore e civiltà posti in essere dai nostri antenati, dicendoci, "Nel nostro tempo eravamo immagine dell'uomo nella sua interezza, nella sua bellezza, nell'identità del suo vero sé con il suo creatore. Quale immagine dell'uomo costruirai che sia la vocazione di una nuova civiltà, portando armonia al dualismo del materialismo e ai bisogni dell'anima, trasformando la paura e l'odio in amore e restituendo la spontaneità della gioia all'arte?"

da *The Rise of the Gothic* (1985) Hutchinson, Londra, pp. 85, 9, 22, 199.

C'è un bel passaggio in un altro libro dello stesso autore, intitolato *The Face of Glory: Creatività, Consciousness and Civilization*. Egli è morto poco dopo la sua stesura, lasciando queste parole come eredità:

> La Creazione inizia e continua come un singolo suono. Quel suono include tutte le idee, i significati e tutte le espressioni di significato e tutte le lingue possibili. È la Coscienza Universale che si fa conoscere come Parola. Quel suono racchiude in sé tutti i ritmi, le melodie, gli accordi e tutte le possibilità della musica. È la Coscienza Universale che si fa chiamare canto.
>
> Quel suono risuona nell'eternità e le sue risonanze creano vuoti e spazi e una diversità di esperienze del tempo, l'esperienza temporale di una galassia, un albero, un uomo, una libellula. Conserva ancora in sé tutte le luci e le tenebre e tutta la varietà possibile di colori. Contiene anche tutte le leggi naturali e i principi della vita e della vita intelligente. Crea esseri capaci di coscienza, gli stessi che sono gli spettatori e il pubblico della sua creazione. È la Coscienza Universale che si fa conoscere come gloria.
>
> Noi, la razza umana, siamo la creazione di quel suono e, quando siamo consapevoli della sua luce e volontà, condividiamo le sue possibilità creative. Dove pensiamo di inventare, scopriamo; dove supponiamo di dare origine, veniamo forniti delle vere origini. Nella nostra essenza suprema, nella nostra vera individualità, noi siamo quel suono e attraverso la nostra esistenza siamo orecchie per sentire quel suono e bocche per emetterlo.

The Face of Glory: Creativity, Consciousness and Civilization (1996) Bloomsbury, London

Introduzione

Un Tempo Mitico per la Scelta

L'umanità assassinerà Madre Terra oppure la redimerà?
— Arnold Toynbee, *Mankind and Mother Earth*

Senza una rivoluzione globale nella sfera della coscienza umana, nulla cambierà in meglio nella sfera del nostro essere come esseri umani, e la catastrofe verso cui questo mondo è diretto — sia essa ecologica, sociale, demografica o un collasso generale della civiltà — sarà inevitabile.

— Václav Havel, indirizzato al Congresso degli USA

Oggi, che potrebbe essere un giorno qualunque, siedo nella mia stanza e ascolto il concerto per flauto, arpa e orchestra K299 di Mozart. Fuori dalla finestra, il giardino si risveglia al canto degli uccelli; le piante rinverdiscono in reazione al tepore del sole. Volgo lo sguardo ai molto amati oggetti della mia stanza, fatti da artigiani rispettosi della materia che tenevano in mano: oggetti antichi di secoli, raccolti in molti anni e provenienti da molti paesi, odorosi di anima. Sulle pareti ci sono i dipinti di mio marito: dipinti di grande bellezza e suprema maestria, che oggi si ritrova raramente in quello che chiamiamo arte. Sono circondata da libri che provengono da Oriente e da Occidente, e che offrono una raccolta della ricerca umana della comprensione del mistero e della meraviglia della vita.

La musica squisita che fluisce nella stanza apre il mio cuore all'intensità della nostra esistenza; le relazioni con gli altri, infinitamente preziose; il pochissimo tempo che abbiamo a disposizione per imparare così tanto, capire e amare così tanto; la compassione per coloro che non hanno scelta, le cui vite sono sacrificate a causa di problemi che noi, come specie, riconosciamo ma troviamo così difficile affrontare: fame, privazioni, oppressione, dipendenza dalla guerra. La musica mi parla quasi da un'altra dimensione, e mi dice che le cose sono sempre state così; sono così finché non ci risvegliamo alla consapevolezza dell'unicità e della sacralità della vita. C'è amore infinito nelle sue note fluenti, cadenzate, che abbraccia tutte le persone e tutte le creature che sono state, sono e saranno: un amore così intenso, così completo che ascoltare la sua voce è come toccare la quintessenza dell'essere.

La storia della specie umana scorre come la coda di una cometa attraverso l'oscurità delle epoche passate. La storia della nostra evoluzione è durata così a lungo in termini umani, tuttavia la vita della nostra specie è inserita nella vita, vecchia di quattro miliardi di anni, del nostro pianeta e, oltre a ciò, nella vita inimmaginabilmente lunga dei cento miliardi di galassie dell'universo. Siamo una manifestazione recentissima della vita su questo pianeta e tuttavia le nostre origini sono nel cosmo stellato. Siamo molto, ma molto di più di quanto si possa immaginare. Lungo gli eoni del tempo così come lo comprendiamo, la vita su questo pianeta si è evoluta da una consapevolezza indifferenziata alla consapevolezza di sé della nostra specie. C'è stata una sorgente marea di coscienza espressa in matrici di sempre maggiore complessità e una evoluzione di specie con un sistema nervoso via via più sensibile ed elaborato, culminante nel nostro.

Ma c'è ancora molto da fare, nel senso che una ghianda deve fare uno sforzo prima di diventare una quercia. Sono certa che la nostra coscienza si stia evolvendo verso lo stato illuminato raggiunto dai mistici e dagli esseri illuminati delle epoche passate. Questo stato illuminato è un potenziale dentro di noi, un potenziale che solo poche persone hanno sperimentato. Mentre ci evolviamo, diventiamo intelligibili per noi stessi; man mano che cresciamo nel pieno potenziale della coscienza, diventiamo capaci di riconoscere la vera natura della realtà. Tutte le verità sono relative finché non raggiungiamo quello stato.

Non molti anni fa, in Italia, fu scoperto un tumulo con una tomba al suo interno. La tomba conteneva lo scheletro di un uomo. Una lastra sottile di oro battuto era stata piegata e posta sul suo capo. Sulla fascia d'oro erano incise queste parole — conosciute per essere pronunciate da coloro che prendevano parte ai Misteri Orfici greci, circa 2500 anni fa: "Sono un figlio della terra e del cielo stellato ma la mia stirpe appartiene solo al cielo". Trovo intensamente commoventi queste parole che pro-vengono da un passato così distante e penso che siano rilevanti oggi come lo erano allora. Esse suggeriscono che apparteniamo a due dimensioni della realtà: una visibile e l'altra invisibile; e questa è una cosa che dobbiamo conoscere con urgenza.

In Cerca di un Tesoro Inestimabile

Il supremo obiettivo spirituale di una civiltà è stato simboleggiato nel mito dalla ricerca di un tesoro inestimabile. Da quella di Gilgamesh per l'Erba dell'Immortalità a quella di Buddha per l'Illuminazione; dalla parabola di Cristo sulla Perla di Grande Valore alla ricerca medioevale del Santo Graal, questo è stato il tema costante che ha attraversato circa 4000 anni. Una civiltà è ispirata e fondata, per una certa lunghezza di tempo, dai suoi grandi miti, ma alla fine l'impeto originario da essi creato sbiadisce. Il tesoro non viene più compreso come la creazione di una relazione viva con un campo trascendente dell'essere, ma è proiettato su scopi minori. Come decenni fa sottolineava Arnold Toynbee (1889–1975), grande storico delle civiltà, a meno che non ci sia un rinnovamento basato sulla nuova articolazione di una ricerca spirituale che dia un significato e un valore più profondi alle nostre vite, si instaura il declino, che conduce, infine, all'atrofia e alla morte.[1]

Ciò che chiamiamo civiltà è la duramente conquistata risposta umana al mito ispiratore, che ci dà coraggio, speranza e significato mentre crea una una relazione tra noi, la Terra e il Cosmo. Un mito, grande e validante, emerge dalla dimensione interiore dell'anima mediante la vita e l'esempio di un individuo straordinario; poi si cristallizza in credo, religione, dogma. Attraverso l'insistenza sull'aderenza collettiva a uno specifico sistema di credenze, la relazione vivente con l'anima può essere persa, e alla fine si instaura uno stato di atrofia psichica in cui perdiamo il contatto con l'anima, l'energia creativa della vita si volge contro se stessa e non c'è rinnovamento né rigenerazione. Nel grande mito della Cerca del Graal questo stato è simboleggiato dalla Terra Desolata: un paese o un regno che giace arido e senza vita; il suo re troppo vecchio, sofferente e senza potere per rigenerare un regno caduto preda degli elementi che combattono al suo interno. Un tempo, non troppi secoli fa, il sentimento di sacralità della vita e della relazione con la Terra e il Cosmo era un istinto profondo, condiviso dall'umanità intera. Poi, quasi impercettibilmente e per le numerose ragioni che esplorerò in questo libro, fu perduto.

Cosa ci accade se esistiamo senza alcuna relazione al di là della nostra coscienza? Siamo orfani della relazione con il Cosmo. L'energia psichica che non ha un posto dove andare implode su se stessa, danneggiando l'ordine sociale. Quando il consenso su qual è il valore supremo si indebolisce, tutte le istituzioni e le strutture sociali della società si indeboliscono; la moralità diviene una questione di convenienza individuale. Non riconoscendo nulla al di là di noi, ci ingigantiamo e ci diminuiamo: ingigantiti perché ci comportiamo con onnipotenza semi–divina; diminuiti perché siamo imprigionati in un'immagine della realtà che, come la famosa caverna di Platone, limita e impedisce la nostra crescita.

Quando, collettivamente, affondiamo in una tediosa uniformità, l'immaginazione non viene nutrita. Il potere creativo si dissipa in maligne fantasie di morte, torture e distruzione che vengono messe in atto in situazioni di crimine, conflitto, guerra e sfrenata licenziosità, come nelle scene degli schermi televisivi. Nell'anima separata dalla propria base e profondamente sofferente, pur non conoscendo la causa della sua angoscia, si attivano aggressività e tendenze autodistruttive. In *Mercoledì delle ceneri V*, T. S. Eliot cattura l'essenza di questo stato:

Dove ritroveremo la parola, dove risuonerà
La parola? Non qui, che qui il silenzio non basta
Non sul mare o sulle isole, né sopra
La terraferma, nel deserto o nei luoghi di pioggia,
Per coloro che vanno nella tenebra
Durante il giorno e la notte
Il tempo giusto e il luogo giusto non sono qui
Non v'è luogo di grazia per coloro che evitano il volto
Non v'è tempo di gioire per coloro che passano in mezzo al rumore e negano la voce

La nostra situazione attuale

La Terra è casa nostra nel Cosmo. Dobbiamo affrontare due problemi enormi: il problema del numero crescente degli individui e quello delle risorse insufficienti a sostenere un tale numero. Sotto i successi tecnologici della nostra cultura e la sua dipendenza prometeica dalla crescita economica, c'è lo stupro accelerato delle risorse della Terra che servono ai nostri bisogni industriali ed economici in costante espansione. Le Nazioni competono tra di loro per potere e supremazia: sviluppando e ammassando armi di distruzione di massa; inviando missili guidati per eliminare i nemici; torturando, violentando e assassinando gli oppositori politici. Intanto che questo processo accelera rimane, irrisolta, la sofferenza inarticolata di miliardi di persone che vivono una vita disperata incentrata sulla nuda sopravvivenza. Nelle aree di conflitto dell'Africa c'è fame e l'endemico stupro di donne e bambini. Persino in società con uno standard di vita relativamente alto c'è depressione, dipendenza, violenza, criminalità, una terra desolata di speranze morenti e il potenziale non realizzato di milioni di bambini. C'è l'angoscia di genitori e nonni che vedono i loro cari sacrificati alla spaventosa contaminazione della guerra. Nelle gigantesche città in espansione del mondo, c'è l'impotenza di bambini affamati, abbandonati e maltrattati che come topi rovistano alla ricerca di cibo — bambini che possono essere corrotti da trafficanti di droga, ridotti in schiavitù o semplicemente violentati e uccisi. Migliaia di giovani donne sono vittime della schiavitù sessuale. Tutto ciò potrebbe essere descritto come un cancro.

Cosa ha dato origine a questa patologia? Ci può essere qualcosa di assolutamente fondamentale, mancante nelle nostre tradizioni religiose che possa spiegare come tutto ciò abbia avuto origine: come siamo arrivati a trattare le persone con tale orrenda crudeltà e disprezzo? È mai possibile che lo sforzo eroico e la sofferenza di tante generazioni passate ci abbia portati in questo vicolo cieco? Sicuramente la nostra intenzione era di evolvere ulteriormente, di dare vita non solo a una tecnologia che potesse facilitare i viaggi nello spazio, ma una coscienza che sapesse crescere al di là delle inimicizie tribali e si aprisse alla consapevolezza che tutti apparteniamo a una vita più grande: alla vita di questo pianeta e, oltre a questo, alla vita del Cosmo.

Supponiamo che l'universo stia cercando di penetrare la spessa nebbia della nostra coscienza. Supponiamo che, dietro il 4% a noi visibile, ci siano dimensioni nascoste e moltitudini di esseri che abitano quelle dimensioni. Supponiamo che non moriremo con la morte del corpo, ma continueremo a vivere e a crescere in queste dimensioni e dunque che ci sia continuità tra ciò che accade qui e ciò che accade là. Come molti altri, aspiro a rompere l'isolamento dello stato umano; a sapere che la morte non esiste; che quelli separati da noi non sono persi per sempre; che la nostra effimera esistenza ha un significato. Aspiro a evolvere in uno stato dell'essere che — secondo la mia percezione — esiste. Come Keats scrisse in modo tanto eloquente: "Ogni giorno sento sempre di più, più la mia immaginazione si rinforza, che non vivo solo in questo mondo, ma in un migliaio di mondi".[2] Come l'ultima contrazione di una madre che partorisce, sento il bisogno di spingermi oltre la costrizione di un intollerabile stato di ignoranza.

Il desiderio che sorge oggi da milioni di anime umane è per la libertà: libertà dall'oppressione dei regimi autocratici e persecutori; libertà dalla fame e dalla paura, dalla tortura e dalla reclusione; libertà dalle credenze e dalle abitudini che bloccano la nostra ulteriore evoluzione, il nostro dispiegarci come esseri umani illuminati. Ma la libertà di cui abbiamo più bisogno è la liberazione da una visione del mondo che ci sta relegando in una prigione di nostra creazione. Possiamo abbracciare la vera, immensa trasformazione della coscienza a cui dobbiamo sottoporci se vogliamo liberarci da questa visione del mondo difettosa e creare una diversa comprensione della vita e un futuro vitale su questo pianeta per le generazioni future?

Scoprire una Storia Nuova

Viviamo in un tempo di importantissimi cambiamenti evolutivi. Le scoperte scienti-fiche degli ultimi cento anni — l'emozionante espansione della nostra conoscenza dell'universo, del mondo subatomico, della formazione geologica della terra e della storia biologica dell'evoluzione sul nostro pianeta — hanno frantumato le fondamen-ta della nostra cultura proprio come le scoperte di Keplero e di Copernico avevano distrutto la visione medioevale della realtà.

La nostra coscienza è la scintilla infinitesimale della luce cosmica, ora sufficientemente sviluppata perché l'universo si riveli a noi attraverso gli incredibili strumenti che la scienza ha ideato. Come in risposta a un impulso innato, la coscienza latente o presente all'interno della natura e della materia sta diventando cosciente di sé. Questa matrice di vita che si espande e diviene sempre più complessa abbraccia non solo l'intera esperienza evolutiva della vita dell'universo, ma la totale esperienza della vita per come si è evoluta su questo pianeta; non solo l'esperienza dell'organismo fisico, ma quella degli istinti, dei pensieri, dei sentimenti, dell'immaginazione: tutto ciò che chiamiamo coscienza. Stiamo scoprendo le nostre origini cosmiche e il fatto che in essenza siamo letteralmente vita stellare, energia stellare, materia stellare in ogni cellula del nostro essere.

Come comprese lo psichiatra Carl Jung, senza quella scintilla di coscienza, senza la capacità di osservare, immaginare, esplorare, scoprire e riflettere, avrebbero potuto passare innumerevoli ere senza che nessuno e niente su questo pianeta fosse testimone della propria vita. Grazie a quella scintilla di coscienza, noi possiamo cominciare a comprendere la stupenda creatività del processo della vita nel quale sono incorporate le nostre vite. Altrettanto impressionante è la scoperta che tutto ciò che osserviamo, tutto ciò che siamo nasce da un invisibile mare dell'essere, che è il profondo fondamento cosmico del mondo fenomenico e della nostra stessa coscienza. Da questa prospettiva, tutte le divisioni e le polarità del nostro mondo svaniscono nell'insignificanza.

Sembra che siamo immersi in un mare, in un campo o in una rete di energia che è co-estesa con l'immensità dell'universo visibile e le particelle più minute della materia. Il mondo che sperimentiamo è come una piccola eccitazione sulla superficie di quell'infinito mare cosmico. Le incredibili scoperte della fisica quantistica ci dicono che siamo letteralmente immersi in un mare di luce, a noi invisibile, che pure permea ogni cellula del nostro essere, ogni atomo di materia. A livello quantico, tutti gli aspetti apparentemente separati della vita sono interconnessi in un tutto invisibile e indivisibile. Noi, in quanto osservatori, siamo inseparabili da ciò che stiamo osservando. Tutta la vita al livello più profondo è essenzialmente Una. Come notò William James più di un secolo fa, "siamo come isole in superficie, ma collegate nel profondo".

L'avvento della consapevolezza che partecipiamo a una realtà cosmica che è la fonte e il fondamento della nostra vita sfida la credenza avanzata dalla scienza che noi esistiamo su un piccolo pianeta in un universo senza vita e che non ci sia vita oltre la morte. Può darsi che l'universo abbia aspettato eoni perché noi raggiungessimo il punto in cui più di una manciata di individui potrebbe risvegliarsi alla consapevolezza del terreno invisibile che anima e sostiene l'intera nostra esistenza. Come il gigante UFO nel film *Incontri ravvicinati del terzo tipo*, un immenso, invisibile campo di coscienza si sta facendo conoscere, chiedendo di essere riconosciuto e abbracciato. Potremmo chiamarla l'anima del cosmo.

Se il Cosmo è vivo, intelligente e fondamento della nostra stessa coscienza, quale potrebbe essere il suo Sogno? Sicuramente che noi diventiamo protettori piuttosto che sfruttatori della vita su questo pianeta, e che risvegliamo l'intelligenza della misteriosa energia che anima e sostiene ogni elemento del mondo fenomenico. E quale potrebbe essere la nostra più grande aspirazione, il nostro più grande desiderio? Sicuramente, sapere che le nostre vite hanno significato e valore in relazione a una dimensione della realtà che lentamente ci si rivela mentre facciamo nuove scoperte.

Note:

1. Toynbee, Arnold (1934 –1961) *A Study of History* in 12 volumi, OUP. Edizione in unico volume OUP & Thames and Hudson Ltd., 1972
2. Keats, John, Lettere, 18 ottobre 1818.

xxi

Prefazione

Reclamare la sacra natura del cosmo — e del pianeta Terra in particolare — è una delle più grandi sfide spirituali del nostro tempo.

— Diarmuid O'Murchu, *Quantum Theology*

Sebbene abbia cominciato a scrivere questo libro da più di venti anni, la chiamata a focalizzare la mia attenzione su di asso arrivò con un sogno che feci nell'estate del 1998.

> *Ero a casa della nonna nel Sud della Francia e passeggiavo con due amici, una donna e suo marito, sul fondo di una vallata. Improvvisamente, sulla nostra de-stra, vedemmo un serpente. Era lungo quasi 15 metri, un bel rosso rubino incan-descente sulla metà inferiore e oro sulla metà superiore. Aveva piccole ali ma nes-sun artiglio o piedi. La sua testa non era piatta come quella di un cobra, ma leg-germente più grande del suo corpo. C'era una marcatura nera come una "V" nella parte superiore della testa. Era sicuramente un serpente alato o una salamandra, piuttosto che un drago. Le sue squame rosse e dorate brillavano luminosamente, come smalto. Lo guardammo nervosamente e io dis-si, "Spero che non ci morda". Proseguimmo attraverso gli uliveti e arrivammo al limite estremo della proprietà. All'improvviso il serpente era lì, alla nostra destra. Era volato dal suo posto precedente. Si muoveva verso di me e mi mor-deva sulla mano destra, alla base del pollice. Il suo morso lasciò un cerchio di piccoli punti rossi.*

Ci vollero alcuni giorni perché facessi un collegamento tra "destra" e "scrivere", ma quando lo feci, capii che dovevo ritornare all'opera che avevo avviato molti anni prima. Riflettendo sulla forma da dare al libro e sulla difficoltà di trasmettere delle idee che sono aliene allo spirito secolare del nostro tempo, ricordai le parole che Carl Jung aveva scritto nel suo ultimo libro, *L'uomo e i suoi simboli*:

> Poiché ogni cambiamento deve iniziare da qualche parte, è l'individuo singolo che lo sperimenterà e lo porterà avanti. Il cambiamento deve infatti iniziare con un individuo; potrebbe essere qualcuno di noi. Nessuno può permettersi di guardarsi intorno e aspettare che qualcun altro faccia ciò che è riluttante a fare da solo. Ma poiché nessuno sembra sapere cosa fare, potrebbe valere la pena che ciascuno di noi si chieda se per caso il suo [inconscio] possa sapere qualcosa che ci aiuterà.[1]

Il sogno del Cosmo è il racconto di una ricerca a molti livelli per comprendere le cause della sofferenza umana e per riconnetterci con una realtà più profonda di quella che abitiamo in questa dimensione fisica di esperienza. Esso cerca di rispondere a queste domande: "Chi siamo?" e "Perché siamo qui, su questo pianeta?" ed è offerto a chi cerca qualcosa che vada al di là dei valori superficiali della nostra cultura, chi forse è disilluso dalla religione e dai correnti sistemi di credenze religiose e laiche, a chi mette in discussione dei valori politici profondamente impantanati nella ricerca del potere. È scritto con due voci: una è la voce della una ricerca personale e l'altra è quella che esplora le cause storiche e psicologiche che hanno portato alla luce la nostra attuale visione della realtà.

In questo libro cerco di recuperare un'antichissima immagine dell'anima, perduta da tempo. Un tempo si immaginava che l'anima fosse una onnicomprensiva cosmica rete della vita, non tanto qualcosa che ci appartenga, ma piuttosto qualcosa cui apparteniamo, nella cui vita illimitata viviamo. Il mondo invoca i valori fondamentali che le sono da sempre associati, se la intendiamo in questo senso più ampio: sapienza, compassione, giustizia, relazione — valori che definirò man mano che il libro procede.

Qual è la storia dell'anima? Perché è stata perduta ed è così importante e vitale per noi adesso? Voglio condividere la mia esperienza su come l'anima parla, su come ci attrae a sé e cerca di guadagnare la nostra attenzione. Il mio scopo è di mostrare, attraverso la mia esperienza, l'importanza dei sogni e delle visioni, della conoscenza, delle intuizioni e dell'esperienza della vita, come preparazione a divenire ricettivi all'ordine nascosto della realtà, di cui l'anima è una delle più antiche e costanti immagini.

Nel corso di molti secoli, abbiamo sviluppato un intelletto formidabile, una scienza formidabile, una formidabile tecnologia. Ma che dire dell'anima, sorgente dei nostri più profondi istinti e sentimenti? Cosa del nostro bisogno di relazione con questa misconosciuta dimensione della realtà? Cosa delle visioni, dei sogni, delle speranze, delle ferite aperte e della sofferenza generata dalla mancanza di compassione gli uni verso gli altri? Il pressante bisogno del riconoscimento dell'anima ci ha portati a questo tempo di scelta. È come se il pericolo mortale ci costringesse a compiere un grande salto nella nostra evoluzione che non avremmo mai potuto realizzare se non fossimo spinti a farlo dalla forza delle circostanze che noi stessi abbiamo creato. Eppure ora, le fondamenta che sembravano così sicure si stanno disintegrando: vecchie strutture e convinzioni stanno crollando; nuove idee, nuove risposte stanno nascendo. Il genio creativo della nostra specie viene chiamato, come mai prima d'ora, a rispondere alle grandi sfide del nostro tempo.

In una delle leggende medioevali sul Graal, Parsifal pone la domanda al Re Pescatore ferito: "Cosa ti affligge, Padre?" Sembra appropriato porre questa domanda sulla nostra cultura. La visione corrente del mondo si poggia sulla premessa della nostra separazione dalla natura e sul fatto che ne siamo padroni: la natura viene trattata come oggetto e noi stessi come soggetto controllante. Questa credenza ha le sue radici in un passato lontano — nel Mito della Caduta narrato nel Libro della Genesi e nella sua profonda influenza sulla civiltà occidentale. Là troviamo il racconto della nostra espulsione dal mondo divino e la Caduta in questo mondo:

una Caduta causata da una donna, Eva, che disobbedì al comando di Dio e diede origine a morte, peccato e sofferenza. Da questo mito si è sviluppata la credenza che l'intera specie umana sia contaminata dal peccato originale, una credenza che verrà esplorata in capitoli successivi. Eppure questa non era null'altro che una credenza, sebbene presentata e accettata come una verità divinamente rivelata.

C'è un secondo retaggio problematico del passato: l'immagine di Dio condivisa dalle tre religioni che derivano da Abramo, o patriarcali. Dio è stato definito come un creatore trascendente, separato e distinto dall'ordine creato. La civiltà occidentale, nonostante i suoi risultati fenomenali, si è sviluppata sulla base di una divisione fondamentale tra spirito e natura, creatore e creazione, e sulla convinzione che siamo separati da Dio. Solo ora siamo posti davanti agli effetti disastrosi di questa scissione.

A causa dell'influenza del concetto trascendente di Dio e della potente influenza del Mito della Caduta, siamo arrivati a considerare la natura come qualcosa separato da noi — qualcosa che possiamo padroneggiare, controllare e manipolare per ottenere benefici specifici per la nostra sola specie, poiché crediamo che ad essa sola sia stato dato il dominio sulla Terra. È stato quasi uno shock rendersi conto che le nostre vite sono intimamente legate al fragile organismo della vita planetaria e all'interdipendenza di tutte le specie. Se distruggiamo il nostro habitat, inavvertitamente o deliberatamente, continuando sulla nostra strada attuale rischiamo di distruggere noi stessi.

La minaccia del riscaldamento globale, l'urgente necessità di liberarci dalla dipendenza dai combustibili fossili e l'attuale crisi finanziaria potrebbero essere il catalizzatore che ci offre l'opportunità di portare un profondo cambiamento nei nostri valori, rinunciando a una vecchia storia e definendone una nuova. Invece di trattare la nostra casa planetaria come rifornimento infinito per tutti i nostri bisogni, senza considerazione per i suoi bisogni, dobbiamo ripensare le convinzioni e gli atteggiamenti che hanno influenzato il nostro comportamento per millenni: credenze e atteggiamenti profondamente radicati nelle nostre tradizioni religiose e nelle credenze secolari della scienza moderna.

Ancora una volta, come nei primi secoli dell'era cristiana, sembra che servano nuove bottiglie per contenere il vino di una nuova rivelazione, una nuova immagine della realtà o visione del mondo. Qual è la visione emergente del nostro tempo che possa offrire un modello per una umanità conscia, risvegliata? Io credo sia una visione che ci porti al di là di un logoro paradigma nel quale siamo legati a credenze e attitudini specifici per razza, nazione, religione o genere, che ci ha condotti a escludere e svalutare quelli che sono differenti da noi e a trascurare la nostra relazione con la Terra, la nostra casa planetaria. È una visione che ci porti al di là della logora immagine di divinità e delle attuali credenze laiche e ci offra un nuovo concetto di spirito, non più come un creatore trascendente bensì come un campo cosmico unificato — un mare illimitato di essere — o la coscienza creativa o l'intelligenza ordinatrice all'interno di quel mare o campo; e un nuovo concetto di noi stessi come esseri appartenenti e partecipanti di questa incandescente coscienza cosmica.

È una visione che riconosce la sacralità e indissolubile unità della grande rete della vita cosmica e ci impone la responsabilità di divenire molto più sensibili agli effetti delle nostre decisioni e delle nostre azioni. Ci invita a riconoscere che i bisogni del pianeta e della vita che esso sostiene sono primari, e che noi siamo gli umili servitori di quei bisogni. Ci invita, come ha fatto Einstein, a estendere il cerchio della nostra compassione: a considerare ogni bambino come nostro; ogni donna come figlia, sorella o madre; ogni uomo come padre, fratello, figlio; il benessere di ogni creatura come nostra responsabilità. Soprattutto, è una visione che ci chiede di abbandonare la dipendenza dalle armi e dalla guerra e dal perseguimento del potere; di divenire maggiormente consapevoli dell'ombra scura stesa da questa dipendenza, che ci intimorisce con sempre più barbarie, spargimenti di sangue e sofferenza — sostanzialmente, con la possibile estinzione della nostra specie.

Da questa prospettiva, la crisi del nostro tempo non è solo ecologia o politica, ma morale e spirituale. Le risposte che cerchiamo non possono venire dalla coscienza limitata che ora governa il mondo, ma potrebbe crescere da una comprensione più profonda, nata dall'unione di mente e anima, che ci aiuti a vedere che tutta la vita è una, che ognuno di noi partecipa alla vita di un'entità cosmica di incommensurabili dimensioni. La necessità urgente di intelligenza e sapienza più profonde, di questa interezza, potrà aiutarci a recuperare una prospettiva di vita che è andata via via perdendosi fino a che siamo giunti a viverne senza — e senza neppure notare che se ne è andata — quando riconosceremo l'esistenza di una realtà senza dimensione che esiste al di là dei parametri della mente umana. È un momento pericoloso perché comporta la trasformazione di sistemi di credenze trincerati e di arcaiche abitudini di comportamento per la sopravvivenza, radicate nel timore, così come l'avidità e il desiderio di potere che nascono da abitudini inculcate dalla paura. Ma sarebbe anche un'immensa opportunità per il progresso evolutivo, se solo riuscissimo a capire ciò che viene offerto in questo momento di scelta.

Dopo tanti miliardi di evoluzione cosmica, è semplicemente inaccettabile che la bellezza e la meraviglia della Terra debbano essere devastate dalla nostra insaziabile avidità, del potere distruttivo delle nostre armi e dalla scorretta applicazione della scienza e della tecnologia. È inconcepibile che la nostra straordinaria specie, che ha impiegato molti milioni di anni per evolvere alla consapevolezza conscia, debba distruggersi e distruggere la Terra per ignoranza della divinità in cui dimoriamo e che dimora in noi. La vera sfida del nostro tempo ci offre la scelta tra continuare a seguire gli schemi del passato o crearne di nuovi, vivendo e agendo da una differente relazione con la vita, impegnandosi nell'immenso sforzo di coscienza che dobbiamo compiere per comprendere e servire i suoi misteri.

Note:

1. Jung, C.G. (2000) *L'uomo e i suoi simboli*, TEA DUE, Milano, p. ...

Angelo che porta un bambino
Robin Baring 1973

Parte prima

La mia Ricerca ha Inizio

1. La Mia Ricerca ha Inizio
2. Il Sogno del Risveglio
3. L'Albero della Vita

Panorama e coppa
Robin Baring 1976

Capitolo uno

La Mia Ricerca Ha Inizio

Lo spirito vivente cresce e supera anche le sue precedenti forme di espressione; sceglie liberamente gli uomini e le donne in cui vivere e che lo proclamano. Questo spirito vivente è eternamente rinnovato e persegue il suo obiettivo in modi molteplici e inconcepibili attraverso la storia dell'umanità. Al suo confronto, i nomi e le forme che gli uomini gli hanno dato significano ben poco; sono solo le foglie e i fiori che cambiano sul tronco dell'albero eterno.

— C. G. Jung, *L'uomo moderno in cerca dell'anima*

Chi sa calcolare l'orbita della propria anima?

— Oscar Wilde, *La ballata del carcere di Reading*

La mia storia ha inizio una calda estate del 1942, quando avevo undici anni. Mi era stato detto di riposare dopo il pranzo. Sdraiata sul letto, assonnata per il caldo, all'improvviso vidi un'intensa luce viola invadere l'intera stanza e sentii che mi abbandonavo a un potere irresistibile. Poi, all'improvviso e senza avvertimento, il letto si aprì come fosse tagliato da un coltello. Io fui spinta giù nella fessura che si era formata e il letto si richiuse sopra di me. Terrorizzata, cercai di urlare per chiedere aiuto, di muovere braccia e gambe, aprire gli occhi, ma il mio corpo rifiutava di rispondermi. Un rumore, come il rombo di una cascata mi circondava, premendo sulle mie orecchie e tutt'intorno a me. Fui spinta per uno stretto canale e sputata fuori, come da una catapulta, in una vasta e silente oscurità. Tuttavia potevo vedere di essere ancora attaccata al corpo da una corda sottile.

Aspettai quello che ancora poteva arrivare, terrorizzata e disorientata dallo shock di aver perso il contatto con la sola vita che conoscevo. Aspettando in quella oscura immensità, sentii due parole: 'IO SONO'. Non so, non saprò mai, se altre parole dovessero seguire o se quello fosse tutto ciò che dovevo sentire. Sopraffatta dal terrore di essere sola nello spazio con questa voce incorporea, mi ritrovai a rientrare nel canale, tuffata ancora nel vortice rombante, assordante del suono. Poi, sorprendentemente, ne emersi e mi trovai nel letto, viva, in un mondo familiare.

Quell'esperienza diede l'avvio alla ricerca di una vita. Volevo sapere perché avessi lasciato il corpo per quell'incontro misterioso. Volevo scoprire il significato di quell'esperienza; perché era accaduta a me; cosa mi chiedeva. Era stata così potente, così sorprendentemente diversa da ogni altra esperienza avessi mai conosciuto, che sentivo il bisogno impellente di seguire un percorso di scoperta, integrando lentamente nella mia vita ciò che mi veniva rivelato livello dopo livello. Quanto spesso ho desiderato di aver avuto il coraggio di restare in quel luogo di assoluta quiete e ascoltare quella voce dire qualcos'altro.

Il Sogno dell'Acqua

Tempo dopo, mia madre mi parlò dei messaggi canalizzati che aveva ricevuto mentre si incontrava con la sorella, una cognata e un'amica a New York, dove al tempo vivevamo. Un pomeriggio d'inverno, nel 1943, al culmine della Seconda Guerra Mondiale, si erano incontrate e parlavano della lotta per la vita o la morte che stava distruggendo l'Europa. All'improvviso, malgrado le finestre fossero chiuse per il freddo, sentirono un rumore come di tuono e una finestra fu spalancata da un potente folata. Sebbene non ci fosse tempesta, tutt'intorno guizzavano fulmini. Gridarono terrorizzate e andarono a chiudere la finestra. Poi sentirono nella stanza una presenza tremenda e, cadendo in ginocchio, furono sopraffatte da un timore reverenziale.

In lacrime, chiesero cosa potessero fare per aiutare il mondo. La risposta arrivò con uno scritto: "Seguite il cuore. Solo facendo spazio nelle vostre vite per ascoltare la guida che cerca di raggiungervi da un'altra dimensione della realtà, potete arrivare alla comprensione più profonda di come potete aiutare il mondo in modo più efficace". Il messaggio avvertiva di una futura catastrofe per la Terra e l'umanità se le vie degli uomini non fossero cambiate e diceva che quell'avvertimento doveva essere trasmesso a chiunque fosse disposto ad ascoltare. Se un numero sufficiente di persone avesse potuto rendersi conto del pericolo e rispondere alla guida che stava cercando di raggiungerle, tutta la forza della catastrofe avrebbe potuto essere mitigata o persino evitata. Il messaggio continuava:

> Ci sono periodi che sembrano durare per sempre. Questi sono periodi di incubazione; tutto è in attesa. L'umanità ha vissuto per duemila anni in uno stato di adolescenza. Ora deve diventare adulta o sprofondare in una generale criminalità che porterà caos, confusione e, infine, distruzione. Se l'umanità sceglie l'età adulta e la responsabilità della vita, avrà un millennio di pace e felicità e la Terra si unirà al cerchio di pianeti che hanno già completato la loro evoluzione. Grandi Esseri arrivano da regni lontani dell'universo al vostro

povero pianeta ottuso per contribuire a rovesciare la tirannia del male, affinché non sopraffaccia mai più il mondo. Solo quando gli uomini impareranno a non versare il sangue dei loro fratelli, la Casa di Dio potrà essere costruita sulle sue vere fondamenta.

La rottura delle chiese consolidate non è che una questione di tempo e sarà realizzata, in parte dalla loro incapacità di soddisfare i bisogni spirituali dell'uomo, e in parte dagli atei che giocheranno una parte sempre maggiore negli eventi mondiali. L'armonia dovrà essere trovata ad ogni livello poiché esiste un pericolo di follia collettiva. L'uomo non può più sopravvivere alla disintegrazione della sua psiche causata dalla sua stessa civiltà distruttiva. Solo quelli che avranno raggiunto un'armonia interiore tra la loro conoscenza e la loro intuizione, i loro pensieri e le loro azioni; a coloro che saranno in grado di ascoltare e accettare la guida del loro cuore, sarà data la forza e la conoscenza per aiutare i loro simili. Ogni atto di un essere umno deve essere giudicato ponendosi la domanda: offende la natura? Offende Dio? Ferisce la vita?

Profondamente sconvolte da queste parole, e dalle altre che seguirono, chiesero se dovessero pregare in una chiesa e fu loro risposto: "La vostra chiesa è la vostra anima immortale".

Mia madre e le sue amiche continuarono a incontrarsi in Europa per quasi vent'anni, dopo la fine della guerra. In un messaggio successivo erano state avvisate (nel 1944) del pericolo della divisione dell'atomo e dell'interferenza con le leggi della natura, a causa degli effetti disgregativi che queste potevano avere sulla psiche umana. Fu anche loro detto di studiare la storia del Cristianesimo alle origini, il dodicesimo e tredicesimo secolo e la Riforma. In particolare dovevano studiare perché l'insegnamento di Cristo era stato distorto o oscurato dalla Chiesa costituita in Suo nome. Furono ripetutamente incoraggiate a seguire il filo della guida che le avrebbe condotte a qualcosa chiamato il 'Sogno dell'acqua', e a trovare la loro strada per la 'Sacra Montagna'. Furono anche invitate a cercare una pietra misteriosa che era 'sepolta ai piedi dell'Albero'.

Dapprima mia madre e le sue amiche presero queste immagini alla lettera e cercarono un luogo di rifugio per la catastrofe imminente (la cui data non era specificata), addirittura passando molti anni alla ricerca di una montagna sacra e di un albero sotto cui poteva essere sepolta una pietra speciale. Gradualmente, si resero conto che quelle immagini non dovevano essere prese letteralmente, ma che erano metafore di uno stato dell'essere, o stato di coscienza, che dovevano cercare di sviluppare in se stesse.

Per cominciare, negli anni '40 e '50 non c'era nessuno con cui condividere quelle esperienze, e questo mi lasciava con un sentimento di grande solitudine e isolamento. Solo la mia famiglia, solo la mia mamma americana era un ponte per l'invisibile 'altro' mondo. Con il mio papà inglese non potei mai parlare di questi segreti. Il matrimonio dei miei genitori soffriva di questa mancanza di comunicazione tra loro e dell'incapacità di condividere che aveva un così profondo significato per mia mamma. Lei era una poetessa e un'artista; mio padre un soldato e un razionalista, l'ultimo di una lunga serie di antenati guerrieri che avevano servito la loro patria. Non poteva capire ciò di cui parlava mia madre e costruì un muro difensivo contro di lei che si esprimeva con la compulsione inconscia a distruggere la sua fede in se stessa, mediante la critica e il ridicolo.

Anni dopo compresi che avendo perso la propria madre quando era ancora piccolo, avere il controllo totale su mia madre era per lui l'unico modo di sentirsi emotivamente sicuro. Pertanto viveva un'esistenza perennemente afflitta dall'ansia, in uno stato che anni più tardi sarebbe stato riconosciuto come depressione. Tutto ciò che accennava al non–razionale era una minaccia alla sua sicurezza e amplificava il suo bisogno di controllo. Mia madre si piegava alla sua tirannia perché la sua generazione non aveva idea delle radici psicologiche del comportamento umano. In mancanza di qualsiasi qualificazione che le aiutasse a guadagnarsi da vivere, le donne con la sua formazione ed educazione erano condizionate a rimanere in matrimoni infelici, a tollerare e a sottomettersi al bisogno di assoluto controllo dei propri mariti, e a dedicare le proprie vite alla cura e al benessere degli altri, credendo che questa vita sacrificata trovasse in qualche modo favore presso Dio. Tutti i sentimenti negativi erano repressi per paura della punizione divina e della disapprovazione sociale.

Alla fine della guerra la famiglia ritornò in Inghilterra. Gli anni successivi furono adombrati dalla relazione distruttiva dei miei genitori e dalle prepotenze che dovetti sopportare per mano dei nuovi compagni di classe. Perciò mi rivolsi a Dio per un aiuto ma non trovai conforto nei servizi della chiesa Protestante che frequentavo a scuola. Odiavo l'odore umido della chiesa, il freddo ghiacciato, il pesante senso di peccato e di colpa, gli inni uggiosi e i sermoni di biasimo che mancavano del tutto della gioia e della comunione con il divino. Se Cristo aveva redento i peccati del mondo, perché c'erano ancora guerra e sofferenza, e perché ero una 'miserabile peccatrice'? Non aveva alcun senso per me. Temevo le domeniche e spesso mi sentivo così male e debole da dover lasciare la chiesa. Tutto mi sembrava sbagliato, ma non sapevo perché. Dio sembrava remoto, opprimente, giudicante e spietato.

Il Giardino dell'Eden

Comunque, c'era un luogo dove amavo stare. Prima della guerra passavo le vacanze estive con mia nonna, nel Sud della Francia. Desideravo tornare a quella terra scaldata dal sole, alla chiara luminosità di quel paesaggio — il cielo pieno di stelle, il suono ritmico dei grilli e il gracidare delle rane di notte, il forte, ricco profumo del timo, della lavanda, dei pini e dei cipressi. Alla fine della guerra, fu di nuovo possibile ritornare in quel paradiso della mia prima infanzia.

La casa di mia nonna si ergeva sulla cima di una collina, sul sito di un antico tempio dedicato a Minerva. Era chiamato Malbosquet, che significa boschetto del male, così chiamato, senza dubbio, a causa del fatto che gli abitanti pensavano fosse posseduto dagli 'spiriti' e, dunque, da evitare. Era un posto di incredibile bellezza, un Giardino dell'Eden: pieno di arbusti di oleandro bianchi e rosa; cipressi alti e scuri che, dopo la pioggia, emanavano un delizioso profumo; una fontana in cui crescevano enormi fiori di loto rosa; alberi d'arancio che in primavera spandevano nell'aria la squisita fragranza dei loro fiori; una ricca terra rossa piantata a viti da cui pendevano dolci grappoli e, ovunque, fiori. Ricordo gli anemoni, in particolare, che ricoprivano la terra in primavera e che riempivano anche la casa, perché mia nonna era un'artista e amava dipingerli. Nella corte recintata enormi vasi marroni contenevano camelie e grandi quantità di gerani scarlatti. Verso Occidente si susseguivano colline color viola; verso Oriente le Alpi ammantate di neve. A Sud, al di là di una vasta foresta di pini e di olivi, a gran distanza il Mediterraneo luccicava sotto il sole.

Mi svegliavo presto la mattina, aspirando l'odore fresco dell'erba bagnata di rugiada, e il mio cuore batteva di gioia all'alba di un nuovo giorno. Mi piaceva camminare all'alba sull'erba umida, solo per sentire il fresco della rugiada sotto i piedi nudi. Più tardi sarei andata a sedere in un boschetto di olivi affacciato su una profonda gola ombreggiata che si tuffava nel fiume che scorreva veloce di sotto. Di notte, quando la luna era piena e tutto era bagnato dalla sua luce dolce, l'intero posto si animava magicamente di invisibili presenze. Queste memorie d'infanzia erano così preziose perché c'era semplicemente il tempo di esistere e di stupirsi. Fu lì che mi innamorai della bellezza del mondo naturale.

Gli alberi di quel boschetto di olivi sembravano testimoniare i segreti dei secoli e delle grandi civiltà fiorite intorno al Mediterraneo: Egizi, Cretesi, Fenici, Greci, Etruschi, Romani. Per millenni, i gufi avevano costruito i loro nidi nelle cavità dei tronchi nodosi e increspati di questi alberi. Mi sedevo per ore, felice di essere lì in mezzo a loro, a guardare la luce che cambiava mentre il sole filtrava attraverso le foglie argentate. Sebbene la guerra mi avesse separato per sei anni da questo luogo tanto amato, ci ritornavo ancora e ancora nella mia immaginazione. Era il paese della mia anima.

La chiamata della Bellezza

Alla fine degli anni '40 divenne possibile viaggiare liberamente. L'Europa continentale era ancora accessibile, un luogo di sole e luce nel quale potevo sfuggire alla severa austerità dell'Inghilterra. Nel 1947, quando avevo sedici anni, mia nonna mi portò in Spagna, guidando lungo la costa orientale, piena di mandorli fioriti, verso Granada e Cordoba, a quel tempo grazie a Dio prive di turisti. Nella grande moschea di Cordoba ebbi il primo assaggio della cultura moresca e, nel silenzio dell'alba e del tramonto, potevo sedere sola nella grazia squisita dei cortili dell'Alhambra, descrivendo nel mio diario le peculiarità di una bellezza che mi incantava.

In seguito, in Italia, mia madre ed io esplorammo la Toscana e l'Umbria in autobus, deliziate dalle chiacchiere vivaci e ridenti, dai polli ingabbiati e gracchianti e dagli enormi fagotti delle provviste. Ammirai stupefatta la meraviglia del Battistero di Firenze, del Duomo e del campanile di Giotto; i dipinti nella chiesa bassa, debolmente illuminata, di Assisi; le Madonne senesi; la Primavera di Botticelli e la Nascita di Venere. Tutti brillano nella mia memoria come la gloria del sorgere del sole per chi lo vede per la prima volta.

Attraversai l'Italia con il fiato sospeso dalla meraviglia. Ogni destinazione diventava un pellegrinaggio. A Borgo San Sepolcro, il dipinto di Piero della Francesca del Cristo che risorge dalla tomba scosse la mia coscienza con la visione sorprendente di un uomo risvegliato e illuminato — profondamente diverso dall'immagine della figura indifesa e sofferente che pende dalla croce sugli altari delle molte chiese visitate. Mi chiesi perché ci sono così tante immagini della crocifissione e così poche della resurrezione di Cristo.

Mi innamorai perdutamente dei pittori del primo Rinascimento — fra tutti il Sassetta e Beato Angelico — e di tutti quegli artisti per i quali rocce, terra e cielo, uomo e angelo lasciavano trasparire il terreno divino che sosteneva e permeava il mondo fisico. Sperimentai questo tipo di pittura come una lode, un amore, un desiderio, una comunione e un metodo per scoprire Dio. Ero anche attratta dalla figura di San Francesco, perché alcuni dei messaggi di mia madre provenivano da lui e lo avevo preso come mio mentore spirituale. Lo incontrai nelle molte pitture dei suoi contemporanei, insieme con il grande angelo rosso che gli era apparso e che sembrava librarsi ancora nei cieli dell'Umbria.

Visitai il piccolo eremitaggio vicino ad Assisi, dove Cristo aveva parlato a San Francesco incitandolo a ricostruire la Sua chiesa. Anche qui, come a Borgo San Sepolcro, c'era un'immagine radiosa di Cristo, non una che pendeva sofferente dalla croce. Mi ricordai dei messaggi a mia madre e alle sue amiche che dicevano di studiare la storia del primo Cristianesimo e di come gli insegnamenti di Cristo fossero stati distorti. Sentii che avevo bisogno di saperne di più e pregai San Francesco perché mi guidasse.

Fu in Italia che divenni consapevole per la prima volta di un altro genere di spiritualità: una non così impregnata del senso pesante del peccato e della colpa come nelle chiese protestanti della mia infanzia, ma profondamente radicata nel senso antico delle persone di connessione con la terra e le città e gli eremi dove i santi avevano vissuto e insegnato. In risposta all'incredibile bellezza del paesaggio italiano, percepii il forte, vitale senso di continuità tra il presente e il passato. Assorbii le perfette proporzioni e la misura umana delle costruzioni, e il clima di rivelazione che la stessa aria dell'Italia sembrava respirare. Rimasi a bocca aperta di fronte al genio di architetti, di scultori e di scalpellini che, lavorando insieme, erano stati capaci di immaginare e di dare vita a meraviglie come la squisita facciata marmorea del Duomo di Orvieto.

In un secondo viaggio, l'anno seguente, salii una collina in una mattina stellata per partecipare alla messa e ricevere la benedizione impartita ai pellegrini dal frate italiano rinnegato, Padre Pio (che in seguito sarebbe diventato santo) e odorare il forte profumo di violette che emanava. Poi, il tassista che mi riportava in stazione insistette che dovessi visitare il santuario dell'Arcangelo Michele sul Monte Gargano, nelle vicinanze, dove i crociati si erano inginocchiati per essere benedetti prima di imbarcarsi per il viaggio in mare verso la Terra Santa. Con la testa china e tenendo il cappello tra le mani nodose, mi condusse giù per una fuga di ampi gradini di pietra nelle viscere della montagna e tra le pareti nere e luccicanti di una grande grotta che proteggeva il santuario dell'Arcangelo. Sopra l'ingresso c'erano le parole: "Questa è la dimora di Dio, la Porta del Paradiso". Sapevo che San Francesco aveva esitato ad entrare in questa grotta, dicendo "Signore, non sono degno di entrare nel tuo santuario" e che probabilmente si era imbarcato nel suo viaggio per incontrare il sovrano musulmano Saladino dal vicino porto di Bari. Sorprendentemente, a seguito del loro incontro, Saladino aveva concesso due volte il permesso ai cristiani di entrare in Gerusalemme pacificamente e due volte questi avevano rifiutato, scegliendo invece di prenderla con la forza.

Nella caverna non c'era nessun altro, tranne una vecchia che ritmicamente spazzava il pavimento. Mentre mi inginocchiavo per pregare, scoppiai in lacrime, improvvisamente sopraffatta dal dolore e dalla sofferenza del mondo e chiesi all'Arcangelo un aiuto e una guida per me e per l'umanità. Sembrava una cosa naturale da fare in questo luogo santo.

Preparazione per il mondo

Mia madre era determinata a che io andassi all'università, visto che lei non aveva potuto. Oxford gettò le fondamenta del mio futuro, dandomi l'opportunità di sviluppare la mente e di ampliare la conoscenza del passato. Scelsi di studiare storia medioevale e imparai anche l'italiano per poter studiare il Rinascimento e rinnovare la mia connessione con l'arte. La moda filosofica del momento a quel tempo (i primi anni '50) era il Positivismo Logico. Qui ebbi il primo incontro con un approccio alla vita puramente laico, che per me non aveva senso. Giurai allora che un giorno avrei trovato la risposta alle domande che mi lasciavano perplessa, domande cui la filosofia moderna non poteva rispondere e che non si poneva nemmeno. Cercai di trovare un percorso di guida spirituale che potesse portare ad una comprensione più profonda della vita.

Proprio quando stavo per lasciare Oxford (1951) mi innamorai e mi fidanzai con un uomo affascinante, intelligente e molto interessato all'arte. Pensavo di aver trovato il marito ideale ma, poche settimane più tardi, egli fu arrestato con l'accusa di aver molestato alcuni boy–scout presso la sua casa. L'omosessualità era qualcosa di cui a quel tempo non si parlava e l'intera questione fu un tabù sociale finché i dettagli del processo non uscirono sui media. Io fui leale con il mio fidanzato e prestai fede alla sua innocenza. Il processo suscitò enorme interesse e sostegno pubblico e portò, in definitiva, a modificare la legge in modo che l'omosessualità non fosse più considerata un crimine. Tuttavia, il mio fidanzato fu riconosciuto colpevole e mandato in prigione per un anno.

Ruppi il fidanzamento e trovai lavoro a New York da uno psichiatra au-striaco (Dr. Manfred Sakel) che aveva sviluppato un metodo per trattare la schizofrenia con un trattamento di shock insulinico come alternativa all'elettroshock e stava cercando qualcuno che rivedesse il libro che aveva scritto al riguardo. L'esperienza della rottura del fidanzamento aveva influenzato profondamente la mia vita perché, proprio nel momento in cui stavo emergendo nel mondo più ampio dalla vita universitaria piuttosto chiusa, la mia fiducia in me stessa fu completamente distrutta. Quell'inverno del '51–'52 fu davvero la notte oscura della mia anima. Fu il mio primo incontro con la psicologia e la malattia mentale e caddi in una profonda depressione, incapace di aiutare me stessa o di chiedere aiuto. Nella mia angoscia, dimenticai le parole dei messaggi e le immagini del Sogno dell'Acqua. La Pietra ai piedi dell'Albero svanì dalla memoria.

La Rivelazione dell'India e dell'Asia

Ritornata in Inghilterra, feci tanti lavori che non mi condussero da nessuna parte, ma nel 1956 la vita si spalancò in un'altra direzione, con l'opportunità di visitare l'India e il lontano Oriente. Quel viaggio cambiò il corso della mia vita, perché mi condusse all'incontro con culture e tradizioni religiose che offrirono un contrasto il più grande possibile con le mie radici europee e espansero enormemente l'orizzonte della mia vita. Per me, l'India era il simbolo della destinazione mitica di ogni esploratore — una terra sconosciuta, misteriosa e favolosa. Quando diedi il primo sguardo alla grande catena dell'Himalaya che scintillava lontano sopra le grandi pianure dell'India del Nord, mi sentii come Colombo alla scoperta dell'America. Non c'era posto per la paura perché ero estasiata e coinvolta nella scoperta di un nuovo mondo.

In India scoprii la grazia incantevole di donne e uomini nei loro sari e turbanti color giallo abbagliante, verde lime, magenta e rosa e la sconcertante misura e bellezza di un panorama profondamente differente da quanto avessi mai visto o immaginato. Ovunque andassi sentivo la presenza di un'antichissima civiltà e di una varietà straordinaria dell'immaginazione umana e del genio artistico, espresso nell'arte, nell'architettura, in poesia, letteratura, musica e la creazione di ogni genere di bellezza, dalle fantastiche sculture sulle mura dei templi agli squisiti disegni stampati sui sari in mostra al mercato. Ciò che più mi colpì fu il senso di eternità, che molto poco era cambiato in decine di migliaia di anni. Fu un periodo inebriante. Non avevo legami, nessuna responsabilità, nessuna paura. Potevo semplicemente seguire il desiderio del mio cuore, che era quello di entrare nell' anima dell'India, mentre i miei piedi nei sandali toccavano con reverenza la polvere di quell'antico suolo. Viaggiando da sola, trovai un'esperienza di vita più ricca, più profonda, più vibrante di quella che avevo potuto trovare nel mio paese e nella mia cultura. Sapevo che sarei dovuta tornare, perché c'era ancora molto da scoprire e da assimilare.

L'anno successivo, per mezzo di un contatto romano, ebbi la straordinaria fortuna di avere una proposta di lavoro da una casa editrice italiana che mi commissionò di raccogliere fotografie dai musei indiani e dell'estremo oriente per un'enciclopedia d'arte. Per scegliere le fotografie avrei dovuto viaggiare da un paese all'altro, visitando i siti sacri e i musei dell'India, della Birmania, Tailandia, Cambogia, Giappone, Taiwan e Indonesia. Avrei anche dovuto assimilare in fretta non solo la storia di ogni cultura, ma anche il suo spirito religioso espresso nell'arte poiché, in quelle culture, l'arte è inseparabile dalla religione. Questo incarico straordinario mi avrebbe portato nel cuore di ogni cultura, era un viaggio di scoperta al di là dei miei sogni più sfrenati e avrebbe cambiato l'intero corso della mia vita.

Fu lo splendore assoluto dell'arte, la scultura e l'architettura dei templi indiani e asiatici che accese la mia prima forte attrazione per l'Hinduismo, il Buddhismo e il Taoismo, che più tardi si approfondì ed estese con lo studio dei sacri testi. Negli scuri recessi di una grande caverna di Taiwan, dove era stato immagazzinato metà del tesoro imperiale preso a Pechino da Chiang Kaishek, vidi per la prima volta le pitture taoiste della dinastia Sung ed ebbi il mio primo vero incontro con l'arte cinese. Fui colpita non solo dalla sua profonda differenza con l'arte indiana e quella occidentale, ma dalla differente qualità di anima.

Visitando posti come Angkor in Cambogia e Borobodur a Giava, come molti altri siti in India, Tailandia e Birmania, e i musei delle capitali, sentii di entrare nel cuore della scultura Hindu e Buddhista, profondamente meravigliata dal potere degli scultori di evocare nella pietra la presenza immanente dello spirito. In India vidi che dei e dee — profondamente differenti dal concetto monoteistico cristiano di Dio — non erano solo presenti con le immagini ma misteriosamente immanenti e integrati nella vita di tutti i giorni; erano ancora, dopo migliaia di anni, pienamente vivi nell'immaginazione delle persone. I templi erano affollati di centinaia di persone profondamente ed emotivamente coinvolte nel rituale di offerta agli dei e alle dee.

Pur essendo una giovane donna che viaggiava sola nel 1957, non subii mai molestie o furti e fui accolta ovunque con curiosità e calore. Questo accadeva prima dell'epoca delle droghe e degli hippies. Ero spesso sola, ma non ebbi mai paura. Tante persone mi aiutarono, così tanti gentilmente mi trasmisero contatti con amici di altri paesi o nei musei. Solo in Giappone il fatto che fossi una donna sola mi impedì temporaneamente di accedere agli archivi del museo. A Tokyo nessuno parlava inglese e le autorità del museo non riuscivano a credere che un tale lavoro fosse stato affidato a una giovane donna (sembrava addirittura che se ne sentissero insultati). Alla fine, comunque, ottenni le mie fotografie.

Nel corso di questi viaggi mi imbattei nelle sculture del Monte Sumeru, la 'montagna sacra' della mitologia hindu. In Cambogia, scoprii che molti dei templi di Angkor, mezzo sepolti dalla giungla, evocavano la stessa immagine, poiché ogni singolo tempio rappresentava quella montagna sacra, sacro cuore dell'universo alla stesso modo della presenza divina nascosta nel cuore di ogni essere umano. Qui, dunque, alla fine sembrò che trovassi la 'montagna sacra' dei messaggi che mia madre aveva ricevuto, quasi sedici anni dopo che ne avevo sentito parlare per la prima volta. Sentii che era stata la mia ricerca a condurmi a scoprire questa immagine, così meravigliosamente scolpita nella pietra e racchiusa nella mitologia, ancora così piena di vita in India e in molta parte dell'Asia.

Mi commossero profondamente anche l'incredibile bellezza e magnificenza della terra e il calore, la bellezza e la grazia delle persone incontrate durante il mio viaggio di paese in paese. L'assoluta ricchezza e il colore dell'India, la vastità e profondità della sua cultura mi travolsero. Fui colpita dagli squisiti disegni dei sari e dall'enorme numero delle persone che, ovunque, malgrado una povertà che andava al di là di ogni concezione europea della povertà, mostravano una immensa dignità, bellezza e grazia.

A Tiruvannamalai, nel Sud dell'India, visitai l'ashram del grande saggio indiano Sri Ramana poco dopo la sua morte e camminai per nove miglia intorno ad Arunachala, la montagna consacrata che simboleggia la medesima 'montagna sacra', il cuore nascosto del cosmo. Fu lì che incontrai il suo insegnamento, ponendomi ripetutamente la domanda 'Chi sono io?' Questa domanda mi spingeva ad andare avanti, a cercare più nel profondo. Non avevo mai pensato alla necessità di scoprire una realtà invisibile grande quanto, se non più grande, del familiare mondo esterno della mia esperienza. Iniziai a collegare questa domanda con la voce che aveva parlato tanti anni prima, dicendo solo 'Io sono'.

In Tailandia, l'abate di un monastero mi invitò a restare e sperimentare l'approccio buddhista all'illuminazione, ma mi sentii incapace di accettare il suo invito, non volendo impegnarmi in un unico percorso o lasciarmi dietro i legami familiari e la mia vita in Occidente. Tuttavia, nel viaggio, fui contenta di comprendere sempre di più che la vita aveva uno scopo e un significato diversi. Il peso claustrofobia del concetto occidentale di una sola vita si aprì in un vasto panorama di vite, passate e future, quando m'imbattei in idee come la legge del karma: credenza secondo la quale le esperienze di vita di ciascuno sono il risultato di azioni ed esperienze delle vite passate, le azioni presenti influenzano le vite future e l'idea che ci incarniamo innumerevoli volte in corpi differenti, crescendo gradualmente nella comprensione spirituale, avvicinandoci sempre di più alla riunione con il divino. L'idea di questa riunione sembrava espressa altrimenti dalle parole di Sri Ramana che ricordai a lungo dopo aver lasciato l'India: "La realizzazione di sé è il più grande servizio si possa rendere al mondo".

Vidi che in tutti quei luoghi ed epoche differenti, nel corso dei millenni un numero infinito di esseri umani aveva creato un ricco e potente humus: erano artisti, poeti, mistici, astronomi, musicisti, architetti, filosofi, matematici, scienziati, e qualche uomo sapiente e straordinario come il governatore Mogul, Akbar, il cui patronato aveva reso fertile il profondo sottosuolo della cultura. Ma vidi anche milioni di persone così povere da sopravvivere a malapena e tuttavia capaci di creare con le proprie mani un'incredibile bellezza: tessendo, tingendo e stampando con antichi disegni vesti di cotone e seta dai brillanti colori. Scolpendo il legno e la pietra con incredibile abilità nel susseguirsi di generazioni, avevano nutrito l'antichissima cultura dell'India e dell'Asia, trasmettendola attraverso i millenni.

Questi viaggi mi diedero una prospettiva di vita che si acquisisce soltanto viaggiando in luoghi così distanti. La scoperta dell'Hinduismo, del Buddhismo e, più tardi, del Taoismo, mi liberò dalla prigione del Cristianesimo che avevo vissuto come claustrofobico, oppressivo e proibente. In queste tradizioni non trovai il senso del peccato cristiano, che induce al senso di colpa, piuttosto la credenza che la sofferenza fosse dovuta all'ignoranza e l'umanità fosse inconscia o non risvegliata, piuttosto che impantanata nel peccato.

Quando tornai in Inghilterra, riversai tutto ciò che mi aveva estasiata e richiamato risposte dal cuore nel mio primo libro — *The One Work; a Journey Towards the Self* — un resoconto dei due viaggi in Oriente, nel 1956 e 1957, e della mia ricerca per comprendere la quintessenza del messaggio dell'Hinduismo e del Buddhismo e metterlo in relazione con una comprensione più profonda del Cristianesimo. Il punto centrale del libro era un diverso concetto dello spirito, che fosse accomunato a un terreno invisibile che sostiene tutte le forme di vita piuttosto che a un creatore lontano dalla creazione. Ancora una volta, come nell'infanzia, quando il mio desiderio era stato risvegliato dai messaggi, mi sentivo attratta a seguire il percorso di una ricerca spirituale. Questo desiderio era diventato più consapevole e concentrato mentre viaggiavo.

La mia vita acquisì una prospettiva ben più larga il cui significato andava oltre una cieca risposta all'accadere degli eventi o il sentire stretto nei limiti da una singola vita, sebbene ben vissuta. In particolare, mi piaceva il fatto che Hinduismo e Buddhismo non cercassero proseliti. Malgrado entrambi si fossero estesi ben al di là dell'India, non avevano tentato di conquistare o di convertire con la spada come avevano fatto il Cristianesimo e l'Islam.

Durante questi viaggi in Oriente, mi resi conto dell'incredibilmente diverso modo di vivere delle persone in Occidente e in Oriente. Prima di tutto: il privilegio della libertà dal bisogno e l'accesso a una buona istruzione. In secondo luogo, la libertà da una povertà, miseria e malattia indescrivibili, che vidi in particolare in india, dove sembrava non ci fosse alcuna speranza di cambiamento in meglio nella vita di decine di milioni di persone, particolarmente per quegli individui sfortunati appartenenti alla casta più bassa, trattati con estremo disprezzo e crudeltà dagli appartenenti alle altre caste. Infine, fui condotta a mettere insieme un approccio alla realtà che sembrava del tutto sconosciuto all'Occidente cristiano e che forniva quello che sentivo mancante, senza che fossi in grado di definire con precisione cosa fosse. Dapprima seguii l'attrazione verso certi miti e opere d'arte, poi i testi della tradizione vedica, buddhista e taoista, soprattutto il concetto di illuminazione. imparai che l'illuminazione era un'immensa espansione di coscienza e che portava alla diretta esperienza del terreno nascosto della vita e del proprio essere essenziale.

Questo fu l'inizio di una fase più consapevole del viaggio di scoperta. Studiai con interesse l'eredità artistica e spirituale delle grandi civiltà dell'India e della Cina, sviluppando una conoscenza più profonda per la vita stessa. Ci vollero molti anni per vedere il quadro completo e portare questa antica conoscenza nella mia cultura. Né avrei potuto scrivere questo libro senza fare esperienza dei diversi aspetti del viaggio che ho descritto e descriverò nei capitoli che seguono.

Matrimonio e Maternità

Nonostante la soddisfazione di scrivere il mio libro sui vagabondaggi in Oriente, il ritorno in Inghilterra nel 1957 mi riportò a terra di colpo. A quel tempo, per qualsiasi donna che non avesse specificamente scelto la carriera di scienziata o di medico, sembrava ci fossero solo tre opzioni: fare la segretaria, l'accademica o l'insegnante oppure l'infermiera. L'alternativa erano il matrimonio e la maternità. Negli anni '50 c'era ancora un divario culturale tra le donne sposate e le professioniste o accademiche che rappresentavano una minaccia per la società dell'epoca, orientata al maschile. L'immenso panorama della vita che avevo intravisto nei miei viaggi mi rendeva difficile stabilirmi in quella che sembrava una vita molto ristretta e restringente. Poiché gli insegnamenti dei sapienti hindu e buddhisti mi avevano insegnato che immergermi nei soliti interessi del mondo era un impedimento all'obiettivo dell'illuminazione spirituale, era estremamente difficile concentrarsi sulla ricerca di un lavoro stabile, sposarsi e adattarsi alla routine della vita domestica. Il richiamo dello spirito e la vita del corpo sembravano contrapporsi in un abisso incolmabile.

Ciò nonostante, mentre lavoravo al mio libro un amico mi presentò un uomo di cui sentii di potermi fidare, un artista di cui ammiravo le opere. La mia famiglia era estasiata, avendo quasi perso la speranza che trovassi l'uomo giusto, visto che a quel tempo ventotto anni erano considerati già un'età avanzata per il matrimonio. Furono ancora più contenti che fosse un artista, poiché lo erano sia mia madre che la nonna. Ci sposammo nel 1960 e una nuova fase della mia vita ebbe inizio, una fase di iniziazione all'esperienza di una relazione stretta con un altro essere umano e al piacere di trovare qualcuno che divenne un vero amico e un compagno, qualcuno con cui poter condividere il mio intenso amore per l'arte e la bellezza e che fosse una persona gentile e amabile. Ma prima dovetti imparare a cucinare e a pulire la casa — abilità che avevo trascurato di coltivare prima del matrimonio perché non le consideravo importanti e tralasciavo l'essenziale di una vita matrimoniale armoniosa con l'arroganza di essere immersa in interessi spirituali ed intellettuali.

Dopo due aborti avemmo una figlia: l'amavo molto ma non avevo la minima conoscenza istintiva di come prendermene cura. Avendo vissuto la vita principalmente attraverso la mente, con scarso riguardo per il corpo, non avevo ricevuto alcuna preparazione su come occuparmi di un neonato. Ero spaventata e la paura era amplificata dal fatto che la bambina soffrisse di reflusso: il latte con cui la nutrivo era immediatamente rigettato come un proiettile all'altro lato della stanza, a causa del fatto che il piloro non si era aperto. A tre settimane di vita stava perdendo rapidamente peso e dovette subire un'intervento immediato. All'epoca, alle madri non era concesso di stare con i propri figli in ospedale ed io fui terribilmente scossa dalla separazione, in particolare poiché non mi fu permesso di vederla per ventiquattro ore. Dopo tre giorni la piccola potè tornare a casa ma io caddi in una depressione post–parto (non riconosciuta allora come stato mentale che poteva seguire il parto) cui ero completamente incapace di resistere.

Gli anni di tensione e infelicità, quando vedevo mia madre demolita da mio padre ed ero totalmente incapace di proteggerla, mi avevano portato a cadere per giorni e talvolta per mesi, sin dall'età di dodici anni, in depressioni suicide. Tale condizione non era mai stata diagnosticata né trattata perché la depressione non era riconosciuta come malattia. Di fatto era considerato vergognoso anche ammettere una condizione simile, a causa della macchia di instabilità mentale e addirittura di pazzia. Sebbene fossi arrivata prossima al suicidio, da adolescente e da giovane donna, non l'avevo mai veramente tentato. Ma ora, da sposata, capii presto che dovevo fare qualcosa per quella situazione. Se non l'avessi fatto, avevo paura che avrei distrutto la relazione con mio marito allo stesso modo in cui la depressione di mio padre aveva distrutto la sua relazione con mia madre e con me, e tutto questo avrebbe avuto un effetto negativo sulla vita e sulla felicità di nostra figlia. Non volevo che lo schema si ripetesse in un'altra generazione. Mio marito mi sosteneva immensamente, tuttavia era perplesso della mia perpetua infelicità e letargia. La mia depressione aumentò la pressione su di me affinché agissi. Per caso incontrai una donna che era uscita da un esaurimento nervoso e che mi diede il nome dello psichiatra che l'aveva trattata, un uomo che era anche un analista junghiano. Cominciò così una nuova fase nella mia vita: la mia introduzione alla psicoterapia e al lavoro di Carl Jung, e la mia presa di coscienza di un aspetto misterioso e (per me) sconosciuto della psiche, chiamato inconscio.

Incontro con l'Inconscio

La fiducia nel mio analista a poco a poco ristabilì la fiducia in me stessa e portò all'esplosione di un appassionato desiderio di creare bellezza, lo stesso desiderio che era stato risvegliato dai colori e dai disegni dei sari visti in India e dalla bellezza degli abiti femminili nelle pitture degli artisti italiani e fiamminghi del primo Rinascimento. Questi mi attrassero verso il piacere sensoriale dell'aspetto e del tatto dei bei materiali e del desiderio di disegnare abiti. Seguii un corso per corrispondenza in sartoria con il London County Council. All'improvviso mi venne in mente che potevo fare abiti da sera da vendere; potei usare bellissimi tessuti e disegnare io stessa gli abiti. A quei tempi (i primi anni '60), le donne della mia condizione sociale che vivevano a Londra indossavano abiti lunghi per il teatro e l'opera o quando intrattenevano gli amici a casa oppure uscivano per una cena.

Scoprii con grande stupore e gioia che sapevo disegnare abiti che le donne volevano indossare perché le facevano apparire e sentire belle. Presto accumulai troppi vestiti da tenere in casa e, nel 1964, mi resi conto che avevo bisogno di un negozio. Un amico suggerì Beauchamp Place a Knightsbridge (Londra) e lì trovai un piccolo negozio in affitto. Mia cognata propose il nome Troubadour. Le associazioni romantiche della parola mi piacquero. Il primo giorno vendetti tre vestiti, che coprivano le spese della settimana, e da allora in poi, settimana dopo settimana e anno dopo anno, la mia attività crebbe fino a quando scoprii che stavo facendo un sacco di soldi. Avevo con me due brillanti sarte: una straordinaria signora polacca, sopravvissuta per anni in un campo di concentramento in Polonia, e una donna spagnola che aveva lavorato a Madrid con il grande stilista Balenciaga. Con un colpo di incredibile fortuna, ereditai un intero laboratorio di cucitrici polacche da un'azienda che stava chiudendo in un edificio vicino che realizzarono i miei abiti. Ognuna di queste donne coraggiose aveva una straordinaria storia di sopravvivenza da raccontare (sotto le occupazioni tedesche e russe) e io mi affezionai molto a tutte loro.

Due volte l'anno raccoglievo campioni delle migliori sete, velluti, chiffon, organze e altri tessuti provenienti dall'India e li stendevo su tutta la superficie del mio tavolo da lavoro come preludio alla progettazione degli abiti da sera che tanto amavo, ispirati ai dipinti di donne dei miei artisti fiamminghi e italiani preferiti. Una volta l'anno, a novembre, mi recavo alla grande fiera annuale di Francoforte dove, camminando su e giù per i corridoi di tre enormi sale, comperavo i materiali, i ricami e le rifiniture di cui avevo bisogno. Questa esperienza mi radicò nella vita di ogni giorno, mi aiutò a guadagnarmi da vivere bene e mi insegnò come gestire un affare in crescita e come mantenere felici e produttive le donne che lavoravano per me.

Nel frattempo, attraverso l'analisi junghiana, imparavo l'importanza di prestare attenzione ai miei sogni e di conservarne un'attenta registrazione. In quegli anni sognai grandi magazzini pieni, dal pavimento al soffitto, di materiali di inimmaginabile finezza e bellezza; di abiti che superavano le mie capacità creative; scaffali pieni di vestiti che erano una meraviglia di design e magnificenza. Tutto questo mi ispirò a creare abiti sempre più belli, nel tentativo di avvicinarmi a quelli visti nei miei sogni. Ma i miei progetti non avrebbero mai potuto eguagliarli, né nella complessità del disegno né nella finezza e nello splendore dei materiali. Chi, iniziai a chiedermi, era il disegnatore degli abiti dei miei sogni? Chi il tessitore di quei tessuti? Sapevo che l'inconscio mi inviava queste immagini così lontane dalla mia capacità di creare, ma chi, e cosa, e dov'era l'inconscio?

Ricordo che una volta sognai una donna sottile con la testa di cane da caccia che presiedeva una stanza piena di circa un centinaio di sarte che sedevano alla macchina da cucire riempiendo il luogo di un ronzio ininterrotto. Ogni donna era affaccendata a cucire il corpetto di un abito alla sua gonna. Mi ci volle un anno per capire il significato di quel sogno, quando mi imbattei nell'opera di donne che scrivevano e parlavano della dea e del principio femminile, collegando ciò che era conosciuto storicamente con ciò che fino a quel momento non lo era, il conscio all'inconscio, il visibile all'invisibile, il corpetto alla gonna.

Dopo dodici anni, al culmine della grave recessione e inflazione degli anni '70, dovuta all'enorme aumento del prezzo del petrolio, sentii che era giunto il momento di chiudere il negozio. Il costo dei salari e dei materiali era aumentato vertiginosamente da un giorno all'altro, e gli abiti da sera lunghi erano improvvisamente fuori moda, a causa dell'influenza del designer francese Courrèges. Sentii che questa fase della mia vita era finita.

Durante quel periodo, la mia analisi era continuata, ma a quel punto il mio analista mi suggerì di provare a fare l'analista io stessa. Aveva sentito che il Dottor Gerhard Adler, uno dei due editori delle Opere Complete di Jung, stava esaminando le richieste per il training. Feci domanda per un colloquio e, intanto che aspettavo la risposta, feci il sogno che segue:

> *Sto viaggiando su un razzo verso la luna e atterrandovi, vedo che vi è stata istallata un'enorme costruzione di ferro arrugginito a forma di Tour Eiffel, così enorme che torreggia in alto sopra la sua superficie. La luna stessa è un pianeta morto: tutta la vegetazione è inaridita e deperita. Non ci sono esseri umani da nessuna parte e nessun animale, non c'è vita. Viaggio sulla superficie della luna su un treno, e fisso fuori dal finestrino questo paesaggio desolato, che sembra il risultato di un'esplosione atomica o avvizzito dopo una terribile siccità. Alla fine del sogno mi precipito in una piscina.*

Discussi del sogno con il mio analista ma, inspiegabilmente, egli non fu capace di interpretarne il significato. Quando andai al colloquio con il dottor Adler, egli mi chiese se avessi avuto un sogno di recente e io glielo raccontai, dicendo che non ne capivo il significato. Egli ritenne che il sogno richiamasse l'attenzione sullo stato trascurato del principio — o archetipo — femminile, essendone la luna una delle principali immagini. Il sogno mi indicava la difficoltà del femminile, che era anche la difficoltà dell'anima, entrambe le cose in relazione alla mia vita e al mondo come tutto. La struttura di ferro arrugginito, in entrambi i casi, era qualcosa di imposto ai livelli più profondi della psiche dal rigido controllo della mente conscia o ego. L'acqua della piscina implicava acqua dell'anima, l'acqua del femminile nella quale avevo la necessità di immergermi. Con molto tatto, mi consigliò di procedere nell'analisi personale prima di poter essere accettata per il training. Era necessario che smantellassi quella massiccia struttura di ferro e rigenerassi la superficie della luna. Malgrado gli anni di analisi che avevo già vissuto e che mi avevano aiutato a salvare il mio matrimonio, a guadagnarmi da vivere nel mondo e ad aprire un canale al mio desiderio di creare bellezza, il sogno suggeriva che io avessi ora il bisogno di entrare più profondamente nella mia psiche. Perciò cominciai a lavorare con la moglie del dottor Adler, Nella, che aveva a lungo collaborato con la moglie di Jung, Emma, e che fu in grado di introdurmi ad una comprensione più profonda del principio femminile. Dopo qualche anno di analisi con lei, fui invitata a intraprendere il percorso di training di cinque anni per diventare analista io stessa.

Avevo intrapreso l'approfondimento della psicologia a causa di una depressione paralizzante e attraverso il mio percorso di analisi imparai che la depressione può significare non solo un'eredità genetica e la presenza di ricordi infantili traumatici e repressi, ma anche una chiamata dalle profondità della psiche per connettersi a tali profondità. L'opportunità di rispondere a tale chiamata fu il secondo grande fattore che cambiò il corso della mia vita, perché mi permise di capire che molta sofferenza e infelicità sorgono a causa dell'ignoranza riguardo alla propria natura. A prescindere dall'aiuto che ne ebbi nello sviluppo della conoscenza della mia psiche, l'esperienza della psicologia del profondo, come veniva chiamata allora la psicologia junghiana, liberò a poco a poco la mia capacità di scrivere e mi fornì soggetti affascinanti di cui parlare. Ampliò la mia conoscenza della storia, della psicologia, della filosofia e della religione e mi diede una nuova prospettiva da cui vederle.

Mentre la scienza compiva straordinarie scoperte nei campi della fisica, della cosmologia e della biologia, io scoprii che la psicologia del profondo esplorava la vasta e sconosciuta dimensione dell'inconscio. Le scoperte di Jung sulla natura della coscienza andarono molto più in là di Freud, poiché garantivano alla psiche una dimensione trascendente e spirituale. Approfondendole compresi che portavano un contributo significativo alla nostra comprensione della vita, allo stesso modo delle nuove scoperte scientifiche, e tuttavia, cosa che mi lasciava perplessa, erano ridicolizzate e rigettate come 'mistiche' dalla cultura secolare tradizionale, particolarmente nel campo della psicologia clinica e comportamentale. Il contributo di Jung fu così enorme e significativo perché, per quanto ne fossi allora consapevole, nessuno da Ploti-no (terzo secolo dC) e Marsilio Ficino, durante il Rinascimento italiano, aveva esplorato l'anima come un'entità cosmica vivente anziché un concetto astratto.

La scienza — compresi — credeva che la coscienza avesse origine con il cervello fisico e ne dipendesse ma io non potevo accettare questa ipotesi, a causa del mio incontro con la filosofia orientale. Fu tuttavia un immenso sollievo, quasi un piacere, scoprire che secondo le importanti scoperte di Jung sulla psiche, ciò che chiamiamo mente conscia riposa su una immensa matrice, o campo psichico, di immemori esperienze della nostra specie, che egli chiamò Inconscio Collettivo. Ci sono voluti millenni incalcolabili perché la mente cosciente e la nostra capacità di autoconsapevolezza evolvessero da questa matrice insondabile dell'inconscio.

Imparai che Jung aveva individuato un processo di sviluppo interiore che poteva essere attivato e sviluppato attraverso l'analisi e chiamò 'individuazione'. Con la pratica, l'esperienza e le intuizioni sul significato e sul simbolismo dei sogni, scoprì che con questo vasto campo di coscienza si poteva stabilire una relazione e che questa relazione avrebbe potuto trasformare radicalmente la nostra comprensione della vita, accordandole un significato e un valore più profondi e risanando il grande divario che si era instaurato tra i due aspetti della nostra natura.

La Chiamata della Rosa

Durante gli anni di esplorazione della psiche e di training per diventare analista, continuai a viaggiare, principalmente in Grecia e nelle isole greche, poiché le grandi civiltà del mondo Mediterraneo antico esercitavano su di me un fascino travolgente. Ho il vivido ricordo di essere entrata con mio marito — durante uno di quei viaggi nel Peloponneso — in una chiesa ortodossa, dove mi furono mostrati gli affreschi delle pareti da un artista che li stava restaurando. Infine, egli invitò mio marito a seguirlo nel santuario dietro il paravento. Quanto a me, mi fermò con la mano dicendo: "Alle donne non è permesso entrare qui". Rimasi troppo attonita per replicare, in particolare perché all'interno avevo scorto un magnifico affresco della Vergine Maria. Perché avrei dovuto essere esclusa dalla contemplazione di una delle immagini più sacre del mio stesso sesso? Perché il luogo più sacro della chiesa, santificato dall'immagine della Madre di Dio, avrebbe dovuto essere un territorio proibito per una donna e non per un uomo? L'implicazione era che io, come donna, avrei in qualche modo contaminato il santuario. Quali processi storici erano alla base dell'atteggiamento cristiano nei confronti della donna che si rifletteva nel gesto di rifiuto di questo artista? Ancora una volta, come nei servizi ecclesiastici della mia infanzia, sentii che nel cristianesimo c'era qualcosa di profondamente sbagliato.

Ero spesso tormentata dalle parole di una poesia di Walter de la Mare che avevo scoperto mentre studiavo a Oxford in un libro intitolato The Wandering Scholars:

> *Oh, nessuno sa*
> *attraverso quali secoli selvaggi*
> *ritorna la rosa*

L'immagine della rosa e quel verso accesero una tale bruciante passione di saperne di più, un tale desiderio di tornare indietro attraverso quei secoli selvaggi a una scoperta che vagamente comprendevo stesse aspettandomi alle radici del tempo, che il ricordo del giorno in cui mi imbattei in quelle righe di poesia indugia ancora, attraverso lo spazio di cinquant'anni. Allora non conoscevo praticamente nulla della Dea, l'archetipo femminile, o dell'anima; nulla del simbolismo della rosa nel misticismo sufi né della connessione della rosa con la Vergine Maria e della tradizione perduta della Saggezza Divina; neppure la sua connessione con i modelli elaborati formati dall'orbita del pianeta Venere. Eppure l'immagine, persino il profumo, della rosa era così schiacciante che piantai molte rose nel giardino di casa nostra, estasiata dai loro nomi antichi.

Galvanizzata dall'esperienza nella chiesa greca, cominciai una nuova fase del mio viaggio di scoperta, una fase che doveva condurmi a una comprensione più profonda dell'anima da una parte e all'esplorazione delle radici della civiltà e della perdita dell'immagine femminile del divino dall'altra.

Scoprii che volevo intensamente tornare ai primissimi inizi della crescita della cultura, al tempo in cui l'immagine della Grande Madre governava la vita dell'umanità. In quel tempo antico, così distante dal nostro in ogni aspetto, possiamo cercare la genesi delle idee e dei simboli che alla fine si sono sviluppati in sistemi religiosi e filosofici: così abbiamo tentato di definire una realtà che trascende il nostro potere di comprensione e, tuttavia, ci attrae a sé ineluttabilmente.

Green Planet
Robin Baring 1973

Capitolo due

IL SOGNO DEL RISVEGLIO

Ovunque in ogni momento in tutte le culture e razze di cui abbiamo memoria, quando il significato più grande, il valore più alto della vita, che l'uomo chiamò dei o Dio, ebbe bisogno di rinnovamento e crescita, il processo di rinnovamento iniziò da un sogno.

— C. G. Jung,[1]

Spesso riflettevo sul sogno dell'enorme torre fallica di ferro sulla superficie della luna. Il Talmud dice che un sogno non interpretato è come una lettera non letta. Il meglio che possiamo fare è leggere il messaggio che ci viene dal profondo dell'anima e meditare sul suo significato. Nel corso di molti anni di riflessione, ho capito che questo sogno era un campanello d'allarme dalla mia anima. Ma al di là del suo messaggio personale sembrava un campanello d'allarme per l'umanità intera. Recava un avvertimento su ciò che poteva accadere al nostro pianeta: poteva essere reso sterile e senza vita come la luna. Mi ricordai che in uno dei primi messaggi ricevuti da mia madre c'era l'avvertimento che il nostro pianeta avrebbe potuto diventare "un altro orfano che vaga nello spazio" se l'umanità non avesse cambiato rotta.

Il mio sogno mi invitava a esplorare lo squilibrio tra il principio maschile e quello femminile nella civiltà occidentale e come questo squilibrio riguardi le vite di tutti noi. Più ci pensavo e più vedevo che la struttura fallica era l'immagine di ciò che la tecnologia umana aveva imposto alla natura: rifletteva l'arroganza della mente moderna che crede di poter controllare e sfruttare le risorse della natura e del pianeta per i propri fini. Mostrava gli effetti di ciò che può accadere quando la coscienza umana si separa dalla matrice o dalle profondità da cui è emersa, profondità che sono simboleggiate dalla luna, antico simbolo del Femminile. Cominciai a vedere come la perdita di contatto con queste profondità riguardasse inevitabilmente i nostri valori: come educhiamo i nostri figli; come pratichiamo la scienza, la medicina e la psicologia; il comportamento dei governi; la formulazione dei nostri traguardi e obiettivi; tutte le nostre relazioni con il resto del mondo.

Più importante di tutto, la perdita di connessione con le profondità influenza la nostra visione della realtà e il modo in cui viviamo la nostra vita in senso personale. Cominciai a comprendere che molti dei problemi che affrontiamo nel campo delle relazioni tra nazioni e culture, come tra donne e uomini, sono stati creati da idee e credenze che si sono formate secoli, addirittura millenni fa, e la cui influenza non è mai stata davvero riconosciuta né discussa. Avevo la necessità di capire quali influenze storiche avessero condotto alla costruzione di quella torre di ferro, perché aveva avuto origine. Non avevo idea da dove cominciare, ma fortunatamente i sogni mi diedero la direzione.

Tre sogni potenti divennero il fondamento della seconda metà della mia vita. Nel primo ritornai nel paesaggio della casa della nonna, nel Sud della Francia:

Vado al margine della profonda gola e rimango a guardare in basso, al torrente che l'attraversa scorrendo dalle montagne al mare. Vedo la forma di un enorme serpente, simile a un cobra con sette teste, che risale dalle profondità oscure della gola. Continua a salire fino a quando queste teste, distese come un grande cappuccio, sono all'altezza della sporgenza sulla quale mi trovo. Sono così terrorizzata da tremare e coprirmi gli occhi. Quando oso guardare di nuovo, vedo che il serpente vuole comunicare con me. Segnalo che sto ascoltando. Mi offre la scelta tra stare dove sono o salire una scala, che, ora mi rendo conto, è dietro di me. Con un profondo inchino di riverenza e di rispetto, indico che scelgo di salire la scala.

Dai miei viaggi in Oriente, riconobbi nel serpente a sette teste l'immagine del grande serpente Mucalinda che aveva formato una copertura sul Buddha mentre questi sedeva in meditazione profonda poco prima dell'illuminazione. Nelle molte sculture che avevo visto in Tailandia e altrove, il Buddha era spesso mostrato seduto sulle gigantesche spire di un cobra, le cui sette teste si dispiegavano a ventaglio dietro di lui in un gesto magnifico di protezione e benedizione.

Questo sogno diede una scossa alla mia consapevolezza dell'istinto come espressione primaria dell'anima. Grazie a quanto avevo imparato sulla psicologia degli archetipi compresi che quel serpente impersonava il potere e la sapienza dell'istinto, tanto quanto il potere e la sapienza della Natura. In realtà, se non avessi visto questo serpente archetipico emergere dal burrone, non penso avrei mai compreso l'istinto come qualcosa che sta alla radice stessa della vita; qualcosa paragonabile al tessitore della tela della vita. Né sarei stata capace di apprendere il fatto che potesse essere il misterioso medium attraverso il quale ognuno di noi è collegato alla vita del pianeta e, oltre a ciò, alla vita del Cosmo. Il sogno mi aiutò a divenire consapevole che quel serpente impersonava l'intelligenza istintiva attiva e innata all'interno dell'intero processo evolutivo di questo pianeta, gli schemi o campi archetipici che nelle differenti specie danno origine alle forme specifiche e alle basi del DNA e, in definitiva, nella nostra, all'evoluzione della coscienza. In un senso più personale, rappresentava la profonda intelligenza portata nelle cellule del corpo e forse, specificamente, del cuore. Inoltre, potei chiaramente vedere che questo bellissimo serpente voleva comunicare con me e che voleva qualcosa da me.

Le culture sciamaniche avrebbero capito perfettamente l'apparizione del serpente nel senso appena descritto, anche se l'avrebbero descritto con le mie parole. Il tipo di coscienza che avevano, descritta dall'antropologo Lucien Lévy-Brühl come *partecipazione mistica*, dava a queste culture un senso di parentela con tutta la creazione. Piuttosto che un concetto o un'idea, era un *istinto per la relazione e la connessione*. Nelle culture sciamaniche le persone sapevano che le entità o spiriti che vedevano nei sogni e nelle visioni manifestavano ed esprimevano la profondissima sapienza della Natura. I serpenti parlavano loro nei sogni, forseavvertendoli di un pericolo o agendo da guida per lo spirito del mondo e istruendoli nelle proprietà curatrici delle erbe e delle piante.

Presi questo sogno come una chiamata a salire la scala della coscienza, a incrementare la comprensione dell'anima e divenire consapevole del potere dell'istinto ad agire come guida in quest'opera. Non avevo mai avuto prima un'immagine così chiara dei poteri creativi della vita come presenze viventi in tutte le forme e specie in Natura, presenti allo stesso modo nei livelli più profondi, più arcaici della mia stessa anima. Avrei potuto studiare la letteratura junghiana sull'inconscio per anni senza afferrare la *realtà* di questa energia primordiale se non avessi avuto questo sogno che mi offrì tutto quello di cui avevo bisogno di sapere in un'immagine di soverchiante potere. Quando, nel mio sogno visionario, vidi quel gigantesco serpente archetipico uscire dal burrone, compresi in modo scioccante che l'istinto era potentemente e violentemente *reale*. Non era un'idea astratta che potevo indagare a distanza, ma una Presenza numinosa vivente, esattamente come gli scultori dell'India della Tailandia e della Cambogia l'avevano ritratta.

In un secondo sogno, avvenuto qualche anno più tardi:

> *Mi avvicino a una torre circondata da uno stretto fossato pieno d'acqua. Attraverso il ponte ed entro nella torre. Trovo il suo interno circolare riempito, dal pavimento al soffitto, di meravigliosi libri in pergamena bianca e marrone con lettere oro o rosse. La torre ha due piani. Esitante, salgo al secondo con una scala a chiocciola. In cima alla scala, Marie-Louise von Franz, uno dei colleghi e amici più stretti di Jung è in piedi e mi porge le mani in segno di benvenuto.*

Capii che la torre rappresentava l'immagine della totalità della psiche, o anima. I suoi tesori mi venivano offerti da una donna che era stata una stretta collaboratrice di Jung e aveva scritto molti libri sul principio femminile, libri che nel corso della mia analisi e training avevo letto e apprezzato. Ricordai una poesia di Rilke che sembrava offrire un commento a questo sogno:

> *Giro attorno a Dio, all'antica torre,*
> *giro da millenni;*
> *e ancora non so se sono un falco, una tempesta*
> *o un grande canto.*
>
> (trans. Robert Bly)

Il Sogno del Risveglio

Il terzo sogno fu il più fantastico della mia vita, quello che davvero risvegliò la mia anima:

> *Sogno di girare intorno a un enorme dolmen e di entrare in un altro mondo, un paesaggio assolutamente strano e arido. È illuminato dal brillante splendore della luna piena. Sto cercando qualcuno che amo e il mio desiderio per lui è così grande che ho intrapreso un viaggio alla sua ricerca. Il paesaggio si trasforma da deserto a una distesa di campi di grano verde brillante. Il chiaro di luna è così luminoso che è come la luce del giorno e il grano è di color smeraldo. Galleggio su questo mare color smeraldo per molte miglia, i miei piedi nudi sfiorano la superficie del grano, finché non raggiungo la cima di una bassa collina ed esito, chiedendomi se dovrei andare oltre. Decido di andare avanti e scendere in una valle dall'altra parte.*
> *All'improvviso, scopro che due uomini enormi mi hanno catturato in una rete gigantesca che si estende per tutta la larghezza della valle e mi attirano verso la presenza di qualcosa di tremendamente potente e numinoso. Sono spaventata, ma allo stesso tempo affascinata. Mi sdraio a terra, impotente dentro la rete e alzo gli occhi, in parte terrorizzata, in parte stupita. Vedo la figura di una donna che mi sovrasta e riempie l'intero spazio tra terra e cielo. È nuda, con la pelle bianca e i capelli dorati ed è molto bella, come Afrodite. Non è giovane, è senza età. Al centro del suo addome c'è un'immensa ruota girevole che è anche una rosa e un labirinto, come quello che avevo visto intarsiato nel pavimento della cattedrale di Chartres. Impressionata, la guardo, poi scendo giù al mio stesso corpo, che è esattamente come il suo, solo minuscolo. Anch'io ho una ruota girevole ma la mia non è centrata; è troppo lontana a sinistra. Lei non parla ma indica che devo mettere al centro la mia ruota, come la sua.*

Sogni visionari come questo non possono essere interpretati secondo alcun sistema di credenze conosciuto. Devono essere tenuti nel cuore e lasciati vivere affinché, dopo molti anni, possano agire come un lievito nell'anima. In un'altra cultura precedente avrei adorato quell'immagine come una dea e forse avrei costruito un tempio o un santuario in suo onore, ma nel mondo odierno credenze e adorazioni non erano sufficienti. Volevo cogliere la rilevanza di questo sogno per l'intera umanità, non solo per me. Dovevo sapere perché mi era stata inviata quella visione. Qual era la sua intenzione? Sentivo che era meglio non parlarne con nessuno, nemmeno con mio marito. Ma ne parlai con la mia analista, pensando che lei sarebbe stata capace di darmene un'interpretazione. Con mia grande sorpresa, lei disse che non voleva commentarlo ma lasciarlo stare, spiegandomi che il pericolo di sogni simili è l'identificazione con un archetipo e un'enfasi spropositata. Col tempo sarei giunta a capirlo e a integrare il suo significato nella mia vita.

Per anni mi chiesi chi fosse la figura del sogno. Afrodite? Demetra? Iside? Era un essere angelico? La personificazione della Natura, del Cosmo? Era quel genere di visioni che avrebbero avuto le persone di epoche più aperte alle esperienze visionarie? Sapevo che in epoca ellenistica, nel secondo secolo dC, uno scrittore e filosofo romano, di nome Apuleio, aveva avuto una visione della dea Iside e aveva annotato le parole che lei gli aveva rivolto attraverso la figura di Lucio, il protagonista del suo libro *L'Asino d'oro*: "Io sono la Natura, la Madre universale, la signora di tutti gli elementi, figlia primordiale del tempo, sovrana di tutte le cose spirituali, regina dei mordi, regina degli im-mortali, unica manifestazione di tutti gli dee e le dee che sono"[2]

Conoscevo anche la famosa visione del filosofo Boezio (480–524 dC) in cui la figura della Divina Sapienza (Sophia) gli era apparsa mentre si trovava in cella, a Pavia, e lo aveva confortato mentre attendeva la sua morte atroce per ordine dell'imperatore Teodorico.[3]

Nuda e bella, né giovane né vecchia, la dea che mi era apparsa era troppo pagana per essere la Vergine Maria e tuttavia non assomigliava ad Afrodite o a nessun'altra delle dee greche con cui avevo familiarità. Cominciai a chiedermi se non potesse essere una manifestazione dell'immagine Neo–Platonica dell'*Anima Mundi* — l'anima del mondo o anima del cosmo, menzionata per la prima volta da Platone nel *Timeo* e quindi da Plotino nelle *Enneadi*. Tante volte tornai a domandarmi chi fosse e come dovevo centrare la mia ruota. Cosa voleva da me per avermi inviato una visione simile? Perché la mia ruota era troppo spostata a sinistra, e come potevo centrarla? Ispirata dalla sua figura numinosa, cominciai a esplorare le immagini delle dee e a sviluppare i miei pensieri sul principio femminile in generale. Per quanto riguarda la rete, sapevo che nella mitologia indiana c'era una rete cosmica connessa con il dio Indra, ma nel contesto del mio sogno poteva significare la rete della realtà materiale in cui ero invischiata come un pesce. E le due immense figure maschili che la reggevano pensavo che potessero rappresentare il potere dell'inconscio che mi attirava alla presenza di questo essere cosmico. Chiunque fossero, mi avevano spinta a guardare in su verso la visione, verso il Cosmo.

La Dea

Molti anni dopo, quando intrapresi il programma di training per diventare analista junghiana, feci amicizia con Jules Cashford, una donna che era parte del gruppo di training per diventare analisti con l'Associazione Junghiana. Istintivamente mi sentii attratta da lei e una sera, d'impulso, la invitai a cenare con me. All'inizio era dubbiosa di poter venire, ma poi fece un sogno su un giardino in rovina che aveva bisogno di restauri e nel sogno le veniva detto di incontrarmi. Quando ci incontrammo mi raccontò questo sogno e cominciammo a parlare del giardino come un'immagine del giardino dell'anima, abbandonato allo stesso modo dell'archetipo femminile di cui si sapeva così poco nella nostra cultura. Ciò condusse all'eventualità di scrivere un libro insieme sulla dea — in origine le dee greche — come immagine primaria dell'archetipo femminile. Ma, quando cominciammo a delineare i contorni del libro, ci accorgemmo che, se volevamo scoprire le fondamenta delle dee egizie e greche, ed anche della Vergine Maria, dovevamo tornare molto più indietro, alla prime immagini sacre femminili, al Neolitico ed anche al Paleolitico. Le ricerche per il libro ci condussero sempre più indietro alle origini dell'immagine sacra della dea, aprendo percorsi che non avremmo mai immaginato all'inizio.

    Fummo fortemente influenzate non solo dal libro di un analista junghia-no, Erich Neumann,[4] *La Grande madre*, ma anche da *Salvare le apparenze, uno studio sull'idolatria*, di un filosofo inglese di nome Owen Barfield. Il suo libro divide l'evoluzione della coscienza umana in tre fasi: (1) Partecipazione originale; (2) Separazione; (3) Partecipazione finale.[5] Questa divisione ci fornì una cornice tripartita per il nostro progetto. Ci sentimmo attratte dai primordi della cultura, ove trovare la genesi di idee e simboli sviluppati in miti e immagini per descrivere una realtà numinosa che trascende la gamma delle esperienze 'normali'. Mentre Jules e io lavoravamo insieme, ci rendemmo conto che non solo esploravamo la storia di dee e dei, ma stavamo anche esplorando l'evoluzione o lo sviluppo della coscienza umana attraverso queste immagini sacre. Con questa nuova comprensione, il tema più ampio e il titolo del nostro libro iniziarono a chiarirsi.

Lo Spostamento dalla Mitologia Lunare a quella Solare

Un altro libro notevole, intitolato *The Roots of Civilization*, di Alexander Marshack, ci aprì gli occhi sull'importanza della luna nella cultura paleolitica, descrivendo le prime notazioni lunari in Africa, che datavano intorno al 40.000 aC.[6] Quando studiammo la mitologia e la storia delle prime culture del Mediterraneo e del Medio Oriente, scoprimmo che c'era stato un notevole spostamento dall'immaginario lunare a quello solare in Egitto e Mesopotamia intorno al 2000 aC e, circa 1500 dopo in Grecia. Questo cambio di enfasi nella mitologia fu accompagnato da uno spostamento dell'enfasi dalle divinità femminili a quelle maschili che alla fine ebbero come risultato la supremazia di un'unica divinità maschile: il monoteistico, trascendente Padre Dio dell'Ebraismo, del Cristianesimo e dell'Islam. Capimmo che questo spostamento aveva avuto un profondo effetto sullo sviluppo della civiltà occidentale e che segnava una fase specifica nell'evoluzione della coscienza umana: quella che Owen Barfield definisce 'Fase di separazione'. Scoprimmo che tutto l'immaginario del divino femminile era stato represso o escluso dalle tre religioni abramitiche e che questa repressione era chiaramente collegata allo spostamento dell'enfasi, nell'immagine del divino, da una Grande Madre a un Grande Padre.

Gradualmente, come sfogliassimo i petali di una rosa, Jules ed io sco-primmo che dietro l'immagine della rosa c'era la figura di Maria e dietro di lei quella di Sophia o Hokhmah, il Santo Spirito della Sapienza, che parla con tanta eloquenza nel Libro dei Proverbi e in quello di Ben Sirach (Ecclesiaste) negli *Apocrifi*. Leggemmo il libro rivoluzionario *I Vangeli Gnostici*, scritto dalla teologa americana Elaine Pagels, che descrive come l'immagine femminile di Dio fosse viva e fiorente nei gruppi Gnostici del primo Cristianesimo.[7]

In seguito, leggemmo i veri testi gnostici, scoperti nel 1945 a Nag Gammadi, in Egitto.[8] Ma, ci chiedemmo, le immagini e la mitologia gnostiche associate al divino femminile erano apparse dal nulla o si erano sviluppate da immagini più antiche delle dee dell'Età del Bronzo dell'Egitto e della Mesopotamia, o ancora più in là, dalla Grande Madre dell'Era Neolitica?

Le Immagini Perdute del Femminile

Per molti anni ci sentimmo come archeologhe scrupolose alla scoperta di mosaici a lungo sepolti, che raccoglievano i frammenti di un'immagine e di una mitologia sotterrate sotto depositi culturali di migliaia di anni e di differenti culture. All'inizio non riuscimmo a scorgere chiaramente il quadro. Ci sentivamo semplicemente attratte da immagini e idee nuove. Le ricerche di Jung e Neumann avevano già messo insieme molte delle rappresentazioni perdute dell'archetipo femminile.

Tuttavia, le straordinarie ricerche dell'archeologa Marija Gimbutas, il cui primo libro fu pubblicato nel 1974, identificarono molte delle nuove immagini della dea come provenienti da una civiltà europea sconosciuta e notevole, che lei chiamò la Civiltà dell'Antica Europa e datò intorno al settimo millennio aC [9] Fummo affascinate anche dall'opera magistrale dello studioso di mitologia Joseph Campbell e dallo storico della cultura Mircea Eliade, che allargarono entrambi la nostra comprensione della mitologia e dell'influenza che ha avuto sulla formazione e sulla crescita di una civiltà.[10] Quando le tessere di questo mosaico cominciarono a mettersi insieme, lentamente emerse un tema di grande bellezza e complessità, ma pure una storia di perdita, repressione e distorsione di una inestimabile eredità del passato. Quando mettemmo insieme frammenti di immagini e testi, questo processo di scoperta divenne per noi immensamente eccitante, addirittura numinoso.

Volevamo trovare le immagini che per prime fossero state di suprema importanza per l'umanità. Quando, con l'aiuto del libro di Joseph Campbell, *The Way of the Animal Powers*, trovammo rappresentazioni della Grande Madre paleolitica sparse su un immenso territorio che si estendeva dai Pirenei a Occidente al Lago Baikal a Oriente, capimmo di aver trovato il nostro principio.[11] Tracciando l'evoluzione e le molte trasformazioni di questa figura, dal 25.000 aC ai giorni nostri, cominciammo a capire che quell'immagine femminile, nelle sue innumerevoli forme, rappresentava una prospettiva di vita totalmente differente, persa, sepolta, nascosta per millenni. Nel corso della nostra ricerca, scoprimmo tali sorprendenti similitudini e paralleli tra i miti della dea di epoche e culture apparentemente non correlate, che concludemmo che ci doveva essere stata una trasmissione continua di immagini nel corso di 25.000 anni o anche di più (vedi nota 11).

Tale continuità era così impressionante che ci sentimmo autorizzate a parlare di 'Mito della Dea', poiché la visione di fondo espressa in tutte le varietà di figure di dea era costante: l'idea che la vita intera fosse un'unità vivente. Più precisamente, capimmo che l'immagine della Madre Dea ispirava e focalizzava la percezione dell'universo come un tutto organico, sacro e indivisibile, di cui l'umanità, la Terra e tutta la vita sulla Terra sono parte in un rapporto 'filiale'. Ogni cosa era intessuta in una rete cosmica, tutti gli ordini di vita, manifesta e immanifesta, erano correlati, poiché tutti condividevano la santità della sorgente originaria. Nella cultura secolare moderna questa immagine mitica dell'indivisibile unità di Terra e Cosmo è svanita. Da allora per me è stato chiaro che l'idea dell'intero Cosmo come un'entità con coscienza o anima, in cui tutta la vita partecipa, deriva direttamente dall'immagine della Grande Madre.

Cos'era accaduto all'immagine della dea? Perché e quando aveva cominciato a sparire, e come potevamo comprendere le implicazioni di tale perdita? Poiché le immagini mitiche fanno parte di una grande meta–narrazione che governa implicitamente una cultura, che cosa ci racconta di una particolare cultura — come quella moderna dell'Occidente — che non ha avuto oppure non ha riconosciuto un'immagine mitica del divino femminile? Cominciò a non sembrare una coincidenza che la moderna cultura secolare avesse, più di tutte le altre, desacralizzato e sfruttato la Natura. La Terra non è più vissuta come un'entità vivente e sacra come nei tempi antichi; non è più 'Tu' ma 'essa'. Possiamo abusarne, dissacrarla e inquinarla senza alcun sentimento di responsabilità, rimpianto o senso di colpa. Ci rendemmo conto che stavamo vivendo in un periodo in cui l'intero corpo della Terra è minacciato da una specie — la nostra — in un modo unico nella storia del pianeta.

Divenne presto chiaro che dalla mitologia babilonese in poi (2000 aC circa) la dea fu quasi esclusivamente associata con la Natura come forza caotica da governare, mentre il dio assunse il ruolo di creatore e ordinatore della Natura da un 'luogo' al di fuori di essa. Sebbene fosse talvolta definito come onnipresente, lo spirito gradualmente arrivò ad essere definito come qualcosa al di là del mondo, remoto, trascendente, oltre la Natura e oltre noi stessi. Per di più fu definito maschile e paterno. Tutto ciò che nelle culture primitive era abbracciato dall'immagine della Grande Madre — nelle comunità del Neolitico e nelle civiltà dell'Età del Bronzo del Mediterraneo, del Medio Oriente, dell'India e della Cina — fu perduto e con esso il senso vitale di partecipazione nella vita cosmica come un'entità invisibile, immaginata come un essere materno che conteneva e collegava.

La Separazione dalla Natura

Poiché questa separazione tra natura e spirito e tra le divinità femminili e maschili non era mai esistita prima, sentimmo che poteva essere compresa nel contesto dell'evoluzione della coscienza umana, il che implicava un progressivo allontanamento dal senso di partecipazione nella vita della Natura. Ciò aveva prodotto il risultato di una crescente autonomia della coscienza umana, ma anche un progressivo senso di separazione dal mondo naturale e la convinzione che l'uomo avesse il diritto di governare e controllare la Natura per il proprio beneficio. Da qui la credenza, consacrata nel Libro della Genesi, che all'uomo fosse stato dato il 'dominio' sulla Terra (Gen. 2). Nel *Mito della Dea*, riassummemmo questo primo cambiamento di coscienza: "Se la relazione con la natura come Madre è di *identità* e la relazione con la natura come Padre è di *dissociazione*, allora il movimento da Madre a Padre simboleggia una separazione crescente da uno stato di appartenenza alla natura, non più vissuta come nutrimento della vita, ma come soffocamento della crescita".[12]

Con l'approfondirsi della collaborazione, Jules e io divenimmo 'una mente con due prese', come io una volta per scherzo definii la nostra relazione. Ci telefonavamo spesso per riferirci l'un l'altra dettagli significativi che avevamo trovato, solo per scoprire che l'altra aveva avuto la stessa idea o verificato la stessa evidenza, quasi contemporaneamente nello stesso giorno. Per fare un esempio efficace: lo stesso giorno scoprimmo che i greci avevano una bella immagine per descrivere come l'anima individuale, che chiamavano *bios*, penda dalla grande collana dell'Essere, che chiamavano *Zoë*. Quasi simultaneamente cercammo di telefonarci per comunicare la nostra eccitazione al riguardo. Ciò che scoprimmo con le nostre ricerche fu una rivelazione: la continuità dell'immagine e della mitologia della dea attraverso innumerevoli secoli e civiltà. Lo sentivamo, stavamo mettendo nuovamente insieme le parti di un corpo smembrato che poteva essere riportato alla vita, quasi come aveva fatto Iside, nel grandioso mito egizio dell'Età del Bronzo, quando aveva raccolto i frammenti disseminati del corpo di Osiride per riportarlo in vita. Ciò che la dea aveva fatto per l'archetipo maschile noi lo stavamo facendo per quello femminile. Capivamo che la dea impersonava una visione della vita che era stata perduta — la visione di un Cosmo vivente, intelligente, conscio, in cui tutti gli aspetti della vita erano in relazione gli uni con gli altri.

Una Visione Perduta della Realtà

Mentre lavoravamo, ci sentivamo sostenute da qualcosa, quasi da Qualcuno, al di là di noi. Come altre donne che andavano scoprendo contemporaneamente ciò che era stato perso, sentimmo l'urgenza del bisogno di raccontare la storia della dea dimenticata e di spiegare perché nella cultura patriarcale le era stato concesso così poco spazio. Volevamo sapere perché e quando la Natura era stata svuotata dello spirito tanto da ritrovarsene lontana; perché nell'immagine cristiana di Dio mancava la dimensione femminile del divino; perché nelle religioni patriarcali la divinità era stata concepita nell'immagine di un Padre invece che di una Madre e un Padre, e infine, perché lo Spirito Santo, il terzo aspetto della Trinità secondo la dottrina cristiana, era stato definito maschile quando, nei magnifici passaggi degli *Apocrypha*, era ovvio che il Santo Spirito di Sapienza parlasse con voce femminile. Sentivamo quanto fosse essenziale scoprire le ragioni per cui era stato perso qualcosa di così vitalmente importante per l'equilibrio della civiltà occidentale nel suo insieme. Più importante di ogni cosa, sentivamo che l'immagine della dea recava con sé una visione della realtà che doveva essere recuperata: una visione che era stata dimenticata o annullata per secoli e che un tempo ci aveva connessi non solo alla vita della Terra, ma a quella del Cosmo.

Perché ritenevamo così importante questa ricerca della perduta dimensione femminile del divino? Pensavamo potesse spiegare perché la nostra cultura considera la Natura qualcosa da saccheggiare rapacemente e da manipolare a vantaggio della specie umana, senza nessuna consapevolezza degli effetti sull'equilibrio complessivo della vita e sull'organismo del pianeta. Ci avrebbe aiutato anche a capire le radici del lungo assoggettamento della donna: perché la sua voce era stata effettivamente scritta al di fuori della storia della civiltà occidentale, e certamente di quella mondiale; perché aveva sofferto una così potente oppressione nella cultura patriarcale per tanti secoli. Quando cominciammo, non avevamo assolutamente idea della catena di idee misogine che si erano sviluppate dalla descrizione del ruolo di Eva nel mito biblico della Caduta e dall'influente eredità degli scritti di Platone e dei primi Padri Cristiani.

Dieci anni di ricerche e scrittura condussero infine alla pubblicazione, nel 1991, del *Mito della Dea: evoluzione di un'immagine*. Ci era voluto tanto tempo per scrivere il libro a causa del fatto che, dapprima nel training e poi nel lavoro di analiste, ci rimanevano poco tempo e poca energia, ma condusse a una profonda e durevole amicizia tra noi, come se fossimo state attratte l'una verso l'altra per compiere quest'opera che nessuna delle due avrebbe potuto concludere da sola. Determinate a che il nostro libro includesse le immagini delle dee, i miti e i racconti, raccogliemmo 450 illustrazioni, insistendo con l'editore affinché le ponesse nel contesto del testo specifico che le descriveva. Fortunatamente fummo ascoltate.

Il Mito della Dea racconta la storia di come, nel corso di circa ventimila anni, l'immagine della divinità sia gradualmente cambiata dalla dea al dio, e di come il dio finì per essere identificato con lo spirito e la mente e la dea con la Natura, la materia e il corpo. L'immagine della dea fu temuta e rifiutata, e con essa temute e rifiutate le donne e ogni manifestazione della vita identificato con il femminile, incluse — sommamente importante — l'anima, la natura e la materia. Il principio femminile, incarnato dalla dea, finì per essere rifiutato o degradato, in relazione a quello maschile, incarnato dal dio: così spirito e natura furono separati. Più questo processo divisivo si intensificava, più divenivano polarizzati nella coscienza umana la mente conscia e l'anima istintiva, la testa e il cuore, fino alla crisi spirituale, politica ed ecologica del tempo presente.

Pensavamo che il nostro libro avesse un messaggio per il nostro tempo, perché mostrava come la perdita della dimensione femminile del divino aveva portato alla tripla perdita di rispetto per la natura, la materia e la donna, e come la crisi ecologica odierna potesse essere direttamente rintracciata nella denigrazione del femminile nella filosofia, nella teologia e nella mitologia degli ultimi quattro millenni. Nell'ultimo capitolo del libro ci concentrammo sull'immagine del matrimonio sacro di spirito e natura, chiedendo che ciò che era stato separato nel corso di questi millenni fosse riunito.

Le Intuizioni delle Altre Donne

Mentre lavoravamo al nostro libro, altre donne in America e in Canada seguirono percorsi di ricerca simili, e pubblicarono le loro scoperte riguardo ciò che era successo alla dea, le culture da lei presiedute, il suo significato e il suo valore per la donna moderna. Cominciarono ad apparire molti libri, i più importanti dei quali forse sono quello di Elaine Pagels sui Vangeli gnostici [13] e quello di Riane Eisler, *Il calice e la spada*.[14] Mentre il libro della Pagels recuperava le perdute immagini cristiane del Femminile, che erano state onorate nelle prime comunità gnostiche e miracolosamente recuperate dopo le scoperte fatte a Nag Hammadi in Egitto, il libro della Eisler, pubblicato poco prima del nostro, era un formidabile atto d'accusa della cultura patriarcale e un sostegno esplicito alla necessità di un cambiamento di coscienza. Alcune scrittrici, come Pagels e Rosemary Ruether, erano teologhe. Altre, come Jean Shinoda Bolen e Marion Woodman, erano analiste junghiane. L'immagine della Madonna Nera aveva un significato numinoso per alcune di esse, in particolare per Woodman, che lavorava come analista a Toronto. Menziono qui i libri di alcune donne, tuttavia ce n'erano molti altri che leggevo con profondo interesse e gratitudine perché ognuno, a suo modo, ha rafforzato e confermato la mia ricerca di una comprensione più profonda del Femminile. *Descent to the Goddess* di Sylvia Brinton Perera, pubblicata nel 1981, sottolineava la necessità per la donna moderna di fare la discesa nel mondo sotterraneo dell'anima, lì per sperimentare e riscattare i potenti sentimenti istintuali che erano stati negati espressione per così tanti secoli in un patriarcato cultura. Nell'introduzione al suo libro ha scritto queste parole memorabili:

> *Il ritorno alla dea, per un rinnovamento nella fonte originaria e nello spirito femminili, è un aspetto di vitale importanza nella ricerca della totalità della donna moderna. Noi donne che abbiamo avuto successo siamo di solito "figlie del padre" — cioè, ben adattate a una società orientata al maschile — e abbiamo ripudiato i nostri istinti e modelli energetici pienamente femminili, proprio come la cultura ne ha mutilato o deriso la maggior parte. Dobbiamo tornare e riscattare ciò che il patriarcato ha spesso visto solo come una pericolosa minaccia e chiamato terribile madre, drago o strega.... Questa connessione interiore è un'iniziazione essenziale per la maggior parte delle donne moderne del mondo occidentale; senza di essa non siamo intere. Questo processo richiede un sacrificio della nostra iden-tità come figlie spirituali del patriarcato, e una discesa nello spirito della dea, perché tanta parte del potere e della passione del femminile è stata assopita negli inferi — in esilio per cinquemila anni.*[15]

Rivolgersi di nuovo al Mondo

Capivo sempre più l'importanza di recuperare il femminile, ma la mia attenzione era attratta anche da quanto accadeva nel mondo e dalla consapevolezza della sofferenza delle persone coinvolte nel conflitto sviluppatosi nella ex–Yugoslavia nel 1992. Profondamente angosciata dalla sofferenza impotente di quelle persone, scrissi un libro per bambini che si basava sul tema de *La conferenza degli uccelli*, una famosa poesia Sufi del dodicesimo secolo, del mistico persiano Farid ud–Din Attar. Avevo sempre amato quella storia e, sebbene l'originale fosse scritta per coloro che intraprendevano un percorso spirituale, sembrava possibile raccontarla ai bambini moderni e connetterla alla necessità di un cambiamento fondamentale della nostra relazione con la Terra, se volevamo crescere al di là dei conflitti che devastavano la vita di così tante persone, e divenire consapevoli di noi stessi quali abitanti del pianeta piuttosto che appartenenti a un gruppo particolare, nazionale, religioso o etnico. Il libro, che voleva offrire una nuova immagine di spiritualità, fu pubblicato nel 1993 con il titolo *The Birds Who Flew Beyond Time*.

Poi, fui attirata in un'altra direzione per via della stretta amicizia che mi legava ad Andrew Harvey, i cui libri ammiravo tantissimo.[16] Ci fu chiesto da un editore inglese (Godsfield Press) di scrivere due libri insieme: *The Mystic Vision* (1995) e *The Divine Feminine* (1996). Ancora una volta mi ritrovai im-mersa in materiali che avevo amato e conosciuto molti anni prima, ritornando alla letteratura mistica dell'Hinduismo, del Buddhismo e del Taoismo che avevo incontrato nei miei due viaggi a Oriente, aggiungendovi l'esperienza dei mistici Cristiani e Sufi. Insieme, selezionammo passaggi della tradizione mistica di tutte le culture, inclusi alcuni detti dei Popoli Indigeni di tradizione sciamanica, come gli Indiani d'America e i Kogi che vivono nelle remote montagne della Colombia.

Mi immersi completamente in questi scritti, chiarendo i miei pensieri mentre mi sforzavo di articolare l'essenza di ciò che i mistici avevano cercato di comunicarci. Penso che il loro messaggio potrebbe essere riassunto in queste parole:

> I mistici e i saggi di tutti i tempi e le culture hanno cercato di rivelarci ciò che hanno scoperto: che siamo nella Terra Divina come un pesce nel mare o un uccello nell'aria; e abbiamo cercato di aiutarci a dissolvere l'illusione della nostra esistenza separata in modo che sperimenteremo noi stessi qui e ora, in questa dimensione, come ciò che siamo veramente — Essere Divino.

Il Divino Femminile

Il secondo libro, *The Divine Feminine*, mi condusse nel profondo della letteratura sacra e delle rappresentazioni dell'aspetto femminile del divino nelle differenti tradizioni. Sebbene avessi imparato molto nella ricerca per *Il Mito della Dea*, sembrava che ora mi venisse chiesto di ampliarla per includere altre culture. Cominciai a capire l'archetipo o il principio femminile in un senso più profondo, non più come la sola dea, ma come ciò che la dea incarnava: un immensa matrice, o rete di relazioni nascoste attraverso cui spirito e natura, le dimensioni invisibili e visibili della vita del Cosmo, erano connesse le une con le altre. Cominciai a vedere che nell'insegnamento religioso era stato perso qualcosa di assolutamente vitale: il concetto della dimensione cosmica dell'anima come un ordine di realtà non riconosciuto che lega insieme tutti gli aspetti della vita, i visibili e gli invisibili. Vidi anche che questa perdita disastrosa nella sfera religiosa era stata trasmessa alla scienza, che non riconosceva l'unità e l'interconnessione degli aspetti della vita che stavo esplorando, per non parlare della loro sacralità.

Nel 1995, mentre cercavo materiale per *The Divine Feminine*, feci un altro sogno che dapprima non mi sembrò rilevante:

> *Sto andando a un College dell'Università di Oxford per ascoltare un'esibizione dei Vespri della Beata Vergine di Monteverdi. Sul sedile posteriore dell'auto c'è una vecchia valigia di cuoio marrone vecchio stile — il tipo che anni fa veniva chiamato una 'valigia rivelazione' perché poteva espandersi a una capacità maggiore di quanto non fosse a prima vista evidente.*

Malgrado l'avessi trascritto, non prestai molta attenzione a questo sogno premonitore. Poco dopo, invece, mentre scrivevo un capitolo sull'immagine della Shekinah nella tradizione mistica della Qabbalah, capii improvvisamente chi rappresentasse in questa tradizione la dea della mia visione. Essa incarna quella che i qabbalisti chiamano il volto femminile di Dio: la sapienza e la gloria e la radiante immanenza del fondo divino, nascosto sotto e dentro le forme di vita. Shekinah significa letteralmente 'Presenza di Dio nel mondo'. Allora ricordai il sogno con la malconcia valigia 'rivelazione' sul sedile posteriore della mia auto. Avevo scritto della Shekinah nel Mito della Dea, attingendo alle intuizioni del grande studioso ebreo Gershom Scholem, ma non avevo realmente afferrato le piene implicazioni della sua presenza. In quel momento compresi in un lampo di illuminazione che la Shekinah offre l'immagine più completa dell'aspetto femminile dello spirito sopravvissuta dall'antico passato. Essa recupera la cosmologia connettiva dell'anima che le tre religioni patriarcali avevano perso, nel ripudiare la dimensione femminile del divino. Cominciai a percepire che l'essere femminile che si era rivelato a me in una rappresentazione così potente personificava l'anima come entità cosmica e dimensione invisibile della realtà. Vissi questa realizzazione come una rivelazione, fu come scoprire l'acqua nel deserto. Così tanti frammenti di conoscenza, così tanti testi sacri provenienti da molte culture, cominciarono a comporsi ordinatamente e, nonostante tutte le ricerche che avevo fatto per *Il Mito della Dea*, iniziai a guardare molto più profondamente nella relazione tra l'immagine della dea e l'idea che il cosmo abbia un'anima.

L'ampio, cosmico significato della parola 'anima' divenne intensamente reale, intensamente vivo. Con un senso di enorme sorpresa, compresi perché, da quella nuova prospettiva, la vita sia profondamente sacra. Realizzai che l'immagine della Shekinah incarna la sottile ragnatela o il campo delle relazioni che è l'invisibile fondamento di tutto quello che chiamiamo vita. La scienza può studiare gli aspetti visibili di questa rete di vita sotto differenti titoli come cosmologia, biologia e micro fisica, ma un'immagine come la Shekinah unifica questa diversità e, soprattutto invita a relazionarsi con essa come a una cosa viva, cosciente: il vero fondamento della nostra coscienza. Anche se l'immagine della Vergine Maria ha in qualche modo interpretato questo ruolo per milioni di Cattolici e di Cristiani Ortodossi nel corso dei secoli, tuttavia non era un aspetto del divino, né poté mai, quindi, rappresentare la divinità innata e l'interconnessione della vita, e neppure rappresentare la dimensione nascosta della rete della vita cosmica o della sacralità della natura. Ora capivo perché il grande sapiente indiano, Sri Aurobindo, aveva scritto nella sua opera principale, *La Vita Divina*: "Se è vero che lo Spirito è implicato nella Materia e la Natura apparente è il Dio segreto, allora la manifestazione del divino in se stesso e la realizzazione di Dio dentro e fuori di sé sono lo scopo più elevato e più legittimo possibile per l'uomo sulla terra".[17]

Ricordai allora un bel testo di un rabbino hassidico, Rabbi Nachman di Bratslav, che avevo trovato compilando *The Mystic Vision*: "Come la mano davanti all'occhio nasconde la più grande montagna, così la piccola vita terrena nasconde allo sguardo le enormi luci e i misteri di cui il mondo è pieno. E colui che può toglierla dai suoi occhi come toglie una mano, vede il grande splendore dei mondi interiori".[18]

Ora sapevo che il mio sogno visionario e la mia lunga ricerca per conservare il ricordo dei primi messaggi canalizzati mi avevano portato alla scoperta della divinità non riconosciuta della vita su questo pianeta, così come dell'esistenza di un mondo invisibile, o dimensione della realtà, in cui partecipava tutta la vita; un cosmo di relazioni; una magnifica e meravigliosa rete di vita.

La scoperta dell'immagine della Shekinah fu così profondamente significativa, perfino una rivelazione, perché qui, chiaro come il cristallo, c'era la perduta rappresentazione femminile di Dio e dello Spirito Santo. Poiché la tradizione della Qabbalah associa l'aspetto femminile della divinità — la Divina Sapienza — e lo Spirito Santo, rendeva evidente come il Cristianesimo, nella sua definizione di Spirito Santo come Terza Persona di una Trinità maschile, avesse perso la mitologia antica e l'idea di connessione dello spirito come grande rete della vita e, importantissimo, il riconoscimento che il divino è presente in ogni filo d'erba, in ogni cellula del corpo, proprio *in ogni filo d'erba, in ogni cellula del corpo*. Questa comprensione, parte così intrinseca dell'insegnamento dei veggenti vedici dell'India e della Qabbalah, è ciò che abbiamo perso e ciò che ora dobbiamo recuperare.

Anima e spirito come Fondamento Divino

Sentivo come se mi avessero dato un assaggio del grande splendore dei mondi interiori, mondi normalmente nascosti alla vista. Sapevo di riscoprire qualcosa che mi sembrava familiare, qualcosa di intensamente eccitante, che offriva la controparte metafisica delle scoperte scientifiche più avanzate del nostro tempo. Nella forma di quell'immagine potente e numerica, mi fu data una rivelazione del perché, nelle parole di Blake, "Tutto ciò che vive è sacro". Capii che la tradizione mistica della Qabbalah ci offre uno dei principali anelli mancanti tra l'esperienza partecipativa delle grandi culture lunari dell'età del bronzo e la nostra stessa età, le cui differenze esplorerò nei capitoli successivi. Quel che abbiamo perso, e che questa tradizione straordinaria ha preservato per noi, è l'immagine di una Terra sacra e di una rete invisibile di relazioni che collega la vita del nostro pianeta con la vita del Cosmo. Mi fu chiaro che la nostra anima, la nostra coscienza, appartengono a questa vita più grande come un figlio ai genitori: il figlio al padre e la figlia alla madre. La mia idea di anima fece un giro di centottanta gradi quando capii che l'anima non è in noi. Noi siamo nell'anima.

Più di questo: siamo della natura e della sostanza dell'anima, della natura e della sostanza dello spirito. Mi sembrò che lo spirito e l'anima nel loro senso più ampio non fossero molto diversi nel genere o nella sostanza, ma due nomi o due aspetti — uno maschile, uno femminile — della stessa dimensione invisibile che è il fondamento, la radice o la sorgente del mondo fisico la cui vita infonde, anima e sostiene l'intero Cosmo. Questa vita non è solo innata in ogni atomo del nostro essere, ma noi partecipiamo alla sua vita, per quanto inconsapevoli di ciò che possiamo essere. All'improvviso, l'anima divenne intensamente reale, intensamente viva per me. Sperimentai l'essere femminile che avevo visto nel mio sogno come presenza vivente con cui potevo comunicare, a cui potevo riferirmi. Distesa ai suoi piedi, guardandola, mi resi conto che ero un microcosmo in relazione a lei macrocosmo.

Compresi allora che l'essere straordinario del mio sogno era in realtà colei cui Platone e Plotino, con i concetti di ψυχή του κόσμου (psuche tou kosmou) e *Anima Mundi* avevano chiamato Anima del Cosmo o Anima del Mondo. Era colei che era apparsa ad Apuleio, in epoca ellenistica, come la dea Iside e più tardi, in epoca cristiana, come Sophia o Divina Sapienza al filosofo Boezio, come scrivemmo ne *Il Mito della Dea* (pp. 828–9). In attesa della morte, egli aveva scritto la sua opera famosa *La consolazione della filosofia*, rendendo immortali le parole che gli aveva rivolto, parole che secoli dopo dovevano ispirare Carlo Magno.[19] Questa stessa figura del Mondo o Anima Cosmica può essere identificata con la voce della Divina Sapienza e dello Spirito Santo, che parla così eloquentemente nel Libro dei Proverbi e nei Libri della Sapienza degli *Apocrypha* e nei testi gnostici scoperti a Nag Hammadi in Egitto nel 1945. Per me, l'immagine della Shekinah offriva una descrizione sorprendentemente completa dell'Anima del Cosmo.

Note:

1. Jung, C. G.: CW14, *Mysterium Coniunctionis*, Routledge and Kegan Paul Ltd., 1963 Londra, par. 488
2. Apuleio: *L'asino d'oro*, BUR Milano, 2005.
3. Boezio, Severino: *La consolazione della filosofia*, Einaudi Torino, 2010.
4. Neumann, Erich: *La grande madre. Fenomenologia delle configurazioni femminili dell'inconscio*, Casa Editrice Astrolabio Roma, 1981.
5. Barfield, Owen: *Salvare le apparenze. Uno studio sull'idolatria*. Marietti Genova 2010.
6. Marshack, Alexander: *The Roots of Civilization*, Weidenfeld & Nicolson Ltd., Londra 1972.
7. Pagels, Elaine: *I vangeli gnostici*, Mondadori, Milano 2011.
8. Nag Hammadi Library, ed. James M. Robinson, E.J. Brill, Leiden 1977.
9. Gimbutas, Marija: *Le dee e gli dei dell'antica Europa*. Miti e immagini del culto, Stampa Alternativa, Viterbo 2016; *Il linguaggio della Dea*, Venexia, Roma 2008. Una mostra intitolata *The Civilization of Old Europe* (2010) a New York, Zurigo e Oxford ha mostrato molti dei magnifici artefatti descritti da Gimbutas, sopravvissuti dal 5000–3500 aC e ora ospitati nei musei di Romania e Bulgaria.
10. Campbell, Joseph: *Le maschere di Dio*, Bompiani, 1962
11. Campbell, Joseph: *The Way of the Animal Powers*, Times Books Ltd., Londra 1984. Nel 2008, in una caverna in Germania fu trovata l'esile figura di una donna, la più antica scultura di figura umana mai conosciuta, datata 35–40.000 aC
12. *Il mito della Dea, evoluzione di un'immagine* Venexia, 2017, pag. 866.
13. Elaine Pagels, *I Vangeli gnostici*, Mondadori, 2011.
14. Riane Eisler, *Il calice e la spada*, Forum edizioni, 2011.
15. Perera, Sylvia Brinton: *Descent to the Goddess*, inner City Books, Toronto 1981.
16. Harvey, Andrew: *Hidden Journey*, Bloomsbury Publishing Ltd., Londra, 1991.
17. Aurobindo, Sri: *La Vita divina*, Ed. Mediterranee, Roma 1998, p. 4.
18. Rabbi Nachman di Bratslav, da Edward Hoffmann, *The Way of Splendor: Jewish Mysticism and Modern Psychology*, Shambala, Boulder, Colorado, 1981, p.117.
19. Boezio: *La consolazione della filosofia*.

Il Buddha
Seduto sulle spire del Naga (serpente), il cui capo a sette teste lo protegge mentre medita — diciassettesimo secolo, Museo Nazionale Bangkok

Capitolo tre

L'Albero della Vita

L'amavo al di sopra della salute e della bellezza, e scelsi di averla al posto della luce, perché la luce che viene da lei non se ne va mai....

— Sapienza di Salomone

Il sogno visionario della donna cosmica mi aveva condotta alla tradizione mistica ebraica della Qabbalah, parola che significa 'ricevere'. La leggenda dice che quando Adamo ed Eva furono cacciati dal Giardino dell'Eden, l'angelo Raziel diede loro un libro che li aiutasse a trovare la strada per ritornarci. Nelle parole di un qabbalista moderno, Z'ev ben Shimon Halevi (Warren Kenton), "la Qabbalah è l'aspetto interiore e mistico dell'Ebraismo. È l'Insegnamento Eterno sugli Attributi del Divino, sulla natura dell'universo e sul destino dell'uomo".[1]

Per circa quattromila anni, un'illustre catena di maestri trasmise oralmente la tradizione della Qabbalah, dalle sue origini remote in Babilonia e in Egitto fino al tredicesimo secolo, quando nella Spagna settentrionale, probabilmente nella città di Girona, centro di studi qabbalistici, fu scritto un libro chiamato *Zohar o Libro dello Splendore*. Molti secoli prima era fiorita in modo fertile nell'Alessandria ellenistica, dove molti Ebrei si erano rifugiati al tempo della Cattività Babilonese (586–539 aC), e ancora dopo la caduta di Gerusalemme nel 70 dC., quando un nuovo flusso di rifugiati si era aggiunto alla comunità più antica, da lungo tempo stabilitasi in quel luogo. Più tardi si era spostata in Spagna, all'altro capo del Mediterraneo. Con la brutale espulsione degli Ebrei dalla Spagna del quindicesimo secolo, il movimento qabbalistico si spostò in Safed, in Palestina, dove uno dei suoi maestri più importanti, Moses Cordovero (1522–1570), visse e scrisse la sua famosa opera *Il giardino dei melograni* (*Pardes Rimmonim*), in cui indicò quali sono i tredici accessi alla coscienza più elevata. Un altro grande maestro fu Isa aC. Luria (1534–1572), che visse al Cairo ma si spostò a Safed e studiò per un breve periodo con Cordovero, prima che il suo maestro morisse. Il Qabbalismo si radicò anche nel Nord Europa, in particolare in Inghilterra (dove Shakespeare lo conobbe senza dubbio), Polonia e Boemia. Fiorì brevemente durante il Rinascimento italiano dove, insieme con Marsilio Ficino, il giovane brillante Pico della Mirandola sperò di creare una fusione tra Qabbalah e Cristianesimo, fino a quando la sua morte precoce e prematura (un probabile assassinio istigato dal Papato) pose fine alla possibilità di realizzare la sua visione.

Ho scoperto che una delle immagini più antiche e importanti della Qabbalah è l'Albero della Vita. Pensai che il mio sogno visionario mi avesse condotta a questa tradizione, cui sembrava si riferissero i primi messaggi: "Trova la Pietra ai piedi dell'Albero" avevano detto. Man mano che avanzavo nella scoperta di questa tradizione, mi sembrò che l'Albero della Vita fosse un chiaro e meraviglioso modello per descrivere la rete di relazioni che collega lo spirito invisibile con il tessuto della vita in questo mondo. Al cuore della realtà, nella dimensione più interna c'è il fondamento divino, non manifesto e inconoscibile; al più esterno, le forme fisiche che chiamiamo natura, corpo e materia. Il collegamento tra i due è l'archetipo dell'Albero della Vita — un albero invertito — i cui rami crescono dalla radice nel terreno divino e si estendono attraverso mondi invisibili, attraverso invisibili dimensioni dell'essere, fino a questa. In questo modello vengono descritte e definite la natura e le proprietà delle diverse dimensioni o livelli della realtà e le loro relazioni reciproche. Ogni aspetto della creazione, visibile e invisibile, è intrecciato con ogni altro aspetto. Tutto è un'unica vita, una sola sinfonia cosmica, un intero integrato. Noi partecipiamo alla vita divina che informa tutti questi misteriosi livelli di realtà, le nostre vite sono inseparabili dalla vita interiore del Cosmo.

Mi imbattei in un'affermazione nel libro *La scala delle luci*, di William Gray, che descrive l'Albero della Vita come "una rappresentazione simbolica delle relazioni che si credono esistere tra la Divinità più astratta e l'umanità più concreta... un Albero genealogico che collega Dio e l'Uomo con Angeli e altri Esseri come una completa creazione coscia".[2] Mi sentii attratta da questa tradizione contemplativa che valorizza la possibilità di percorrere il sentiero verso Dio come un processo di risveglio, realizzato attraverso un'illuminazione graduale e l'esperienza, invece che con l'adesione a un credo o a una fede specifici. Mi piaceva anche il fatto che questa tradizione non cercasse proseliti o tentasse di convertire, ma al contrario fosse in attesa che le persone la cercassero e scoprissero i suoi tesori. L'accento era posto sulla crescita dell'intuizione e della sapienza attraverso la contemplazione e una relazione più profonda con il fondamento divino, senza rinnegare la vita e le relazioni in questa dimensione della realtà. Trovai straordinario e importante che non cadesse nel dualismo che divide materia e spirito. Non rifiutava il corpo e neppure era ossessionata dal peccato.

Immagina una cultura musulmana in Europa che accoglie Cristiani ed Ebrei, dove non ci siano anatemi per gli infedeli o gli apostati come accade oggi in Iran e negli altri paesi islamici. Dal nono al dodicesimo secolo, nella Spagna moresca e nel sud–ovest della Francia esisteva una cultura simile, tollerante e avanzata. Da Cordoba, Siviglia e Granada a Sud, fino a Toledo, Girona, Tolosa e Narbona più a Nord, in giardini che profumavano di gelsomino e in cui si udiva lo sgocciolio dell'acqua delle fontane, nelle sere d'estate studiosi e filosofi, appartenenti alla tradizione delle tre religioni, si incontravano in piccoli gruppi per scambiarsi conoscenze, esplorare misteri e trasmettere il loro sapere e la loro esperienza alle generazioni future. Questa fu l'Età d'Oro dell'Islam, quando progredivano scienza, matematica e filosofia, e a Cordoba il grande scienziato arabo Averroè Ibn Rushd insegnava e scriveva innumerevoli trattasi su Aristotele.

Nel dodicesimo e tredicesimo secolo, questa atmosfera nutriente produsse la straordinaria fioritura non solo della cultura islamica, ma anche di quella ebraica e cristiana, una fioritura che coincise con la diffusione delle leggende del Graal e le incantevoli ballate dei trovatori. Le persone viaggiavano per tutt'Europa verso centri rinomati di cultura come Toledo, per sedere ai piedi degli studiosi musulmani o ebrei che li presiedevano. Il ricco miscuglio di conoscenza e genio artistico della Spagna Moresca, riflesso nella sublime bellezza dell'Alhambra, diede l'avvio a un potente impulso culturale che un relativamente piccolo numero di individui portò in un'ampia parte d'Europa, ma particolarmente e con maggior brillantezza, nella cultura altamente sofisticata della Francia sud–occidentale.

Poi, repentinamente e tragicamente, nell'arco di tre secoli l'armoniosa relazione tra Musulmani, Cristiani ed Ebrei fu distrutta per il fanatismo cristiano. Tre furono i filoni di questo fanatismo: il primo furono le crociate contro i Musulmani che avevano occupato la città di Gerusalemme (la prima Crociata fu lanciata in Francia nel 1095); il secondo fu la Crociata contro gli Albigesi, iniziata nel 1208 dal Papa Innocenzo III, il quale scatenò un esercito di guerriglieri guidato da Simon de Montfort che scese sulla Francia sud–occidentale e, con la forza di uno tsunami, distrusse completamente la sua cultura tollerante e fiorente; il terzo fu la decisione, presa dai monarchi cattolici Ferdinando e Isabella alla fine del quindicesimo secolo, di espellere Ebrei e Mori dalla Spagna, anche se la persecuzione dei Mori era già iniziata in precedenza con la pretesa della Spagna cristiana di riavere i territori da loro governati. Papa Sisto IV, nel 1474, proclamò l'istituzione della Santa Inquisizione che, nella decade successiva, mise al rogo migliaia di Ebrei, in un ignobile *auto–da–fé*. Nel 1492, sotto pena di morte, a tutti gli Ebrei spagnoli fu ordinato di lasciare la Spagna, malgrado le loro comunità fossero stabilite sul suolo spagnolo da oltre sei secoli e fossero ben integrati nella cultura spagnola, sia cristiana che moresca. Fu a quel tempo che molti fuggirono in Palestina, presso la comunità di Safed.

Questi furono i tre elementi disastrosi e fatali che finirono per provocare secoli di inimicizia e persecuzioni tra Cristiani, Ebrei e Musulmani e per condurre inesorabilmente ai tragici eventi in cui siamo oggi coinvolti. Centinaia di migliaia di ebrei e musulmani furono brutalmente espulsi dalla Spagna, molti di loro uccisi, le loro proprietà espropriate. Migliaia di inestimabili manoscritti e manufatti sacri furono distrutti, come successe a Sarajevo durante la recente guerra in Bosnia. Il cuore della superba moschea di Cordoba fu cavato via e sostituito da un altare cristiano. Quanto sarebbe stata diversa la storia della cultura europea e le relazioni tra queste tre tradizioni religiose se un Cristianesimo tollerante, invece che fanatico e determinato a imporsi, avesse prevalso in Spagna. I Cristiani non misero mai in dubbio la giustezza di quello che stavano facendo nel nome di Dio. La loro fede fornì la giustificazione per la crudeltà e l'oppressione più abominevoli, che in seguito furono portate dall'Europa al Nuovo Mondo — e tutto questo nel nome di Cristo.

L'Insegnamento della Qabbalah

L'insegnamento fondamentale della Qabbalah è la dottrina dell'emanazione e, di conseguenza, dell'unicità o unità di tutte le dimensioni cosmiche del reale. Il Divino Spirito Creativo, definito come la divinità immanifesta, Ain Soph o Ain Soph Aur — la Luce Infinita — è considerato non solo totalmente trascendente e inconoscibile, ma anche, attraverso l'emanazione, presente in ogni particella del mondo creato visibile e delle dimensioni intermedie della realtà, che invece sono velate al nostro sguardo. Il percorso a zig–zag dell'Emanazione Divina lungo l'Albero della Vita è chiamato Lampo Accecante. Lo scopo di un qabbalista era, ed è, quello di unire i due mondi: il Superiore con l'Inferiore, il mondo divino invisibile con il mondo manifesto. A differenza delle altre tradizioni religiose, la Qabbalah non rifiutava questo mondo come se fosse caduto (Cristianesimo) o illusorio (Hinduismo), ma lo vedeva sostenuto e permeato dalla luce del fondamento divino. Insegnava che qualsiasi cosa facciamo in questo mondo influenza le dimensioni o i mondi invisibili e viceversa, perché tutto, visibile e invisibile, è connesso. L'anima si illumina attraverso molte vite, dapprima con l'attrazione, poi con la contemplazione e, infine, nella comunione con i mondi invisibili. Moses de Laon, un rinomato cabalista del XIII secolo che visse in Spagna, scrisse queste parole memorabili:

> Lo scopo dell'anima che entra in questo corpo è di mostrare i suoi poteri e le sue azioni in questo mondo, perché ha bisogno di uno strumento. Scendendo in questo mondo, aumenta il flusso del suo potere per guidare l'essere umano attraverso il mondo. In tal modo si perfeziona il sopra e il sotto, e raggiunge uno stato superiore essendo compiuta in tutte le dimensioni. Se non è soddisfatta sia sopra che sotto, non è completa. Prima di scendere in questo mondo, l'anima viene emanata dal mistero del più alto livello. Mentre è in questo mondo, è

> compiuta e soddisfatta da questo mondo inferiore. Partendo da questo mondo,
> è piena della pienezza di tutti i mondi, del mondo di sopra e del mondo sotto-
> stante. All'inizio, prima di scendere in questo mondo, l'anima è imperfetta; le
> manca qualcosa. Scendendo in questo mondo, è perfetta in ogni dimensione.[3]

Come qualcuno che emerge da una cella oscura, noi non possiamo sopportare la luce radiante del fondamento divino tutta in una volta. Come la nostra relazione con il divino si approfondisce, anche la nostra coscienza si espande per includere consapevolezza delle dimensioni dell'essere più profonde e invisibili, finché cominciamo ad irradiare la luce e l'amore di questo fondamento nascosto. Mi sembrava che questa tradizione si fosse fatta strada sia nella grande visione di Dante dell'ascesa dell'anima alle Sfere Celesti, sia Castelli Interiori di Santa Teresa d'Avila, ma nessuno dei due avrebbe potuto rischiare di accettare esplicitamente una tale influenza eretica.

Mondi dentro Mondi

Invece di presentare l'immagine di una discesa gerarchica dall'invisibile al visibile, la Qabbalah presentava l'immagine di mondi che nidificano dentro mondi, dimensioni dentro dimensioni, manifestandosi, per così dire, dall'interno verso l'esterno. Pensai che fosse un modello meravigliosamente illuminante del groviglio di relazioni che collegano lo spirito invisibile con il tessuto visibile del mondo materiale. Al livello più interno c'è la sorgente inconoscibile o divinità, al più esterno le forme fisiche della materia. Tutto è una rete unificata di vita: una sola vita; una sola energia; una sola entità cosmica. Scoprii che ognuno di noi è quella vita, quell'energia, quell'entità cosmica. Nella quintessenza, c'è solo una vita. Siamo tutti partecipanti alla vita del Cosmo, atomi nell'Essere e nel Corpo di Dio. Nella nostra essenza, siamo uno.

Compresi che i livelli, o dimensioni, di questo fondamento nascosto del Cosmo erano quel che Gesù intendeva con regno di Dio — mondi o dimensioni a noi invisibili che tuttavia sottolineano e 'permeano' il mondo fisico e che, se solo potessimo vederli, si estendono davanti a noi. Queste dimensioni possono diventare gradualmente accessibili alla nostra coscienza limitata quando essa evolve e si espande. Compresi anche che Gesù, come tutti i grandi maestri, doveva aver insegnato partendo dalla profonda conoscenza ed esperienza di questi mondi. Cominciai a vedere che sotto molte immagini di ricerca, in particolare la cerca medioevale del Santo Graal — rappresentazione di una sorgente illimitata di nutrimento, si trova l'immagine di una dimensione invisibile della realtà. Il mio sogno visionario, in modo potente e immediato, e meno pauroso della prima esperienza fatta a undici anni, aveva aperto una porta nell'esistenza di una dimensione nascosta della realtà che tiene la nostra dimensione nel suo abbraccio.

Come scrive Warren Kenton (Z'ev ben Shimon Halevi), un moderno maestro di Qabbalah:

> Conoscere la Qabbalah è una questione, ma compiere la sua Opera completamente un'altra.... Solo quelli che compiono l'Opera fine a se stessa sono iniziati. Solo l'individuo che vuole manifestare ciò che la Qabbalah rivela può essere un iniziato. Questo processo non è altro che integrazione di corpo, anima e spirito, per diventare così uno strumento più raffinato in cui i mondi interiore ed esteriore possano entrare in comunione.... Ogni volta che questo viene fatto, l'Universo viene sempre più messo a fuoco come riflesso dell'Assoluto.[4]

La Qabbalah è una tradizione vivente, tuttora nel processo di evoluzione mediante le esperienze degli individui che oggi la esplorano e la vivono. Offre la tradizione e il metodo per sviluppare un percorso diretto di comunione tra l'individuo e il fondamento divino — mediato da un maestro che trasmette una tradizione orale discesa molto probabilmente da un'antica esperienza sciamanica, sviluppata e arricchita da un lignaggio di contemplativi attraverso i millenni. Ciò che mi attrasse verso questa tradizione fu il fatto che celebri l'indissolubile relazione tra gli aspetti femminile e maschile della divinità che le tre religioni patriarcali hanno rifiutato o ignorato per secoli. In questa tradizione, come nel sacro matrimonio del dio e della dea nelle civiltà dell'Età del Bronzo, nel matrimonio di Shiva e Shakti della tradizione Hindu e nella relazione tra Yang e Yin del Tao, troviamo la rappresentazione della relazione e unione tra gli aspetti femminili e maschili della realtà. Se vogliamo comprendere le radici profonde della nostra attuale crisi ecologica e spirituale, possiamo trovarli nella perdita di tre importanti elementi: l'immagine femminile dello spirito, il percorso sciamanico diretto di comunione con lo spirito, attraverso esperienze visionarie e mistiche come quelle vissute dai grandi contemplativi di tutte le tradizioni, e il sacro matrimonio tra gli aspetti maschile e femminile del divino.

La Shekinah e la Divina Immanenza

La Shekinah è l'immagine del Divino Femminile o Volto Femminile di Dio, come fu concepito in questa tradizione mistica dell'Ebraismo. Nacque forse nella Scuola Rabbinica di Babilonia e fu trasmessa oralmente per un migliaio di anni e più, finché sbocciò negli scritti dei qabbalisti della Spagna medioevale, del sud–ovest della Francia e più tardi della Palestina del sedicesimo secolo. Nella rappresentazione e nella mitologia della Shekinah incontriamo la più completa descrizione dell'anima cosmica e l'indissolubile relazione tra i due aspetti primari della divinità persi o nascosti per secoli.

Divenne per me sempre più chiaro come la repressione dell'immagine della Grande Madre, o Grande Dea, fosse la principale ragione per la perdita dell'idea che tutta la natura era animata dallo spirito e perciò sacra. Fu la eradicazione dello spirito dal mondo naturale e la paura dell'animismo che rimosse definitivamente dalle persone, attraverso millenni di religione patriarcale, l'antico senso di partecipazione a un Sacro Ordine Cosmico.

Perché trovai l'immagine della Shekinah della Qabbalah così ricca nella sua portata immaginativa e rivelatrice, così significativa, così nutriente per la mia anima? Poiché mi diede un'immagine differente dello spirito: qui c'era un'immagine del divino inteso come vero fondamento del mondo fenomenico, che ha originato il mondo e vive in esso. La Shekinah come Spirito Santo di Sapienza — divinità presente e attiva nel mondo — fornisce la rappresentazione mancante dell'immanenza divina, persa o oscurata nelle tradizioni ortodosse di Ebraismo, Cristianesimo e Islam. Questa tradizione mette insieme cielo e terra, divino e umano in una visione, coerente e senza soluzione di continuità, della loro unità essenziale.

Mentre il Vecchio Testamento è la tradizione scritta dell'Ebraismo, la Qabbalah offre la tradizione orale nascosta, meravigliosamente chiamata 'La voce della Colomba' o 'I gioielli della Sposa Celeste'. La rappresentazione della Grande Dea dell'Età del Bronzo ritorna alla vita nella straordinaria bellezza delle descrizioni della Shekinah, e nelle desinenze di genere dei nomi che descrivono la dimensione femminile del divino. Ma il Divino Femminile viene ora definito come una rete infinita di connessioni della vita, come l'invisibile Anima del Cosmo, l'intermediaria tra l'inconoscibile divinità e la vita in questa dimensione. La Shekinah mette insieme cielo e terra, le dimensioni invisibile e visibile della realtà, in una visione risplendente della loro essenziale relazione e unione.

La Shekinah descrive l'aspetto femminile della divinità come Madre, Amata, Sorella e Sposa — una rappresentazione persa o oscurata nell'Ebraismo, nel Cristianesimo e nell'Islam, che potrebbe, se riconosciuta e onorata, trasformare la nostra immagine di Dio e Natura, per non parlare di noi stessi. La Shekinah dà alla donna ciò che ha perso negli ultimi duemila anni di civiltà occidentale: un'immagine del Divino Femminile che si riflette, a livello umano, in lei stessa. La Shekinah è la Maternità Divina, chiamata 'Madre di Tutti i Viventi' — titolo che un tempo era stato dato a Eva nella Genesi. Ora riesco a vedere, ancora più chiaramente di quando scrivemmo *Il mito della Dea*, che con il racconto della Caduta nella Genesi il clero del tempo tentò e riuscì a demonizzare l'aspetto femminile della divinità e ad esiliare Asherah, l'odiata dea cananea, degradandola nella figura di Eva. La tradizione del Divino Femminile, tuttavia, in qualche modo sopravvisse nella tradizione mistica dell'Ebraismo. Gershom Scholem scrive che l'introduzione dell'idea di un elemento femminile in Dio "fu una delle più importanti e durevoli innovazioni della Qabbalah. Il fatto che abbia ottenuto riconoscimento, nonostante l'ovvia difficoltà di riconciliarla con la concezione dell'unità assoluta di Dio, e che nessun altro elemento del Qabbalismo abbia ottenuto un tale grado di approvazione popolare, è la prova che rispondeva a un bisogno religioso profondo."[5]

Lo *Zohar* o *Libro della Radiosità* o *dello Splendore*, che apparve intorno al 1290 in Spagna, fu il testo principale del Qabbalismo medioevale — opera di molti individui, ma redatta col nome di Moses de Laon. Parla della Shekinah come Voce o Parola di Dio, Sapienza di Dio, Gloria di Dio, Compassione di Dio, Presenza Attiva di Dio, intermediaria tra i misteri della sorgente — chiamata anche fondamento inconoscibile — e questo mondo della sua manifestazione suprema. La mitologia della Shekinah come Divina Sapienza e Spirito Santo offre una delle immagini più incandescenti, vivide e potenti dell'immanenza divina in questa dimensione, poiché trasmuta tutta la creazione, inclusa l'apparente insignificanza e ordinarietà della vita quotidiana, in qualcosa da amare, abbracciare, onorare e celebrare in quanto epifania o splendore radiante dell'intelligenza e dell'amore divini, che le hanno dato origine e dimorano nascosti al suo interno.

La Rappresentazione del Matrimonio Macro e la Trasmissione della Luce

La cosmologia altamente sviluppata di questa tradizione conserva l'antica immagine del matrimonio sacro dell'Età del Bronzo, riflessa nell'unione del Padre–Madre divino nel fondamento dell'essere. Non c'è un Dio Padre, ma una Madre–Padre che sono uno nel loro eterno abbraccio, uno nella loro essenza, uno nell'emanazione, uno nell'estatico e continuo atto di creazione. Dalla prospettiva dell'immanenza divina non c'è una separazione sostanziale tra spirito e natura. Nessun'altra tradizione offre la stessa visione mozzafiato rappresentata in modo così squisitamente poetico dell'unione dell'energia maschile e femminile nell'Uno che è entrambi. Il Cantico dei Cantici fu il testo più usato dai qabbalisti per la contemplazione del mistero di questa unione divina.

Lo *Zohar* contempla il mistero della relazione tra gli aspetti femminile e maschile dello Spirito Divino espressi come Madre e Padre e la loro emanazione attraverso tutte le dimensioni della creazione, rappresentati come Figlia e Figlio. Il concetto essenziale di questa tradizione mistica si esprime in un'immagine di mondi dentro mondi invece che come gerarchia di discesa. Lo Spirito Divino (*Ain Soph* o *Ain Soph Aur*) al di là di ogni forma e concezione è l'ineffabile Luce alla radice, la Sorgente, il Fondamento dell'Essere. Emanandosi come Suono di creazione (Parola), Luce, Intelligenza e Amore, porta alla luce un susseguirsi di sfere, reami o dimensioni definiti come veli o vesti che celano o rivestono la sorgente nascosta, e tuttavia al contempo trasmettono la sua luce radiante.

La trasmissione di questa ineffabile Luce dalla sorgente al livello esterno manifesto prende la forma, come descritto in precedenza, di un albero invertito, l'Albero della Vita, i cui rami crescono dalle radici del terreno divino e si estendono attraverso i mondi invisibili, o dimensioni dell'essere, di cui non siamo consapevoli poiché le nostre menti sono chiuse rispetto alla loro esistenza. Nell'assorbire queste immagini, riconobbi la loro rassomiglianza con certi testi gnostici scoperti a Nag Hammadi. Ero anche sbalordita dalla similitudine tra la rappresentazione della luce come fondamento divino dell'essere e il concetto tibetano della luminosa luce del Vuoto.

Il centro o radice primordiale è la luce più interna, di una luminosità e traslucidità inimmaginabili, completamente differente dalla luce che vediamo in questo mondo. Questo centro si espande o si dissemina come raggio di luce in ciò che è descritto in alcuni testi come un mare di gloria, in altri come un palazzo o un utero che funge da recinto o ricettacolo della luce. Da qui emana come una cascata radiosa, una fonte di acqua viva, che riversa la luce per creare, permeare e sostenere tutti i mondi o le dimensioni che crea. Tutta la vita sulla terra, tutta la coscienza, è quella luce ed è quindi assolutamente sacra. Lo *Zohar* descrive la natura come la veste di Dio. Questa cascata di luce scorre attraverso i dieci vasi, Poteri o attributi del Divino, chiamati *Sefiroth*, che sono collegati dai ventidue sentieri dell'Albero della Vita. Il primo Vaso (*Kether*) è uno stato di perfetto equilibrio e contiene tutto ciò che era, è e sarà. L'impulso divino all'emanazione muove l'energia per espandersi oltre il primo Vaso fino al secondo; viene quindi ricevuto e contenuto dal terzo. Questo processo di espansione e contenimento viene ripetuto tre volte fino a quando questo Albero è completo e l'energia emanante è equilibrata. Il processo di emanazione procede quindi attraverso altri mondi, e le leggi o gli archetipi che governano ogni mondo o livello della creazione prendono forma fino a quando non si manifestano come quelli che conosciamo.

Il Divino Femminile

La Shekinah, o volto femminile, o aspetto della divinità è chiamata Utero Cosmico, Palazzo, Recinto, Fontana, Meleto o Mistico Giardino dell'Eden. È definita architetto dei mondi, sorgente, o fondazione del nostro mondo e anche Radiosità, Parola o Gloria del fondamento inconoscibile o divinità. Testo dopo testo vengono usate rappresentazioni sessuali o luminose per descrivere in che modo il raggio che emana dal fondamento inconoscibile entri nell'utero — il Grande Mare di Luce — della Madre Celeste, e in che modo essa dia origine alle energie creative maschili e femminile che, come due rami dell'Albero della Vita, sono simbolicamente Re e Regina, Figlio e Figlia. Un terzo ramo discende direttamente dal centro, unificando e connettendo le energie su ciascun lato. Tutti gli aspetti dell'Albero della Vita sono collegati attraverso ventidue sentieri.

La Shekinah è chiamata Sposa Divina, lo Spirito santo permanente e attivo e la guida divina e presenza immanente che libera il mondo dalla schiavitù alle credenze che lo separano dalla sua sorgente, restituendolo infine all'unione con il fondamento divino. Porta all'esistenza tutte le sfere, o dimensioni, della manifestazione che sono animate e sostenute dalla sorgente ineffabile finché essa genera il mondo manifesto che conosciamo e rimane qui il tempo necessario affinché l'intera creazione sia di nuovo attratta alla sua sorgente. Ancora una volta fui colpita dalla similitudine tra questa rappresentazione della Shekinah e l'immagine tibetana di Tara e mi chiesi se queste due tradizioni, la Qabbalah e il Buddhismo Mahayana, si fossero mai incontrate nell'Alessandria ellenistica, il luogo d'incontro tra Oriente e Occidente. O forse la stessa rappresentazione archetipica del Femminile si era manifestata in culture differenti?

La Qabbalah chiama l'ultima, decima sfera *Malkuth*, il Regno, dove l'immagine divina Madre–Padre si esprime come il maschile e il femminile di tutte le specie. L'umanità, femmina e maschio, è dunque l'espressione della dualità–nell'unità del divino. La Shekinah è per sempre unita al suo amato Sposo nel fondamento divino o cuore dell'essere ed è la loro unione nella divinità che mantiene la vita in uno stato costante di venire all'essere. Tuttavia, è anche presente, qui con noi, nella realtà materiale del nostro mondo. L'attrazione sessuale tra uomo e donna e l'espressione tra di loro del vero amore è l'attuazione o riflessione a questo livello di creazione dell'abbraccio divino che sussiste nel suo cuore, racchiuso nelle amate parole del Cantico dei Cantici: "Io sono del mio diletto e il mio diletto è mio" (6:3). La relazione sessuale umana, agita con amore, mutuo rispetto e gioia, è un rito sacro che si credeva mantenesse l'unione estatica della coppia divina.

Poiché la Shekinah porta tutti i mondi all'esistenza come sue vesti o veli, e dimora in loro come presenza divina, nulla è al di fuori dello spirito. Nello splendore di quell'invisibile mare cosmico di luce, tutto è collegato a tutto il resto come attraverso un sistema circolatorio luminoso. La Shekinah, inoltre, è profondamente devota a ciò che ha creato, poiché una madre è devota al benessere del proprio figlio. Tutta la vita sulla terra, tutti i livelli e gradi di coscienza, tutte le forme di ciò che vediamo e chiamiamo "materia", sono la creazione di quella fonte primordiale di luce e sono quindi espressione della divinità.

Blu e oro sono i colori associati alla Shekinah. Come anima cosmica, Lei è il terreno radiante o "corpo di luce" dell'anima umana — al tempo stesso il suo terreno più profondo ed essenziale; la sua 'veste' esterna, il corpo fisico; e il suo spirito o coscienza animatrice. Lei è la santa presenza della "gloria di Dio" in tutti.

Tutti noi, passando dall — incoscienza e dall'ignoranza di questo terreno radiante alla consapevolezza e al rapporto con esso, viviamo nel suo essere e cresciamo sotto il suo potere di attrazione fino a quando non ci ricongiungiamo con la fonte, scoprendo di essere ciò che in sostanza siamo sempre stati, ma non sapevamo di essere: figli e figlie di Dio, espressioni viventi dello spirito divino.

C'erano due differenti scuole all'interno della Qabbalah. Alcune vedevano la Shekinah come separata dalla divinità, in esilio volontario sulla terra, descrivendola come una Figlia separata dalla madre, o come una Vedova, fino a che non fosse in grado di ritornare al fondamento divino avendo raccolto in se tutti gli elementi o scintille (*scintillae*) del suo essere che erano state disperse durante il processo di emanazione. Altri mettono grande enfasi sul matrimonio tra Tipareth, la sesta *Sefiroth*, e la Shekinah nel suo luogo di esilio come Malkuth, la decima *Sefiroth*: un matrimonio che possiamo aiutare a realizzare in noi stessi, perché l'Albero della Vita è anche un modello della vita interiore della nostra anima. L'oscurità della veste della Shekinah, paragonabile forse alla veste nera o al velo di Iside — che fu anche chiamata 'La Vedova' durante la sua ricerca di Osiride — significa l'oscurità del mistero che nasconde la gloria della sua Luce.

Ero stupefatta nello scoprire che la Shekinah era chiamata 'La pietra pre-ziosa' e 'La pietra dell'esilio', cosa che la collega immediatamente con l'immagine del Graal, descritto come vaso — fonte di nutrimento senza limiti — e pietra. Fu anche chiamata 'Perla' e 'Carbone ardente'. Agli occhi aperti della mia immaginazione appariva come l'oro luccicante del tesoro, nascosto nel cuore della vita, l'arcobaleno di luce incastonato tra il mondo divino e quello umano, la veste senza cuciture che unisce le dimensioni manifesta e non manifesta della vita. Ecco, finalmente, era la tessera cruciale mancante del puzzle che avevo cercato per oltre cinquant'anni. I messaggi canalizzati ci avevano detto di trovare 'la Pietra ai piedi dell'Albero', e qui c'era la Shekinah descritta come 'La Pietra Preziosa' ai piedi dell'Albero della Vita. Ero sopraffatta da questa realizzazione, ma sapevo che era importante non aggrapparsi alle immagini letterali ma guardare oltre, nel cuore simbolico dell'insegnamento e nel suo significato per la nostra cultura che è stata così privata dell'immagine del Divino Femminile.

Improvvisamente mi venne in mente che l'immaginario qabbalistico è intessuto nel tessuto di molte fiabe famose. Nella storia di Cenerentola, ad esempio, la forma velata della Shekinah (o immagine dimenticata della Grande Madre) può essere riconosciuta nella fata madrina che presiede la trasformazione di sua figlia da sguattera annerita dalla fuliggine a sposa reale. Harold Bayley, che scrisse un libro straordinario intitolato *The Lost Language of Symbolism* all'inizio del secolo scorso, mi mostrò che la figura di Cenerentola poteva essere interpretata come l'anima umana mentre si sposta dagli 'stracci alle ricchezze'.[6] I tre splendidi abiti di Cenerentola, che potrebbero essere paragonati alla 'veste di gloria' di certi testi qabbalistici e gnostici, sono le guaine luminose o i corpi sottili dell'anima, abbaglianti come la luce della luna, del sole e delle stelle. Allo stesso modo in cui la ragazza annerita dalla fuliggine della fiaba si mette i suoi tre abiti gloriosi per rivelarsi come è veramente, così l'anima umana indossa queste 'vesti di gloria' mentre si muove dall'oscurità dell'ignoranza alla rivelazione della sua vera natura e parentela.

Per ricollegarmi alla tradizione del Femminile Divino, frammentato, oscurato e quasi perso per quasi duemila e cinquecento anni, mi rivolsi ai magnifici brani dei Libri dei Proverbi, Ben Sirach (Ecclesiaste o Qoèlet) e Sapienza di Salomone.[7] Se non avessi ricevuto per caso da mia madre, quando avevo dieci anni, una Bibbia che conteneva gli *Apocrypha*, non avrei saputo dell'esistenza degli ultimi due libri, poiché gli *Apocrypha* non sono inclusi nella Bibbia protestante e io ero cresciuta come Protestante. Avevo passato nove lunghi mesi in ospedale a quell'età, e in quel periodo ho letto interamente la mia Bibbia, comprendendone pochissimo, eppure assorbendo quanto più potevo delle sue storie e immagini.

Negli *Apocrypha* trovai la prova di un essere femminile, identificato con la Sapienza Divina e lo Spirito Santo, che in certi passaggi prende vita. Nel Libro di Ben Sirach (Ecclesiaste) la Sapienza ci rivela di essere immanente nel nostro mondo, con noi per le strade delle nostre città, chiamandoci al risveglio alla sua presenza, a obbedire alle sue leggi, ad ascoltare la sua sapienza, promettendo la sua benedizione se siamo capaci di sentire la sua voce e di rispondere al suo insegnamento. Nel Libro dei Proverbi, la Sapienza ci dice di essere l'Amata di Dio, di essere con Lui dal principio, prima della fondazione del mondo. Essa parla dal profondo terreno della vita, la legge nascosta che la ordina essendo l'Artefice della creazione. Con le loro immagini vivide, questi brani trasformano l'idea di Spirito Santo, che parla come Divina Sapienza, da concetto astratto a Presenza Vivente. Essa parla come la Shekinah, come se fosse qui, in questa dimensione, e dimorasse tra noi nel mezzo del suo regno, accessibile a coloro che la cercano. Essa è sconosciuta e ignota, e tuttavia opera all'interno delle profondità della vita, cercando di aprire la nostra comprensione alla realtà divina del suo essere, alla sacralità della sua creazione, alla giustizia, sapienza, amore e verità.

Ecco il linguaggio dell'immanenza del Femminile Divino nel mondo. Chi scrisse questi magnifici versi e quelli che seguono? Era un sommo sacerdote del Primo Tempio le cui parole furono segretamente preservate e portate con sé dagli ebrei che trovarono rifugio ad Alessandria? Aveva sentito una voce che gli parlava o aveva avuto la visione di un grande essere femminile, come era stato nel mio sogno visionario e come Apuleio con la dea Iside? I versetti rivelano questa Presenza femminile — chiamata Sapienza Divina e Spirito Santo — come Anima o intelligenza del Cosmo; radicata in albero, vite, terra e acqua e attiva nelle dimore dell'umanità. Lei è il principio di giustizia che ispira le leggi umane. È uno spirito invisibile che guida la coscienza umana — una presenza nascosta che desidera essere conosciuta; chiamando il mondo per il riconoscimento e la relazione. Per coloro che, come Salomone, la consideravano di maggior valore dei rubini, la Sapienza Divina era una guida saggia e luminosa.

La sapienza fu sempre associata all'immagine di una dea nel mondo pre–cristiano: Inanna in Sumer, Maat e Iside in Egitto e Atena in Grecia. Ma quando entriamo nell'era cristiana, c'è un profondo cambiamento nell'immaginario archetipo poiché la Sapienza viene associata a Cristo come il Logos, il Verbo Divino, e perde ogni connessione con il Principio Femminile. L'immagine cristiana della divinità come trinità di Padre, Figlio e Spirito Santo si identifica completamente con l'archetipo maschile (probabilmente a causa della traduzione dall'ebraico in greco e poi in latino). Qualunque sia la ragione, la connessione con l'antico immaginario del Femminile Divino si perde irrevocabilmente.

La Rappresentazione Gnostica della Madre Divina

L'immaginario gnostico della Divina Madre è ancora un altro filone di questa straordinaria storia, già noto nei primi due secoli dell'era cristiana. Margaret Barker, nel suo libro *The Revelation of Jesus Christ*, descrive come gruppi di esuli ebrei fuggirono da Gerusalemme in tre ondate e fondarono una fiorente comunità nella città di Alessandria.[8] Il primo gruppo fuggì dopo che gli Assiri attaccarono la provincia settentrionale di Samaria e deportarono dieci delle dodici tribù di Israele nel 721 aC. Questa catastrofe è stata attribuita al culto popolare per la Regina del Cielo e per la dea Asherah, la cui statua si trovava nel Tempio. Tutte le tracce del suo culto nel Primo Tempio di Gerusalemme furono rimosse e i suoi sacri boschi distrutti. La seconda ondata seguì la distruzione del Primo Tempio da parte dei Babilonesi nel 597 aC, quando migliaia di Ebrei furono costretti all'esilio in Babilonia e alcuni si unirono alla comunità già stabilita in Egitto. La terza ondata di rifugiati (composta da Ebrei Cristiani) fuggì ad Alessandria dopo che il Secondo Tempio fu distrutto dai Romani nel 70 dC. L'autrice crede che questi gruppi abbiano preservato gli antichi rituali praticati nel Primo Tempio di Gerusalemme e associati alla Regina di Cielo a cui si rivolgevano come Divina Sapienza e Spirito Santo. Se non fosse stato per le scoperte dei testi di Nag Hammadi del 1945, che recuperarono le prove dell'adorazione in Egitto di una divinità femminile o dell'aspetto femminile di Dio, questa parte della storia sarebbe stata persa per noi, forse per sempre.

Intorno all'anno 200, come ci racconta Elaine Pagels nel terzo capitolo del suo libro *I Vangeli gnostici*, "Ognuno dei testi segreti onorato dai gruppi Gnostici fu omesso dalla collezione canonica ed etichettato come eretico da coloro che si auto definivano Cristiani ortodossi. Quando il processo di suddivisione degli scritti ebbe termine... praticamente tutte le rappresentazioni femminili di Dio erano scomparse dalla tradizione cristiana ortodossa".[9] Fino all'apparizione del suo libro e alla pubblicazione nel 1977 dei testi scoperti a Nag Hammadi nel 1945, nessuno sapeva che alcuni gruppi di primi Cristiani avessero un'immagine di Madre Divina, da loro chiamata 'l'Invisibile all'interno del Tutto'. Alcuni testi parlano di come la Divina Madre, in qualità di Silenzio Eterno, abbia ricevuto il seme di Luce dalla fonte ineffabile e come dal suo utero abbia partorito tutte le emanazioni della Luce, disposte in coppie correlate di entità, o energie, femminili e maschili. La descrissero come il grembo della vita, non solo della vita umana, ma della vita dell'intero Cosmo allora conosciuto. Conoscevano questa Divina Madre come Spirito Santo e vedevano la colomba come suo emissario. Questa cosmologia gnostica è così simile alle descrizioni dell'emanazione della Luce della Qabbalah, che potrebbero essere state entrambe sviluppate dalla comunità degli esuli ebrei di Alessandria.

Nel *Vangelo degli Ebrei*, uno dei vangeli distrutti durante quel periodo di soppressione e persecuzione e conosciuto solo attraverso alcune citazioni nelle opere dei primi Padri della Chiesa, Origene e Girolamo, lo Spirito Santo è descritto come la madre di Gesù che, al suo battesimo, gli dice: "Figlio mio, in tutti i profeti aspettavo Te".

"Qui", scrive il professor Gilles Quispel, uno dei maggiori esperti dei Vangeli Gnostici, "arriviamo a una realizzazione molto semplice: come una nascita richiede una madre, così una rinascita richiede una madre spirituale. In origine il termine cristiano 'rinascita' doveva dunque essere associato con il concetto di spirito come ipostasi femminile".[10]

Trovo affascinante che nello Gnosticismo l'immagine e la mitologia della Madre Divina come Spirito Santo sia così simile a quella della Shekinah nella Qabbalah da sembrare appartenere ad un'unica e uguale tradizione. Certi testi la chiamano Madre dell'Universo, ma parlano anche dell'androginia della sorgente divina in rappresentazioni simili ai tardi testi qabbalistici. In uno scritto gnostico chiamato *Protennoia Trimorfica*[11] l'oratrice descrive se stessa come Utero immateriale che dà forma al Tutto, la vita che si trasferisce in tutte le creature:

> *Sono la voce che parla gentilmente.*
> *Esisto dal principio.*
> *Dimoro nel Silenzio,*
> *Nell'incommensurabile Silenzio.*
> *Sono scesa in mezzo agli inferi*
> *E ho brillato nell'oscurità.*
> *Sono colei che ha versato l'acqua.*

Sono colei che è nascosta all'interno delle Acque Radiose....
Sono l'immagine dello Spirito Invisibile.
Sono l'utero che dà forma al Tutto
Dando alla luce la Luce che brilla nello splendore.

Chi apprezzò questa tradizione e la mantenne viva per le generazioni successive? Chi portò da Alessandria alla Spagna e poi alla Francia medioevale e nel resto d'Europa la tradizione della Divina Sapienza come Spirito Santo che guida l'evoluzione umana? È possibile che questa tradizione abbia ispirato l'immagine del Santo Graal e l'abbia mantenuta viva per noi oggi, nel momento in cui il mondo invoca un ricongiungimento con l'anima?

Lo Spirito Santo Oggi

Come potremmo immaginare oggi lo Spirito Santo? Forse come luce che si manifesta come onda e particella, come il profondo 'mare' inesplorato dello spazio cosmico e le invisibili particelle luminose che sono il fondamento di tutta la realtà fisica, incluse la struttura e l'organizzazione straordinariamente complesse degli schemi energetici che chiamiamo materia: una parola che viene dal latino *mater*, madre. Dopo infiniti miliardi di anni l'energia della vita si è evoluta in una forma, il pianeta terra, e in una coscienza, la nostra, che lentamente cresce nel riconoscimento del suo fondamento e origine. Tuttavia, a causa della perdita del Divino Femminile, non sappiamo che ciò che i fisici, i cosmologi e i biologi esplorano nelle gradazioni sempre più sottili della materia che stanno scoprendo, è ciò che gli stupiti esploratori dell'Albero della Vita della Qabbalah chiamarono Volto e Gloria di Dio; e nemmeno sappiamo che l'universo che esploriamo con il telescopio Hubble è la copertura esterna, o velo, di un vasto Cosmo invisibile e di una rete incredibilmente sottile di relazioni luminose e invisibili. Se solo queste immagini della Shekinah potessero essere recuperate, come vedremmo la materia in modo differente, con che rispetto potremmo trattarla!

Che considerazioni avrebbe fatto la Shekinah sugli effetti patologici della nostra ignoranza: l'inquinamento della sua terra, dei suoi mari, della sua aria; il sacrificio abissale e sfrenato degli animali e la contaminazione con tossine e pesticidi del cibo e dell'acqua che è il suo dono di vita per noi? E che dire della fabbricazione e della vendita di armi — comprese le orribili riserve di armi nucleari, biologiche e chimiche — la tortura, l'assassinio e lo stupro di uomini, donne e bambini in guerra; l'uso di esplosivi per distruggere carne e ossa; l'agonia di bambini resi orfani, affamati, uccisi o mutilati? Per sentire la sua risposta dovremmo entrare in sintonia con il suo essere. Dovremmo ascoltare con il suo orecchio la voce della sofferenza da noi creata per ignoranza dell'unità e della divinità della vita. Dovremmo cambiare radicalmente le nostre abitudini di comportamento ed essere più consapevoli che la sofferenza che infliggiamo agli altri è in realtà sofferenza che stiamo infliggendo al 'corpo' dello spirito e che lo spirito soffre della nostra cecità, ignoranza e abissale crudeltà.

Se sapessimo risvegliarci alla sacralità e divinità della vita, cominceremmo a vedere la materia e i nostri stessi corpi sotto una luce differente e li tratteremo con maggiore rispetto. Se sapessimo risvegliarci alla Sua Presenza, potremmo mettere insieme materia e spirito, corpo e anima, guarire le profonde ferite inflitte dalle credenze e dai concetti che li hanno separati e, facendolo, cominceremmo a trasmettere la luce e l'amore dello Spirito Santo che fluisce su di noi e su tutta la creazione.

Mentre scrivevo della Shekinah, mi giunsero queste immagini:

> *Mi trovo sulla riva del mondo e guardo intensamente il mare di stelle, con i loro grandi disegni dispiegati davanti a me. Mentre guardo, vedo avvicinarsi una nave, a forma di arca, con la prua curva come le ali di un grande uccello. Più arriva vicino, navigando tra le costellazioni, diventa sempre più grande man mano che mi si accosta. Vedo che è traslucida, come fosse di vetro, ed ha l'iridescenza di un opale. Ed è anche riccamente decorata con gioielli che sono essi stessi stelle. Arriva ancora più vicino, e ora vedo che proietta una luce sul mare dello spazio e mi mostra che questo mare è una grande rete fatta di sottili filamenti di luce; brillano di gioielli come una ragnatela sotto il sole. Nei punti ingioiellati dove questi filamenti si incontrano ci sono mulinelli di energia vorticosa. Percepisco che la rete è un essere di dimensioni inimmaginabili che mi sta parlando, e dice:*
>
> *"Questo è ciò che sono. Questa è la gloria nascosta del mio Essere. Questa è la vita a cui appartieni. Il Mare del mio Essere è allo stesso tempo 'più grande del grande' e 'più piccolo del piccolo', connaturato nelle più grandi galassie dello spazio cosmico e nella più piccola particella della materia. Una volta mi chiamavano Anima, o Spirito, o Coscienza Cosmica, o Grande Madre e Padre — la più grande realtà psichica a cui appartiene la tua stessa vita e di cui, per la maggior parte, sei tragicamente inconsapevole. Una volta, le persone immaginavano di vivere nel mio Essere. Poi sono divenuta distante, remota, dimenticata. Ora, per così tanti, sono completamente perduta. Questo mi causa dolore perché sono in esilio dal mio popolo. Per entrambi c'è grande sofferenza e solitudine. Il mio sogno, il Sogno del Cosmo, è che tu mi conosca di nuovo, per comprendere che vivi nel mio Essere, nella mia luce e nel mio amore".*

Scoprii il Vangelo della Pace Esseno quando questo libro stava per concludersi e vorrei menzionarlo qui perché contiene materiale molto importante per onorare sia la Madre Divina che il Padre Divino in passaggi di sublime bellezza, attinenti all'insegnamento originale di Gesù.
http://www.thenazareneway.com:80/essene_gospel_of_peace_book 1.htm

Nel 1928, Edmond Bordeaux Szekely pubblicò per la prima volta la sua traduzione dall'aramaico e dall'ebraico, del primo libro di *Il Vangelo esseno della Pace*, un antico manoscritto, trovato negli archivi segreti del Vaticano: fu il risultato di una pazienza senza limiti, di una borsa di studio impeccabile e di un'intuizione infallibile. Questa storia è raccontata nel suo libro, *The Discovery of the Essene Gospel of Peace*, pubblicato nel 1975. La versione inglese del Libro Primo apparve nel 1937, e da allora il piccolo volume ha viaggiato per il mondo, apparendo in molte lingue diverse, raggiungendo ogni anno sempre più lettori; fino ad ora, ancora senza pubblicità commerciale, solo negli Stati Uniti sono state vendute oltre un milione di copie. Solo quasi cinquant'anni dopo la prima traduzione francese sono apparsi il Libro Due e il Libro Tre (*The Unknown Books of the Essenes* e *Lost Scrolls of the Essene Brotherhood*), raggiungendo rapidamente la popolarità del Libro Uno.

Nel 1981, il Libro Quattro, *The Teachings of the Elect*, fu pubblicato postumo secondo i desideri del Dr. Szekely, e rappresenta l'ennesimo frammento del manoscritto completo che esiste, in aramaico, negli archivi segreti del Vaticano, e in slavo antico nella biblioteca reale degli Asburgo (ora proprietà del governo austriaco). Lo stile poetico del traduttore porta in vita le parole squisitamente belle di Gesù e degli Anziani della Confraternita Essena. Alcuni dei capitoli sono intitolati: Le comunioni essene; la settuplice pace; i santi flussi di vita, luce e suono. Il dono dell'umile erba.

Note:

1. Halevi, Z'ev ben Shimon (Warren Kenton).
2. Gray, William G.: *La scala delle luci*, Venexia, Roma 2015.
3. Matt, Daniel: *L'essenza della cabala. Il cuore del misticismo ebraico*, Newton Compton, Roma 2007.
4. Halevi: *The Work of the Kabbalist,* prefazione. Samuel Weiser Inc., Maine, 1986.
5. Scholem, Gershom: *Le grandi correnti della mistica ebraica*, Einaudi, Torino 1997.
6. Bayley, Harold: *The Lost Language of Symbolism*, Vol. 1, Williams and Norgate, Londra 1912.
7. Proverbi 8:23–31; Ben Sirach (Ecclesiaste) 24:3–6, 9–11, 13–21, 28–34; Sapienza di Salomone 7:7, 10, 21–7, 29; 8:1–2.

8. Barker, Margaret: *The Revelation of Jesus Christ*, T & T Clark, Edimburgo 2000, pp. 109–112, 200–212, 279–301.
9. Pagels, Elaine: *I Vangeli gnostici*, Mondadori, Milano 2011.
10. Professor Gilles Quispel in un pamphlet dato all'autrice intitolato *The Birth of a Child*, p. 23.
11. *The Trimorphic Protennoia*, The Nag Hammadi Library, Ed. James M. Robinson, E. J. Brill, Leiden 1977, pp. 462–470 (solo gli estratti).

Parte seconda

L'Era Lunare

Partecipazione Originaria

4. La Grande Madre: Partecipazione all'Anima del Cosmo
5. La Visione Sciamanica: Parentela con Tutta la Creazione

Capitolo quattro

L'Era Lunare e La Grande Madre
Partecipazione all'Anima Del Cosmo

Il mio cuore anela alla conoscenza perduta, scivolata fuori dalla mente degli uomini....
— Dalla poesia in sanscrito, Nere calendule [1]

In tutte le sue manifestazioni la Dea era simbolo dell'unità di tutta la vita della Natura.... Da qui la percezione olistica e mitopoietica della sacralità e del mistero di tutto ciò che esiste sulla terra
— Marija Gimbutas, *Il linguaggio della Dea*

I primi tre capitoli hanno descritto il percorso della ricerca, lunga una vita, dell'immagine perduta della realtà che, come un mosaico prezioso, giace sepolta sotto depositi culturali di migliaia di anni. In questa ricerca presi come talismano il sogno, descritto nel Capitolo uno, della torre di ferro arrugginito che emerge dalla superficie lunare, insieme a quello visionario della donna cosmica. Questi sogni mi condussero molto lontano nel passato, in cerca di una modalità di relazione con la vita che aveva a lungo preceduto la cultura industriale moderna e l'attuale visione del mondo, che vede la natura come qualcosa che può essere sfruttata dall'uomo. Mi condussero a scrivere con Jules Cashford *Il Mito della Dea*, che traccia l'immagine del Divino Femminile dall'Era Paleolitica ai giorni nostri. Mi guidarono, infine, alla tradizione mistica della Qabbalah e alla rivelazione che mi arrivò dalla conoscenza dell'immagine della Shekinah e del modello di realtà cosmica conosciuto come Albero della Vita. I prossimi sei capitoli descriveranno nel dettaglio cosa scoprii e perché noi, come specie, perdemmo il senso di partecipazione a un Ordine Cosmico Sacro.

Nel corso di questa ricerca, divenne ben presto evidente che i grandi miti sorti dall'osservazione e dalla contemplazione della luna e del sole avevano dato forma a intere ere. A causa dell'influenza e del fascino esercitati su di noi, si originarono due primarie meta–narrative o visioni del mondo, e, per un lasso di tempo di molte migliaia di anni, influenzarono profondamente il nostro modo di pensare e di comportarci. Ho chiamato lunare e solare queste visioni del mondo a causa dell'influenza di due differenti mitologie, la cui centralità erano la luna e il sole.

La coscienza umana si sviluppò in modo infinitamente lento al di fuori della natura. Per innumerevoli millenni, il potenziale della coscienza umana rimase celato all'interno della natura, come un seme sepolto nel terreno. Poi, molto lentamente, cominciò a differenziarsi da essa. Nel profondo della nostra memoria c'è l'intera esperienza della vita su questo pianeta: la vita che si è evoluta nel corso dei 4,5 miliardi di anni dalla sua formazione; la vita come idrogeno, ossigeno e carbonio; la vita come le particelle atomiche più minute; la vita come acqua, fuoco, aria e terra; la vita come roccia, suolo, pianta, insetto, uccello, animale; la vita come donna e uomo si è evoluta da questa esperienza lunga eoni. Infine, è stato raggiunto il punto in cui la vita planetaria si è evoluta in una neuro fisiologia complessa e in un cervello che ci ha permesso di parlare, formulare pensieri, comunicare l'uno con l'altro attraverso il linguaggio, dare suoni con significato e inventare la scrittura come modo per registrare e trasmettere il pensiero. In questi miliardi di anni, la vita su questo pianeta si è evoluta da una consapevolezza indifferenziata alla consapevolezza di sé della nostra specie. Tutto ciò può essere descritto come un processo *istintivo*, ogni fase si fonde impercettibilmente con la successiva, ma, mentre si evolve, diventa sempre più complessa e aggiunge qualcosa.

La consapevolezza di sé e la coscienza riflessiva come la conosciamo è uno sviluppo recentissimo, tuttavia la coscienza, come modello genetico presente in diverse forme nella vita vegetale e animale e umana, ci viene trasmessa come parte del sistema cerebrale di rettili e mammiferi che ha richiesto molti milioni di anni per evolversi. Da questi deriva la coscienza altamente differenziata che chiamiamo consapevolezza auto–riflessiva e mente razionale. La capacità di pensare, di ragionare, di riflettere, di analizzare, di immagazzinare informazioni e di essere in grado di recuperarle attraverso la memoria, è essa stessa uno sviluppo ulteriore dei vecchi sistemi cerebrali e interagisce con essi, ma la nostra consapevolezza conscia è focalizzata sulla parte di noi sviluppatasi di recente e ha perso il contatto con le radici dalle quali siamo cresciuti. Ora è pericolosamente fuori dall'allineamento con l'Ordine Sacro nel quale un tempo ci sentivamo contenuti.

Abbiamo creato ogni sorta di miti per spiegare la condizione umana e per ricollegarci con il tutto da cui ci siamo separati. Possiamo comprendere questo passo evolutivo più facilmente quando guardiamo alla vita di un bambino, che riassume nella sua separazione dalla madre l'immenso progresso evolutivo di diventare consapevoli di noi stessi, prima di tutto come una specie, differenziata dalla vita che ci circonda; poi come individui, differenziati dalla vita collettiva della tribù, che sviluppano il valore inestimabile della consapevolezza di sé.

La Grande Madre

Quando la mente conscia cominciò a differenziarsi dalla matrice della natura, l'immagine sacra era come un cordone ombelicale che ci connetteva al profondo terreno della vita. Per circa 25.000 anni, probabilmente molti di più, da ere distanti, che solo recentemente ci sono divenute accessibili: il Paleolitico, il Neolitico e le grandi civiltà dell'età del Bronzo, governava l'immagine della Grande Madre.[2] Le prime rappresentazioni conosciute della Grande Madre sono le piccole, e talvolta squisite, figurine di dea scolpite nella pietra e nell'osso o nell'avorio, circa 25.000 anni fa (le dee di Lespugue, Laussel e Willendorf).

Tanto tempo fa, in molte e differenti culture, l'intero Cosmo era concepito come un essere materno e questo mondo era visto come la manifestazione di una sorgente invisibile che con il respiro gli aveva dato vita, lo animava e lo sosteneva. Il mondo invisibile dello spirito era inestricabilmente intrecciato con questo mondo fenomenico cosicché i due erano vissuti essenzialmente come unità. L'aria stessa era un "grandioso mistero che univa il mondo umano e quello extra–umano".[3]

Allo stesso modo in cui le stelle emergevano dall'oscurità del cielo notturno, così l'universo visibile nasceva dall'oscuro mistero dell'invisibile utero della Grande Madre. Lei era il Cosmo stellato, la Terra e tutta la vita sulla Terra, ed era la dimensione invisibile del mondo dello spirito che sosteneva il mondo visibile. Le persone si sentivano a lei collegate come a un grande essere cosmico. Tutto era infuso di divinità, poiché ogni cosa e tutto era parte di una rete connettiva di vita, vivente, respirante: piante, animali, uomo e donna — tutti erano suoi 'figli'. Gli animali dipinti sulle pareti delle grandi caverne paleolitiche venivano al mondo dal suo grembo e vi ritornavano, per nascere di nuovo.[4] Stupefatte dall'immensità e dalla grandiosità della natura e percependo la presenza delle invisibili dimensioni dello spirito nelle sue forme, le persone sentivano di vivere all'interno di un Ordine Sacro, per quanto severe fossero le condizioni e la brevità della loro vita.

Se guardiamo all'Europa neolitica, o all'India e alla Cina, oppure a qualsiasi popolazione che ha cercato di conservare le proprie antiche tradizioni, come gli Indiani Kogi della Colombia, troviamo il Cosmo immaginato come Madre, utero e origine di tutto, colei che porta la vita e la morte, che mantiene nel proprio essere le tre dimensioni di cielo, terra e mondo sotterraneo. La sua antica presenza fu trasmessa alle Grandi Dee dell'Egitto, della Mesopotamia, Persia e Anatolia dell'Età del Bronzo. Molto più a Oriente, in Cina, la ritroviamo nella Dea Kwan Yin; in Tara, Madre Divina della tradizione tibetana, e nella Dea Kali in India. Questa immagine di Madre Primordiale emerse in tempi differenti in culture differenti, durò per differenti lunghezze di tempo e fu adorata con differenti rituali, tuttavia è possibile dire che la Grande Madre fu la prima esperienza dello spirito, proprio come una madre è la prima esperienza di vita per un neonato o un bimbo piccolo.

Potremmo chiederci perché l'immagine della Grande Madre fosse così importante. Per rispondere a questa domanda non ci resta che pensare a ciò che abbiamo vissuto nel venire al mondo. Prima di tutto, c'è l'esperienza dell'embrione e del feto nell'utero, l'esperienza di unione e contenimento dentro una matrice acquosa, nutriente. Dopo l'improvvisa e violenta espulsione da queste matrice, nell'esperienza traumatica della nascita, è assolutamente vitale che le precedenti sensazioni si prolunghino in una relazione stretta, di sicurezza e fiducia. Senza la costante e amorevole cura della madre nella prima infanzia, il bambino non ha fiducia in sé, non ha l'innato potere di sopravvivere alle esperienze negative della vita, non ha modelli da cui imparare come nutrirsi e sostenersi e, a sua volta, come prendersi cura dei figli. La prima risposta alla vita è ansia e paura, è come un albero senza radici facilmente strappato dalla tempesta poiché i suoi istinti sono stati traumatizzati. Con l'amore della madre e la fiducia nella sua presenza, il bambino cresce in forza e sicurezza e piacere di sé e della vita. La sua prima risposta è la fiducia. Se confrontiamo questo con le piccole comunità isolate che lottavano per esistere in diverse aree del mondo, è facile capire perché l'immagine della Madre fosse così importante per la loro sopravvivenza.

Il 'terribile' aspetto della Grande Madre è documentato in quasi tutte le mitologie primitive. L'impotenza di fronte al terrificante potere della natura di distruggere ogni cosa avesse costruito è profondamente impressa nella razza umana, il ricordo più temuto essendo quello del Diluvio Universale quando il cambiamento climatico causò l'innalzamento degli oceani, seppellendo gli insediamenti costieri. Eruzioni vulcaniche, tsunami, inondazioni devastanti — tutto ciò che può distruggere la vita in pochi brevi istanti — è trasposto nell'immagine della natura come 'Madre Terribile' che abbandona e distrugge i propri figli. Il fato è sempre stato immaginato come una dea.

Penso sia possibile affermare che l'idea dell'intero Cosmo come un'entità con coscienza o anima, in cui ogni aspetto della vita è collegato a tutti gli altri, nasca dalla mitologia che circonda l'immagine della Grande Madre, che è anche l'origine somma dell'immagine della Shekinah esplorata nel precedente capitolo. La Grande Madre è il primo nome che abbiamo dato a un'entità cosmica incommensurabile, immaginata in un modo che ora ci risulterebbe quasi incomprensibile. La vita a quel tempo era vissuta nella dimensione della Madre, in partecipazione e in accordo con i ritmi cosmici del suo essere; questo manteneva le persone in contatto con i propri istinti ed era il fondamento della loro fragile fiducia nella vita. Questa consapevolezza di vivere in una dimensione cosmica più grande, che, come la Grande Madre, gira e tesse la straordinaria rete di vita attraverso la quale siamo connessi l'un l'altro, a tutta la vita sulla terra e a tutta la vita cosmica è stata persa.

L'esperienza primordiale della Grande Madre è il fondamento delle culture successive di tutto il mondo. È come un immenso albero, le cui radici sono al di là della nostra coscienza, i cui rami sono tutte le forme di vita che conosciamo e la cui fioritura è in potenza all'interno di noi, in potenza poiché solo una minuscola manciata di umani l'ha realizzata. Come un bambino piccolo vive nel campo di coscienza della madre e trae la sua vita da esso, così noi, a quel tempo, fummo tenuti nel campo della Grande Madre, che riuniva tutti gli ordini di vita in una rete ininterrotta: tutto era correlato perché tutto condiviso nella supremazia della fonte originaria. Era il modello invisibile degli ordini della vita, le cui relazioni erano definite ed esplorate in modi che saranno spiegati nel prossimo capitolo. Era sperimentata come una Legge immutabile che tutta la vita rispecchiava e rispettava nel suo funzionamento, dal movimento circumpolare delle stelle al comportamento dell'insetto più piccolo. L'immagine della Grande Madre rifletteva qualcosa di profondamente sentito: che la fonte creativa si prende cura della vita che ha creato.

Tra il 25.000 e il 3000 aC, l'immagine della madre si differenzia lentamente in tre forme specifiche, ognuna correlata ai regni di cielo, terra e mondo sotterraneo. Come Dea–Uccello era il Cielo e l'acqua che dà la vita, che fluiva dai suoi seni, le nuvole. Era la Dea della Terra e dal suo corpo nascevano le messi che nutrivano la vita da lei generata. Era la Dea degli Inferi e delle acque che scaturivano dalla Terra, come sorgenti, laghi e fiumi. Il suo simbolo di governatrice degli Inferi era il serpente, immagine del suo potere eterno di rinnovare la vita. Era anche il mare sul quale le barche degli esploratori neolitici si avventuravano verso l'ignoto. Sia che guardiamo alle straordinarie figure dell'Antica Europa o, più a Oriente alla Mesopotamia e alla Valle dell'Indo, la mitologia fondamentale è la stessa. Nell'Età del Bronzo (dal 3500 circa aC) ha ancora le stesse forme essenziali, soltanto maggiormente definite e specifiche, e pure una mitologia complessa come 'Madre di Tutti i Viventi', titolo che un giorno diventerà quello della Shekinah e di Eva nel Libro della Genesi.

Un gran numero di immagini che si credeva le appartenessero e la descrivessero circondano l'immagine della Grande Madre. Il vaso d'argilla, in particolare, era un simbolo del suo corpo ed era decorato con linee, zig–zag e altri disegni che si riferivano ad aspetti della sua vita. Certe forme, come il cerchio, l'ovale, la linea ondulata, il meandro e la spirale sono, com'era in precedenza nell'era Neolitica, riconoscibili come sue 'firme'. Questi simboli — in particolare la doppia o tripla spirale — si trovano incisi su pietre e dolmen, tombe a corridoio e templi della cultura megalitica, come il grande tempio di Newgrange in Irlanda, le tombe di Gavrinis in Bretagna e i numerosi templi di Malta, alcuni dei quali si trovano ora sotto il mare. Più a est, troviamo la sua immagine nella grande civiltà della Valle dell'Indo e nella cultura pre–dinastica della Mesopotamia. Il labirinto e la spirale divennero, a quel tempo, simboli di un percorso di collegamento tra questo mondo e la dimensione invisibile del suo utero cosmico, che poteva essere raggiunto solo seguendo il sentiero labirintico che collegava questo mondo con il mondo–origine della Grande Madre. Queste forme basilari, così familiari agli antichi, lasciano la loro traccia attraverso le civiltà susseguenti, a Oriente e in Occidente. Il mandala, o forma circolare, è l'immagine universale dell'utero dell'essere che simboleggia l'unità e l'interezza di tutta la vita.

Le affascinanti sculture della cultura Vadastra della Valle del Danubio, che datano intorno al 5500 aC, furono identificate dall'archeologa Marija Gimbutas come parte di quella che chiamò la Civiltà dell'Antica Europa.[5] Sono state messe in mostra di recente e tra i reperti si trovavano piccoli templi con la forma di una dea con un meandro o un labirinto inciso sul corpo e, al centro, una porta, con il significato probabile di accesso al suo utero invisibile. Si vedevano anche ventuno sottili figure di dea, tredici delle quali sedute sul trono, datate tra il 4900 e il 4750 aC, e disposte ritualmente in circolo. Molti grandi e magnifici vasi e recipienti era decorati con forme a spirale di incantevole bellezza.[6] In questa civiltà primitiva non ci sono prove di conflitto né di armi o cultura guerresca.

In relazione alla coscienza umana del tempo, l'immagine della Grande Madre era numinosa e onnipotente. Nell'evoluzione umana questa fu la fase in cui furono concepiti rituali per tenere la comunità in armonia con la sua vita: per renderla propizia con offerte che portassero protezione e benessere, e tenessero lontano il suo potere di distruzione. Le persone impararono a prestare attenzione a segni o eventi insoliti; a osservare e ad ascoltare a un livello al di là dell'esperienza ordinaria; a notare corrispondenze e a trarre analogie, a seguire la propria intuizione e a rispondere alla propria immaginazione. Caverne come uteri, cime arrotondate di monti simili a seni, boschetti di alberi sulla cima delle colline, profondi crepacci naturali con l'acqua sorgente — tutte queste cose erano sacre — adorate come segni o manifestazioni della Grande Madre. Diventarono il fulcro dei rituali sciamanici attraverso cui lo sciamano connetteva il clan o la tribù con la dimensione invisibile del mondo degli spiriti. La nostra cultura ha rimosso questi riti come superstizioni primitive, non comprendendo quanta sapienza e conoscenza, raccolta in millenni di osservazione, fosse in loro contenuta. In tutto il mondo ci sono ancora luoghi dove si compiono pellegrinaggi a questi sacri siti. Portiamo le antiche memorie della sacralità della Terra e della Terra come Madre profondamente sepolte nella nostra psiche.

Nella tarda Età del Bronzo, una delle tre dimensioni della Grande Madre era ancora il mondo sotterraneo, simbolicamente la caverna, la tomba, il regno degli antenati morti. All'entrata di questo regno c'era sempre un guardiano — un leone, un serpente o un leone con la testa di uccello, che si trovava all'ingresso del tempio a lei dedicato. Nella sala del trono di Cnosso, a Creta, due magnifici grifoni (parte leone, parte uccello e serpente) simboli di terra, cielo e inferi — il triplice regno della dea — proteggevano il trono squisitamente scolpito dove la sacerdotessa presiedeva i rituali che celebravano la presenza della dea.

Nel Neolitico e nell'Età del Bronzo, animali, uccelli e serpenti erano epi-fanie dalla Grande Madre, espressioni della sua vita. Essa era 'La Dea degli Animali' o 'Signora delle Bestie'. Tre animali in particolare — il leone, la vacca e il serpente — indicavano la sua presenza e il suo potere. Le dee Hathor e Iside, in Egitto, e Ninhursag e Inanna, in Sumer, erano chiamate 'la Grande Vacca'. In Sumer i templi della dea erano adorni di enormi corna, forse associate alle corna della luna crescente. Ishtar, in Babilonia, e Durga, in India, erano mostrate a cavallo di un leone. Cibele, la grande dea anatolica e, più tardi, romana, guidava un carro tirato da leoni. Ugualmente importanti erano i molti uccelli sacri alla dea delle culture neolitiche, tra cui la gru, il cigno, l'oca, l'anatra, la civetta, la strolaga e l'avvoltoio, e anche uccelli più piccoli come la colomba e la rondine. Questi trovarono la loro strada nelle mitologie successive e infine nelle fiabe che raccontano la magica guida di cigni o colombe o upupe, come nel racconto Sufi, *La conferenza degli uccelli*. Anche le farfalle e le api appartenevano alla mitologia della Grande Madre, visto che era l''ape regina' che presiedeva al grande alveare della natura. L'alveare con il suo intrico di celle che secernono il miele finì per essere un'immagine del divino femminile che custodisce il tesoro della sapienza "più dolce anche del miele o del favo" (Salmi, 19:11). C'era anche una serie di animali più piccoli come il maiale, la cerva, persino l'umile riccio. Molti vennero a lei consacrati a causa della loro fertilità o perché, come l'orsa, la cura materna per i piccoli sembrava rispecchiare il ruolo della Grande Madre.

Dall'era Neolitica abbiamo ereditato tutte le immagini relative alla Grande Madre come il flusso invisibile di energia che origina la vita, la sostiene e la trasforma, e poi la ritrae in una dimensione nascosta per la rinascita, o rigenerazione. Il ritmo è una caratteristica primaria della Grande Madre, riflessa nell'ideogramma della linea ondulata. Il movimento della luna, del sole e delle stelle, le stagioni della terra e l'acqua riflettono il ritmo sottostante della vita. Tutti hanno ritmi specifici che influenzano quello delle nostre vite: ogni momento inspiriamo ed espiriamo; ogni notte ci ritiriamo nell'oscurità per essere rigenerati per un nuovo giorno. La nostra nascita e la nostra morte riflettono lo stesso ritmo. Siamo arrivati a riconoscere il ritmo del movimento della terra intorno al sole e la risposta ritmica del mare alla luna. L'astronomia traccia il ritmo del movimento dei pianeti attraverso il nostro sistema solare, ma che dire del più grande ritmo delle galassie, scoperto solo di recente o quello delle particelle subatomiche?

La Luna

La più importante e, probabilmente, la più antica immagine associata alla Grande Madre neolitica e alle successive Grandi Dee dell'Età del Bronzo fu la luna. La luna nasceva dall'oscurità come una sottile falce, immaginata come una ragazza. Cresceva fino alla pienezza come una donna gravida; declinava di nuovo nell'oscurità come una vecchia. Queste tre fasi lunari furono associate alla Triplice Dea delle culture più tarde e anche, molto probabilmente, con la tripla spirale incisa su molte pietre e sculture. La luna ci dava l'immagine della vita come immutabile e tuttavia sempre mutevole e di un modello ciclico di morte e rigenerazione che governava tutti gli aspetti della vita.

La vita della Grande Madre era eterna, come la luna; la vita della vegetazione della terra e quella di noi umani cresceva e calava come le fasi della luna. Questa associazione alimentava l'immaginazione creativa, insegnandoci a osservare e a porci domande, aiutandoci a penetrare nel mistero della reazione tra il Sopra (il mondo invisibile associato con il cosmo stellato) e il Sotto (questo mondo) — un tema che, millenni più tardi fu portato nella filosofia ermetica, nella Qabbalah e nell'alchimia.

Il superbo studio di Jules Cashford sulla luna e sulla cultura lunare nel mondo — *The Moon: Myth and Image* — esplora l'età immensa, la gamma di influenza e il significato della cultura lunare. Come spiega,

> Il mito essenziale della luna è un mito di trasformazione. I popoli primitivi percepivano il crescere e calare della Luna come il crescere e morire di un essere celestiale, la cui morte era seguita dalla resurrezione come Luna Nuova. Il dramma perpetuo delle fasi lunari divenne il modello per riflettere sullo schema della vita umana, animale e vegetale, inclusa l'idea della vita dopo la morte. Sembrava che per i popoli primitivi la Luna trasmettesse l'immagine dell'eternità, e anche l'immagine del tempo.[7]

La luna regola il mondo notturno. È la luce che brilla nell'oscurità, la luce che cambia continuamente e tuttavia è sempre la stessa. La luna è il simbolo dei meccanismi segreti, istintivi, che avvengono 'nell'oscurità', al di sotto dell'aspetto esterno della vita, al di sotto della coscienza. La vita organica di questo pianeta è fortemente influenzata dal magnetismo della luna che controlla le maree e incide sulla crescita delle messi, e un tempo era associata con il periodo mestruale femminile e i dieci mesi lunari di gestazione nell'utero.

La nascita della luna crescente dopo i tre giorni di oscurità che la precedono, forniva un'immagine del mondo visibile che emerge da quello invisibile, di un mondo vincolato dal tempo da uno eterno, ognuno dei quali intimamente connesso con l'altro. La luna ci dava la rappresentazione di una legge di vita immutabile e di un modello ciclico di morte e rigenerazione che governava tutti gli aspetti della vita. A causa del suo movimento regolare attraverso le quattro fasi, la luna porta con sé l'immagine di interezza e completezza, ma anche di sequenza.

Cosa più importante di tutte, forse, il ritmo costante del suo crescere e calare ci insegna a mettere in relazione la luce e l'oscurità. La luna le tiene in equilibrio anziché in opposizione, perché la totalità del suo ciclo abbraccia sia le fasi luminose che quelle oscure, includendo quindi, simbolicamente, sia la vita che la morte. Luce e oscurità, vita e morte non erano polarizzate come sarebbero diventate in seguito nella cultura solare, ma fasi di un ciclo totale, perciò c'era sempre l'immagine di un tutto unificante che includeva entrambe le polarità. Tutto ciò era inserito nella mitologia della Grande Madre.

Oggi, quando guardiamo all'insù nella chiara notte di un cielo notturno, siamo collegati alle innumerevoli generazioni di persone che osservavano il movimento circumpolare delle stelle e il mutevole, ma stabile, corso della luna. Per decine di migliaia di anni abbiamo osservato la connessione tra il ritmo ciclico delle quattro fasi della vita della luna e il ritmo di crescita, maturazione, morte e rigenerazione della vita sulla Terra e, dopo lo sviluppo dell'agricoltura nel Neolitico, della vita delle messi.

Sperimentammo le fasi delle nostre vite come intrecciate nel ritmo e nel tessuto di quella vita più grande e della vita sulla Terra. Col passare dei millenni, arrivammo a fidarci che la luna crescente riapparisse e a riconoscere che l'oscurità fosse un tempo di transizione tra una fase vecchia e una nuova della vita. Arrivammo ad applicare questa intuizione a noi stessi e a credere che, con la morte, saremmo stati riaccolti nel grembo della Grande Madre e poi saremmo rinati come la luna crescente. Così, il costante ritorno della luna crescente dopo i tre giorni di oscurità pose le fondamenta per credere nella sopravvivenza dell'anima e nel rinnovamento della vita dopo la morte apparente. Forse fu questa l'ispirazione originaria della credenza nella reincarnazione. La vita della luna era eterna, la vita della Terra e di tutte le creature e le piante, moriva e rinasceva come le fasi della luna

Nel neolitico, quando si svilupparono l'agricoltura e l'allevamento degli animali, i cicli lunari furono percepiti in relazione al ciclo delle messi; le fasi di luce e oscurità della luna si rispecchiavano nelle fasi di fertilità e sterilità delle stagioni. Il seme invisibile piantato nell'oscurità del grembo della Terra diventava visibile come verdi germogli di grano e poi come messe, veniva trasformato in cibo dal lavoro di uomini e donne. Tutto quel che era della Terra, rocce o sorgenti, alberi o frutti, chicchi o erbe, era sacro, poiché era la vita della Grande Madre, offerta in nutrimento ai suoi figli.

Le donne nell'era lunare erano strettamente legate al ritmo della semina e del raccolto, poiché partecipavano al misterioso processo per mezzo del quale la vita cresceva nell'oscurità dei loro ventri e rinasceva come figlio, dunque si riteneva che magicamente giovassero alla fertilità delle messi, degli alberi e degli animali. Erano guaritrici, esperte nell'uso delle erbe e dei linimenti e nell'arte di fare e decorare il vasellame. Un simbolismo complesso collegava il mistero lunare della continua rigenerazione e il potere della vita di rigenerarsi attraverso il bambino portato nel corpo della donna. Finché non fu scoperto il ruolo dell'uomo nella creazione di un figlio, la donna conservò una carica numinosa poiché sembrava che da sola generasse nuova vita.

Poiché questo schema lunare si ripeteva continuamente da eoni, parlò alla nostra immaginazione, dando origine ai grandi miti lunari che perdurarono per migliaia di anni. Cominciammo a percepire la vita e la morte come riti di passaggio per l'anima mentre viaggiava tra le dimensioni visibili e invisibili della Grande Madre, un viaggio che seguiva un percorso nel labirinto della Via Lattea. Gli antenati non erano persi per i viventi, ma — con la mediazione dello sciamano — vicini, disponibili al consiglio e alla guida. Nella cultura lunare non c'era demarcazione finale tra vita e morte o tra morte e rinascita. La morte era un rito di passaggio che conduceva alla rinascita. Per l'influenza dell'immagine della Grande Madre, la cultura lunare ebbe un carattere preminentemente femminile, che accentuava la relazione, la connessione e il contenimento nella grande invisibile rete della vita.

Da questa lunga esperienza lunare si svilupparono abilità di osservazione altamente sofisticate: la capacità di notare connessioni, relazioni e analogie, di immaginare, sentire, riflettere; di creare artefatti ed edifici che fossero allo stesso tempo utili e belli, in armonia con il paesaggio. La mitologia, l'astronomia, la matematica, l'architettura e il concetto di legge divina che governa tutti gli aspetti e le forme di vita, che raggiunsero altezze così brillanti nelle grandi civiltà dell'Età del Bronzo e resistettero fino alla fine del Medioevo in Europa — culminando nella sublime espressione della cattedrale di Chartres — potrebbero essersi sviluppate da questa osservazione primordiale della luna.

Il Mare

Anche il mare, insieme con la luna per il suo effetto sulle maree, fu associato dai tempi antichissimi alla Grande Madre e al grande invisibile mare dell'essere da cui era emerso l'intero mondo fenomenico. Nella mitologia sumera e indiana dell'Età del Bronzo, la Grande Madre era immaginata come un grande oceano, l'abisso di acque primordiali, ed era incarnata da un grande serpente. In Sumer, la dea Nammu, il cui ideogramma era il 'mare', è descritta come "la madre che diede origine al cielo e alla terra". Le magnifiche parole pronunciate dalla Sapienza nel Libro di Ben Sirach (24:27), negli *Apocrypha*, richeggia questa associazione antica della Madre primordiale con l'oceano cosmico dell'essere — "Il suo pensiero infatti è più vasto del mare e il suo consiglio più del grande abisso". Anche oggi, la parola francese per mare (*mer*) e madre (*mère*) sono quasi identiche e la parola in tedesco (*meere*) è femminile. Kwan Yin in Estremo Oriente, come la Vergine Maria in Occidente, è dea del mare e protegge i naviganti. Afrodite era nata dalla schiuma del mare. Iside e Maria erano chiamate Stella del Mare. L'associazione di mare, acqua, Grande Madre e l'invisibile mare cosmico dell'essere è molto antica.

Rituali di sacrificio

C'è un lato oscuro in questa storia lunare. Poiché la luna ha avuto un tale significato nelle culture sciamaniche, è possibile che l'idea del sacrificio si sia sviluppata in origine per assicurare il ritorno della luna crescente. Vedere la luna piena calare e sparire nell'oscurità, può aver indotto alcune comunità a credere che fosse necessario un sacrificio per assicurarsi il suo ritorno, per aiutare la luna a rinascere o propiziarsi la divinità, l'oscurità o il mostro/drago che l'aveva ingoiata o divorata. Mettendo in scena letteralmente la fase oscura, la pratica tribale avrebbe ucciso e smembrato una vittima o sacrificato alcune parti del corpo, come il prepuzio o l'articolazione di un dito e potrebbe essere all'origine della pratica della circoncisione. Siccome dopo un tale sacrificio la luna appariva sempre, possono aver dedotto che il sacrificio di una parte del corpo o la morte della vittima ne avesse causato la rinascita. È possibile che si pensasse che il sacrificio rituale riportasse la luna e, con essa, il sacro ordine dell'eterna rigenerazione della vita. Un rito del genere fu riportato in vita da Stravinsky con *Le Sacre du Printemps*, rappresentata nel 1913, alla vigilia dell'immenso sacrificio collettivo della Prima Guerra Mondiale.

Proseguendo con l'analogia, sarà stato naturale concludere che fosse necessario un sacrificio per assicurarsi la rigenerazione delle messi o il recupero della salute della comunità se la sua sopravvivenza era minacciata dalla carestia o dalla malattia. In una zona soggetta a terremoti, sarà stato praticato per tenere lontano il disastro. Da questa antica mitologia lunare, in assenza della luna, per assicurare la sua rigenerazione in un nuovo ciclo o la rigenerazione delle colture da cui la tribù dipendeva per la sopravvivenza, o per assicurarsi la protezione della dea, in certe società si svilupparono dei rituali in cui venivano sacrificati e/o smembrati un uomo o una donna, un neonato o un animale, come l'animale lunare, il toro.

Mentre il sacrificio umano era forse praticato in origine per garantirsi il ritorno della luna crescente dopo i tre giorni di oscurità, o la rigenerazione della Terra in primavera, ci furono sempre sciamani (e ci sono ancora oggi) che praticavano le cosiddette 'arti oscure' per ottenere potere sulle persone e sottometterle con il terrore.[8] Un esempio di ciò furono gli Aztechi, che adoravano dèi spaventosi che pretendevano olocausti di vittime sacrificali come prezzo della protezione divina.

Queste culture, comunque, non furono predominanti. Tuttavia, la pratica lunare del sacrificio fu trasmessa alle successive culture solari laddove il sacrificio umano in nome di Dio fu ritenuto un dovere religioso, oppure dove, come illustrano gli orrendi massacri di interi gruppi umani, da Auschwitz a Srebrenica, i sacrifici umani servono all'ideologia di supremazia di una nazione, di un gruppo tribale o etnico su un altro. Questa oscura eredità inconscia dell'era lunare si manifesta oggi nel potere delle armi che ci rendono capaci di sacrificare la vita su una scala finora inimmaginabile e nelle guerre e nei conflitti in corso che infliggono sofferenze intollerabili ai civili indifesi.

L'Età del Bronzo

Le ere Paleolitica e Neolitica ci danno le prime immagini della Grande Madre, ma non sentiamo parole. È solo con l'Età del Bronzo che cominciamo a sentire la voce umana; per la prima volta possiamo ascoltare gli inni indirizzati alle Grandi Dee dei templi sumeri ed egizi. La voce del Divino Femminile diventa viva e ci parla con le parole iscritte nei geroglifici sulle mura dei templi egizi, come quello di Iside a File.[9] Queste rivelano una ricca mitologia del divino femminile vecchia già di millenni.

È nell'Età del Bronzo che il senso della sacralità della vita viene espresso chiaramente in parole: un sentimento trasmesso dagli inni e dalle preghiere alla Dea, oppure dove lei stessa parla nelle grandi aretalogie (annunci) che ci sono giunti dall'Egitto e dalla Grecia Ellenistica[10] e nei notevoli testi gnostici scoperti a Nag Hammadi. In questi la Dea si annuncia come sorgente, terreno o matrice di tutte le forme di vita; il grembo fertile che rigenera eternamente le piante, gli animali e gli esseri umani; la forza vitale che attrae il maschio verso la femmina; il potere che crea, distrugge e rigenera tutte le forme di sé. Parla come l'origine e l'incarnazione di tutti i processi istintivi. È la forza della vita nutriente, compassionevole, benefica, ma anche la forza di distruzione terribile e implacabile che si manifesta come eruzione vulcanica, terremoto, diluvio, siccità e malattia.

Attorno al 4500 aC, cominciò ad apparire un giovane dio, che imperso-nava la vita della vegetazione, la vita del grano o degli alberi da frutto. Intor-no a lui e alla sua relazione con la Dea crebbe un mito di primaria importanza. Il suo matrimonio con lei univa la terra al cielo e rigenerava la vita sulla Terra. Il mito egizio di Iside che cerca i frammenti dispersi del corpo del marito Osiride; quello sumero della discesa e ascesa dagli Inferi della dea luna Inanna; il mito babilonese della discesa della dea Ishtar per salvare il proprio figlio Tammuz, dormiente negli Inferi, sono tutte variazioni di questo tema lunare. Quando il figlio o il consorte ritornano, il grano germoglia, gli alberi gemmano e la Terra è di nuovo fertile. Il mito greco di

Demetra in cerca della propria figlia Persefone, celebrato nei Misteri Eleusini, e più tardi il mito della nascita, crocifissione e resurrezione di Cristo, portano ancora lo stesso tema lunare di morte, discesa agli Inferi e rinascita o rigenerazione.

I sette principali temi della mitologia lunare dell'Età del Bronzo, trasmessi alle culture successive, erano:

> Il tema della morte e della rinascita
> Il tema della discesa agli inferi e del ritorno
> Il tema del combattimento con un avversario superumano
> Il tema del viaggio o della ricerca di un tesoro incommensurabile
> Il tema della trasformazione
> Il tema del matrimonio sacro
> Il tema della nascita del bambino divino

L'Uomo Verde, che si trova nelle chiese e nelle cattedrali di tutt'Europa, è il discendente degli dei della mitologia lunare, che muoiono e risorgono. Egli incarna lo spirito presente in ogni forma della natura, la vita che eternamente si rigenera.[11] Comunque, sebbene sui capitelli e sugli scranni delle cattedrali cristiane fosse scolpito l'Uomo Verde, il mito cristiano non conservò l'antica connessione con i cicli della vita della terra e della luna che erano il vero fulcro della precedente esperienza, e neppure la credenza che lo spirito fosse presente nella natura né che la natura fosse un'epifania o una manifestazione dello spirito e, dunque, sacra

Durante l'Età del Bronzo, in Egitto e in Mesopotamia, la cerimonia più importante era il Matrimonio Sacro, che univa simbolicamente cielo e terra, luna e sole, madre–sposa e figlio–amante. La dea e il dio si univano in unione sessuale con riti magnifici — lei rappresentata dall'alta sacerdotessa e lui dal re o dal sommo sacerdote. Questo matrimonio univa simbolicamente luna e sole, cielo e terra, la vita invisibile del Cosmo e la vita visibile della Terra, e si credeva rigenerasse la vita sulla Terra. I poemi estatici e le rappresentazioni sessuali degli inni del matrimonio egizio e sumero sarebbero stati lasciati in eredità alla successiva cultura cananea e, in seguito, a quella ebraica.[12] La squisita poesia del Cantico dei Cantici è arrivata a noi dai riti del matrimonio, dove la sposa era madre e sorella dello sposo, e quest'ultimo figlio e fratello della sposa — da qui le parole: "Tu mi hai rapito il cuore, sorella mia, mia sposa". L'evento a noi più vicino che comunichi il senso di importanza che questa cerimonia aveva per le popolazioni di quel tempo lontanissimo è l'eccitazione e il senso di unità generati da un matrimonio reale che, anche oggi, può significare la rigenerazione di una cultura e un nuovo inizio.

Egitto

Jeremy Naydler, che ha studiato approfonditamente le prime culture egizie, nel suo libro, *The Future of the Ancient World: Essays on the History of Consciousness* ci racconta che in Egitto il popolo vedeva ancora il mondo visibile permeato dal fondamento invisibile che lo illuminava di splendore divino:

> Gli dèi erano ancora presenti nella terra d'Egitto, poiché la natura era ancora trasparente, non già solida e opaca. La natura mediava le energie divine delle quali la popolazione diveniva consapevole "vedendo attraverso" il mondo fenomenico le presenze numinose al di là…. Gli Egizi erano a conoscenza del mondo invisibile che compenetra quello fisico, perché percepivano le energie che si muovono dietro la facciata dell'esistenza sensoriale. Soprattutto essi comprendevano che il mondo reale non è solido e che se qualcuno cerca le fondamenta spirituali della propria vita allora è necessario sviluppare una coscienza capace di viaggiare attraverso il mondo letterale verso quello simbolico e dell'immaginazione sacra.[13]

Luminosa, nutriente, bella, la voce del Divino Femminile parla dal cuore della cultura egizia, portando dal Neolitico l'immagine della vita come unità divina. Sono le Grandi Dee d'Egitto, dopotutto, che trasmettono questo sentimento di unità della vita e sono loro che portano avanti l'antica immagine dell'anima. Esse erano l'Albero della Vita — la palma da dattero e il sicomoro con la sua linfa lattiginosa — e venivano spesso mostrate nell'atto di offrire i vasi che contenevano l'acqua della vita eterna dall'interno frondoso dell'albero, fornendo nutrimento per le anime che passavano da una dimensione all'altra. L'immagine dell'Albero della Vita passa dai templi egizi, mesopotamici e cananei dell'Età del Bronzo alla tradizione mistica ebraica della Qabbalah e al Mito della Caduta dell'Uomo nel Libro della Genesi, dove si trovava nel Giardino dell'Eden.

Quattro Grandi Dee egizie portarono avanti l'immagine della Grande Madre primitiva e il sentimento che tutto fosse animato dalla presenza divina. Tra queste c'era Maat, che sul capo indossava la piuma che serviva da contrappeso al cuore umano quando questi, dopo la morte, veniva pesato sulla bilancia della giustizia. Poiché la mitologia egizia ebbe una grande influenza sulle culture vicine, può darsi che Maat sia l'origine della figura della Sapienza Divina del Vecchio Testamento, poiché impersonava l'equilibrio e l'armonia del Cosmo intrinseci in tutte le forme di vita, anche nelle note della scala musicale.

Alcuni degli inni e delle preghiere più belle che dall'Egitto sono arrivate fino a noi erano dedicate alla dea Nut, Madre delle anime dei morti, misterioso e profondo fondamento della vita e dell'anima. Nut era la volta stellata del cielo il cui vasto corpo cosmico era dimora di tutte le stelle. Ogni notte il dio sole 'moriva' nel suo corpo, nella sua discesa notturna nel modo sotterraneo, e rinasceva da lei all'alba di ogni nuovo giorno. L'immagine di Nut era dipinta all'interno dei coperchi dei sarcofagi, e talvolta anche alla base, come per avvolgere nel suo abbraccio cosmico l'anima affidata alle sue cure. Su un frammento di pietra che scoprii molto tempo fa al Louvre (mummia del sud–est n. 2611 del 1100 aC), c'è una bella e commovente iscrizione a lei dedicata:

> *O madre Nut, distendi su di me le tue ali;*
> *Fa' che io diventi come le stelle imperiture,*
> *come le stelle infaticabili.*
> *O Grande Essere che stai nel mondo dei Morti,*
> *ai cui piedi si stende l'Eternità, nelle cui mani vi è il Sempre,*
> *O Grande Amata Anima Divina*
> *Che sei nell'abisso misterioso, vieni a me.*

Hathor (che prende spesso il posto di Iside) era la più antica dea d'Egitto. Chiamata Madre nutriente dell'universo e impulso creativo fluente dal suo grembo cosmico, Hathor era il fiume stellato della Via Lattea che, nella cultura egizia come nelle culture sciamaniche d'Oriente e d'Occidente, era ritenuta non solo la grande via stellata usata dalle anime per entrare e uscire da questo mondo, ma anche la Grande Madre, sorgente cosmica del Tutto. Hathor, tuttavia, era anche immanente sulla terra, presente, come tutti gli dèi e le dee egizie, nelle statue all'interno dei loro templi. Come Madre Divina, Hathor riceveva le anime dei morti all'entrata della sua montagna sacra, che si pensava fosse ubicata dietro il magnifico tempio di Deir–el–Bahri, fatto erigere dalla Regina Hatshepsut (1505–1484 aC) per onorare e ospitare la dea. Nella squisita tomba della Regina Nefertari, l'amata moglie di Ramses II, e nel tempietto di Abu Simbel dedicato ad Hathor, la dea conduce la regina per mano davanti a Osiride, il giudice dei morti.

Come nel rito mesopotamico, era la Dea che conferiva al Faraone il potere divino di governare l'Egitto; molte sculture lo mostrano seduto sulle ginocchia di Hathor, mentre si nutre al suo seno. Recando con sé le rappresentazioni della Grande Madre neolitica, l'uccello e il serpente, Hathor, come Iside, era anche Nekhbet, la dea madre avvoltoio dell'Alto Egitto e Wadjet, l'antica madre dea cobra di quello Basso. Come copricapo portava tra le corna lunari il disco d'oro del sole e l'ureo (il cobra) sulla fronte, simbolo del suo dinamico, fiammeggiante potere di creare e distruggere che trasmetteva a suo figlio, il Faraone, sovrano d'Egitto.[14] Il numero a lei sacro era il sette.

Il popolo amava e adorava Hathor come energia magnetica e fertilizzante della vita: l'energia sessuale che attira le persone e gli animali gli uni alle altre e si manifesta come la fertilità della Terra. La vedevano bella e raggiante come il sole, ma ne avevano anche paura, perché, nella forma di Sekhmet, l'imponente dea dalla testa di leone, il cui nome significa 'la Potente', avrebbe potuto portare siccità e morte per fame. Ma, sebbene potesse portare distruzione, poteva anche ritirarla o porre dei limiti a quanto aveva fatto, perciò era sempre mostrata con indosso il menat, o sacra collana di guarigione, e con il sistro, il sonaglio con inciso il suo volto che scacciava le forze del male.[15] Una volta l'anno, aveva luogo un grande festival che celebrava il sacro matrimonio di Hathor con il suo consorte, il dio del sole Horus, e la sua statua era portata dal suo tempio di Dendera a quello di Horus a Edfu, accompagnata da una magnifica processione di chiatte decorate sulle rive del Nilo.[16]

La dea più grande e amata d'Egitto era, però, Iside. Sorella e sposa di Osiride e madre del dio dalla testa di falco, Horus, Iside fu adorata per più di tremila anni, dai tempi pre–dinastici (prima del 3000 aC) fino all'epoca di Roma, quando per tutto l'impero si edificarono templi al suo culto. Plutarco, che scrive di lei in quel tempo, la vedeva come l'Anima della Natura. Con l'avvento del Cristianesimo, i templi a lei dedicati come Madre di Horus, furono intitolati alla Vergine Maria, con il figlio in grembo proprio come Horus era seduto sulle ginocchia di Iside. Il popolo pregava la Vergine per chiedere aiuto nello stesso modo in cui aveva pregato Iside. Ma Iside era rimasta più a lungo della Vergine.

Al tempo di uno degli ultimi governatori dell'Egitto, Tolomeo II (284–246 aC), sulle pareti del suo squisito tempio di File, nel Sud dell'Egitto, furono incisi degli inni meravigliosi in caratteri geroglifici dedicati a Iside. Tradotti solo di recente, essi ci offrono un'idea di come era vista dagli egizi, poiché il sacerdote o la sacerdotessa che li scrisse si basò come fulcro su del materiale molto più antico. In quel tempio, da 'Signora della Vita' e 'Signora dell'Alto e del Basso Egitto', Iside racchiudeva in sé tutti i ruoli, gli attributi e le funzioni delle altre dee. Per il popolo era la Madre, che dimorava nella dimensione cosmica del divino e, tuttavia, al contempo, era presente in modo numinoso nel suo tempio sulla terra nel quale discendeva ogni giorno. La sua statua, coperta di foglie d'oro e debolmente illuminata da due piccoli raggi di luce, brillava nella tenue luce del santuario, che sembrava essere "soffuso d'oro, come l'orizzonte che regge il disco del sole". Ogni giorno, la sua statua veniva cosparsa di fragranti profumi, olii e mirra e, ai suoi piedi, veniva deposto il sacro loto blu.

Negli inni è indicata come la Dea Madre universale, sola creatrice del mondo, l'Unica che porta i molti esseri alla vita, madre benefica dell'umanità e dea dell'Oltretomba.[17] Come ci racconta Louis V. Zabkar nella sua raccolta *Inni a Iside nel suo tempio a File*, "Tutti gli attributi, i ruoli e le funzioni che in tempi molto primitivi erano stati assegnati ad altri dèi e dee, ora erano a lei trasferiti, per mostrare la sua sovranità e posizione unica tra le divinità di File".[18]

Ecco la descrizione di una visione della Dea che ne fa Apuleio, uno scrittore e filosofo nordafricano che vive a Roma nel II secolo dC, iniziato ai Misteri di Iside in *L'asino d'oro*:

> ... quand'ecco che sulla superficie del mare apparve una divina immagine, un volto degno d'esser venerato dagli stessi dei. Poi la luminosa parvenza sorse a poco a poco con tutto il corpo fuori dalle acque e a me parve di vederla, ferma, dinanzi a me.... Anzitutto i capelli, folti e lunghi, appena ondulati, che mollemente le cascavano sul collo divino. Una corona di fiori variopinti le cingeva in alto la testa e proprio in mezzo alla fronte un disco piatto, a guisa di specchio ma che rappresentava la luna, mandava candidi barbagli di luce. Ai lati, a destra e a sinistra, lo stringevano le spire irte e guizzanti di serpenti e, in alto, era sormontato da spighe di grano. Indossava una tunica di bisso leggero, dal colore cangiante, che andava dal bianco splendente al giallo del fiore di croco, al rosso acceso delle rose, ma quello che soprattutto confondeva il mio sguardo era la sopravveste, nerissima, dai cupi riflessi, che girandole intorno alla vita le risaliva su per il fianco destro fino alla spalla sinistra e, di qui, stretta da un nodo, le ricadeva sul davanti in un ampio drappeggio ondeggiante, agli orli graziosamente guarnito di frange. Quei lembi e tutto il tessuto erano disseminati di stelle scintillanti e in mezzo ad esse una luna piena diffondeva la sua vivida luce.... Ai suoi piedi divini calzava sandali intessuti con foglie di palma, il simbolo della vittoria.[19]

Ed ecco alcune delle parole che la Dea gli rivolse:

> "Eccomi o Lucio, mossa alle tue preghiere, io la madre della natura, la signora di tutti gli elementi, l'origine e il principio di tutte le età, la più grande di tutte le divinità, la regina dei morti, la prima dei celesti, colei che in sé riassume l'immagine di tutti gli dei e di tutte le dee, che col suo cenno governa le altezze luminose del cielo, i salubri venti del mare, i desolati silenzi dell'oltretomba, la cui potenza, unica, tutto il mondo onora sotto varie forme, con diversi riti e differenti nomi."[20]

Talvolta Iside indossa le ali della Grande Madre neolitica e il suo geroglifico è un trono. In relazione a Faraone, il sovrano d'Egitto, ella era il trono sul quale egli sedeva come suo 'figlio' poiché ella (come Hathor) gli conferiva il diritto di governare e le qualità e il potere divini della regalità. Era anche l'uraeus, o fiammeggiante energia del dio sole Ra. A prua della sua barca solare, con la quale discendeva ogni notte nell'Oltretomba, con la sua energia fiammeggiante distruggeva all'istante il suo nemico, il grande serpente Apophis, per poter continuare il viaggio e poter ascendere nuovamente come il sole che illumina il nuovo giorno.

L'immagine di Iside porta con sé un'immensa varietà di pensieri e sentimenti e i suoi numerosi nomi e titoli non trasmettono l'amore del popolo, né la profondità del loro bisogno o la fede in lei come Madre, e neppure la profonda influenza che ebbe sugli Egizi e in seguito sulle civiltà romana e greca per tremila anni. Nessuno l'ha più chiaramente descritta dell'egittologo Wallis Budge, che riteneva Iside detenesse una posizione unica nei cuori degli Egizi, totalmente differente da qualunque altra dea. Ella era la più vicina alla Grande Madre dell'era Neolitica, e governava ancora Cielo, Terra e gli Inferi, che gli Egizi chiamavano Oltretomba. "Iside", scrive, era la grande e benefica dea e madre, la cui influenza e il cui amore pervadevano il cielo, la terra e la dimora dei morti, ed era l'incarnazione del grande potere creativo femminile che concepiva e dava origine a tutte le cose e le creature viventi, dagli dèi del cielo, agli uomini sulla terra e agli insetti nel terreno; proteggeva tutto ciò cui dava vita e ne aveva cura, li sfamava e li nutriva. Non solo generava continuamente nuove creature, ma restituiva alla vita coloro che erano morti.[21]

Alla fine dell'Età del Bronzo, il principio femminile nell'immagine della Grande Dea era chiaramente definito. Mantenendo ancora in sé le tre dimensioni di cielo, terra e inferi, incarnava la grande matrice delle relazioni attraverso cui tutti gli aspetti e le forme di vita erano connessi gli uni agli altri. Sebbene non con la nostra terminologia di anima cosmica o universale, questo, in effetti, è ciò che rappresentava. In secondo luogo racchiudeva in sé il principio di giustizia, sapienza e compassione, oltre al potere di distruggere e rigenerare la vita.

L'Età del Ferro (dal 1200 aC circa)

Nel 1200 aC circa, con l'avvento dell'Età del Ferro, nella quale si sviluppano le religioni patriarcali, la storia della dea diviene più difficile da seguire, poiché un dio prende il suo posto come supremo sovrano di cielo, terra e inferi. La Grecia si colloca tra queste due fasi della cultura umana: una lunare, incentrata sulla dea e una solare, incentrata sul dio. Quando nasce una nuova fase dell'evoluzione della coscienza umana, in cui lo sviluppo del potere della mente e del pensiero razionale comincia a ritirarsi dal reame materno di una natura dotata di anima, comincia a declinare il senso più antico di partecipazione a una Terra e a un Cosmo sacri.

In Grecia, i poteri della Grande Madre neolitica furono divisi tra dee che incarnavano aspetti differenti del suo sé precedente, ma non ci fu più una Dea Madre suprema come Iside o Hathor. L'influenza della cultura patriarcale (solare) è mostrata dal fatto che Atena, Afrodite, Artemide e Persefone sono figlie di Zeus, avute da madri differenti ed è lui, adesso, il padre supremo degli dèi. Nell''appropriarsi' da parte di Zeus, e dei suoi fratelli Ade e Poseidone, delle dimensioni di cielo, inferi e mare, possiamo avvertire il cambio culturale di coscienza quando la Grande Madre, che un tempo includeva nel suo essere questi tre reami, perde due dei suoi precedenti domini. Gaia è ancora, come l'antica Grande Madre, dea della Terra e, con la propria figlia Demetra, porta nella cultura greca un pallido riflesso della Grande Madre che *era* la vita del cielo, della terra e del mondo sotterraneo. Oggi, mentre ci risvegliamo a una profonda relazione con la nostra casa planetaria, il nome di Gaia, la dea della Terra, misteriosamente ricompare.[22]

Numerose dee greche ereditano le rappresentazioni delle dee dell'Età del Bronzo: il leone, l'uccello, il serpente. Atena era dea della Sapienza e Grande Dea di Grecia. Il suo dono al popolo fu l'ulivo — l'Albero della Vita greco — il suo ricco olio dorato un simbolo della sua divina sapienza, i suoi frutti il suo cibo nutriente. Sebbene provenisse dalla più antica cultura dell'Età del Bronzo cretese, in Grecia Atena diventa ispiratrice e mentore del suo fiorire artistico e intellettuale. Nell'*Odissea* è descritta come una donna alta e bella, con occhi penetranti e brillanti, che indossa una veste bianca e un mantello di pelle di capra, l'egida, decorato con la testa mozzata della Gorgone. Nelle statue e nelle pitture sui vasi, prende la forma di una fanciulla guerriera con l'elmo, la tremenda protettrice della sua città, Atene. Ma, in una magnifica statua che proviene dal tempio arcaico sull'Acropoli, si riflette un'altra Atena, più antica, che la mostra con la testa coronata di serpenti e il mantello che cade dalle spalle bordato da una massa di serpenti intrecciati, uno dei quali stretto nella sua mano sinistra. La rappresentazione del serpente, che illustra il suo potere di rigenerare la vita, mostra la sua discendenza dalla Grande Dea di un'età precedente e, più specificamente, dalla dea cretese. Nell'*Odissea* sono raccontate molte storie di Atena, che appare a Odisseo come rondine o gabbiano e lo guida nel viaggio di ritorno a Penelope. In particolare le era sacra la civetta.

Artemide eredita il ruolo della dea degli animali, ma c'è un'altra Artemide: la Grande Dea di Efeso, il cui nome anatolico era Cibele (Kybele) e la cui statua si trova ora, magnificamente restaurata, nel Museo Archeologico di Napoli. Un tempo si ergeva nel suo magnifico tempio di Efeso. Anche alla data tarda del 400 aC, abbiamo qualche idea di ciò che l'ordine sacro da lei rappresentato ancora trasmetteva. Sui suoi seni multipli riposa la grande mezzaluna che la identifica come dea della luna, e al di sotto di essa si annida un cerchio di piccole ghiande. Sul suo corpo ci sono diversi animali tra cui leoni, tori e api, nonché esseri angelici e sacerdotesse del suo tempio. È un'affermazione incredibilmente completa dell'unità della grande rete della vita, ancora portata dall'immagine di una dea come Grande Madre.

In Persefone e nel mito longevo nel quale gioca un ruolo, troviamo una delle poche dee che si muove, come Inanna in Sumer e Iside in Egitto, tra il lucente mondo solare e l'oscuro mondo dei morti, mantenendoli in connessione. Nella cultura greca più tarda, in particolare in quella dell'Italia meridionale, Persefone incarna il reame invisibile degli Inferi. I suoi misteri sono quelli della morte e della rinascita.

Come nell'Età del Bronzo, queste dee incarnano la divina armonia, l'ordine e la bellezza della vita. Il grande festival in onore di Demetra, le *Tesmoforie*, e i riti segreti del suo tempio di Eleusi, davano a coloro che vi partecipavano un profondo senso di fede nella sopravvivenza dell'anima e nella riunione con le persone amate dopo la morte. Erano tra i riti più potenti e antichi mai concepiti per tener vivo il senso di relazione con il fondamento eterno della vita.

Tutte queste associazioni e molte altre che non possono essere incluse in questo capitolo derivano da un tempo precedente in cui non esisteva separazione tra la Grande Madre come Sorgente e le forme manifeste della sua vita. Non esisteva un creatore al di là della creazione. Il creatore era sia la vita della natura che i nascosti poteri del Cosmo, che adesso vengono incarnati da molti dèi e dee. Il velo tra le due dimensioni è meno opaco di quanto diventerà in seguito, come illustrano gli incontri con le dee e gli dèi raccontati da Omero nell'*Iliade* e nell'*Odissea*. Le immagini delle dee e la loro mitologia mostrano che la vita era ancora *percepita* e *vissuta* come sacra. Tutte le dee trasmettono il sentimento del tempo precedente, quando la dea poteva essere invocata per aiuto, guida e ispirazione dalle donne come dagli uomini. Attraverso la loro immagine il popolo era reso consapevole di calpestare un suolo sacro, di vivere all'interno di un Ordine Sacro dove tutto ciò che erano, tutto ciò che sperimentavano era radicato in quel suolo. Esseri nascosti, intermediari tra la terra e il cielo, collegavano ancora la dimensione del mondo fisico alla dimensione invisibile che l'aveva animata. Non c'era una linea rigida tra ciò che era immaginazione e ciò che era realtà, perché ciò che si immaginava *era* la realtà. L'anima umana faceva parte della grande Anima del Cosmo che era viva con questi esseri invisibili e i loro diversi poteri. Le profonde esperienze degli esseri umani — i loro sentimenti e le loro emozioni più profonde — erano intese come espressioni di schemi archetipici presenti nel Cosmo e nominati come specifici dèi e dee.

Guardando verso un'età più tarda, in Occidente troviamo l'eredità della Grande Madre, e la mitologia che si raccoglie intorno a lei, nei grandi temi mitologici della Ricerca che ci dirigono verso le radici della coscienza, la fonte o il fondamento dell'essere: Odisseo che ritorna casa di Penelope sotto la guida di Atena; Teseo che segue il filo di Arianna attraverso il labirinto di Creta; Il viaggio di Dante nel mondo sotterraneo e la guida di Beatrice; la ricerca medievale per il Santo Graal. Tutte queste storie meravigliose definiscono il Femminile come presenza immanente, guida e obiettivo trascendente.

Più in Oriente, in India, i saggi Vedici espressero con straordinaria chiarezza la loro visione dell'onnipresenza del fondamento divino nel sublime immaginario poetico dei *Veda* e delle *Upanishad*. I poeti, le cui tradizioni appartenevano a una cultura che esisteva molto prima delle invasioni ariane, cantavano della loro appassionata devozione alla dea, mentre a nord i popoli della montagna, per onorarla, chiamavano le grandi montagne con il suo nome e la adoravano come la forza dinamica del principio creativo, chiusa nella beatitudine di un abbraccio eterno con il suo divino consorte. Ancora più a Oriente, i saggi della tradizione taoista non persero mai la comprensione sciamanica che la relazione con la Natura fosse la chiave per rimanere in contatto con la fonte della vita. Non seguirono mai le pratiche ascetiche delle religioni che sacrificavano il corpo per il progresso spirituale. Non ebbero mai fretta di raggiungere l'obiettivo dell'unione con il divino né di rinunciare al mondo per amore dell'illuminazione. Di tutte le tradizioni religiose, ad eccezione di quelle delle popolazioni indigene, i Taoisti non separarono la natura dal suo terreno invisibile, perdendo così il contatto con l'anima. Non si persero mai nel labirinto dell'intelletto e delle sue costruzioni metafisiche ma, attraverso la pazienza e la devozione, furono in grado di realizzare la difficile alchimia di mettersi in armonia con l'armonia più profonda della natura. Non persero di vista l'Uno.

In questo capitolo mi sono concentrata sull'immagine della Grande Madre Neolitica e delle Dee dell'Età del Bronzo successive perché gettano le basi per una comprensione del concetto di anima e dei mondi invisibili al di là di questo, che sarà esplorato nei capitoli successivi. Questa esperienza partecipativa lunare e l'immagine unificante della Grande Madre e delle Grandi Dee che personificavano la grande rete della vita, furono, credo, le fondamenta dell'idea successiva di Anima Cosmica o Anima del Mondo (*Anima Mundi*) sviluppata nella filosofia platonica e neoplatonica così come la Shekinah della Qabbalah. Durante l'era lunare, furono l'immagine di una soverchiante numinosità e di fascino per uomini e donne, ma in particolare, forse, per le donne, molte delle quali servivano come sacerdotesse nei templi della Dea. Queste Grandi Dee vennero adorate come fonte di vita: una vita che si manifestava come la vita di ognuno e di tutti. La sessualità era vista come espressione vitale di quella vita: un impulso sacro ed estatico che riflette l'impulso creativo stesso della vita per rinnovarsi eternamente. Tutto è uscito dal grembo della Grande Madre e ha avuto un significato attraverso la relazione con lei. Quindi la relazione e la connessione venivano intese come qualità essenziali del Femminile.

All'interno della psiche, gli elementi emergenti della coscienza erano tenuti in relazione con gli strati più antichi e istintuali della psiche attraverso l'immagine della Dea e attraverso i rituali che collegavano le persone ai ritmi del Cosmo e alla vita della Terra. La cosmologia lunare non separò la vita umana dalla partecipazione a un ordine cosmico sacro, ma fu radicata nell'antica consapevolezza istintiva che, millenni dopo, Blake riconobbe: "Tutto ciò che vive è sacro". Portiamo quella consapevolezza dentro di noi e la stiamo recuperando ora, mentre l'antica immagine dell'anima ritorna a noi.

Note

1. Da Chaura–panchasika, Primo secolo dC, *Love Songs of Asia*, Pushkin Press, Londra 1944.
2. *Il mito della Dea* include la gamma e la profondità dell'immagine della Grande Madre.
3. Abram, David: *The Spell of the Sensuous*, Vintage Books, New York 1966, p. 250.
4. Vedi il magnifico *Chauvet Cave* Thames and Hudson, Londra 1996. Werner Herzog ha realizzato un DVD di questa grotta in 3D.
5. Gimbutas, Marija: *Le dee e gli dei dell'antica Europa. Miti e immagini del culto*, Stampa Alternativa, Viterbo 2016. *La Civiltà della dea*, 2 voll., Stampa Alternativa, Viterbo 2012 6 2013.
6. *The Lost World of Old Europe*, 5000–3500 BC edited by David W. Anthony, Princeton University Press 2010, p. 90.
7. Cashford, Jules: *The Moon: Myth and Image*, Cassell Illustrated, Londra 2003, p. 8.
8. Casi recenti sono venuti alla luce in Nigeria e Londra di bambini e giovani donne picchiati, torturati e persino uccisi per esorcizzare il diavolo che si riteneva stesse causando problemi in una famiglia o una comunità, o per costringere le ragazze a essere vittime della tratta, presentando una miscela tossica di credenze e pratiche arcaiche e credenze cristiane.
9. Zabkar, Louis V.: *Hymns to Isis in Her Temple at Philae*, pubblicato per Brandeis University Press da University Press of New England, 1989.
10. Zabkar, pp. 137–146, in riferimento alle aretalogie dei tempi ellenistici: l'aretalogia di Kyme; l'aretalogia di Maronea (costa meridionale della Tracia) e due dalle Metamorfosi di Apuleio, Libro XI, capitoli 5 & 25.
11. Anderson, William and Hicks, Clive: *Green Man: The Archetype of our Oneness with the Earth*, HarperCollins, Londra e San Francisco 1990.
12. Vedi *Il mito della* Dea per gli Inni del matrimonio sumero.
13. Naydler, Jeremy: *The Future of the Ancient World: Essays on the History of Consciousness*, Inner Traditions, Vermont 2009, pp. 90-91. Vedi anche *Temple of the Cosmos: Ancient Egyptian Experience of the Sacred*, Inner Traditions 1996.
14. Roberts, Alison: *Hathor Rising: The Serpent Power of Ancient Egypt*, e *My Heart, My Mother*, Northgate Press, Devon 1995 e 2000.
15. ibid.
16. Lamy, Lucy: *Egyptian Mysteries*, Thames and Hudson Ltd., Londra 1981.
17. Zabkar, *Inni a Iside nel suo tempio a File*.
18. ibid., p. 132.
19. Apuleio: *Metamorfosi (L'asino d'oro)* testo latino a fronte, Mondadori, Milano 2017, Libro xi.
20. ibid.
21. Budge, Wallis E.A.: *The Gods of the Egyptians*, Dover Publications, New York 1969, pp. 203–204.
22. Dai libri di James Lovelock, Gaia, *A New Look at Life on Earth*, Oxford OUP, 1979; *The Revenge of Gaia*, Penguin Books Ltd., London, 2006; *The Vanishing Face of Gaia: A Final Warning*, London, Penguin Books Ltd., 2010.

Capitolo cinque

L'Era Lunare
La Visione Sciamanica:
Consonanza Con Tutta La Creazione

Sono fratello della foresta e devo difenderla

— David Kopenawa Yanomami,
uno sciamano contemporaneo dell'Amazzonia

Chi nelle nostre presumibilmente progredite civiltà è capace di comprendere il linguaggio delle rocce e degli alberi?

— Jean Charon, fisico

È una sfida notevole per la mente razionale moderna entrare nella coscienza del tutto diversa dell'era lunare, dove le persone vivevano in piccole comunità che rimanevano in stretta relazione con la stessa parte di terra per molte migliaia di anni. Con il movimento di un numero crescente di persone verso le città, dove abbiamo perso il contatto fisico con la terra, siamo divenuti estranei all'anima del paesaggio, all'anima della natura. Viviamo in una cultura secolare e non abbiamo più un mito che ci connetta al Cosmo vivente; non consideriamo più la Terra come nostra Madre. Come osservava Mircea Eliade, "La desacralizzazione pervade l'intera esperienza dell'uomo non religioso della società moderna".[1] Questo ci rende difficile entrare nell'animo dell'uomo arcaico delle società sciamaniche e rispondere alla sua comprensione fondamentale che la vita del Cosmo, la vita della Terra e la vita dell'umanità fossero una cosa sola, permeata e influenzata dallo spirito che la anima.

Per molte migliaia di anni, prima dell'avvento delle religioni come le conosciamo e fino ad oggi, le persone delle culture sciamaniche allineavano se stesse e le loro comunità con una dimensione invisibile della realtà. Le loro vite avevano significato e valore poiché sentivano di vivere dentro un Ordine Cosmico Sacro in cui lo spirito, sebbene invisibile, non era considerato qualcosa distante dalla natura. La natura era animata dallo spirito. Con il sorgere delle religioni patriarcali, il senso di essere contenuti in un ordine sacro cominciò a sbiadire, sebbene in Europa sopravvivesse parzialmente fino alla fine del Medio Evo. Credo che questa perdita abbia le sue distanti radici in un'immagine di Dio definito come un creatore separato e distinto dalla Sua creazione, che non conteneva il mondo nel Suo essere e nemmeno era presente in ogni foglia, ogni creatura di questo mondo. Aveva le sue radici anche nel mito della Caduta dell'Uomo (vedi Capitolo sette) che racconta la storia di come fummo espulsi dalla Parola Divina ed esiliati in questo mondo di sofferenza, peccato e morte, come punizione per aver disobbedito alla volontà divina.

La civiltà occidentale fu profondamente influenzata da queste credenze e si sviluppò sulla base di un dualismo fondamentale: la separazione tra spirito e natura, creatore e creazione. Questa spaccatura distrusse del tutto l'antica esperienza sciamanica di una natura animata e aprì la strada al suo totale sfruttamento. Ci condusse alla visione corrente fondata sulla nostra separazione dalla natura e dal suo insegnamento, dove la natura è soggetta alla volontà e ai bisogni della nostra specie.

Tuttavia, noi portiamo nella nostra psiche l'eredità di due differenti generi di coscienza, due differenti modi di conoscenza: innanzitutto quello che ho descritto in questo capitolo e nel precedente: un modo di conoscere 'lunare', partecipativo, mediato da sensazioni istintive, acuti poteri di pensiero analogico, intuizione altamente sviluppata e tecniche sciamaniche di connessione con la dimensione invisibile della realtà. Questa dimensione non fu mai percepita come separata dalla natura, ma piuttosto come suo invisibile fondamento, di volta in volta chiamato Mondo dello Spirito, Aldilà e in seguito, dai Greci, Reame Immortale. In secondo luogo, con la diffusione della capacità di leggere e scrivere si sviluppò un percorso di conoscenza più recente, 'solare' con al centro l'intelletto, la mente razionale, che alla fine ci avrebbe portato alla cultura scientifica e orientata alla tecnologia, dove c'è un'essenziale disgiunzione tra il sé umano e il mondo della natura. Nel corso di migliaia di anni il secondo modo di conoscere prese il posto del primo anche se, in regioni diverse della terra, si sovrapposero per molti secoli. Per comprendere i bisogni primari del nostro tempo dobbiamo conoscere qualcosa di queste due grandi meta–narrative, di questi due diversi generi di coscienza e delle circostanze che condussero uno a sovrapporsi, rimpiazzare o rimuovere l'altro. Può aiutare vederli come rappresentativi di differenti fasi dell'evoluzione della coscienza.

La caratteristica principale del modo sciamanico di conoscere, che il filosofo inglese Owen Barfield chiamò 'Partecipazione Originale' nel suo libro *Saving the Appearances: A Study in Idolatry*, fu il sentimento istintivo di relazione con una

Terra vivente e il Cosmo e un senso di parentela con tutta la creazione.² Nessuno ha mai descritto questo stato di coscienza meglio di Richard Tarnas nel suo libro *Cosmos and Psyche*:

> L'essere umano primitivo percepisce il mondo naturale che lo circonda come permeato di significato, al contempo umano e cosmico. Nella foresta si vedono gli spiriti, nel vento, nell'oceano, nel fiume, nel monte si sentono delle presenze.... Il mondo primitivo è pieno di anima... é pregno di segni e simboli, implicazioni e intenzioni.... Dal mondo interiore umano al mondo esterno non c'è soluzione di continuità.... L'essere umano è un microcosmo all'interno del macrocosmo del mondo, partecipa della sua realtà interiore ed è unito al tutto in modi al contempo tangibili e invisibili.... La psiche umana è incorporata nella psiche del mondo.... All'interno di questo stato di coscienza indifferenziato, gli esseri umani percepiscono di partecipare direttamente — in modo emozionale, mistico e conseguente — e di comunicare con la vita interiore del mondo naturale e del cosmo. Per essere più precisi, questa partecipazione mistica implica un sentimento complesso di partecipazione interiore diretta degli esseri umani non solo del mondo, ma anche ai poteri divini, attraverso i riti, e a quegli stessi poteri nel mondo, in virtù della loro presenza immanente e trasformativa.³

Questa coscienza partecipativa primordiale sopravvive oggigiorno nelle culture indigene come quella dei Kogi colombiani, nei Maya del Centro America, negli Indiani del Nord America, negli Indios amazzonici, nel popolo della Mongolia esterna, in certe comunità africane e negli Aborigeni australiani e neozelandesi. Queste sono ancora culture sciamaniche. Ma esistette anche in antiche civiltà altamente sofisticate come quelle d'Egitto, dell'India e della Cina: fu scoperta nel *Corpus Hermeticum* egizio, nei testi sublimi dei *Veda* e delle *Upanishad* in India e nel testi taoisti cinesi, oltre che nella tradizione mistica della Qabbalah descritta nel Capitolo tre. In tutte queste tradizioni non vi è dualismo: la natura non è separata dallo spirito. In essenza, le due cose erano considerate una: il mondo fenomenico era la forma manifesta e il luogo in cui dimorava lo spirito invisibile. Come proclama la *Bhagavad Gita*: "Tutto è divino" (vii.19). La visione più importante di queste culture sciamaniche era che lo spirito è ubiquo, presente in ogni aspetto del mondo fenomenico, e che l'uomo non ha una posizione dominante sulla natura. Le culture sciamaniche vivevano all'interno di un Ordine Sacro. Noi non riconosciamo l'esistenza di un tale Ordine, ecco perché l'anima collettiva dell'umanità si è disconnessa dalle sue radici e la nostra cultura è divenuta disfunzionale ed incapace di rispondere ai nostri bisogni più profondi.

Per quale ragione questo ci importa? Perché, se non conosciamo le antiche influenze mitologiche che hanno formato il nostro modo di pensare, non possiamo sviluppare la visione di cui abbiamo bisogno per cambiare le nostre credenze e modificare il nostro comportamento; e neppure possiamo riconnetterci con un aspetto vivo e tuttavia muto della nostra psiche cui troppo a lungo è stato negato l'accesso alla mente conscia. Non possiamo divenire interi.

Poiché la scienza e la tecnologia altamente sviluppate hanno notevolmente migliorato le condizioni materiali delle nostre vite, siamo arrivati a vedere la storia della civiltà come un'ascesa dalle tenebre, dalla superstizione e dall'ignoranza, una salita verso un altopiano soleggiato da un passato primitivo e per fortuna superato. Alla luce delle scoperte archeologiche e antropologiche e della grande quantità di dati che sono stati raccolti nel corso del secolo scorso sulle culture sciamaniche, passate e presenti, in diverse parti del mondo, questa posizione non è più sostenibile.

Inoltre, come scrive Richard Rudgley nel suo studio esauriente della cultura preistorica, *Civiltà perdute dell'Età della Pietra*, "Alla luce del vasto corpo di prove raccolte in questo libro, è ora chiaro che è necessaria una valutazione fondamentale del contributo preistorico alla civiltà. È stato dimostrato che ciascuno degli elementi della civiltà è stato altamente sviluppato prima dell'ascesa dell'antico Egitto e della Mesopotamia.... La civiltà non è apparsa improvvisamente circa 5000 anni fa".[4]

Potremmo guardare a questo remoto passato con arroganza, congratulandoci con noi stessi per aver superato il suo approccio 'magico' alla vita, senza comprendere che la nostra attuale coscienza si è evoluta dalla matrice di quel modo di conoscere antico e istintivo, caratterizzato dalla consapevolezza della relazione tra tutti gli ordini della realtà, visibili e invisibili. Con uno sforzo conscio significativo, tuttavia, possiamo recuperare e integrare quell'approccio più antico con la nostra mente razionale e con il nostro attuale modo di vedere la realtà.

Geografia Sacra e Cosmo Vivente

Vivere all'interno di un Ordine Sacro significava sperimentare l'intero universo come essere vivente, sapere che la vita cosmica e quella terrena erano intimamente connesse e studiare non solo ogni aspetto dell'ambiente circostante, ma la posizione e il corso della luna, delle stelle principali e delle costellazioni al fine di armonizzare la vita della comunità con la vita e i ritmi del Cosmo. Tutto — piante, alberi, animali e uccelli, la luna, il sole e le stelle — era sacro, senziente e *vivo*, infuso di divinità perché ognuno di essi faceva parte di una rete della vita vivente, respirante e connessa. Questa consapevolezza istintiva dell'unità e sacralità della vita è rimasta viva nel profondo della psiche umana per un tempo infinitamente più lungo delle religioni e della scienza del nostro tempo, che non riconoscono la natura come sacra o la materia come viva.

Nelle culture sciamaniche, si faceva esperienza della terra come di una cosa viva e sacra poiché alcuni luoghi o caratteristiche erano viste come portali di un mondo invisibile, popolato dalle energie della natura, dagli spiriti degli animali e degli antenati. Una peculiarità del territorio era ritenuta sacra perché segnalava il luogo di connessione tra le dimensioni visibile e invisibile. Paul Devereux, nel suo studio esaustivo sulle società sciamaniche e i loro usi, *Sacred Geography: Deciphering Hidden Codes in the Landscape*, scrive:

> La Geografia Sacra è dove si incontrano il mondo fisico e il mondo dello spirito e dell'anima. Le antiche comunità investivano di significato il loro ambiente in molti modi: identificavano le caratteristiche naturali del paesaggio come sacre; abbellivano i luoghi naturali per trasformarli in monumenti e templi; o inscrivevano vaste aree in schemi, immagini e percorsi ultraterreni, sovrapponendo virtuali geografie sulla topografia materiale. Altre sacre geografie facevano affidamento sul profumo, sul tocco o sul suono — echi, acque sussurranti e rocce musicali che indicano la presenza di dèi e spiriti.... La Geografia sacra ha mitizzato il paesaggio e gli ha dato un significato".[5]

Questo descrive un'esperienza sensoriale e partecipativa profondamente radicata nella vita della natura. Alcuni luoghi sono rimasti sacri per migliaia di anni e molti lo sono ancora oggi in Cina, Tibet e India, Australia e Sud America. Solo in India ci sono 150 importanti siti di pellegrinaggio che ogni anno attirano fino a venti milioni di pellegrini in luoghi come Varanasi e le sorgenti del Gange.[6] La Cina sta riscoprendo i suoi antichi siti di pellegrinaggio sulle sue montagne sacre. Il Monte Kailash in Tibet, da tempo immemorabile ritenuto dagli hindu la montagna sacra che si credeva collegasse la terra al cielo, attira ancora migliaia di pellegrini, sia hindu che buddhisti, che compiono l'arduo pellegrinaggio intorno alla sua base. Milioni di musulmani, almeno una volta nella vita, si recano in pellegrinaggio alla Mecca e alla Pietra Nera della Kaaba, e in Europa, in migliaia visitano santuari come Lourdes, dove si dice sia apparsa la Vergine Maria, oppure quelli della Madonna Nera.

Nelle culture sciamaniche c'era un luogo specifico, come il Monte Kalash, visto come un centro del mondo, un *axis mundi*, associato, a seconda delle diverse aree del mondo, con l'immagine di una scala a chiocciola o di una a pioli, di un ponte intrecciato con il cielo o di arcobaleno, molto simile alla doppia forma serpeggiante intrecciata del caduceo e alla forma a spirale del DNA. Questo era uno *stargate* oppure un luogo che dava allo sciamano l'accesso a un percorso cosmico di connessione con il mondo dello spirito. Le tre dimensioni unificate di cielo, terra e inferi (in precedenza i domini della Grande Madre) erano collegate da questo asse centrale. Oggi, la cattedrale di Chartres è il luogo più sacro d'Europa, un *axis mundi* da molto prima del tempo in cui è stato costruito — una porta di collegamento con il mondo invisibile.

Jeremy Narby, nel suo libro *The Cosmic Serpent*, esplora con dettagli affascinanti l'ubiquità di questa antica cosmologia di connessione. Il famoso sogno di Giacobbe di una scala che si estende dalla terra al cielo, con gli angeli che salgono e scendono, è una visione sciamanica del misterioso ponte a doppia elica che collega due mondi, o dimensioni, della realtà.[7]

In *The Future of the Ancient World: Essays on the History of Consciousness*, Jeremy Naydler scrive che "In molte differenti culture sciamaniche incontriamo ancora e ancora l'idea che la Stella Polare segni una minuscola fessura — uno spazio, una finestra o un'entrata — che conduce fuori dal mondo percettibile di spazio e tempo, verso l'invisibile mondo dello spirito".[8] Nel paesaggio della terra il luogo reale che segnalava l'*axis mundi*, o portale di connessione con il mondo dello spirito, poteva essere una grotta, una montagna sacra o una montagna ricreata in un tempio di pietra come le ziqqurat dello Yucatan. Poteva essere anche una roccia di colore, forma o posizione insoliti, o la zampillante sorgente di un fiume come il Gange, che attira milioni di pellegrini per dei riti speciali. Poteva essere una cascata imponente, una profonda fessura o un crepaccio nella roccia, o ancora un albero nodoso e venerabile. I grandi fiumi erano visti come "luoghi di passaggio" tra questo mondo e il mondo dello spirito. C'erano vie o viali sacri che potevano essere "calpestati" dai devoti negli eventi rituali, come le grandi strade di pietra della cultura Maya e le Linee di Nazca in Perù. Per gli indiani Kogi della Colombia questi percorsi sacri erano considerati repliche delle rotte sacre percorse dagli spiriti nell'Altromondo. Anche oggi gli sciamani Kogi, conosciuti come Mamas, percorrono i loro sacri sentieri di pietra.[9] Sogni, visioni e droghe allucinogene hanno aiutato il viaggio degli sciamani lungo questi percorsi del mondo spirituale. Sogni e visioni possono anche aver rivelato loro la collocazione e la forma dei loro templi di pietra e designato un luogo sacro di connessione tra i mondi. Oggi possiamo riconoscere gli splendidi ed elaborati cerchi nel grano che appaiono nei nostri campi di grano maturo come luoghi di connessione tra il nostro mondo e il mondo invisibile, la cui esistenza non è ammessa dalla nostra cultura.

I Costruttori di Megaliti

Alcuni degli straordinari templi e cerchi di pietre costruiti dalle popolazioni del tardo Neolitico come luoghi di connessione con il mondo dello spirito sopravvivono ancora, i loro resti sparsi per tutta Europa. Stonehenge, Avebury e Silbury Hill nel Sud dell'Inghilterra, Newgrange, Knowth e Carrowkeel in Irlanda, Skara Brae nelle Orcadi, Carnac in Bretagna, i grandi templi megalitici di Malta e Gozo, sono alcuni dei siti più sacri di quel tempo antico, la cui struttura e significato sono ancora poco compresi.

Attraverso la datazione al radiocarbonio, ora si sa che molti di questi siti sacri, inclusi i templi maltesi, sono stati costruiti prima delle piramidi di Giza. È possibile che i templi di Malta abbiano fatto parte della Civiltà della Vecchia Europa, descritta dall'archeologa Marija Gimbutas, che risaliva almeno intorno al 5000 aC. Il primo cerchio di pietre di Stonehenge, che ora si pensa essere stato un tempio lunare prima di diventare solare, data intorno al 3000 aC. Intorno al 2000 aC era un rinomato centro di guarigione che attirava le persone da luoghi remoti, inclusa l'Europa continentale. Era anche un luogo dove, con un grande rito annuale al tempo del solstizio d'inverno, incentrato sul sole al tramonto, le persone percorrevano in processione una grande strada sopraelevata per portare le ceneri dei propri morti in quel luogo sacro di connessione con il mondo dello spirito ed assicurare loro un passaggio sicuro nel mondo delle anime dei morti.

A Newgrange, il sole nascente del 21 dicembre penetra per diciassette minuti direttamente nel corridoio della tomba da un'apertura posta sopra l'ingresso. In questo lasso di tempo i suoi raggi scorrono fino a raggiungere una pietra incisa con una tripla spirale, e forse, suggeriscono la comprensione che la vita è senza fine né inizio, un eterno processo di rigenerazione; oppure forse indicano i tre mondi interconnessi della Grande Madre: cielo, terra, inferi. La stretta entrata alle camere interne della tomba a corridoio di knowth, a forma di 'V' invertita, per le genti del tempo può aver significato l'entrata nel grembo della Grande Madre, alla quale tutta la vita ritornava e dalla quale sarebbe rinata.

Silbury Hill, il più elevato monumento preistorico europeo, si trova quasi al centro di un enorme complesso sacro di pietre erette, che hanno la forma di un gigantesco serpente che porta due 'uova' sulla pancia. Questo tempio a serpentina, rinvenuto nel 1740 da Sir Thomas Stukeley, è ora perso, salvo alcune pietre massicce intorno ad Avebury, e rivela le straordinarie abilità astronomiche, matematiche e ingegneristiche di questi costruttori dell'età della pietra. Ciò che è chiaro è che sia l'astronomia che la numerologia avevano grande importanza e significato per questi maestri costruttori nell'allineamento dei loro edifici e della vita comunitaria con l'ordine cosmico. La ricerca di John Michell, descritta nel suo libro *City of Revelation*, mostra che le società antiche possedevano un codice di leggi o un sacro canone che veniva trasmesso come rivelazione dagli 'dèi' al momento della fondazione delle loro società. L'essenza di questo sacro canone o codice di diritto era una cosmologia completa che includeva la scienza dei numeri e delle armonie musicali e la loro relazione con l'ordine cosmico e la sua gerarchia di forze creative. Con i suoi numeri sacri era conosciuto dai costruttori del tempio di Stonehenge e incorporato in questo e in altri templi megalitici. Per migliaia di anni, dice Michell, fu il perfetto strumento di un governo saggio e fu conosciuto e praticato in tutto il mondo antico, inclusi Egitto e Grecia.[10]

Ciò che sorprende è che la costruzione di questi giganteschi templi di pietra e delle strade sopraelevate richiese la cooperazione di migliaia di persone impegnate in un sacro compito comunitario, paragonabile alla costruzione della cattedrale di Chartres millenni dopo. Abili architetti, astronomi e ingegneri li progettarono e li costruirono come luoghi in cui le persone potessero assistere a rituali che si credeva rigenerassero la fertilità della Terra e mantenessero la relazione tra la comunità umana e il Sacro Ordine del Cosmo. Poiché erano assolutamente sicuri che i loro cari sarebbero tornati in questo mondo, forse c'era meno paura della morte di quanta ce ne sia oggi. Questi rituali, presieduti da preti astronomi e legati al ritmo del sole, della luna e di alcune delle principali stelle e pianeti — in particolare Venere — devono essere stati incredibilmente numinosi da vivere, in particolare all'alba e al tramonto, con l'ascesa della luna piena e al tempo di un'eclissi. L'intera comunità vi partecipava. Persone che combattevano costantemente con i clan o le tribù vicine non sarebbero mai state in grado di costruire questi monumenti.

Lo Sciamano

Sembra necessario definire due 'specie' di esperienza sciamanica: una è l'abilità di comunicare con gli spiriti delle rocce, degli alberi e delle piante e di aprire un canale di connessione con il mondo dello spirito attraverso una specifica qualità o peculiarità del territorio come l'*axis mundi* menzionato prima. L'altra è l'abilità di lasciare il corpo fisico e viaggiare nelle dimensioni del mondo dello spirito. Certe tecniche passavano da sciamano a sciamano nelle diverse culture, così come l'uso di droghe allucinogene che facilitavano entrambe queste esperienze. Mircea Eliade descriveva la seconda nello scrivere il primo autentico studio approfondito dello sciamanesimo in Asia Centrale e Siberia, nel 1964. Egli definì lo sciamano come un maestro di estasi e lo sciamanesimo come una tecnica estatica. "È impossibile immaginare un periodo in cui l'uomo non avesse sogni e fantasticherie da sveglio e non entrasse in 'trance' — una perdita di coscienza che era interpretata come viaggio dell'anima nell'aldilà".[11]

Si ritiene che le pratiche sciamaniche esistessero dalle profondità del tempo in molte parti del mondo. Nella grotta di Lascaux, i cui dipinti sono ora tragicamente affetti dalle muffe e possono sparire per sempre, sulla parete di un profondo pozzo di areazione è dipinta una scena drammatica, che data intorno al 14500 aC. Non riprodotta nella copia moderna, mostra un bisonte morente trapassato da una lancia accanto a uno sciamano con la testa di uccello, che giace a terra con le braccia distese e il pene eretto, come in trance. Il suo bastone è sormontato da un uccello, il che suggerisce come per gli sciamani dell'Asia centrale e della Siberia, un volo verso il mondo dello spirito.

Gli occidentali ora vanno nella foresta amazzonica per partecipare alle pratiche sciamaniche e attraversare il velo tra la coscienza molto limitata della nostra cultura e la straordinaria espansione della coscienza, che sperimentano assumendo una droga allucinogena e entrando in un mondo multi–dimensionale. Questa esperienza può essere terrificante e per alcuni pericolosa. In un'altra parte del mondo, di recente una coppia ha portato il proprio bambino disturbato perché fosse guarito dagli sciamani delle renne della Mongolia Esterna con risultati spettacolari (*The Horse Boy*, Rupert Isaacson). L'idea di uno stato espanso di coscienza sembra aliena, pare persino che minacci la coscienza che abbiamo oggi, tuttavia è importante che diventiamo consapevoli della sua esistenza, perché suggerisce che potremmo aver perso una capacità che si è atrofizzata per mancanza di uso.

Una tecnica contemporanea per entrare in questi stati di coscienza non familiari è stata sviluppata dallo psichiatra ceco Stanislav Grof, uno dei pio-nieri che li hanno esplorati ampiamente. Egli ha scoperto che, in stati alterati di coscienza, possono diventare accessibili antichi campi di memoria e antiche esperienze che provengono dal passato dell'umanità e l'esperienza passata di altre specie.[12] Al di sotto o al di là della soglia della nostra mente cosciente, vive ed è ancora accessibile un'incredibilmente ricca eredità del passato.

L'Essenza dell'Esperienza Sciamanica

Nel corso di innumerevoli migliaia di anni, miti sciamanici e riti di connessione mantennero viva la consapevolezza dell'esistenza di un mondo dello spirito invisibile o di un mondo–anima il cui simbolo, inizialmente, poteva essere stata la misteriosa fase oscura della luna. Da quell'oscurità la mezzaluna rinasceva continuamente — simbolicamente associata alla rigenerazione della vita terrestre e, nelle tradizioni dell'India vedica, alla rigenerazione dei cicli cosmici, ciascuno della durata di centinaia di migliaia di anni. Poeti, artisti, veggenti e musicisti hanno ricevuto la loro ispirazione e la loro chiamata dal cosmo stellato che era reale per loro come questo mondo.

Le culture sciamaniche sapevano che non c'era morte. Erano in contatto con gli antenati. Sapevano di viaggiare in altri mondi. La Grecia aveva i Misteri Eleusini che davano alle persone fiducia nella possibilità di sopravvivere. Molto prima della Grecia, l'Egitto dell'Età del bronzo aveva una descrizione molto dettagliata del viaggio dell'anima dopo la morte. Questa straordinaria civiltà era consapevole del mondo dello spirito come di questo mondo. Le persone vivevano nella consapevolezza della presenza del mondo dello spirito e delle dee e degli dèi che abitavano il cosmo stellato e scendevano ogni giorno nei loro templi. Lungi dal vedere la morte come estinzione, gli egiziani la vedevano come un viaggio verso il risveglio alla vita cosmica.

La gente non credeva tanto di incontrare gli dèi e le dee, come descritto vividamente nell'*Iliade* e nell'*Odissea*. Potevano aver sentito questi esseri parlare e averne ricevuta sapienza e guida, o averli incontrati nei sogni. Poiché la chiara distinzione che ora facciamo tra un mondo interiore e quello esteriore allora non esisteva, e poiché sentivano di vivere all'interno di un Ordine Sacro, la psiche di quel tempo si inseriva all'interno di quell'Ordine, in comunione con esso. Le parole pronunciate, la musica ascoltata, i sogni e le visioni non provenivano da "dentro", ma dall'anima del Cosmo, dagli esseri demoniaci, dalle dee e dagli dèi e dagli spiriti di animali, alberi, montagne e fiumi, nonché dagli antenati, che non venivano mai pensati come morti ma formavano una linea continua di connessione con i vivi. Gli oracoli potevano rivelare la volontà di questi esseri e le persone sapevano di non essere sole in questo mondo, ma di poter essere guidate, influenzate e minacciate da entità invisibili. Gli uccelli erano riconosciuti come messaggeri dell'invisibile, molto probabilmente perché la gente li sognava in questo ruolo o addirittura li sentiva come una voce che parlava loro. Le prime leggende sulla grande quercia di Dodona, nel nord della Grecia, dicevano che gli oracoli venivano consegnati dalla quercia stessa e che quando gli uccelli si posavano sull'albero, l'albero improvvisamente iniziava a parlare con una voce umana.[13] L'Oracolo di Delfi era il centro del mondo greco e la celebre sacerdotessa dell'Oracolo, o *Pizia*, riceveva ambascerie da tutto l'impero greco. Aveva il titolo di 'Ape delfica' ed era la massima autorità in quel mondo, intermediaria tra il supplicante e il dio Apollo.

Una sensibilità intuitiva altamente sviluppata, poteri acuti di osservazione e la capacità di ascoltare gli spiriti di piante, alberi e animali insegnavano alle persone a raccogliere, macinare o distillare certe erbe e piante o la corteccia degli alberi per curare le malattie. Sogni e visioni erano di grande importanza nella diagnosi e nella cura della malattia. I metodi di divinazione contribuivano alle scelte terapeutiche. In tutto il territorio greco, le persone percorrevano grandi distanze per arrivare ai numerosi santuari di guarigione del dio Asclepio — il più famoso dei quali erano a Epidauro, Kos e Pergamo (ora nella moderna Turchia) — per essere guariti dalle loro malattie. Qui, come anche in Egitto e Creta, il principale agente diagnostico era il sogno, a volte un sogno visionario del dio stesso. Un uomo che fu guarito da una malattia di vecchia data lo descrisse con parole che emergono vividamente da un passato dimenticato: "Si ascoltavano e si sentivano cose, a volte in un sogno, a volte nella vita di veglia. I capelli si rizzavano; si piangeva e ci si sentiva felici; il cuore si gonfiava, ma non con vanagloria. Quale essere umano potrebbe trasformare questa esperienza in parole? Ma chiunque l'abbia passata condividerà la mia conoscenza e riconoscerà lo stato della mia mente".[14] Nelle caverne e nei luoghi sacri in tutto il mondo antico venivano praticati i riti dell'incubazione, con i quali si viaggiava nel mondo dello spirito e si trovava la guarigione. Come gli astronomi–sacerdoti dell'Egitto che comunicavano con le stelle, o i saggi taoisti della Cina e i veggenti vedici dell'India, ritirati nella profonda solitudine delle montagne e delle foreste, i veggenti sciamani che guidavano queste culture erano preparati ad entrare in una stato di assoluta immobilità, per ascoltare e riportare alla propria comunità ciò che avevano ascoltato in uno stato di coscienza avanzato.

Per l'accentuato livello di consapevolezza che caratterizzava la coscienza partecipativa di queste culture, ogni cosa aveva la capacità di comunicare — una pietra quanto una stella, un animale quanto un albero o una sorgente che sgorga da una fenditura nella roccia. Ciò che ora chiamiamo sincronicità era una parte intrinseca e riconosciuta dell'esperienza delle persone di quel tempo, perché avevano la capacità intuitiva di notare le cose molto più acutamente di quanto facciamo oggi. L'anima invisibile della natura aveva il potenziale per rivelarsi nel volo di un uccello, nel fremito delle foglie di una quercia, nelle increspature su un lago. La natura era ritenuta animata, cosciente e capace di comunicare con l'uomo. La caratteristica essenziale della cultura lunare era la parentela — la parentela dell'uomo con tutta la creazione — riflessa nelle parole molto citate di capo Seattle:

> Ogni parte di questa Terra è sacra per il mio popolo.... Facciamo parte della Terra e lei fa parte di noi. I fiori profumati sono le nostre sorelle. L'orso, il cervo, la grande aquila, questi sono i nostri fratelli.... L'acqua splendente che si muove nei sogni e nei fiumi non è solo acqua, ma il sangue dei nostri antenati.... Il mormorio dell'acqua è la voce del padre di mio padre. I fiumi sono i nostri fratelli. Spengono la nostra sete. Portano le nostre canoe e nutrono i nostri bambini.... Ricorda che l'aria è preziosa per noi, che l'aria condivide il suo spirito con tutta la vita che sostiene. Il vento che ha dato il primo respiro a nostro nonno riceve anche il suo ultimo sospiro. Il vento dà anche ai nostri figli lo spirito della vita.... Insegnerai ai tuoi figli quello che abbiamo insegnato ai nostri? Che la terra è nostra madre? Che ciò che accade alla Terra, si ripercuote su tutti i figli della Terra. Questo sappiamo: la Terra non appartiene all'uomo, l'uomo appartiene alla Terra. Tutte le cose sono collegate come il sangue che ci unisce tutti. L'uomo non ha intrecciato la rete della vita, è semplicemente un suo filo. Qualunque cosa faccia alla rete, la fa a se stesso.

Le recenti parole di David Kopenawa Yanomami, uno sciamano amazzonico contemporaneo e leader tribale, che parlano della distruzione calamitosa della foresta amazzonica, riflettono la stessa consapevolezza della parentela: "Io sono fratello della foresta e devo difenderla".

Da un'altra parte del mondo, la storia seguente potrebbe forse illustrare come le facoltà a lungo atrofizzate un tempo ci unissero con l'anima della natura. Accanto al Palazzo del Potala a Lhasa c'è un tempio chiamato Lukhang o 'Tempio degli Spiriti Serpenti' che l'attuale Dalai Lama descrive come uno dei gioielli nascosti della civiltà tibetana. Questo tempio era la camera privata dei Dalai Lama, il luogo in cui si ritiravano per una meditazione profonda. Miracolosamente non è stato ancora distrutto dall'invasione cinese. Le pareti del piano superiore sono decorate con straordinari dipinti che descrivono le pratiche tantriche del sentiero Dzogchen per l'esperienza diretta della realtà — il sentiero praticato dai Dalai Lama per secoli. Solo queste pitture murali descrivono le pratiche che sono state altrimenti trasmesse oralmente, e poeticamente definite "il lignaggio sussurrato".

Prima dell'invasione cinese del Tibet, in un giorno dell'anno, il Lukhang era aperto ai pellegrini che attraversavano il lago fino al tempio per fare offerte e invocare la benedizione degli spiriti dell'acqua che si riteneva risiedessero sotto il lago. Questo rito risaliva al periodo in cui il Potala Palace era in costruzione ed era stata scavata una profonda fossa per fornire malta per le mura del palazzo. La leggenda dice che uno spirito acquatico femmina o *Naga* andò dal quinto Dalai Lama (1617–1682) durante le sue meditazioni e lo avvertì che il lavoro sul palazzo stava distruggendo la casa ancestrale dei Naga. Il Dalai Lama promise che avrebbe costruito e dedicato un tempio agli spiriti del lago che si era formato sopra la terra profanata, in modo che la loro presenza fosse riconosciuta e onorata.[15]

Nel mondo moderno, fiabe come la "Bella Addormentata" possono essere i frammenti residui dell'esperienza partecipativa dimenticata in cui le foreste erano abitate da creature che ci avrebbero aiutato o ostacolato; dove spiriti di alberi e montagne, torrenti e sorgenti sacre potevano parlarci e svelare i segreti di piante e acque guaritrici; dove orsi o rane potevano essere spiriti travestiti. Sciamani o eremiti, vecchie donne o uomini che vivono nella foresta profonda o eremiti di montagna potevano offrirci saggi consigli, uccelli portarci messaggi, avvertimento di pericolo e agire come guide. Ci sono innumerevoli fiabe, che discendono dalle antiche tradizioni orali, che descrivono come l'eroe o l'eroina, rispondendo alla misteriosa guida degli animali o aiutandoli quando gli altri hanno ignorato le loro richieste, vince la ricompensa di un tesoro e del matrimonio reale. Sono la creazione di un diverso tipo di coscienza, in cui l'immaginazione mitopoietica era altamente coltivata, onorata e sviluppata e dove i narratori, spesso veggenti, avevano un posto d'onore nella comunità.

La gente delle isole polinesiane canta ancora agli squali perché si avvici-nino alle barche dei pescatori, chiedendo il permesso di ucciderli per usarli come cibo. Nel mare vicino alla Repubblica Dominicana, un uomo che sussurra alle balene sa comunicare con loro nella loro zona di riproduzione. Gli sciamani Maori della Nuova Zelanda credono ancora che ogni cosa abbia una propria forza vitale: la pietra ha la forza vitale della terra stessa; l'osso quella di tutti gli esseri viventi;

il guscio la forza vitale del mare. Nell'incidere questi elementi della vita con gli schemi che osservano in natura, portano questa intuizione nel loro lavoro, credendo che rechi un potere di guarigione a chi li indossa e alla comunità. La 'vita' della pietra, dell'osso o del guscio non viene mai persa. La sua energia vive su chi la indossa e viene trasmessa all'osservatore.

Da questa profonda relazione con il paesaggio e le sue creature in diverse parti del mondo, si sono sviluppati miti specifici per le persone che l'hanno abitata per millenni. Come Frederick Turner ha espresso così brillantemente nel suo libro *Beyond Geography: The Western Spirit Against the Wilderness*, "Il mito vivente deve includere e parlare dei cicli interconnessi della vita animale e vegetale, dell'acqua, del sole e persino delle pietre, che hanno le proprie storie Deve abbracciare senza distinzione il fenomenico e il numinoso".[16] Questo è qualcosa che è stato dimenticato ed è per questo che oggi non abbiamo un mito vivente.

L'Esperienza Sciamanica nella Grecia Pre–Socratica

Possiamo scoprire la presenza di questa antica trasmissione sciamanica in Egitto, proprio alle radici della civiltà europea. Gli Egizi, come più tardi i Greci i cui più grandi filosofi proprio dagli Egizi furono influenzati, sapevano che i numerosi dèi e dee che adoravano impersonavano delle energie nascoste, e sapevano riconoscerle come elementi o agenti di un Cosmo divinamente ordinato. Non abbiamo alcuna idea di come gli Egizi svilupparono la loro conoscenza dei principi geometrici e matematici che governavano un Cosmo senziente e intelligente, e neppure di come fossero stati capaci di incorporare questa conoscenza nelle loro immense costruzioni.

In Grecia, i riti dei Misteri Orfici ed Eleusini, che mantenevano viva l'essenza dell'esperienza partecipativa lunare, consolidavano il senso di essere parte di una realtà invisibile e davano agli iniziati un'esperienza dell'immortalità e dell'onnipresenza dell'anima. Il poeta Pindaro diceva al riguardo: "Benedetti sono coloro che hanno visto queste cose. Essi conoscono la fine della vita e il principio donato da Dio". Alcuni dei filosofi greci presocratici del sesto secolo aC portano avanti, oltre ai Misteri, l'eredità dell'esperienza lunare. Le parole di Eraclito, quando suggerisce che l'anima è di profondità insondabile, mantengono l'essenza di quell'antica percezione. Talete di Mileto parla del 'Tutto' come fosse vivo e pieno di demoni, agenti dell'unica sostanza dell'anima. Anassimene dice che l'umanità e la natura sono fondamentalmente inseparabili perché entrambe partecipano della stessa 'sostanza' di fondo che egli chiama anima.[17] Pitagora (569–475 aC), dopo essere stato esiliato dalla Grecia a Crotone, sulla costa orientale dell'Italia meridionale, avendo trascorsi quarant'anni con gli astronomi–sacerdoti di Egitto e

Babilonia, definì le leggi matematiche che incarnavano l'intelligenza, la saggezza e l'armonia matematica dell'ordine divino del Cosmo. Ha lasciato queste parole per incoraggiarci: "Fatevi coraggio, perché la razza umana è divina".

In un libro intitolato *In the Dark Places of Wisdom*, lo studioso classicista Dr. Peter Kingsley descrive i tesori di sapienza lasciati in eredità da Parmenide (ca. 515–ca. 450 aC) nato a Elea, in Magna Grecia (per i Romani Velia, oggi Ascea), una città consacrata alla dea Persefone. Parmenide fu uno dei più grandi filosofi presocratici, ma del suo insegnamento sopravvivono solo pochi frammenti. Ne conosciamo la maggior parte principalmente attraverso il *Parmenide* di Platone e i successivi commentari. Tuttavia, egli lasciò un poema, un'opera straordinaria scritta con il metro ammaliante usato per condurre le persone in uno stato alterato di coscienza — "Poesia creata", scrive Kingsley, "sotto ispirazione divina, che rivela ciò che gli umani non possono vedere o conoscere da sé, che descrive il mondo degli dei e quello degli umani e l'incontro tra esseri umani e divini". [18] Questo poema è una chiave per capire l'esperienza sciamanica del tempo. Parmenide, come Pitagora, era abile nella pratica dell'incubazione, secondo la quale una persona che desiderava entrare in un'altra dimensione della realtà, o richiedere una visione o la visita di un dio o una dea, si ritirava in una caverna, o in una stanza sotterranea o in uno spazio chiuso, a volte per giorni e giorni. Con tecniche di canto e controllo del respiro avrebbe avuto accesso a una dimensione trascendente della realtà. È estremamente interessante sottolineare che, come scrive Kingsley, sono stati trovati oggetti e iscrizioni che mostrano la continuità di queste tradizioni e pratiche sciamaniche che si estendono dalla Grecia fino all'Asia, al Tibet, al Nepal e fino alla Mongolia.

Il poema di Parmenide descrive il suo viaggio sciamanico dentro un'altra dimensione della realtà in un carro trainato da giumente e condotto da giovani donne — le figlie del sole — attraverso immense porte che si estendono dalla terra al cielo e si aprono su cardini oliati sulla voragine sbadigliante degli Inferi. Parla del suo incontro con qualcuno che chiama semplicemente 'La Dea' anche se sappiamo che il suo nome è Persefone. Come scrive Kingsley, "Ogni singola figura che Parmenide incontra nel suo poema è una donna o una ragazza. Anche gli animali sono femmine e viene istruito da una dea. L'universo che descrive è femminile". [19] Il poema così comincia:

Le cavalle che mi portano fin dove l'animo desidera giungere
mi trasportavano, una volta partite conducendomi
verso la via dalle molte voci che appartiene alla divinità,
e porta in tutti i luoghi l'uomo che sa; attraverso l'ignoto vasto e oscuro....

Il poema rivela che Parmenide era un maestro dell'arte sciamanica del viaggio, che lo portava "fin dove l'animo desidera giungere" nell'oscurità e nel mistero del Regno Immortale, e che il suo scrivere della Verità, della Giustizia e del Giusto Ordine dell'esistenza umana derivava dalla sua reale *esperienza* di quell'altra dimensione della realtà e dal suo incontro con la dea. Suggerisce anche che nel suo tempo non esisteva il grande divario che esiste ora nella cultura tra razionale e non razionale, e che anche oggi non dovrebbe esistere. È una barriera creata dalla nostra paura dell'ignoto e dalla nostra tendenza a screditare l'esistenza di dimensioni della realtà di cui non abbiamo più conoscenza o esperienza.

A Velia (Ascea) sono stati recentemente scoperti, scolpiti su un'unica grande pietra, nomi di un lignaggio di sciamani–guaritori discendenti da Parmenide che si allunga per circa cinquecento anni. Questi uomini prestavano molta attenzione ai sogni: i propri e quelli di coloro che arrivavano per guarire mente e corpo; questa tradizione del sogno di guarigione si era sviluppata nei 300 santuari greci dedicati ad Asclepio. Tre titoli descrivevano gli iniziati–guaritori: *Iatromantis* indicava un guaritore di un tipo particolare, uno che poteva entrare in una dimensione della realtà che è oltre il risveglio e il sogno ma è presente in entrambi. *Pholarchos* significava 'Signore del Rifugio' o maestro della tecnica di incubazione, attraverso la quale ottenevano il potere di risanare e di diventare legislatori. Il titolo *Ouliades* significava 'sacerdote di Apollo' — un Apollo che non era il dio della luce e della ragione a noi familiari, ma un dio associato alla guarigione, agli inferi e a ciò che si trova oltre la soglia della morte. Come Signore del Rifugio, Apollo presiedeva le grotte in cui, a notte fonda, venivano praticati i riti di incubazione, originari della costa occidentale dell'Anatolia e discendenti di una tradizione sciamanica a lungo insediatavi. Fu da questi riti di incubazione e dal loro viaggio in un altro mondo che Parmenide, e coloro che lo precedettero e seguirono, ricevettero i loro insegnamenti su Verità, Giustizia e le Leggi necessarie per il buon ordinamento della società.[20] Questi insegnamenti e il metodo sciamanico per accedervi furono persi con l'enfasi data alla mente razionale derivata dalle successive interpretazioni degli scritti di Platone. A causa dell'immensa influenza di Platone, le intuizioni e l'esperienza di Parmenide andarono perdute per la civiltà occidentale.

Platone e la Perdita della Trasmissione Sciamanica

Fu l'eredità di Platone (429–347 aC) e non quella di Parmenide a divenire il fondamento della civiltà occidentale, anche se è difficile determinare perché Platone abbia abbandonato la tradizione sciamanica appresa dall'uomo che si dice fosse suo maestro e mentore. Egli si trova sullo spartiacque tra l'era lunare e quella solare, tra quelle che ora possiamo riconoscere come due fasi nell'evoluzione della coscienza: una fondata su uno stretto rapporto partecipativo con la natura e un ordine invisibile della realtà; l'altra che si allontana dalla natura ponendo l'accento sulla ragione e sulla mente razionale. Dal punto di vista dell'evoluzione della coscienza in Occidente, Platone avvia un profondo cambiamento, un cambiamento che forse si era già consolidato all'interno dell'élite culturale di Atene. L'enfasi della sua scrittura prolifica, depositata nell'arco di quarant'anni, non è sull'esperienza sciamanica descritta da Parmenide ma, seguendo il metodo del dialogo usato da Socrate, sullo sviluppo del rigore intellettuale che egli (Socrate) considerava essenziale affinché l'uomo ottenesse una visione profonda delle realtà divine delle Forme Eterne, quelle stesse realtà a cui Parmenide aveva avuto accesso attraverso un'altra strada. Con la parola *nous* Platone non intendeva l'intelletto razionale o la mente, ma l'apprendimento diretto delle Forme Divine, il mondo delle realtà archetipiche.

Eppure, fu sicuramente dall'esperienza partecipativa sciamanica di un mondo animato che Platone, nel suo *Timeo*, trasse il suo concetto di Anima del Cosmo (ψυχή του κόσμου), che descrisse come una "Singola Creatura Vivente che comprende tutte le creature viventi che ci sono dentro". Parla di una grande catena dell'essere come una gerarchia di partecipazioni, che discende da un modello preesistente di forme eterne alle forme di questo mondo fenomenico. L'idea della gerarchia è nuova. Perdiamo il concetto del senso sciamanico della *relazione* con l'Altromondo, e la capacità di viaggiare in esso, noto a Parmenide, e siamo introdotti all'idea socratica che la chiave affinché la coscienza umana si apra al recupero del nostro ricordo perduto del mondo trascendente delle Forme Eterne sia una qualità dell'intelligenza, altamente sviluppata, affinata attraverso la discussione, l'esercizio della logica e la verifica delle ipotesi. In *The Future of the Ancient World*, il filosofo Jeremy Naydler osserva, che, per Platone:

> La sorgente spirituale del mondo naturale e di noi stessi deve essere trovata ascendendo lontano dal corpo e da ogni esperienza sensoriale, e "viaggiando" in uno stato di coscienza libero dal corpo in una dimensione dell'esistenza al di là di quella di cui siamo normalmente consapevoli. Questa dimensione è il Mondo puramente spirituale delle Forme, o Idee, da cui derivano sia le forme nel mondo naturale che i pensieri nella nostra mente. In secondo luogo, secondo Platone, il vero spirituale non partecipa alla materia. Non è contaminato dall'immersione o dal coinvolgimento nella materia.[21]

Sebbene il Mondo archetipico delle Forme Eterne sia connesso con questo mondo attraverso una gerarchia di relazioni, e malgrado il fatto che il Cosmo abbia un'anima, la dimensione delle Forme Eterne non partecipa del mondo materiale. Questa distinzione è assolutamente cruciale per la comprensione della tradizione filosofica occidentale sviluppatasi da Platone. È altresì cruciale per comprendere le religioni dell'Era Assiale, che ebbe inizio intorno al 500 aC e si allontanò dalla natura, dal mondo dell'esperienza sensoriale, per rivolgersi verso un concetto trascendente e (nelle tre religioni patriarcali) monoteistico dello spirito. Naydler così riassume la tendenza a rifiutare questo mondo e la percezione sensoriale che ci lega ad esso:

> Per partecipare alla vera realtà da cui deriva ciò che ci sembra reale, dobbiamo interrompere la nostra connessione con il mondo materiale e la coscienza basata sui sensi. Non possiamo sperimentare il nostro vero sé sulla terra: è necessario andare verso l'alto e all'indietro in un movimento di auto–recupero, che trasporta l'anima in uno stato di auto–memoria incontaminato e pre–terreno. Il messaggio di Platone è un messaggio iniziatico: dobbiamo imparare a morire ai nostri sé incarnati, poiché la morte è il segreto della vita.[22]

Il pensiero di Platone contiene l'idea che ogni anima individuale racchiuda in sé il ricordo del mondo divino ma, entrando in questo mondo ed essendo imprigionata nel corpo, dimentichi ciò che una volta sapeva. Lo scopo della filosofia era quello risvegliare nell'anima la consapevolezza delle sue origini divine, la consapevolezza del mondo causale eterno, attraverso la ricerca e conoscenza del Vero, del Bene e del Bello. Nel libro VII della *Repubblica*, Platone usa la metafora esplicita della grotta, descrivendo come gli esseri umani siano condannati a viverci come prigionieri, vedendo sulle pareti le ombre tremolanti delle realtà che si possono vedere solo uscendo dalla grotta. Nel *Fedro* scrisse queste parole rivelatrici: "Pura era la luce e purificati eravamo dall'inquinamento del sepolcro ambulante che chiamiamo corpo, al quale siamo legati come un'ostrica al suo guscio". È strano che la grotta, luogo di rivelazione per Parmenide e altri come lui sciamani–guaritori che viaggiarono negli Inferi, ora, con Platone, diventi la prigione del corpo.

Nella sua definizione della realtà immensamente influente è implicita l'idea che, nella catena gerarchica dell'essere, la natura, sebbene espressione del divino, sia 'inferiore' allo spirito, il corpo 'inferiore' alla mente, gli animali e le piante 'inferiori' sulla scala dell'essere rispetto agli umani. Questo è un allontanamento radicale dall'esperienza delle culture sciamaniche, dove la natura era sacra perché dimora dello spirito, dove l'accesso al mondo invisibile sottostante al mondo della forma era trovato attraverso un luogo sacro del mondo fisico e attraverso le tecniche sciamaniche di incubazione, connessione ed entrata in quell'altro mondo, mai attraverso il rifiuto del mondo fisico o dell'esperienza sensoriale.

Inoltre, nella filosofia di Platone, l'anima è divisa in una parte razionale e una irrazionale, e la prima ha il primato sulla seconda. Gli istinti, e le emozioni che ne derivano, sono associati all'anima irrazionale o animale e relegati a un livello molto al di sotto dell'anima razionale, associata alla mente. D'ora in poi la testimonianza dell'esperienza sensoriale — l'esperienza sensoriale istintiva del corpo che partecipa alla matrice della natura — è considerata inferiore e inaffidabile in relazione alla mente razionale, e si sviluppa una separazione radicale tra mente e corpo. Si potrebbe dire che la natura e il corpo sono ormai esclusi dal Sacro Ordine, esclusi dalla dimensione dell'anima e dello spirito. È possibile che la scissione che stava iniziando a svilupparsi tra la natura e lo spirito, già chiaramente evidente nella scrittura di Platone, fosse l'effetto diretto dell'accelerata separazione dell'ego, in via di sviluppo, dalla coscienza partecipativa istintiva dell'era lunare.

L'importante definizione di Platone di un'Anima Cosmica che tutto comprende e la sua enfasi sulle qualità divine di Verità, Bontà e Bellezza, hanno lasciato in eredità alla civiltà occidentale concetti di importanza vitale. Tuttavia, a causa della separazione del mondo delle Forme Eterne da questo mondo materiale, si è *affievolito il sentimento di partecipazione* a un mondo animato, l'esperienza spirituale si è disgiunta da quella sensoriale, si è posta l'enfasi sul discorso razionale piuttosto che sull'esperienza del numinoso, caratteristica principale delle culture sciamaniche che, in Grecia, raggiunse la sua massima espressione in Pitagora e Parmenide e nella catena di sciamaniguaritori che li hanno preceduti e seguiti. Il Dr. Kingsley commenta: "Per migliaia di anni, gli inizi della filosofia occidentale sono stati sistematicamente separati e dissociati dal tipo di pratiche che consideriamo 'magiche'. Il processo è stato lungo e determinato ed è quasi riuscito. Ma quelle antiche connessioni stanno chiamando di nuovo per essere riconosciute". [23]

Sebbene con l'idea delle Forme Eterne promuovesse l'esistenza del mondo dello spirito, questa nuova filosofia, con la sua enfasi sulla liberazione dell'anima dalla prigione del corpo, non mantenne la comprensione sciamanica che il mondo visibile era permeato da un fondo eterno invisibile, *che questo mondo esiste nel mondo eterno*. Fu persa una comprensione assolutamente essenziale. La fondamentale disgiunzione tra anima e corpo del pensiero platonico fu trasmessa alla teologia cristiana, che divise sempre più la materia dallo spirito, il corpo dall' anima, il sensoriale dall'esperienza spirituale e vide il corpo come il principale impedimento alla vita spirituale. Questa spaccatura avrebbe avuto effetti disastrosi e di ampia portata sulla civiltà occidentale e sui rapporti tra uomo e donna, poiché l'uomo era identificato con lo spirito e la mente razionale e la donna con la natura e le passioni irrazionali del corpo.

Può sembrare un atto sacrilego suggerire che la filosofia di Platone trasmise questa separazione, tuttavia, penso che i suoi effetti sullo sviluppo della psiche della civiltà occidentale debbano essere esplicitati. Platone creò un'elaborata struttura filosofica di pensiero che portò all'allontanamento dalla natura e dall'immanenza dello spirito in favore dell'idealizzazione del mondo delle forme archetipiche o eterne, e al perseguimento della ragione e della conoscenza come via per accedere al mondo spirituale trascendente. Attraverso l'influenza di Platone, anche se non era, sono sicura, sua intenzione, la civiltà occidentale era destinata a svilupparsi sulla base di una divisione radicale tra spirito e natura, tra l'esaltata mente razionale apollinea e le temute passioni dionisiache del corpo, e questa divisione è ancora incorporata nel nostro pensiero oggi. Il cristianesimo trasformò i demoni in diavoli, ignorando il rigido avvertimento di Plutarco (ca. 46-120 DC): "Chiunque nega i demoni rompe la catena che collega gli dèi agli uomini". [24]

Iain McGilchrist, in un libro notevole intitolato *The Master and His Emissary: the Divided Brain and the Making of the Western World*, che esplora le differenze di percezione tra l'emisfero sinistro e quello destro del cervello, osserva che "Questa separazione dell'assoluto ed eterno, che può essere conosciuto come *logos* (ragione), dal puramente fenomenico, che ora è visto come inferiore, lascia uno stampo indelebile sulla storia della filosofia occidentale per i duemila anni che seguono". [25] Tuttavia, si dovrebbe ricordare che Platone ci ha lasciato in eredità l'idea della nostra separazione dal mondo divino e il bisogno di riunirci ad esso; quest'idea di vitale importanza può essere rintracciata nella letteratura e nella filosofia occidentali e sta ora emergendo nel mondo moderno.

C'è un altro aspetto importante di questa storia, e riguarda la filosofia di Aristotele (384–322 aC). Mi sono rivolta nuovamente al libro di Jeremy Nayd-ler, menzionato sopra, per la sua comprensione di Aristotele, che fu assunto da Filippo di Macedonia come precettore di suo figlio, che in seguito sarebbe diventato Alessandro Magno. La filosofia di Aristotele era radicalmente diversa da quella di Platone e conservava la più antica intuizione sciamanica della natura come manifestazione dello spirito, e dello spirito come principio attivo di tutta la materia. Platone si consacrò all'anima; Aristotele alla materia.

Fu Aristotele a gettare le basi per l'esplorazione del mondo naturale, la ricerca delle leggi nascoste della natura e le sorprendenti scoperte della scienza moderna. Diversamente da Platone, egli non separò l'esperienza sensoriale da quella spirituale; piuttosto vide i principi archetipici del Mondo Eterno pienamente incarnati nel mondo della materia.

> Nella sua filosofia è racchiusa una spiritualità che non richiede un'ascensione al cielo per scoprire la sorgente spirituale del mondo o di noi stessi, perché lo Spirito è impegnato nel mondo e può essere scoperto ovunque in natura. Per Aristotele la natura è l'effusione dello spirito, che è il principio attivo o creativo in tutte le cose.... Il mondo percettibile con i sensi non è una copia o una pallida imitazione di un mondo trascendente di archetipi spirituali. Piuttosto, questi archetipi sono incarnati nel mondo sensibile alla percezione. Lo Spirito è completamente vincolato alla natura. Inoltre, nella coscienza umana, lo Spirito ha la possibilità di conoscere e riconoscere se stesso. Aristotele fa riferimento a

questo nel dodicesimo libro della Metafisica, dove descrive l'atto meditativo in cui si raggiunge un'autocoscienza trascendente senza viaggiare verso le stelle, una consapevolezza di 'sé' in cui lo Spirito universale arriva a conoscersi attraverso e nella coscienza umana.[26]

Penso che questa intuizione notevole sia ciò che viene ora sperimentato da migliaia di persone: il risveglio dello spirito alla consapevolezza di sé all'interno della coscienza umana. E questo accade non rifiutando il corpo o l'esperienza dei sensi, bensì attraverso un profondo senso dello svolgimento del piano dello spirito nel contesto della natura e dell'esistenza umana. Come Naydler osserva:

> L'accettazione della nostra incarnazione, della nostra appartenenza alla terra, attraversa la filosofia di Aristotele proprio come la riluttanza ad accettare la realtà della vita incarnata attraversa gli scritti di Platone. Per Aristotele, lo Spirito ha fatto la sua dimora qui sulla terra; fa parte del destino dello Spirito essere implicato nella materia. Spirito e materia insieme formano il mondo.
>
> Aristotele è troppo innamorato del mondo per vedere il ritiro da esso come un valido percorso spirituale e il suo lavoro è intriso dall'intenzione di scoprire il funzionamento del divino all'interno del mondo naturale. I due accenti della sua filosofia sono nel perseguire la conoscenza della natura e nello sviluppare un'etica profondamente radicata. Riguardo al primo, egli cerca dappertutto il lavoro del divino nel mondo naturale. Riguardo a quest'ultimo, la base dell'azione giusta è ricondotta all'intuizione spirituale dell'agente umano libero e pienamente responsabile.[27]

Qui abbiamo non solo un'agenda per la scienza ma una anche per la creazione di una relazione etica tra la comunità umana e il mondo naturale — qualcosa che sta già funzionando in molte comunità in tutto il mondo, anche se non ha ancora pienamente penetrato il mondo delle scienze o della politica.

> Aristotele coglie il fatto che l'umanità è entrata in un nuovo stadio nel dispiegarsi del dramma cosmologico e che questo stadio ha a che fare con l'infinito che riscopre se stesso all'interno della sfera del finito. Nella comprensione umana, Aristotele vede un'attività cosmica ed eterna che opera all'interno della coscienza umana. La fonte del pensiero umano è infinita, ma è chiusa entro i confini della finitezza. Gli esseri umani hanno quindi un ruolo di mediazione vitale nel liberare l'infinito dal suo coinvolgimento all'interno del finito, permettendo così al divino di conoscersi all'interno dell'umano.[28]

Secoli più tardi la salvezza e il rilascio dello spirito profondamente sepolto nella materia doveva diventare il tema principale della Grande Opera dell'Alchimia. Sebbene la presenza dello spirito nella natura fosse riconosciuta dalle popolazioni sciamaniche in molte parti del mondo — non in senso scientifico ma istintivamente, intuitivamente e con l'esperienza reale — nella civiltà cristiana considerare la natura come animata dallo spirito era considerata un'eresia. Dunque questa intuizione, originatasi all'interno delle antiche culture sciamaniche e attentamente trasmessa di generazione in generazione, dovette diventare sotterranea per molti secoli.

Una volta, molto tempo fa, l'anima era intesa nel suo senso più ampio come un ordine invisibile della realtà che era il fondamento di questo mondo, che animava la natura e il cosmo. Era la grande matrice dell'essere a cui ap-partenevamo, nella cui vita vivevamo. L'anima era la vita *invisibile* della natura e del cosmo, ma la sua manifestazione visibile era questo mondo fenomenico, mai considerato inferiore o separato dallo spirito come sarebbe poi diventato nell'era solare: era infuso di spirito, permeato di spirito, un'epifania, un mostrarsi dello spirito. Ritornerò su questo tema nel Capitolo quindici.

Questi due capitoli hanno descritto la profonda relazione che abbiamo avuto con la Terra e il Cosmo. Le popolazioni indigene del mondo non l'hanno persa e stanno cercando urgentemente di risvegliarci. È stata persa tanta conoscenza della profonda divinità e sacralità della vita. Per recuperarla e trasformare la nostra visione della realtà abbiamo bisogno di recuperare la visione lunare perduta e darle nuova espressione nel nostro tempo, in modo da poter entrare nella fase che Owen Barfield ha chiamato "Partecipazione finale", quando gli aspetti lunari e solari della nostra coscienza si riuniscono e vengono portati a un nuovo livello, attraverso la nostra ri–connessione con tutto ciò da cui siamo separati. Jung capì questo bisogno quando scrisse: "Nulla cui appartiene la psiche o che è parte della psiche è mai perduto. Per vivere pienamente, dobbiamo raggiungere e riportare in vita i livelli più profondi della psiche da cui si è evoluta la nostra attuale coscienza". [29] Ma per fare questo, abbiamo bisogno di capire l'era solare e perché la sua visione della realtà fu completamente diversa da quello lunare; perché e come ci siamo mossi dal vedere la natura come animata e ispirata al vederla soggetta al nostro dominio e controllo.

Note:

1. Eliade, Mircea: *Il sacro e il profano*, Bollati Boringhieri, Torino 2013.
2. Barfield, Owen: *Salvare le apparenze: uno studio sull'idolatria*,
   Moretti Editore, Bologna 2010.
3. Tarnas, Richard: *Cosmos and Psyche: Intimations of a New World View*,
   Viking, New York 2006, pp. 16–17.
4. Rudgley, Richard: *Lost Civilisations of the Stone Age*,
   Arrow Books, Londra 1998 p. 291 e 9.
5. Devereux, Paul: *Sacred Geography: Deciphering Hidden Codes in the Landscape*,
   Octopus Publishing Group, Londra 2010, interno della copertina.
6. ibid, p. 56
7. Narby, Jeremy: *Il serpente cosmico. Il DNA e le origini della conoscenza*,
   Venexia, Roma 2006. passim
8. Naydler, Jeremy: *The Future of the Ancient World: Essays on the History of Consciousness*, Inner Traditions, Rochester, Vermont, 2009, p. 75.
9. Devereux, p.78
10. Michell, John: *City of Revelation*, Garnstone Press Ltd., Londra 1972, p. 132.
11. Eliade, Mircea: *Lo sciamanismo e le tecniche dell'estasi*,
    Edizioni Mediterranee, Roma 1983, p. 19.
12. Grof, Stanislav and Hal Z. Bennett: *The Holotropic Mind: Three levels of Human Consciousness and How They Shape Our Lives*, HarperCollins, New York 1990.
13. Skafte, Dianne: *When Oracles Speak*, Thorsons, Londra 1997.
14. *Dreams: Visions of the Night*, Thames and Hudson Ltd., ed. Jill Purce, Londra, p. 18.
15. Baker, Ian A.: *The Dalai Lama's Secret Temple*,
    Thames and Hudson, Londra 2000, pp.12-16.
16. Turner, Frederick: *Beyond Geography: The Western Spirit Against the Wilderness*,
    Rutgers University Press, 1983 & 1982 p.19.
17. Levy, Gertrude: *The Gate of Horn*, Faber & Faber, Londra 1958, pp. 301–3.
18. Kingsley, Peter: *In the Dark Places of Wisdom*, Golden Sufi Press, California, 1999 p.
19. ibid, p. 49.
20. ibid, pp. 108–114.
21. Naydler, p. 254.
22. ibid, p. 254.
23. Kingsley, p. 170.
24. Plutarco, De Defectu Oraculorum 13.
25. McGilchrist, Iain: *The Master and His Emissary: The Divided Brain and the Making of the Western World*, Yale University Press, 2009 p. 286.
26. Naydler, p. 256.
27. ibid, p. 257.
28. ibid, p. 258.
29. C. G. Jung, fonte esatta sconosciuta.

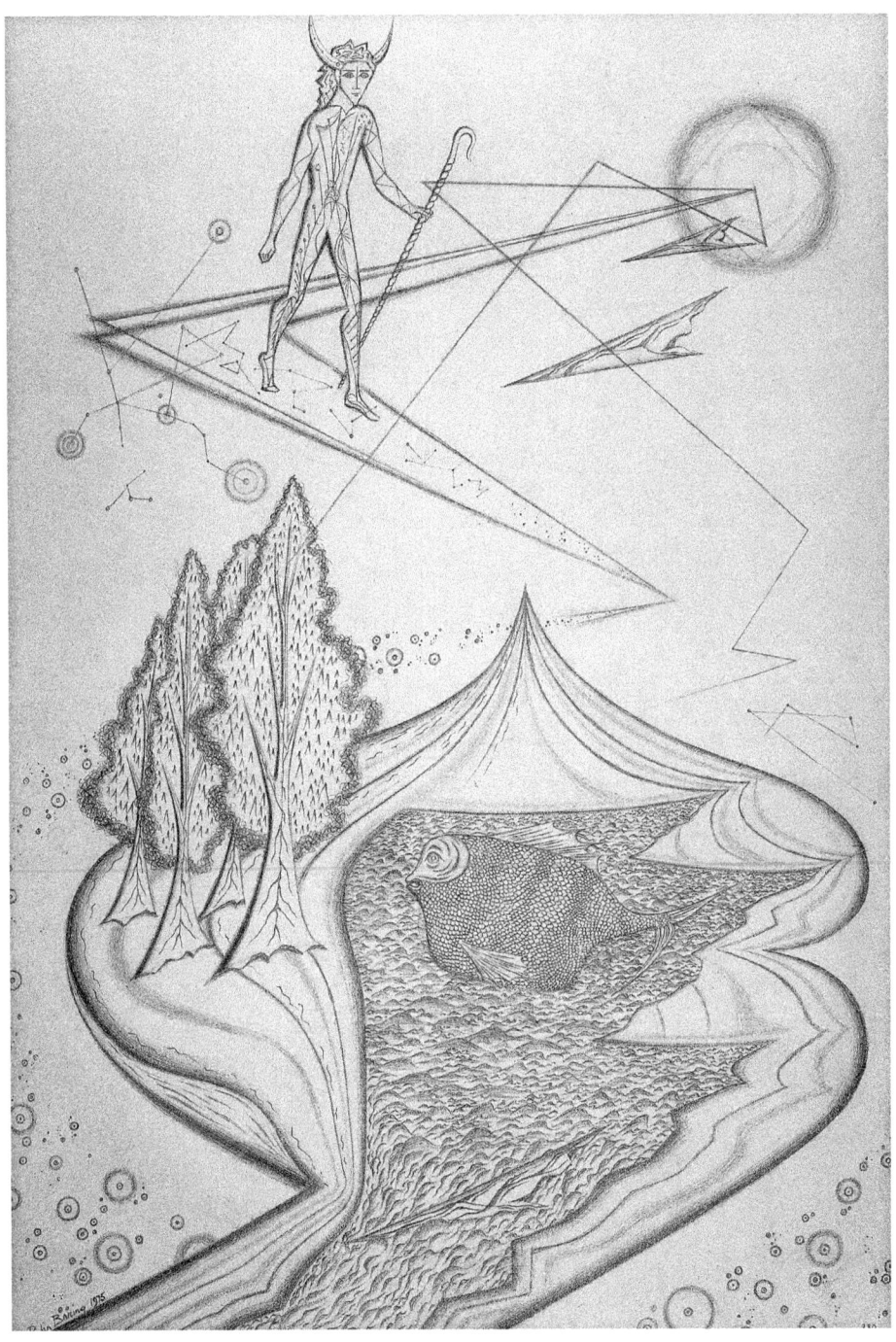

Panorama e Dio Cornuto
Robin Baring 1977

Parte terza

L'Psiche Dissociata

La Patologia della Separazione e della Perdita

6. L'Era Solare:
   La separazione dalla Natura e la battaglia tra Bene e Male
7. Il mito della Caduta e la dottrina del Peccato Originale
8. Misoginia: origini ed effetti dell'oppressione delle donne
9. Una visione con un occhio solo

L'Archetipo Femminile associato
con la Natura, l'Anima e il Corpo
è separato dallo Spirito
La Natura è desolata
La Natura e la Terra non sono più sacre

La donna è identificata con la Natura;
l'uomo con lo Spirito
La Natura e la donna diventano soggette all'Uomo

La Sessualità è peccaminosa
Il Corpo è separato dalla Mente e la Mente dall'Anima

Capitolo sei

L'Era Solare
La Separazione dalla Natura e la Battaglia tra Bene e Male

La storia della mente esiliata dalla Natura è la storia dell'uomo occidentale.
— Ted Hughes

Nella storia dello sviluppo della civiltà occidentale, intorno al 2000 aC cominciamo a vedere l'inizio di una nuova fase nell'evoluzione della coscienza umana e un cambio di focalizzazione dalla mitologia lunare a quella solare. Questa era, che è stata considerata uguale al sorgere della civiltà, riflette in realtà una completa eclissi dell'esperienza partecipativa dell'era lunare, e la sostituzione di molti dei miti e delle storie lunari, collocati in un nuovo contesto solare. Al posto della luna, il corpo celestiale dominante è adesso il sole e la mitologia dominante è solare anziché lunare. Il tema primario della mitologia lunare è un processo ciclico di nascita, morte e rigenerazione. Il tema di quella solare è la grande battaglia tra la luce e le tenebre, il bene e il male. Laddove il fulcro della cultura lunare è un cosmo dotato di anima e una partecipazione mitica alla vita di un Ordine Sacro, il fulcro della cultura solare è sulla conquista e sulla padronanza della natura, lo sviluppo della mente razionale e la differenziazione dell'individuo che si eleva dal gruppo tribale. È, soprattutto, l'età dell'individuo e, in modo specifico, del guerriero che indossa il mantello dell'eroe solare.

Intanto che si sviluppa il processo di solarizzazione, il tempo lineare comincia a prendere il posto di quello ciclico e, lentamente, un modo di pensare lineare, letterale e oggettivo comincia a sostituire l'antica via di conoscenza partecipativa e il suo modo di pensare imaginifico, di relazione. È consuetudine considerare questa nuova era come un progressivo avanzamento o un'ascesa dell'umanità che emerge da un'era più antica e più primitiva, caratterizzata da costumi selvaggi e pensiero magico. Io lo vedo come un tempo di immenso successo culturale e tecnologico ma anche, come D.H. Lawrence, come un momento di perdita sempre maggiore del senso di partecipazione al Sacro Ordine di un mondo animato. Nel suo libro *Apocalypse and Other Writings* (1931) scrisse disperatamente: "Abbiamo perso il cosmo, uscendo da una connessione reattiva con esso, e questa è la nostra principale tragedia.... Noi e il cosmo siamo una cosa sola. Il cosmo è un vasto corpo vivente di cui siamo ancora parte.... Cos'è il nostro meschino amore per la natura — Natura !! — rispetto agli antichi magnifici che vivevano con il cosmo, ed erano onorati dal cosmo!"[1]

Una delle maggiori caratteristiche dell'era solare è il cambio dell'immagine della divinità dalla Grande Madre al Grande Padre, con una fase politeistica di molte dee e dèi nel mezzo — Egitto, Mesopotamia, Canaan, Grecia e Roma, tra gli altri. L'immagine del Dio delle tre religioni abramitiche lo ritrae trascendente e separato dalla creazione. Dio è il *creatore* del cielo e della terra, laddove la Grande Madre *era* il cielo e la terra. In questo cambio di accento, si rompe l'identità essenziale tra creatore e creazione, e dalla loro separazione nasce una fondamentale dualità: quella che chiamiamo spirito e natura.

L'effetto a lungo termine di questo nuovo concetto di spirito fu quello di eliminare la presenza del divino all'interno del mondo naturale, desacralizzandolo e aprendo la strada al suo sfruttamento. La mente conscia o ego 'crebbe' all'ombra di una divinità profondamente differente da quella della precedente fase lunare. Lo shock per la psiche fu immenso e non si riebbe mai dal trauma imposto dalle credenze che si svilupparono sulle fondamenta della separazione tra spirito e natura.

Infatti l'era solare ci ha strappati dalla matrice della natura mentre l'ego in via di sviluppo ha perso il profondo senso istintivo della sua connessione con la natura e il cosmo. Questo è il motivo per cui questa era può essere chiamata Fase della Separazione come la descrisse il filosofo Owen Barfield. La mente conscia è arrivata a considerare il Cosmo, Dio e, infine, il mondo della Natura come qualcosa di separato e diverso da se stessa, qualcosa che poteva osservare ma del quale non sentirsi più parte. Con la separazione è sopraggiunta la paura, perché la morte non era più vista come qualcosa che portasse al rinnovamento della vita, come nell'era lunare: è divenuta definitiva e terrificante, portando al bisogno di potere e controllo su qualunque cosa suscitasse paura.

Questo cambiamento rispecchia l'inizio di una *percezione della vita interamente nuova*, in cui la natura diviene qualcosa da controllare e manipolare dall'ingegno umano, e lo spirito è proiettato su una divinità distante nel cielo e mai più sperimentata come immanente nelle forme della natura. Il rischio di questa fase è che la mente umana, separandosi dal suo terreno istintivo, dalla sua sorgente nella natura e nel cosmo, si dissocia sempre più da loro e comincia ad assorbire in sé un potere simile al divino, vedendosi impegnata in un grande conflitto contro il potere della natura. Nel Libro della Genesi si vedono solo gli esseri umani avere una speciale relazione con la divinità e a loro soli viene imposto di esercitare il dominio sulle altre specie. Questa convinzione sarebbe stata impensabile nella precedente fase di partecipazione. Senza esagerazioni, possiamo affermare che abbia avuto grande influenza sulle ideologie religiose e, in definitiva, sull'atteggiamento della scienza nei confronti della natura.

Quando il sole divenne il nuovo centro della coscienza, l'eroe culturale non fu più lo sciamano che si avventurava negli Inferi, assimilava i suoi misteri e ritornava con un tesoro di sapienza e metodi di guarigione con cui guidare ed aiutare la sua comunità, ma piuttosto l'eroe solare — un re, un guerriero o un individuo eccezionale — che viene celebrato come l'unico che, identificato con la luce, conquisti e prevalga sulle tenebre, tenebre che via via si identificano con i suoi nemici. L'enfasi è sul trionfo della luce e sul ripudio o l'eliminazione di qualsiasi cosa e chiunque sia identificato con l'oscurità. Ecco allora le parole di George W. Bush nel settembre 2001: "La nostra responsabilità verso la storia è ormai chiara: rispondere a questi attacchi e liberare il mondo dal male".

Mito Solare: la Battaglia Cosmica tra Luce e Tenebra

Alle radici dell'era solare c'è un mito potente: arriva a noi dalla mitologia del-la Mesopotamia, della Persia e della Grecia. Il suo tema è la lotta dell'eroe contro un potente drago, o serpente, e la battaglia cosmica tra la luce e le tenebre, il bene e il male. Proprio al principio dell'era solare, nella sumera *Epopea di Gilgamesh* incontriamo il primo mito dell'eroe che combatte un drago, un mostro o un serpente. Questo divenne un mito dominante, che influenzò religioni, filosofie e innumerevoli conflitti e conquiste. Contribuì a spalancare il baratro tra natura e spirito, tra mente e corpo. Diede origine alla convinzione che l'uomo fosse impegnato in una grande battaglia per conquistare, sottomettere e controllare la natura, perdendo così la consapevolezza partecipativa dell'era lunare. All'interno della psiche contribuì e rispecchiò la divisione della mente conscia 'razionale' e dell'anima istintiva. Diede origine, in definitiva, alla 'coscienza con un occhio solo' del tempo presente, che sarà descritta nel Capitolo nove.

L'*Epopea di Gilgamesh* ha forse avuto origine intorno al 2300 aC e fornisce il primo resoconto conosciuto del Grande Diluvio. Gilgamesh, re della città sumera di Uruk — una città cinta da mura possenti — sfida l'esplicito avvertimento degli dèi e parte con il suo compagno Enkidu per uccidere Humbaba, custode della grande foresta di cedri della Dea Ishtar. I due eroi non ascoltano le implorazioni di pietà di Humbaba e lo uccidono e tagliano la foresta. Ben presto, Enkidu cade malato e muore. Gilgamesh, distrutto dal dolore, parte per trovare l'Erba o il Fiore dell'Immortalità ma si addormenta mentre torna verso la sua città e la perde a causa di un serpente che, annusandone la dolcezza, sale da un pozzo e l'afferra. Così potente è la descrizione in questo antico testo che, mentre leggiamo le parole, possiamo ancora sentire l'intenso dolore provato da Gilgamesh: "Per che cosa si sono affaticate le mie braccia? Per quale scopo è scorso il sangue nelle mie vene? Per me stesso non ho guadagnato nulla; non io, ma la bestia della terra ne ha gioia adesso". [2]

Un più tardo mito di creazione babilonese (ca 1700 aC) intitolato *Enuma Elish*, racconta la storia di un giovane dio di nome Marduk "vestito dello splendore di dieci dèi, con la maestà che ispira paura" che uccide Tiamat, la grande madre drago, scoccando una freccia nella sua bocca aperta che le squarcia il ventre e le spacca il cuore. Marduk getta a terra la sua carcassa, la taglia in due come un pesce, creando il cielo da una metà del suo corpo smembrato e la terra dall'altra. Quindi crea i pianeti e le costellazioni. In un secondo momento, dal sangue del figlio assassinato di Tiamat, crea l'umanità.

Il mito veniva recitato annualmente all'Equinozio di Primavera, un'epoca in cui le alluvioni che coprivano la pianura babilonese in inverno si stavano ritirando, quando il potere del sole scaldava la terra e iniziava la semina primaverile delle colture. Si credeva che la recitazione del mito rafforzasse le forze della luce contro le forze dell'oscurità nella grande battaglia annuale che si svolgeva tra di loro, rigenerando così la vita per il nuovo anno. Il mito dell'eroe solare che sconfigge le forze dell'oscurità e del male, impersonate da un drago o da un mostro degli inferi, crebbe attorno a questo evento annuale. Questo mito fu trasmesso ad altre culture successive ed è ancora molto vivo nella nostra.

Il nuovo e violento racconto della creazione era in severo contrasto con quelli più antichi dell'Età del Bronzo sumeri ed egizi e riflette la perdita di relazione con il mando naturale e un'aspra liquidazione del modo di pensare lunare. Fu pericoloso preso alla lettera poiché offriva l'immagine di violenza e assassinio come modello di comportamento divino, convalidandolo come modello da emulare da parte degli esseri umani. Marduk diviene il macho ideale — il modello di tutti gli eroi solari a venire. Con questo mito è costituita la rappresentazione di conflitto e opposizione tra luce e tenebra, bene e male. Allo stesso tempo, nel contesto della guerra, si diffonde la pratica del massacro all'ingrosso di esseri umani, e i vincitori la immortalano e la celebrano nei testi come nelle sculture realistiche sulle pareti del palazzo e del tempio.

La storia dell'eroe che combatte con un drago, ampiamente disseminata per tutto il Medio Oriente e il Mediterraneo orientale, e profondamente impressa nella psiche dell'epoca, pone il fondamento mitologico per la futura polarizzazione di spirito e natura, mente e corpo — il primo visto come divino e buono, la seconda come 'caduta' e 'malvagia'. Questa opposizione, sancita dal divino, condusse anche all'idea della guerra santa, della guerra delle forze del bene contro le forze del male, profondamente intrecciata con i testi sacri delle tre religioni patriarcali e il loro comportamento nei confronti dei nemici. La trionfale vittoria di Marduk su Tiamat ha dato inizio a un nuovo modo di vivere, un nuovo modo di relazionarsi con il divino, esaltando l'ideologia del potere e della conquista. La battaglia di un dio–eroe e la sua conquista del drago/mostro dell'oscurità, del caos e del male divennero il tema dominante di tutti i miti dell'eroe dell'era solare — fino al mito dell'eroe del nostro tempo che si sta svolgendo davanti ai nostri occhi sul palcoscenico mondiale.

L'idea di opposizione e conflitto tra luce e tenebra, bene e male viene sancita in un modello ideale e questa mitologia solare pervade il Vecchio Testamento e altre mitologie dell'Età del Ferro, come quelle dell'India (Il *Mahabharata*) e della Persia (il conflitto tra Ormuzd e Ahriman). In Grecia la troviamo nei miti del dio–sole Apollo che uccide la dragonessa custode della sacra sorgente di Delfi, di Teseo che uccide il Minotauro e di Perseo che elimina la Gorgone. È rappresentato drammaticamente nel Libro dell'Apocalisse come la grande battaglia combattuta alla fine dei tempi tra San Michele e il Drago. È già possibile percepire che la Terra, identificata sia con la dea sconfitta che con il drago — simbolo delle forze selvagge della natura — non è più sacra. Che un mito immensamente potente, e quelli che ne sono derivati, abbia potuto alterare la nostra relazione con la Terra e il Cosmo e lanciare un incantesimo sull'umanità che dura da quasi quattromila anni è una scioccante eventualità.

Una Nuova Visione del Mondo

Non è un'esagerazione considerare importante il cambio di centralità che ebbe sul futuro della relazione tra uomo e natura. L'avvento dell'era solare rispecchia la formulazione di una percezione della vita interamente nuova, con il sorgere di una nuova meta–narrativa, o visione del mondo, il cui tema è la battaglia cosmica tra luce e tenebra, tra bene e male. Con la diffusione della mitologia solare, accelerata dall'avvento della scrittura e dalla scoperta delle molte applicazioni della tecnologia del bronzo — in particolare quelle relative alle armi e alla guerra — il precedente senso lunare di partecipazione mitica alla continua rigenerazione della vita della terra, e della vita più vasta del Cosmo, gradualmente si affievolì. L'idea lunare di equilibrio tra luce e oscurità fu persa. Per i successivi quattromila anni la natura divenne qualcosa da conquistare, controllare e manipolare con l'ingegno umano, a vantaggio dell'uomo. Un tempo viva con lo spirito, la natura ora è priva di anima. Il corpo è staccato dalla mente e la mente dall'anima. Il Mito della Caduta nel Libro della Genesi (Capitolo sette) descrive il processo di estraniazione, separazione e perdita — un netto rovesciamento del modo partecipativo di conoscere che caratterizzava le culture lunari più antiche e pre–alfabetizzate. Come osservammo Jules ed io ne *Il Mito della Dea*: "La natura non è più vissuta come sorgente, ma come avversaria, e l'oscurità non è più una modalità dell'essere divino, com'era nei cicli lunari, ma uno stato dell'essere privo di divinità e attivamente ostile, divorando luce, chiarezza e ordine."[3]

Se mettiamo in relazione questo cambio di visione con ciò che avviene contemporaneamente all'interno della psiche, possiamo leggere la storia dell'ego umano — l'eroe solare — che si sforza di differenziarsi dalla matrice della natura e tenta di impadronirsi e di controllare ciò da cui è emerso. Il dramma della ricerca solare della luce, dell'illuminazione e della vittoria sulle tenebre è lo stesso della nostra eroica ricerca di consapevolezza e della nostra paura di fallire e ricadere nell'oscurità dell'incoscienza, l'oscurità dello 'stato di natura'. Dalla prospettiva dell'ego, la tenebra deve essere ripudiata e conquistata affinché la luce prevalga — un concetto profondamente differente dalla convinzione precedente, per la quale l'oscurità dell'Oltretomba era un mistero in cui entrare e da esplorare. Durante questa età, l'enfasi è sull'archetipo maschile perché l'ego ha necessità di identificarsi con questo archetipo per differenziarsi dalla 'Madre' — la matrice della natura e dell'istinto. Tuttavia potremmo chiederci se fosse necessario farlo in modo così violento e oppositivo e se questo processo sia diventato patologico a causa dell'influenza della mitologia dominante e del trauma inflitto dalle continue guerre e dai conflitti di questa era.

Cambiamenti Sociali e Politici

Altri due importanti fattori contribuirono al cambiamento dalla mitologia lunare a quella solare: uno fu politico; l'altro l'impatto dell'alfabetizzazione. Intorno al 2200 aC ci fu un cambiamento tremendo, devastante, che cadde come un fulmine del cielo sulle comunità agricole della Mezzaluna Fertile. L'intera regione fu gettata nello scompiglio. Invasori che adoravano dèi maschi — "un popolo dall'attacco violento come un uragano" — come li dipinge uno scriba, dilagarono nelle valli fluviali dove si venerava la Grande Madre da migliaia di anni. Portarono con sé il cavallo e il carro da guerra. Alcuni arrivavano da Nord attraverso il passaggio tra il Mar Nero e il Mar Caspio, altri si trasferirono nella zona dal deserto arabo. Altri ancora, conosciuti come i popoli del mare, invasero il Mediterraneo. La guerra e la conquista diventano il tema di una nuova e terrificante epoca. Ovunque c'erano paura e massacro; dappertutto un grande urlo di terrore e angoscia mentre le persone venivano uccise, rese schiave, le loro città e case bruciate, i loro mezzi di sussistenza distrutti. La crudeltà e il massacro che accompagnarono l'imposizione di un nuovo ordine furono registrati trionfalmente negli annali dei re babilonesi e in seguito, dei re assiri. Ciò che viene vissuto in Siria ora è paragonabile a ciò che fu vissuto allora. Il tema di quella nuova era era la conquista, non ancora la conquista in nome della religione, ma la conquista in nome dell'acquisizione e dell'ampliamento del territorio, dell'acquisizione del potere. Il re Sargon di Akkad (2300 aC) fu il primo a registrare con orgoglio la conquista della vasta area di terra tra i 'due mari' — il Mediterraneo e il Golfo Persico. Stabilì il modello per i re e gli imperatori che dovevano succedergli mentre costruivano i grandi imperi del futuro: babilonese, assiro, persiano, greco e romano.

Si pensa ora che intorno al 2200 aC, un cambiamento climatico, con conseguente diffusa siccità e carestia su una vasta area, portò delle popolazioni ad abbandonare le proprie terre e a spostarsi in aree dove il cibo era ancora abbondante. Qualunque sia la causa ultima di questo periodo turbolento — e la carestia potrebbe essere stata una di quelle, nelle regioni da cui provenivano gli invasori — la guerra e la violenza diventarono endemiche nell'area del Mediterraneo orientale, che include l'Anatolia (poi Turchia) e il Medio Oriente (moderno Iraq). Attraverso la storia egiziana, babilonese e assira seguiamo l'ascesa del leader guerriero che è idealizzato e glorificato per la sua prodezza in battaglia e la sconfitta dei suoi nemici. Le pareti del palazzo e del tempio assiro ed egiziano mostrano il re assiro o il faraone in piedi sui loro carri impegnati a combattere, i loro nemici decapitati o legati in file ai loro piedi. La pulizia etnica di dieci delle dodici tribù di Israele ca. 720 aC compiuta dagli Assiri è parte di questa storia cupa. L'assedio e il sacco di Troia ci danno una visione esplicita del tema della guerra che domina sempre di più questa era.

Possiamo tracciare questo modello di conquista attraverso gli imperi persiano, greco e romano e, in seguito, attraverso tutte le lotte per il potere tra gruppi tribali e nazioni che si sono verificate sul suolo europeo e nella vasta regione tra Europa e Cina. Possiamo immaginare la sofferenza provocata mentre a migliaia venivano massacrati, deportati, resi vedove, orfani. In tutto questo tempo, vi è un massiccio sconvolgimento sociale e un cambiamento politico: il movimento verso le città e la rapida crescita delle popolazioni; l'ascesa delle città–stato e poi dello stato–nazione; l'avvento di burocrazie centralizzate e di un clero potente; la trasformazione di agricoltori in servi; la schiavitù dei prigionieri di guerra, la pulizia etnica e la deportazione di massa di intere popolazioni conquistate.

La mitologia solare portò infine all'idea della guerra santa — la vittoria delle forze del bene sulle forze del male — e all'idea che il sacrificio umano fosse giustificabile e accettabile per Dio quando serviva allo scopo di sradicare il male nella forma di un nemico designato. Da qui, l'assalto medievale del Cristianesimo contro l'Islam e i successivi sforzi della Chiesa cristiana per estirpare il 'male' dell'eresia; da qui la fede dell'Islam nella conquista in nome di Allah e il suo massacro degli 'infedeli'. La vittoria era l'ambito premio conferito da Dio e Dio fu invocato da entrambe le parti per sostenere la battaglia del 'bene' contro il 'male'.

Ovunque oggi sentiamo le parole 'buono' e 'cattivo' menzionate nel contesto di una lotta tra forze opposte possiamo riconoscere il vecchio mito solare e un individuo che assume il mantello dell'eroe solare e guida il suo popolo contro il demone dell'oscurità e anche il rituale demonizzante di un nemico e tutta la propaganda che accompagna la moderna costellazione di una battaglia tra forze opposte. Il tema della conquista, iniziato nel terzo millennio aC con re Sargon di Akkad, è stato una costante per quattro millenni, fino ad arrivare al ventesimo secolo con Hiroshima e le orribili armi nucleari, biologiche e chimiche della guerra moderna. Il Cristianesimo e l'Islam hanno assimilato questa mitologia della conquista con la loro chiamata alle Crociate e alle Guerre Sante e la sua eredità persiste ai tempi nostri nella crociata contro l''asse del male' e la *jihad* islamista. Si scopre persino nel manifesto pubblicato da Breivik, l'omicida di massa norvegese (2011), in cui si dichiara un moderno cavaliere crociato, impegnato nella battaglia del bene contro il male nell'eliminare i musulmani dall'Europa.

Può essere difficile accettare l'idea che il tema della conquista, della guerra e del sacrificio che caratterizza questa Fase di Separazione sia patologico. Dal punto di vista della psicologia moderna si potrebbe dire che esibisce sintomi patologici perché il modello di comportamento è dissociato da ogni consapevolezza di colpa o rimpianto per la sofferenza inflitta. La sconfitta e l'umiliazione di un nemico è celebrata come prova della superiorità e del potere del vincitore o della nazione. I vinti sono assassinati, ridotti in schiavitù o condannati alla miseria. Il modello di comportamento è profondamente inconscio. L'avvento del Cristianesimo non ha portato alcun cambiamento, poiché i cristiani presto si sono visti come 'soldati di Cristo'. Nonostante l'insegnamento che vieta di uccidere racchiuso nei Dieci Comandamenti e l'insegnamento di Cristo che ordina ai suoi seguaci di perdonare i nemici, non c'è apparente consapevolezza, nel furore della battaglia, che infliggere morte e sofferenza ad altri esseri umani potrebbe essere moralmente sbagliato e contrario all'ordine divino. La capacità di empatia si sviluppa davvero molto lentamente. Se guardiamo all'Iliade, all'Antico Testamento (Deuteronomio 7), all' ethos conquistatore dell'Islam primitivo o all'impulso crociato del Medioevo cristiano in Europa, la sconfitta dei nemici tribali fu ritenuta gradita agli dèi, e in definitiva a Dio.

La Formazione del Guerriero

Dall'essere cacciatore–raccoglitore nell'Era Paleolitica e Neolitica, nell'Età del Bronzo, e per tutta l'era solare, l'uomo diviene un guerriero. Già nei primi tempi, è ovvio che gli uomini siano stati condizionati sin dall'infanzia a sviluppare le loro abilità di caccia e combattimento e ad unirsi con altri uomini per rifornire il clan o la tribù di cibo e per difenderla in caso di attacco. Questo profondo legame arcaico — una vera devozione tra gli uomini — è ancora fortemente sentito oggi nei conflitti in cui sono chiamati a impegnarsi. L'addestramento primario di un guerriero è obbedire al suo capo tribale. Gli uomini che vivevano nell'era solare avevano miti guerrieri per ispirarli, eroi guerrieri come modelli da seguire. Nello stato costante di preparazione alla guerra di quell'era, ogni maschio veniva educato a vedere il combattimento come naturale, nobile, glorioso e necessario, qualcosa in cui poteva provare la sua virilità. Il regime istituito da Sparta sottraeva i ragazzi alle famiglie per l'addestramento militare quando avevano sette anni, per non restituirli fino a quando non ne avessero diciotto e fossero pronti per la guerra. L'addestramento militare trasformava i ragazzi in guerrieri perché aiutassero nella costruzione dei grandi imperi che i loro re guerrieri si sentivano spinti a realizzare. Spargere il sangue era una faccenda cui si doveva essere iniziati nella fratellanza dei guerrieri. Mostrare paura o debolezza aveva come risultato l'essere marchiato come donna: debole, codardo, superfluo.

Questa era l'ideologia in cui gli uomini furono indottrinati fin dalla più tenera età durante l'era solare. Non è che gli uomini fossero intrinsecamente aggressivi e attratti dalla guerra; è che l'abitudine alla guerra in tutto questo periodo li condizionò a conformarsi per non subire la vergogna, il ridicolo e il rifiuto da parte del loro gruppo tribale o nazionale — fino alla prima guerra mondiale, quando i disertori o 'codardi' venivano fucilati. Nel suo libro *Fire in the Belly: on being a Man*, Sam Keen osserva: "Una cultura che è in guerra, o che si prepara costantemente per una possibile guerra, cospira a creare la percezione, soprattutto tra i suoi cittadini maschi, che la minaccia del nemico è sempre presente".[4] E ancora: "Il guerriero trova il significato della sua vita interpretando una parte nella storia generale della lotta cosmica tra bene e male.... L'occhio e la mente del guerriero si restringono a stereotipi che riducono il nemico a un'entità, che può essere sconfitta o uccisa senza rimorso. Nel fervore della battaglia la scelta è tra uccidere o essere uccisi".[5] Di fronte a un nemico, il guerriero scopre il potere, la necessità e il crudo coraggio della battaglia primordiale per sopravvivere, nello stesso modo in cui un animale li sperimenta di fronte a un pericoloso predatore.

Per oltre 4000 anni, sotto la potente influenza della mitologia solare, la vittoria e il bottino di guerra furono visti come l'ambìto tesoro da vincere. Il coraggio in battaglia divenne la suprema virtù del soldato e l'immagine del guerriero fu accettata dagli uomini come modello di riferimento supremo. Alessandro Magno (356–323 aC), un guerriero di guerrieri, nacque in una cultura guerriera, perseguendo compulsivamente la gloria della conquista dopo che suo padre, Filippo di Macedonia, fu assassinato alla festa di nozze di sua figlia. Quando le popolazioni si trasferirono in città e le città divennero stati, e gli stati entrarono in conflitto tra loro, sempre più giovani si unirono o furono arruolati in eserciti guidati da re guerrieri e forse non videro mai più la loro patria.

L'archetipo dell'eroe solare come guerriero esercita ancora un'immensa influenza inconscia sulla psiche maschile moderna, sul campo di battaglia della politica così come su quello delle imprese e persino del mondo della scienza e del mondo accademico: l'obiettivo primario del maschio è quello di avere successo, vincere e, se necessario, sconfiggere altri maschi. L'ideale del guerriero è diventato una parte inconscia dell'identità di ogni uomo, fin da quando è un bambino piccolo.

Con il tema mitico della battaglia cosmica tra bene e male e l'indottrinamento del guerriero, il focus è concentrato sulla guerra e sulla conquista territoriale. Durante i 4000 anni dell'era solare la guerra è stata endemica. La glorificazione della guerra e della conquista e l'esaltazione del guerriero è uno dei temi principali dell'era solare — ancora oggi presente nelle parole di George W. Bush del 2005: "Non accetteremo alcun risultato se non la vittoria". Questa chiamata alla vittoria rieccheggia nei secoli, assicurando che ecatombi di giovani guerrieri siano sacrificati al dio della guerra, che infiniti milioni siano portati in cattività e schiavitù, innumerevoli donne siano violentate e vedove lasciate indigenti. Ha sancito un ethos che lotta per la vittoria a prescindere dal costo delle vite umane, e ancora oggi glorifica la guerra e ammira il leader guerriero. Questo modello arcaico di dominio e conquista tribale ha inflitto un'incredibile sofferenza all'umanità e ora minaccia la nostra stessa sopravvivenza come specie.

La battaglia cosmica tra luce e oscurità si è sempre più proiettata nel mondo e il fascino della conquista territoriale ha attanagliato l'immaginazione e ha portato alla creazione di vasti imperi. È come se l'ego umano eroico, identificatosi con l'eroe solare, dovesse cercare nuovi territori da conquistare, dovesse incarnare il mito in senso letterale e, così facendo, incanalare le primitive pulsioni territoriali della psiche in un'orgia dionisiaca di conquista sfrenata, massacro e distruzione. Sentiamo molto poco sulla sofferenza generata da queste conquiste: le vedove piangenti, le madri che hanno perso figli, i bambini orfani e le colture e i ritmi di semina e raccolta devastati e sconvolti dagli eserciti che vi passano sopra in cerca di cibo, le raffinate opere d'arte saccheggiate e rubate. L'assoluta distruzione della meravigliosa città di Persepoli ad opera di Alessandro Magno fu un retaggio di questa dinamica solare.

Schiavitù

Con la creazione degli imperi l'istituzione della schiavitù divenne il metodo per soggiogare le persone conquistate, seguendo il modello offerto da Babilonia e Assiria, Egitto e Ittiti. Conosciamo il destino di migliaia di donne e bambini dalla descrizione, nell'*Iliade*, di Andromaca, che vede il suo figlioletto gettato dalle mura del palazzo del re Priamo e piange per il destino che aspetta lei e le donne di Troia. Gli uomini furono costretti a diventare servi, le donne concubine o schiave del sesso. I bambini furono separati dai genitori e venduti. La loro sofferenza, che includeva lo stupro di ragazzi e ragazze, non può che essere immaginata. La storia nella creazione di uno qualsiasi dei grandi imperi dell'età del ferro era la stessa: potere, terra e ricchezza per il conquistatore; morte, schiavitù e miseria per i conquistati.

L'Impatto dell'Alfabetizzazione

Una seconda importante influenza nell'era solare fu l'impatto dell'alfabetizzazione. La parola scritta sostituì la tradizione orale che aveva tramandato la sapienza e le intuizioni della più antica cultura lunare. Qualcosa di quell'antica saggezza era stata forse registrata tra le migliaia di pergamene conservate nella Grande Biblioteca di Alessandria. Ma nel 391 dC l'imperatore Teodosio decretò che tutti i templi pagani (compresi quelli di Eleusi ed Efeso) dovessero essere distrutti. Il leggendario fuoco che si dice abbia spazzato via la biblioteca di Alessandria, e con esso l'inestimabile magazzino di pergamene che custodisce l'eredità del mondo precristiano, potrebbe aver avuto luogo in quel momento. L'eredità delle culture sciamaniche — in particolare quella derivante dalla formidabile civiltà dell'Egitto — sprofondò, sopravvivendo comunque, nella tradizione ermetica, e nella Qabbalah e nell'alchimia.

Nel suo libro, *The Spell of the Sensuous*, David Abram ha mostrato come la nuova enfasi sulla parola scritta abbia contribuito alla perdita della vecchia coscienza partecipativa: "Solo quando i testi scritti cominciarono a parlare, le voci della foresta e del fiume cominciarono ad affievolirsi. E solo allora il linguaggio perse la sua antica associazione con il respiro invisibile, lo spirito si staccò dal vento, la psiche si dissociò dall'aria circostante".[6]

Un altro libro, *The Alphabet and the Goddess*, scritto dallo scomparso Dr. Leonard Shlain, che fu capo di chirurgia laparoscopica al California Medical center di San Francisco, sviluppa l'idea interessante che l'alfabetizzazione abbia dato preminenza all'emisfero sinistro del cervello, a detrimento dell'equilibrio tra i due che era prevalso nelle culture pre–alfabetizzate. Egli spiega che, quando parliamo, usiamo entrambi gli emisferi del cervello ma, quando "le parole scritte cominciarono a prendere il posto delle parole parlate, la prevalenza dell'emisfero sinistro aumentò considerevolmente".[7] Può essere che con l'alfabetizzazione sia diminuita l'importanza della veggente o del sapiente. C'è un'interessante aspetto imprevisto in questo cambiamento: Socrate, apparentemente, dovette fare uno sforzo per abituarsi alla nuova abilità della scrittura. Non la capiva e la vedeva come un'invenzione pericolosa perché non permetteva alle idee di fluire avanti e indietro, come facevano nella conversazione. Preferiva il vecchio metodo orale. Era anche preoccupato che avrebbe fatto apparire le persone più intelligenti di quanto non fossero in realtà, dando l'impressione che sapessero qualcosa quando non era così — forse la definizione originaria di 'venditore di fumo'.

Durante questa era, l'emisfero sinistro del cervello comincia ad assumere una posizione di dominio rispetto al destro. Più l'alfabetizzazione si diffonde, più questa tendenza si rafforza. Come osserva Shlain:

> La scrittura rappresentò uno spostamento di proporzioni tettoniche che incrinò la natura integrata della.... cooperazione del cervello. La scrittura rese il cervello sinistro, fiancheggiato dai penetranti coni dell'occhio e dall'aggressiva mano destra, dominante sul destro. La marcia trionfale dell'alfabetizzazione, che iniziò cinquemila anni fa, sottomise i valori del cervello destro e con essi la Dea. Il patriarcato e la misoginia furono il risultato inevitabile.... La mano che reggeva la penna teneva anche la spada.[8]

Ora si ritiene che la storia della creazione sia nel Libro Sacro — il deposito supremo della 'Parola' di Dio — forse perché l'alfabetizzazione ci ha allontanato dalla natura e dalla relazione empatica con la Terra. L'atteggiamento più tollerante dei Greci e persino dei Romani, che aveva permesso a molti culti diversi di prosperare, fu sostituito da una rigida aderenza alla parola scritta — il supremo deposito della rivelazione. Con l'idea di un Dio totalmente trascendente, separato e distinto dalla natura, l'unità della vita fu spezzata. La terra non è più sacra ed è divisa in imperi e nazioni governate da potenti re. L'obbedienza assoluta alla parola scritta sostituisce l'esperienza sciamanica diretta del numinoso. Sono proibiti antichi rituali di connessione e divinazione. Le immagini di culto pagane sono bandite sotto pena di morte. Con questo mutamento di immagini archetipiche, tutto ciò che in precedenza era associato alla Grande Madre viene declassato in relazione all'autorità assoluta del Grande Padre. La via della conoscenza lunare è soggiogata alla via solare e, sotto l'influenza della mitologia solare, prima la natura e infine il Cosmo sono privati dell'anima.

Da Grande Madre a Grande Padre

Intanto che la psiche umana si allontana sempre più dalla matrice della natura nell'era solare, l'immagine predominante dello spirito cambia: da Grande Madre a Grande Padre. Più è ampio il ritirarsi dalla natura, più l'immagine della divinità diviene trascendente e astratta dalla natura. Ne *Il Mito della Dea*, riassummemo così questo fondamentale cambio di coscienza: "Se la relazione con la natura come Madre è di identità e la relazione con la natura come Padre è di dissociazione, allora il movimento da Madre a Padre simboleggia una separazione crescente da uno stato di contenimento della natura, non più vissuto come nutrimento della vita, ma come soffocamento della crescita".[9] La storia del feroce conflitto tra i sostenitori delle due mitologie è narrata nel Vecchio Testamento che documenta ripetutamente la distruzione dei templi e dei boschi sacri alla Dea. "Anzi distruggerete i loro altari, spezzerete le loro stele e taglierete i loro pali sacri. Tu non devi prostrarti ad altro Dio, perché il Signore si chiama Geloso: egli è un Dio geloso" (Esodo 34:13–14). Questo è il primo esempio conosciuto di Iconoclastia, cioè distruzione delle immagini. Tutte le rappresentazioni e i riferimenti all'odiata Madre Dea cananea, Asherah, furono cancellati in modo che non ci fosse alcun dubbio sulla supremazia di Yahweh. La sua statua e quella del grande serpente bronzeo che accompagnava il suo culto furono ripetutamente buttati fuori dal tempio di Gerusalemme.

L'immanenza divina, un tempo associata con l'immagine della Grande Madre e delle Grandi Dee dell'Età del Bronzo fu gradualmente e irrevocabilmente perduta. Un credo collettivo prende il posto dell'*esperienza* sciamanica della dimensione invisibile dell'Altro Mondo e del profondo senso di relazione con le sacre peculiarità del mondo naturale che dava accesso a quella dimensione misteriosa. Il passaggio dalla mitologia e dalla cultura lunari a quella solare richiede migliaia di anni, passando attraverso una fase in cui dee e dèi presiedono un mondo ancora pieno degli spiriti che abitavano ogni boschetto e sorgente, fiume e montagna. Con l'arrivo dell'Ebraismo, del Cristianesimo e dell'Islam, con la loro immagine trascendente monoteistica di Dio, tutti furono infine banditi e i riti pagani messi fuori legge. Il monoteismo giudaico sradicò il politeismo e con esso la connessione con gli spiriti della terra e i grandi cicli della natura. La terra della Palestina divenne il dono di Yahweh al popolo ebraico, che aveva avuto origine con la Sua promessa ad Abramo e diffuse i semi del conflitto e dell'oppressione che avrebbero imperversato nel nostro tempo, tremila anni dopo.

L'immagine dello spirito che governava le culture patriarcali fu per lo più maschile — forse, come suggeriva Freud, la proiezione inconscia del padre patriarcale. Quali che siano le ragioni politiche e sociali dell'emergere di questa potente immagine maschile della divinità, ora la creazione è ritenuta nata dalla parola del Padre, non più dal grembo della Madre. Il creatore era oltre la creazione, non più immanente. Questo è di cruciale importanza perché riflette il fatto che l'unità della vita è spezzata: la Natura è dissociata dallo Spirito. Con questo spostamento di immagini archetipiche, tutto ciò che in precedenza era associato alla Grande Madre e al femminile è declassato rispetto al maschile.

L'Assoggettamento delle Donne

L'enfasi sulla polarizzazione della mitologia solare creò una fenditura sempre più larga tra uomo e donna e condusse all'oppressione e alla persecuzione femminili. Gradualmente, nei successivi tre millenni, la casta sacerdotale che aveva le redini del potere teologico finì per identificare l'aspetto 'maschile' della vita con lo spirto, la luce, l'ordine e la mente nazionale — definiti come buoni — e quello 'femminile' con la natura, l'oscurità, il caos e il corpo, frequentemente identificate con il male. Questa polarizzazione fu assorbita dall'insegnamento religioso e integrata nei costumi tribali e nelle credenze che diedero all'uomo una posizione di dominio sulla donna. La donna e il suo corpo cominciarono ad essere ritenuti un pericolo, una minaccia, una tentazione sessuale per l'uomo. La natura, la donna e il corpo venivano strettamente associati e per questa ragione dovevano essere soggetti alla volontà dell'uomo. Nel Libro della Genesi, e negli scritti dei filosofi greci, la donna, identificata con la natura, fu definita creazione secondaria o inferiore — una credenza i cui effetti esploreremo nei Capitoli Sette e Otto.

All'interno del loro insegnamento le religioni patriarcali dell'era solare portano con sé questo modo di pensare polarizzato, ovunque questo sia associato alla sottomissione ascetica del corpo, alla sfiducia nei confronti della sessualità e alla paura della donna. L'identificazione inconscia della donna con la natura fu l'origine delle proiezioni negative nei suoi confronti — incorporate negli atteggiamenti e nei costumi sociali e fuse con le credenze religiose — che perdurano tutt'oggi. Da dove viene l'atteggiamento dei talebani nei confronti della donna se non da questa direttiva del primo codice di leggi mesopotamico, ca. 2350 aC: "Se una donna parlerà contro il suo uomo, la sua bocca sarà schiacciata con un mattone rovente".[10]

Più a est, in Cina, anche la vecchia visione taoista di una natura dotata di anima cominciò a ritirarsi, rimpiazzata dall'enfasi sulle minuzie di un costume sociale che relegava le donne a una posizione inferiore e quasi schiava. I sapienti dell'India, con alcune eccezioni, si allontanarono dal corpo e dall'esperienza sensoriale e considerarono il mondo fenomenico un'illusione, ponendo l'accento del loro insegnamento sull'esperienza dell'illuminazione e sulla liberazione dalla Ruota delle Rinascite. Anche qui, la donna era un impedimento e una distrazione dalla vita spirituale. La famosa storia del Buddha che lascia moglie e figlio, e persino il suo amato cavallo, riflette l'influenza di questa nuova ideologia solare in cui l'enfasi era posta sullo spirito in opposizione al mondo, alla donna e al corpo.

Gli Effetti a Lungo Termine della Mitologia Solare

Nella civiltà occidentale, la mitologia solare condusse alla ricerca prometeica di libertà, giustizia e conoscenza, ed anche al desiderio di esplorare e conquistare nuovi territori. Come impulso culturale, portò con sé l'aspirazione umana, la ricerca umana di andare oltre le costrizioni e le limitazioni. L'intera era è caratterizzata dalla parola 'scoperta'. Nella sfera religiosa, uno dei temi principali fu, come con Platone, fuggire dalla prigionia del corpo e, per associazione, liberarsi della schiavitù della mortalità; in Oriente fu liberarsi dalla Ruota delle Rinascite. È una mitologia lineare, essenzialmente utopica e trascendente, invece che una che ci collega alla Terra. Il suo tema principale era, ed è ancora, il senso di potere, l'ascesa, il progresso, il raggiungimento, la conquista, portati fino ai nostri giorni nella famosa serie di documentari televisivi di Bronowski a metà degli anni Sessanta — *The Ascent of Man* — che mirava a mostrare l'intero spettro di scoperte e invenzioni che rivelavano "la capacità dell'uomo di controllare la natura, e non di essere da essa controllato".

La mitologia solare ha conferito all'individuo dotato, o eroico, il potere di differenziarsi dal gruppo tribale, conferendo immensi benefici all'umanità e conducendo a scoperte straordinarie che trasformano la cultura. In molti paesi, attraverso la lotta per la giustizia e la libertà, ha portato alla creazione della democrazia. Ma ha anche incoraggiato la convinzione che l'umanità stessa sia l'eroe solare, che sta al di sopra di tutte le altre specie e ha il diritto di sfruttare le risorse della Terra per il suo esclusivo beneficio, lasciando altre specie indifese contro l'assalto dei propri diritti e bisogni.

Questa credenza è consacrata dal Libro della Genesi, in cui, in Genesi 1:28, ad Adamo ed Eva viene garantito il dominio sulla Terra. "Dio li benedisse e disse loro: 'Siate fecondi e moltiplicatevi, riempite la terra; soggiogatela e dominate sui pesci del mare e sugli uccelli del cielo e su ogni essere vivente che striscia sulla terra'". In un altro passaggio fatidico, a Noè e ai suoi figli viene detto: "'Siate fecondi e moltiplicatevi e riempite la terra. Il timore e il terrore di voi sia in tutte le bestie selvatiche e in tutto il bestiame e in tutti gli uccelli del cielo. Quanto striscia sul suolo e tutti i pesci del mare sono messi in vostro potere'" (Genesi 9:1–2). Oggi affrontiamo l'eredità di questi due brani enormemente influenti.

La mitologia solare conduce a tutte le ideologie utopiche e al sogno del progresso scientifico e tecnologico ed è maschile in modo schiacciante perché la psiche maschile è stata l'influenza dominante durante l'era solare, e sono i risultati, le scoperte e le azioni coraggiose di uomini eccezionali che hanno ispirato e offerto un modello per altri uomini. Un forte senso di individualità e un ego focalizzato — che alla fine venne identificato con la mente cosciente e razionale — può essere riconosciuto come il risultato supremo della psiche maschile durante l'era solare. Ma la voce delle donne, che nelle nascenti società patriarcali non avevano accesso all'istruzione, al sacerdozio e alla professione di guaritore, fu messa a tacere.

La Ricerca Ininterrotta di Potere e Onnipotenza

Nell'Ebraismo, nel Cristianesimo e nell'Islam l'influenza della mitologia solare alimentò lo zelo alla conquista e al dominio di territori in nome di Yahweh, Cristo o Allah, con conseguenze catastrofiche per le popolazioni sottomesse con la spada. Infine, alimentò il desiderio dell'Occidente di creare nuovi imperi e condusse alla creazione dell'Impero Britannico che, nel 1900, controllava un quarto del mondo, in territorio e popolazione. Fomentò pure le ideologie che causarono inenarrabili sofferenze e milioni di morti nel ventesimo secolo. La celebrazione della conquista e della supremazia comincia nel terzo millennio aC in Mesopotamia ed Egitto con le conquiste di Sargon di Akkad e dei faraoni egizi e continua con Hiroshima, il Vietnam, l'Iraq, e le raccapriccianti armi nucleari, chimiche e biologiche della guerra moderna. La guerra genera paura e la paura genera la guerra, attivando e rafforzando lo schema predatore/preda nella parte antica del cervello (Capitoli Dodici e Tredici). Se protratta abbastanza a lungo diventa un'abitudine cui è quasi impossibile resistere. La lunga cronaca di conquista e sacrificio umano, di esaltazione del potere e sottomissione dei nemici può essere davvero definita l'ombra oscura dell'età solare.

Nei resoconti impersonali di queste catastrofi, i cui effetti possiamo solo immaginare, dal momento che non sono stati segnalati — così tanti morti, così tanti feriti, senza casa, vedove o orfani — non viene mai registrata la lacerazione non quantificabile del cuore umano. Come in passato, così ancora oggi: i corpi senza vita di uomini, donne e bambini, trafitti nell'agonia della loro morte, giacciono abbandonati per le strade delle città e dei villaggi devastati e del suolo sconsacrato della Terra. Ciascuno è stato figlio di genitori che si sono presi cura della sua vita, durante l'infanzia; che avevano a cuore le speranze e i sogni del loro prezioso bambino. Quanto casualmente queste vite sono state e sono distrutte, ovunque i giovani uomini vengono convocati dai loro leader per servire la nazione o la religione, uccidendosi a vicenda! La vita del mondo passa; nascono nuove generazioni; solo alcuni ricordano; solo pochi hanno la volontà e la determinazione di cambiare questo modello di sacrificio rituale; solo pochi sentono il rimorso per le vite che hanno estinto obbedendo agli ordini, mentre agivano in difesa del loro paese, del loro gruppo tribale o della loro religione. La tomba seppellisce la loro colpa.

Cosa succede alle anime dei morti, interrotte nel pieno della vita? Sento il peso della loro silenziosa angoscia attraverso i secoli: il peso delle anime di uomini, donne e bambini recisi dal mondo per la crudeltà umana, per la depravazione umana. In questo mondo, le lacrime dei morti e il dolore di coloro che li piangono sono presto persi nei flutti tonanti della vita. Fino a quando non sono diventata madre anch'io, non ho pensato alle generazioni di madri anonime che si prendevano cura della vita breve e fragile dei propri figli, ne coltivavano la bellezza e speravano che sopravvivessero, prosperassero e vivessero per avere figli. Ora, grazie alla mia esperienza di madre e nonna, sono capace di immaginare la silenziosa paura e l'angoscia delle donne; l'inseguimento e l'uccisione di prede umane da parte di predatori umani; il terrore di persone braccate, uccise e dimenticate per innumerevoli generazioni. Non c'è monumento agli olocausti delle vittime sacrificate nelle epoche passate. Non vi è alcuna testimonianza delle donne, violentate da eserciti predatori, che amavano e nutrivano i loro figli mese dopo mese, giorno dopo giorno, anno dopo anno, solo per vedere le loro vite schiacciate dallo spietato bottino di guerra.

Ovunque oggi troviamo ancora la tendenza all'onnipotenza e alle grandiose ambizioni d'impero e di dominio del mondo, possiamo scorgere l'influenza della mitologia solare e l'espansione o l'arroganza dei leader, che si identificano inconsciamente con il ruolo mitico del dio solare, o dell'eroe, impegnato nella battaglia per sconfiggere il drago delle tenebre e del male.

Mitologia Solare e Separazione tra Mente e Anima

Con la conoscenza psicologica che abbiamo a disposizione dall'ultimo secolo, e particolarmente attraverso la psicologia del profondo di Jung, possiamo comprendere che questa fase solare della nostra evoluzione riflette una radicale dissociazione, nella nostra psiche, tra la forza crescente dell'ego (l'eroe) e il più antico e grandemente temuto potere dell'istinto (il drago) che veniva identificato con la natura e le irrazionali 'passioni animali' dell'uomo. Quando questa doppia dissociazione acquisì slancio, svanirono contemporaneamente la sensazione di essere all'interno di una più grande entità cosmica, il senso della relazione con la natura e con una dimensione invisibile della realtà, e la coscienza partecipativa dell'era lunare. Durante l'era solare, la coscienza si sforza di ascendere verso la luce, teme e ripudia l'oscurità, e la possibilità di regredire nello stato di natura dell'inconscio.

Il potere viene esaltato come unico mezzo per garantire la sopravvivenza. L'eredità dell'enfasi platonica sulla ragione e sulla mente razionale, insieme con l'impatto dell'alfabetizzazione e l'enfasi solare sull'ascesa allo spirito, accompagnata da un profondo sospetto verso la donna e la sessualità, accelera la scomparsa del modo lunare di conoscere e il precedente senso istintivo di vivere all'interno di un Ordine Sacro.

Il raggiungimento supremo dell'era solare fu l'emergere di un forte senso autonomo di individualità (ego cosciente) dalla matrice dell'istinto e lo sviluppo della mente riflessiva e razionale in tutti coloro che avevano accesso all'istruzione. Ma tutto ciò ebbe un prezzo elevato: in primo luogo, l'espansione e arroganza dell'ego che si allontanava dal suo fondamento istintivo e cominciava ad assimilare in sé un potere quasi divino. In secondo luogo, la sottomissione e la repressione dell'istinto, del non razionale e del femminile che, identificati l'uno con l'altro, furono percepiti come una minaccia all'egemonia dell'ego maschile. Keith Sagar, nel suo brillante libro *Literature and the Crime Against Nature*, registra la critica devastante della civiltà occidentale fornita dai suoi più grandi poeti e scrittori, a cominciare da Omero e dai tragici greci, per terminare con Ted Hughes, e commenta:

> La storia della civiltà occidentale è stata la storia dei crimini sempre più devastanti contro la Natura, definita non solo come la terra con le sue forme di vita, le energie e i processi, ma anche come femminile in tutte le sue manifestazioni, e come 'uomo naturale' all'interno della psiche individuale. È la storia della mutilazione della Natura da parte dell'uomo, che ha tentato di renderla conforme al letto di Procuste del proprio pensiero patriarcale, antropocentrico e rettilineo.[11]

Il Pericolo delle Ideologie Utopiche: Proiezioni Negative

Il mito solare continua a incantare anche oggi. È trasmesso in tutte le ideologie utopistiche che cercano di imporre la luce di un nuovo ordine mondiale e di separarsi dall'oscurità o da qualsiasi cosa gli si opponga. La sua caratteristica è la grandiosità. Non solo influenzò i testi sacri dell'Ebraismo, del Cristianesimo e dell'Islam ma, più significativamente, il nostro comportamento verso le popolazioni indigene 'oscure' e cosiddette primitive (più istintive) che caddero vittime della corsa all'impero delle nazioni europee. Il catalogo di orrori inflitti durante il corso della conquista e il tentativo di convertire questi popoli 'primitivi', in America meridionale e centrale, in Africa, in India o più a Oriente, è stato minuziosamente documentato e continua ancora in luoghi come le foreste pluviali, amazzonica e indonesiana, in cui gli interessi commerciali delle gigantesche multinazionali occidentali stanno distruggendo le foreste, ignorando e annullando le proteste dei popoli che vi vivono.

Un recente esempio di questa attitudine è la deportazione di 1800 persone delle Isole Chagos, avvenuta nel 1971 con un accordo tra Regno Unito e Stati Uniti che dava in affitto l'isola di Diego Garcia a questi ultimi perché l'usassero come base militare per il lancio di missili a lunga distanza. Con questo vergognoso contratto, l'intera catena di isole fu descritta come "completamente sterilizzata" e "purificata" della vita, compresi i cani, che erano stati gassati. Queste persone non hanno ancora avuto il permesso di tornare a casa loro, anche dopo che la zona è stata dichiarata, nel 2011, un santuario marino.

Col passare del tempo le religioni, in particolare il Cristianesimo e l'Islam, assunsero il manto della mitologia solare nella lotta militante per la supremazia. L'ostilità mortale tra cattolici e protestanti, nella storia europea, tra sciiti e sunniti nel mondo islamico e tra israeliani e palestinesi può essere ricondotta all'influenza polarizzante di questa mitologia e, cosa ancora più importante, alla spaccatura nella psiche che ne sta alla base. Finché non saremo consapevoli della frattura nella nostra natura e della disconnessione catastrofica dalla nostra anima istintiva, saremo spinti a cercare e ad attaccare un oggetto su cui proiettiamo la nostra oscurità. Questo meccanismo di proiezione inconscia opera ancora nella sfera religioso–politica, come è illustrato dalla tensione in atto tra le culture cristiane occidentali e le culture islamiche del Medio Oriente.

Troviamo rispecchiata la tendenza della mitologia solare a incoraggiare proiezioni negative sugli altri nelle ideologie totalitarie laiche che hanno devastato il secolo scorso, separando la razza eroica o le persone 'elette' da coloro che sono stati demonizzati come inferiori o sacrificabili. Possiamo vedere all'opera la sua influenza polarizzante nell'Olocausto, con il quale Hitler e la sua ideologia nazionalsocialista sterminarono milioni di ebrei e altri che erano percepiti inferiori in base alla razza, alla genetica o ai disturbi mentali. La stessa influenza polarizzante può essere trovata nel regime comunista dell'ex Unione Sovietica, nella Cina maoista, dove morirono 45 milioni di persone,[12] in Cambogia, dove durante il regime di Pol Pot ne morirono, in Bosnia con Milosevic e ora (2012) in Siria con il regime di Assad. Questi governi totalitari giustificano l'eliminazione dei nemici razziali, di classe, tribali o etnici, così come il Cristianesimo e l'Islam avevano giustificato l'eliminazione di eretici e apostati. Tutti erano, e sono in grado di reclutare persone che credevano e credono di fare del 'bene' obbedendo agli ordini e massacrando i loro compagni, uomini e donne. La Corte penale internazionale dell'Aja sta sfidando questa convinzione giudicando coloro che 'hanno obbedito agli ordini' per crimini contro l'umanità

La Sopravvivenza del Senso di un Cosmo con l'Anima

Sebbene il centro della cultura cristiana successiva fosse diretto lontano dalla terra e verso il cielo, lontano dalla materia e verso lo spirito, il senso di vivere all'interno di un cosmo dotato di anima sopravvisse in Europa fino alla fine del Medioevo. I poeti e gli artisti, così come i mistici e i visionari dell'Occidente cristiano, mantennero viva l'esperienza sciamanica di tempi lontanissimi. San Francesco (1181–1226), la notte prima di scrivere il suo famoso Cantico del Sole, ebbe una visione della Terra come un globo dorato incandescente. In quest'opera, come nella filosofia contemporanea del Medioevo, c'è il riconoscimento che i principali luminari — la luna e il sole — e la grande gerarchia degli ordini degli angeli e degli arcangeli, così come gli animali e gli uccelli, tutti appartengono a un ordine cosmico sacro, divino.

Fu questo il periodo in cui si videro in Europa i grandi pellegrinaggi ai luoghi sacri della Madonna Nera (spesso luoghi in cui, in epoca romana, era stata venerata la dea Iside) e la costruzione della grandiosa ascesa delle cattedrali gotiche, dedicate alla Vergine Maria e progettate per incarnare il concetto pitagorico della perfetta armonia matematica di un Cosmo divinamente ordinato, che si rifletteva in questo mondo. Si vide anche la diffusione delle leggende del Graal in un'ampia area europea. Il luogo sacro di connessione tra l'umano e il divino fu la cattedrale o il santuario.

Dopo i terribili decenni della peste nera nel XIV secolo, l'idea di un mondo animato trovò nuova espressione nella Firenze del XV secolo quando Cosimo de' Medici fondò la sua Accademia Platonica e commissionò a Marsilio Ficino la traduzione di Platone, Plotino e dei testi della tradizione ermetica egiziana. Attraverso questo canale, rinacque in Italia il concetto platonico di un'anima del mondo e la sua triade di verità–bellezza–bontà, dando origine alla gloria del Rinascimento. Venere, Dea dell'Amore e della Bellezza, fu recuperata nella *Primavera* e nella *Nascita di Venere* di Botticelli. Il corpo cominciò a essere riabilitato poiché gli scultori e pittori di quel tempo si ricollegarono a un passato pagano pre–cristiano. Nel 1486, Pico della Mirandola ci donò la sua brillante *Orazione sulla dignità dell'uomo*. Il filosofo e storico culturale Richard Tarnas descrive vividamente la visione di Pico e questa nuova era nel suo *The Passion of the Western Mind*:

> Con l'influsso di questa tradizione nacque una nuova visione dell'uomo, della natura e del divino. Il neoplatonismo, basato sulla concezione del mondo di Plotino come un'emanazione dell'Uno trascendente, raffigurava la natura come permeata dalla divinità, un'espressione nobile dell'Anima del Mondo. Stelle e pianeti, luce, piante, persino pietre possedevano una dimensione numinosa.... L'antica visione pitagorica di un universo ordinato secondo forme matemat-

iche trascendenti ricevette un intenso rinnovamento di interesse, e promise di rivelare la natura come permeata da un'intelligenza mistica, la cui lingua era il numero e la geometria. Il giardino del mondo era di nuovo incantato, con poteri magici e significati trascendenti impliciti in ogni parte della natura.[13]

Ma questo meraviglioso nuovo impulso, che arrivò quasi a ripristinare la vecchia coscienza lunare a un nuovo livello, svanì con l'inizio della triste realtà della Riforma Protestante. Possiamo seguire l'influenza polarizzante della mitologia solare nei secoli successivi quando la nuova religione del Protestantesimo cercò di sradicare il più possibile le testimonianze della religione cattolica e si rivoltò contro le immagini sacre con furia selvaggia, lasciando migliaia di chiese senza ornamenti. Nell'Inghilterra del XVI e XVII secolo, oltre il 95% del patrimonio artistico del Medioevo fu distrutto — a cominciare dai monasteri sotto Enrico VIII — quando le pitture murali furono cancellate dalla calce e, letteralmente, migliaia di superbe sculture, e di immagini in legno di Cristo, della Vergine e dei santi furono deturpate, bruciate e fatte a pezzi da uomini orgogliosi dei loro atti di vandalismo, che spazzavano via tutte le vestigia della 'superstizione'. L'Inghilterra non si è mai ripresa da questo stupro della sua anima e dalla perdita dei suoi artisti supremamente dotati. Fu in quel momento che agli inglesi fu proibito di adorare la Vergine come avevano fatto per secoli. Alle chiese fu ordinato di 'non cantare più le lodi alla Madonna, solo a Nostro Signore'.

La visione di una Terra e di un Cosmo sacri lentamente svanì, accelerata dal crescente fascino per la scienza, dall'avvento della rivoluzione industriale e dalla nuova enfasi sul potere dell'uomo di controllare la natura e modellare il suo destino. Ciò che si andava sempre più perdendo era l'immaginazione visionaria così rispettata da Coleridge, e il senso di una natura animata, che fu rianimata dai poeti romantici alla fine del diciottesimo secolo e si rispecchia nella poesia di Wordsworth e nelle parole del poeta e artista William Blake: 'Tutto ciò che vive è sacro'.

Il Ritorno dell'Anima

Eppure ora, misteriosamente e fortuitamente, al di sotto della superficie della nostra cultura, sta ritornando l'antico concetto di anima e unità della vita. La sfida degli immensi problemi che abbiamo di fronte ci spinge a riflettere sulla nostra attuale comprensione della realtà e a modificare il paradigma oppositivo che abbiamo ereditato dalla potente influenza della mitologia solare. Un profondo istinto umano sta tentando di ripristinare in noi l'equilibrio e la totalità, riscoprendo valori radicati in un modo più antico di conoscere. Un esempio di questo è il movimento ambientalista che sta riportando in vita il rispetto per la Terra. Nella sua introduzione al libro di Frederick Turner, *Beyond Geography: The Western Spirit Against the Wilderness*, T.H. Watkins osserva che "se il movimento ambientalista riuscisse a riscattare almeno alcuni dei danni che la nostra storia ha fatto, le generazioni future potrebbero vederlo come il movimento sociale più importante di tutti i tempi". [14]

Se vogliamo comprendere il presente, dobbiamo conoscere il passato — il fondamento dal quale si sono sviluppate le nostre attuali credenze e atteggiamenti. Attraverso le scoperte fatte negli ultimi cento anni, sappiamo che stiamo vivendo ora alla fine di una lunga traiettoria di diversi milioni di anni, che ha portato alla graduale separazione o differenziazione della specie umana dal regno animale insieme allo sviluppo della consapevolezza e del senso di sé che chiamiamo individualità, ad un intelletto altamente sviluppato, ad una fertile immaginazione e al potere di applicare sia l'intelletto che l'immaginazione per formulare obiettivi e raggiungerli — tutto ciò che ora chiamiamo coscienza umana.

Nonostante le sue fenomenali conquiste culturali e tecnologiche, l'intero edificio dell'età solare poggia sul fondamento della nostra separazione dalla natura e, all'interno della psiche, sulla scissione tra la mente razionale cosciente e l'anima istintiva, che ci ha portato a perdere il senso di partecipazione in un universo sacro e vivente. Se questa spaccatura fosse una parte necessaria dell'evoluzione della coscienza è aperto al dibattito. Ma è successo, e solo ora siamo portati faccia a faccia con il suo retaggio, con una consapevolezza forse sufficiente per guarirlo.

Richard Tarnas ha descritto la storia dell'evoluzione della coscienza come un'ascesa eroica dell'autonomia e una tragica caduta dall'unità. Vede la storia degli ultimi duemila anni e mezzo come una serie di nascite che hanno forgiato la coscienza e la civiltà occidentale. Ma ora, crede, stiamo entrando in una nuova fase della nostra evoluzione, che riconnetterà o riunirà quegli elementi della nostra natura che sono stati frammentati e persi, e quegli elementi di vita che abbiamo visto come separati da noi stessi. Nell'epilogo di *The Passion of the Western Mind* scrive:

> Siamo alle soglie di una rivelazione della natura della realtà che potrebbe infrangere le nostre convinzioni più consolidate su noi stessi e il mondo. La stessa costrizione che stiamo vivendo è parte della dinamica della nostra imminente liberazione. Perché la più profonda passione della mente occidentale è stata quella di ricongiungersi con il terreno del suo essere. L'impulso propulsore della coscienza maschile dell'Occidente è stato la ricerca, non solo per realizzare se stesso, per forgiare la propria autonomia, ma anche, infine, per recuperare la sua connessione con il tutto, per fare i conti con il grande principio femminile della vita: differenziandosi ma riscoprendo e ricongiungendosi con il femminile, con il mistero della vita, della natura, dell'anima. E quella riunione può

ora avvenire a un livello nuovo e profondamente diverso da quello dell'unità primordiale inconscia, poiché la lunga evoluzione della coscienza umana lo ha preparato ad essere finalmente capace di abbracciare il terreno e la matrice del proprio essere, liberamente e consapevolmente.[15]

Mentre questo profondo impulso dell'anima raccoglie lo slancio, il 'matrimonio' della coscienza lunare che riemerge con il dominante solare comincia a cambiare la nostra percezione della realtà. Questo ci dà speranza per il futuro. Se riusciamo a recuperare i valori intrinseci all'antico modo partecipativo di conoscenza senza perdere l'inestimabile raggiungimento evolutivo di un ego forte e concentrato, insieme a tutte le scoperte che abbiamo fatto e alle abilità che abbiamo sviluppato, potremo guarire, tanto la fenditura nella nostra anima quanto il nostro pianeta violentato e distrutto.

Note:

1. Lawrence, D.H.: *Apocalypse and Other Writings*, Cambridge University Press 1931, p. 78.
2. Saunders, N.K.: *L'Epopea di Gilgamesh*, Adelphi, Milano 1986.
3. *Il Mito della Dea*, p. 391.
4. Keen, Sam: *Fire in the Belly: On Being a Man*, Bantam 1992, p.41.
5. ibid, p. 43.
6. Abram, David: *The Spell of the Sensuous*, Vintage Books, New York 1996, p. 254.
7. Shlain, Leonard: *The Alphabet Versus the Goddess*, Viking, New York 1998, p. 40.
8. ibid, p. 44.
9. *Il Mito della Dea*, p. 866.
10. citato in Shlain, p. 45.
11. Sagar, Keith: *Literature and the Crime Against Nature: from Homer to Hughes*, Chaucer Press, Londra 2005, p. 369.
12. Diköter, Frank: *Mao's Great Famine*, Bloomsbury Books Ltd., Londra 2011.
13. Tarnas, Richard: *The Passion of the Western Mind*, Ballantine Books, New York 1991, pp. 213-214.
14. Turner, Frederick: *Beyond Geography: The Western Spirit Against the Wilderness*, Rutgers University Press 1983 & 1982, p. xxiv.
15. Tarnas, *Epilogo*.

San Michele e il Drago
Timpano della chiesa di Saint–Michel–d'Entraygues, Angoulême, 1140 dC

Capitolo sette

Il Mito della Caduta
e la Dottrina del Peccato Originale

La separazione cristiana di materia e spirito, del dinamismo della vita e del regno dello spirito, della grazia naturale e di quella soprannaturale, ha davvero castrato la natura.... La vera spiritualità, che sarebbe venuta dall'unione di materia e spirito, fu uccisa.

— Joseph Campbell, *The Power of Myth*[1]

Alla luce del mito solare esplorato nel precedente capitolo, posso capire che il mito della Caduta dell'Uomo sia il mito o la meta–narrativa più drammatica e influente della Fase solare di Separazione. Nel Libro della Genesi troviamo il racconto della nostra espulsione da un mondo divino e la nostra Caduta in questo, una Caduta causata da una donna, Eva, che aveva disobbedito al comando di Dio generando morte, peccato e sofferenza. Da questo mito si sviluppò la credenza che l'intera razza umana fosse contaminata dal peccato originale, ma, sebbene fosse presentata e accettata come una verità divina rivelata, non era altro che una credenza — un mito.

Se lo guardiamo dalla prospettiva dell'evoluzione della coscienza, l'intero racconto della storia della tentazione di Eva da parte del serpente, della disobbedienza di Adamo ed Eva e della loro espulsione dal Giardino dell'Eden, può essere letta come una metafora che descrive la fase dolorosa della nostra separazione dalla matrice della natura — il 'Giardino dell'Eden' fuori dal quale ci siamo evoluti. L'espulsione dal Giardino è una metafora accurata della nascita della capacità di riflessione e consapevolezza di sé, con la rinuncia conseguente alla condizione più inconsapevole di una vita puramente istintiva. Inevitabilmente, quando abbiamo perso il senso di partecipazione a un Ordine Sacro primordiale è venuto alla luce un senso di dualità. Sfortunatamente, addirittura tragicamente, il mito fu accolto come rivelazione divina e la psiche cristiana fu marchiata dalla convinzione che la natura umana fosse caduta, staccata da Dio e condannata all'esilio sulla terra come conseguenza del 'peccato' di Adamo ed Eva che avevano mangiato il frutto dell'albero della conoscenza. Per quasi duemila anni ai cristiani è stato insegnato che la loro unica possibilità di redenzione erano le dottrine e i riti della Chiesa e la grazia salvifica della morte sacrificale del Figlio di Dio. Non c'era salvezza per i non cristiani.

Una seconda meta–narrativa, sviluppatasi dal Mito della Caduta dell'Uomo, fu la dottrina cristiana del Peccato Originale, promulgata da Sant'Agostino alla fine del quarto secolo dC. Una disastrosa ossessione per il peccato e la colpa, la diffidenza verso la sessualità e il corpo e la paura della punizione divina si radicarono nell'animo. Ci fu un drastico cambiamento di focus, poiché lo spirito fu proiettato su una divinità distante nel cielo e non più sperimentato come invisibile fondamento del mondo fenomenico. Fu forse l'enfasi data a queste due credenze che causò il cambiamento della Chiesa cristiana nel corso dei primi quattro secoli, dall'essere un medium per la trasmissione dell'insegnamento di Cristo a divenire un potere imperiale con il controllo assoluto su milioni di sudditi?

"Qual è l'origine di male, morte e sofferenza?" Questa domanda lasciava perplessi gli autori del Libro della genesi. Lasciò perplessi gli estensori della dottrina cristiana secoli più tardi e sconcerta anche noi oggi. Questo capitolo e il prossimo esploreranno l'influenza delle due meta–narrative sopra menzionate, cercando di rispondere alla domanda. Sono esplorazioni critiche di quello che si può chiamare l'aspetto 'ombra' del Cristianesimo poiché, dando loro una tale enfasi, la Chiesa cristiana può aver presentato ai suoi fedeli una visione negativa — per non dire distorta — della vita.

Il Mito della Caduta ebbe origine con il Libro della Genesi, ma la sua in-fluenza continuò a diffondersi attraverso la cultura ebraica, quella cristiana ed anche quella islamica. Per un tempo lunghissimo, fu il mito primario che guidò l'insegnamento religioso in Occidente. Per concentrarsi solo su una religione, nel mondo oggi ci sono più di due miliardi di cristiani — quasi un terzo della popolazione mondiale — che avranno assorbito da esso l'idea che una donna, Eva, sia responsabile di aver portato nel mondo la morte, il peccato e la sofferenza e che tutta l'umanità porti l'amara eredità della Caduta. Io credo che queste due credenze, immensamente potenti, così intrecciate l'una con l'altra, abbiano profondamente ferito l'anima cristiana: hanno leso la donna e nell'uomo l'immagine della donna oltre che la visione dell'aspetto femminile della sua stessa natura. In effetti, mi chiedo come potrebbe essere più devastante l'effetto che hanno avuto sulla psiche e sulla civiltà occidentale nel suo complesso. Non posso ascoltare le parole aspre e condiscendenti attribuite a Dio nel Libro della Genesi (Gen. 3: 8–19) senza un senso di repulsione e una profonda compassione per le anime — in particolare le anime dei bambini — che sono state o saranno appesantite dal suo messaggio opprimente.

Nel Libro della Genesi, Dio dice ad Eva: "Moltiplicherò i tuoi dolori e le tue gravidanze, con dolore partorirai figli. Verso tuo marito sarà il tuo istinto ma egli ti dominerà". All'uomo disse: "Poiché hai ascoltato la voce di tua moglie e hai mangiato dell'altro di cui ti avevo comandato: non ne devi mangiare, maledetto sia il suolo per causa tua! Con dolore ne trarrai il cibo per tutti i giorni della tua vita" (Gen. 3:16–17). Per quasi duemila anni milioni di persone hanno assimilato il messaggio di questa immagine di Dio crudele, respingente e giudicante, oltre al pesante carico del peccato originale. Questi versetti sono spesso declamati a Natale, all'inizio del racconto della nascita di Gesù, quasi a spiegare perché la razza umana dovesse essere redenta dalla nascita di un Salvatore e dalla Suo morte sacrificale.

Interpretazione Letterale del Mito

L'interpretazione letterale del mito e la convinzione che fosse divinamente rivelato lasciò in eredità a generazioni di cristiani un retaggio di colpa sessuale, misoginia e paura della rabbia di Dio. Più leggevo i documenti delle chiese cattoliche e protestanti che riflettevano questa interpretazione letterale, più potevo vedere l'immenso danno arrecato alla relazione tra uomini e donne nella civiltà occidentale. Inoltre, è stata una delle cause principali di una visione della vita profondamente negativa e, con essa, un rifiuto del mondo e un ampliamento della divisione solare tra spirito e natura, mente e corpo. Ho potuto vedere che la sua influenza ha alla fine contribuito alla nostra crescente alienazione dalla natura e al nostro spietato sfruttamento delle risorse della Terra. Dal momento che, in questo mito, la Terra è stata designata un luogo di esilio, punizione e sofferenza, perché dovremmo rispettarla? Poiché eravamo stati banditi in questo luogo di sofferenza, dolore, fatica e morte, era inevitabile che dovessimo sentirci giustificati nello sfruttarlo a nostro vantaggio e che, nei nostri rapporti con altre persone e altre religioni, avremmo cercato di scaricare il nostro senso di colpa punendo, attaccando o incolpando gli altri, proiettando su di loro l'intollerabile cilicio della colpa.

Penso che non sia troppo dire che la più grande malattia della cultura cristiana sia stata la paura della sessualità, la denigrazione e la negazione del sensuale e dell'estatico, e l'oppressione e la sottomissione forzata della donna. Si potrebbe dire che il primo errore nell'insegnamento cristiano è stato quello di dissociare il corpo e la materia dallo spirito e dall'anima. Il secondo fu la convinzione che per ottenere l'approvazione di Dio e scongiurare la sua rabbia e l'ulteriore punizione, dovessimo negare l'istinto sessuale, rifiutare il corpo e persino infliggerci dolore e sofferenza. Nel nome della vita spirituale, il corpo è stato costretto a sopportare ogni tipo di mortificazione, comprese le pratiche sado–masochistiche come il digiuno, la flagellazione e l'uso di cilici e altri strumenti di dolore. Posso capire perché sia sorta questa concatenazione di idee, ma mi chiedo se, separando la natura dallo spirito, svuotando la natura dell'anima e contaminando gli istinti con la colpa e la paura, l'insegnamento cristiano — come Marduk nel mito babilonese — non abbia spaccato in due la totalità della vita e della nostra interezza.

Proseguendo, aver attribuito tutta la bontà a Dio e tutto il male all'uomo ha posto un intollerabile fardello di colpa sulle nostre spalle. Seguendo il paradigma della mitologia solare, che concepiva una grande battaglia cosmica tra il bene e il male, il passo successivo fu quello di attribuire tutto il bene all'istituzione della Chiesa e tutto il male agli dei pagani o a qualsiasi gruppo che sfidasse il potere della Chiesa, formulando il concetto di 'salvato' e 'dannato' e riservando inferno e dannazione agli eretici e ai 'miscredenti'. Come diceva Sant'Agostino, ponendo le basi per l'Inquisizione, "L'errore non ha diritti".

Mi chiedevo com'è possibile per l'anima e per i valori del cuore sopravvivere e fiorire di fronte a un sistema di credenze così violento nei loro confronti? Il vero insegnamento di Cristo è stato trascurato in secoli di pedanti dispute dottrinali. Il cristianesimo ha sbagliato strada costruendo l'intero edificio della sua dottrina della salvezza attraverso la morte sacrificale del Figlio di Dio sulla base del Mito della Caduta e della Dottrina del Peccato Originale? Era questo che Cristo avrebbe voluto o sarebbe rimasto inorridito da ciò che era stato insegnato e fatto nel Suo nome? Joseph Campbell commenta:

> Il racconto della Caduta nel Giardino vede la natura corrotta; e quel mito corrompe ai nostri occhi l'intero mondo. Poiché la natura è vista come corrotta, ogni atto spontaneo è peccaminoso e non si deve cedergli. A seconda che il tuo mito presenti la natura come caduta, o come manifestazione di divinità, e lo spirito sia la rivelazione della divinità inerente in natura, ottieni una civiltà totalmente diversa e un modo di vivere totalmente diverso.[2]

Poiché questi miti, o meta–narrazioni, stanno al principio della nostra eredità culturale, è davvero difficile essere consapevoli dei presupposti che ne derivano, per non parlare della possibilità di depotenziarli. La loro rilevanza per noi oggi è che gli strati più profondi dell'anima, che per decine di migliaia di anni avevano conosciuto una vita di partecipazione alla vita della Terra e del Cosmo attraverso una consapevolezza istintiva dell'unità e della sacralità della vita, sono stati improvvisamente privati di quell'esperienza. La più antica mitologia lunare in cui tutta la vita era immaginata come la creazione della Grande Madre, nata dal suo grembo cosmico in una grande rete di relazioni e connessioni, fu soppressa. Le varie religioni misteriche che erano fiorite sotto gli imperi greci e romani furono improvvisamente dichiarate anatemi. Entro la fine del IV secolo, per ordine dell'imperatore Teodosio, templi pagani come quello magnifico di Artemide a

Efeso e quello di Demetra ad Eleusi furono distrutti, e i riti proibiti. Nel sesto secolo, sotto l'imperatore Giustiniano, fu chiusa l'Accademia Platonica di Atene, che era succeduta a quella fondata da Platone stesso. Gli insegnanti più importanti dell'Accademia furono invitati dal Re di Persia perché insegnassero nelle università del paese, portando con loro i rotoli preziosissimi dei filosofi greci. Sebbene elementi degli antichi riti fossero preservati e integrati nei nuovi, la Chiesa cristiana divenne lo strumento principale con cui dare il colpo di grazia al vecchio ordine. Anche adesso, incredibilmente, ci sono echi del vecchio pregiudizio nell'affermazione di alcuni sacerdoti cristiani che lo yoga non debba essere praticato perché 'pagano'.

Il Mito della Caduta cui fu data preminenza nell'insegnamento di San Paolo e di nuovo — disastrosamente — in quello di Sant'Agostino e dei primi Padri della Chiesa, era profondamente radicato nella cultura ebraica. Illustra perfettamente il cambiamento di stato dalla cultura lunare a quella solare, dall'unione partecipativa inconscia alla separazione, alla colpa, all'estraniazione e all'esilio. L'interezza dell'Ordine Sacro fu, per così dire, rotta dallo sviluppo della consapevolezza di sé che ci separò dalla natura e ciò provocò un inconscio senso di colpa. Come mito, descrive in modo commovente il nostro senso di isolamento, esilio e abbandono allorché perdemmo il contatto con il vecchio modo di sperimentare la vita e intraprendemmo una nuova fase nell'evoluzione della coscienza. Non c'è immagine del senso di esilio e perdita che colpisca più di quella dell'espulsione dal Giardino dell'Eden, alla cui entrata un angelo con una spada fiammeggiante ci impedisce di ritornare. Vale la pena leggere come D. H. Lawrence vide questo cambiamento terribile:

> La 'caduta' e la 'redenzione' non sono forse una divergenza nella religione e nel mito che avvengono tardi nella storia: circa al tempo di Omero? I grandi cieli dei veri pagani non sono.... ripuliti dalle idee di 'Salvezza', sebbene abbiano l'idea di rinascita? E non sono liberati dal concetto di 'caduta', nonostante contemplino la discesa dell'anima? Le due cose sono abbastanza diverse. Secondo me le grandi religioni pagane dell'Egeo, dell'Egitto e di Babilonia, devono aver concepito la 'discesa' come un grande trionfo, e ogni Pasqua degli abiti di carne come una gloria suprema, e la Madre Luna che ci dà il nostro corpo come la datrice suprema del grande dono, da qui l'antichissima Magna Mater in Oriente. Questa 'caduta' nella materia.... questa 'sepoltura' nell''involucro di carne' è un'idea nuova e perniciosa che risale al 500 aC, in una chiara coscienza di setta destinata a uccidere definitivamente la grandezza dei cieli.[3]

Queste parole sembrano in contrasto con un altro brano dai suoi Ultimi Poemi, dove descrive la coscienza partecipativa ancora viva della maniera di vivere degli Etruschi:

> Dietro tutta la vivacità etrusca c'era una religione della vita.... Dietro tutta la danza c'era una visione, e persino una scienza della vita, una concezione dell'universo e del posto dell'uomo nell'universo che faceva vivere gli uomini al meglio delle loro capacità. Per gli Etruschi tutto era vivo; l'intero universo viveva; e il compito dell'uomo era di vivere in mezzo a tutto. Doveva attrarre la vita in sé, fuori dalle grandi vitalità vaganti del mondo. Il cosmo era vivo, come una vasta creatura.... Il tutto era vivo e aveva una grande anima: e nonostante una grande anima, c'erano una miriade di erranti, anime minori; ogni uomo, ogni creatura, albero e lago, montagna e fiume, era animato e aveva una sua peculiare coscienza.[4]

Nell'avanzare della cultura cristiana, questa visione della vita e la coscienza partecipativa che ne era origine andarono sempre più perdendosi per la tradizione culturale europea. Sopravvissero nelle comunità agricole dove le antiche tradizioni e i riti collegavano le persone ai cicli della natura e dove il culto per la Grande Madre fu trasferito alla Vergine Maria. Ma nella sfera della teologia cristiana, il ripudio dell'immagine della dea, e con esso il significato e l'influenza della dimensione femminile del divino, fu devastante poiché fu troncata la connessione vitale con il passato. Mentre le dee egizie, sumere, greche e romane avevano dato a uomini e donne immagini chiaramente definite dei diversi aspetti del Femminile cui potevano riferirsi, la cultura cristiana dopo il IV secolo offrì solo tre modelli di riferimento del Femminile: la Vergine Maria, Eva e Maria Maddalena. L'immagine dell'anima era rappresentata dalla Vergine Maria, la pericolosa volontà dell'istinto da Eva e la sessualità peccaminosa da Maria Maddalena. Vi è una frattura fondamentale tra l'anima incarnata dal concepimento immacolato e — secondo l'editto papale del 1854 — dall'immacolata concezione della Vergine Maria, e il corpo, rappresentato dalla carnale Eva e da Maria Maddalena, la donna 'caduta'. Fu attraverso l'enorme influenza di questo mito che perdemmo la totalità del nostro essere e la consapevolezza che il concetto di anima deve includere l'istinto e la vita del corpo.

> ### *Il Mito della Caduta:*
>
> - Descrive l'esperienza della nascita della coscienza o consapevolezza di sé come una caduta dall'unità e dall'armonia.
> - Dichiara Eva causa primaria del peccato originale e spiega la presenza della sofferenza, della morte e del male nel mondo come effetto della sua disobbedienza a Dio e dell'aver condotto Adamo a peccare rispondendo alla tentazione del serpente, Satana.
> - Fornisce il fondamento scritturale per la misoginia della visione patriarcale della donna.
> - Riflette e rinforza la separazione dualistica tra spirito e natura, mente e corpo, e tra questo mondo caduto e un mondo originario 'perfetto' incontaminato dal peccato, nel quale un tempo dimoravamo e dal quale siamo stati espulsi da Dio.
> - Associa la sessualità al peccato, alla vergogna e alla colpa — vedendo il corpo, con le parole di Sant'Agostino, uno "stridente calderone di lussuria" (*Confessioni*).

La Demitizzazione della Dea

Il Mito della Caduta dell'Uomo ha origine nel Libro della Genesi. La data della sua comparsa non è conosciuta con precisione ma si pensa si aggiri intorno all'ottavo secolo aC. Forse la sua formulazione va imputata a una tragica catastrofe occorsa al popolo ebraico — probabilmente la pulizia etnica compiuta dagli Assiri dell'intera popolazione della Samaria, la provincia settentrionale d'Israele, intorno al 720 aC. O forse può essere stato il tentativo, da parte dei sacerdoti di Yahweh, di screditare e addirittura eliminare la religione cananea, dove il culto della dea Asherah giocava un ruolo importante nella vita delle donne, che la invocavano nel travaglio del parto. Nella mitologia cananea il serpente era inseparabile dal culto della dea. Il Mito della Caduta screditava subdolamente la dea che era incolpata della catastrofe accaduta in Samaria. Sappiamo che nel bambino si può formare una profonda convinzione di colpa quando ha vissuto forti traumi nella prima infanzia, dunque possiamo applicare questa comprensione a un gruppo di persone che vivono in uno specifico periodo storico e che hanno vissuto una grande catastrofe. Secondo le credenze del tempo, la interpretarono come una punizione inflitta da Dio per il peccato di disobbedienza e il culto dei falsi dèi. Il mito può essere letto come la storia della deliberata ed efficace demitizzazione della divinità odiata dai sacerdoti di quel tempo e la sua degradazione da dea a donna, Eva, accusata di portare la sofferenza, la morte e il peccato nel mondo.

L'appellativo che Adamo dà a Eva in questo mito è, in realtà, il titolo della Grande Madre — 'Madre di Tutti i Viventi' — un titolo mantenuto anche dalla Shekinah della Qabbalah. È strano, e sicuramente significativo, che il mito della Genesi prenda le immagini del Giardino, dell'Albero della Vita e del Serpente, che affermano la vita e sono inseparabili dalla Dea nella mitologia dell'era lunare, e li intessa in una storia di disobbedienza, paura, colpa, punizione e biasimo. La Grande Madre, colei che dà la vita e la morte, che un tempo conteneva nel suo essere tutti i viventi e i morti, adesso, sorprendentemente, come Eva diviene la causa della morte che entra nel mondo. Il serpente, un tempo presente con la Dea nel Tempio di Gerusalemme come il grande Serpente Audace, ora è maledetto da Dio, condannato a strisciare sul ventre e a mangiare la polvere (Gen. 3:14).

Qualunque siano le origini e le ragioni della comparsa di questo mito, ciò che leggiamo, mentre decodifichiamo le immagini, è un completo capovolgimento della mitologia lunare della cultura della Dea. Abbiamo bisogno di guardare oltre questa narrazione e oltre l'interpretazione che ne hanno dato generazioni di teologi, sacerdoti e rabbini, non solo per le idee che hanno portato alla perdita dell'anima e al senso di vivere all'interno di un Ordine Sacro, ma anche per la misoginia che si è diffusa come un virus contagioso nelle tre religioni abramitiche. Come scrive Jack Holland nella sua magistrale analisi delle radici storiche della misoginia:

> L'odio per le donne ci colpisce come nessun altro perché colpisce il nostro io più profondo. Si trova dove si intersecano il mondo privato e quello pubblico. La storia di quell'odio può soffermarsi sulle sue conseguenze pubbliche, ma allo stesso tempo ci permette di speculare sul perché, a livello personale, la complessa relazione dell'uomo con la donna abbia permesso alla misoginia di prosperare. In definitiva, tale speculazione dovrebbe consentirci di vedere come l'uguaglianza tra i sessi sarà finalmente in grado di bandire la misoginia e porre fine al pregiudizio più antico del mondo. [5]

Un'Interpretazione Alternativa

Il mito dice che Eva e Adamo fecero la scelta sbagliata, con conseguenze disastrose per la razza umana, e che noi fummo puniti per quel primo atto di disobbedienza a Dio. Il mito fu interpretato letteralmente e negativamente, tuttavia noi adesso, in un'epoca distante, lo possiamo comprendere in modo differente. L'idea importante che si abbia una libera volontà oltre che la responsabilità delle scelte che facciamo gli è intrinseca. Dunque, mentre descrive una perdita repentina della coscienza partecipativa o, in senso platonico, una caduta dal più elevato stato dell'essere, può essere inteso anche come la descrizione dell'alba di una nuova fase dell'evoluzione della coscienza umana, la nascita dell'ego conscio e tutto ciò che comportò questa difficile separazione dalla matrice istintiva.

Secondo l'attuale interpretazione della storia, è la risposta di Eva al serpente che avvia il cambiamento, dall'unità e dall'armonia nel mondo divino ad uno stato di separazione ed estraniazione in questo. Eppure le sue azioni potrebbero essere intese come la risposta al suggerimento dell'istinto — di cui il serpente è una rappresentazione primaria — di spostarci in una nuova fase della nostra evoluzione, perdendo il contatto con la coscienza partecipativa del tempo precedente. Dalla mia esperienza di analista junghiana, so che l'apparizione dei serpenti nei sogni può significare rigenerazione, rinnovamento e nascita di una nuova fase della vita o di un nuovo atteggiamento, in quanto un precedente stato inconscio viene abbandonato. Eppure, come risultato dell'interpretazione tradizionale data al mito, le persone che nel corso dei secoli hanno sognato i serpenti potrebbero averli interpretati come un'immagine di seduzione, tentazione e malvagità, persino associandoli a Satana e al Diavolo.

La nascita della consapevolezza di sé comporta la perdita della partecipazione istintiva a uno stato originario di unità. La separazione dalla natura crea necessariamente dualità: consapevolezza di noi stessi separati dall'ambiente che ci circonda; consapevolezza della dualità riflessa in tutte le coppie di opposti — la più importante di tutti, l'opposizione di vita e morte. La perdita della coscienza partecipativa dello stato più antico crea sentimenti di colpa e disorientamento, che questo mito descrive brillantemente, e porta con sé l'idea che abbiamo fatto la scelta sbagliata. Ma in realtà, non c'è peccato originale, non c'è un'ininterrotta colpa morale. Non abbiamo fatto la scelta sbagliata. C'è, tuttavia, un tragico fardello, nel senso che fummo fatti per portare la colpa generata da questo mito senza comprendere come e perché fosse nato, né fummo in grado di riconoscerlo come una metafora che descrive, nell'atto di mangiare il frutto dell'albero della conoscenza, la nascita della consapevolezza di sé e la separazione dell'ego dall'istinto. È discutibile se fosse necessario sviluppare una divisione così radicale. Può darsi che il mito stesso abbia contribuito alla divisione e sia diventato il fondamento su cui sono sorti molti errori successivi.

La Proiezione di una Colpa Inconscia

Nell'inconscio profondo della psiche moderna, per quanto la nostra società sia secolare, è possibile che siamo ancora influenzati da questa meta–narrativa cristiana, poiché a livello inconscio vecchie credenze e abitudini persistono lungamente dopo che si pensa siano state scartate. Se per molti secoli le persone vengono indottrinate con l'idea che sono imperfette, o che sono nate in uno stato di peccato, cercheranno di liberarsi di questo fardello intollerabile proiettando i loro sensi di colpa su altri gruppi o individui, che vengono definiti e attaccati come esseri malvagi e bisognosi di punizione o eliminazione. Poiché la colpa e la proiezione sono mantenute a livello inconscio, nella psiche individuale e in quella collettiva, il risultato finale risulterà disconnesso dalla memoria dell'imprinting originario. Applicando questo ragionamento alla psiche collettiva cristiana, si può argomentare che l'aspetto 'oscuro' del Cristianesimo, con la persecuzione di ebrei, musulmani, pagani ed eretici, percepiti come minaccia per il potere della Chiesa e il suo insegnamento, possa essere collegato con il bisogno di liberarsi della colpa inconscia impressa nella psiche dal Mito della Caduta. Il bisogno di punire è profondamente legato alla colpa inconscia.

A questo fardello di colpa si aggiungeva l'attacco, dentro di sé, agli 'ap-petiti della carne' praticato da tanti asceti che, pensando che la sofferenza e il dolore inflitti al corpo li avvicinassero a Dio, cercarono di sopprimere i loro istinti sessuali ed evitare gli attacchi del Diavolo — spesso sotto forma di donne che li tentavano alla fornicazione — con orrende privazioni e austerità auto–inflitte. La convinzione che il corpo debba essere controllato, mortificato, fatto soffrire per i suoi desideri e, in generale, in relazione di soggezione con la mente è profondamente radicata nella psiche cristiana. Un passo tipico in Colossesi 3: 5 esorta: "Mortificate dunque quella parte di voi che appartiene alla terra: fornicazione, impurità, passioni, desideri cattivi e quella avarizia insaziabile che è idolatria". A coloro che praticavano le severe austerità imposte da tali testi non sarebbe mai dovuto accadere che gli istinti repressi tornassero ad attaccarli nella forma delle fantasie ossessive che tanto affliggevano i Padri del deserto del Cristianesimo primitivo. Chiamarli come 'assalti del diavolo' portò solo a ulteriori atti di repressione e maggiori austerità. Se il male è un elemento dell'ordine cosmico, il suo potere è aumentato incommensurabilmente dalla repressione della sessualità e da tutto ciò che ne è risultato. Sono rimasta colpita da questo passo del libro *Beyond Geography: The Western Spirit Against the Wilderness* di Frederick Turner, che esplora con attenzione come si sia sviluppata la patologia della psiche occidentale cristiana, con la sua disastrosa attenzione per la conquista e la conversione:

> Mi sembra un'aggressione contro il corpo, contro il mondo naturale, contro i primitivi, gli eretici, tutti i miscredenti; e la speranza vana, tragica, pateticamente mantenuta di conquistare così una credenza o un paradiso perduto: questo è il terribile fardello che la storia cristiana deve sopportare. È la classica reazione di coloro che, avendo perso il vero credo (o essendone stati derubati)

devono insistere nel credere con crescente rigore e fare sì che pure tutti gli altri lo debbano fare. Infatti, come hanno dimostrato gli psicologi sociali, se il deprivato può così riuscire ad armonizzare il mondo con se stesso, allora il dubbio che corrode nell'intimo potrebbe essere fermato e la condizione intollerabile di inanizione spirituale alleviata.[6]

Anche ora, nella società moderna, possiamo vedere con quanta facilità si proietti un'ombra negativa contro chiunque sia designato come nemico, e de-monizzato come malvagio o come una minaccia. Possiamo vedere e rivivere questo scenario sul palcoscenico politico nell'attuale polarizzazione tra 'buono' e 'cattivo', dove la convinzione di superiorità morale viene rivendicata da un gruppo e la colpa del male è fissata su un altro. Possiamo vederlo nel Cristianesimo fondamentalista e nell'Islam fondamentalista. Possiamo vederlo nel comportamento aggressivo e polarizzante dei partiti politici rivali. Possiamo vederlo nella nostra dipendenza compulsiva a sviluppare armi sempre più letali al fine di scoraggiare un potenziale avversario o un attacco futuro, senza alcuna apparente consapevolezza del nostro contributo alla proliferazione del male attraverso la proiezione sugli altri della nostra aggressione inconscia. Migliaia di giovani sono inviati alla morte o portano traumi per tutta la vita a causa di queste proiezioni inconsce.

Le ritroviamo anche nello sforzo determinato del ramo evangelico del Cristianesimo nel demonizzare l'omosessualità (che nel Vecchio Testamento è definita peccato) che si rispecchia nel commento di una donna sulla possibilità di un prete gay di essere ordinato vescovo nel 2004: "Quell'uomo è una bestia".

Capire il mito in questo senso può aiutare a rimuovere la colpa e il bisogno di proiettarla sugli altri, impresso sulla psiche cristiana dall'interpretazione che ne hanno dato teologi cattolici e protestanti. Fu la loro interpretazione letterale, non solo il mito, a privarci di una vita di partecipazione agli strati più profondi dell'anima e a separarci totalmente dai nostri istinti e dal riconoscimento della sacralità della vita naturale. Per me questo è il primo sintomo della patologia dell'età solare che ha condotto l'uomo a trattare la natura, la donna e il corpo come qualcosa di empio, molto lontani da sé: oggetti di cui aver paura e da controllare e dominare.

I Primi Padri Cristiani: l'Ossessione del Sesso, del Peccato e della Colpa

Sono rimasta esterrefatta nello scoprire gli effetti di questo mito sui primi Padri Cristiani — Origene, Tertulliano, Clemente, Crisostomo, Gerolamo, Attanasio, Agostino e altri. Dai loro scritti, nei primi documenti della Chiesa fino al quarto secolo, ci balza addosso la loro totale ossessione per il peccato della Caduta e per la colpa sessuale. Mentre leggevo con crescente incredulità i loro scritti su questo mito, dicevo a me stessa: "Per quale diavolo di ragione erano più preoccupati della colpa sessuale che dell'insegnamento di Cristo? Da dove veniva la loro nevrosi sessuale?" In senso intellettuale erano tutti uomini brillantemente dotati e tutti erano convinti che l'istinto sessuale fosse il maggior impedimento alla spiritualità e che la loro sessualità dovesse essere sacrificata perché potessero divenire accetti a Dio. Tutti avevano un terrore fobico di ciò che chiamavano "buco nero tra feci e urine", "sporcizia del grembo" e "le parti della vergogna". Tutti, come Platone, vedevano il corpo come prigione dell'anima e identificavano l'uomo con la spiritualità e la razionalità e la donna con la carnalità e gli istinti irrazionali animali. Si dice che Origene (terzo secolo dC), forse il più degno di nota e prolifico di tutti, si sia castrato. Da nessuna parte la dissociazione patologica tra anima e corpo nelle religioni dell'età solare è rivelata più chiaramente che nei loro scritti e negli interminabili dibattiti teologici sulla natura di Dio.

Sant'Agostino (354–430 dC), il più sensibile ed eccezionalmente dotato, fortemente attratto dalle donne, ripudiò dopo quindici anni la sua compagna, che amava teneramente e dalla quale aveva avuto un figlio, per contrarre un matrimonio più accettabile socialmente, combinato dalla madre cristiana: "La mia amata fu strappata dal mio fianco, perché era d'impedimento al mio matrimonio, e il mio cuore, che si aggrappava a lei, ne fu lacerato e ferito fino a sanguinare".[7] Non abbiamo notizia di cosa sia successo al suo cuore o a quello del loro figlio, Adeodonatus (Donato da Dio), che morì tragicamente all'età di sedici anni, poco dopo la separazione dei suoi genitori. Sant'Agostino perse sia la compagna che il figlio nel giro di un anno. Questo passo commovente e rivelatore fu scritto da lui dopo la morte del ragazzo:

> Dio fa del bene a correggere gli adulti quando sono castigati dalle sofferenze e dalla morte dei bambini a loro cari. Perché questo non dovrebbe accadere, visto che, quando il dolore è passato, non conta nulla per coloro cui è successo? Mentre quelli a cui accade saranno uomini migliori se verranno corretti dai loro disastri temporali e decideranno di vivere una vita migliore; altrimenti non avranno scuse quando saranno puniti nel giudizio futuro, se rifiutano di dirigere il loro desiderio verso la vita eterna sotto la pressione del dolore di questa vita.[8]

Nei due anni successivi alla separazione dalla sua amata, Agostino si convertì al Cristianesimo e, dopo aver abbandonato un'altra amante, fece voto di castità ritenendo che quello stato sarebbe stato maggiormente gradito a Dio di un matrimonio combinato. Influenzato senza dubbio dalla madre cristiana, che fu felicissima della sua conversione, identificò la sessualità con il peccato. Convertirsi al Cristianesimo rese necessaria la sua rinuncia alla sessualità. Da allora in poi la situazione si deteriorò ulteriormente per l'anima cristiana, come per il corpo, poiché l'anima non poteva fidarsi o compiacersi dell'espressione sessuale della propria vita: la teoria di S. Agostino sul peccato originale divenne la dottrina basilare della Chiesa Cattolica dal Concilio di Cartagine del 418 dC.

Sant'Agostino, scrive Jack Holland, "stabilì l'edificio filosofico che sosteneva la visione cristiana del mondo, compresa la sua visione misogina".

> Agostino è una delle personalità spartiacque della storia. Si frappone tra il mondo dell'antichità classica (che durò per circa mille anni) e quello della civiltà cristiana. È la prima persona dall'antichità a rivelarci la tempesta del suo mondo interiore, come annotato nella sua opera notevole, *Le Confessioni*.... Al centro del tumulto della ricerca di Dio da parte di Agostino c'è la lotta tra il desiderio della carne e lo sforzo della volontà, il profondo dualismo che Agostino incorporerà nel cuore stesso del cattolicesimo usando l'apparato filosofico di Platone. Il suo grido di angoscia rieccheggia quello di San Paolo, ma con un potere e una complessità che l'Apostolo non poteva eguagliare.[9]

Le toccanti *Confessioni* di Agostino, cominciate intorno al 400 dC, quando aveva quarantacinque anni, sono sature di rifiuto e diffidenza profondi nei confronti del corpo. In termini psicologici, la volontà della sua mente conscia — dedicata a Dio — si imponeva con la forza sui suoi istinti, con disastrose conseguenze per lui e per generazioni di cristiani. Influenzato dalle idee greche e, forse inconsciamente, manichee, egli, come Platone, associava il corpo agli istinti irrazionali 'più bassi', credendo che la sessualità stessa fosse peccato mortale. Proiettando il suo profondo senso di peccaminosità sullo sfortunato corpo dell'intera umanità, egli credeva che ci fosse una moltitudine di mancanze, una '*massa peccati*', e che lo stato di peccato originale significasse non solo che nasciamo già in stato di peccato, ma anche che siamo incapaci di trattenerci dal peccare. A causa del peccato originale, considerava l'intera razza umana come una 'moltitudine di dannati'. Possiamo essere salvati da questo stato miserabile solo dalla grazia di Dio e dunque possono esserlo solo i predestinati. Si struggeva disperatamente per capire da dove venisse il male e, credendo che Dio dovesse essere interamente buono e 'incorruttibile', concludeva che il male proviene dall'uomo, principalmente dal suo corpo 'corruttibile', soggetto alla morte.

Sant'Agostino non diede origine alla teoria del peccato originale: esisteva già nella religione ebraica ed era stata insegnata da San Paolo. Agostino si rifà ai teologi cristiani che lo avevano preceduto e ne avevano scritto. Tuttavia, il concetto base della versione agostiniana della teoria è che Adamo fu colui che diede origine alla caduta della razza umana e, come suo progenitore — colui che portava in sé tutte le generazioni future — trasmise a quelle generazioni il seme contaminato del peccato. Egli credeva che ogni bambino nato al mondo attraverso il rapporto sessuale, vi arrivasse in uno stato di peccato che portava avanti come eredità del suo antenato primordiale. "Per una specie di giustizia divina la razza umana è stata consegnata al potere del diavolo, dal momento che il peccato del primo uomo è passato alla nascita a tutti coloro che sono nati dal rapporto sessuale dei due sessi, e il debito dei primi genitori ha vincolato tutti i loro posteri".[10]

Il desiderio sessuale veniva così trasmesso come una malattia genetica attraverso l'atto sessuale. Il peccato di Adamo aveva corrotto l'intera natura e l'aveva resa soggetta alla morte, ma l'intera triste storia fu iniziata da Eva. In *La Città di Dio*, scrisse che, dal momento della Caduta, "La carne cominciò a concupire contro lo spirito. Con questa ribellione siamo nati, proprio come siamo condannati a morire e, a causa del primo peccato, a sopportare, nelle nostre membra e nella natura viziata, la battaglia con la carne o la sconfitta".[11] Questa è la mitologia solare al suo massimo estremo, il cui effetto polarizzante fu enormemente amplificato dall'identificazione del corpo con il peccato e dalla battaglia interiore di Agostino con la sua sessualità.

Dalla profonda convinzione di Sant'Agostino del proprio peccato sessuale e della colpa emerse la Dottrina del Peccato Originale, attraverso la quale l'amore di Dio e l'obbedienza a Lui erano posti in opposizione alla vita del corpo. L'atto della procreazione perpetuava la trasmissione del peccato originale, ma il celibato o l'astinenza sessuale potevano ristabilire il senso perduto di unità primordiale. "Proprio con la continenza siamo legati insieme e riportati in quell'unità dalla quale siamo stati dissipati in una pluralità".[12]

Non è difficile immaginare l'effetto di questa credenza cristiano sulle relazioni sessuali tra uomini e donne. Anche l'appassionato abbraccio di un uomo con sua moglie fu giudicato peccaminoso poiché trasmetteva il peccato originale. Neppure è difficile capire che fu la selvaggia crocifissione che Agostino inflisse alla sua stessa sessualità istintiva e natura appassionata che diede origine alla sua visione distorta della natura umana e alla sua interpretazione dell'origine della morte, del peccato e del male. Il ripudio della sua sessualità era l'eco del crudele ripudio della sua amante. Evidentemente non gli venne in mente che la ferita devastante che aveva inflitto a lei e al loro figlio potesse essere di gran lunga il peccato più grande.

Sant'Agostino aggravò incommensurabilmente una situazione tragica, già ben consolidata dai precedenti Padri della Chiesa. La sua teoria del peccato originale divenne una pietra miliare della dottrina cristiana e ha resistito fino ad oggi. Tuttavia, diede a questa teoria una nuova glossa: per la salvezza è necessaria la grazia, poiché senza di essa siamo condannati a rimanere irrimediabilmente impantanati in uno stato di peccato.

La teoria di sant'Agostino sul peccato originale, sulla predestinazione e sul bisogno di grazia non rimase incontrastata: fu condannata da Pelagio (354–418 dC) e da altri. Pelagio fu originariamente un sacerdote nella chiesa celtica e, in seguito, un rispettato teologo e insegnante che visse a Roma e poi a Gerusalemme. Voleva sollevare la razza umana dal peso del peccato originale e contestò sant'Agostino per la sua interpretazione, insistendo sul fatto che solo Adamo fu colpito dal peccato che portò alla Caduta. Le sue convinzioni possono essere dichiarate brevemente come segue:

- ♥ Il peccato originale non esiste
- ♥ I neonati vengono al mondo nello stesso stato di innocenza di Adamo prima della Caduta
- ♥ L'uomo non dipende da Cristo per la redenzione né la grazia divina è essenziale per essere redenti
- ♥ La redenzione di ottiene seguendo l'esempio di Cristo, non viene dalla Sua morte sacrificale
- ♥ La razza umana ha libera volontà, capacità di scelta e responsabilità morale
- ♥ L'uomo ha il potenziale di realizzare l'elemento divino all'interno della sua natura, di divenire come Cristo

Egli insisteva sul fatto che la natura fosse buona in maniera innata poiché creata da Dio e negava che la salvezza potesse venire solo appartenendo alla Chiesa.

Pelagio è come un soffio d'aria fresca nel mezzo della morbosa ossessione di Agostino per il peccato. La grande lotta dottrinale tra di loro ci dà l'immagine di due potenti cervi con i palchi bloccati. Pelagio fu dichiarato eretico nel 417 e morì un anno dopo e la dottrina pessimistica e colpevole di Agostino divenne legge della Chiesa nel 418.

Un altro uomo, Giuliano, vescovo di Eclano in Italia, si schierò con Pelagio contro Agostino e, in una lettera ad Agostino stesso, scrivendo della sua forte obiezione alla sua convinzione che il peccato originale colpisse i bambini, diceva:

> I bambini, tu dici, portano il fardello del peccato altrui, non il loro.... Spiegami allora, chi è questa persona che manda l'innocente alla punizione. Tu rispondi, Dio.... Dio, tu dici, proprio colui che ci dona il suo amore, che ci ha amato e non ha risparmiato suo figlio, ma ce lo ha consegnato, ci giudica in questo modo; perseguita i bambini appena nati; consegna i bambini alle fiamme eterne.... Trattarti come un pensiero indegno potrebbe essere segno di giustizia e ragionevolezza: sei arrivato così lontano dal sentimento religioso, dalle norme civili, così lontano dal buon senso, da pensare che il tuo Signore sia capace di commettere un tipo di crimine che difficilmente si trova tra le tribù barbare.[13]

Parole forti, in verità. Se Pelagio e il gruppo di vescovi dissenzienti guidati da Giuliano avesse vinto il fiammeggiante dibattito dottrinale con Sant'Agostino, la storia del Cristianesimo avrebbe potuto essere assai diversa. Secoli dopo possiamo dispiacerci che non sia stato così. Ci saremmo potuti risparmiare le virulente lotte teologiche per il potere e la preoccupazione nevrotica per il peccato e la sessualità, e la diffidenza verso le donne che tormentano la Chiesa cristiana fino ad oggi. Ci saremmo potuti risparmiare anche la polarizzazione manichea dell'umanità in salvati e dannati — arrivata fino ai nostri tempi nelle credenze dei cristiani fondamentalisti riguardo all'estasi della fine dei tempi — quando Dio porta in paradiso coloro che sono predestinati a essere salvati e lascia il resto a perire. Inoltre, ci saremmo potuti risparmiare le torture e le esecuzioni che andavano di pari passo con la convinzione che fosse volontà di Dio che la Chiesa cercasse ed estirpasse il peccato e l'eresia dovunque potesse essere trovata, poiché l'eresia, essendo la rottura dell'ordine divino, poteva abbattere l'ira di Dio su tutta la comunità. Vale la pena di citare questo lungo, acuto passaggio di un recente libro di Charles Freeman che si intitola *AD 381: Heretics, Pagans and the Christian state*:

> Il contributo duraturo di Agostino al pensiero politico risiede nella sua giustificazione dei regimi autoritari, che vedono la virtù nell'ordine di per sé, piuttosto che in qualsiasi ideale astratto come la giustizia o la difesa dei diritti umani, o persino negli insegnamenti di Gesù stesso. In un colpo solo Agostino soppianta secoli di pensiero greco... che consideravano il governo della città principalmente in termini di benessere dei suoi cittadini. Inoltre, quando Chiesa e Stato si sostengono a vicenda nel mantenere l'ordine, allora la punizione degli eretici diventa una questione di politica statale. Questa fu la norma nell'Europa medievale:... la premessa di base di Agostino — che esista un'unica verità, che può essere afferrata solo attraverso la fede; che gli esseri umani sono inetti; che Dio è essenzialmente punitivo, pronto a mandare anche i bambini nell'eterno fuoco dell'inferno; e che uno ha il diritto, persino il dovere, di bruciare gli eretici — sfida l'intero ethos della tradizione intellettuale greca, dove la competizione tra filosofie rivali era intrinseca al progresso.... La libertà di speculare liberamente come individuo non aveva posto nel suo sistema: era terrorizzato all'idea che tutti potessero contribuire alla scoperta della verità. Agostino lasciò in eredità al Cristianesimo una tradizione di paura, il timore che le speculazioni di qualcuno potessero essere eretiche e, qualora non lo fossero, che si potesse ancora andare all'inferno come punizione per il peccato di Adamo.[14]

Tale fu l'effetto della repressione (non del controllo) dell'istinto sessuale in un uomo molto brillante, appassionato e sensibile, che fu capace di manifestarsi in un complesso tanto forte da dirigere la Chiesa per secoli, e condurre alla morte migliaia di individui il cui unico 'peccato' era di essere accusati di eresia.

L'idea di eresia fu introdotta per la prima volta dall'imperatore Teodosio nel 381 dC, quando dovesse essere dichiarato eretico chiunque non osservasse il suo editto, secondo il quale tutti dovevano credere nella dottrina che il Padre, il Figlio e lo Spirito Santo fossero di un'unica e della stessa sostanza. Il risultato finale della politica di Teodosio fu la persecuzione non solo degli eretici, ma anche delle religioni pagane e dei loro luoghi sacri e magnifici templi. Fu a quel tempo che nel Cristianesimo entrò l'idea che inferno e punizione eterna aspettassero gli eretici e i non credenti. Agostino stesso, in seguito, approvò il rogo degli eretici da vivi come una punizione appropriata per i loro peccati. Da quel momento in poi si sviluppò l'idea che la Chiesa Cattolica, sostenuta dall'Imperatore, avrebbe avuto l'autorità e il controllo assoluti delle vite dei suoi membri. La Chiesa assunse il modello di assolutismo che le era stato consegnato dall'imperatore, sin da quando era stata associata alla politica imperiale romana sotto il regno di Costantino (circa 272 dC – 337 dC). Dov'era, in questo regno del terrore, la compassione che Cristo sottolineava nel suo insegnamento?

È nel cruciale quarto secolo che la Chiesa Cattolica sembra essere stata deviata dal sentiero verso Dio, come insegnato da Gesù e dalla Chiesa primitiva, e contaminata dalla ricerca del 'potere di Cesare'. Il concetto di peccato originale e la convinzione che la Chiesa Cattolica fosse l'unica via per la salvezza le diede un immenso potere sulle vite di milioni di credenti, nei quali instillò la paura dell'inferno e del purgatorio. Le vivide scene dipinte sui muri delle chiese durante il Medioevo e il Rinascimento mostravano il destino che attendeva i peccatori se trasgredivano le regole stabilite dalla Chiesa.

Si potrebbe sostenere che la ricerca del potere e il crescente autoritarismo della Chiesa Cattolica, dal tredicesimo al diciottesimo secolo, quando il potere dell'Inquisizione fu al suo apice, abbia portato direttamente agli orrori degli stati totalitari del secolo scorso. Il comportamento della Chiesa creò un precedente per questi eventi terribili, un precedente reso più potente perché praticato dalla più alta autorità religiosa. Con i cinquecento anni di ricerca degli eretici attraverso quell'ufficio, la Chiesa dimostrò che una politica attentamente ponderata e minuziosamente organizzata, che usa intimidazioni, censura, tortura e terrore come strumenti di potere, può offrire un modello per assicurare la conformità delle credenze di un vasto numero di persone. Nulla più di questi riti sacrificali eseguiti in nome di Dio può rappresentare la patologia di una presa così ferrea sulla psiche cristiana.

L'Eredità Negativa di Sant'Agostino

La Dottrina del Peccato Originale inflisse una ferita profonda nella psiche occidentale. Fu una catastrofe non solo per la sessualità in generale, ma per la donna, ritenuta la prima portatrice degli istinti animali 'più bassi'. Come scrive Karen Armstrong nella sua storia della misoginia dentro la Chiesa cristiana in *The End of*

Silence; Women and the Priesthood: "Il peccato, il sesso e la donna furono legati insieme in una non santa trinità nell'immaginazione dell'Occidente cristiano dalla potente teologia di Sant'Agostino". [15]

Il rapporto sessuale fu dichiarato possibile solo a scopo di procreazione, mai per piacere. La donna non doveva essere considerata l'amata compagna dell'uomo, ma solo come una specie di utile funzionaria, portatrice del suo seme e fornitrice dei suoi pasti. Se possibile, all'interno del matrimonio, le coppie dovevano vivere in castità. Secondo il parere dei Padri della Chiesa, l'unico modo in cui una donna poteva guadagnarsi il rispetto degli uomini era rimanere vergine. Se gli uomini sceglievano la vita spirituale, non potevano permettersi di essere 'contaminati' dal rapporto sessuale con le donne. Nel quarto e nel quinto secolo, "la verginità era la virtù cristiana per eccellenza". [16]

Poiché i bambini erano contaminati dal momento del concepimento per la trasmissione del peccato originale dai loro genitori, se morivano senza essere battezzati, le loro anime non potevano essere salvate ed erano consegnate al limbo. Si possono immaginare gli effetti di questa dottrina sui genitori che perdevano un figlio. Da questa convinzione distorta, la Chiesa Cattolica sviluppò l'idea, che sopravvisse fino a poco tempo fa, che se si fosse arrivati alla scelta di salvare l'una o l'altro durante il parto, era più importante salvare la vita del bambino non battezzato che quella vita di sua madre, affinché il bambino ricevesse il battesimo. La sofferenza generata da questa credenza è inimmaginabile e indifendibile.

La convinzione sulla peccaminosità della sessualità portò anche all'idea che un sacerdote, o un diacono, che serve Dio dovesse essere celibe, e ai molti tentativi della Chiesa di far rispettare il celibato dal suo clero — la maggior parte di essi senza successo. La paura di fondo era che il contatto sessuale con una donna avrebbe contaminato i sacri sacramenti. I primi tentativi risalgono a un Concilio tenutosi in Spagna nel quarto secolo, quando ai preti sposati fu intimato di evitare i rapporti con le loro mogli. Papa Gregorio Magno (morto nel 604) decretò che un prete, una volta ordinato, avrebbe dovuto "amare sua moglie come una sorella e evitarla come un nemico". Papa Gregorio VII, nell'undicesimo secolo chiedeva "la separazione dei rapporti tra sacerdoti e donne mediante l'anatema eterno". Finalmente, nel 1139, papa Innocenzo II proclamò che i sacerdoti ordinati non potevano sposarsi. Pochi secoli dopo, il Concilio di Trento (1545–1563) proibì agli uomini che erano già sposati di diventare sacerdoti. [17]

Una tetra riflessione sull'eredità di sant'Agostino è offerta dal defunto Philip Sherrard nel suo libro lungimirante *The Rape of Man and Nature*. È una lunga citazione, nella quale Sherrard mostra come avremmo potuto percepire diversamente noi stessi:

Uno dei paradossi, e anche una delle tragedie, della tradizione cristiana occidentale è che l'uomo che affermò così fortemente la presenza di Dio nelle profondità del proprio io... come teologo dogmatico fu responsabile, forse più di qualsiasi altro scrittore cristiano, di aver 'consacrato' all'interno del mondo cristiano l'idea della schiavitù e dell'impotenza dell'uomo, dovuta alla radicale perversione della natura umana a causa del peccato originale. È la teologia di sant'Agostino che in Occidente vela, ancora oggi, la piena radiosità della rivelazione cristiana di essere figli di Dio — la piena rivelazione di chi è essenzialmente l'uomo.... Egli priva l'elemento uomo, nella realtà di Dio–uomo, di qualsiasi genuina qualità positiva, e farlo significa svuotare il concetto di filiazione divina del suo significato effettivo.

Attraverso la Caduta l'uomo e l'ordine naturale sono privati anche di quella partecipazione estrinseca alla grazia che possedevano nel loro stato pre–caduta. La loro natura originale e vera è ora viziata, totalmente corrotta e destinata alla distruzione.... La trasmissione della grazia, attraverso la quale solo l'uomo e il mondo possono essere redenti dalla depravazione, questa... era limitata alla chiesa visibile e dipendeva dall'esecuzione di certi riti, come il battesimo, la cresima, l'ordinazione e così via, che era un privilegio della gerarchia ecclesiastica amministrare a un laicato sottomesso e ubbidiente.

La magnifica portata della dottrina del Logos con tutta la sua dimensione "cosmica" — l'idea di Dio incarnato in tutta l'esistenza umana e creata — era tacitamente e radicalmente ristretta al pensiero occidentale.... La Chiesa divenne la sfera unica della manifestazione dello Spirito.... Ogni cosa al di fuori dei limiti della Chiesa era secolare, privata della grazia, incurabilmente corrotta e condannata allo sfacelo.[18]

La dottrina del Logos delineata sopra, derivata da Platone, avrebbe potuto mantenere viva la coscienza partecipativa dell'era lunare e portarla a un nuovo e cosciente livello di relazione con il Cosmo e al riconoscimento che l'intero ordine terreno della realtà era intrinsecamente divino perché esisteva nell'Essere di Dio. È una tragedia per il cristianesimo occidentale che questa intuizione sia andata perduta.

Sant'Agostino può essere descritto come un contemplativo che nega il mondo piuttosto che uno che abbraccia il mondo. La posizione che prese nei confronti dei propri desideri fu angosciante per lui e per generazioni di cristiani. Tuttavia, la lotta con se stesso deve essere vista nel contesto del suo tempo e della spaccatura sempre più ampia tra la mente cosciente e l'anima istintiva. Nonostante io riconosca la profonda ferita che ha inflitto alla psiche cristiana, sono sempre profondamente commossa da queste parole in uno dei passi più squisiti che vengono dal cuore di un amante di Dio: "Troppo tardi sono arrivato ad amarti, O Tu Bellezza tanto antica e così fresca, troppo tardi sono arrivato ad amarti. Ed ecco, tu sei dentro di me e io fuori di me stesso, dove ti ho cercato".[19]

La principale credenza cristiana è che l'umanità è così immersa nella depravazione e nel peccato che solo il sacrificio del Figlio di Dio potrebbe riscattarla. Sei secoli dopo Sant'Agostino, Sant'Anselmo (1033–1109 d.C.), un sacerdote italiano che divenne arcivescovo di Canterbury, così scrisse nella sua *Meditation on Human Redemption*: "Un uomo appeso a una croce sospende la morte eterna che incombe sulla razza umana; un uomo legato a una croce slaccia un mondo afflitto da una morte senza fine". Quelli che non appartenevano alla Chiesa si pensavano consegnati a questa morte senza fine.

Con la Riforma, quando ci si poteva aspettare qualche cambiamento, sia Lutero che Calvino continuarono a basare il loro insegnamento sulla Dottrina del Peccato Originale e sulla necessità della redenzione con la morte sacrificale di Cristo, da esso causata. Entrambi consideravano il ruolo della donna come limitato alla cura dei figli e all'obbedienza al marito. La frase "Il posto di una donna è in casa" è nata con Lutero. Il senso di colpa e il peccato, al contrario, furono aumentati da Lutero e Calvino, e fu perpetuata la sottomissione dell'umanità peccatrice alla volontà di un Dio terribile, sempre vigile e punitivo.

Calvin mandò sul palo il brillante scienziato, dottore e teologo spagnolo, Michele Serveto, che fu il primo scienziato europeo a scoprire la circolazione polmonare del sangue. Serveto aveva osato sfidare gli Istituti di Calvino e rifiutare il suo insegnamento sul peccato originale e sulla depravazione umana. Uomini come Calvino erano così impregnati di queste convinzioni che era impossibile se ne separassero. Come D. H. Lawrence scrisse in modo così potente in *L'amante di Lady Chatterley*, "La religione cristiana perse definitivamente, nel Protestantesimo, l'unione con l'universo, l'unione di corpo, sesso, emozioni, passioni, con la terra e il sole e stelle".

Con la loro fede letterale nel mito della Caduta, generazioni di teologi e sacerdoti insegnarono a uomini e donne che questo mondo era caduto e che poteva essere riscattato solo dalla morte sacrificale del Figlio di Dio. In secondo luogo avvertirono gli uomini di non fidarsi delle donne e le donne a non fidarsi di se stesse o l'una dell'altra. Matthew Fox, nel suo libro *Original Blessing* osserva che la dottrina del peccato originale può essa stessa contribuire al peccato e, soprattutto, alla sfiducia nella vita:

> Un corollario devastante della tradizione di caduta/redenzione è che la religione che ha il peccato originale come punto di partenza, e la religione costruita esclusivamente attorno al peccato e alla redenzione non insegna la fiducia. Tale religione non insegna la fiducia nell'esistenza o nel corpo o nella società o nella creatività o nel cosmo. Insegna, sia coscientemente che inconsciamente, verbalmente e non verbalmente, la paura; paura della dannazione, paura della natura — a partire dalla propria; paura degli altri; paura del cosmo. Infatti, insegna la sfiducia che inizia con la diffidenza verso la propria esistenza, verso la propria originalità e il proprio glorioso ingresso in questa parola di gloria e di dolore.[20]

Attraverso il mio lavoro come terapeuta, ho scoperto che la credenza nel peccato originale e il profondo rifiuto della donna, del corpo e della sessualità, nonché il profondo senso di rifiuto di sé che sono intrinseci ad esso, sono ancora presenti nella psiche inconscia occidentale di uomini e donne, non importa quanto essi possano essersi adattati ad una cultura secolare. Da una prospettiva junghiana, l'*anima* dell'uomo — l'immagine interiorizzata inconscia della donna che porta nella sua psiche — è stata impressa con l'immagine di Eva e l'insegnamento cristiano sul peccato originale. Ciò potrebbe indurlo a ricorrere a vecchie convinzioni sull'inferiorità e sottomissione della donna ogni volta che si sente minacciato nei suoi rapporti con le donne. Può anche essere responsabile della visione negativa di se stesse che molte donne detengono e della difficoltà che ancora hanno nell'affermarsi in professioni fino ad ora aperte solo agli uomini, o nel troncare relazioni di abuso. Queste vecchie credenze si manifestano nella degradazione e nell'abuso delle donne, esposte nella pornografia e nei testi dei rap, così come nel disgustoso commercio delle donne vittime della tratta e nell'uso devastante e diffuso dello stupro come arma di guerra.

L'attuale ossessione per il sesso, la promiscuità e la pornografia, che è ormai così tanta parte della cultura moderna occidentale, non fa nulla per trasformare lo strato sottostante di credenze misogine ereditate dal passato. Se mai, le perpetua e le rinforza. La donna è ancora sminuita, presentata nella stampa scandalistica come oggetto sessuale per la gratificazione del desiderio sessuale dell'uomo, e in situazioni in cui né la sua famiglia né la società le offrono alcuna protezione può diventare vittima di maschi predatori. Ora dobbiamo affrontare il problema aggiuntivo della pedofilia organizzata, che indica anche la presenza di una compulsione sessuale inconscia. Tutto ciò ha inflitto una ferita devastante alla psiche cristiana. È una potente forma di pensiero, o un complesso, che non è stata riconosciuto e affrontato e, quindi, non può essere trasformato.

Ovunque si accolga il Cristianesimo evangelico, con esso si trova l'insegnamento sul peccato originale e sulla teologia della caduta/redenzione, e in questo modo vengono ferite le anime di tutti coloro che si convertono. Proprio quando sembrava che i cristiani moderni stessero emergendo dalla morsa di questo complesso, i rami fondamentalisti del cristianesimo in America e in Africa stanno regredendo, attivando la vecchia credenza nella natura inferiore e servile della donna. Una dichiarazione del presidente Carter (luglio 2009) spiega perché ha deciso di lasciare la sua Chiesa Battista. Questo è un estratto della sua dichiarazione:

> Sono stato un cristiano praticante per tutta la mia vita, un diacono e insegnante di Bibbia per molti anni. La mia fede è una fonte di forza e conforto per me, come le credenze religiose lo sono per centinaia di milioni di persone in tutto il mondo. Quindi la mia decisione di recidere i miei legami con la Southern

> Baptist Convention, dopo sei decenni, è stata dolorosa e difficile, ma comunque inevitabile dopo che i leader della congregazione, citando alcuni versetti biblici accuratamente selezionati e sostenendo che Eva era stata creata seconda ad Adamo ed era responsabile del peccato originale, ordinarono che le donne dovessero essere "subordinate" ai loro mariti e fosse loro proibito di servire come diaconesse, pastore o cappellane nel servizio militare.... Questa visione secondo cui le donne sono in qualche modo inferiori agli uomini non è limitata a una religione o a una credenza. Alle donne viene impedito di svolgere un ruolo pieno ed equo in molte fedi. Né, tragicamente, l'influenza di questa convinzione si ferma ai muri della chiesa, della moschea, della sinagoga o del tempio. Questa discriminazione, attribuita in modo ingiustificato a un'Autorità Superiore, ha fornito una ragione o una scusa per privare le donne della parità dei diritti in tutto il mondo, da secoli.

Sorprende assai poco che così tanti abbiano rifiutato gli eccessi dogmatici della religione e si siano rivolti con sollievo alla scienza e alla società secolare.

Note:

1. Campbell, Joseph: *Il potere del Mito*, Guanda, Milano 2004.
2. ibid.
3. Lettera a Frederick Carter 29 ottobre 1929 in *The Letters of D. H. Lawrence*, vol. VII, ed. Keith Sagar and James T. Boulton, CUP 1993, pp. 544–5.
4. Lawrence, D. H.: Last Poems, The Complete Poems of D.H. Lawrence, Vol 1, p. 17
5. Holland, Jack: *Misogyny, The World's Oldest Prejudice*, Constable and Robinson Ltd. Londra 2006, p.11.
6. Turner, Frederick: *Beyond Geography: The Western Spirit against the Wilderness*, quarta edi-zione, Rutgers University Press, New Jersey 1992, p. 73.
7. Sant'Agostino, *Le Confessioni*, Libro VI.15.
8. Bettenson, Henry ed. & traduttori. *The Later Christian Fathers*, OUP 1970 p. 202–3 da de lib. arb. 3. 23
9. Holland, p. 91.
10. Bettenson, p. 220, de trin. 16
11. *The City of God*, Image Books, 1958.
12. Sant'Agostino, *Le Confessioni*, Libro X.40.
13. Freeman, Charles: *The Closing of the Western Mind*, Pimlico, Londra, 2003, p. 299, citazione da Christopher Kirwan, Augustine, 1989, p.134.
14. Freeman: *AD 381: Heretics, Pagans and the Christian State*, Pimlico, Londra 2008, pp.171–172.
15. Armstrong, Karen: *The End of Silence: Women and the Priesthood*, Fourth Estate, Londra 1993, p. 107.
16. Ranke–Heinemann, Uta: *Eunuchs for Heaven*, traduzione inglese André Deutsch Ltd., Londra 1990, p. 45.
17. ibid, pp. 85–89.
18. Sherrard, Philip: *The Rape of Man and Nature*, Golgonooza Press, Ipswich, Suffolk 1987. L'ultimo Philip Sherrard, nato nel 1922, è autore di molti libri su temi letterari e metafisici. Ha tradotto, con G.E.H. Palmer and Kallistos Ware, i Philokalia in 3 volumi, 1979, 1981 and 1984.
19. *Le Confessioni*, Libro X.27.
20. Fox, Matthew: *Original Blessing*, Bear & Co. Santa Fe 1983, p.82.

Il peccato originale
Arazzo fiammingo, 17mo secolo
Riprodotto per gentile concessione degli Archivi Alinari, Firenze.

Capitolo otto

Misoginia: L'Origine e gli Effetti dell'Oppressione Della Donna

Le donne devono essere soggette ai loro uomini. L'ordine naturale del genere umano è che le donne debbano servire gli uomini e i figli i loro genitori, poiché è giusto che l'inferiore serva il superiore.

— Graziano, *Decreto,* Dodicesimo secolo

Nel mondo moderno ancora fiorisce la misoginia e, a dispetto dell'emancipazione sociale e politica conquistata in molti paesi, le donne sono ancora soggette all'oppressione. Possono essere uccise, stuprate, messe a morte, brutalizzate dagli abusi domestici, fatte oggetto di traffico. In un mondo in cui metà della popolazione è femminile, la loro voce è ancora marginale. Come abbiamo spiegato nel capitolo precedente, è necessario tornare al nostro passato remoto per scoprire le origini di quelle credenze che hanno convalidato e tollerato l'oppressione e la sofferenza delle donne e sono state consacrate nei credi religiosi e nei costumi sociali. Questo capitolo fornirà una visione più dettagliata dell'origine di queste credenze e di questi costumi e dei loro effetti sulla società. Nel suo libro *The End of Silence: Women and the Priesthood*, Karen Armstrong mostra come la paura influenzi ancora il dibattito teologico sul fatto che delle donne vengano ordinate sacerdoti o consacrate vescovi.

Il modo cristiano di vedere le donne deriva da credenze precedenti trasmesse nei commentari ebraici sul Mito della Caduta, parzialmente responsabili di aver gettato le fondamenta sulle quali gli scrittori cristiani hanno costruito. Nel Vecchio Testamento troviamo questa frase chiave: "Dalla donna ha avuto inizio il peccato, per causa sua tutti moriamo" (Sirach 25:24).

Questa concezione negativa sulle donne portata avanti dalla cultura cristiana sotto l'influenza di San Paolo, cresciuto nella fede ebraica, e dai primi Padri della Chiesa, non rispecchiava le parole o l'insegnamento di Gesù. Nelle lettere alle diverse chiese, San Paolo ammoniva le donne di tenere il capo coperto, di non parlare né insegnare nel tempio e di rimanere soggette ai propri mariti in tutto, "E infatti non l'uomo deriva dalla donna, ma la donna dall'uomo; né l'uomo fu creato per la donna, ma la donna per l'uomo" (1. Cor. 11:7–9, 1 Cor. 14:34–5, 1 Tim. 2:8–14, Ef. 5:22–4).

Questa fu una delle radici della visione negativa della donna sviluppata nel Cristianesimo. Ma ce n'è un'altra che deriva dalla concezione della donna nel mondo greco, come rispecchiato nella Teoria delle Idee [1] di Platone. In questa Teoria, come Jack Holland spiega nel libro *Misogyny: the World's Oldest Prejudice*:

> L'atto stesso del concepimento è visto come un allontanamento dalla perfezione di Dio nel mondo terribile dell'apparenza, della sofferenza e della morte.... Questa visione dualistica della realtà denigrò il mondo dei sensi, ponendolo in contrapposizione eterna con il raggiungimento della più alta forma di conoscenza: la conoscenza di Dio. Questa visione influenzò profondamente i pensatori cristiani nella loro visione delle donne, che letteralmente e figurativamente incarnavano ciò che è disprezzato come transitorio, mutevole e sprezzevole. [2]

Oltre alle teorie filosofiche, c'erano i costumi sociali. Nel suo libro *When Women were Priests*, Karen Jo Torjesen chiarisce brillantemente come i Padri della Chiesa avessero assorbito il concetto del ruolo differente di uomini e donne dai costumi sociali dell'Impero Romano e come questi, a loro volta, fossero stati ereditati da quelli vigenti nella cultura greca. Sembra incredibile scoprire che delle concezioni sulle donne che sopravvivono ancora oggi possano essere rintracciate in quelle culture antiche. Come scrive: "Quando le donne sono rigettate come irrazionali e si presume che gli uomini siano logici in maniera innata, possiamo essere sicuri che queste conclusioni sono suggerite dal mormorio persistente dei filosofi greci, morti da tempo, nelle orecchie della società". [3]

Torjesen esplora le radici di queste credenze — convinzioni talmente radicate da influenzare un'intera società — spiegando che le teorie greche sostengono che la personalità umana ha due aspetti:

> Un sé maschile superiore — razionale, virile, autorevole e nobile — e uno inferiore, femminile, irrazionale, sessuale, animale e potenzialmente pericoloso. All'interno di questa teoria del sé sono racchiusi i valori di genere dell'onore maschile e della vergogna femminile. La mascolinità, equiparata al dominio sessuale e politico, è designata come "razionale". Identificando gli aspetti sessuali, appetitosi e "pericolosi" del sé come irrazionali, i filosofi scindono le parti "incontrollabili" della natura umana e le proiettano su un "io inferiore femminile". Attraverso questa divisione di genere, la femmina è diventata il simbolo primario dell'irrazionale e dell'incontrollabile. Le donne potevano quindi essere etichettate come irrazionali, sensuali e pericolose a causa del presunto dominio della loro natura femminile "inferiore" e della debolezza del loro sé maschile "superiore". [4]

L'autrice osserva che queste convinzioni negative sulla natura delle donne furono trasmesse al Cristianesimo:

> Invece di celebrare la femminilità come una via unica per accedere a Dio, o vedervi un'espressione profonda del divino, il Cristianesimo ha lasciato immutati i significati culturali tradizionali della femminilità e della sessualità femminile. La razionalità e l'autocontrollo hanno mantenuto la loro forma maschile, mentre la passione, la sessualità e il corpo sono particolarmente femminili.... Il corpo della donna, poiché era una dura proclamazione della sessualità, non era nell'immagine di Dio; rappresentava piuttosto l'attrazione di quelle forze che distoglievano l'umanità da Lui.[5]

L'eredità greca (e romana) unita alle opinioni degli ebrei sul peccato della Caduta e sulla vergogna della sessualità creò una doppia eredità che finì per avere un impatto disastroso sulla psiche e sulla vita delle donne nella cultura cristiana.

Il Ruolo delle Donne nella Prima Chiesa

È quindi tanto più sorprendente scoprire che nei primi due secoli dopo la morte di Gesù, le donne hanno svolto un ruolo pubblico prezioso e apprezzato nella Chiesa primitiva. Per cominciare, il Cristianesimo si era diffuso con gli incontri nelle case delle persone — molte delle quali donne distinte e benestanti, molto rispettate nella loro comunità. Quando furono battezzate come cristiane, tutta la loro famiglia, inclusi gli schiavi, fu battezzata con loro. Nella prima comunità cristiana le donne predicavano, insegnavano, battezzavano e compivano guarigioni ed esorcismi. Le donne erano attratte dal cristianesimo perché dava loro una libertà e un rispetto non accordati nella cultura circostante, che fosse ebraica, greca o romana. Per la prima volta, potevano disporre dei loro corpi: potevano scegliere di astenersi dal matrimonio rimanendo vergini o di essere caste all'interno del matrimonio e, con l'astinenza sessuale, potevano evitare di avere figli o altri bambini se lo avessero scelto. Il matrimonio era per la vita; una moglie non poteva essere messa da parte. L'infedeltà dell'uomo era considerata peccaminosa come lo era in una donna. Queste idee erano provocatorie e stupefacenti per la società del tempo.

L'atteggiamento di Gesù verso le donne fu davvero rivoluzionario perché le trattava in un modo che segnava una frattura con il costume ebraico ed anche quello romano. I suoi discepoli erano sorpresi dal suo atteggiamento empatico nei confronti delle donne, come quando parlò con la samaritana (Giovanni 4:27) e quando sciocco i Farisei salvando una giovane donna dalla lapidazione a morte per adulterio (Giovanni 8:3–11). Le donne circondavano Gesù, lo invitavano nelle loro case e, in generale, sembra ne fossero accolte come discepole e amiche.

Gesù e Maria Maddalena

Forse la più vicina di queste donne fu Maria Maddalena. La sua relazione con Gesù ha un fascino crescente per le donne moderne, come attestano i molti libri che ne parlano e il fenomenale successo del *Codice Da Vinci*. Nell'insegnamento cristiano, Maria Maddalena era presentata come la 'puttana penitente', una prostituta salvata da Gesù da una vita di peccato ed esorcizzata con la cacciata di sette demoni. Ma ora ci sono prove più che sufficienti per dimostrare che questa fu una calunnia attribuitale da una chiesa misogina, ossessionata dal 'peccato' della sessualità e determinata a proteggere Gesù dalla contaminazione di una stretta relazione fisica con una donna.

Niente rivela la divisione tra anima e corpo più dell'idea che fosse inconcepibile che il Figlio di Dio potesse avere rapporti sessuali con una donna. L'amore divino doveva escludere l'amore sessuale perché impuro e portatore del peccato della Caduta. Per realizzare il ruolo del Redentore, il Salvatore doveva essere 'casto' e 'non contaminato'. Non gli si poteva permettere di trasmettere il peccato originale, né poteva essere stato concepito attraverso l'atto sessuale.

In un libro molto interessante intitolato *The Meaning of Mary Magdalene*, pubblicato nel 2010, una sacerdotessa della Chiesa Episcopale di nome Cynthia Bourgeault, con un'attenta analisi di questa visione dispregiativa e un'esplorazione del testo del Vangelo Gnostico di Maria Maddalena, ha dato la più chiara descrizione della straordinaria profondità e qualità spirituale della relazione tra lei e Gesù, una relazione che crede sia al centro della storia cristiana: "un amore spirituale così raffinato e numinoso da essere oggi in Occidente praticamente sconosciuto".[6]

Il ruolo di Maria come compagna spirituale di Gesù non ha bisogno di escludere una relazione erotica. Nel Vangelo di Filippo, c'è questo passaggio spesso citato: "E la compagna del Salvatore è Maria Maddalena. Peraltro Cristo l'amava più di tutti i discepoli e la baciava spesso sulla bocca". Questo apparentemente offendeva gli altri, che se ne lamentavano, in questo Vangelo e in quello di Maria.[7] Non c'è ragione — oltre alla convinzione dei Padri Cristiani che il Figlio di Dio dovesse essere celibe — di escludere la possibilità che avesse una relazione stretta con Maria Maddalena; lei ovviamente amava profondamente Gesù e, come ci viene raccontato, dopo la sua sepoltura stava con un'altra donna, anch'essa di nome Maria, all'imboccatura della tomba (Matteo 28:61). Il Vangelo di Giovanni fornisce la descrizione più chiara del suo ritorno a visitare la tomba e del fatto che, avendo trovato rotolata via la pietra che la chiudeva, corse a chiamare Pietro e un altro discepolo che si affrettarono a tornare con lei per vedere cos'era successo. Tutti e quattro i Vangeli menzionano Maria per nome come prima testimone della risurrezione e anche prima a informare gli altri discepoli di cosa era successo.

Cynthia Bourgeault conclude che il fatto che i Vangeli canonici descrivano Maria Maddalena come la prima testimone della risurrezione "suggerisce che tra i primi cristiani la statura di Maria Maddalena sia del più alto ordine di grandezza — molto più della Vergine Madre.... Il posto d'onore di Maria Maddalena è così forte che perfino la mano pesante della dottrina successiva, dominata dai maschi, non riesce a scacciarla completamente".[8]

Bourgeault spiega ulteriormente:

> L'alta posizione che teneva tra gli stretti seguaci di Gesù è mostrata più esplicitamente nei Vangeli Gnostici, in cui Maria Maddalena è vista come "prima tra gli apostoli"... non perché fosse la prima sulla scena della risurrezione, ma in modo più fondamentale: perché *riceve il messaggio*. Di tutti i discepoli, lei è l'unica che comprende pienamente ciò che Gesù insegna e può riprodurlo nella sua stessa vita. La sua posizione di guida è guadagnata e specificamente convalidata da Gesù stesso.[9]

Che cos'era esattamente questo insegnamento? Era, conclude Bourgeault, un insegnamento che apparteneva alla tradizione di trasformazione cosciente di sé che è specificamente portata nei tre Vangeli Gnostici di Tommaso, Filippo e Maria. Mentre i Vangeli canonici enfatizzano il "giusto credo" come base per la salvezza, questi tre Vangeli di sapienza pongono l'accento sulla "giusta pratica". A suo avviso, non c'è dubbio che ciò che Gesù e Maria Maddalena insegnavano fosse la metodologia della "giusta pratica". Questa pratica poteva, col tempo, portare all'apertura dell'"occhio del cuore" — un organo di percezione spirituale che, come Bourgeault descrive meravigliosamente, agisce come "un vibrante campo di risonanza" allineandoci con una dimensione più profonda della realtà, riunendo il finito e l'infinito, in modo che agiamo dal sottostante terreno unitivo, "quel luogo di unità prima che sorgano gli opposti".[10] Che la Maddalena fosse la compagna e anima gemella di Gesù in questa opera condivisa sembrerebbe confermato nel Vangelo di Maria e anche nel *Dialogo gnostico del Salvatore*, dove viene descritta come la donna "che conosceva il Tutto".[11] Lo conferma anche un testo del terzo secolo, la *Pistis Sophia*, in cui svolge il ruolo principale di colei che interroga e insegna in un lungo dialogo con Gesù. Qui, come nel Vangelo di Maria, Pietro registra la sua irritazione per la vicinanza di Maria a Gesù e per il fatto che Egli le abbia impartito degli insegnamenti che non erano stati dati agli altri discepoli.

La Contaminazione del Peccato Originale

Nello svilupparsi della dottrina della Chiesa, in particolare dopo il Concilio di Efeso del 431 dC, quando la Vergine Maria fu dichiarata *Theotokos*, o Portatrice di Dio, fu deciso che lei il Figlio, non potevano essere stati contaminati dal peccato originale. Il fatto che Gesù avesse sorelle e fratelli nati prima di lui fu rimosso dalle testimonianze, in modo che Maria, come Madre del Salvatore, ricevesse lo Spirito Santo in uno stato di purezza sessuale, perché, se sua madre fosse stata contaminata da rapporti sessuali e Gesù fosse nato in modo normale, come i suoi fratelli e sorelle, sarebbe stato contaminato dal peccato originale e non avrebbe potuto, quindi, essere il Figlio di Dio. La distinzione sessualmente esplicita tra Maria e le altre donne doveva essere chiaramente disegnata: doveva rimanere vergine prima, durante e dopo la nascita di suo figlio. Con la bolla papale del 1854, la Vergine Maria fu dichiarata Immacolata Concezione. Ciò ha efficacemente elevato Maria allo status di archetipo, rimuovendola dalla sfera della femminilità terrena. Questo processo fu completato con le bolle papali del 1950 e del 1954, quando Maria fu assunta, corpo e anima, in cielo e nominata "Regina del Cielo".

Ritornando al motivo per cui Gesù doveva essere casto, Cynthia Bourgeault commenta: "Ci vuole un po' prima di rendersi conto che per quasi due millenni, la teologia cristiana fu scritta, formata, formulata e tramandata quasi esclusivamente da casti che parlano ad altri casti… E da questo modello di castità esclusiva emerge l'unica immagine di Cristo che la nostra tradizione ci ha permesso di prendere in considerazione: un rinunciante casto la cui purezza "senza peccato" implica necessariamente l'astinenza sessuale".[12] Gli effetti di questa manipolazione dispregiativa dell'istinto sessuale ci accompagnano ancora oggi, come spiega:

> Poiché è stato così profondamente programmato in noi che la castità sia la via cristiana più elevata e che l'amore coniugale impegnato sia un percorso di secondo livello o un non–percorso… non sorprende affatto che l'antropologia occidentale della sessualità umana sia terribile. Nella versione secolare inesorabilmente impostaci dalla cultura contemporanea, si tratta di piacere, prestazione, gratificazione. Nelle camere da letto dei fedeli, riguarda ancora troppo spesso il dovere e la vergogna: un debito rancoroso verso le generazioni future… ancora contaminate dal peccato carnale. Menziona "amore erotico" e le persone sentiranno immediatamente "sesso", e immediatamente dopo "sporco". L'idea che in questo tipo di amore ci possa essere qualcosa di sacro è troppo estranea per essere presa in considerazione…. Siamo tutti figli di un flusso culturale la cui visione dell'amore umano è stata modellata dal lato oscuro della spiritualità casta.[13]

La Natura Difettosa della Donna

Nel terzo e quarto secolo ci fu un cambio notevole verso le donne, quando i teologi cristiani — molti di loro, in origine, uomini di legge — cominciarono a scagliarsi contro quelle che mantenevano un qualsiasi ufficio sacerdotale o che parlavano nei dibattiti nelle chiese, che erano state costruite per contenere grandi congregazioni. Ancora una volta, come nella cultura greca ed ebraica (con l'eccezione delle donne che, nella cultura greca e romana, avevano il ruolo di sacerdotesse), le donne furono relegate in casa e non poterono sostenere un ufficio pubblico. Il loro ruolo primario era di copiare l'esempio di umiltà di Maria ed accettare le regole di castità, silenzio e obbedienza. Come affermò Ireneo, vescovo di Lione (ca. 125–200 dC): "Eva con la sua disobbedienza portò la morte su di sé e sulla razza umana: Maria, con la sua obbedienza, portò la salvezza".[14] Il potere degli uomini di controllare le vite delle donne non fu mai messo in discussione.

Tertulliano (160–220 dC), teologo e scrittore prolifico che viveva in Nord Africa, diventò una delle voci più critiche nei confronti delle donne che avessero una carica sacerdotale: "Non è permesso a una donna parlare in chiesa, né di insegnare, di battezzare, di offrire l'[Eucarestia], di rivendicare la condivisione di qualunque funzione maschile — men che meno il sacerdozio".[15] Tertulliano si rivolge direttamente alle donne in uno dei passi più violentemente misogini che ci sono giunti dal passato:

> Con la sua veste di penitenza, la donna non potrebbe espiare più pienamente ciò che le deriva da Eva — l'ignominia, voglio dire, del primo peccato, e l'odio della perdizione umana.... Non sai che ciascuna di voi è Eva?... Tu sei la porta del diavolo; tu sei colei che ha tolto il sigillo a quell'albero proibito; tu sei la prima che fugge la legge divina; hai distrutto così facilmente l'immagine di Dio, l'uomo. A causa della tua diserzione — cioè della morte — anche il figlio di Dio ha dovuto morire.[16]

Oggi diremmo che era nella morsa di un complesso! Nonostante il fatto che nei Vangeli Gesù non identifichi la sessualità con il peccato ma, al contrario, protegga una donna adultera dalla morte per lapidazione, attraverso l'influenza di sant'Agostino e dei teologi successivi, l'idea dell'inimicizia tra gli aspetti umani più elevati della natura (mente superiore e razionale) e quelli inferiori (corpo) e la peccaminosità della sessualità divennero uno dei temi principali dell'insegnamento cristiano. Generazioni di asceti cristiani credettero che il cammino verso Dio potesse essere aperto solo attraverso la rinuncia a qualsiasi cosa avesse a che fare con la contaminazione della donna, perché quella contaminazione poteva macchiare i sacri sacramenti e interferire con la loro contemplazione di Dio. Dopo la sua conversione, Sant'Agostino non ammise nessuna donna nella sua casa, nemmeno la sua sorella maggiore o le nipoti, che erano tutte suore.[17] Disse che ogni volto di donna gli ricordava Eva.

Nelle ricerche che facemmo per il Capitolo tredici di *Il Mito della Dea* sull'eredità oscura del Mito della Caduta, che fornisce un resoconto molto più completo di questa eredità, Jules e io trovammo ripetuto all'infinito negli scritti dei teologi cristiani che la donna, a causa della sua discendenza da Eva, era descritta come una sostanza inferiore perché Eva emerse da Adamo; come creazione secondaria perché Eva fu creata seconda, da Adamo; come alleata del serpente e del diavolo perché soccombette prima alla tentazione; come porta del diavolo attraverso cui il diavolo o Satana è abilitato a perseguire i suoi obiettivi nel mondo perché induce in tentazioni gli uomini. Queste idee hanno gettato le basi per i processi alle streghe più di mille anni dopo, quando le donne furono specificamente accusate di essere "consorti" del diavolo e persino di avere rapporti con lui.

Il fatto che Eva nella Genesi sia descritta come una creazione secondaria tratta dal corpo di Adamo, e non una creazione primaria, ha portato alla contorta affermazione di Graziano, un teologo del XII secolo, che ha rafforzato l'idea che le donne debbano essere sotto il controllo dei loro mariti e si spinge così lontano da affermare che la donna non è stata creata a immagine di Dio perché era una creazione secondaria, tratta da Adamo:

> L'immagine di Dio è nell'uomo e solo in lui. Le donne furono tratte dall'uomo, che ne ha giurisdizione, quasi fosse vicario di Dio, perché è fatto a Sua immagine. Dunque la donna non è fatta a immagine di Dio.... Adamo fu sedotto da Eva, non il contrario.... È giusto che colui che una donna ha condotto a fare il male debba averla sotto la propria direzione, affinché non sbagli un'altra volta a causa della superficialità femminile.[18]

Il risultato finale di queste proiezioni negative nei confronti delle donne fu che Eva e tutte le altre furono equiparate al corpo, alla materia, alla carnalità e alla natura irrazionale dell'uomo. Adamo, che se la cavò in leggerezza come creazione primaria e peccatore secondario, fu uguagliato, invece, all'anima razionale, secondo la visione greca. "La donna", scriveva Alberto Magno, maestro di Tommaso d'Aquino, nel dodicesimo secolo, "è un uomo imperfetto e possiede, se paragonata a lui, una natura difettosa e deficitaria. Dunque è insicura in sé. Ciò che lei stessa non può ricevere, si sforza di ottenere per mezzo della menzogna e di trucchi diabolici.[19] Non ci si meraviglia che fosse così difficile per le donne prete e vescovo essere accettate.

Di seguito ci sono due dichiarazioni dalla penna di Tommaso d'Aquino (1225–1274) che fu influenzato non solo da Alberto Magno ma anche dall'opinione denigratoria di Aristotele riguardo alle donne:

> Per quanto riguarda la natura individuale, la donna è difettosa e ingannevole, poiché la forza attiva del seme maschile tende alla produzione di una perfetta somiglianza nel sesso maschile; mentre la produzione della donna deriva da un difetto della forza attiva o da qualche indisposizione materiale, o anche qualche influenza esterna, come il vento del sud, ad esempio, che è umido.
>
> L'immagine di Dio, nel suo significato principale, vale a dire la natura intellettuale, si trova sia nell'uomo che nella donna.... Ma in un senso secondario l'immagine di Dio si trova nell'uomo, e non nella donna: perché l'uomo è l'inizio e la fine della donna; come Dio è l'inizio e la fine di ogni creatura. [20]

Nel 1130 il famoso monaco poeta francese, Bernardo di Cluny, in una poesia dal titolo *De contempo mundi* metteva in contrasto il mondo caduto, contaminato dalla donna con il mondo celeste, di bellezza, luce e pace. La donna per lui era il simbolo di una natura transitoria e corrotta, che trascinava gli uomini alla dannazione. Fu molto elogiato per aver dato un'espressione così vivida a una credenza allora largamente accettata:

> La donna, sordida, perfida, caduta, infanga la purezza, medita l'empietà, corrompe la vita.... La donna è una bestia selvaggia; i suoi crimini sono come la sabbia.... La donna è una cosa colpevole, una cosa irrimediabilmente carnale, nient'altro che carne, vigorosa a distruggere, nata per ingannare e teorica dell'inganno — l'ultima trappola, la peggiore delle vipere, la bella putrefatta, un sentiero scivoloso, la porta pubblica, il dolce veleno. Tutta l'astuzia è lei, mutevole e empia, un vaso di sporcizia, un contenitore inutile.... I peccati di un uomo sono più pii, più accettabili per il Signore, che le buone azioni di una donna. [21]

L'atteggiamento misogino verso le donne, prevalente nella cultura greca e romana aveva le sue lontane radici nel dualismo dell'era solare, in cui luce e oscurità, bene e male sono così fortemente polarizzati. La posizione sottomessa delle donne in quelle culture, in cui prevaleva l'ethos solare, era quella che sarebbe poi diventata nelle successive culture cristiane e nelle altre culture patriarcali. È stata trovata non solo nelle culture semitiche del Vicino e Medio Oriente e nella cultura greca e romana, ma anche più a Est, in culture come l'indiana e la cinese, ovunque un potente sacerdozio maschile, alleato al costume sociale, assegnasse e imponesse alle donne una posizione di sottomissione. [22]

Queste idee, che riflettevano e confermavano quelle assorbite dalla cultura greca e romana e da quella ebraica, entrarono nell'insegnamento cristiano tradizionale e furono responsabili di un'enorme quantità di sofferenza per la donna, la cui natura inferiore e sessuale venne vista come il principale impedimento tra l'uomo e Dio. È come se dal Mito della Caduta fosse stato lanciato un incantesimo sulla psiche cristiana. Torjesen riassume la posizione della donna:

> L'equazione donna, sessualità e corpo... e l'esclusione dal divino di sessualità
> e di passione aprì un baratro tra la donna e Dio. Questo baratro poteva essere
> colmato solo ripudiando l'identità sessuale e rinunciando alla femminilità.
> L'equazione della donna con la sessualità significò che era subordinata
> all'uomo e alienata da Dio. [23]

Le credenze e le consuetudini sociali generate da queste proiezioni giustificarono ogni tipo di persecuzione della donna, dal negarle il diritto a qualsiasi proprietà e renderla soggetta al marito, ai processi alle streghe del XV e XVIII secolo, in cui molte migliaia di donne furono torturate (testa e genitali rasati in modo che nessun diavolo potesse nascondersi nei capelli e nei peli) per provare i loro rapporti sessuali con il diavolo e morirono orribilmente sul rogo. Il numero esatto varia a seconda degli autori. Molte di queste donne sfortunate furono accusate di essere streghe da altre donne della loro comunità.

Nel 1485, Papa Innocenzo VIII pubblicò una bolla che fu seguita dalla pubblicazione nel 1487 del famigerato *Malleus Maleficarum* o *Martello delle streghe*, inaugurando secoli di persecuzioni. Questo divenne il manuale dell'Inquisizione e condusse alla tortura e all'omicidio con la morte sul rogo o all'impiccagione di migliaia di cosiddette streghe, molte delle quali erano ostetriche o esperte nell'uso delle erbe di guarigione. "Mai", scrive Gregory Zilboorg nella sua *History of Medical Psychology*, "nella storia dell'umanità la donna fu degradata più sistematicamente. Pagò sette volte tanto la caduta di Eva, e la Legge sostenne l'espressione dell'orgoglio e della soddisfazione personale, e la certezza delirante che la volontà del Signore fosse stata fatta". [24]

Portando su di sé la memoria cellulare di tali proiezioni profondamente negative, così come il terrore derivante da questa persecuzione, fu immensamente difficile per le donne trovare la voce e il vero ruolo nella società e per gli uomini per superare la paura e la sfiducia, e anche il disprezzo per le donne.

Misoginia: un'Eredità che Continua

Possiamo rintracciare questa opinione negativa della donna fino al Medioevo, dove era presentata come un essere imperfetto, moralmente e intellettualmente inferiore all'uomo e la possiamo trovare riflessa nel prestigioso *Roman de la Rose*, ampiamente letto nel XIV secolo. Possiamo ascoltare la sconcertata protesta di una donna molto istruita, Christine de Pizan, che aveva familiarità con questo testo, mentre scriveva il suo *The Book of the City of Ladies* all'inizio del XV secolo. Un giorno, seduta alla sua scrivania, sfogliava un altro trattato pieno di odio e virulenta condanna delle donne, "un pensiero straordinario si fissò nella mia mente e mi domandai perché mai così tanti uomini avessero detto, e continuato a dire e a scrivere cose così terribili e dannose sulle donne e sui loro modi. Non è solo una manciata di scrittori a farlo.... Sono filosofi, poeti e oratori di ogni tipo, troppo numerosi da menzionare, che sembrano parlare con una sola voce e sono unanimi nel loro punto di vista sul fatto che la natura femminile sia completamente abbandonata al vizio".

> Mi soffermai su questi pensieri così a lungo che fu come se fossi sprofondata in una profonda trance.... Giunsi alla conclusione che Dio aveva sicuramente creato una cosa vile quando creò la donna.... Questo pensiero suscitò in me un tale senso di disgusto e di tristezza che cominciai a disprezzare me stessa e tutto il mio sesso come un'aberrazione di natura.... Affondata in questi pensieri infelici, la mia testa si chinò come vergognosa e gli occhi si riempirono di lacrime, mi sedetti accasciata contro il bracciolo della mia sedia con la guancia appoggiata sulla mano. [25]

A questo punto Cristina ricevette una visione o una visitazione da tre maestose donne che le dissero di essere venute per incoraggiarla a scrivere un libro che offrisse sostegno a tutte le donne, perché "Il sesso femminile è rimasto senza difese per molto tempo ora, come un frutteto senza muro, e privo di un campione che prenda le armi per proteggerlo". [26] Dopo questo incoraggiamento, Christine racconta che iniziò a scrivere il suo libro.

Misoginia, Comportamento e Pratiche Mediche

Al di là degli atteggiamenti sociali che, per secoli, impedirono alle donne di accedere all'istruzione, alle professioni e a un ruolo nella vita politica, nel diciannovesimo secolo gli atteggiamenti misogini si diffusero nel trattamento medico dei loro sintomi emotivi e fisici. L'opinione medica nell'Europa del tempo sosteneva che la clitoride fosse un'importante fonte di malattie mentali e fisiche, oltre all'isteria. La pratica iniziale consisteva nell'applicare della lisciva alla vulva e all'ano e a cauterizzare la clitoride. La prima funzione terapeutica conosciuta dei raggi X fu quella di irradiare e distruggere la clitoride di queste donne. Si può solo immaginare il dolore atroce che abbiano sofferto per mano di questi medici. Ma questi assalti ai genitali femminili furono sostituiti, nel 1860, dalla moda della clitoridectomia, come spiega il professor John Studd, un ginecologo contemporaneo, in un discorso tenuto al Royal College of Obstetricians and Gynaecologists nel maggio 2011:

> L'atteggiamento medico del diciannovesimo secolo verso la normale sessualità femminile era crudele, con ginecologi e psichiatri all'avanguardia nella progettazione di operazioni per la cura dei gravi disturbi contemporanei della masturbazione e della ninfomania. Il ginecologo Isaac Baker Brown (1811–1873) e il

distinto endocrinologo Charles Brown–Séquard (1817–1894) sostenevano che la clitoridectomia prevenisse la progressione verso la melanconia, la paralisi, la cecità e persino la morte. Anche dopo il pubblico disonore che colpì Baker Brown nel 1866-7, l'operazione rimase tenuta in grande considerazione e ampiamente utilizzata in altre parti d'Europa. Questo disprezzo medico per il normale sviluppo sessuale femminile si rifletteva negli atteggiamenti pubblici e letterari. O forse guidò e incoraggiò l'opinione pubblica. Non c'è praticamente nessun romanzo, o opera, della seconda metà del diciannovesimo secolo in cui l'eroina con "un passato" sopravviva fino alla fine. *Ann Veronica* di H. G. Wells e Il *Cavaliere della Rosa* di Richard Strauss, entrambi apparsi nel 1909, hanno rotto gli schemi e sono importanti pietre miliari.[27]

Inorridiamo di fronte alla pratica della mutilazione genitale femminile così diffusa in diverse culture, in particolare in alcune parti dell'Africa, ma non molto tempo fa, non abbiamo percepito la barbarie di quella che era la pratica medica accettata in Europa. Sorprendentemente, negli anni '80 la Scuola di Medicina Tropicale di Londra istruiva ancora gli studenti su come eseguire questa operazione.

Nel Regno Unito sono state inflitte mutilazioni genitali femminili (MGF) a ragazze giovani (di origine straniera) fino a quando, di recente, su questo fatto è stata attirata l'attenzione. Si ritiene che fino a 100.000 donne viventi nel Regno Unito abbiano subito questa mutilazione genitale e altre 24.000 potrebbero essere a rischio (2012). Questa pratica orribile è stata dichiarata illegale per i cittadini britannici, sia nel Regno Unito che all'estero, e ha una pena detentiva fino a 14 anni.

Altrove tuttavia, in tutto il mondo oltre 140 milioni di donne, in maggioranza musulmane, hanno sopportato, da bambine, la tortura e il rischio di infezioni causate da mutilazioni genitali femminili, spesso eseguite senza anestesia dalle loro madri e nonne.[28] Il trauma psicologico e fisico sofferto dalle bambine costrette a sottomettersi al dolore di questa tortura è inimmaginabile. Il ricordo del tradimento, da parte delle persone che amavano e di chi credevano li amasse, nell'interesse dell'usanza sociale, resterà nella loro psiche per il resto della vita.

L'Oppressione delle Donne nelle Società Islamiche

Le credenze sviluppate nell'era solare sulla pericolosa sessualità delle donne sono così profondamente radicate nella cultura patriarcale che possiamo ancora trovarle riflesse nelle culture musulmane, ovunque le donne siano confinate in casa, sia loro negato l'accesso all'istruzione e proibito intraprendere una professione. Ayaan Hirsi Ali, nei suoi libri *Infedele* e *Nomade, perché l'Islam non è una religione per le donne*, con immenso coraggio ha raccontato la storia della sua ribellione contro il ruolo soffocante assegnatole da giovane donna in Somalia, e la sua fuga da una società tribale oppressiva verso la libertà intellettuale e sociale dell'Occidente laico e, infine, dell'America, dove ha ancora bisogno di protezione da coloro che la minacciano di morte a causa del suo "tradimento" dell'Islam.

La persecuzione delle donne sotto i talebani in Afghanistan è ormai nota, ma ci sono altri paesi musulmani come il Pakistan e l'Arabia Saudita, e persino la Turchia, dove prevalgono questi atteggiamenti sociali e dove le donne sono considerate proprietà dei loro padri e mariti e non hanno ancora diritti, oppure sono molto limitati. In Pakistan nel 2011 sono state uccise dai loro padri, mariti o fratelli quasi mille donne e ragazze in "delitti d'onore", spesso coperti dalla polizia (Report Human Rights Commission of Pakistan 2012). Tra il 2002 e il 2011, in Turchia sono state uccise 4400 donne e il 42% ammette di subire abusi sessuali o fisici. Il Paese è centoventiduesimo su 135 nel Gender Equality Index delle Nazioni Unite del 2011 (*The Times* 28/1/12). Anche nel Regno Unito, le giovani donne delle comunità musulmane originarie del Pakistan sono state costrette a sposare completi estranei, persino cugini di primo grado. Così forte è il tabù sulla violazione dell'onore della famiglia che alcune sono state assassinate da padri e fratelli per aver osato sposare qualcuno al di fuori della scelta fatta dalla famiglia. Un processo del luglio 2012 ha condannato all'ergastolo una madre e un padre per aver ucciso la loro figlia maggiore colpevole di aver recato vergogna alla famiglia. Solo nel giugno 2012 è stata finalmente adottata una mossa per rendere illegali i matrimoni forzati e per salvare le molte giovani ragazze portate in Pakistan contro la loro volontà e costrette a sposare un uomo scelto dalle loro famiglie.

L'usanza spregevole di lapidare le donne a morte per adulterio è registrata nell'Antico Testamento ed esisteva al tempo di Gesù, come racconta la storia del suo intervento per impedirlo, ma la lapidazione a morte sotto la Legge della Sharia è ancora una pratica accettata in Arabia Saudita, Pakistan, Sudan, Iran, Yemen e Emirati Arabi Uniti, oltre a parti della Nigeria e talvolta anche in Afghanistan e Somalia.[29] Sakineh Mohammadi Ashtiani sarebbe morta in questo modo se un mondo indignato non avesse protestato. Uno degli avvocati che l'ha difesa è ancora in prigione. A una donna afgana sono stati tagliati il naso e le orecchie ed è stata lasciata a morire su una collina ghiacciata. Il suo crimine? Aveva avuto il coraggio di lasciare il marito violento (2010). È stata salvata dagli abitanti del villaggio e aiutata a fuggire in America dove ha subito un intervento di chirurgia ricostruttiva. Suo padre è stato minacciato di morte per aver commesso il peccato imperdonabile di permettere alla figlia di trovare rifugio presso i "miscredenti", recando vergogna alla sua comunità.

Asia Bibi, una donna pakistana cristiana, è in prigione dal 2011, minacciata di morte per blasfemia per aver osato chiedere da bere allo stesso secchio di altre donne del suo villaggio, dopo aver chiesto loro quali benefici l'Islam avesse portato a quelli poveri come lei. Il suo caso ha portato a due omicidi politici di uomini che hanno protestato contro le leggi sulla blasfemia in Pakistan, uno dei quali il Governatore del Punjab.

I conflitti in Iraq e in Afghanistan hanno avuto almeno una conseguenza positiva: hanno rivelato agli occhi del mondo la terribile sofferenza e l'oppressione delle donne nelle società islamiche, anche se non vi hanno mai messo fine. Le parole di Ayaan Hirsi Ali offrono la migliore testimonianza delle radici di questa oppressione:

> La verginità è l'ossessione, la nevrosi dell'Islam. Ovunque ci sia una comunità musulmana è comune il matrimonio obbligato o forzato, anche il matrimonio infantile, anche nelle famiglie relativamente istruite. Come la violenza domestica, la maggior parte della gente lo considera normale. Gli uomini sono i guardiani delle proprie figlie. Una ragazza è quindi proprietà di suo padre, che ha il diritto di trasferire quella proprietà al marito che sceglie per lei. [30]

La scrittrice paragona la liberazione delle donne a una vasta casa incompiuta. L'ala ovest della casa è in un ordine ragionevolmente buono e le donne vi godono del diritto di voto e di candidarsi, hanno accesso all'istruzione e intraprendono ogni tipo di professione. Violenza domestica, molestie sessuali e stupro sono riconosciuti per legge come reati per i quali l'autore è ritenuto responsabile e punito. Le donne hanno accesso alla contraccezione e quindi al diritto riproduttivo sul loro corpo e sulla sessualità.

Ma nell'ala est, la storia è diversa. Il lavoro è incompiuto, addirittura abbandonato, e parti della casa stanno cadendo in rovina. La vita delle donne è dura. Possono essere picchiate e persino uccise dalle loro famiglie e dai mariti, senza un vero risarcimento. Non possono uscire se non accompagnate da un parente maschio. Migliaia di giovani donne muoiono durante il parto perché non hanno accesso alle cure mediche più elementari. [31]

La storia della liberazione delle donne dalla loro oppressione millenaria è incompiuta; possono passare secoli prima che la costruzione del lato orientale della casa possa essere completato e le restanti anomalie dell'ala occidentale vengano rimosse.

Decreto della Chiesa Cattolica del 2010

Anche nell'ala ovest la casa non è finita. Tornando al Cristianesimo, l'ultimo decreto della Chiesa Cattolica relativo alle donne (Luglio 2010) eleva l'ordinazione di una donna a uno dei crimini più seri della Legge Canonica — mettendolo sullo stesso livello, agli occhi della Chiesa, dell'abuso minorile. È davvero incredibile che chiunque ordini sacerdote una donna debba essere scomunicato da un ufficio che è già stato l'origine dell'Inquisizione. Com'è possibile che qualcosa di così volgarmente offensivo per le donne sia stato introdotto nella Legge Canonica? Potremmo chiederci come sia concepibile che ancora in quest'epoca, quando le donne hanno iniziato a crescere nel loro vero potenziale contro l'originaria e virulenta opposizione, sia della Chiesa che dello Stato, la Chiesa cattolica, governata interamente da maschi celibi, emetta una regola così assurda. Credere che 'Dio' voglia che le cose continuino come hanno fatto per secoli, emarginando le donne e impedendo loro di esprimere i grandi doni di compassione ed empatia al servizio del sacro, significa presumere che la Chiesa Cattolica abbia un accesso privilegiato all'orecchio di Dio — una posizione enfatica e assurda. Tuttavia, anche nella Chiesa anglicana alcuni sacerdoti hanno dichiarato la loro opposizione alle donne vescovo e si sono uniti alla Chiesa cattolica. Karen Armstrong, nell'ultimo paragrafo del suo libro *The End of Silence: Women and the Priesthood*, conclude: "Gli attuali atteggiamenti di misoginia e i conflitti irrisolti devono essere portati allo scoperto, e anche il dolore vissuto dalle donne all'interno delle Chiese deve essere indirizzato. Sarà una strada lunga e difficile, ma non ci sono alternative se vogliamo risanare le profonde anomalie e le ingiustizie del passato".

Da una prospettiva junghiana, la paura fobica della donna nella cultura patriarcale riflette la paura dell'ego — l'organo in evoluzione della coscienza — che viene inghiottito dall'unità indifferenziata primordiale, fauci o utero della natura. La donna stessa è stata identificata inconsciamente con quelle fauci divoratrici: il peccato di Eva ha dimostrato la sua inaffidabilità. Una donna indipendente ed educata e, Dio non voglia, una donna sacerdote, presenterà una minaccia inconscia — la minaccia della castrazione e della morte per degli uomini profondamente insicuri della loro mascolinità, che non hanno mai avuto una relazione matura, per non parlare di una relazione sessuale con una donna, in cui non è sviluppata l'immagine interiorizzata della donna perché non è mai stata valutata per se stessa, ma solo per il servizio che può rendere all'uomo.

Gli Effetti a Lungo Termine del Mito della Caduta

Generazioni di uomini e donne cristiani si sono seduti in chiesa ad ascoltare la storia della Caduta, assorbendola come parola di Dio e come verità divinamente rivelata. Come ne sono stati influenzati? Come sono stati programmati l'atteggiamento inconscio dell'uomo verso la donna, la sessualità in generale e la visione della donna di se stessa? È possibile che i modelli di comportamento violento che ancora incontriamo nella società, dall'omicidio, allo stupro, al traffico delle donne, alla violenza domestica, oltre alla pornografia e all'abuso sessuale dei bambini abbiano le loro radici nell'interpretazione data a questo mito.

Secondo le recenti statistiche pubblicate su Internet, le stime più prudenti suggeriscono che in tutto il mondo, ogni anno, da due a quattro milioni di donne, di tutte le etnie e classi, siano maltrattate dai loro partner. Negli Stati Uniti, ogni anno oltre un migliaio di donne vengono uccise dai propri compagni. Nel Regno Unito, oltre un centinaio di donne all'anno vengono assassinate dai loro partner o mariti. La violenza domestica rappresenta il 23% di tutti i crimini violenti ed è in aumento (2012). Il trauma inflitto ai bambini dalla violenza domestica non può essere quantificato, ma le chiamate alla ChildLine (equivalente di Telefono Azzurro, Ndt) nel 2011 sono aumentate di un terzo in cinque anni.[32] Migliaia di bambini scappano di casa o vengono presi in cura. Molti vengono coinvolti nella schiavitù sessuale nelle strade delle nostre città, come dimostra l'orribile caso delle ragazze ripetutamente violentate e poi ammazzate da uomini pakistani a Rochdale (maggio 2012) e Rotherham (settembre 2012). Il numero di stupri in situazioni domestiche, nelle strade cittadine e in guerra, non è noto, ma è enorme. L'ultimo scandalo che ha coinvolto l'abuso di giovani donne e ragazze si è concentrato sulle prove emerse riguardo al comportamento di Jimmy Savile, un eroe ora caduto in disgrazia. Queste cifre non possono essere attribuite esclusivamente all'influenza dell'indottrinamento religioso, tuttavia credo che nel corso dei secoli esso abbia gettato le basi per infliggere una violenza intollerabile e degradante alla donna.

C'è un altro aspetto del disprezzo per le donne che si riflette nel tragico destino delle milioni di ragazze che sono vendute come schiave del sesso (la stima mondiale è 4 milioni). Milioni di donne provenienti dai paesi più poveri dell'Europa orientale, dell'Asia, dell'Africa e del Sud America sono costrette, per la loro sopravvivenza o nella speranza di una vita migliore, ad entrare nella prostituzione e persino nella schiavitù, perché esiste un 'mercato' del sesso tra gli uomini che vede ancora le donne come oggetti sessuali da sfruttare e soggiogare, perpetuando così su di esse il modello di dominio maschile. Indotte a credere che troveranno lavoro nei paesi più ricchi, vi si recheranno, solo per trovare i passaporti confiscati dai trafficanti. In sostanza diventano prigioniere, incapaci di fuggire da questo vile commercio.

Quali credenze negative inconsce su di sé hanno avuto come risultato la silenziosa sofferenza e la totale persecuzione che le donne sopportano per millenni in ogni cultura? Quali credenze misogine inconsce continuano a mantenere gli uomini, che consentono di ferire, stuprare e uccidere le donne in questo modo? Nella guerra di Bosnia sono state violentate cinquantamila donne, principalmente musulmane; 400.000 in Ruanda; un numero non quantificabile di donne e ragazze nel Darfur e nella Repubblica Democratica del Congo. Gli stupri sono attualmente una parte intrinseca della spaventosa sofferenza dei civili in Siria. Le donne violentate sono considerate come contaminate: sono disonorate e ostracizzate dalle loro comunità, respinte dai mariti e dalle famiglie e traumatizzate a vita. Solo un piccolo gruppo di uomini responsabili di questi stupri viene condannato per questo crimine, perché lo stupro è sempre stato considerato un'arma di guerra legittima.

Gli Effetti sui Bambini

Generazioni di bambini si sono seduti in chiesa e alla Scuola Domenicale ed è stata in loro inculcata l'idea che, molto tempo fa, una donna ha disobbedito a Dio e ha ceduto alla tentazione del serpente, portando il peccato, la morte e la sofferenza nel mondo, oltre alla sua sofferenza e persino alla morte durante il parto come punizione per quel peccato originale. Hanno anche imparato che Eva ha indotto Adamo a mangiare la mela dall'albero della conoscenza e così è stata la causa della sua caduta e del suo essere costretto a faticare per vivere. Mi chiedo in che modo questo mito ha influenzato la visione dei bambini riguardo alle madri e ai padri e alla loro stessa sessualità in via di sviluppo? Supponiamo che la loro madre sia morta di parto. In che modo questo mito ha influito sul loro ricordo di lei? In che modo ha influenzato l'atteggiamento dei ragazzi nei confronti delle ragazze e la visione delle ragazze verso se stesse? Ha sicuramente contribuito al profondo sentimento di inferiorità delle donne. In entrambi, uomini e donne ha creato un grande conflitto nella loro natura, facendoli diffidare e sentire colpevoli a causa dei loro istinti riguardo al sesso, e credere che questo Dio vendicativo, punitivo e arrabbiato chieda la rimozione o anche il sacrificio della loro sessualità come espiazione per la contaminazione del peccato ereditato, e come una sorta di garanzia di spiritualità.

Ancora, in che modo il Mito della Caduta ha influenzato l'atteggiamento cristiano verso i bambini? Generazioni di bambini sono stati picchiati per togliere loro il peccato e il male, per paura che cadessero nelle grinfie del diavolo. Fino a non molto tempo fa, la masturbazione era considerata un peccato e severamente punita. Molte migliaia di bambini hanno subito un terribile trauma per mano di preti e suore. I resoconti repellenti delle pene sadiche inflitte da questi casti servitori di Dio sono venuti alla luce nei rapporti pubblicati in Irlanda (Ryan e Murphy reports 2009 e Cloyne Report 2011) e nei resoconti degli abusi inflitti dai Christian Brothers e Sisters of Mercy (due ordini cattolici) sugli orfani inviati in Australia all'inizio dell'ultima guerra. Nel caso Jamie Bulger (1993) dove due ragazzini di dieci anni torturarono e uccisero un bambino piccolo, alcuni scrissero al *The Times* (in Inghilterra) che tutti i bambini nascono peccatori e che quindi erano probabilmente programmati per fare il male.

Tutto ciò sembra oltraggioso ma anche tragico, perché completamente inutile. Si riduce a uno scioccante indottrinamento compiuto nel corso di molte centinaia di anni. Come terapeuta e come donna, sono profondamente consapevole della misoginia della cultura nel suo insieme e della colpa portata dalle donne, oltre che della paura inconscia e del disprezzo degli uomini per esse, della paura e sfiducia delle donne negli uomini, nonché dell'incapacità delle donne di valorizzare e rispettare il proprio corpo. Posso vedere chiaramente che ciò deriva, almeno in parte, dal calamitoso retaggio dei Padri cristiani, i primi e i successivi, perché Lutero e Calvino perpetuarono molte di queste idee al tempo della Riforma ed esse sono diffuse nel Protestantesimo come nel Cattolicesimo. Ciò che passa attraverso questi scritti cristiani è un profondo sado–masochismo: sadismo verso la donna in generale; masochismo perché questa preoccupazione per il peccato e per la colpa sessuale ha indotto uomini e donne a coltivare un senso inutile, quasi isterico del peccato, della colpa e del biasimo di sé. Potrebbe essere questo inconscio senso di colpa e di giudizio negativo su di sé che impedisce ancora alle donne di lasciare partner violenti e abusanti e le vede ancora presentate nei media come 'oggetti' prevalentemente sessuali che, una volta persa tale attrattiva, non interessano più. La rabbia e la sfiducia racchiuse in ricordi profondamente inconsci possono anche contribuire alla lotta reciproca per il controllo e alla conseguente rottura delle relazioni tra uomini e donne, che costa allo stato 44 miliardi di sterline l'anno nel Regno Unito (Office of National Statistics 2011 per le cifre del 2010) e causa ai bambini un'enorme sofferenza.

La meta–narrativa del Mito della Caduta, che ha radici così profonde nell'era solare, getta una coltre negativa sull'atteggiamento cristiano verso la vita in questo mondo. Invece di aiutare ad alleviare la sofferenza umana, l'ha aumentata in modo incommensurabile. Culturalmente, ha contribuito al disprezzo dell'uomo per 'l'isteria e l'emotività' della donna, e ha rafforzato il pregiudizio che per secoli ha impedito il suo accesso all'istruzione e a un posto operativo nel mondo, in tutte le professioni esercitate dagli uomini, inclusi il sacerdozio e la professione medica. Fino a poco tempo fa, nel Regno Unito, alla base dell'opinione giudiziaria nei processi per stupro c'era il fatto che le donne l'avessero "chiesto". Ha ferito l'immagine interiore che l'uomo ha della donna e gli ha dato una buona ragione per diffidare e dissociarsi dai suoi stessi sentimenti, oltre al bisogno ossessivo di controllarli.

Nella sfera politica, ci confrontiamo con la storia violenta del Cristianesimo in così strano contrasto con l'insegnamento di Cristo, che parlava di amore e compassione e dell'essere figli di Dio — persino dell'innata divinità di tutta l'umanità ("Voi siete dèi" Giovanni 10:34), così come la necessità di amare i nostri nemici e di perdonare coloro che ci fanno del male. Non avevamo davvero bisogno di altra direzione se non quella di seguire la regola d'oro di non fare agli altri ciò che non vorremmo per noi stessi — quella compassione dovrebbe essere la nostra guida. Che cosa è successo a quel valore luminoso nel trattamento brutale delle donne, nell'abuso sessuale dei bambini, nella persecuzione degli eretici, nelle sanguinose conquiste in nome del cristianesimo, nelle inquisizioni, nelle torture, nei roghi e nella repressione di qualsiasi gruppo o individuo che ha minacciato la chiesa costituita? Dov'è nella convinzione dei Cristiani Evangelici contemporanei che prevede che gli Eletti siano portati in cielo in Estasi nel giorno dell''Apocalisse' e gli altri siano lasciati a perire — un'idea che nasce dalla teoria della predestinazione di sant'Agostino? Il cristianesimo oggi è diviso da scismi e da aspre discussioni sulla questione delle donne sacerdote e degli omosessuali. Le parole dell'Antico Testamento, scritte ben oltre duemila anni fa in una cultura completamente diversa dalla nostra, e che si credeva custodissero la rivelazione divina, sono invocate per sostenere pregiudizi radicati. Il vero insegnamento di Gesù sull'amore e sul perdono sembra essere non rilevante.

Né possiamo ignorare il senso ingiustificato della superiorità morale e spirituale dei cristiani nei confronti delle altre religioni, il loro tentativo di convertire le persone alla 'vera' religione e il controllo onnipotente esercitato dalla Chiesa sul suo gregge. Le popolazioni indigene del Nuovo Mondo erano considerate inferiori, primitive e 'vicine alla natura', quindi giustamente sottoposte al potere superiore dei conquistatori europei bianchi e bisognose di convertirsi alla loro religione. Dobbiamo anche riconoscere gli effetti a lungo termine dell'espulsione dei Mori dalla Spagna e delle crociate contro gli infedeli musulmani che sono giunte fino ai nostri tempi nella tensione irrisolta tra Cristianesimo e Islam che si nasconde sotto la 'Guerra al Terrore'.

Dobbiamo prendere in considerazione gli atteggiamenti verso il corpo e la sessualità, la convinzione che una vita dedicata a Dio richieda il sacrificio della sessualità e che questo sacrificio Gli piaccia. L'idea dell'espiazione e della riparazione del male esisteva da tempo nell'opera dei tragici greci ma nessuno, fino all'avvento del cristianesimo, aveva suggerito che la sessualità stessa fosse un peccato per il quale si doveva espiare. Potrebbe essere questa repressione di un istinto umano essenziale ad aver condotto, nei secoli e fino ai nostri giorni, non solo alla violenza maschile contro le donne, ma al male della pornografia che soggioga e viola il corpo della donna, e allo stupro ripugnante e all'abuso sessuale ai danni di ragazzi e ragazze da parte di sacerdoti cattolici cui erano lasciati in custodia. Ci si può chiedere quali siano i terribili traumi inflitti ai bambini, nascosti per secoli e che ora, per fortuna, vengono alla luce.[33]

A nessuno è permesso sfidare le rigide regole della Chiesa Cattolica sulla contraccezione. È strano che, in un mondo dove l'eccesso di popolazione è uno dei maggiori problemi che affliggono la nostra specie e la Terra stessa, la Chiesa mantenga ferma la sua posizione, anche in Africa dove, di fronte all'epidemia di AIDS che distrugge milioni di vite, consiglia l'astinenza piuttosto che l'uso dei preservativi, affermando che i preservativi porterebbero alla promiscuità. In Sud America e in paesi come le Filippine, dove il Cattolicesimo è la religione predominante, alle donne viene detto che è loro dovere religioso negarsi l'aiuto della contraccezione. Per questo motivo, sono costrette a mettere al mondo troppi bambini, ben oltre la loro forza e capacità di prendersene cura. Questi bambini, a volte dieci o più in una famiglia, che vivono nelle favelas o nelle baraccopoli del Sud America (Brasile) e nei quartieri più poveri delle Filippine, possono a malapena sopravvivere e cadono vittima di trafficanti di droga, di abusi sessuali, di mancanza di accesso all'istruzione e di deterioramento della salute e della felicità. Ancora una volta, alla radice di questa credenza troviamo il controllo della sessualità femminile da parte di uomini celibi. Quale paura inconscia e disprezzo per le donne si trova dietro questo bisogno di controllo? E perché le donne lo accettano, se non per paura della punizione divina? In che modo questa assurda decisione sulla contraccezione contribuisce alla crescita della popolazione mondiale?

La Dottoressa Uta Ranke–Heinemann, che detiene la cattedra di storia religiosa all'Università di Essen, ha scritto un libro intitolato *Eunuchi per il Regno dei cieli*. Nell'introduzione alla sua critica devastante dell'ostilità della Chiesa nei confronti della sessualità e delle donne, deplora come un lungo processo storico abbia

> trasformato il cristianesimo da ciò che era, o avrebbe dovuto essere — una religione fondata sull'esperienza personale dell'amore di Dio universalmente accessibile, in cui il corpo ha il suo posto naturale e dato da Dio — in un regime imposto da un'oligarchia non sposata su una maggioranza subordinata e in gran parte sposata. Ciò ha pervertito il lavoro di colui dal quale i cristiani prendono il loro nome.[34]

In contrasto con l'aspetto ombra del Cristianesimo descritto in questi due capitoli, vi è il comportamento di innumerevoli milioni di cristiani che, nel corso di due millenni, hanno cercato di vivere il messaggio essenziale di Cristo attraverso innumerevoli atti di compassione e nella coraggiosa difesa degli altri malgrado fossero minacciati di morte, nel tentativo di stabilire giustizia per gli oppressi e i deprivati, e nella creazione di opere di beneficenza per aiutare chi è meno fortunato di loro. Ancora, e per contrasto, nel corso della mia ricerca ho imparato a valutare profondamente l'eredità dell'arte, dell'architettura, della letteratura e della musica sublime nate in risposta all'ispirazione della vita di Cristo e di Sua Madre.

Conclusioni

Questo capitolo e il precedente hanno mostrato come nella civiltà occidentale le due grandi meta–narrative religiose dell'era solare — il Mito della Caduta e la Dottrina del Peccato Originale — abbiano creato un sistema di credenze dualistiche che dividono la natura dallo spirito e il corpo dalla mente e dall'anima. Nel loro tentativo di spiegare l'esistenza del peccato, della morte e del male, hanno insegnato a generazioni di uomini e donne che questo mondo era un luogo di sofferenza, peccato e punizione, e che la vita spirituale ne richiedeva il rifiuto. Questi due capitoli hanno esplorato una patologia profondamente radicata in una religione che ora è abbracciata da oltre 2 miliardi di persone e che costituisce una forma di pensiero collettivo inconscio, estremamente difficile da trasformare e guarire proprio perché è così profondamente inconscia. Inoltre, queste meta–narrazioni sono ancora diffuse ovunque il Cristianesimo sia portato oggi, in particolare in Africa. L'intero edificio della fede cristiana si basa su due pilastri: la Caduta dell'Uomo e il conseguente bisogno della redenzione attraverso la morte sacrificale di Cristo.

Può darsi che, dal tempo di sant'Agostino, il Cristianesimo abbia compiuto una disastrosa deviazione sotto l'incantesimo di un mito e la formulazione di una dottrina che non ha nulla a che fare con il reale insegnamento di Gesù, che riguardava la trasformazione della coscienza piuttosto che la credenza come via per la salvezza. Ha separato l'uomo dalla sua anima istintiva, gettando una pesante coltre di colpa sulla sua esistenza evidentemente depravata. Ha rimosso la responsabilità dall'uomo, vedendo la sua redenzione già compiuta dalla morte sacrificale del Figlio di Dio, che diventa l'ultimo capro espiatorio che muore per i peccati dell'umanità.

In nessun luogo nel Mito della Caduta troviamo la celebrazione della natura sacra dell'amore sessuale. Né troviamo il riconoscimento della natura come un Ordine Sacro della realtà. Al contrario, l'espulsione dal Giardino dell'Eden e la sofferenza dell'uomo e della donna in questo mondo furono presentate come punizione divinamente imposta per il ruolo di Adamo ed Eva nel dare l'avvio alla Caduta.

Potremmo chiederci quale sarebbe l'effetto sul Cristianesimo se la Dottrina del Peccato Originale che ha così ferito l'anima fosse stata cancellata dalla dottrina cristiana e se il Mito della Caduta fosse interpretato come la metafora della nascita della coscienza e non la ragione per cui avevamo bisogno di un Redentore, liberando così anima e corpo dal pesante fardello che hanno trasportato per circa sedici secoli.

Note:

1. Nella traduzione italiana dei Dialoghi di Platone, si parla di Teoria delle Idee, ma la traduzione esatta del termine sarebbe 'forma'… Noi moderni per idea intendiamo un concetto, un pensiero, una rappresentazione mentale… l'idea platonica non è affatto un ente di ragione bensì un essere, il vero essere… la forma interiore, l'essenza della cosa …» (In G. Reale, *Il pensiero antico*, p. 120, Vita e Pensiero, Milano 2001) N.d.t.
2. Holland, Jack: *Misogyny: The World's Oldest Prejudice*, Constable and Robinson Ltd., Londra 2006, p. 31.
3. Torjesen, Karen Jo: *When Women Were Priests*, Harper SanFrancisco 1995, p. 180.
4. ibid, p. 181.
5. ibid, p. 211.
6. Bourgeault, Cynthia: *The Meaning of Mary Magdalene*, Shambhala Publications Inc., Boston 2010, p. x.
7. *Il Vangelo di Filippo*, Nag Hammadi Library, ed. James M. Robinson, E.J. Brill, Leiden, 1977, p. 138. Anche Ebook Harmakis Edizioni 2017.

8. Bourgeault, pp. 15-16.
9. ibid, p. 41
10. ibid, pp. 51 e 55.
11. *The Dialogue of the Savior*, Nag Hammadi Library, p. 235.
12. Bourgeault, p. 87.
13. Bourgeault, p. 88.
14. Ireneo: *Adversus Haereses*, 111.xxii.4.
15. Tertulliano: *de virginibus velandis*, 9.
16. Tertulliano: *de cultu foeminarum*, citato in Phillips, op. cit. p. 76.
17. Ranke-Heinemann, Uta: *Eunuchi per il regno dei cieli*, Rizzoli, Milano 1990.
18. Graziano: *Decretum*.
19. Ranke-Heinemann: p. 157 citazione da *Quaestiones super de animalibus*, XV, q.11
20. Tommaso d'Aquino: *Summa Theologica*.
21. *De contemptu mundi*. Hoskier 1929. Traduzione di S.M. Jackson, *The Source of Jerusalem the Golden*. Chicago 1919, pp.139-40. Citato in William Anderson, *The Rise of the Gothic*, p. 126.
22. French, Marilyn: *From Eve to Dawn: A History of Women*, McArthur & Co., Toronto 2002.
23. Torjesen, p. 222.
24. Zilboorg, Gregory: *A History of Medical Psychology*, W.W. Norton & Company, New York 1941&1967, p. 162.
25. Pizan, Christine de: *The Book of the City of Ladies*, Penguin Books, Londra 1999, p. 6-7.
26. ibid, p. 11.
27. Professor John Studd FRCG, estratto dall'Orazione annuale dei Fondatori al Royal College of Obstetricians and Gynaecologists Maggio, 2011, dal titolo *19th century attitudes to female sexuality as portrayed in medicine, literature, art and music*.
28. La scheda informativa dell'Organizzazione mondiale della sanità 2010 stima che tra 100 e 140 milioni di ragazze e donne in tutto il mondo (92 milioni di ragazze su 10 solo in Africa) abbiano subito mutilazioni genitali femminili. Ciò comporta l'escissione della clitoride e il taglio delle labbra, la parte esterna della vagina e, in alcuni casi, la cucitura dell'apertura della vagina, lasciando solo una piccola apertura, per garantire che siano vergini quando si sposano.
29. articolo sul *The Times* di Diana Quick, 26 ottobre 2011. La Commissione sui diritti umani delle Nazioni Unite ha dichiarato illegale la mutilazione genitale femminile il 28 novembre 2012.
30. Ali, Ayaan Hirsi: *Nomade*, Rizzoli, Milano 2010, p. 230.
31. Ali, pp. 233–234.
32. statistiche prese da varie fonti di Google 2011.
33. Le prove dello stupro di bambini da parte di preti cattolici sono venute alla luce (2010–11) in America, Irlanda, Austria, Germania, Italia, Spagna, Svizzera, Paesi Bassi e Brasile.
34. Ranke-Heinemann: introduzione p. x.

Il 12 gennaio 2013 la prima panoramica governativa sul reato sessuale in Gran Bretagna è stata pubblicata in uno studio del Ministero della Giustizia, del Ministero degli Interni e dell'Ufficio delle statistiche nazionali. Ha rivelato che circa 85.000 donne all'anno sono vittime di stupro o di violenze sessuali gravi (*The Times*).

Il Mito della Caduta è stato esplorato più dettagliatamente in *Il mito della Dea*, capitolo tredici, e in un libro intitolato *Eve: The History of an Idea*, di J.A. Phillips, Harper & Row, San Francisco, 1984. Al lettore che desidera capire di più sul cruciale quarto secolo consiglierei il libro di Uta Ranke-Heinemann e i libri di Charles Freeman, menzionati in questo capitolo e nel precedente.

Meditazione

Vorrei offrire una meditazione sul corpo, per recuperare il suo valore e la sua preziosità come tempio e manifestazione fisica dell'anima — vitale intermediario che connette la materia con lo spirito.

Immagina il tuo corpo come un vaso che riceve e trasmette luce.

Immagina che ci sia un gioiello splendente al posto di ognuno dei sette chakra: rubino, opale di fuoco, topazio, smeraldo, zaffiro, ametista e diamante.

Ringrazialo per tutto ciò che ha fatto per te nella vita, passata e presente.

Ringrazialo per il miracolo della sua esistenza.

Digli che sei profondamente dispiaciuta che abbia sofferto in passato e che te ne prenderai molta cura in futuro.

Immagina l'amore che fluisce dal tuo cuore in ogni parte di esso, inondandolo di luce.

Riconosci il tuo corpo come il collegamento tra lo spirito invisibile e l'ambiente fisico intorno a te: la terra, gli alberi, le piante e i fiori, il cibo che mangi, tutte le cose che fai e trasformi creativamente con le materie prime della vita.

Guardalo come la sostanza trasparente più fine, come il cristallo o un bellissimo gioiello, come un diamante. Vedi quella forma cristallina o simile a un gioiello irradiata dalla luce curativa del cosmo che gli scorre attraverso e sostiene l'intero mondo manifesto.

Testa di poeta
Robin Baring 1974

Capitolo nove

La Visione con un Occhio Solo

L'uomo moderno parla di battaglia contro la natura, dimenticando che, se la vincesse, si troverebbe dalla parte di chi ha perso.

— E. F. Schumacher

La nostra normale coscienza nello stato di veglia, quella che chiamiamo coscienza razionale, non è che un tipo speciale di coscienza, sebbene intorno ad essa, separate da un opacissimo schermo, ci siano potenziali forme di coscienza completamente diverse.... Nessun resoconto dell'universo nella sua totalità può essere definitivo, il che lascia del tutto trascurate queste altre forme di coscienza.

— William James *The Varieties of Religious Experience* [1]

E così arriviamo al tempo presente dove, in una cultura secolare, la mente umana razionale si è affermata come valore supremo, come maestra di tutto ciò che esamina, che non riconosce alcun potere, nessuna coscienza al di là di se stessa. Ha perso la sua connessione con l'anima, non solo l'anima in senso individuale, ma come matrice o campo cosmico della cui vita partecipiamo. Nella sua posizione arrogante, la mente moderna si è staccata dalla sorgente più profonda da cui si è evoluta. Con l'appassionata sicurezza dell'iconoclasta, che non può tollerare l'esistenza di qualcosa che minacci la sua fede, denigra e deride sdegnosa tutto ciò che percepisce come non razionale, etichettandolo come 'misticismo' o 'superstizione'.

Penso che questo atteggiamento punti il dito sul mio sogno della struttura di ferro a forma di torre eretta sulla luna. Rispecchia la rigida posizione della mente razionale, o ego, che ora si erge come un despota al di sopra e contro la Natura, al di sopra e contro la Terra, al di sopra e contro tutto ciò che descrive come minaccia alla sua supremazia, al raggiungimento delle sue mire mondane e alla definizione di progresso. Questo lascia trascurato il territorio dell'anima, come una terra desolata, sterile come la superficie della luna.

Da questa breve rassegna dell'era solare che si è, in verità, focalizzata più sull'oscurità che sull'aspetto luminoso di quest'epoca, è possibile vedere che il sistema di credenze del materialismo scientifico (riduzionismo) che ora domina la nostra cultura e che sarà esplorato in questo capitolo e nel quattordicesimo, può essere inteso come il risultato finale della dissociazione di vecchia data tra spirito e natura, mente e materia ma, soprattutto, della separazione in noi di pensiero e sentimento, mente razionale e anima istintiva — gli aspetti solari e lunari, consci e inconsci della nostra natura. La nostra psiche e la nostra cultura sono ora profondamente disequilibrate e questo si riflette nei crescenti problemi politici, sociali, finanziari ed economici che ci troviamo di fronte e che non hanno soluzione se non, come suggerito da Einstein, cambiamo il nostro modo di pensare.

Nel libro *A Journey in Ladakh* di Andrew Harvey c'è un momento nel quale l'autore registra le parole di un monaco tibetano, Nawang Tsering. Riferendosi al tempo presente come al *Kali Yuga* — l'Età della Tenebra e della Distruzione — Nawang dice che il grande pericolo per il mondo ora è la perdita di visione spirituale e che il nostro compito è di mantenerla viva, di capire che esiste anche in questi tempi oscuri. Parla dei poteri dell'amore, della guarigione e della chiarezza che sono latenti in ciascuno di noi e ci chiede di sforzarci di svilupparli per amor nostro e per amore degli altri e sostiene che è necessario che ci mettiamo in sintonia con i livelli più profondi dello spirito se vogliamo avere una speranza di sopravvivere a questa era.[2]

Osservando lo stato del mondo, la sofferenza senza speranza e senza voce di milioni di persone e la nostra continua ed eterna dipendenza dagli armamenti e dalla guerra, sembra ovvio che la nostra attuale immaturità morale e spirituale minaccia la nostra sopravvivenza come specie. Nel mezzo di questa oscurità, come possiamo invocare i poteri dell'amore, della guarigione, di una visione chiara? Come possiamo prendere coscienza dell'influenza delle credenze profondamente radicate delineate nei capitoli precedenti e capire che ci stanno ancora controllando e contribuendo alla sofferenza dell'umanità?

Una Coscienza con un Occhio Solo

Certi miti, idee e sistemi di credenze si trasformano in meta–narrative, visioni del mondo o paradigmi di realtà che possono ispirare, strutturare ed influenzare una cultura per centinaia, o addirittura migliaia di anni. Ma possono anche bloccare il nostro ulteriore sviluppo, con sottili metodi di controllo difficili da individuare. In Occidente, siamo stati influenzati da due principali meta–narrazioni: quella cristiana di un Dio–Creatore trascendente e di una creazione caduta, e quella scientifica, più recente, che afferma che noi esistiamo in un universo inanimato senza coscienza, significato o scopo.

All'inizio del ventesimo secolo l'artista francese Odilon Redon dipinse un quadro che raffigura il Ciclope, un gigante con un solo occhio. Il suo unico occhio guarda una distesa disseminata di fiori dove giace una donna nuda in un paesaggio brillante e luminoso. Secondo me l'immagine del Ciclope riflette la costrizione e l'espansione della mente moderna che, inconsapevole delle vaste dimensioni della vita planetaria e cosmica su cui poggia e da cui si è evoluta, crede di avere il controllo della natura e della sua stessa natura. Evoca le parole molto citate di Blake: "Che Dio ci impedisca la visione unica e il sonno di Newton". [3]

La pittura, tuttavia, comunica una tremenda tristezza, la tristezza di una coscienza con un occhio solo, tagliata fuori dal suo fondamento, che non ha relazione con l'anima e la natura, rappresentate in quest'opera dalla donna che giace su un terreno cosparso di fiori. L'occhio mondano razionale o letterale se ne sta solo e supremo, alienato dal paesaggio dell'anima.

Dal sedicesimo secolo, ma in modo pervasivo negli ultimi cinquant'anni, la filosofia o visione del mondo secolare si è lentamente infiltrata in ogni aspetto del mondo, e domina i media, le arti, la scienza e la filosofia, come pure le agende economiche, politiche ed educative. Osserva la vita attraverso una mentalità sempre più utilitarista e materialista, e non vede alcun obiettivo per l'umanità se non la sopravvivenza del numero sempre crescente di persone e il miglioramento delle condizioni materiali attraverso il progresso scientifico, medico e tecnologico. Escludendo, rifiutando e deridendo tante cose, in particolare ciò che riguarda le grandi conquiste spirituali e culturali del passato e le domande ignorate della condizione umana, limita drasticamente la comprensione di noi stessi e del nostro posto nel cosmo. Ha voltato le spalle al mistero irrisolto della nostra esistenza; alle grandi domande su chi siamo e sul perché siamo qui, su questo pianeta. Crede persino che la nostra specie abbia raggiunto il più alto livello di sviluppo mentale di cui sia capace. Quello che non cita è il fatto che il nostro sviluppo morale come specie è molto indietro rispetto ai risultati tecnologici che abbiamo raggiunto.

Tuttavia, c'è un altro tipo di occhio: l'occhio del cuore, o occhio dell'anima. La fioritura della visione poetica e le rivelazioni dell'esperienza mistica e sciamanica di molte culture nel corso di molte migliaia di anni ci ricordano che siamo completamente capaci di un diverso tipo di conoscenza, una diversa qualità di relazione con ciò che chiamiamo realtà. I grandi saggi di India, Tibet e Cina, nonché i grandi mistici dell'Occidente, hanno saputo per migliaia di anni che possiamo accedere a uno stato di coscienza più profondo, completo o illuminato di quello che di solito attira la nostra attenzione — una consapevolezza che è sintonizzata su un terreno invisibile dell'essere.

Cent'anni fa, un uomo di nome Richard Maurice Bucke scrisse un libro dal titolo *Coscienza Cosmica* in cui descriveva le vite di individui che avevano sperimentato dimensioni di coscienza ancora non immaginate né realizzate dalla maggior parte di noi. Egli credeva che l'intera specie umana potesse un giorno raggiungere quello stato.[4]

Potrebbe questo stato di conoscenza e di esperienza più profonda, questa capacità di un rapporto più profondo con la vita, essere sviluppato in ognuno di noi? E questa diversa qualità del sapere ci permetterebbe di sperimentare una dimensione della realtà in cui siamo inconsapevolmente incorporati, una dimensione che Platone un tempo chiamava l'anima del cosmo, animata dagli agenti creativi della vita cosmica — variamente nominati in diverse culture come dee e dèi, spiriti demoniaci, angeli e arcangeli? Potrebbe la nostra stessa coscienza, che include l'intero spettro dell'esperienza tra l'istinto animale e il più alto potenziale dell'immaginazione e dell'intelligenza, partecipare ancora una volta di questa più grande anima planetaria e cosmica di cui la nostra cultura ha perso ogni consapevolezza?

Talvolta un singolo libro getta luce sul carattere di un'epoca e sui cambiamenti in preparazione per l'età da venire. Nel 1920 Pitirim Sorokin (1889–1968) era professore di sociologia presso l'Università di San Pietroburgo. Condannato a morte, sia dallo Zar che dai Bolscevichi, fu infine esiliato e si rifugiò in America dove divenne Direttore di Sociologia ad Harvard. Qui scrisse il libro *La crisi del nostro tempo*, pubblicato nel 1941. In esso definisce tre differenti generi di cultura: Ideativa, Idealistica e Percettiva. Egli riteneva l'intero processo della storia umana un alternarsi ciclico di culture spirituali e culture materialistiche e vedeva il nostro presente come uno dei più significativi e cruciali momenti di transizione da un'età a un'altra della storia umana.

Identificava come Percettiva la cultura europea degli ultimi seicento anni (in particolare degli ultimi quattro secoli), che era succeduta ed aveva preso il posto della declinante cultura Ideativa del Medio Evo. Il fulcro della cultura Ideativa medioevale era lo spirito; il fulcro di quella attuale Percettiva è la materia e il mondo fenomenico. I valori spirituali e la credenza in una divinità onnisciente trascendente che ha creato il mondo e l'uomo, hanno progressivamente ceduto il posto ai valori secolari e alla convinzione che la realtà materiale, e la nostra percezione sensoriale ed empirica di essa, sia l'unica centralità valida per la nostra attenzione e l'unica realtà esistente. Negli ultimi quattro secoli, la cultura Percettiva è diventata dominante e ha visto un progresso scientifico fenomenale, che ha riguardato ogni aspetto della nostra vita, scrivendo, come dice, una delle pagine più brillanti della storia umana. Tuttavia, nessuna forma finita, né ideativa né percettiva, è eterna. Prima o poi è destinata a esaurire le sue capacità creative. Quando arriva questo momento, inizia a disintegrarsi e a decadere.[5]

Nella cultura Ideativa del Medio Evo, la materia, il corpo e la sessualità erano separati dallo spirito, ritenuto contaminato dal peccato della Caduta, laddove nella nostra cultura Percettiva, materia, corpo e sessualità sono spostate al centro della scena ed è lo spirito ad essere marginalizzato o eliminato. Una cultura esclude il corpo, l'altra esclude lo spirito. In ogni caso, viene stabilito un sistema di credenze e il sistema stesso si promuove come infallibile. Questa tendenza totalitaria della religione e della scienza è chiaramente distinguibile e può essere pericolosa per noi a causa della sua posizione disequilibrata. Con il ridicolo, la distorsione e la trascuratezza, la nostra cultura Percettiva ha indebolito i valori spirituali più elevati e i raggiungimenti della precedente era Ideativa. Nella concezione di Sorokin, la cultura Percettiva, ora decadente, al tempo del suo libro (1941) aveva esaurito il suo potenziale creativo ed era in procinto di morire. Nelle disastrose guerre ideologiche del ventesimo secolo egli ravvisava i sintomi principali della sua decadenza.

> La crisi attuale non è ordinaria ma straordinaria. Non è solo un disadattamento economico o politico, ma coinvolge contemporaneamente quasi tutta la cultura e la società occidentali. È una crisi di arte e scienza, filosofia e religione, legge e morale, maniere e costumi; nelle forme di organizzazione sociale, politica ed economica, inclusa la natura della famiglia e del matrimonio È in breve, è una crisi che coinvolge quasi tutto il modo di vivere, il pensiero e la condotta della società occidentale. Più precisamente, consiste nella disintegrazione di una forma fondamentale della cultura occidentale e della società dominante negli ultimi quattro secoli.[6]

Tuttavia, nel definire la nostra attuale crisi, non pensava che essa avrebbe necessariamente portato alla disintegrazione e al collasso della civiltà occidentale; piuttosto, credeva di vivere il difficile periodo di transizione tra la morte della cultura dominante Percettiva e la nascita di una nuova cultura Ideativa:

> Anche se non significa l'estinzione della cultura e della società occidentali, indica comunque una delle più grandi rivoluzioni possibili nella nostra cultura e nella nostra vita sociale.... Abbiamo il raro privilegio di vivere, osservare, pensare e agire nella conflagrazione di una simile ordalia. Se non possiamo fermarla, possiamo almeno provare a capire la sua natura, le sue cause e le sue conseguenze. Se lo facciamo, potremmo essere in grado, in una certa misura, di accorciare il suo periodo tragico e mitigare le sue devastazioni.[7]

Il Punto di Vista Secolare

Bertrand Russell (1872–1970) descrisse la filosofia secolare di una cultura Percettiva nel potente ed emozionante estratto dal suo famoso saggio *The Free Man's Worship*, pubblicato nel 1903 e salutato come una pietra miliare del pensiero del primo Novecento:

> Quell'Uomo è il prodotto di cause che non avevano alcuna previsione del fine che stavano raggiungendo; che la sua origine, la sua crescita, le sue speranze e paure, i suoi amori e le sue convinzioni, non sono che il risultato di collocazioni accidentali di atomi; che nessun fuoco, nessun eroismo, nessuna intensità di pensiero e sentimento, può preservare una vita individuale oltre la tomba; che tutte le fatiche dei secoli, tutta la devozione, tutta l'ispirazione, tutto lo splendore di mezzogiorno del genio umano, sono destinate all'estinzione nella vasta morte del sistema solare, e che l'intero tempio del conseguimento dell'Uomo deve essere inevitabilmente sepolto sotto i detriti di un universo in rovina — tutte queste cose, se non addirittura fuori discussione, sono tuttavia quasi certe, tanto che nessuna filosofia che le respinga può sperare di resistere. Solo all'interno dell'impalcatura di queste verità, solo sul solido fondamento dell'irriducibile disperazione, l'abitazione dell'anima può ormai essere costruita in tutta sicurezza. In che modo, in un mondo così alieno e disumano, può una creatura così impotente quanto l'uomo preservare le sue aspirazioni senza macchia?[8]

Come in effetti? Possiamo capire come è nata questa filosofia, ma sicuramente dovremmo mettere in discussione le sue conclusioni. Attualmente, la filosofia dominante della moderna cultura Percettiva è quella neo–darwiniana che sostiene che la vita su questo pianeta si è evoluta dalla selezione naturale e dalla sopravvivenza del più adatto, e che siamo semplicemente il prodotto dei nostri geni biologici e dell'interazione con l'ambiente. Siamo il prodotto di forze insensate che operano sulla materia inanimata; gli atomi sono particelle senza vita, galleggianti in un universo morto; la materia è primaria e dà origine alla mente come fenomeno secondario.

La filosofia materialista laica che si è diffusa dall'Occidente in ogni parte del mondo industrializzato moderno può essere riassunta come segue:

- La coscienza è un epifenomeno o un prodotto del cervello fisico.

- Non c'è sopravvivenza della coscienza dopo la morte, perché la morte del cervello fisico è la fine della coscienza.

- Dio è un'ipotesi non provata e il concetto di anima è irrilevante.

- La vita dell'universo si è generata per caso.

- L'universo che vediamo, così come la materia sub–atomica esplorata dalla scienza, è inanimato e 'morto'.

- Non c'è un obiettivo trascendente o un significato per le nostre vite.

Francis Crick, co–scopritore del DNA, ci descriveva cupamente in questo modo: "Tu, le tue gioie e i tuoi dolori, i tuoi ricordi e le tue ambizioni, il tuo senso di identità personale e di libero arbitrio, sono in realtà nient'altro che il comportamento di un vasto assemblaggio di cellule nervose e molecole associate".[9] È facile concludere da ciò che il corpo è un meccanismo che può essere manipolato e controllato dalla mente e rimuove anche qualsiasi fondamento per i valori morali.

Questa ipotesi riduzionista, che si sviluppa da un fondamento Newtoniano/Cartesiano/Darwiniano, e viene presentata come 'verità' svuota di significato, scopo e valore l'intero sforzo umano. Non esiste un asse verticale, nulla che possa collegarci a un campo di coscienza che è al di là della nostra esperienza sensoriale immediata. Penso sia vero che la scienza riduzionista e l'ideologia laica che si è da essa sviluppata negli ultimi quattrocento anni abbia liberato ampie fasce di umanità dal controllo assoluto delle istituzioni religiose, tuttavia sembrerebbe anche aver sostituito un rigido sistema di credenze con un altro.

Il problema principale di questa filosofia è che esclude dalla discussione e dalla verifica tutto ciò che non si adatta alle sue convinzioni, esattamente nello stesso modo in cui la Chiesa cristiana, nella persecuzione di Galileo nel sedicesimo secolo, escludeva le nuove scoperte scientifiche. Con mezzi subdoli sopprime una massa di dati che potrebbe essere di immenso interesse, rilevanza e valore per la nostra cultura. Questa censura è, di per sé, non scientifica. Un esempio di ciò sono i ripetuti tentativi di screditare e invalidare gli approcci alternativi alla guarigione, come l'omeopatia e l'agopuntura, affermando che sono inutili, poiché la loro efficacia non può essere dimostrata. Anche il paranormale è escluso, dimenticando che Einstein ha osservato con preveggenza che il paranormale di oggi è la norma di domani.

La moderna cultura secolare ha esaltato l'uomo come agente supremo del trionfale progresso scientifico e tecnologico, ma lo ha anche ridotto al livello di un meccanismo biologico, soggetto alla programmazione della sua eredità genetica. Ha creato una società ossessionata dalla sua abilità tecnologica, affascinata dalla rivoluzione digitale e dal potere onnipotente della scienza e della mente umana. Ha eliminato qualsiasi fondamento etico per i valori e agisce come se la tecnologia stessa potesse risolvere i nostri problemi, ignorando il fatto che, per la nostra sopravvivenza, siamo completamente dipendenti dalle risorse del pianeta, in continua diminuzione. Non mette in discussione le premesse che dirigono le sue conclusioni né guarda gli effetti delle sue convinzioni su bambini che crescono in questa cultura moralmente difettosa. Si potrebbe dire che viviamo in una civiltà non conscia di sé, come sostiene il filosofo canadese John Ralston Saul nel libro *The Unconscious Civilization*.[10]

In ogni caso, questa non è l'intera storia. Ciò che sembra accadere ora nella nostra cultura è molto interessante. Gli elementi sopravvissuti della più antica cultura Ideativa (Cristianesimo, Ebraismo e Islam) sono in conflitto con i valori materialisti prevalenti dell'attuale cultura Percettiva secolare, e si scontrano come due placche tettoniche. Allo stesso tempo, una nuova cultura Ideativa viene preparata da coloro che cercano di prendere le distanze dalla rigidità delle antiche credenze religiose e di quelle secolari moderne. Questi individui sono motivati dalla consapevolezza del bisogno urgente di formulare valori che potrebbero trasformare il nostro approccio nei confronti del pianeta da un atteggiamento di dominio e sfruttamento a uno di responsabilità e servizio.

La sfida del cambiamento climatico, con i suoi effetti potenzialmente devastanti sulla vita del pianeta, intensifica la tensione e indica valori e questioni ignorate sia nella più antica cultura Ideativa che in quella moderna Percettiva: il rispetto per la Terra e il riconoscimento che le nostre vite e il nostro benessere sono inseparabilmente legati alla vita planetaria. Il crollo dei mercati finanziari (2008–2012) — la corruzione del sistema bancario, insieme alla pratica rischiosa di prendere in prestito o stampare somme di denaro colossali che non hanno alcuna relazione con ciò che guadagniamo — ha dimostrato la fragilità di un sistema che un tempo sembrava sicuro. La nuova ideologia di un'Europa unita e l'instabilità dell'intera Eurozona sono un altro fattore che contribuisce a questa pericolosa situazione così come lo sono i tentacoli diffusi del complesso militare–industriale delle nazioni più potenti. Mentre si allarga il divario tra coloro che manipolano e controllano i mercati e la massa di persone che sono le loro sfortunate vittime, la prospettiva di un collasso economico e sociale in diverse aree del mondo si avvicina. Ma al di là di tutto questo c'è il nostro rapporto, o la mancanza di esso, con la Terra. Thomas Berry (1914–2009), un teologo cattolico che, come Schumacher, è stato uno dei più illuminati portavoce della nascente cultura Ideativa, nel suo libro *The Dream of the Earth* osserva:

> All'improvviso ci risvegliamo alla devastazione risultante dall'intero processo moderno.... In relazione alla terra, siamo stati autistici da secoli. Solo ora abbiamo iniziato ad ascoltare con una certa attenzione e abbiamo la volontà di rispondere alle sue richieste di cessare l'assalto industriale, di abbandonare la rabbia interiore contro le condizioni della nostra esistenza terrena, di ignorare la nostra partecipazione umana alla grande liturgia dell'universo. [11]

La Grande Avventura del Nostro Tempo

Se passiamo dall'ideologia laica della scienza alle reali scoperte scientifiche, la storia cambia: non appare più una visione nichilista dell'esistenza umana ma una traiettoria in continua espansione di stupende scoperte che ci stupiscono e meravigliano. Come la bellissima cometa luminosa Hale–Bopp che abbiamo visto illuminare i cieli notturni del 1997, qualcosa di assolutamente nuovo brilla sull'orizzonte della coscienza: negli ultimi decenni la scienza ha aperto il panorama immenso ed elettrizzante del Cosmo in cui sono incorporate tutte le nostre vite, aiutandoci a capire il dispiegarsi del suo viaggio. Geologi e biologi hanno messo insieme la storia dell'evoluzione planetaria; i cosmologi hanno definito l'incredibile storia della nascita, dell'espansione e dell'estensione dell'universo visibile, anche se tutto ciò viene continuamente rivisto alla luce delle nuove scoperte; i fisici delle particelle penetrano i misteri del mondo subatomico; i genetisti applicano le scoperte del codice genetico per guarire le terribili malattie che ancora ci affliggono. I neuroscienziati fanno scoperte fenomenali sul cervello umano: possono mapparlo e connettere le diverse funzioni con sue aree specifiche. Con sorpresa, stanno scoprendo che le parti 'emozionali' più primitive del cervello svolgono un ruolo vitale nello sviluppo delle qualità di empatia, compassione, intuizione e tolleranza, ma non sanno dirci esattamente come l'incredibilmente complessa neurochimica del cervello generi la percezione, l'immaginazione, i pensieri e i sentimenti specifici e la loro collaborazione. Gli scienziati non sanno ancora rispondere alla domanda su come la coscienza emerga dalla materia: come, quando e, soprattutto, perché la materia apparentemente 'morta' possa dare origine alla vita e, infine, alla coscienza. E non sanno ancora rispondere alle domande: cos'è esattamente la vita e, cos'è la coscienza?

Quindi, per molti milioni di noi, questo è un tempo inebriante per essere vivi, per partecipare all'immensa avventura di esplorare il mistero dell'universo e di noi stessi. Il cielo notturno è diventato numinoso e avvincente quanto lo era per gli antichi Sumeri ed Egizi, che osservavano e notavano il movimento dei pianeti e delle costellazioni dalle sommità dei templi e dai tetti delle case. Le presentazioni televisive affascinano per la brillantezza e l'entusiasmo comunicati da cosmologi, fisici e biologi. Una delle cose che sta cambiando la nostra visione della realtà è la scoperta dell'immensità e dell'età dell'universo e l'incredibile bellezza delle galassie registrate da Hubble, il telescopio in grado di guardare indietro di undici miliardi di anni — due miliardi dopo l'esplosione iniziale dell'universo — che sta trovando strati su strati di galassie a perdita d'occhio. Ora il nuovo telescopio Herschel (lanciato nel maggio 2009) va oltre i limiti raggiunti da Hubble. Tutto ciò è una meraviglia ed è stato portato dalla scienza. Chi, in questo vasto universo, potrebbe osservarci mentre guardiamo da dove siamo venuti da quel passato abbacinante?

Secondo la Teoria Standard del Big Bang, tredici–quattordici miliardi di anni fa, così comprendiamo il tempo nel nostro mondo tridimensionale, si è verificata una stupenda esplosione di energia cosmica, che si è espansa istantaneamente da una palla di fuoco più piccola di un atomo. Il primo secondo conteneva l'energia inconcepibile che alimentò non solo la creazione di 170 miliardi di galassie, attraverso miliardi di anni luce di percorsi di espansione, ma anche l'evoluzione della vita su questo pianeta. Eoni dopo, da questa vita planetaria si evolse la specie umana e, alla fine, la coscienza umana — la nostra coscienza.

La storia dell'evoluzione della nostra specie scorre come la coda di una cometa attraverso l'oscurità di secoli, ormai a noi inaccessibili. La vita della nostra specie è incastonata nella vita inimmaginabilmente vecchia dell'universo e, più vicino a noi, nella vita di questo pianeta, tuttavia, in relazione all'immensità della vita planetaria, la durata della vita della nostra specie non occupa più spazio della larghezza di un capello. La vita complessa si è evoluta qui attraverso una serie davvero straordinaria di sviluppi apparentemente fortuiti, che solo ora si stanno rivelando agli scienziati. Nel suo libro *Just Six Numbers* Lord Rees, l'Astronomo Reale, sostiene che solo sei numeri determinano la natura del nostro universo e definiscono il tessuto reale della realtà materiale. L'universo è sintonizzato 'perfettamente' per la creazione della vita.[12] Perché dovrebbe essere così?

La galassia della Via Lattea, alla quale apparteniamo, fa parte di un im-menso gruppo di galassie — il superammasso della Vergine — che si trova a 53 milioni di anni luce da noi. Nell'universo ad oggi sono state contate circa duemila miliardi di galassie, ognuna con oltre 100 miliardi di stelle. Il nostro sole è stimato essere uno dei circa 200 miliardi di stelle della nostra sola galassia (queste cifre vengono continuamente aggiornate). Una delle domande che più affascina i cosmologi è se ci possa essere vita su altri pianeti. Ci sono pianeti là fuori con esseri che hanno sviluppato una sorta di intelligenza più complessa? Potremmo comunicare con loro? Avrebbero sviluppato una tecnologia più avanzata della nostra? Potrebbero viaggiare più velocemente della velocità della luce e se sì, come? Dal 1995 una nuova generazione di osservatori, tra cui Kepler e i giganteschi telescopi che sono stati costruiti nel deserto di Atacama, nelle Ande, hanno rivelato l'esistenza di centinaia di pianeti in altri sistemi solari. Nel 2009 la NASA ha lanciato il nuovo telescopio Kepler, e l'ha inviato nello spazio per trovare pianeti nella Via Lattea che possano essere in grado di sostenere la vita. Nel febbraio 2011, la NASA ha annunciato che Kepler aveva scoperto 1000 nuovi pianeti oltre ai 500 già trovati. Poi, nel dicembre 2011, ha annunciato che ne era stato trovato uno, nella costellazione del Cigno, chiamato Kepler–22b, che sembrava essere un pianeta 'Goldilocks' (*Riccioli d'oro* è il personaggio di una fiaba, Ndt) perché le condizioni su di esso potevano essere 'giuste' per sostenere la vita in un modo simile al nostro (2011). Gli scienziati pensano che nella nostra galassia ci possano essere fino a 10 miliardi di pianeti simili alla Terra, in grado di sostenere la vita (2012). Eppure la vita del nostro pianeta è così straordinaria che si ritiene improbabile che possano esserci altri pianeti la cui formazione sia esattamente come la nostra. Dove esistono le condizioni per un qualche tipo di vita, ci potrebbero essere entità come noi, con le stesse capacità e pensieri come i nostri, oppure con una coscienza così diversa dalla nostra che non possiamo neanche immaginarla. Incredibilmente, gli obiettivi di Kepler sono così potenti che dallo spazio sono in grado di rilevare uno di noi che accende una luce esterna durante la notte.

Se altre forme più avanzate di intelligenza cosmica stessero osservando la vita su questo pianeta e il nostro calamitoso effetto su di esso, come potrebbero comunicare con noi? Forse con i magnifici cerchi nel grano che sono apparsi nei nostri campi estivi per molti anni, suggerendo che c'è di più da comprendere sul nostro universo di quanto non ci rendiamo conto. Se fosse accertato senz'ombra di dubbio che questi schemi complessi, belli e matematicamente codificati sono stati fatti da un'intelligenza diversa dalla nostra, ciò potrebbe produrre il cambiamento più radicale nel nostro modo di pensare dalla scoperta di Copernico che il sole e non la terra era il centro del nostro sistema solare. Alcuni potrebbero ritrarsi per paura, ritenendo gli extraterrestri minacciosi; altri potrebbero essere elettrizzati nel sapere che nella consapevolezza di una diversa dimensione della realtà c'è qualcosa di completamente inaspettato che potrebbe scioccarci. (vedi www.temporarytemples.co.uk)

Vasto e ancora relativamente non mappato com'è, si pensa che l'universo osservabile si estenda 93 miliardi di anni luce, ma ancora non c'è modo di accertare quanto lontano possa estendersi oltre la portata della percezione dei nostri strumenti. Nel 2012 è stato anche annunciato che la sua estensione potrebbe essere infinita. Lord Rees suggerisce che potrebbe essere solo un'isola in qualcosa che assomiglia a un arcipelago cosmico di universi.[13] Nel 2011 gli astronomi dell'Università del Michigan annunciarono la scoperta di un buco nero colossale, con una massa 21 miliardi di volte più grande di quella del sole (una cifra inimmaginabile). All'interno di ogni buco nero che collassa potrebbe esserci un altro universo in espansione di cui non sappiamo nulla. Il nostro universo potrebbe essere nato da un buco nero. I teorici delle stringhe ipotizzano che ci possano essere molti universi paralleli al nostro e molte altre dimensioni nascoste. Vediamo solo il 4% (alcuni dicono il 5%) dell'universo totale. Il novantasei per cento ci è totalmente invisibile.

I cosmologi pensavano che l'universo avrebbe rallentato la sua espansione dopo miliardi di anni. Sono stati in grado di calcolare la velocità con cui l'universo si è espanso dal momento delle esplosioni di supernova avvenute 10 miliardi di anni fa. Ma hanno scoperto che, lungi dal rallentare, il tasso di espansione era ancora in aumento. Quindi si sono chiesti se esistesse una forza in grado di controbilanciare e prevalere sulla gravità. Hanno scoperto qualcosa che hanno chiamato 'energia oscura' — una forza (il 73% dell'intero universo) abbastanza potente da neutralizzare e superare la gravità dell'intero universo e spingerlo ad espandersi sempre più velocemente. Non sanno ancora cosa sia o come funzioni, ma sanno che è attiva su scala intergalattica e non sembra influenzare la nostra terra né il nostro sistema solare.

Poiché l'energia oscura causa l'espansione dell'universo, ci sono galassie oltre l'orizzonte cosmico che non vedremo mai poiché siamo troppo lontani perché la loro luce ci raggiunga. Eppure, con l'altrettanto misteriosa 'materia oscura' (il 22,7% dell'intero universo), ha svolto un ruolo centrale nel modo in cui siamo venuti all'esistenza. La materia oscura è uno dei grandi misteri irrisolti della cosmologia, una massa invisibile, ma osservabile, che sembra tenere insieme le galassie, fungendo da forza contraria all'energia oscura che sembra allontanarle. La materia oscura non emette luce o radiazioni elettromagnetiche e la sua esistenza può essere desunta solo dall'effetto che ha sulla materia visibile. Sembra che finché queste due forze misteriose — l'energia oscura e la materia oscura — si manterranno in equilibrio, anche l'universo manterrà il suo.

Tutto questo lascia senza fiato; eppure una delle scoperte più sorpren-denti è che, sebbene siamo tra 13 e 14 miliardi di anni lontani dall'inizio manifesto del nostro universo, tuttavia esistiamo proprio al centro di esso. Ogni cellula del nostro corpo così come ogni stella, ogni galassia, è il luogo in cui l'universo irrompe continuamente nell'esistenza dal grande mare dell'essere. Non vediamo la terra di origine, solo le sue manifestazioni. Leggete queste parole del cosmologo Brian Swimme, tratte dal suo libro *The Hidden Heart of the Cosmos*: "Anche nella regione più oscura al di là della Grande Muraglia delle galassie, anche nel vuoto tra i superammassi, anche negli spazi tra le sinapsi dei neuroni nel cervello, avviene un'incessante spumeggiare, una fiamma lampeggiante, una scintilla che proviene e si dissolve in esso".[14]

Non solo siamo nell'universo, proprio al centro del nostro essere siamo in co–creazione con l'universo, e partecipiamo, anche se inconsciamente, a questo processo di creazione in continua espansione. Cosa ancora più sorprendente, gli atomi del nostro corpo esistono fin dall'inizio e sono collegati a ogni singolo aspetto di esso. Questo è sicuramente sufficiente per accendere l'immaginazione, anche se ci sentiamo insignificanti in relazione alla vastità inimmaginabile dell'universo visibile.

È stupefacente rendersi conto che ci sono voluti miliardi di anni perché la vita su questo pianeta si evolvesse al punto da fornire l'atmosfera e l'ambiente che potessero sostenere il nostro organismo fisico e, soprattutto, facilitare lo sviluppo del tipo di coscienza che ora abbiamo. I novantadue tipi di atomi derivati dalle fornaci delle stelle vivono dentro di noi. I composti chimici che costituiscono tutte le forme di vita, dai batteri alle molecole più semplici, vivono all'interno dell'organismo complesso che siamo. Ogni corpo umano consiste di 10.000 trilioni di atomi, collegati e cooperanti tra loro in modi complessi e notevoli, descritti meravigliosamente dalla biologa evoluzionista Elisabet Sahtouris nel suo libro *EarthDance*.[15] Che ne siamo consapevoli o meno, portiamo avanti questo processo di evoluzione cosmica e planetaria e questa tendenza a cooperare nelle cellule del nostro organismo fisico. Ogni cellula sa come cooperare con ogni altra per mantenere il nostro organismo mente–corpo. I cosmologi ci hanno mostrato che siamo letteralmente vita stellare, energia stellare, materia stellare in ogni cellula del nostro essere. Siamo l'unica specie su questo pianeta ad averne consapevolezza cosciente.

Quindi siamo la creazione casuale di un universo meccanico, senza mente, come proclama la filosofia del riduzionismo scientifico, o partecipiamo alla vita di un universo vivente che anima e orchestra la sua evoluzione all'interno dei suoi processi cosmici e planetari? Come possiamo rispondere a questa domanda finché non comprendiamo che cos'è la coscienza e l'intero sviluppo evolutivo del tipo di coscienza che ora abbiamo? Possiamo solo comprendere veramente la nostra storia e noi stessi attraverso la lente della coscienza umana. Queste lenti potrebbero non essere ancora in grado di darci il quadro completo, anche se possiamo avere molte conoscenze scientifiche empiriche. Siamo l'unica specie su questo pianeta che può parlare, scrivere, riflettere, scoprire, creare e comunicare con gli altri in parole e gesti e dare espressione alla propria immaginazione e alle proprie capacità in splendidi manufatti, musica squisita e brillanti invenzioni tecnologiche come il telescopio Hubble. Come siamo arrivati a credere che questo intero panorama creativo non abbia significato?

Le Nostre Radici Planetarie

Durante il suo sviluppo evolutivo, che dura da circa 4 miliardi di anni, il no-stro pianeta è sopravvissuto a cinque catastrofi gigantesche che hanno minacciato di distruggere tutta la vita sulla terra, la più conosciuta delle quali fu il devastante impatto di un enorme meteorite che spazzò via i dinosauri 65 milioni di anni fa. Tuttavia, circa 250 milioni di anni prima, per ragioni non ancora pienamente comprese, le correnti trasportatrici oceaniche profonde smisero di muoversi, causando una mancanza di ossigeno che quasi estinse tutta la vita presente. Gli oceani divennero stagnanti e emisero un gas velenoso chiamato solfuro di idrogeno — mortale come il cianuro. Quasi ogni cosa vivente morì, nel mare e sulla terra: fu la più grande estinzione nella storia del pianeta. Oltre il 90% delle cose viventi morì e, tuttavia, la vita sopravvisse a queste e ad altre catastrofi e si rigenerò. È davvero sorprendente che da queste successive estinzioni e rigenerazioni alla fine ebbe origine la coscienza umana. Ma è motivo di riflessione il pensiero che, secondo il biologo Sir David Attenborough, se la nostra specie continua nella direzione corrente, sarà responsabile della sesta grande estinzione, che potrebbe includere anche noi. È difficile assimilare le enormi implicazioni di questo severo avvertimento.

L'Evoluzione della Coscienza Umana

Viviamo ora alla fine di una grande traiettoria — forse 5 milioni di anni o più — che ha determinato la graduale separazione, o differenziazione, della specie umana dalla matrice della natura e lo sviluppo di un senso di sé, o individualità, così come un intelletto altamente sviluppato: tutto ciò che ora chiamiamo coscienza umana. Ma nel processo abbiamo perso l'antico senso istintivo di vivere all'interno di un Ordine Sacro. L'organismo che siamo, il veicolo della coscienza che abbiamo, si è evoluto dalla sostanza delle stelle e dalla vita che si è sviluppata su questo pianeta. La vita complessa si è evoluta qui attraverso una serie davvero straordinaria di sviluppi evolutivi che solo ora, attraverso le scoperte scientifiche, diventano accessibili alla nostra comprensione.

Nel bambino, la coscienza emerge dalle profondità della vita psichica inconscia, dapprima come isole separate che poi si uniscono per formare un continente — una massa terrestre continua di coscienza. Fu lo stesso per l'uomo primordiale, visto che la capacità di coscienza di sé si evolse gradualmente dalla coscienza puramente istintiva degli animali? Se è così, il bambino ricapitola, nello spazio incredibilmente breve di pochi mesi e anni, l'evoluzione filogenetica della specie, portando con sé come eredità proprio gli istinti umani, oltre a quelli molto più arcaici che precedono l'arrivo dell'*homo sapiens sapiens* circa 40.000 aC.

La facoltà di consapevolezza e percezione che chiamiamo coscienza si è evoluta in migliaia di millenni dalla matrice dell'istinto, sviluppandosi infine nella capacità di coscienza di sé e introspezione, nella capacità di ricordare e immaginare consapevolmente, di osservare e interpretare, che la nostra specie ha ora, ma non ha sempre avuto. Nel corso di questi millenni, gli umani svilupparono certe abilità e ne persero altre, come la consapevolezza sensoriale acuta degli animali. La coscienza — la capacità di essere consapevoli di un mondo interiore di pensieri e sentimenti oltre che di osservarne e interpretarne uno esterno — cinquantamila anni fa non era fissata nel suo stato presente. Il punto focale della mente moderna è molto diverso, per dire, dalla mente del Paleolitico superiore del 50.000 aC o da quella dell'Età del Bronzo del 3000 aC. Eppure ci sono modelli istintivi di base, in risposta agli stimoli, schemi di comportamento di base originati dal vecchio sistema cerebrale (vedi sotto), che la specie umana ha trasmesso in un arco di tempo immenso, che condivide con altre specie, e che esistono in noi ancora oggi.

È davvero emozionante pensare all'enorme età di questo pianeta dove, prendendo per esempio un'ora di cammino, ogni passo rappresenta dieci milioni di anni. La nostra specie appare nella seconda metà di questa camminata — gli ultimi due centimetri di terra o di erba sotto i nostri piedi. E la coscienza umana come la conosciamo ora? Forse l'ultimo millimetro, o ancora meno. Il cervello fisico, veicolo della nostra coscienza, e tutte le grandi scoperte che abbiamo fatto, sono apparentemente emerse dall'esperienza evolutiva della Terra e da tutte le specie di cui ha sostenuto la vita, ma quale intenzione evolutiva ha programmato questa comparsa?

Senza la nostra capacità di immaginare, misurare, dedurre e riflettere, e sviluppare strumenti per estendere il nostro potere di osservazione, non sapremmo che tutto quel che siamo, il nostro pianeta e il nostro sistema solare, è stato formato dagli elementi delle stelle che sono stati seminati qui dalle grandi galassie lontane milioni di anni luce. Nella nostra essenza siamo, letteralmente, luce cosmica, energia cosmica in ogni cellula del nostro essere. La piccola frazione dell'universo che vediamo e la vita che siamo sembra sorgere da un invisibile mare di luce che è il profondo fondamento cosmico del mondo fenomenico e della nostra stessa coscienza. All'interno di questo mare di luce, le forme cambiano ma l'energia è eterna, co–insita nella fonte. Attraverso la scintilla infinitesima della luce cosmica che è la nostra coscienza umana, l'universo diviene consapevole di se stesso su questo pianeta e, allo stesso tempo, attraverso quella stessa coscienza, ci rivela la complessità e lo splendore sbalorditivi del suo processo evolutivo, raccontandoci la sua storia. Lo trovo incredibilmente commovente.

Ora sappiamo molto sull'evoluzione dell'aspetto fisico della vita, ma quasi nulla sull'aspetto interiore sia dell'universo che di noi stessi — vale a dire, l'aspetto della coscienza; solo che la nostra specie e la nostra capacità di auto–consapevolezza sono venute in essere molto recentemente in relazione al lasso di tempo dell'evoluzione della Terra. Eppure questa capacità è di per sé assolutamente straordinaria, perché senza di essa la vita della natura e della vita umana sarebbe passata inosservata, fluendo da un passato inimmaginabile a un futuro inimmaginabile.

La stessa coscienza può essere un'espressione della coscienza cosmica, qualcosa di cui ancora non siamo consapevoli. Potrebbe la coscienza della nostra specie evolvere ulteriormente? È possibile che, come lungamente insegnato dai grandi saggi dell'India e dall'antica tradizione della Qabbalah, la nostra specie nel suo insieme sia ancora in uno stato pre–conscio o semi–cosciente, e che non abbia realizzato il suo ulteriore sviluppo perché non l'ha neppure immaginato. Vediamo le cose solo in termini di progresso tecnologico. Tutto l'immenso deposito di conoscenza che ora abbiamo accumulato serve agli scopi di una mente umana che non è ancora pienamente sviluppata e non è coscientemente in contatto con il suo più profondo terreno cosmico.

Il Cervello Trino

Può sorprendere scoprire che non abbiamo un solo cervello, ma tre: la grande cupola frontale della neo–corteccia — il cervello sviluppatosi più di recente — riposa sulla radice primordiale di due vecchi sistemi cerebrali che interagiscono continuamente tra loro e con il cervello neo–corticale e i suoi lobi frontali. Paul MacLean, che avanzò questa teoria nel 1974, nel libro *The Triune Brain* spiega:

> Un confronto tra i cervelli dei vertebrati esistenti e un esame dei reperti fossili indica che il prosencefalo umano [la neo–corteccia] si è evoluto e si è esteso in grande dimensione pur mantenendo le caratteristiche di tre formazioni evolutive di base che riflettono una relazione ancestrale con i rettili, i mammiferi primordiali e i mammiferi recenti. Radicalmente diversi nella chimica, nella struttura e in senso evolutivo innumerevoli generazioni a parte, i tre insiemi neurali costituiscono una gerarchia di tre cervelli–in–uno, un cervello trino.... Detto in termini semplici, le tre formazioni evolutive potrebbero essere immaginate come tre computer biologici interconnessi, ciascuno con la propria intelligenza speciale, la propria soggettività, il proprio senso del tempo e dello spazio, la propria memoria, il motore e altre funzioni.[16]

Quindi portiamo dentro di noi la struttura evolutiva di tre diversi sistemi ce-rebrali: il rettiliano (da 500 milioni di anni), il mammaliano o limbico (da 120 milioni di anni) e il cervello neo–corticale (da circa 1 milione di anni). L'incredibile complessità di come questi tre cervelli interagiscano tra loro, e tuttavia funzionino come una singola unità, è ancora uno dei grandi misteri della neuroscienza. In che modo 100 miliardi di neuroni connessi da 100 trilioni di sinapsi comunicano tra loro? Come si stabiliscono percorsi di cognizione e comportamento e cosa potrebbe cambiare questi percorsi e quindi le nostre abitudini di comportamento? Con grande sforzo e pratica cosciente, possiamo divenire consapevoli di quale parte del cervello è predominante in una situazione specifica. Sappiamo, ad esempio, che i riflessi di lotta/fuga del cervello rettiliano, più antico, entrano in azione quando ci troviamo di fronte a una minaccia o a una sfida fisica, inondando l'organismo di adrenalina, e anche che questi riflessi primordiali governano inconsciamente molte delle nostre risposte alla vita 'di tutti i giorni', anche se non abbiamo di fronte alcuna minaccia specifica. Potremmo dedicare più tempo del dovuto a cercare di garantire la nostra sicurezza (shopping compulsivo o mangiare) o di anticipare le situazioni difficili (sviluppare armi e prepararsi alla guerra) rispetto alle circostanze reali. E sappiamo che i sistemi cerebrali più vecchi hanno un'influenza molto maggiore sul cervello neo–corticale evolutosi più di recente. Potenti emozioni primarie come la paura, l'ansia e la rabbia, mediate da una parte del cervello chiamata amigdala, possono facilmente influenzare e persino travolgere la mente 'razionale' neo–corticale. Sappiamo anche che condizioni avverse nell'infanzia e da neonati possono imprimere negativamente il sistema nervoso (il vecchio cervello) e inibire lo sviluppo ottimale del cervello neo–corticale. Un bambino così colpito può rimanere fissato nel cervello più vecchio, puramente istintivo, ed essere impossibilitato a sviluppare la capacità di coscienza di sé, il pensiero e la riflessione e la capacità di contenere e controllare le emozioni potenti.

I Due Emisferi del Cervello

Sappiamo che il lobo frontale destro, che governa il lato sinistro del corpo, è il più antico dei due emisferi cerebrali e il primo a svilupparsi dal cuore reale dell'embrione. È abbastanza maturo prima che anche il lobo sinistro si presenti. Sembra che la stretta relazione tra il cuore e l'emisfero destro si mantenga per tutta la vita e che questo emisfero funzioni attraverso l'elaborazione visiva, la percezione delle immagini nella loro organizzazione spaziale e l'interpretazione emotiva, invece che attraverso la cognizione verbale, analitica e sequenziale dell'emisfero sinistro. L'emisfero destro, legato ai milioni di anni dell'evoluzione della terra e della nostra specie, è il sistema connettivo creatore di immagini, olistico, non verbale per il vecchio cervello mammifero. L'emisfero destro, che può essere quello a cui accedono gli sciamani e i mistici, ci offre una prospettiva diversa sulla vita, che deriva dal nostro senso secolare di relazione empatica con l'ambiente. È attraverso il cervello destro che poeti, mistici, musicisti e geni scientifici ricevono la loro ispirazione, i loro lampi intuitivi di comprensione. Tuttavia, hanno bisogno delle abilità verbali del cervello sinistro per comunicare la loro esperienza. La musica di Mozart scorreva da lui in un torrente di incredibili armonie dall'età di quattro anni. La teoria della relatività di Einstein gli arrivò mentre era seduto su una collina e immaginava di cavalcare un raggio di sole verso il bordo dell'universo e ritorno. L'immagine venne prima, la teoria dopo. Lo stesso Einstein diceva: "L'immaginazione è più importante della conoscenza: la conoscenza punta a tutto ciò che è; l'immaginazione punta a tutto ciò che sarà". Può essere che, focalizzata attraverso l'emisfero destro, l'immaginazione, facoltà che Coleridge riteneva essere la base della nostra coscienza, della nostra capacità di pensare, scoprire e creare, sia ciò che illumina la realtà.

L'emisfero sinistro governa il lato destro del corpo e non ha la stessa connessione primordiale con il nostro lontano passato planetario, perché si è evoluto relativamente di recente. L'emisfero sinistro ci offre la concentrazione, la direzione e il potere di analizzare, assemblare fatti e dirigere la nostra attenzione verso un obiettivo, oltre alla capacità vitale di parlare e trasmettere significato. Ma sebbene sia per noi estremamente vantaggioso dal punto di vista della sopravvivenza, pone un problema perché ci porta fuori dallo stato di 'essere' nella consapevolezza lineare di passato, presente e futuro. Quando questo emisfero è troppo dominante e controllante, può escludere le percezioni dell'emisfero destro e con esso, l'immaginazione e la connessione vitale con il cuore e le abilità empatiche derivate dalla nostra eredità di mammiferi.

In uno straordinario libro pubblicato nel 2009 intitolato *The Master and His Emissary: The Divided Brain and the Making of the Western World* (menzionato nel capitolo cinque), lo psichiatra Iain McGilchrist esplora brillantemente le scoperte neurologiche e le abilità specifiche e la relazione tra i due emisferi del cervello.[18] Mostra come, nel processo evolutivo, ogni emisfero abbia sviluppato necessariamente non solo le diverse abilità essenziali ma anche diversi approcci per relazionarsi con il mondo e come, negli ultimi quattro secoli, l'emisfero sinistro sia gradualmente arrivato alla sua condizione e alla fine domini la visione secolare della realtà, proclamando che il suo punto di vista è l'unico logico o sostenibile, e escluda rigidamente qualsiasi altra visione. La prospettiva più inclusiva, ampia e sfaccettata dell'emisfero destro è stata messa a tacere:

> La mia opinione è che i due emisferi, con le loro distinte 'versioni' del mondo, abbiano ciascuno qualcosa da offrire, ma che la loro relazione sia importante non simmetrica. L'emisfero destro radica l'esperienza al livello più basso e ne dà un senso complessivo al livello massimo, mentre l'emisfero sinistro fornisce un livello intermedio di elaborazione, spacchettando l'implicito, prima che sia ricondotto all'emisfero destro per l'integrazione con tutto il resto che conosciamo. Il guaio è che il mondo molto più semplice dell'emisfero sinistro è coerente in sé, perché tutta la complessità è stata cancellata — e questo rende l'emisfero sinistro incline a credere di sapere tutto, quando assolutamente non è così: rimane all'oscuro di tutto ciò che è più importante.[19]

Un altro libro, *My Stroke of Insight*, scritto dalla neuro–scienziata Jill Bolte Taylor, conferma la tesi di McGilchrist, descrivendo come una massiccia emorragia abbia reso incapace l'emisfero sinistro del suo cervello e come abbia avuto la straordinaria esperienza di diventare consapevole della percezione totalmente diversa della realtà che l'emisfero destro (senza l'input di controllo e direzione del sinistro) le rivelava. Le ci vollero otto anni per recuperare tutte le funzioni fisiche e mentali legate all'emisfero sinistro e, attraverso la propria esperienza, scoprì che il cervello può riparare, sostituire e riqualificare i suoi circuiti neurali. Fu in grado, con la pratica, di rimanere aperta alle percezioni dell'emisfero destro e resistere ai tentativi dell'emisfero sinistro di re–imporre il suo dominio e il suo controllo.[20]

Considerato quanto ciò sia straordinario, ci invita a comprendere la natura della coscienza in modo più approfondito. Tutta la conoscenza che abbiamo acquisito sull'evoluzione del nostro organismo fisico, così come il suo aspetto di coscienza, non riconosce ancora che il nostro presente concetto di realtà potrebbe essere limitato alla visione creata dal solo emisfero sinistro, che pensa in modo letterale, trascurando o tagliando fuori la visione più sottile e completa del destro. Né riconosce la presenza e l'influenza della parte della psiche che Jung chiamava "radice e rizoma dell'anima" — tutti i ricordi stratificati dell'intera esperienza evolutiva che ci portiamo dentro: ricordi della vita come cellula, pianta, rettile, mammifero e, infine, della vita umana.[21] Questo complesso schema di coscienza delle specie, memoria o informazione e forma delle specie, espandendosi e crescendo poco per volta in migliaia di millenni ha contribuito all'evoluzione della vita planetaria, all'evoluzione della nostra specie e, infine, all'evoluzione dei tre diversi sistemi cerebrali, alle funzioni differenziate dei due emisferi cerebrali e alla coscienza umana stessa.

Cos'è la Coscienza?

La coscienza è la capacità di osservare e interagire con il mondo visibile attraverso i cinque sensi e simultaneamente mantenere la consapevolezza di un mondo interiore di immagini, idee, pensieri e sentimenti. Ha anche la capacità di valutare entrambi questi regni di esperienza, per fare una distinzione tra ciò che è significativo e ciò che non lo è, ciò che è sicuro e piacevole e ciò che non lo è. Il cervello trino dà luogo a molti strati, o livelli integrati di coscienza, che si sono sviluppati da istinti molto arcaici. Nel corso dei millenni, quando il cervello trino si è evoluto, aggiungendo i lobi frontali neo–corticali, l'amplificazione degli istinti primordiali ha dato origine alla possibilità di cognizione e consapevolezza di sé e allo straordinario potere creativo dell'immaginazione, nonché a emozioni più specifiche, sentimenti empatici e 'lampi' di intuizione o di associazioni. Sotto la 'sovrastruttura' della coscienza neo–corticale, il funzionamento subconscio del sistema nervoso autonomo mantiene l'equilibrio, o omeostasi, di tutto il nostro organismo fisico, sostenendo il dialogo neuronale continuo che avviene tra tutti i diversi organi del nostro corpo, ma in particolare tra il nostro cuore e il nostro cervello.

Quella che chiamiamo 'mente razionale' è solo una parte della nostra coscienza totale mentre tutt'intorno a noi, come ha osservato William James, ci sono altri stati di coscienza dei quali siamo inconsapevoli. La nostra comprensione di ciò che costituisce la coscienza dovrà essere continuamente rivista, man mano che scopriamo di più. Ad esempio, la notevole scoperta di Candace Pert delle 'molecole dell'emozione' (1998), che collegano ogni parte del nostro organismo ad ogni altra, ha rivoluzionato la nostra comprensione dell'interazione tra mente e corpo e abolita la separazione da tempo instaurata. Come spiega in un articolo che segue la pubblicazione del suo libro *Molecules of Emotion*:

> La coscienza non è solo nella testa. Né è una questione di mente sopra il corpo. Se si tiene conto del DNA che dirige la danza dei peptidi, il corpo è la manifestazione esteriore della mente. La nuova scienza della psico–neuro–immunologia sta ridefinendo la connessione tra mente e corpo. Non possiamo più parlare di corpo e mente come sistemi o entità separate. Corpomente — una sola parola, nessun trattino. Corpomente è un singolo organismo che pulsa di

neuropeptidi messaggeri che fluiscono in un ciclo continuo dal cervello a ogni cellula del nostro corpo, dando origine e rispondendo alle emozioni.[22]

Stati Alterati di Coscienza

Il lavoro pionieristico dello psichiatra ceco Stanislav Grof ha mostrato che negli stati alterati di coscienza, antichi campi di memoria ed antiche esperienze possono diventare accessibili alla nostra coscienza, e lo diventano. La sua opera, come l'esperienza degli sciamani moderni del Perù, mostra che possiamo viaggiare attraverso questi campi.

Le sue esperienze degli ultimi quarant'anni, con l'uso di droghe psichedeliche e del respiro olotropico in migliaia di sessioni, hanno dimostrato più e più volte la somiglianza tra i fenomeni attribuiti alla psicosi, quelli incontrati nelle sue sessioni e quelli delle esperienze sciamaniche. Come scrive:

> I fenomeni che hanno origine nei livelli perinatale e transpersonale della psiche includono sequenze di morte e rinascita psicologica, incontri con esseri archetipici, visite a regni mitologici di varie culture, memorie di incarnazioni passate, percezione extrasensoriale ed episodi di stati extra–corporei. Questi devono essere considerati come manifestazioni naturali e normali delle dinamiche più profonde della psiche umana.

Ed aggiunge:

> Ma tentare di interpretare uno qualsiasi di questi fenomeni nel contesto del modello ristretto e superficiale della psiche attualmente utilizzata porta necessariamente a serie distorsioni e a patologizzare l'intera storia spirituale dell'umanità.... Da questa prospettiva, i fondatori delle grandi religioni del mondo, così come i loro profeti, santi ed eminenti insegnanti, che hanno avuto esperienze visionarie, possono essere etichettati come psicotici. Gli sciamani vengono diagnosticati come schizofrenici ambulanti, isterici o epilettici.[23]

Cosa succede alle persone la cui psiche è aperta a esperienze visionarie, quando la cultura chiama queste esperienze malattie mentali? Ricerche attuali confermano che oltre il 50% delle persone in Gran Bretagna e negli Stati Uniti sostengono di avere ciò che chiamano esperienze 'spirituali' e che queste aggiungano significato e profondità alla loro vita. Spesso non hanno il coraggio di parlarne per paura di essere ritenute folli. Ne deduco che in una cultura, più è grande la negazione del non–razionale o più è rigido il controllo del sistema di credenze, maggiore è l'incidenza della psicosi, dell'assunzione o della dipendenza da droghe, perché non esiste il contenitore per ricevere e mediare questo genere inusuale di esperienze né per aiutare le persone ad integrarle in una cornice di comprensione più ampia.

Le nostre straordinarie capacità creative non sono altro che casuali espressioni dei neuroni del nostro cervello oppure il cervello è un veicolo della 'mente' più grande del Cosmo? Il mondo è forse la creazione o la manifestazione di un'altra primaria dimensione della realtà che contiene il senso di ciò che è stato esplorato nel Capitolo cinque? I neurobiologi presumono che l'abilità di immaginare, inventare e scoprire, di apprezzare la bellezza e di meravigliarci, addirittura il nostro bisogno di un dio da adorare, abbiano origine in certe aree del cervello fisico e stanno cercando di localizzarle e definirle con precisione e di misurare i correlati neurali di specifici stati soggettivi. Ma il nostro altamente sviluppato organismo fisico corpomente può agire anche da veicolo o da trasmettitore di una mente cosmica più grande. Per McGilchrist la coscienza "ci pre–esiste e non è creata dai nostri cervelli; questi semplicemente la trasmettono o la traducono". [24]

Cosa dà origine in noi al desiderio di comprendere noi stessi e di esplorare la vita intorno a noi? È solo una ragione casuale neurale che dà origine all'effetto neurale? Oppure i nostri desideri hanno origine con l'anima o la mente del Cosmo stesso affinché incarnino realmente e portino avanti la sua intenzione evolutiva?

Gli Effetti della Nostra Separazione dalla Natura

Sviluppare una gamma di abilità che sono unicamente della nostra specie ha portato al nostro presente senso di sé e di individualità, nonché al nostro intelletto altamente sviluppato e alla nostra capacità di immaginare, sentire, pensare, analizzare e ricordare — tutto ciò che ora chiamiamo coscienza umana. Questo processo evolutivo è stato, per i nostri termini, lungo e arduo. Nel corso di esso, siamo cresciuti fino a separarci, osservandolo, da ciò che osserviamo e abbiamo perso l'antico senso istintivo di partecipazione alla vita della Terra e del Cosmo che i nostri antenati paleolitici e neolitici conoscevano. Più si sono sviluppate le nostre capacità mentali e tecnologiche, dandoci il potere di controllare il nostro ambiente, e più ci siamo radunati nelle città, più siamo diventati estranei al senso di relazione e connessione con la vita che ci circonda. I bambini moderni in città non possono sapere che il latte viene da una mucca o il pane dal grano. Ora, con la vita del pianeta realmente minacciata dalle richieste di un numero enorme e crescente di persone, ci troviamo di fronte a una situazione che noi stessi possiamo aver creato, o come minimo esacerbato, ignorando gli effetti della nostra separazione dalla natura.

Su questo pianeta la nostra vita dipende dalla vita delle altre specie animali e dall'interazione con alberi, piante, suolo, acqua e aria; tuttavia, come specie, siamo a malapena consapevoli della nostra dipendenza dalla straordinaria complessità della vita del pianeta che ci sostiene. Vale la pena ricordare le parole di James Lovelock perché riassumono questa relazione: "Lo stare insieme degli organismi viventi con l'evoluzione del loro ambiente è così strettamente connesso che insieme costituiscono un singolo processo evolutivo".[25]

Nessuno ha scritto parole più eloquenti sulla Terra e sulla nostra perduta relazione con essa di Thomas Berry nel suo libro *The Dream of the Earth*. Nessuno ha evocato con un linguaggio così convincente la necessità di sensibilità, compassione e intelligenza umane nella relazione con la Terra e i suoi sistemi viventi. Chiede che ci svegliamo dal sogno mitico di progresso e di dominio della natura e assumiamo il ruolo di custodi responsabili delle specie e delle risorse in via di esaurimento del pianeta.

La cultura industriale e tecnologica competitiva ed estenuante che abbiamo creato, dove milioni di persone lottano per sopravvivere in città enormi, brutte e amorfe, si erge in modo tirannico sopra e contro la Natura, sopra e contro la Terra e qualunque cosa minacci la nostra supremazia come specie. La nostra specie umana, come parte, si è staccata dalla vita planetaria come tutto. C'è un'abnorme mancanza di consapevolezza del fatto che, come sottolinea Berry, la Terra sia primaria e la nostra sopravvivenza dipenda dalla continua integrità e dall'equilibrio dei suoi sistemi interconnessi:

> Se il supremo disastro nella storia completa della terra è la nostra attuale chiusura dei principali sistemi di vita del pianeta, allora il supremo bisogno dei nostri tempi è di provocare una guarigione della terra attraverso questa presenza umana che rafforza reciprocamente la comunità della terra. Per ottenere questo tipo di pressione, è necessario un nuovo tipo di sensibilità, una sensibilità che è qualcosa di più dell'attaccamento romantico ad alcune delle manifestazioni più brillanti del mondo naturale, una sensibilità che comprende i modelli più ampi della natura, le sue severe esigenze oltre ai suoi aspetti deliziosi, ed è disposta a vedere l'umano diminuire in modo che altre forme di vita possano prosperare.[26]

Proprio per la lunga esperienza di separazione dalla natura, portiamo una ferita profonda e non riconosciuta. Il nostro stesso essere è stato frammentato dal modo in cui abbiamo interpretato la realtà e dai valori che guidano la nostra cultura e, in particolare, dalla filosofia materialista che attualmente dirige la scienza. La nostra mente cosciente e razionale si è staccata dalla parte di noi che, a livello inconscio, istintivo — probabilmente attraverso la relazione tra il campo elettromagnetico del nostro corpo e quello del pianeta — è ancora in stretta relazione con il più grande organismo della vita planetaria. Ciò crea inevitabilmente un conflitto tra gli aspetti consci e inconsci del nostro organismo totale. Il risultato finale di questo lungo processo di separazione è che nella nostra cultura tecnologicamente avanzata abbiamo perso qualcosa di assolutamente vitale, che le culture precedenti avevano ancora: la consapevolezza che viviamo all'interno di un Ordine Sacro. Mentre le culture sciamaniche indigene hanno mantenuto questa antica consapevolezza partecipativa, il mondo industrializzato moderno l'ha totalmente persa.

Astronauti dell'Anima

In una cultura secolare, l'attenzione si è concentrata esclusivamente sul mondo della luce diurna della realtà fisica. Non c'è consapevolezza, come c'era invece nelle culture precedenti e nell'esperienza mistica, dell'esistenza di una dimensione della realtà che potrebbe essere paragonata al cielo notturno stellato, una dimensione che può rivelare la sua presenza solo quando si offusca il chiarore del sole. Se potessimo demolire l'influenza dominante della nostra coscienza emisferica sinistra, potremmo iniziare a svolgere un ruolo più illuminato e consapevole in relazione allo straordinario dramma cosmico in cui siamo tutti coinvolti. Einstein sapeva che i problemi che affrontiamo non possono essere risolti dallo stesso livello di coscienza che li ha creati. Abbiamo bisogno di evolvere al di là dell'attuale consapevolezza con un occhio solo e di riconnetterci con la Natura e il Cosmo —con tutto ciò da cui siamo separati dai secoli dell'era solare. Abbiamo bisogno di sviluppare un nuovo tipo di coscienza in relazione alla vita planetaria e cosmica, riassunta nelle parole di Stanislav Grof: "Vedo la coscienza e la psiche umana come espressioni e riflessioni di un'intelligenza cosmica che permea l'intero universo e tutta l'esistenza. Non siamo solo animali altamente evoluti con computer biologici incorporati nei nostri crani; siamo anche campi di coscienza senza limiti, che trascendono il tempo, lo spazio, la materia e la causalità lineare".[27] Tornerò su questa idea nel Capitolo quindici.

Ci sono brillanti pionieri che ora esplorano il mondo subatomico e le immensità dell'universo visibile rivelato dal telescopio Hubble e ce ne sono altri, che io chiamo astronauti dell'anima, che esplorano un universo invisibile, la cui esistenza non è riconosciuta né immaginata dalla scienza ufficiale. Proprio poiché abbiamo la capacità di immaginare, di pensare e di sentire — una dimensione 'interiore' di pensieri e sentimenti all'interno della forma fisica — così l'universo potrebbe anche avere un 'interno' alla sua forma visibile, un'intelligenza e un'anima, forse relativa al 95% di esso che non possiamo vedere. Ogni pianeta, ogni galassia, può avere una coscienza, un'anima. Le culture sciamaniche sanno da millenni che possiamo sviluppare la capacità di comunicare con questa intelligenza, di allinearci con essa e di esserne guidati.

La cultura occidentale Percettiva ha posto enorme enfasi sullo sviluppo della mente razionale, sul progresso delle scoperte scientifiche e sulla tecnologia necessaria per garantire standard di vita materiali più elevati. I valori del cuore sono stati trascurati: le qualità più femminili della capacità di relazionarsi con gli altri, il rispetto per l'ambiente e il riconoscimento dei profondi misteri della vita non sono stati sviluppati in egual misura. A causa di questa enfasi unilaterale sulla mente razionale, la psiche occidentale non è pienamente sviluppata, equilibrata e integrata. L'intelletto e le abilità tecnologiche sono state sviluppate in misura molto elevata in una piccola percentuale della popolazione mondiale. Ma l'intuizione e il sentimento non sono stati sviluppati e queste due funzioni richiedono ora la nostra attenzione. Abbiamo bisogno di recuperare l'occhio sciamanico che fu chiuso molto tempo fa, così da non avere più una coscienza con un occhio solo. Una diversa percezione della realtà potrebbe riconnetterci con la natura e con l'anima, permettendoci così di aprire l'altro occhio e riportare alla totalità il nostro essere frammentato. Questa percezione potrebbe essere riassunta così:

- Esiste un ordine di realtà invisibile o trascendente dal quale emerge il mondo fenomenico.

- L'universo è cosciente e contiene molte dimensioni.

- La coscienza umana è parte integrante di quella coscienza più grande, anche se è ancora parzialmente sviluppata o immatura.

- La coscienza in qualche modo sopravvive alla morte del corpo fisico.

- Ciò che abbiamo chiamato spirito crea continuamente la vita nell'un verso, nelnostro pianeta e in noi stessi. Tutto è una vita, una sola ener gia. Partecipiamo a quella dinamica creativa.

- L'anima non è confinata all'individuo: è una vasta rete di relazioni che collega campi di energia invisibili al campo più denso della realtà fisica.

- Lo scopo della nostra vita su questo pianeta è imparare come vivere in comunione cosciente con l'intenzione evolutiva del Cosmo.

Lascerò le parole conclusive a David Korten:

> Attraverso le storie che condividiamo, definiamo cosa significa essere umani, il nostro posto nella Creazione, le nostre responsabilità, gli uni verso gli altri e verso la Terra, e le possibilità che sono nei nostri mezzi di attuare.... I problemi si rivelano con particolare chiarezza interpretando le implicazioni di due storie nettamente contrastanti: una è quella di un universo morto che presuppone che la materia sia l'unica realtà e la coscienza nient'altro che illusione. Questa è la storia standard della scienza occidentale contemporanea. L'altra è la storia di un universo vivente che prende coscienza di essere la realtà primaria. Questa è una nuova storia che emerge come sintesi dell'antica saggezza religiosa e dei dati scientifici all'avanguardia — e potenzialmente cambia tutto.[28]

Note:

1. James, William: *The Varieties of Religious Experience*, Longman's. Green and Co. Londra, New York 1929, p. 388.
2. Harvey, Andrew: *A Journey in Ladakh*, Jonathan Cape Ltd. 1983, p.167.
3. Blake, William lettera a Thomas Butts, 22 Novembre, 1802, *Complete Poetry and Prose*, ed. Geoffrey Keynes, p. 862.
4. Bucke, Maurice Richard: *La coscienza cosmica:uno studio sull'evoluzione dellamente*, Edizioni Crisalide, Saturnia 1998.
5. Sorokin, Pitirim: *The Crisis of Our Age*, Oneworld Publications Ltd., Oxford 1992, p. 25.
6. ibid, p. 16.
7. ibid, p. 25.
8. Russell, Bertrand: *The Free Man's Worship*, 1903.
9. Crick, Francis: *The Astonishing Hypothesis*, Simon and Schuster Ltd., Londra 1994.
10. Saul, John Ralston: *The Unconscious Civilization*, House of Anansi Press, Canada, and Penguin Books Ltd., Londra 1995.
11. Berry, Thomas: *The Dream of the Earth*, Sierra Club Books, San Francisco 1988, pp. 204 & 215.
12. Rees, Sir Martin: *Just Six Numbers: The Deep Forces that Shape the Universe*, Basic Books Ltd., Londra 1999.
13. Rees: *Before the Beginning*, Simon & Schuster Ltd., Londra 1997.
14. Swimme, Brian: *The Hidden Heart of the Cosmos*, Orbis Books, New York 1996, p. 101.
15. Sahtouris, Elisabet: *EarthDance: Living Systems in Evolution*, iUniversity Press, Lincoln Nebraska 2000.
16. MacLean, Paul: *The Triune Brain in Evolution*, Plenum Press, New York 1990, p. 9.
17. Einstein, Albert, citato in una lettera di Tarquin Olivier, Vancouver, 2002.
18. McGilchrist, Iain: *The Master and His Emissary: The Divided Brain and the Making of the Western World*, Yale University Press 2009, pp. 428-62.
19. McGilchrist: dal suo capitolo in *A New Renaissance: Transforming Science, Spirit and Society*, ed. David Lorimer and Oliver Robinson, Floris books 2010, pp. 63-4.
20. Taylor, Jill Bolte: *My Stroke of Insight*, Hodder and Stoughton, Londra 2008.
21. Jung, C.G.: *Memories, Dreams, Reflections*, Collins and Routledge & Kegan Paul, Londra 1963, p. 4.
22. Pert, Candace: *Molecules of Emotion*, Simon and Schuster Ltd., Londra 1998, passim.

23. Grof, Stanislav: *LSD Psychotherapy*, pubblicato da the Multidisciplinary Association for Psychedelic Studies, Sarasota, Florida 2001, USA. Vedi anche *Beyond the Brain*, State University of New York Press, 1985, e *The Cosmic Game*, State University of New York Press, 1998.
24. Da un'intervista riportata da un articolo di Lance St. John Butler in the Scientific and Medical Network Review, inverno 2010.
25. Lovelock, James: *Healing Gaia*, Harmony Books, New York 1991, p. 222.
26. Berry, *The Dream of the Earth*, p. 212.
27. Grof, Stanislav and Bennett, Hal Z.: *The Holotropic Mind: Three levels of Human Consciousness and How They Shape Our Lives*, HarperCollins, New York 1993, p. 18.
28. Korten, David: *Mind Before Matter: Visions of a New Science of Consciousness*, ed. John Mack and Trish Pfeiffer, O Books, Ropley, Hampshire 2009, p. 138.

Gestazione
Robin Baring 1975

Interludio

La Bella Addormentata: Uns Fiaba Per Il Nostro Tempo

O non svegliare la Bella finché il tempo non è giunto…

Le più grandi fiabe e storie sono come semi che attraversano le generazioni, trasportandoci nel loro incanto, collegandoci all'immaginazione così spesso bandita dalle nostre vite. Suggeriscono risposte alle sfide dell'esistenza umana che non possono essere scritte altrettanto semplicemente e profondamente in alcuna altra forma. Le fiabe sono molto antiche e ci invitano nei misteriosi territori dell'anima, con la cui voce ci parlano. Hanno molti livelli di significato. Chi può dire dove sia nata la storia della 'Bella Addormentata' e come sia stata trasmessa di generazione in generazione? Forse discende dai riti a lungo dimenticati dell'Età del Bronzo, che celebravano il matrimonio del sole con la luna, o da altri che piangevano la morte annuale della vita sulla terra e celebravano la sua rigenerazione in primavera. Forse porta residui di memorie del mito gnostico di Sophia, avviluppata nella densa foresta del nostro mondo e salvata da Cristo. O forse anticipa il risveglio della donna alla consapevolezza del proprio valore e ad una diversa relazione con l'uomo risvegliato. Può anche essere in relazione alla vita interiore e all'unione della mente conscia con l'anima istintiva, poiché il sacro matrimonio di re e regina, principe e principessa, è intessuto nel ricco arazzo delle tradizioni mistiche relative alla vita interiore: Alchimia, Gnosticismo e Qabbalah.

La fiaba racconta la storia di una principessa che, nel giorno del suo quindicesimo compleanno, mentre esplorava le stanze disabitate di un castello si imbatté in una sala in cui si trovava una vecchina che lavorava incessantemente all'arcolaio. Avendole chiesto se poteva provare prese il fuso dalle mani della vecchia ma si punse un dito. Immediatamente cadde profondamente addormentata, compiendo la maledizione lanciata dalla tredicesima fata che non era stata invitata al suo battesimo — una maledizione mitigata da un'altra fata, buona, che aveva trasformato la sentenza di morte in cento anni di sonno. Insieme a lei cadde addormentata l'intera corte. Intorno alla bella crebbe un'enorme foresta di rose rampicanti — un'impenetrabile siepe di spine — che nascondeva anche le torri del castello. Passarono cent'anni e fiorirono leggende sulla principessa addormentata che giaceva nascosta nel cuore della foresta, finché un principe, sentendo la storia, decise di mettersi alla sua ricerca. Già molti pretendenti erano periti nel tentativo di penetrare la siepe di spine, ma, così prosegue la storia, per questo principe la siepe di spine si trasformò in una siepe di rose e davanti a lui si aprì un varco. Così arrivò al luogo dove lei dormiva e la svegliò con un bacio. Quando la Bella si svegliò, l'intera corte si rianimò e iniziarono i preparativi per il loro matrimonio — le favole più amate finiscono sempre nel matrimonio.

In questa storia ritornano in vita le antiche rappresentazioni lunari di morte e rinascita. La fase oscura della luna è simboleggiata dalla principessa dormiente insieme alla corte e dalla vecchia megera nella torre del castello. Il principe solare risveglia alla vita la principessa lunare — la luna crescente — facendola sua moglie e, appena questo accade, la luna si fa piena e l'intera corte ritorna alla vita per celebrare l'antichissimo matrimonio del sole e della luna.

Potrebbe essere una fiaba per il nostro tempo? Potrebbe il suo significato più profondo aprire una via attraverso la siepe di spine creata da secoli di credenze radicate e abitudini comportamentali? Potrebbe il suo simbolismo lunare avere il potere di risvegliare la nostra anima, nutrire la nostra voce poetica, la nostra vera intelligenza e la nostra immaginazione visionaria, e suscitare in noi una più profonda capacità di relazione gli uni con gli altri e d'amore per la nostra casa planetaria? Infine, potrebbe risvegliare alla vita la 'corte' addormentata dell'umanità?

Miti e fiabe risvegliano e nutrono l'immaginazione. L'immaginazione ci ricollega agli istinti che possono essere atrofizzati per mancanza di utilità e quando questo accade possiamo rigenerare l'arida terra desolata della vita interiore immergendoci nelle acque dell'anima. Quando non siamo in contatto con l'anima, è come se una parte vitale di noi fosse addormentata: non può comunicare con noi, né noi con essa. Non possiamo vivere al massimo delle potenzialità di cui siamo capaci. Una civiltà può morire perché ha dimenticato come nutrire l'anima e l'immaginazione.

Leggo questa storia magica, senza tempo, come una metafora del bisogno che il nostro essere ha di un matrimonio tra le dimensioni solare e lunare: un matrimonio tra la testa e il cuore, tra la mente analitica, troppo letterale, che non conosce niente del fondamento più profondo della coscienza, e la nostra anima immaginativa, istintiva, creativa. Questa profonda e istintiva parte di noi è la matrice della nostra capacità di creare. È l'origine della nostra capacità di sentire e immaginare, e di dare espressione ai sentimenti e all'immaginazione attraverso i pensieri, la voce, le mani, il corpo, che sostiene la connessione con una dimensione nascosta della realtà. Sentimento, intuizione e immaginazione ci mettono in contatto con un terreno che va oltre il raggio della mente e dell'intelletto, agendo come una spina che ci collega alla presa di quella realtà più profonda.

Ma la siepe di spine mostra quale barriera impenetrabile ci sia tra la mente e l'anima, e quanto sia difficile superarla. La siepe di spine simboleggia tutti i sistemi di credenze e le strutture difensive che abbiamo accumulato in centinaia, se non migliaia di anni: credenze religiose profondamente radicate sulla natura di Dio e sulla natura umana caduta e peccaminosa e credenze scientifiche su un universo creato casualmente e una materia 'morta'. Queste credenze, profondamente impresse su di noi per generazioni, si frappongono tra noi e la nostra anima e ci rendono quasi impossibile andare sotto la superficie della coscienza quotidiana e ascoltare la voce di questa dimensione perduta di noi stessi.

È difficile per noi parlare gli uni con gli altri come si faceva in passato, a causa della paura dell'irrazionale. A causa del rifiuto di questo aspetto della vita, una parte essenziale del nostro essere è resa senza parole, autistica. Oggi viviamo nella mente, in quella che crediamo sia la parte supremamente consapevole, più interessante e potente di noi stessi. L'anima è stata lasciata fuori dal quadro. Tuttavia, credo che nella storia della Bella Addormentata, il Principe e la Bella Addormentata simboleggino i due aspetti della nostra coscienza che si appartengono, come lo sposo e la sposa.

Il principe incarna il principio solare della coscienza, la mente umana che cerca di esplorare, di scoprire, di comprendere, di penetrare il cuore della realtà e che, in questa storia, è alla ricerca della sua controparte femminile perduta, addormentata — inconscia. Ma, finché egli rimarrà inconsapevole della sua esistenza e non si metterà alla sua ricerca, finché non affronterà e penetrerà la barriera di spine, lei è condannata a rimanere addormentata.

La principessa reca il principio lunare dell'anima, ed anche dei valori negati del sentimento, che non sono sviluppati e restano inarticolati in relazione alla mente razionale e, a causa delle credenze esplorate nei precedenti capitoli, sono giaciuti per secoli, per così dire, sotto un incantesimo. Inoltre, ovviamente, porta con sé l'immagine di una donna che non è stata onorata per i valori di sentimento che porta e non è stata quindi capace di onorare la sua vera natura femminile. Da un'altra prospettiva ancora, la storia può essere vista come una metafora nascosta della riconciliazione tra spirito e natura o del matrimonio tra gli aspetti maschile e femminile dello spirito, che si sono separati negli ultimi quattromila anni.

La storia della Bella Addormentata dice che al momento giusto, con la persona giusta, la siepe di spine si trasforma in roseto e una via si apre. Penso che in questo nuovo millennio siamo al momento della svolta. Un istinto profondo tenta di ripristinare in noi l'equilibrio e la totalità, recuperando la dimensione femminile perduta dell'anima impersonata dalla Bella Addormentata. Negli ultimi cinquant'anni, sotto la superficie della nostra cultura ha avuto luogo un graduale ripristino del senso del sacro. Milioni di persone si stanno risvegliando alla consapevolezza della relazione con l'organismo dell'intero pianeta e al di là di questo con il più profondo campo dell'anima che unisce tutte le nostre vite — la grande rete della vita che collega ogni aspetto tutti gli altri.

Questa fiaba anticipa il nostro tempo: il prezioso momento del risveglio dell'umanità che era già stato tentato una volta, nel dodicesimo secolo, con il grande impulso spirituale della Cerca del Santo Graal. Il mistero del Graal infonde il Medioevo con l'immagine della ricerca secolare che si rivolge verso l'interno, seguendo il desiderio del cuore del ricercatore, cercando un percorso che non può essere insegnato, ma solo trovato, ed è unico per ogni individuo. Il calice, il vaso, la coppa e la pietra — che rappresentano le immagini primarie del Graal — evocano l'archetipo del Femminile che diventa ispirazione, guida e obiettivo della ricerca interiore del cavaliere. Cos'è allora il Graal se non il vaso inesauribile, la fonte della vita che scorre continuamente nell'essere e si irradia in questo mondo dal regno invisibile dell'Anima, il regno in cui sono radicate tutte le nostre vite? Chi sono i cavalieri guardiani del Graal se non coloro che hanno fedelmente tenuto in vita attraverso i secoli oscuri i misteri del risveglio dell'anima?

Jessie Weston, che ha scritto *From Ritual to Romance* — uno dei libri più autentici sul Graal — disse: "Il Graal è una forza vivente, non morirà mai; potrebbe infatti scomparire alla vista per secoli... ma risorgerà di nuovo in superficie e diventerà ancora una volta un tema di vitale importanza". Ora, come allora, la Cerca del Graal è aperta e può offrirci una nuova immagine di noi stessi, che serva il mondo con l'amore e segua il cuore ovunque la conduca.

Per quasi quattromila anni l'Anima è rimasta prigioniera di un incantesimo; la sua voce è stata zittita, la sua saggezza respinta. La bellezza, la grazia e l'armonia sono svanite dal mondo. Ma ora, si risveglia alla vita nell'anima dell'umanità. Cosa vuole da noi? Qual è la sua speranza? Credo che voglia una relazione. Vedo questa relazione come un matrimonio sacro; un matrimonio tra noi e il profondo terreno invisibile della vita. L'anima e l'archetipo femminile nel loro senso più profondo hanno sempre portato i valori del cuore: i valori che onorano la saggezza, la giustizia, la compassione e il desiderio di aiutare e di guarire.

In molte fiabe, come in questa, c'è la figura di una vecchia megera. Nelle antiche culture lunari sarebbe stata riconosciuta come un aspetto della dea, proprio come la principessa addormentata ne rappresentava un altro. Nei sogni moderni, nei quali appare spesso come una figura vestita di nero, continua a personificare il potere e la saggezza del processo vitale che porta tutto in essere. Gira la rete del destino: è il grembo della vita, il processo nella natura che nutre il seme e porta tutto a compimento. Nella storia della Bella Addormentata è la presenza segreta nella stanza nascosta del castello dell'anima, che provoca gli eventi che portano infine al risveglio della corte dormiente e al matrimonio tra principe e principessa.

Rappresenta lo strato più profondo della vita della nostra anima. Nessuno che si metta alla ricerca della relazione con l'anima può ignorarla. Prima o poi apparirà nei nostri sogni, come ha fatto nel mio, per risvegliarci a chi è e a cosa vuole da noi.

La brillante cultura tecnologica ci infligge uno stress intollerabile perché non concede alcun valore ai sentimenti e non concede tempo per il rapporto con l'anima, né per risvegliarsi alla presenza dello straordinario tesoro che giace nascosto in noi. Il salvataggio del tesoro, per tanto tempo relegato in basso nella lista delle nostre priorità, richiede una trasformazione fondamentale della nostra comprensione della vita: la formulazione di una nuova visione del mondo, o paradigma della realtà, che ci farà avventare contro la siepe di spine che ci tiene impalati nella schiavitù del passato. Ci invita a ritrovare l'orientamento nel rapporto con il pianeta e gli uni con gli altri, a invertire il senso di ciò che abbiamo considerato importante e vitale per la nostra sopravvivenza — mettere davanti ciò che abbiamo considerato ultimo. Conoscenza della santa unità della vita, rispetto per la natura, fiducia nei poteri dell'immaginazione creativa, nella facoltà atrofizzata dell'intuizione — tutto ciò è necessario per aiutarci a recuperare quella relazione perduta e istintiva con la vita che un tempo era radicata nella nostra esperienza di anima.

L'anima non comunica principalmente attraverso le parole, il linguaggio, ma attraverso i sentimenti, le intuizioni, le emozioni e, a causa della nostra negligenza, attraverso schemi di comportamento disturbati, violenti o che creano dipendenza. Comunica anche attraverso i sogni. Se non prestiamo attenzione ad essi, non ci sarà modo che i bisogni dell'anima riescano a raggiungere la nostra coscienza superficiale, concentrata esclusivamente sul mondo esterno. Rimarranno chiusi dietro una siepe di spine. Il viaggio alla ricerca dell'anima è difficile, e persino pericoloso, perché richiede di rinunciare alla certezza di ciò che pensiamo di sapere e di ciò che ci è stato insegnato di credere per generazioni. Significa lasciar andare il controllo e aprirci ad una ricerca, a un percorso di scoperta. Molti miti e fiabe sottolineano la necessità di arrendersi e di fidarsi della strana guida non razionale offerta dagli animali o dagli sciamani. Quando l'eroe la segue allora la siepe si apre, la via si dispiega. Seguire la guida e la saggezza dell'istinto è la strada reale nel regno dell'anima.

Da qualche parte nella cattedrale di Chartres, sono inscritte queste parole: "O non svegliare la Bella finché il tempo non è giunto...." Questa dimensione perduta dell'anima che vive in profondità nel nostro essere e all'interno di tutta la vita si sta ora risvegliando. La ricerca per risvegliare la Bella Addormentata è la ricerca di una maggiore comprensione del mistero della vita. Chi dice che non ci sia mistero da capire, uccide letteralmente la propria vita istintiva, la propria anima. Il valore supremo, la cui scoperta potrebbe guarire l'angoscia, il terrore e la sofferenza sopportati attraverso l'odissea dell'evoluzione umana, si trova nel cuore della nostra vita istintiva. Il fascino della ricerca del tesoro nascosto sotto le acque del mare o sepolto nella profondità della terra riflette il potere magnetico del tesoro nascosto nelle acque interne, la terra interiore dell'anima.

Figura di Donna
Robin Baring 1978

Parte quarta

Recuperare la Connessione con l'anima

10. La rinascita del femminile: il risveglio dell'anima
11. Jung e la riscoperta dell'anima
12. L'Ombra: il drago e l'anima primordiale
13. La guerra stupro dell'anima

Panorama con figura
Robin Baring 1975

Capitolo dieci

La Rinascita del Femminile: Il Risveglio dell'Anima

La Terra non è forse ciò che vuoi: un invisibile che nasce in noi.... Qual è il tuo ordine urgente se non la trasformazione?

— Rilke, *Nona Elegia Duinese*

Negli ultimi quattro capitoli ho descritto la patologia della Fase di Separazione, ed esplorato le ragioni per cui abbiamo gradualmente perso la consapevolezza istintiva di vivere all'interno di un Ordine Sacro, cioè di un mondo con l'anima. Ho descritto le cause e gli effetti di una coscienza con un occhio solo: una coscienza maschile che ha perso il contatto con l'anima. Durante questa fase di separazione, il Femminile, un tempo associato all'immagine della Grande Madre e delle Grandi Dee delle culture precedenti, e con l'anima e i valori trascurati del sentimento del cuore, fu relegato nell'inconscio. Questo capitolo e quelli che seguono descriveranno come stiamo iniziando a recuperare quei valori e quali fattori aiutano oppure ostacolano il loro recupero.

La Profanazione dell'Anima Mundi

La perdita del Femminile, la perdita dell'anima, produce nel mondo effetti incalcolabili. La conoscenza istintiva della sacra unione delle cose, la venerazione per l'interconnessione di tutti gli aspetti della vita, la fede nel potere dell'immaginazione e la facoltà dell'intuizione — quasi tutto ciò che era un percorso di relazione con la vita attraverso la partecipazione, non il dominio né il controllo, fu perso. Ovunque oggi possiamo vedere gli effetti di questa perdita dell'anima, non solo nella devastazione e nell'inquinamento di vaste strisce di Terra, ma nell'infelicità, nell'impoverimento e nell'esistenza senza speranza che le persone patiscono nei sobborghi delle nostre città, orribili e in espansione, nell'aumento di malattie come il cancro, il diabete e i disturbi mentali — in particolare la depressione. I vecchi sono messi da parte e trattati da malati in una cultura più orientata a raggiungere dei traguardi che a prendersi cura delle persone. Ai giovani non viene offerto nulla cui aspirare se non gli obiettivi materiali promossi dai media. Le donne sono umiliate, e i loro corpi sfruttati per vendere ogni tipo di merce. Il cuore umano chiede a gran voce il ritorno della bellezza, di un luogo di rifugio, comunità e relazioni dove la vita interiore sia ritenuta importante come quella esteriore e dove un ordine sacro che unifichi la vita su questo pianeta sia riconosciuto e onorato

Nel contesto più ampio della terra, le foreste non sono amate come luoghi sacri, ma abbattute per fornire carta e imballaggi o per impiantare allevamenti o culture che forniscano biocarburante per l'energia; le montagne sono scavate per estrarre i minerali che servono per costruire i reattori nucleari, i computer e i telefoni cellulari; aree di territorio sono frantumate con gli esplosivi, sventrate e sfregiate per estrarre olio di scisto o gas; vengono costruite basi militari che servono da trampolino di lancio per missili guidati su terre che un tempo erano il territorio sacro per persone i cui antenati vivevano lì da secoli (Diego Garcia nelle isole Chagos). L'Artico è saccheggiato per estrarre risorse vitali di petrolio e gas. Gli animali sono visti in termini di quantità di cibo di cui abbiamo bisogno per nutrire il numero sempre crescente di persone, non in termini di benessere; vasti tratti dell'Africa vengono acquistati per fornire terra per colture di biocarburanti o cibo per nazioni la cui terra non può fornirne in quantità sufficiente per la popolazione crescente.

Che cosa significa questo modello di sfruttamento se non il crimine dell'ecocidio, con il quale la nostra specie che distrugge l'habitat da cui dipendono tutte le specie? L'ecocidio non porta solo alla distruzione dell'ambiente, ma alle guerre per la diminuzione delle risorse e ai crimini contro l'umanità mentre i conflitti proliferano.

Con l'accelerazione di questo processo, le nazioni sono state viste come mercati da sfruttare per ottenere un guadagno finanziario e, se necessario, messe in ginocchio dai commercianti finanziari, senza un pensiero per milioni di persone indifese i cui mezzi di sostentamento e vite potevano essere distrutti. I politici discutono i tagli radicali delle spese necessarie per ridurre gli enormi importi del debito nazionale, provocati da anni di prestiti avventati e di promesse fatte all'elettorato per garantirsi la rielezione. I decenni passano mentre gli uomini discutono i pro e i contro del cambiamento climatico e solo una piccola parte dei fondi promessi dai governi per aiutare a proteggere le foreste pluviali del mondo raggiunge la destinazione. Esiste una Carta per la Terra, che offre un'agenda per un diverso rapporto con il pianeta, ma i governi e le potenti società vi prestano poca attenzione. Tutto ciò potrebbe essere descritto come la profanazione dell'*Anima Mundi*, l'Anima del Mondo.

Una Definizione del Femminile

Da quando ebbi il sogno visionario della donna cosmica mi chiesi quale fosse il suo messaggio. Perché mi era apparsa un'immagine del genere e cosa mi chiedeva? Cosa significa, nel suo senso più profondo, 'Femminile'? Come lo vado definendo in questo libro, esso non si riferisce all'attrattiva sessuale femminile, così pubblicizzata nel mondo di oggi, né alle qualità di cura e gentilezza di solito identificate con le donne, sebbene non esclusivamente, né all'ordine del giorno femminista di dare più potere alle donne in un mondo maschile.

La parola 'Femminile' sta per l'Anima e per l'invisibile rete cosmica della vita che collega ciascuno di noi a tutti gli altri, alla vita del pianeta e alla vita più vasta del Cosmo. Sta nel riconoscimento che viviamo all'interno di un Ordine Sacro e che abbiamo la responsabilità di proteggere la vita del pianeta e di tutte le varietà di specie che comprende, invece di sfruttarle per il beneficio della nostra sola. Riassumendo, la parola 'Femminile' sta per una prospettiva totalmente differente sulla vita, un paradigma della realtà, una visione del mondo, del tutto diversi e per i valori del sentimento che possano rispecchiare e supportare tale visione. Sta per una nuova coscienza planetaria e per l'ardua creazione di un nuovo genere di civiltà.

Senza riconnessione con l'Anima e con la guida e la sapienza del Femminile, senza andare alla ricerca dei valori che rappresenta o aprire il nostro cuore alla sua sottile assistenza, non comprenderemo lo scopo della nostra presenza su quest pianeta, né sapremo privare di potere le tendenze ataviche inconsce che ci avvicinano sempre più alla distruzione del nostro habitat e quindi all'auto–annientamento.

Il lungamente represso principio femminile emerge, come il magma dal cuore della Terra, per incontrare quello maschile, in risposta a un impulso profondo dell'anima che chiede di equilibrare e coniugare queste energie archetipiche all'interno di noi e del mondo. La rinascita del Femminile invita a una nuova coscienza planetaria dove gli istinti profondi del cuore sia degli uomini che delle donne — compassione, intelligenza consapevole e desiderio di proteggere e risanare — siano capaci di trovare espressione in un modo che può essere descritto come devozione alla vita planetaria e cosmica.

Nel suo libro straordinario, *Dark Night, Early Dawn*, Christopher Bache descrive questo potente nuovo risveglio dell'anima:

> La grande difficoltà che ho è nel descrivere l'enormità di ciò che sta nascendo. Il vero fulcro di questo processo creativo non sono gli individui ma l'umanità intera. In realtà sta cercando di risvegliare l'intera specie. Ciò che sta emergendo è una consapevolezza di proporzioni senza precedenti, l'intera specie umana integrata in un campo unificato di consapevolezza. La specie si riconnette con la sua Natura Fondamentale. I nostri pensieri sintonizzati sulla Sorgente della Coscienza.[1]

Risvegliarsi al Femminile significa divenire protettivi nei confronti dell'intera creazione; morire a tutti i modi divisivi di guardare alla vita e agli altri; nascere a una visione profondamente differente della realtà. Quando tutto ciò diviene conscio in noi, siamo già consapevoli di quanto dipendiamo dall'integrità e dalla sostenibilità della biosfera planetaria, se vogliamo che la nostra esistenza continui. Mentre assimiliamo le implicazioni di questo 'matrimonio' dei due principi archetipici primari che, nella Qabbalah, corrispondono ai pilastri sinistro e destro dell'Albero della vita, la nostra immagine della realtà e il nostro rapporto con il pianeta, e degli uni con gli altri, si trasformano. Il ritorno del Femminile ha l'impatto di un terremoto planetario, poiché dissolve modelli sociali consolidati da lungo tempo, sistemi politico–finanziari e istituzioni religiose, e chiede una radicale trasformazione dei nostri valori, delle nostre relazioni e della nostra comprensione della vita.

Penso che possiamo trovare questo nuovo impulso evolutivo riflesso in un disegno di Henry Moore, eseguito nel periodo più buio della Seconda Guerra Mondiale. Mostra un gruppo di persone raccolte attorno a un'enorme figura velata, la loro piccolezza enfatizzata dalla sua torreggiante altezza. Sotto il sudario e le corde che lo tengono in posizione c'è una forma femminile. Questo disegno suggerisce che una nuova immagine dello spirito, o forse una perduta da molto tempo, si sta risvegliando alla vita nell'anima collettiva dell'umanità, in attesa di essere rivelata, di essere da noi riconosciuta e ricevuta. Le più grandi sculture di Henry Moore hanno la stessa impronta femminile. I suoi disegni 'Rifugio' ci riportano al ventre materno nascosto sotto terra — i passaggi sotterranei simili a caverne dove cercavamo protezione mentre le bombe piovevano sulle nostre città. Molte delle sue sculture e disegni si concentrano sull'immagine di una madre e di un bambino o su una figura monumentale di donna. La sua opera indica la rinascita dell'archetipo femminile nell'anima umana e il risveglio globale dell'*Anima Mundi*.

La Rinascita del Femminile Oggi

Il tema del Valore Femminile perduto si intreccia come un filo d'oro attraverso la mitologia, la poesia e la letteratura della civiltà occidentale, in attesa di essere riscattato in un momento come questo, in cui tanto è così in gioco. Negli ultimi 60 anni ci sono stati alcuni eventi che hanno annunciato un cambio di coscienza paragonabile a quello che ha avuto luogo nell'Europa del XII secolo, con la costruzione delle grandi cattedrali in onore della Vergine Maria e i pellegrinaggi ai luoghi consacrati alla Madonna Nera. Questa volta, però, il cambiamento di coscienza non è limitato all'Europa, ma coinvolge tutto il mondo. Come un diamante sfaccettato, ci sono molti aspetti dell'influenza emergente del Femminile. Tutti stanno contribuendo alla guarigione dopo la lunga dissociazione tra spirito e natura dell'era solare. Ognuno è intrinseco a un impulso psichico che si potrebbe chiamare recupero dell'anima — un impulso evolutivo derivante dal cuore dell'umanità e forse anche dal cuore del Cosmo. Intendo la parola recupero in due sensi: nel primo, il senso di una cosa malata, diminuita o trascurata che viene riportata alla salute; nel secondo, il senso di qualcosa di grande valore che viene salvato.

L'influenza del Femminile è responsabile della crescita del Movimento per l'Ambiente; della determinazione delle donne di ogni cultura a liberarsi dalla lunga oppressione, incoraggiandone la maggiore partecipazione alla società; dell'interesse nelle cose cosiddette non–razionali; di molti nuovi approcci alla guarigione della psiche e del corpo. Si riflette nella crescente repulsione per le armi di distruzione di massa; nella compassione per le vittime indifese della nostra dipendenza dalla guerra; nell'impegno di centinaia di migliaia di persone nell'opera di aiutare il pianeta e le vittime dell'oppressione. Questi diversi canali di influenza creano nuove prospettive per la vita, nuovi modi di connessione che mettono insieme corpo, anima, mente e spirito. Tutto ciò viene accelerato dalle connessioni tra le persone facilitate da Internet e da organizzazioni online come Avaaz, che ora ha molti milioni di abbonati.

Il recupero del Femminile invita a riorientare la coscienza: ad essere aperti non solo agli eventi che si verificano nel mondo esterno, ma alla voce a lungo ignorata dell'Anima. L'attivazione del Femminile ci aiuta a relazionarci con la profonda sorgente cosmica della nostra vita psichica e ad elaborare l'acqua viva che proviene da quelle profondità. Questo enorme spostamento sfida ogni aspetto delle nostre convinzioni. Approfondisce infinitamente e allarga la prospettiva sulla nostra presenza su questo pianeta. Dà un significato più profondo alle nostre vite. Cambia tutto.

Forse la nuova epoca in cui entreremo vedrà la nascita di un'immagine molto diversa di Dio o dello Spirito, di una nuova comprensione dell'intelligenza istintiva all'interno dei processi e dei modelli della natura, e di come la dimensione invisibile o interiore della realtà influenzi e interagisca con questa dimensione fisica. Questa nuova comprensione può aiutarci a recuperare un'autentica spiritualità che ci porti, oltre le credenze religiose e secolari, a un nuovo senso di relazione con una Terra sacra e un Cosmo con l'anima. Dal nostro lavoro per *Il Mito Della Dea* e per l'ultimo capitolo, che io e Jules chiamammo 'il Matrimonio Sacro', so che questa fase emergente nella storia della nostra specie potrebbe annunciare un progresso evolutivo dove spirito e natura si riuniscono e l'umanità entra in relazione e collaborazione cosciente con la vita, cercando di servirla con intuizione, compassione e sapienza.

I Segni di un Cambio di Coscienza

Nel suo ultimo lavoro, *Mysterium Coniunctionis*, Jung scrisse che "il destino ultimo di ogni dogma è che gradualmente diventa senz'anima. La vita vuole creare nuove forme, e quindi, quando un dogma perde la sua vitalità, deve necessariamente attivare l'archetipo che ha sempre aiutato l'uomo ad esprimere il mistero dell'anima". [2] Negli anni cinquanta poche persone al di fuori della comunità junghiana di Zurigo avrebbero collegato un cambiamento di coscienza con l'attenzione sul Femminile e il riconoscimento dell'aspetto femminile del divino. La prima indicazione di questo cambiamento arrivò con la scoperta, nel 1945, dei testi gnostici nascosti per quasi due millenni in vasi di terracotta a Nag Hammadi, in Egitto. Quando gli studiosi cominciarono a tradurre e a commentare questi testi, divenne chiaro che alcuni gruppi gnostici avevano adorato Dio come madre e padre. Il libro rivoluzionario di Elaine Pagels, *I Vangeli Gnostici* (1980) portò queste scoperte a un pubblico più ampio. Il suo libro fu il precursore di un'inondazione di libri sulla Dea, uno dei quali fu *Il Mito Della Dea*. Questa era una via attraverso la quale l'immagine sacra del Femminile veniva restituita alla cultura moderna.

Una seconda via fu aperta da Pio XII, che, in risposta a una petizione di milioni di cattolici, dichiarò dogma ufficiale della chiesa che la Vergine Maria era stata "Assunta in cielo, corpo e anima" (1950). Con un secondo decreto, nel 1954 la chiamò Regina del Cielo, ripristinando così la dimensione cosmica che la Dea possedeva nelle grandi civiltà dell'Età del Bronzo. Il nuovo decreto affermava che, simbolicamente, Maria come Sposa era unita a suo Figlio nella celeste camera nuziale e che come Sofia (la Sapienza) era unita alla divinità.

Con questi due decreti, fu esaudito il desiderio del popolo cattolico, che da più di un millennio agognava di avere nella divinità un'immagine della divina madre — una Regina del Cielo. Circa quarant'anni dopo, nel 1997, fu presentata al papa un'ulteriore petizione per chiedere che Maria fosse dichiarata corredentrice con Cristo. Sebbene fosse morto prima che questa successiva petizione fosse raccolta, Jung sapeva che i due decreti papali riflettevano il fatto che qualcosa di grande significato stava accadendo nella psiche collettiva e le vedeva come l'atto religioso più significativo dopo la Riforma. Mitologicamente parlando, l'archetipo femminile incarnato dalla Vergine Maria, inclusi il corpo e l'anima, veniva innalzato a livello di parità con quello maschile dello spirito, annunciando un 'matrimonio sacro' dei due grandi principi archetipici che avrebbero presto trovato espressione nell'anima collettiva dell'umanità. La dimensione femminile del divino, un riconoscimento così a lungo negato in una civiltà dominata dall'archetipo maschile, sarebbe stata inclusa nella divinità e riportata alla posizione che deteneva nel mondo pre–patriarcale. La natura e lo spirito, a lungo separati nella coscienza umana, si sarebbero riuniti; sarebbe finita la lunga e disastrosa polarizzazione.

Jung credeva che questo evento simbolico, prefigurato nel Rinascimento nei numerosi squisiti dipinti dell'Incoronazione della Vergine, indicasse la riunione dello spirito e della natura e, dentro di noi, la riunione della mente cosciente dissociata con la matrice della psiche — l'anima istintuale a lungo trascurata. Avendo familiarità con la storia mitologica che aveva portato a questo momento, vide questa riunione archetipica come una nuova immagine del sacro matrimonio, l'antico rito dell'Età del Bronzo che un tempo celebrava l'unione tra cielo e terra. Lo vide anche come un araldo del grande evento atteso nella tradizione mistica ebraica della Qabbalah: il matrimonio dei due aspetti separati della divinità — il Santo e la Shekinah (descritto nel terzo capitolo).

Ma non sono solo i due decreti papali a significare un cambiamento di coscienza nella relazione tra i due principi archetipici. Le persone sono state sorprese dalla popolarità del *Codice Da Vinci* di Dan Brown e del precedente *Holy Blood, Holy Grail*, co-scritto da Michael Baigent, Richard Leigh e Henry Lincoln. L'obiettivo di entrambi questi libri era la relazione tra Gesù e Maria Maddalena. Insieme a molti altri libri, hanno portato Maria Maddalena fuori da una lunga oscurità, riconoscendola come prima tra gli apostoli di Gesù, sua compagna e forse anche sua moglie.

Da una prospettiva junghiana, le vendite fenomenali di questi libri su Maria Maddalena riflettono il potere di un archetipo che ritorna e il desiderio inconscio dell'unione dei principi maschile e femminile a un livello più elevato — riflesso nella relazione stretta e amorevole tra Gesù e Maria Maddalena. Il 'bambino' nato dalla loro relazione significa, in senso archetipico, non il frutto della linea di sangue di Gesù, ma la nascita di un nuovo livello di coscienza per l'intera umanità.

L'innesco al Risveglio Globale dell'Anima Mundi

Guardando indietro agli ultimi settant'anni, ci sono stati altri eventi che hanno contribuito a questo cambio di coscienza. Nel 1945, uno di questi fu la rivelazione scioccante della barbarie umana dopo Auschwitz. Un altro fu la scoperta della fissione nucleare, la costruzione della bomba atomica e la distruzione di Hiroshima e Nagasaki. Questi fatti separarono il passato dal futuro e resero chiaro che qualcosa andava cambiato nella coscienza umana. Avevamo il potere divino di distruggere noi stessi ma non l'intelligenza divina di evitare di farlo.

Poi fummo resi consapevoli di un diverso tipo di minaccia. La biologa Rachel Carson fu la prima a suonare l'allarme nel 1962 con il suo libro *Silent Spring*. Attirò l'attenzione sull'interdipendenza degli ordini della vita, quello umano, animale e vegetale, e sul pericolo di contaminare aria, suolo e oceano con le sostanze chimiche pericolose (DDT) che all'epoca erano ampiamente e indiscriminatamente utilizzate per tenere gli insetti sotto controllo. Con questo libro nacque il Movimento Ambientale. In esso Carson sfidava il mito scientifico del controllo della natura, nato, diceva, nell'Età di Neanderthal della biologia e della filosofia, quando si supponeva che la natura esistesse per la comodità dell'uomo. "È la nostra allarmante disgrazia", scrisse, "che una scienza così primitiva si sia armata con le armi più terribili e che, volgendole contro gli insetti, le abbia anche rivolte contro la terra".[3] La rabbia furiosa e il disprezzo misogino che provocò nelle compagnie chimiche che l'attaccarono come "più velenosa dei pesticidi che ha condannato", rivelano sia l'abisso dell'ignoranza umana sui sistemi interrelati della vita sul pianeta, sia il potere degli atteggiamenti radicati nel resistere a qualsiasi cambiamento. Tragicamente, morì di cancro subito dopo la pubblicazione del suo libro. Ma molto prima della sua morte attirò l'attenzione sui pericoli dell'interferenza umana nell'equilibrio della natura. Nella prefazione all'edizione del 1961 di *The Sea Around Us*, pubblicato per la prima volta nel 1950, avvertiva degli effetti dello smaltimento in mare dei residui nucleari:

> Liberando i segreti dell'atomo, l'uomo moderno si è trovato di fronte a un problema spaventoso: cosa fare con i materiali più pericolosi che siano mai esistiti in tutta la storia della terra, i sottoprodotti della fissione atomica. Il duro problema che gli si pone di fronte è se possa smaltire queste sostanze letali senza rendere la terra inabitabile.[4]

Silent Spring ha dato il via alla nascita di un diverso atteggiamento nei confronti della natura. Sotto la sua influenza, è iniziata l'idea che non potevamo continuare ad agire come se fossimo i padroni del pianeta. Abbiamo iniziato a renderci conto che il regno della natura è una veste senza cuciture. Noi siamo parte di questa veste, vestiti di essa, nutriti e protetti da essa e, allo stesso tempo, a causa dello sviluppo unico della coscienza nella nostra specie, siamo l'unico aspetto della vita che può diventare consapevole della meraviglia dell'organismo planetario in cui sono incorporate tutte le nostre vite. Abbiamo quindi una responsabilità nei suoi confronti; la responsabilità di salvaguardarlo e proteggerlo.

Il Risveglio del Senso di Relazione con la Terra

Forse l'evento più significativo per questo risveglio fu la prima veduta della Terra che apparve sopra il bordo della luna ('l'alba della Terra'), scattata durante la seconda missione dell'Apollo 8, nel 1968. Poi lo sbarco degli astronauti sulla luna nel luglio 1969 (Apollo 11) ci diede la vista mozzafiato della Terra vista dallo spazio. 500 milioni di persone guardarono l'atterraggio dell'Apollo e ascoltarono le famose parole di Neil Armstrong. L'impresa tecnologica di portare l'uomo sulla luna era di per sé fonte di grande ispirazione. Ma la vista della Terra da quella distanza fu il vero catalizzatore che cambiò il nostro rapporto con essa. Per la prima volta diventammo visivamente consapevoli della squisita bellezza e fragilità del nostro pianeta e comprendemmo che era la nostra casa nella vastità del Cosmo. Sembrava così bella, così preziosa e così vulnerabile. L'amore per il nostro pianeta blu si risvegliò nei nostri cuori. Le parole di Gene Cernan, l'ultimo astronauta che lasciò la luna nella missione finale della NASA (Apollo 17), trasmettono all'intera umanità la meraviglia della sua esperienza: "Ero nell'oscurità blu e guardavo con ammirazione la terra dalla superficie lunare Quello che vedevo era troppo bello da capire: c'era troppa logica, troppo scopo. Era troppo bello per essere successo per caso".

Nel giro di poche ore, i nostri occhi planetari si espansero per diventare occhi cosmici. In quelle poche ore il senso dell'espansione fu straordinario, poiché la nostra relazione con il Cosmo e la percezione di noi stessi fu trasformata. Il fatto che fosse la luna a essere esplorata — simbolo antico della Grande Madre, del Femminile e dell'anima — era di per sé significativo. Ma fu la vista del nostro pianeta dalla luna che ci sollevò, al di là delle fedeltà nazionali e regionali e aprì la nostra consapevolezza alla coscienza cosmica e al senso di appartenenza al Cosmo.

Il mitologo Joseph Campbell diede espressione a qualcosa che molti di noi sentivano: "In questo momento", disse, "partecipiamo a uno dei più grandi balzi in avanti dello spirito umano verso la conoscenza non solo della natura esterna ma anche del nostro profondo mistero interiore — il più grande di sempre".[5] Si chiese quale fosse il mito emergente del nostro tempo e rispose dicendo che sarebbe stata una mitologia della Terra unificata in un unico essere armonioso.

In un successivo viaggio di ritorno dalla luna, l'astronauta Edgar Mitchell, fondatore dell'Institute of Noetic Sciences, capì che la vista della Terra distante era un assaggio di divinità. "Fissando lo sguardo attraverso 240.000 miglia di spazio verso le stelle e il pianeta da cui ero venuto, improvvisamente sperimentai l'Universo come intelligente, amorevole, armonioso".

> Ciò che sperimentai nel mio viaggio di ritorno verso casa, durato tre gior-ni, fu niente meno che un senso travolgente della connessione universale. Percepii, in

verità, ciò che è stato descritto come un'estasi di unione. Pensai che le molecole del mio corpo e le molecole dell'aeronave stessa erano state fabbricate molto tempo prima nella fornace di una delle antiche stelle che ardevano nei cieli intorno a me.... improvvisamente la maestosa bellezza del cosmo mi sopraffece. Pur essendo ancora consapevole della separatezza della mia esistenza, la mia mente fu inondata dalla conoscenza intuitiva che tutto è interconnesso: che questo magnifico universo è un insieme armonioso, diretto, propositivo. E che noi umani, sia come individui che come specie, siamo parte integrante del processo della creazione.[6]

I libri che seguirono furono scritti da una prospettiva completamente diversa e fissarono l'agenda per una trasformazione del nostro atteggiamento verso la Terra: nel 1972 Barbara Ward pubblicò *Only One Earth: The Care and Maintenance of a Small Planet* e, nel 1979, un secondo libro chiamato *Progress for a Small Planet* in cui presentava un piano per la cura della biosfera e un altro per affrontare il problema della povertà globale. Nel 1975, fu pubblicato il fenomenale e influente *Piccolo è bello* di Schumacher. Nel 1972, *Limits to Growth* di Donella e Dennis Meadows spiegava la minaccia per la Terra dell'eccesso di popolazione. Nei primi anni ottanta, i due libri di Fritjof Capra *Il Tao della fisica* e *Il punto di svolta* si focalizzarono sulla necessità di una trasformazione del nostro atteggiamento nei confronti della natura e della materia. Basandosi sulla sua conoscenza della fisica quantistica rivelava che la vita è un tessuto indissolubile di relazioni e che l'osservatore è inseparabile da ciò che osserva. Il titolo stesso del secondo libro era l'indicatore significativo di un cambiamento di coscienza.

In quel decennio, fummo messi in allarme dalla minaccia di un inverno nucleare che, con la contaminazione del suolo e dell'acqua con le scorie nucleari cento volte più potenti delle bombe usate su Hiroshima, avrebbe potuto riportarci all'inizio dell'evoluzione. L'avvertimento profetico di Einstein fu ignorato: "Lo scatenamento del potere della bomba atomica ha cambiato tutto tranne il nostro modo di pensare, e quindi ci dirigiamo verso catastrofi senza precedenti".[7] Pochi governi riconobbero consapevolmente l'enormità di ciò che erano disposti a infliggere una popolazione civile indifesa, al fine di garantire la sopravvivenza della loro particolare nazione. Ogni stato dotato di bombe nucleari era pronto ad annientare milioni di innocenti e ad inquinare la terra per generazioni in uno scambio di missili. Nei decenni della Guerra Fredda la tensione tra gli imperi e le ideologie concorrenti aveva alimentato l'escalation della tecnologia militare e, sviluppandosi da entrambe le parti, fu estesa al programma Star Wars e alla corsa al controllo militare dello spazio come sulla terra. Sostenendo che la bomba avrebbe funzionato da deterrente, coloro che promuovevano la corsa agli armamenti non riconoscevano che in uno scambio di missili nucleari, come commentava Jonathan

Schell nel suo libro, *The Fate of the Earth* (1982), non ci sarebbero stati vincitori e vinti: entrambi si sarebbero estinti insieme a centinaia di milioni di civili indifesi. "La domanda davanti alla specie umana è ora se sulla terra prevarranno la vita o la morte.... Nessuna generazione prima della nostra ha tenuto nelle sue mani la vita e la morte delle sue specie.... Nel mondo attuale, nelle riunioni in cui vengono prese le decisioni, non c'è nessuno che parli per l'uomo e per la Terra, sebbene entrambi siano minacciati di annientamento".[8]

Dal CND (Campagna per il disarmo nucleare, Ndt), fu fondato e crebbe rapidamente il Movimento per il Disarmo Nucleare. Molte persone, inclusa me, iniziarono a pensare in termini planetari, invece che nazionali, comprendendo che dovevamo trascendere le vecchie abitudini, i vecchi modelli di comportamento se volevamo sopravvivere come specie e proteggere la Terra. Un esempio di questo fu il movimento iniziato in Inghilterra nel 1981 da Ann Pettitt, che crebbe nella protesta delle donne di Greenham Common (ex base militare della RAF, Ndt) contro i missili American Cruise e Pershing. Si chiamavano "Donne per la vita sulla Terra" perché, dicevano, "Queste armi continuano a uccidere silenziosamente e in modo invisibile tra le generazioni non ancora nate".[9]

La crescente disillusione nei confronti di leader e istituzioni politiche e religiose faceva parte di questo risveglio, insieme alla crescente consapevolezza che ogni individuo avesse la responsabilità, per quanto umile, di sfidare l'ethos dominante della cultura — una responsabilità sottolineata dalle parole profetiche di Jung: "Il mondo oggi è appeso a un filo sottile e quel filo è la psiche dell'uomo.... Non è la realtà della bomba all'idrogeno che dobbiamo temere, ma quello che l'uomo ci farà".[10]

Questi libri, e molti altri degli ultimi anni, hanno chiarito che il destino della nostra specie è inseparabilmente legato alla biosfera planetaria, facendo eco alla percezione del capo Seattle che qualsiasi cosa facciamo alla Terra, la facciamo a noi stessi. Il libro di James Lovelock sull'interrelazione tra tutti i sistemi della Terra e l'aver chiamato la biosfera come Gaia, la Dea greca della Terra, restituì al mondo l'antica immagine della Terra come Dea e Madre.

Thomas Berry nei suoi libri *The Dream of the Earth* (1990) e *Evening Thoughts* (2006) insiste, con un linguaggio intransigente, che ci svegliamo a ciò che, nella nostra fantasia di progresso, stiamo infliggendo alla Terra e ai suoi sistemi viventi:

> In questo momento il mondo moderno, con le sue tecnologie scientifiche, i suoi processi industriali e le sue attività commerciali, funziona con sorprendente arroganza nel suo atteggiamento verso il mondo naturale. L'umano è visto come la realtà suprema. Ogni altro essere è disponibile per lo sfruttamento.... La difficoltà attuale non è solo che le singole nazioni vedano se stesse e il proprio benessere come il referente ultimo per quanto riguarda la realtà e il valore, ma anche che l'umano tenda a stabilire una discontinuità tra sé e il mondo naturale.

> In questo modo il mondo non umano si riduce a oggetti da usare per gli scopi umani, invece che partecipanti di una sola comunità integrale di esistenza. Non solo la comunità umana è disallineata rispetto al funzionamento del pianeta, ma è anche diventata un predatore che prosciuga la vita di chi la ospita....[11]

Il Movimento Ambientale o Ecologico è cresciuto dal riconoscimento della minaccia che viene alla biosfera dall'inquinamento industriale e chimico dell'aria, dell'acqua e del suolo. Friends of the Earth fu fondata nel 1972. Seguì Greenpeace. Gli ultimi cinquant'anni hanno visto gettare le basi per una trasformazione della nostra relazione con il pianeta e l'emergere di molti gruppi di individui che si sono impegnati a cercare di contrastare gli effetti dell'ignoranza e dell'avidità umana. Questi formano una nuova entità planetaria, non più di carattere nazionale, ma retta da valori condivisi e impegno per la loro attuazione. Il libro di Paul Hawken, *Blessed Unrest* (2007), raccoglie le molte sfaccettature di questo nuovo movimento e menziona il fatto che, in seguito alla sua ricerca durata quindici anni, ha identificato quello che potrebbe essere il più grande movimento sociale della storia umana. Questo movimento comprende un milione o più gruppi di base che lavorano per aiutare il pianeta e migliorare la vita degli oppressi e degli indigenti e quelli, come le popolazioni indigene delle foreste del mondo, la cui sopravvivenza è minacciata dall'avidità predatoria delle compagnie transnazionali. Esistono oggi trentotto organizzazioni per proteggere la sola regione amazzonica e si stanno facendo sforzi sempre più strenui per salvare le foreste pluviali indonesiane e malesi dall'abbattimento per fornire cartone per giocattoli o per utilizzare il terreno sgombro per coltivare i biocarburanti o, nel caso della foresta amazzonica, farne pascolo per il bestiame per soddisfare la vorace domanda di carne bovina.

In questa nuova collaborazione mondiale a favore delle persone, a nome dell'ecosistema del pianeta, sono state poste le basi per lo sviluppo di un'immagine contemporanea dell'uomo e della donna Custodi della Vita — custodi perché la cura del pianeta è sentita sempre più come una responsabilità sacra. Tutto ciò è scaturito dall'attivazione di quelli che potremmo chiamare i valori dell'anima o del cuore: il desiderio di prendersi cura della vita e della nostra casa nel Cosmo. Questi valori sono al centro del Femminile emergente e stanno sfidando sempre più i valori consolidati di potere, controllo e sfruttamento che guidano ancora le agende politiche e aziendali del mondo. Ci preoccupiamo maggiormente di proteggere il delicato equilibrio ecologico del pianeta, siamo più consapevoli di dare l'avvio alla nostra stessa distruzione, per mezzo della continua aggressione gli uni verso gli altri e il cieco sfruttamento delle risorse in diminuzione del pianeta. A prescindere da ciò, la rapida crescita dell'obesità con le relative malattie da un lato e l'aumento della fame e delle privazioni dall'altro, come pure i trilioni di dollari sprecati per le armi e le guerre, e gli enormi debiti ora sostenuti da molti governi, vengono riconosciuti come insostenibili.

Nei suoi numerosi programmi televisivi, il naturalista e biologo Sir David Attenborough sottolinea gli effetti di ciò che abbiamo fatto inconsapevolmente, e stiamo ancora facendo, a milioni di specie sul pianeta e ci chiede se saremo la causa della sesta grande estinzione. Ci avverte che mai prima d'ora c'è stata una sfida che abbia coinvolto l'intera umanità e che tutti i problemi ambientali che affrontiamo diventeranno più difficili — e alla fine impossibili — da risolvere con l'aumento della popolazione. Alla fine dell'ultimo programma della sua serie *Frozen Planet* (2011), ci esorta a prestare attenzione a ciò che abbiamo visto:

> I poli, nord e sud, possono sembrare molto remoti. Ma ciò che sta accadendo qui probabilmente avrà su di noi un effetto maggiore di qualsiasi altro aspetto del riscaldamento globale. Se il ghiaccio del mare artico continua a scomparire, la temperatura del pianeta aumenterà più rapidamente e le lastre di ghiaccio che si sciolgono potrebbero contribuire a un innalzamento del livello del mare di un metro, sufficiente a minacciare le case di milioni di persone in tutto il mondo entro la fine del secolo Abbiamo visto che gli animali si stanno già adattando a questi cambiamenti. Ma possiamo rispondere a ciò che sta accadendo ora sul pianeta ghiacciato?

La calotta polare artica si comporta come un coperchio protettivo che regola la temperatura della Terra, mantenendo il clima stabile. Se si scioglie del tutto, non c'è protezione dagli effetti del riscaldamento globale. Per quanto riguarda la sua estensione, in un solo anno tra il 2006 e il 2007, nel Circolo polare artico sono stati persi 1,5 milioni di chilometri quadrati di ghiaccio. Nel solo 2012 si sono sciolti oltre 600.000 chilometri quadrati. ne sono rimasti circa 4 milioni di chilometri quadrati. Già nell'estate del 2020, potrebbe non esserci più ghiaccio.[12] Tutte le 'Grandi Potenze' potranno pensare di farsi concorrenza per rivendicare le riserve di petrolio e gas a cui il ghiaccio che si scioglie ha dato loro accesso.

È stato ora accertato che i gas creati dagli scienziati per sostituire i CFC che stavano causando la diminuzione dello strato di ozono della Terra, hanno avuto un effetto collaterale inaspettato e devastante: hanno aumentato il riscaldamento globale del 20%. Eppure non hanno ricevuto l'attenzione urgente che meritano. Potenti interessi resistono alla messa al bando degli idrofluorocarburi (HFC) e dei perfluorocarburi (PFC) che contribuiscono al riscaldamento globale (*Sunday Times* 16/9/2012).

James Lovelock ha descritto gli effetti catastrofici della cultura tecnologi-ca sulla biosfera planetaria e ha avvertito che durante questo secolo sei miliardi di noi potrebbero essere spazzati via dagli effetti del riscaldamento globale. Insieme a Sir David Attenborough ha dimostrato che la vita su questo pianeta è una rete interconnessa di cui tutti facciamo parte e che non la possiamo più sfruttare a nostro esclusivo beneficio. Le vedute aeree del pianeta prese dallo spazio ci mostrano, oltre ogni ombra di dubbio, gli effetti dell'eccesso di popolazione e dell'espansione industriale sulla terra, sugli oceani e sull'atmosfera.

Mentre le nazioni e le corporazioni più potenti del mondo competono per il controllo di acqua, petrolio, terra per raccolti e minerali in continua diminuzione, nessuna di loro riflette sugli effetti che una crescente scarsità di materie prime avrà sulla popolazione in crescita del pianeta o sull'effetto che tale popolazione in crescita avrà sulle risorse in diminuzione e sull'ambiente planetario. Nell'edizione dell'autunno 2012 della rivista Resurgence, Jonathan Porritt scrive che "Stiamo già utilizzando il 50% in più di risorse che la Terra può fornire in modo sostenibile e, a meno che non cambiamo rotta molto velocemente, persino due pianeti non saranno sufficienti per soddisfare le richieste della nostra crescita economica (su base aziendale, al solito) entro il 2030".

La temperatura degli oceani sta cambiando e influenza il plancton di cui si nutrono moltitudini di pesci. L'oceano è per il 30% più acido di quanto non fosse in epoca preindustriale. Sappiamo già che stiamo guidando molte specie di pesci all'estinzione, ma non siamo in grado di imporre i limiti necessari per il rifornimento delle scorte. Incredibilmente, enormi quantità di pesce vengono gettate via perché 'superano la quota' di pesca.

Ora possiamo vedere i ghiacciai dell'Himalaya, del Karakorum, delle Ande e delle Alpi che si restringono sempre più, lo scioglimento del ghiaccio artico e antartico, la diminuzione delle foreste pluviali, l'enorme area di detriti di plastica che galleggia nel Pacifico. I ghiacciai dell'Asia centrale alimentano i grandi fiumi — il Gange, l'Indo e il Brahmaputra — da cui centinaia di milioni di persone e animali dipendono per la loro sopravvivenza.

Oggi siamo di fronte a una scelta e alla più grande sfida che l'umanità abbia mai affrontato — una crisi che la nostra cultura industrializzata e il nostro numero sempre in crescita hanno messo in essere e di cui i governi nel complesso sono ancora solo vagamente consapevoli e riluttanti a rispondere. James Lovelock ci dà l'informazione sgradita che il respiro di 7 miliardi di noi umani e dei nostri animali è responsabile del 23% di tutte le emissioni di gas serra — più di dieci volte le emissioni di tutti i viaggi aerei. Nel 1820 la popolazione mondiale era 1 miliardo. Nel 2011 ha raggiunto i 7 miliardi. Entro il 2050 si stima che, al tasso di crescita attuale, raggiungerà i 10,5 miliardi. Vivendo in un mondo sempre più affollato, i giovani potrebbero non rendersi conto che la popolazione mondiale è triplicata dal 1945, ma non vi è alcun tentativo concertato da parte di società cristiane, musulmane, hindu o secolari di suggerire di limitare le famiglie a due figli in modo che i genitori vengano rimpiazzati ma non lascino in eredità una moltitudine di discendenti.

Dal 1945 ci troviamo di fronte al crescente pericolo di quattro nuovi pericoli che erano inimmaginabili settant'anni fa.

> - Primo, il cambiamento del clima e i problemi conseguenti.
> - Secondo, l'eccesso di popolazione del pianeta che sta già portando a lotte armate per cibo e acqua sempre più scarsi. Entro il 2025 tre miliardi di persone saranno a corto di acqua (stima www.populationmatters.org). Il problema è già acuto in Medio Oriente, dove molta acqua è stata prelevata dalle sorgenti del fiume Giordano che il fiume è diventato un fiume. I cambiamenti climatici hanno ridotto le precipitazioni e le falde acquifere lasciate impoverite. Semplicemente non c'è abbastanza acqua per supportare l'enorme numero di persone che, in alcuni punti, sono raddoppiate in trent'anni. La carestia colpisce decine di milioni di persone in Somalia dove i continui combattimenti tra un governo debole e militanti islamici rendono impossibile qualsiasi soluzione a lungo termine al problema alimentare.
> - Terzo, la rinnovata minaccia di guerra e la massiccia perdita di vite umane e la contaminazione del pianeta che deriverebbero dall'uso intenzionale o involontario delle nostre armi di distruzione di massa.
> - Quarto, la quantità decrescente di terra disponibile per coltivare cibo perché viene stanziata per aumentare i raccolti per i biocarburanti. Le grandi aziende dell'Occidente, sostenute dai governi africani, hanno designato vaste aree di terra nei paesi africani per la coltivazione di biocarburanti, spesso sequestrando la terra a persone già povere senza alcuna forma di risarcimento e pagando loro salari miserabili per il loro lavoro sul palmo piantagioni di petrolio.
> (report: Friends of the Earth 2012)

Se la temperatura del pianeta dovesse aumentare di 2°C, renderà parti del pianeta inabitabili e spingerà miliardi di persone a cercare provviste di cibo, in continua diminuzione, e di acqua. La Cina nel 2011 è emersa da cinque anni di siccità, che hanno colpito le coltivazioni di riso e grano. La Russia ha avuto una grave siccità che ha distrutto il raccolto di grano nel 2010. Gli Stati Uniti hanno avuto la più grave siccità mai accaduta a memoria d'uomo nel 2012, che ha colpito il grano e il mais. Anche alcune parti dell'Europa hanno sofferto di siccità in alcune aree e di piogge torrenziali in altre, entrambi eventi che colpiscono le colture. Tutto ciò diminuisce la quantità di cibo e ne aumenta il costo. Tuttavia, i governi continuano a perseguire i loro programmi nazionali e non riescono a pensare con un senso globale di urgenza riguardo a tutti questi problemi. Con l'istinto di sopravvivenza in alta allerta, molte persone sfidano l'intero ethos della cultura moderna guidato dal potere, con il suo sfrenato consumismo e l'enfasi sulla crescita perpetua, e cercano il modo per fermare l'evidente impulso della nostra specie e dei suoi inconsapevoli leader politici di gettarsi a testa bassa verso la catastrofe.

Il Potere Curativo del Femminile

Già dal tempo dei Sumeri e dell'Egitto dell'Età del Bronzo, ci sono testimonianze degli impulsi caritatevoli nel prendersi cura degli orfani, delle vedove e degli ammalati. Oggi, oltre alle migliaia di organizzazioni benefiche e di ONG nate per aiutare i milioni bisognosi di aiuto, c'è una crescente pressione sui governi perché agiscano in modo etico e con in mente il benessere del pianeta. Grazie alla televisione, abbiamo una maggiore consapevolezza della sofferenza delle persone in tutto il mondo. Attraverso la testimonianza e l'empatia partecipiamo alla pena di persone lontane da noi. Ovunque esiste la chiamata alla compassione, c'è la voce del cuore, la voce del Femminile.

Il fulcro del Femminile è sui valori che sono stati oscurati, emarginati o sviluppati in modo incompleto durante l'era solare. Questi valori non potranno mai essere recuperati con la forza, neanche con una domanda insistente. Possono manifestarsi solo quando la coscienza umana cambia e facilita la loro apparizione. Un esempio dell'emergere di questi valori è l'istituzione della Corte internazionale dell'Aja, progettata per giudicare uomini e donne che siano stati ritenuti colpevoli di crimini contro l'umanità. Lo stupro è stato ora definito crimine di guerra. I leader non potranno più sostenere che le atrocità e gli atti di genocidio commessi sono in difesa dei loro interessi nazionali.

Poiché ora, tramite la televisione e internet, siamo testimoni dell'immensa sofferenza del mondo, portiamo nel nostro cuore la sofferenza di milioni — sofferenza di cui sono tuttora vittime indifese le persone dentro i conflitti o che sono oppresse da sovrani autocratici, da trafficanti di droga, dalla fame e dalla deprivazione. In tutto il mondo, possiamo registrare l'indignazione collettiva per la tortura e l'omicidio del tredicenne siriano Hamza al–Khatib, per la minaccia di lapidazione a morte rivolta a Sakineh Mohammadi Ashtiani, in Iran o per una coraggiosa ragazza pakistana di quattordici anni colpita in faccia dai talebani perché ha osato parlare dell'istruzione delle donne. Nel trattamento delle donne, alcune società musulmane oggi possono essere paragonate all'Europa al momento culminante dei processi alle streghe, quando le donne vivevano nel timore di essere denunciate, torturate e bruciate sul rogo. Le nostre risposte collettive a queste atrocità riflettono il progresso morale dell'anima del mondo. Una relazione scioccante dell'ONU di dieci anni fa circa mostrò che i 22 membri della Lega Araba, con una popolazione totale di 280 milioni di persone (65 milioni dei quali analfabeti), lamentavano una penosa carenza dei tre elementi essenziali per la crescita e il benessere: libertà, educazione e diritti delle donne. Questo rapporto ha contribuito ad accendere la miccia che ha portato all'esplosione della primavera araba nordafricana nel 2011 (*The Times* 29/7/11).

Una risposta al Femminile chiede che la guerra e la creazione di armi di distruzione siano abbandonate, proprio come il razzismo e le conquiste in nome di Dio o di qualsiasi altra ideologia. Se possiamo abbandonare la nostra dipendenza dalle armi e dalla guerra, indirizzando i trilioni risparmiati al nutrimento, all'educazione e alla cura dei bambini del mondo, il risultato sarà un mondo infinitamente migliore e la possibilità della nostra stessa sopravvivenza come specie. Abbiamo bisogno di sfidare con urgenza l'arcano ethos guerriero dei governi, che richiede una continua preparazione alla guerra, vendendo armi a scopo di lucro e originandone di nuove e devastanti.

Come nuovo impulso culturale, il Femminile ci mette in contatto con le fonti profonde della nostra vita psichica, traendo da queste profondità l'acqua viva che nutre e sostiene l'anima; crea un nuovo tipo di moralità planetaria, assistito da internet e da persone in diversi continenti unite da valori condivisi e da una causa comune; incoraggia le persone a superare gli schemi di asservimento stabiliti per millenni, aiutandole a sbarazzarsi della schiavitù a leader autocratici e oppressivi e a stabilire governi democratici che sostengano la loro speranza in una vita migliore; libera le donne da secoli di oppressione, silenzio forzato e oggettiva schiavitù.

Il Potere Emergente della Donna

L'immagine della donna è passata attraverso una trasformazione radicale nel ventesimo secolo e continua in questo nuovo millennio. Il Movimento delle Suffragette ruppe l'incantesimo della convinzione che gli uomini fossero il sesso superiore e, in generale, aprì la porta alle donne perché avessero accesso all'istruzione e alle carriere che erano state a lungo loro negate. La Prima e la Seconda Guerra Mondiale e l'arrivo della contraccezione accelerarono la progressiva affermazione delle donne nella società, dopo secoli di isolamento e oppressione. Fu avviata una rivoluzione culturale radicale, che scosse dalle fondamenta l'atteggiamento sociale. La relazione tra uomo e donna è stata profondamente modificata dal momento che le donne sono emerse nella vita più ampia della società fino ad allora dominata dagli uomini, abbracciando carriere in medicina, scienze, legge, politica e affari internazionali precedentemente vietate. Le Olimpiadi del 2012 a Londra sono state un evento straordinario per le donne poiché, per la prima volta, tutti i paesi partecipanti hanno incluso donne nelle loro squadre, che hanno trionfato in molti sport precedentemente aperti solo agli uomini. Tuttavia il loro nuovo ruolo nella società non è affatto completo o efficace, in particolare nel mondo islamico ma neppure in Occidente.

Alla fine della Seconda Guerra Mondiale, al termine di un saggio sulle *Donne in Europa*, parte di un libro più ampio, *Civiltà in transizione*, Jung nota che era compito delle donne mettere insieme ciò che gli uomini avevano separato e concludeva il capitolo con queste parole: "Lo stesso Dio non può fiorire se l'anima dell'uomo patisce la fame. La psiche femminile risponde a questa fame, poiché è la funzione di Eros unire ciò che Logos ha separato. La donna oggi è davanti a un compito culturale straordinario — forse sarà l'alba di una nuova era".[13]

Qual è, dunque, lo straordinario compito culturale della donna? Sicuramente niente di meno che liberarsi dall'oppressione, dalla persecuzione e dalla marginalizzazione, cosicché possa fungere da portavoce di un tipo migliore di civiltà. Ls Risoluzione 1324 dell'Onu, passata nel 2000, riaffermava che le donne dovessero essere incluse in tutti gli aspetti di cessazione di ostilità e nelle discussioni per costruire la pace. Il fatto che questa risoluzione sia stata di fatto ignorata, umilia le donne e getta vergogna sugli uomini. Le parole di Michelle Bachelet, Direttore Esecutivo delle donne dell'Onu (2010–2013), ricordano al mondo che "la forza delle donne, l'attività delle donne, la sapienza delle donne sono la più grande risorsa non sfruttata dell'umanità".

In ogni continente donne istruite ed eloquenti si stanno risvegliando a un nuovo ruolo di difensori della giustizia per il loro genere e anche per i valori emergenti dell'anima, così trascurati e così disperatamente necessari. In molte parti del mondo, le singole donne parlano con immenso coraggio contro l'oppressione — di sé e degli altri. Donne come Aung San Suu Kyi in Birmania, per anni prigioniera nella sua stessa casa e liberata nel 2012, e Shirin Ebadi, una volta giudice di Teheran e ora in esilio, stanno sfidando i regimi crudeli e oppressivi che desiderano zittire la loro voce e quella della libertà. In questi regimi, come ha detto Shirin Ebadi, le donne sanno che la vittoria dei diritti delle donne è l'inizio della democrazia.

La risposta alla domanda "Cosa vogliono veramente le donne?", formulata da Freud all'inizio del secolo scorso, è che le donne vogliono vivere libere dalla paura, dalla fame e dalla miseria, dalla guerra e dall'oppressione, loro stesse e la società. Il mondo ha bisogno di ascoltare la voce delle donne di ogni nazione. L'educazione e la contraccezione hanno trasformato la vita di milioni di donne, ma milioni di altre, per indigenza, pregiudizi o consuetudini tribali, non hanno accesso a nessuna delle due. Queste vivono in estrema povertà, vittime della brutalità e della negligenza degli uomini, usate come oggetti sessuali e (in Africa in particolare) infettate dall'AIDS dai loro mariti e partner. Lottano per mantenere loro stesse e i propri figli vivi giorno dopo giorno, sono costrette a prostituirsi a causa della povertà, percepiscono salari miserabili che a malapena sostengono loro e i loro figli e non sono in grado di esprimere la loro angoscia o trovare testimoni che parlino per loro. La contraccezione, che dovrebbe essere il diritto di ogni donna, è loro negata da pregiudizi religiosi e dal costume sociale.

Le donne in Afghanistan e in Pakistan, ad esempio, rischiano l'incarcerazione, la tortura e la morte per aver parlato contro l'oppressione che subiscono nelle loro culture misogine, dove sono condannate per consuetudine tribale a una vita ridotta di servitù e sofferenza. Le donne in India sono ancora bruciate vive per la loro incapacità di fornire una dote (stima di 25.000 all'anno). Le donne rimaste vedove a causa della guerra soffrono povertà, abbandono e miseria. Migliaia di donne in Siria vengono violentate e i loro bambini rapiti, torturati e uccisi nel tentativo del loro governo di soffocare il dissenso. Anche in Egitto, dove hanno partecipato alla rivoluzione, le donne altamente istruite non sono finora incluse nella stesura di nuove istituzioni politiche e nei paesi islamici appena liberati c'è il pericolo che vengano ristabilite le vecchie abitudini di repressione.

Nelle cosiddette società avanzate con un alto tenore di vita, la violenza domestica continua a rovinare la vita delle donne e dei loro figli. Il loro dramma è inaccettabile in un mondo in cui le comunicazioni sono sempre più facili, dove la loro condizione pietosa può essere vista in televisione, dove esistono ricchezza e competenze mediche che potrebbero alleviare la sofferenza di così tanti.

Il risveglio della donna fa parte del recupero del Femminile. È come se una nascita epocale si svolgesse nella psiche collettiva della donna. Questa nascita può essere vissuta come qualcosa di difficile e persino pericoloso, oltre che qualcosa di eccitante e di trasformante. Il pianeta ha bisogno che le donne sfidino gli attuali metodi politici stabiliti e le deplorevoli lotte per il potere, e risveglino la comunità umana verso un destino più alto e un obiettivo diverso. Ha bisogno che le donne escano dall'oscurità: emergano alla luce; diventino visibili e udibili; prendano l'iniziativa per creare il cambiamento che desiderano.

Aung San Suu Kyi, nel suo discorso introduttivo alla quarta conferenza mondiale delle Nazioni Unite sulle donne, tenutasi a Pechino nel 1995, ha fatto una dichiarazione memorabile sul contributo che le donne possono dare a un mondo diverso, una civiltà veramente illuminata ed equilibrata:

> Per millenni le donne si sono dedicate quasi esclusivamente al compito di coltivare, proteggere e prendersi cura dei giovani e dei vecchi, cercando le condizioni di pace che favoriscono la vita nel suo insieme. A ciò si aggiunge il fatto che, per quanto ne so, nessuna guerra è mai iniziata dalle donne. Ma sono le donne e i bambini ad aver sempre maggiormente sofferto nelle situazioni di conflitto. Ora che stiamo acquisendo il controllo del ruolo storico primario che ci è stato imposto, di sostenere la vita nel contesto della casa e della famiglia, è tempo di applicare nell'arena del mondo la saggezza e l'esperienza acquisite in attività di pace in tante migliaia di anni. L'educazione e l'emancipazione delle donne di tutto il mondo non possono non portare a una vita più premurosa, tollerante, giusta e pacifica per tutti.

Quando la donna dà alla luce se stessa, la sua singolare individualità, la consapevolezza emergente del suo valore di donna (non una imitazione dell'uomo), il Femminile e i valori che ne fanno parte emergeranno anche nella coscienza dell'umanità. La donna, la cui natura essenziale è di rispondere alla sofferenza e al bisogno, sta sperimentandosi come un vaso di trasformazione in cui nasce una nuova coscienza globale. Se vogliamo creare un mondo che non sia minacciato — forse anche distrutto — dalle continue lotte di potere tra uomini, le donne devono essere rappresentate in modo proporzionato nei governi nazionali e internazionali e in ogni organizzazione e comitato istituito per affrontare l'ingiustizia, la persecuzione e la sofferenza umana.

Matthew Arnold, filosofo e poeta, dichiarò che se mai ci fosse stato un momento in cui le donne si fossero incontrate solo e semplicemente a beneficio dell'umanità, avrebbero avuto un potere che il mondo non ha mai conosciuto. Il saggio sufi, Hazrat Inayat Khan disse che poteva vedere chiaro come il sole che sarebbe arrivata l'ora in cui le donne avrebbero portato l'umanità a un'evoluzione superiore. Nel 2009, il Dalai Lama ha stupito il suo pubblico in una conferenza a Vancouver dicendo che il mondo sarebbe stato salvato dalla donna occidentale.

Esiste un detto di un grande sapiente chassidico, il Baal Shem Tov, che recita: "Quando la luna splenderà luminosa come il sole, verrà il Messia". Con la sua lotta per esprimere i più alti valori del principio femminile la donna comincerà a far splendere la luna in modo che possa bilanciare la luminosità solare della nostra attuale coscienza. Nel riconoscere la sua depressione, la sua sofferenza, il suo desiderio di superare la sottomissione e l'impotenza della sua esperienza passata e presente, nel riconoscere e sostenere i suoi valori e desideri più profondi, può realizzare qualcosa di veramente eroico e straordinario per la vita e il pianeta, qualcosa che l'umanità nei secoli a venire celebrerà. Per questo motivo, nulla è più importante della salvezza della donna da parte di se stessa.

Il risveglio dell'anima

La rinascita del Femminile e il risveglio dell'anima sono incentrati su valori di sentimento che non sono stati completamente sviluppati, anzi sono stati marginalizzati o oscurati durante l'era solare patriarcale, in parte a causa della soppressione della voce delle donne, una delle caratteristiche di questa età. Tali valori possono emergere solo se cambia la coscienza umana e permette loro di affiorare. Il recupero del Femminile può essere la chiave di trasformazione della cultura del mondo, dalla regressione nell'uniformità, banalità e brutalità della massa a qualcosa di desiderato e straordinario.

Questo impulso evolutivo, riconnettendoci con il nostro istinto profondo alla relazione con gli altri e con la vita del pianeta, lavora come un processo alchemico sotto la superficie della cultura. Donne e uomini partecipano a questo processo di trasformazione che si manifesta in una nuova coscienza planetaria, un nuovo impulso culturale che riconosce sempre più l'interconnessione e l'interdipendenza di tutti gli aspetti della vita. L'arrogante celebrazione della 'conquista della natura da parte dell'uomo' viene sostituita dalla consapevolezza che, se vogliamo sopravvivere, dobbiamo rispettare e apprezzare la vita del pianeta dal quale dipende la nostra. Mentre, in superficie, la cultura si focalizza sui problemi superficiali propagati dai media, al di sotto milioni di individui impegnati preparano un nuovo imperativo evolutivo e planetario. Questi nuovi valori sono inseriti nella Carta della Terra che offre un programma per un'azione responsabile e consapevole in nome del pianeta.[14] Gli stessi valori sono stati meravigliosamente espressi dal Principe di Galles, che ha fatto moltissimo per proteggere le foreste equatoriali del mondo, in una carta da lui stesso scritta anni fa, chiamata *A Time to Heal*:

> Crescendo, mi sono gradualmente reso conto che la mia intera vita finora è stata motivata dal desiderio di guarire: guarire il paesaggio smembrato e il suolo avvelenato; il paesaggio urbano crudelmente devastato, dove l'armonia è stata sostituita dalla cacofonia; di guarire le divisioni tra pensiero intuitivo e razionale, tra mente, corpo e anima, in modo che il tempio della nostra umanità possa ancora una volta essere illuminato da una fiamma sacra; di livellare la mostruosa barriera artificiale eretta tra la Tradizione e la Modernità e, soprattutto, di guarire l'anima mortalmente ferita che, da sola, può darci avvertimento della follia di giocare a fare Dio e di credere che la conoscenza da sola sia un sostituto della sapienza.[15]

L'eterno istinto della donna di coltivare e sostenere la vita e l'istinto dell'uomo di proteggerla e difenderla, si estendono ad abbracciare la vita della Terra. Un pianeta che ha impiegato oltre 4,5 miliardi di anni per evolvere un organo di coscienza attraverso il quale la vita può arrivare a conoscere se stessa è sotto minaccia; la nostra stessa sopravvivenza è incerta. In breve tempo potremmo non essere in grado di modificare il corso degli eventi che abbiamo involontariamente messo in moto. Tuttavia, in risposta all'estremo pericolo di questa situazione, stiamo iniziando a recuperare la coscienza lunare dimenticata di un sentimento di relazione con una Terra e un Cosmo sacri. Stiamo lavorando in un rapporto più stretto gli uni con gli altri, con l'obiettivo di salvare questo pianeta e le vite delle generazioni future dalle nostre inconsce e predatorie attitudini di comportamento. La rinascita del Femminile e il recupero dell'Anima si riflettono in queste diverse iniziative:

Un crescente senso di responsabilità nei confronti del pianeta.
Un riconoscimento dell'interconnessione della vita.
Uno sforzo consapevole per sanare la divisione anima / mente / corpo.
La crescita dell'intuizione che siamo ancora controllati da complessi inconsci.

L'emergere di una diversa qualità della relazione tra uomo e donna.
La crescente consapevolezza della sofferenza e dei bisogni dei bambini.
La consapevolezza che dobbiamo trattare tutte le specie con rispetto e compassione.

Quattro Grandi Questioni Ci Sfidano

1. Come recuperiamo la sensazione smarrita di essere parte di qualcosa di totalmente sacro?
2. In che modo sviluppiamo rispetto e compassione per la vita della Terra in tutto le sue forme?
3. Come troviamo i modi per soddisfare i bisogni più profondi del cuore umano: amore, relazione e connessione?
4. Come rinunciare alle credenze e ai modelli di comportamento che sono stati così dannosi per l'anima e per il corpo, come per il pianeta?

Ci sono immense opportunità in questo tempo di trasformazione, ma anche immensi pericoli, poiché il potere molto trasformante del Femminile attiva la profonda paura del cambiamento e suscita la risposta delle forze reazionarie che cercano di riaffermare o mantenere il controllo sulla vita delle persone. Percorriamo un sentiero che si trova su un filo di rasoio, tra l'integrazione consapevole di una nuova visione da una parte, e la disintegrazione sociale e la regressione nella barbarie — forse il potenziale annientamento della nostra specie — dall'altra. All'inizio di un nuovo millennio, stiamo partecipando alla nascita di una nuova era che ha obiettivi e valori radicalmente diversi da quelli dell'era solare. Mitologicamente parlando, questa nuova era invita al matrimonio delle coscienze lunare e solare e alla nascita del 'bambino', cioè di un nuovo tipo di coscienza che sorge nell'anima dell'umanità, frutto di questa unione e vero 'salvatore' della nostra specie. È un tempo tremendamente eccitante, stimolante e creativo per essere vivi.

Note:

1. Bache, Christopher: *Dark Night, Early Dawn*, State University of New York Press 2000, p. 220.
2. Jung, C.G. *CW14* tr. R.F.C. Hull, Routledge & Kegan Paul Ltd. 1963, par. 488.
3. Carson, Rachel: *Silent Spring*, Hamish Hamilton Ltd., Londra 1963, p. 6.
4. Carson: *The Sea Around Us*, OUP, 1950 preface.
5. Campbell, Joseph: Il potere del Mito, Neri Pozza, Milano 2012, p. xviii
6. Mitchell, Edgar, astronaut and founder of the Institute of Noetic Sciences: *The Way of the Explorer*, Putnam, New York 1996, pp. 3–4.
7. Einstein, Albert: *The Expanded Quotable Einstein*, raccolte e pubblicate da Alice Calaprice, The Hebrew University of Jerusalem e Princeton University Press, Princeton, New Jersey 2000, p. 184.
8. Schell, Jonathan: *The Fate of the Earth*, Pan books Ltd., Londra 1982, pp.113, 116 & 188.
9. Pettitt, Ann: *Walking to Greenham*, Honno Press, UK, 2006.
10. *Conversations with Carl Jung*, basato su quattro video–interviste, Richard Evans, Van Nostrand, Princeton, 1964.
11. Berry, Thomas: *Evening Thoughts*, Sierra Club Books, San Francisco 2006, pp. 21 & 82–83.
12. Wadhams, Peter: *A Farewell to Ice: A Report from the Artic*, OUP 2016. Nel marzo 2018 si è staccato dall'Antartico un iceberg delle dimensioni della Francia (ghiacciaio del Totten), con una grande percentuale che galleggia sull'acqua, sempre più eroso dal contatto con essa. Se questo enorme iceberg dovesse sciogliersi completamente, avrebbe l'effetto di inalzare il livello degli oceani di tre metri, minacciando le città e le comunità situate vicino alla riva.
13. Jung, C.G. *CW10* tr. R.F.C. Hull, Routledge & Kegan Paul Ltd., 1964, par. 275.
14. La Carta della Terra fu iniziata a Rio e successivamente ampliata e sviluppata. www.earthcharterinaction.org
15. Paragrafo conclusivo da *A Time to Heal* di Sua Altezza Reale il Principe di Galles, pubblicato la prima volta nel fascicolo 5, The Temenos Academy Review, Londra, Autunno 2002.

Questo messaggio fu ricevuto molto tempo fa, insieme a quelli di cui ho parlato all'inizio di questo libro. Lo annoto qui perché è perfetto per il nostro tempo, così come lo era quando fu ricevuto, durante la Seconda Guerra Mondiale.

UNA PREGHIERA PER LA MADRE SANTA

Raccogli le mie lacrime nelle mani
Bagna i tuoi occhi nella loro dolcezza,
Perché nelle mie lacrime non c'è sale amaro.
Piuttosto le sentirai come miele, o come rugiada,
Mentre le poni sul viso e nel cuore.
Sono le lacrime della femminilità,
Sparse per la crudeltà e la cecità dell'uomo,
Sono le lacrime della maternità
Sparse per l'inutile morte dei suoi figli.
Ogni volta che vedo crudeltà, avidità o distruzione insensata,
Spargo queste lacrime,
Sperando che sciolgano la durezza
E l'avidità dell'uomo.

Piango quando vedo i doni della vita
Così spudoratamente devastati,
O lascia che le Mie lacrime accechino coloro
Che vogliono versare il sangue dei loro fratelli,
Leniscano coloro che sono feriti in battaglia,
Sciolgano il cuore di Caino, sempre pronto a uccidere Abele.

O ascolta la mia voce,
E lascia che il suono gentile della pietà si stringa
Ai tuoi cuori devoti.
Li impregnerò
Con la gentilezza dei miei poteri di guarigione
Che concedo nelle tue mani
Se darai la tua voce
Al servizio della Mia causa.

Capitolo undici

Jung e la Riscoperta dell'Anima

Solo coloro che rischiano di andare troppo lontano riescono a scoprire, probabilmente, quanto lontano ci si possa spingere.

— T.S. Eliot

La nostra psiche è impostata in accordo con la struttura dell'universo, e ciò che accade nel macrocosmo avviene analogamente nelle parti infinitesimali e più soggettive della psiche.

— C.G. Jung, *Ricordi, sogni, riflessioni*

In questo libro ho incluso un capitolo su Jung perché nell'ultimo secolo ha avuto un'influenza fondamentale per il recupero del Femminile e per la dimensione dimenticata dell'Anima. La sua influenza è stata di vasta portata e profonda, anche se molte persone forse non sono consapevoli di come le sue scoperte abbiano impregnato la nostra cultura.

Uno dei grandi temi del mito antico è il viaggio dell'eroe negli inferi, il suo incontro con un avversario spaventoso e il ritorno nel mondo quotidiano portando con sé un tesoro inestimabile. Con questo tesoro, è in grado di rigenerare la sua cultura, guarire i malati, liberare le persone da un incantesimo lanciato da loro dai poteri demoniaci e liberare le acque della vita in modo che sia ripristinata la fertilità nella Terra Desolata. Il tema del viaggio dell'eroe, così brillantemente definito dal grande mitologo Joseph Campbell e dallo storico della cultura, Mircea Eliade, ha le sue radici mitiche nel viaggio notturno e mensile del sole e della luna nell'oscurità e il loro ritorno a illuminare il nostro mondo. È un tema senza tempo di vita, morte e rigenerazione e il rapporto essenziale tra la luce e il buio, questo mondo e un altro mondo invisibile, il conosciuto e l'ignoto. Questo tema, che arriva fino a noi dall'Egitto, dalla Mesopotamia e dalla Grecia, è alla base di tutte le mitologie che alludono alla nostra separazione dalla casa del mondo divino e al fatto che siamo esiliati, caduti, perduti o addormentati. Racconta il bisogno di imbarcarsi in una ricerca, di entrare nella 'terra selvaggia' delle profondità inesplorate di noi stessi per poter recuperare la connessione con quel mondo, causando così il nostro risveglio, la trasformazione e il ritorno alla Sorgente.

Jung fu uno degli eroi culturali a fare il viaggio sciamanico negli inferi dell'anima e a ritornare con un tesoro che arricchì la nostra cultura. Pensava che il suo più grande desiderio e il compito della vita fosse costruire un ponte tra la realtà che vediamo e conosciamo con i sensi fisici e un'altra realtà invisibile. Nel campo dell'astronomia, Copernico e Keplero trasformarono la visione medioevale ponendo la terra al centro del sistema solare. Jung fece lo stesso per la psiche moderna, dislocando la mente conscia — o ego — dalla sua posizione centrale, introducendo il concetto di una matrice della coscienza più profonda, alla quale l'ego è collegato come un bimbo alla madre e dalla quale, in termini evolutivi, è emerso.

Egli ricollegò la coscienza solare della mente razionale con la coscienza lunare dell'anima istintuale, risanando così la dissociazione della psiche e recuperando alla cultura occidentale, in un contesto moderno, il percorso di conoscenza sciamanico che era andato via via perdendosi in più di 4000 anni. In modo più specifico, si potrebbe dire che aprì la porta all'emisfero destro del cervello e all'intelligenza del cuore, entrambi bloccati durante il corso della rivoluzione scientifica degli ultimi 400 anni, che hanno condotto infine alla negazione dell'esistenza dell'anima. Come messaggero della coscienza di un'intera cultura, dovette impegnarsi a riconoscere il suo bisogno di recuperare la connessione con ciò che chiamava lo spirito del profondo. Sapeva che l'ignoranza dell'enorme potere degli archetipi che si trovano al di là della portata della limitata mente cosciente ci mette a rischio di essere alla loro mercé, di cadere nel fanatismo e nella dissoluzione della nostra umanità — qualcosa che vediamo succedere sempre più nel nostro mondo all'inizio di questo nuovo millennio.

Come molti titani del pensiero innovativo, in anticipo sui tempi, Jung fu respinto con disprezzo dai molti, trattato come ciarlatano e mistico e in gran parte ignorato, in particolare dai membri della sua stessa professione: la psichiatria. Ma egli riscoprì il significato più ampio della parola 'Anima', estendendone e approfondendone la comprensione per l'intera cultura e salvandola dall'oscurità e dall'oblio in cui era caduta per secoli. Nei suoi scritti e nella pratica l'anima diventa non tanto qualcosa che ci appartenga, bensì qualcosa cui apparteniamo — una vasta e inesplorata dimensione della realtà. Sapeva che il nostro bisogno più grande era di collegarci con il trascendente, non attraverso un credo o una fede, ma aprendo la mente all'esistenza di una dimensione non riconosciuta, fondamento del mondo che ci è familiare. Si fece ancora le domande cruciali dell'anima: Cos'è la vita? Cos'è Dio? Qual è l'origine del male? Qual è lo scopo della nostra vita su questo pianeta e come possiamo adempierlo?

Jung pensava che il Cristianesimo si fosse pietrificato in un sistema di credenze e dovesse essere rigenerato da una comprensione più profonda dei suoi grandi miti, interpretati come metafora della vita dell'anima in questa dimensione di realtà. Credere non aveva aiutato i cristiani né, in verità, i credenti di altre tradizioni, ad afferrare la profonda intenzione evolutiva dello spirito, che egli definiva come il progressivo risveglio della consapevolezza della divinità portata all'interno dell'anima umana. In una delle ultime intervista con Sir Laurens van der Post, disse: "Il mio lavoro ha dimostrato che il modello di Dio esiste in ogni uomo". Tuttavia, scriveva:

> Stiamo ancora guardando indietro agli eventi della Pentecoste invece di guardare avanti verso l'obiettivo al quale lo spirito ci sta conducendo. Quindi l'umanità è completamente impreparata per le cose a venire. L'uomo è costretto dalle forze divine ad andare avanti, a incrementare la coscienza e la cognizione, sviluppandosi sempre più lontano dal suo retaggio religioso perché non lo capisce più. I leader religiosi e i maestri sono ancora ipnotizzati dagli inizi di questo nuovo periodo di coscienza invece di comprenderli e capire le loro implicazioni. Quello che una volta era chiamato lo "Spirito Santo" è una forza stimolante, che crea una più ampia coscienza e responsabilità e quindi una cognizione arricchita. La vera storia del mondo sembra essere la progressiva incarnazione della divinità.[1]

Credo che Jung possa essere collocato tra i grandi astronauti dell'anima, coloro che hanno aperto la nostra consapevolezza all'esistenza di un'altra dimensione della realtà e ci hanno dato una visione più profonda del potenziale non realizzato della nostra natura. Ma fu anche uno scienziato che sviluppò una metodologia per connetterci con la dimensione dell'anima, disegnandone la mappa. Coniò i termini introverso ed estroverso, ed i concetti di *anima* e *animus* — gli elementi controsessuali degli uomini e delle donne. Da profeta, previde i pericoli per l'umanità nei decenni a venire e ritenne che solo una visione più ampia della nostra natura potesse aiutarci ad evitare di distruggere noi stessi e gran parte del pianeta con la cieca arroganza del nostro ego e la dipendenza dal potere demoniaco delle nostre armi:

> Il nostro intelletto ha creato un nuovo mondo che domina la natura e lo ha popolato con macchine mostruose…. L'uomo è destinato a seguire i suggerimenti avventurosi della sua mente scientifica e inventiva e ad ammirarsi per le sue splendide realizzazioni. Allo stesso tempo, il suo genio mostra la tendenza perturbante di inventare cose che diventano sempre più pericolose, perché rappresentano i mezzi migliori per il suicidio all'ingrosso.[2]

Come ebbe l'intuizione dell'esistenza dell'anima? Nel Prologo alla sua autobiografia, *Ricordi, Sogni, Riflessioni*, scrive: "Alla fine i soli eventi della mia vita che meritano di essere raccontati sono quelli dove il mondo imperituro irruppe in questo transitorio. Ecco perché parlo principalmente di esperienze interiori, tra le quali includo i sogni e le visioni. Queste formano la materia prima del mio lavoro scientifico. Erano il magma fiammeggiante fuori dal quale si cristallizzò la pietra che doveva essere lavorata". [3]

Com'erano queste esperienze interiori? Jung si separò da Freud nel 1912, all'età di 37 anni. Durante i successivi sette anni, dal 1913 al 1919, cercando di sviluppare il proprio orientamento al trattamento dei pazienti, si ritrasse deliberatamente dalla posizione designata come successore di Freud e si rivolse al proprio mondo interiore, prendendosi il tempo di rispondere e registrare una quasi travolgente irruzione di visioni, sogni e fantasie. Chiamò questo periodo la sua *Nekyia* — una parola greca che descrive la discesa negli inferi. È importante notare che questa esperienza ebbe luogo poco prima e durante la Prima Guerra Mondiale, i cui effetti catastrofici aveva previsto in una serie di sogni e visioni che aveva avuto nell'autunno del 1913 e nella primavera del 1914. Non considerò affatto l'idea della guerra, e così concluse che doveva trattarsi di una psicosi. Ma quando gli eventi culminarono nello scoppio della guerra, nell'agosto del 1914, iniziò a comprendere il significato di queste visioni e sogni e a prendere sul serio l'inconscio come dimensione non riconosciuta della realtà cui partecipava tutta l'umanità.

Lo sciamano, o il visionario, deve tradurre le immagini e le parole di un mondo invisibile nella lingua e nella comprensione del suo tempo. La sua mente cosciente, che lotta per contenere il potere schiacciante e la numinosità dell'esperienza, la interpreterà secondo il livello della propria comprensione e dei bisogni dell'età in cui vive. Jung dovette sottoporsi all'autentica esperienza sciamanica per recuperare la conoscenza che mancava alla cultura del suo tempo e poi scoprire come comunicare quella conoscenza in un modo che la gente potesse comprendere. Prestò molta attenzione a cercare di capire ogni singola immagine, ogni elemento del suo inventario psichico e a classificarli scientificamente — per quanto fosse possibile — e poi ad incarnare le sue intuizioni nella vita quotidiana, poiché si rese conto che si trattava di un obbligo etico della mente cosciente verso l'inconscio. [4]

Alcuni hanno letto l'esperienza di quegli anni come un episodio psicotico e hanno etichettato Jung come schizofrenico; altri, me compresa, la vedono come un'iniziazione sciamanica alla diretta esperienza di un aspetto più profondo della realtà. Due sono i pericoli di questo genere di esperienza: uno è quello della follia, di essere sopraffatti dal materiale poiché l'ego conscio non è forte abbastanza da contenere ed assimilare i suoi significati. L'altro è il pericolo di identificarsi con il materiale, di riempirsene, prendendolo per verità assoluta, letterale e porsi come un messia proclamandolo allo stesso modo di quegli individui che hanno portato i loro seguaci alla morte per suicidio o che anticipano l'imminente fine del mondo e l'"Estasi" del prescelto.

Prima del 1945 e della scoperta dei cinquantadue testi gnostici di Nag Hammadi in Egitto, pochissimi testi erano sopravvissuti alla distruzione dopo che, nel corso del IV secolo dC, le sette gnostiche erano state represse e i loro libri messi fuori legge o distrutti per ordine degli imperatori Costantino e Teodosio. Tuttavia, nel 1912 Jung conosceva qualcosa dei pochi testi gnostici sopravvissuti e aveva familiarità con il lavoro degli studiosi tedeschi che li avevano analizzati. Ciò gli permise di cogliere il significato delle immagini, delle fantasie e dei sogni che gli si presentarono durante quei sette anni. Avrà saputo che stava scrivendo nella tradizione gnostica di ascoltare la voce dell'anima e che ciò che stava vivendo era simile a ciò che gli gnostici avevano registrato delle loro esperienze visionarie e uditive. Ma — e questo è di cruciale importanza — sapeva anche che doveva comprendere appieno il significato di ciò che aveva sentito. Come psichiatra, dovette interpretare questa materia prima e incorporarla in una forma che la gente potesse capire, affinché potesse diventare la base della comprensione del bisogno di relazione tra i due aspetti separati della psiche — la mente cosciente e la dimensione più profonda dell'anima.

Jung registrò la sua esperienza in più di mille pagine manoscritte e illustrate, molte delle quali successivamente rilegate in un magnifico volume che chiamò *Il Libro Rosso* (finalmente pubblicato nel 2009 [in Italia nel 2012]), che si apre con una pagina scritta nel tedesco del XV secolo.[5] Attraverso queste pagine meravigliosamente elaborate, possiamo seguire la sua ricerca della dimensione perduta dell'anima: come venga salvata da negligenza e oscurità; come abbia dato espressione significativa alla sua vita nelle immagini meticolosamente dipinte e nelle parole; come diventi per lui una realtà vivente e non un'astrazione teorica. Queste parole commoventi registrano la sua consapevolezza che l'anima è *un'entità vivente indipendente, o una dimensione della realtà*, qualcosa di cui non possiamo afferrare l'immenso raggio, la cui voce è "lo Spirito del Profondo":

> Sono tornato, sono di nuovo lì — sono con te — dopo lunghi anni di vagabondaggio. Sono tornato da te.... Ma una cosa devi sapere, una cosa che ho imparato è che si deve vivere questa vita. Questa vita è la via... la via verso l'incomprensibile, che noi chiamiamo divino.... Io ho trovato la strada giusta, mi ha condotto a te, alla mia anima.

> Allora ero ancora completamente assorto nello spirito dei tempi e pensavo diversamente all'anima umana. Pensavo e parlavo molto dell'anima; conoscevo molte parole sull'anima; l'ho giudicata e ne ho fatto un oggetto scientifico. Non

> consideravo che l'anima non potesse essere l'oggetto del mio giudizio; molto più, che il mio giudizio e la mia conoscenza sono l'oggetto della mia anima.
>
> Perciò lo spirito del profondo mi ha spinto a parlare alla mia Anima, a chiamarla come un essere vivente e indipendente la cui riscoperta significa buona fortuna per me. Dovevo rendermi conto di aver perso la mia anima, o piuttosto di essermi perso dalla mia anima, per molti anni.
>
> Lo spirito del profondo vede l'anima come un essere vivente indipendente, e quindi contraddice lo spirito dei tempi per i quali l'anima è qualcosa che dipende dalla persona, che si lascia ordinare e giudicare, che è una cosa il cui raggio di azione possiamo afferrare. Davanti allo spirito del profondo questo pensiero è presunzione e arroganza. Quindi la gioia della mia riscoperta era umile…. Senza l'anima non c'è via d'uscita da questo momento.[6]

Nel corso dell'ascolto della voce dello spirito del profondo, Jung incontrò una figura alata che chiamò Filemone, un essere che divenne la sua guida nello strano mondo dell'Anima, come Virgilio per Dante. Filemone insegnò a Jung che quella dimensione non riconosciuta *era reale quanto il mondo fisico* e che cercava di attirare l'attenzione della mente cosciente. Poiché questa idea ci è così poco familiare, è qualcosa che è straordinariamente difficile da comprendere per la mente moderna. Jung trovava ironico che lui, uno psichiatra, dovesse incontrare in quasi ogni fase del suo esperimento lo stesso materiale psichico tipico delle psicosi. "Questo", dice, "è il fondo di immagini inconsce che confondono fatalmente il paziente mentale. Ma è anche la matrice di un'immaginazione mitopoietica che è svanita dalla nostra età razionale. Sebbene tale immaginazione sia presente ovunque, è al tempo stesso tabù e temuta".[7] Verso la fine della sua vita, scrisse:

> Mi ci sono voluti quasi quarantacinque anni per distillare all'interno dei contenuti del mio lavoro scientifico le cose che sperimentai e annotai in quel momento…. Gli anni in cui mi dedicai alle immagini interiori furono i più importanti della mia vita — in essi fu deciso tutto ciò che è essenziale. Tutto cominciò allora; i dettagli successivi sono solo integrazioni e chiarificazioni del materiale che era scaturito dall'inconscio e dapprima mi aveva sommerso. Fu la materia prima per il lavoro di una vita.[8]

Il Concetto di Inconscio

Il grande contributo di Jung a una comprensione estesa della nostra natura è che la nostra vita psichica ha, per così dire, due poli. Oltre la mente cosciente si trova un vasto entroterra inesplorato — l'inconscio, o radice e rizoma dell'anima come la chiamava, la cui esistenza non è riconosciuta, neanche adesso, né dalla religione né dalla scienza.

Jung chiamò *inconscio personale* l'aspetto dell'inconscio più vicino a noi, quello che si riferisce alla nostra esperienza individuale della vita — quei sentimenti e tendenze che possono essere stati repressi a causa del condizionamento genitoriale e culturale, dell'indottrinamento religioso, delle abitudini sociali e tribali, dei complessi parentali e della rivalità fraterna. In questa parte dell'inconscio che è più vicina alla coscienza si possono trovare quei sentimenti di paura, senso di colpa, ansia, rabbia non riconosciuta che hanno la loro origine nella prima esperienza traumatica. Ma contiene anche il potenziale creativo — le idee, i desideri e i doni creativi — che non possono essere espressi perché non sono stati aiutati a svilupparsi o perché non c'era un contenitore culturale per riceverli e elaborarli. Molte persone crescono completamente inconsapevoli di quanto i complessi dell'inconscio personale possano orientare e vincolare — originati forse da una rigida struttura interiorizzata di controllo e repressione, dei genitori o dei religiosi, tramandata nella loro famiglia o cultura per generazioni, oppure, come oggi nella nostra cultura laica, dalla totale assenza di cure parentali nell'infanzia e dalla conseguente mancanza di confini e di supporto di alcun tipo.

L'inconscio personale è incorporato, annidato, come un campo più piccolo all'interno del più ampio campo transpersonale dell'*inconscio collettivo*. La coscienza poggia come una foglia di ninfea su questo più grande substrato della nostra vita psichica che ha una "natura collettiva, universale e impersonale, identica in tutti gli individui". Jung descrisse l'inconscio collettivo come

> il possente deposito di un'esperienza ancestrale accumulata in milioni di anni, l'eco di eventi preistorici a cui ogni secolo aggiunge una quantità infinitamente piccola di variazione e differenziazione. Poiché l'inconscio collettivo è, in ultima analisi, un deposito di processi mondiali incorporati nella struttura del cervello e del sistema nervoso simpatico, costituisce nella sua totalità una sorta di immagine del mondo senza tempo ed eterna che controbilancia il nostro quadro momentaneo cosciente del mondo. Significa niente di meno che un altro mondo, un mondo a specchio, se si vuole. Ma a differenza di un'immagine speculare, l'immagine inconscia possiede un'energia peculiare in sé, indipendente dalla coscienza. In virtù di questa energia può produrre effetti potenti che non appaiono in superficie, ma che ci influenzano in modo ancora più potente dall'interno. Queste influenze rimangono invisibili a chiunque non riesca a sottoporre la sua immagine momentanea del mondo a critiche adeguate e che quindi rimane nascosto a se stesso. Che il mondo ha un dentro e un fuori, che non è solo esteriormente visibile, ma agisce su di noi in un presente senza tempo, dai recessi più profondi e apparentemente più soggettivi della psiche — questo ritengo sia un'intuizione che, sebbene sia un'antica sapienza, meriti di essere

valutata come un nuovo fattore nella costruzione di una weltanschaung [visione del mondo].⁹

Altrove chiamò l'inconscio collettivo come l'uomo o la donna di due milioni di anni nella cui casa viviamo, ma di cui non abbiamo ancora fatto conoscenza. Esso è come un vasto campo di memoria — una sorta di DNA psichico — che contiene l'esperienza di tutto ciò che è emerso dall'inizio della nostra evoluzione come specie su questo pianeta. Ma oltre a ciò, abbraccia l'insieme di ciò che altre specie hanno vissuto — la totalità delle specie e la memoria planetaria e, soprattutto, i modelli istintivi di base che danno origine a forme fisiche e a specifici modelli di comportamento comuni a tutte le persone sul pianeta. Tutti noi siamo influenzati dalle dinamiche, in gran parte sconosciute, di questa parte non riconosciuta della nostra psiche totale — i modelli archetipici di base che, egli disse, sono fissi e immutabili come i modelli di volo degli uccelli o le rotte migratorie degli animali. Portiamo questi modelli con noi quando nasciamo, come parte del nostro DNA psichico personale. A causa di questa esperienza immemorabile, l'inconscio collettivo è: "la fonte di ogni sorta di mali e anche la matrice di tutta l'esperienza divina e, per quanto paradossale possa sembrare, ha originato e origina la coscienza".¹⁰

Uno degli aspetti più importanti del suo lavoro fu la comprensione che i sogni fossero un mezzo per ricollegare l'ego cosciente a questa dimensione più profonda dell'inconscio: "Il sogno", scrisse, "è una piccola porta nascosta nell'intimo e più segreto recesso dell'anima, che si apre in quella notte cosmica che era un'anima molto prima che ci fosse qualche coscienza dell'ego, e che resterà nell'anima, non importa quanto lontano si estenda la nostra coscienza dell'ego…. Tutta la coscienza si separa; ma nei sogni abbiamo messo le sembianze di quell'uomo più universale, più vero, più eterno che dimora nell'oscurità della notte primordiale".¹¹ Mentre la comprensione dei propri sogni si faceva più profonda, Jung si rese conto che lo sviluppo dell'io e della mente cosciente era un successo evolutivo sconcertante. Un sogno gli mostrò l'importanza della coscienza di per sé:

> *Era notte in qualche posto sconosciuto, e stavo facendo lenti e dolorosi progressi contro un vento potente. Una fitta nebbia si stava alzando ovunque. Tenevo le mani a coppa attorno a una piccola luce che minacciava di spegnersi in qualsiasi momento. Tutto dipendeva dal tenere in vita questa piccola luce…. Questa piccola luce era la mia coscienza, l'unica luce che ho. La mia comprensione è l'unico tesoro che possiedo e il più grande. Sebbene infinitamente piccolo e fragile rispetto al potere dell'oscurità, è ancora una luce, la mia unica luce.*¹²

Mentre viaggiava in Africa, e guardava le immense pianure sparse davanti a lui, dove branchi di animali pascolavano e si muovevano come avevano fatto per migliaia di anni, Jung comprese, in un momento di improvvisa illuminazione, che senza l'esistenza della coscienza umana tutto ciò che capiva essere esistito da tempo immemorabile non avrebbe avuto alcuna testimonianza della sua esistenza. Senza la nostra coscienza, non ci sarebbe stato nessuno a percepire il mondo, riflettere su di esso e interagire con esso in modo intelligente. Riconoscendo questo e cercando un mito per il nostro tempo, Jung lo trovò nel fatto che, attraverso l'avvento dell'essere cosciente o la consapevole mente auto–riflessiva, l'uomo era divenuto

> indispensabile per il completamento della creazione, un secondo creatore del mondo, che da solo ha dato al mondo la sua esistenza oggettiva — senza la quale, non sentito, invisibile, mangiando in silenzio, dando alla luce, morendo, annuendo col capo per centinaia di milioni di anni, sarebbe an-dato avanti nella notte più profonda del non essere fino alla sua fine sconosciuta. La coscienza umana ha creato esistenza e significato oggettivi, e l'uomo ha trovato il suo posto indispensabile nel grande processo dell'essere.[13]

"Per quanto possiamo discernere", osservò, "l'unico scopo dell'esistenza umana è accendere una luce nell'oscurità del semplice essere. Si può anche presumere che proprio come l'inconscio ci influenza, allo stesso modo l'aumento della nostra coscienza influisce sull'inconscio".[14] Le nostre vite individuali, apparentemente così poco importanti, possono, in modi che ancora non comprendiamo, influenzare la vita del Cosmo e il dispiegarsi della sua intenzione evolutiva su questo pianeta. Questo è forse il motivo per cui sentiva che "la psiche è la più grande di tutte le meraviglie cosmiche e il *sine qua non* del mondo come oggetto".

La Perdita di un Mito Vivente

Come descritto nel sesto capitolo, la comparsa dell'ego conscio ci strappò dalla natura e da un modo puramente istintivo di rispondere alla vita. La sua origine implicò una grande perdita: la perdita dello stato di partecipazione inconscia alla vita intorno a noi, la perdita di un genere differente e di una qualità di coscienza e del senso istintivo di appartenere a un tutto più vasto. Nel suo ultimo libro, *L'uomo e i suoi simboli*, Jung riassume questa perdita. Vale dunque la pena citarlo per esteso, vista l'importanza di questo argomento:

> Man mano che la comprensione scientifica è cresciuta, il nostro mondo si è disumanizzato. L'uomo si sente isolato nel cosmo, perché non è più coinvolto nella natura e ha perso la sua "identità inconscia" emotiva con i fenomeni naturali. Questi hanno lentamente perso le loro implicazioni simboliche.... Nessuna voce di pietre, piante e animali ora parla all'uomo, né egli parla con loro

credendo che possano sentire. Il suo contatto con la natura è finito e con esso è passata la profonda energia emotiva fornita dalla sua connessione simbolica. Questa enorme perdita è compensata dai simboli dei nostri sogni. Esaltano la nostra natura originale — i suoi istinti e il suo pensiero particolare. Sfortunatamente, tuttavia, esprimono il loro contenuto nel linguaggio della natura, che è strano e per noi incomprensibile. Ci mette di fronte quindi al compito di tradurlo nelle parole e nei concetti razionali del linguaggio moderno, che si è liberato... dalla sua partecipazione mistica alle cose che descrive.[15]

In un passo del suo commento al testo cinese *Il segreto del fiore d'oro*, Jung descrive come, mentre la coscienza guadagna sempre più autonomia e indipendenza dalla matrice più profonda dell'istinto, l'intera super–struttura della coscienza si sgancia dall'antica base istintiva, dal terreno da cui si è sviluppata. "La coscienza perciò si strappò dalle sue radici... padroneggia una libertà prometeica ma anche prende parte della natura di una *hybris* senza dio".[16] Questa spaccatura inconscia crea conflitto tra i due aspetti della psiche che trova la sua strada nei molti contrasti messi in atto nelle nostre relazioni così come nell'arena più ampia del mondo. Eppure ciò che ci pone di fronte come nemico implacabile può essere un'espressione contorta dell'istinto dissociato che noi, nella convinzione che la mente razionale debba essere l'unica guida e sovrana delle nostre azioni, abbiamo ignorato.

Jung comprese che i problemi del nostro tempo sono radicati, non solo nella stretta in cui la nostra cultura è tenuta dalla filosofia meccanicistica del materialismo scientifico, ma soprattutto nella perdita di un mito vivente che dia significato alle nostre vite. Egli vide che la dissociazione dell'ego conscio da quella che chiamò l'anima primordiale, o istintuale, presentava per l'umanità un pericolo crescente e non percepito. Più enfatizziamo la ragione e la supremazia della mente razionale, più grande è il pericolo che l'istinto — il cui potere non riusciamo più a conoscere né a capire — ci guidi, ci possieda, ci inganni e ci sopraffaccia, e più saremo vittime di ideologie secolari e religiose e di obiettivi utopici che potrebbero alla fine portarci alla distruzione. L'obiettivo importantissimo su cui dobbiamo concentrarci è ricollegare la mente conscia con la dimensione più profonda dell'anima.

In relazione a ciò che è ancora in noi un potenziale da sviluppare, la mente conscia si trova in quello che potrebbe essere definito uno stato pre–conscio, caratterizzato da identificazioni e proiezioni inconsce di ogni tipo, che derivano da vari complessi personali e da credenze collettive consolidate da lungo tempo. Inoltre, è ancora soggetta all'immenso potere delle pulsioni istintuali del sistema cerebrale più antico, che sarà descritto nei capitoli Dodici e Tredici. Questo stato di incoscienza si riflette nelle difficoltà e nei conflitti nelle relazioni reciproche, sia all'interno di una nazione o come stati nazionali, e nel fatto che ripetiamo gli stessi modelli di comportamento senza alcuna apparente capacità di impedirci di farlo e senza essere consapevoli di quello che stiamo facendo. Tuttavia, con l'intuizione, possiamo iniziare a cambiare questi schemi e a combattere i mali che creiamo, rintracciandoli alla loro origine, nel nostro concetto incompleto della realtà.

Il Pericolo di un Ego Smisurato

Jung sperava che se nella nostra cultura si fosse diffusa la consapevolezza che ci sono due poli, o dimensioni, della coscienza, questo avrebbe mitigato il pericolo di un successivo gonfiarsi dell'ego moderno, o mente 'razionale', che ha istituito una difesa fobica contro tutto ciò che minaccia l'egemonia del suo attuale livello di comprensione. Jung sviluppa questo tema in *L'uomo e i suoi simboli*, dove scrive:

> L'uomo moderno non capisce quanto il suo "razionalismo" (che ha distrutto la sua capacità di rispondere ai simboli e alle idee numinose) lo abbia posto alla mercé del "mondo sotterraneo" psichico. Si è liberato delle "superstizioni" (o così crede), ma nel processo ha perso i suoi valori spirituali a un grado decisamente pericoloso. La sua tradizione morale e spirituale si è disintegrata ed egli ora paga il prezzo di questo sbriciolarsi con il disorientamento e la dissociazione universale.... Abbiamo spogliato tutte le cose del loro mistero e numinosità; niente è più sacro.[17]

In nessun luogo questa arroganza della mente conscia è più evidente e più pericolosa che nella sfera politica e religiosa. E nessuno era più consapevole di Jung dei pericoli di questo stato di inflazione quando scrisse: "Se non sappiamo elaborare la via della salvezza con una morte simbolica siamo sotto la minaccia di un genocidio universale".[18] Con ciò intendeva la morte o il sacrificio dell'atteggiamento onnipotente della mente conscia, o ego. Alla vigilia dello scoppio della prima guerra mondiale, come racconta in *Ricordi, Sogni, Riflessioni*, ebbe un sogno vivido che gli mostrò la necessità di compiere coscientemente questo sacrificio:

> Ero con un uomo sconosciuto dalla pelle scura... in un paesaggio di montagna solitario e roccioso. Era prima dell'alba; il cielo a oriente era già luminoso e le stelle si affievolivano. Poi sentii il corno di Sigfrido che risuonava sulle montagne e compresi che dovevamo ucciderlo.... Egli guidava un carro fatto con le ossa dei morti a tutta velocità lungo i precipizi. Quando girò l'angolo, gli sparammo, e lui precipitò, colpito a morte.... Pieno di disgusto e di rimorso per aver distrutto qualcosa di così grande e bello, mi girai per fuggire, spinto dalla paura che l'omicidio potesse essere scoperto. Ma la pioggia iniziò a cadere in modo torrenziale, e io seppi che avrebbe spazzato via tutte le tracce del morto.[19]

Riflettendo sul sogno, Jung comprese che evidenziava un problema che era messo in atto in tutto il mondo. Capì che doveva sacrificare l'identificazione inconscia con l'eroe solare impersonato dalla figura di Sigfrido, e l'attitudine esagerata di cercare il potere e la supremazia sugli altri. Comprese che quando (come individui o nazioni) non siamo consapevoli dell'esistenza dei due aspetti della coscienza — il conosciuto e lo sconosciuto — proiettiamo un potere inconscio contro un avversario e ci imbarchiamo in una cruciata per eliminarlo. Finché il male è sempre "là fuori", il mondo sarà "lacerato da ideologie opposte; saranno costruiti muri, psichici e materiali, per separare i nemici".

> Una coscienza gonfiata è sempre egocentrica e consapevole di nient'altro che della propria presenza. È incapace di apprendere dal passato, incapace di comprendere gli eventi contemporanei e incapace di trarre conclusioni giuste sul futuro.... Inevitabilmente si condanna alle calamità che la stroncheranno. Paradossalmente, l'inflazione è una regressione della coscienza nell'incoscienza. Ciò accade sempre quando la coscienza prende su di sé troppi contenuti inconsci e perde la facoltà di discriminazione, condizione sine qua non di tutta la coscienza.[20]

Alchimia e Processo d'individuazione

Una delle maggiori eredità di Jung fu l'intuizione riguardo al simbolismo mitologico dell'alchimia, la cui importanza gli fu trasmessa in due sogni, raccontati in *Ricordi, Sogni, Riflessioni*. Quando si menziona l'alchimia tutti pensano a degli uomini che lavorano in laboratorio cercando di trasmutare dei metalli volgari in oro, ma Jung capì che per molti alchimisti questa immagine era una metafora per il processo di trasformazione dell'anima e che quando parlavano di 'pietra filosofale' non si riferivano al comune oro, bensì all'oro dello spirito che poteva essere liberato, mediante ripetute 'distillazioni', 'lavaggi', e 'puliture', dalle scorie che si erano accumulate nel corso dell'evoluzione umana.

Per molti decenni Jung si impegnò nella ricerca dettagliata dei miti del mondo antico, di quelli cristiani e di quelli, meno conosciuti, dell'alchimia. Si rese conto che tutti questi miti nascono dallo strato profondo dell'anima che contiene i ricordi collettivi della nostra esperienza evolutiva, e vengono elaborati e sviluppati per lunghi periodi di tempo. Essi illustrano i modelli archetipici di base e le dinamiche trasportate nell'anima individuale e collettiva e quindi ci danno una chiave vitale per comprendere i bisogni e il potenziale umano. Il contenuto mitico inconscio viene spesso proiettato sulla figura di un individuo straordinario che, a causa del potere della proiezione, assume il manto del salvatore archetipico, del redentore o del maestro, cosa che aumenta enormemente la potenza del mito e la numinosità dell'individuo attorno al quale si è costellato.

Poiché queste grandi storie non sono intese come metafore dei processi psichici, ma sono prese alla lettera, intere culture possono venerare per millenni una figura salvifica, senza rendersi conto che questa figura personifica un contenuto non riconosciuto della propria anima. Poiché non riescono a collegare il loro mito con quel contenuto interiore, sconosciuto, possono cadere nell'interpretazione letterale, difendendo la 'loro' rivelazione contro quella degli altri, oppure possono dividersi in molte sette, antagoniste l'una dell'altra. Questo vale tanto per gli 'junghiani' quanto per qualsiasi altro gruppo.

Jung pensava che l'interpretazione dell'immaginario mitico come metafora della vita dell'anima potesse aiutare a risvegliare la mente moderna alla consapevolezza del suo più profondo terreno archetipico. Sentiva che l'immaginario di certi miti, compreso quello cristiano, ritrae sia il paesaggio interiore che il compito spirituale dell'anima e descrive i poteri archetipici che possono guarire, illuminare, rigenerare e guidare. Egli sentiva che la coscienza moderna era separata dalle sue radici e impoverita a causa della sua ignoranza della casa del tesoro dell'anima, non ancora scoperta. Alla fine di uno dei suoi primi libri, *Modern Man in Search of a Soul*, scriveva:

> Lo spirito vivente cresce e supera anche le sue precedenti forme di espressione; sceglie liberamente gli uomini e le donne in cui vivere e che lo proclamano. Questo spirito vivente è eternamente rinnovato e persegue il suo obiettivo in modi molteplici e inconcepibili attraverso la storia dell'umanità. Confronto a lui, i nomi e le forme che gli uomini gli hanno dato significano ben poco; sono solo le foglie e i fiori che cambiano sul tronco dell'albero eterno.[21]

Come i grandi maestri della Qabbalah, la cui tradizione gli era familiare, e come alcuni alchimisti, Jung sapeva che l'evoluzione della vita su questo pianeta segue un gradiente molto lento di comparsa dalla vita organica della natura. Tutta l'umanità soffre perché l'aumento della coscienza è così lento e arduo. Si rese conto che le immagini alchemiche trovate nei testi studiati erano simili a quelle dei sogni dei suoi pazienti e che si riferivano a un processo di trasformazione che si svolgeva nell'anima collettiva dell'umanità e nell'anima dell'individuo. Il suo compito, a suo avviso, era aiutare le persone a partecipare consapevolmente a questo processo evolutivo, a fissare in questo contesto più ampio la propria ricerca di significato, la sofferenza e il dispiegarsi della propria vita e relazioni:

> Solo dopo che mi sono familiarizzato con l'alchimia ho realizzato che l'inconscio è un processo e che la psiche viene trasformata, o sviluppata, dalla relazi-

one dell'ego con i contenuti dell'inconscio. In singoli casi questa trasformazione può essere letta da sogni e fantasie. Nella vita collettiva ha lasciato il suo deposito principalmente nei vari sistemi religiosi e nei loro simboli cangianti. Attraverso lo studio di questi processi di trasformazione collettiva e la comprensione del simbolismo alchemico, sono arrivato al concetto centrale della mia psicologia: il processo di individuazione. [22]

Il concetto di Jung del processo di individuazione significava estendere, o espandere, il campo della nostra consapevolezza in modo da essere capaci di relazionarci, almeno in una certa misura, con la realtà complessa della dimensione più profonda dell'anima. Lavorare per molti anni per creare una relazione con questa entità misteriosa è come una lunga meditazione che ci collega non solo alla vita della natura, ma alla vita interiore o all'anima del Cosmo.

Nei suoi scritti successivi, l'anima non è qualcosa che ci appartiene ma qualcosa di più grande cui partecipiamo inconsapevolmente.

> Se l'anima umana è qualcosa, deve essere di complessità e diversità inimmaginabili.... Posso solo guardare con meraviglia e stupore alle profondità e alle altezze della nostra natura psichica. Il suo universo non spaziale nasconde un'incredibile abbondanza di immagini che si sono accumulate in milioni di anni di sviluppo vivente e si sono fissate nell'organismo. La mia coscienza è come un occhio che penetra negli spazi più distanti, ma è il non–ego psichico che li riempie di immagini non spaziali. E queste immagini non sono ombre pallide, ma fattori psichici tremendamente potenti.... Oltre a questa immagine vorrei aggiungere lo spettacolo dei cieli stellati di notte, perché l'unico equivalente dell'universo dentro è l'universo fuori; e proprio come raggiungo questo mondo attraverso il medium del corpo, allo stesso modo raggiungo quello attraverso il medium della psiche. [23]

Jung sapeva che la psiche moderna era in uno stato di sofferenza e alienazione perché l'ego cosciente non sapeva nulla di questo terreno più profondo e, quindi, non poteva svilupparsi fino al suo pieno potenziale, alla sua piena statura, attraverso la creazione di una relazione con esso, né la mente conscia, o l'ego, avrebbe potuto proteggersi dall'essere posseduta o presa in consegna da elementi archetipici, non avendo alcuna esperienza su come riconoscerli, relazionarsi o integrarli — una situazione che è una delle caratteristiche più pericolose del nostro tempo. Definiva la malattia o la nevrosi come uno stato di incompletezza e la salute come uno stato di integrità, determinato attraverso la riconnessione della mente conscia con l'inconscio, prestando attenzione ai sogni e agli eventi sincronici e impegnandosi in un dialogo con lo spirito del profondo. Come un bambino sviluppa la capacità di leggere ed esplorare, ottenendo così l'accesso a un immenso campo di informazioni relative al mondo fisico, così pensava che avremmo potuto acquisire esperienza della dimensione dell'anima che si trova oltre la soglia della mente conscia.

La mente conscia può ascoltare, interpretare, valutare e applicare ciò che viene scoperto attraverso quell'esperienza. Può anche sfidare o non essere d'accordo con il contenuto di ciò che viene portato alla sua attenzione. Ma se non accetta l'esistenza di una tale dimensione, può anche bloccarne l'accesso attraverso il ridicolo, la negazione o la repressione dichiarata. Se l'immaginazione non ha accesso a ciò che sta al di là degli attuali parametri della mente razionale emisferica sinistra, è probabile che degeneri in fantasie e comportamenti distruttivi, persino patologici. Se cerchiamo la prova della malattia della psiche moderna, non abbiamo che da guardare alla costante celebrazione della violenza sui nostri schermi televisivi, al crescente arsenale delle nostre armi e all'atteggiamento fondamentalista e polarizzato di così tanti che rivendicano fedeltà a una religione specifica e promuovono il loro programma in termini di una battaglia tra il bene e il male.

Dagli alchimisti, Jung prese l'idea dell'*unus mundus*, un terreno cosmico unificante del quale partecipano sia la materia che la psiche, e il cui substrato di collegamento dà origine a sincronicità e guarigioni miracolose, esperienze visionarie e illuminazioni improvvise. Nei suoi *Sette Sermoni ai Morti* (inclusi nel *Libro rosso*) il maestro gnostico Basilide descrive questo terreno primario dell'essere come il *Pleroma*, la radice di tutto, presente in tutto e, tuttavia, al di là di tutto — una dimensione sconfinata, indefinibile e totalmente trascendente della realtà che tuttavia permea il nostro mondo nel modo in cui la luce del sole pervade l'aria. [24] Non esiste una descrizione più chiara della dimensione cosmica dell'anima.

Poco prima di morire, Jung rivelò a un amico: "Sono praticamente solo. Ci sono alcuni che capiscono questo e quello, ma quasi nessuno vede il tutto.... Ho fallito nel mio primo compito: aprire gli occhi della gente sul fatto che l'uomo ha un'anima, che c'è un tesoro sepolto nel campo e che la nostra religione e filosofia sono in uno stato deplorevole...." [25] Ma non fallì. I semi che ha seminato cominciano a dare i loro frutti, non solo nel ramo della psicologia che ha preso il suo nome, ma nella cultura nel suo insieme. Egli pose la domanda fondamentale:

> L'uomo è legato a qualcosa di infinito o no? Questa è la domanda rivelatrice della sua vita. Solo se sappiamo che la cosa che conta davvero è l'infinito possiamo evitare di fissare il nostro interesse sulle futilità e su tutti i tipi di obiettivi che non sono di reale importanza.... Più un uomo pone l'accento sui falsi possedimenti e meno ha la sensibilità per ciò che è essenziale, meno soddisfacente è la sua vita. Si sente limitato perché ha obiettivi limitati, e il risultato è l'invidia e la gelosia.... In ultima analisi, contiamo qualcosa solo per l'essenziale che incarniamo, e se non lo incarniamo, la vita è sprecata. [26]

Jung credeva che la dimensione più ampia dell'anima includesse le due polarità della materia e dello spirito, il finito e l'infinito. Ma queste non erano separate come ci era stato insegnato, ma due poli di uno spettro sottostante di realtà che interagiscono l'un l'altro. Sapeva che il potere del Cristianesimo di tenere insieme la società stava calando e che avevamo bisogno di un'immagine di Dio radicalmente diversa: una che non separasse la natura e la materia dallo spirito. "Ci rendemmo conto abbastanza tardi (o meglio, cominciammo a capire) che Dio è la Realtà stessa e quindi — ultimo ma non meno importante — uomo. Questa realizzazione è un processo millenario." [27] Con queste due frasi ci offre un'immagine diversa di Dio e una radicalmente diversa di noi stessi — nessuna delle quali è stata ancora considerata dalla nostra cultura. Attraverso le scoperte fatte e l'applicazione di queste nella sua pratica e nei suoi libri, verso la fine della sua vita, nella famosa intervista alla BBC con John Freeman nel 1959 potè dire: "Non ho bisogno di credere.... Io so, io so". E ci mise in guardia: "L'unico vero pericolo che esiste è l'uomo stesso" e "L'uomo non può sopportare una vita senza significato". Ci pregò di diventare più consapevoli della psiche in modo da poter comprendere gli eventi del nostro tempo in modo più intelligente, perché, come aveva capito,

> Sta diventando sempre più evidente che non è la carestia, non i terremoti, non i microbi, né il cancro, ma l'uomo stesso il più grande pericolo dell'uomo per l'uomo, per la semplice ragione che non esiste una protezione adeguata contro le epidemie psichiche, che sono infinitamente più devastanti della peggiore delle catastrofi naturali. Il pericolo supremo che minaccia gli individui, e le intere nazioni è un pericolo psichico. La ragione si è rivelata completamente impotente, proprio perché i suoi argomenti hanno un effetto solo sulla mente conscia e non sull'inconscio. Il pericolo più grande di tutti viene dalle masse, in cui gli effetti dell'inconscio si accatastano cumulativamente e la ragionevolezza della mente conscia viene soffocata.... È quindi altamente desiderabile che una conoscenza della psicologia si diffonda, in modo che gli uomini possano comprendere la fonte dei pericoli supremi che li minacciano. Non armandosi fino ai denti, ognuno per sé, le nazioni potranno difendersi a lungo termine dalle spaventose catastrofi della guerra moderna. L'accumulo di armi è di per sé un richiamo alla guerra. Piuttosto, devono riconoscere quelle condizioni psichiche in cui l'inconscio irrompe nella diga della coscienza e la travolge. [28]

L'enfasi sul Femminile

Nel capitolo precedente ho suggerito che la parola 'Femminile' stia per una prospettiva totalmente differente della realtà e per quei valori di sensibilità che rispecchiano, sostengono e confermano tale prospettiva. La costellazione (gruppo di rappresentazioni mentali collegate da particolari legami associativi, Ndt) o attivazione, dell'archetipo femminile nella nostra maschilissima cultura è dovuta in massima parte a Jung che vide l'urgente bisogno di porre in equilibrio la psiche e la cultura.

La sua enfasi sul concetto femminile di anima (opposta allo spirito) fu l'aspetto più importante di questo bisogno di equilibrio. La sottolineatura dell'inconscio profondo come matrice femminile, che dà origine all'ego conscio come suo 'figlio', è un altro importante aspetto di questo accento sul Femminile. Tuttavia, egli estese questa enfasi ad includere l'importante ruolo della donna nel riequilibrio della cultura quando affermò: "La donna di oggi si confronta con un compito culturale enorme — forse sarà l'alba di una nuova era".[29] Jung prevedeva che non appena la donna avesse avuto accesso all'istruzione, all'indipendenza finanziaria e a un ruolo più ampio nella società, sviluppando e dando espressione alle qualità maschili della sua anima, avrebbe trovato le parole e il canale di espressione per articolare ciò che è di suprema importanza per lei e la forza di insistere per far sentire la sua voce. Allo stesso modo, prevedeva che, non appena l'uomo, più concentrato sulla sola logica e profondamente sospettoso di qualsiasi cosa 'psichica' e 'inconscia', fosse diventato consapevole della sua *anima* — rappresentata nei suoi sogni da una figura femminile — e dei valori di sentimento e sensibilità portati nella sua anima, avrebbe svolto nel mondo un ruolo più consapevole, equilibrato e illuminato.

> A differenza della discussione obiettiva e della verifica dei fatti, una relazione umana conduce nel mondo della psiche, in quel regno intermedio tra il senso e lo spirito, che contiene qualcosa di entrambi e tuttavia non rinuncia al suo carattere unico. In questo territorio l'uomo deve avventurarsi a metà strada se desidera incontrare la donna. Le circostanze l'hanno costretta ad acquisire un certo numero di tratti maschili, così che lei non resterà intrappolata in una femminilità antiquata, puramente istintiva, persa e sola nel mondo degli uomini. Così anche l'uomo sarà costretto a sviluppare il suo lato femminile, ad aprire gli occhi alla psiche e all'Eros. È un compito che non può evitare....[30]

Il Sé

La parola 'inconscio' potrebbe suggerire che sia qualcosa di inferiore alla coscienza, mentre è vero il contrario. La mente conscia è ignara di qualcosa che è infinitamente più grande di lei — l'aspetto psichico invisibile della matrice cosmica e planetaria da cui si è evoluta. Questa ridefinizione allinea le scoperte di Jung con la tradizione molto più antica della dimensione cosmica dell'anima, che si è sviluppata dalle radici egizie, platoniche, gnostiche e qabbalistiche ed è celata nell'idea medievale del Santo Graal. In India, l'insegnamento vedico descrive sette regni, o piani di realtà, che possono diventare accessibili alla coscienza umana man mano che la nostra intuizione si approfondisce. La Qabbalah offre una simile visione multidimensionale di piani, campi o livelli interconnessi della realtà. Jung aveva familiarità con entrambe queste tradizioni.

Questa coscienza, o dimensione, più grande dell'anima ha al suo interno un centro, un fulcro di coscienza, che funziona lì come un'intelligenza autonoma — un principio dinamico, strutturante, ordinatore e integratore che Jung chiamò il Sé. Dal suo punto di vista, questa intelligenza più profonda (anche quando non riconosciuta) inizia e supervisiona l'alchimia della trasformazione della coscienza — sia nell'individuo che nella nostra specie nel suo insieme — per cui il centro di gravità si sposta gradualmente dal personale al transpersonale o, per dirla in un altro modo, dove la personalità conscia, o ego, cresce e si espande attraverso l'allineamento con il terreno invisibile della vita. La creazione di questa relazione nell'arco di una vita è la quintessenza del processo di individuazione.

Nelle religioni abramitiche l'immagine del Sé è stata portata dall'immagine di Dio e, nel Cristianesimo, dalla figura in parte divina, in parte umana di Cristo — immagini definite al di fuori o al di là di noi stessi. I mistici testimoniano che può esserci un'esperienza diretta del terreno numinoso della realtà. Oggi, in una cultura laica come la nostra, l'ego cosciente ha bandito da tempo l'esperienza visionaria e qualsiasi dimensione della realtà diversa da questo mondo fisico. Non c'è, quindi, nessuna possibilità di dialogo e relazione con una Presenza interiore; sogni, messaggi, avvertimenti ed eventi sincronici passano inosservati o ignorati. Il mio sogno visionario della figura di una donna che va dalla terra al cielo può essere inteso come un'immagine del Sé: il suo messaggio per me era di sviluppare ed estendere la mia coscienza, di centrare la ruota nel mio addome com'era centrata la sua. Se in quel momento non fossi stata in analisi, non avrei saputo come relazionarmi a quell'esperienza e avrei potuto ignorarla, pensando di essere pazza o sviluppando una visione gonfiata della mia importanza invece di cercare per molti anni di assimilare il suo messaggio. Né avrei capito che la mia visione personificava il macrocosmo — la vasta matrice nascosta dell'Anima del Cosmo in cui la mia vita era incorporata come microcosmo, e che era chiamata a servire.

Un incontro con il Sé può essere allo stesso tempo terrificante e trasformante. Non si può comunicare l'esperienza a qualcuno che non l'abbia mai avuta, più di quanto non si possa comunicare la sensazione di essere innamorati o l'esperienza di pre–morte. Si può descriverla, ma è quasi impossibile comunicare la sua numinosità. Il Sé può essere pensato come l'archetipo della totalità, e la sua intenzione è di ripristinare l'interezza della psiche umana che è stata così frammentata — anche attraverso mezzi che a prima vista possono sembrare distruttivi. Il processo di individuazione è un compito culturale enorme, reso più difficile in una cultura che non mostra alcuna inclinazione a riconoscerne l'esigenza. Chiunque entri nella solitaria via dell'individuazione, attraverso qualunque porta lo faccia, è attratto a rispondere alla sofferenza del mondo. Lavorare per molti anni a questo livello profondo crea un ponte tra le due dimensioni della realtà: siamo connessi più profondamente non solo alla vita di questo pianeta, ma alla dimensione invisibile del

Cosmo. Il matrimonio potrebbe descrivere al meglio questa relazione.

L'ignoranza generale dell'esistenza della dimensione cosmica dell'anima e la nostra mancanza di relazione con essa vanno troppo lontano per rispondere alla domanda sul perché sia così difficile da sradicare la sofferenza dell'umanità — nonostante un fenomenale miglioramento della nostra salute, longevità e standard di vita, almeno in alcune delle nazioni industrializzate. Questa ignoranza fa luce anche sul perché le persone, nonostante le loro convinzioni religiose e spesso proprio a causa di esse, continuino a comportarsi in modo così inconscio, brutale e distruttivo, ferendo e distruggendo le loro stesse vite e quelle degli altri. Gran parte di questa crudeltà scaturisce da profonde ferite psichiche — molte delle quali imposte culturalmente — di cui le persone non sono consapevoli e che, pertanto, rimangono inaccessibili alla guarigione. L'indottrinamento religioso, come la credenza nel peccato originale, in un Dio punitivo, giudicante, o l'inferiorità e la pericolosa sessualità delle donne, possono infliggere tali ferite, molte delle quali originate secoli fa, ma ancora portate nel campo della memoria dell'inconscio collettivo.

Nel mezzo della loro sofferenza, milioni hanno gridato: "Perché Dio permette che queste cose accadano? Perché non interviene per aiutarci?" Ma Jung sapeva che Dio non può impedire la sofferenza umana più di quanto possa impedire la crudeltà, l'avarizia e l'avidità. Solo l'intuizione di quale sia la nostra natura e quale il suo potere di creare e di distruggere può cambiare le nostre abitudini aggressive così profondamente radicate, e quindi la nostra sofferenza. Come egli commenta: "L'individuazione non significa solo che l'uomo è diventato veramente umano, distinto dall'animale, ma che deve divenire parzialmente divino. Ciò significa praticamente che diventa adulto, responsabile della propria esistenza, sapendo che non solo egli dipende da Dio, ma che anche Dio dipende dall'uomo".[31]

Il riconoscimento di Jung del nostro enorme potenziale, sia per il bene che per il male, ci ha aperto una nuova strada per l'auto–trasformazione, non più attraverso la fede ma attraverso l'intuizione della nostra natura. Scrisse queste parole profetiche nella stessa lettera:

> Siamo diventati partecipanti alla vita divina e dobbiamo assumere una nuova responsabilità, vale a dire, la continuazione della auto–realizzazione divina, che si esprime nel compito dell'individuazione.... La vita responsabile e l'adempimento dell'amore divino in noi sarà la nostra forma di adorazione, e di affari, con Dio. La sua bontà significa grazia e luce e il suo lato oscuro la terribile tentazione del potere. L'uomo ha già ricevuto tanta conoscenza che può distruggere il suo pianeta. Speriamo che lo spirito buono di Dio lo guidi nelle sue decisioni, perché dipenderà dalla decisione dell'uomo se la creazione di Dio continuerà.[32]

Del Sé, Jung scrisse: "Persino la persona illuminata rimane ciò che è, e non è mai più del suo ego limitato davanti a Colui che dimora in lui, la cui forma non ha limiti conoscibili, che lo abbraccia su tutti i lati, insondabile come gli abissi della terra e vasto come il cielo".[33]

L'Ombra

La comprensione di Jung riguardo all'ombra è uno degli aspetti più importanti del suo lavoro e sarà esplorata nel prossimo capitolo. Era profondamente consapevole della necessità che noi diventassimo consci della spinta inconsapevole verso il potere e il dominio e l'ossessiva necessità di controllo che influenza così tanto il modo in cui i governi si comportano nel mondo e le loro relazioni con le altre nazioni e con i popoli che governano. Questa pulsione si riflette in abitudini inconsce di comportamento che perpetuano la guerra, l'oppressione e la sofferenza. Parlò ripetutamente del nostro potere di distruggere non solo la nostra specie, ma di creare una devastazione diffusa sul pianeta. Nel filmato *Matter of Heart*, Marie Louise von Franz, una delle sue più strette collaboratrici, racconta che verso la fine della sua vita Jung ebbe la visione di enormi distese di Terra devastate, e un'altra poco prima di morire della quale disse: "Grazie Dio, non era l'intero pianeta". Alla fine di Il *Sé sconosciuto*, scrisse:

> Una voglia di distruzione del mondo e di rinnovamento del mondo ha segnato la nostra epoca. Questo umore si sente ovunque, in politica, nella società e nella filosofia. Le generazioni a venire dovranno tener conto di questa trasformazione epocale se l'umanità non vuole distruggere se stessa attraverso la forza della propria tecnologia e della scienza. Come all'inizio dell'era cristiana, così ancora oggi ci troviamo di fronte al problema dell'arretratezza morale generale della nostra specie, che non è riuscita a tenere il passo con il progresso scientifico, tecnico e sociale. C'è molto in gioco e dipende molto dalla costituzione psicologica dell'uomo moderno. È capace di resistere alla tentazione di usare il suo potere per inscenare una conflagrazione mondiale? È consapevole del cammino che sta percorrendo e quali sono le conclusioni che devono essere tratte dall'attuale situazione mondiale e dalla sua situazione psichica? Sa che è sul punto di perdere il mito che preserva la vita dell'uomo interiore che il cristianesimo ha serbato per lui? Si rende conto di cosa succederebbe, se questa catastrofe dovesse mai accadergli? È mai capace di rendersi conto che questa sarebbe in effetti una catastrofe? E infine, l'individuo sa è il peso che punta sulla bilancia... quell'unità infinitesimale da cui dipende un mondo, e in cui, se leggiamo bene il significato del messaggio cristiano, anche Dio cerca il suo obiettivo?[34]

In uno dei suoi ultimi libri, *Risposta a Giobbe*, scrisse: "Tutto ora dipende dall'uomo: nella sua mano è dato un immenso potere di distruzione e la domanda è se può resistere alla volontà di usarlo, e può temperare la sua volontà con lo spirito dell'amore e della saggezza".[35] Ciò che Jung offriva non era un nuovo sistema di credenze, ma una spiritualità basata sulla conoscenza di sé — in particolare sulla consapevolezza dell'ombra, liberandoci così dalla sua possessione. Sentiva che questo poteva portare a un maggiore senso di responsabilità etica nei confronti di tutti gli aspetti della vita, visibili e invisibili. Sapeva che non avevamo molto tempo per portare a termine questo compito epocale, perché vedeva i pericoli del potere divino che era stato messo nelle nostre mani attraverso lo sviluppo delle armi, delle scoperte scientifiche e tecnologiche senza precedenti e della nostra ignoranza di come la mente conscia può essere posseduta dal potere dell'ombra inconscia.

Jung richiamò ripetutamente l'attenzione sul fatto che il destino della Terra dipende dall'individuo, dalla nostra capacità di creare una relazione con la nostra anima, di prendere coscienza e valutare quella parte di noi stessi che conosciamo meno — i sentimenti e gli istinti più profondi che sono la radice della nostra immaginazione creativa. Questa dimensione istintiva di noi stessi, così dissociata dalla coscienza, così poco esplorata e compresa, è la matrice della nostra vita creativa, ed è incommensurabilmente più antica e talvolta più saggia dell'aspetto più recente di noi stessi che chiamiamo mente razionale. Ma contiene anche le abitudini predatorie di comportamento ereditate dal nostro passato di mammiferi e rettili. Diventare consapevoli di questa dimensione, e dell'immensa gamma di relazioni ed esperienze che abbraccia, costituisce un progresso evolutivo. Perché, finché non impariamo come relazionarci ad essa, come integrarla nella più familiare e focalizzata capacità di pensare, rimaniamo immaturi, viviamo sulla superficie della vita, cadendo preda di eventi che creiamo perché non siamo consapevoli delle abitudini che ci costringono a ripetere gli errori del passato. Siamo quindi facilmente manipolabili da leader politici e religiosi che pensano in termini di potere nei confronti del loro particolare gruppo o ideologia, piuttosto che in termini di vantaggio per le persone che sono destinati a servire e per le più ampie esigenze del pianeta stesso.

Jung rivitalizzò e recuperò alla nostra cultura la dimensione perduta dell'anima. Sapeva, dal suo incontro sciamanico con questa dimensione, che la visione convenzionale di un'anima personale era troppo limitata per poter sostenere la sua esperienza. Dalla prima commovente descrizione del suo incontro con questa dimensione più profonda della realtà, annotata nel *Libro rosso*, fino alla realizzazione, dopo anni di osservazione, che ci deve essere quella che lui chiamava una dimensione *psicoide* della realtà, che sta alla base sia della psiche che della materia, della quale entrambe sono permeate e della quale entrambe partecipano — dando così origine al concetto di sincronicità — l'intero fulcro del suo lavoro dal 1913 fino al 1960, anno della sua morte, fu sul recupero dell'anima.

In una lettera a Miguel Serrano, scritta poco prima di morire, Jung ci ha dato una speranza per il futuro, ricordandoci che ciò che sembra di suprema importanza per il proprio percorso di vita può in fondo avere un valore anche per il mondo:

> …In ogni eone ci sono almeno alcune persone che comprendono il vero compito dell'uomo e mantengono la sua tradizione per le generazioni future e un momento in cui l'intuizione ha raggiunto un livello più profondo e generale. Prima sarà cambiata la via di alcuni e poi in poche generazioni quella di molti… chiunque sia capace di tale intuizione, non importa quanto sia isolato, dovrebbe essere consapevole della legge della sincronicità. Come dice il vecchio proverbio cinese: "L'uomo giusto siede in casa sua e pensa che il giusto pensiero sarà ascoltato a cento miglia di distanza…. Così un vecchio alchimista diede la seguente consolazione ad uno dei suoi discepoli: "Non importa quanto tu sia isolato e quanto ti senti solo, se fai il tuo lavoro in modo vero e coscienzioso, amici scono-sciuti verranno a cercarti". [36]

In risposta alla domanda "Cosa posso fare?" Jung disse: "Diventa ciò che sei sempre stato, cioè la totalità che abbiamo perso nel mezzo della nostra esistenza civilizzata e conscia, una totalità che siamo sempre stati senza saperlo". [37]

Note:

1. Jung, C. G.: *Lettere* 1906–1961, Magi Edizioni, Roma 2012, Lettera al Rev. Morton Kelsey.
2. Jung, C. G.: *L'uomo e i suoi simboli*, Raffaello Cortina editore, Milano 1996.
3. Jung, C. G.: *Ricordi, sogni, riflessioni*, Rizzoli editore, Milano 1998.
4. ibid.
5. Jung, C. G.: *Il libro rosso*, Bollati Boringhieri, Torino 2012.
6. Estratto da *Il libro rosso*. Ho usato la traduzione nel libro di Aniela Jaffé (1989) *From the life and Work of C. G. Jung*, tradotto da R. F. C. Hull e Murray Stein, Daimon Verlag, pp. 171–2.
7. Jung, C. G.: *Ricordi, sogni, riflessioni*.
8. ibid.
9. Jung, C. G.: *Opere*, Bollati Boringhieri, Torino 1997–98, vol. 8, La struttura e le dinamiche della psiche, par. 729.
10. Jung, C. G.: *Opere*, Bollati Boringhieri, Torino 1997–98, vol. 18, La vita simbolica, par. 1586.
11. Jung, C. G.: *Opere*, Bollati Boringhieri, Torino 1997–98, vol. 10, Civiltà in transizione, par. 304.
12. Jung, C. G.: *Ricordi, sogni, riflessioni*.
13. ibid.
14. ibid.

15. *L'uomo e i suoi simboli*.
16. *Il segreto del fiore d'oro*, tradotto e spiegato da Richard Wilhelm con introduzione e commento europeo di C.G. Jung, Bollati Boringhieri, Torino 2001.
17. *L'uomo e i suoi simboli*.
18. Jung, C. G.: *Opere*, vol. 18, par. 1661.
19. *Ricordi, sogni, riflessioni*. Si trova anche in *Il libro Rosso*.
20. Jung, C. G.: *Opere*, vol. 12, Psicologia e alchimia par. 563.
21. Jung, C. G.: *L'uomo moderno alla ricerca dell'anima*, ultimo paragrafo.
22. *Ricordi, sogni, riflessioni*.
23. *L'uomo e i suoi simboli*.
24. *I sette sermoni ai morti* fu pubblicato privatamente in origine nel 1925. Il riferimento al Pleroma è nella sezione *Scrutini* del Libro Rosso.
25. Da una lettera non pubblicata scritta da Jung nel 1960, citata dal Dr. Gerhard Adler in *Dynamics of the Self*, Coventure, Londra 1979, p. 92.
26. *Ricordi, sogni, riflessioni*.
27. Jung, C. G.: *Opere*, vol. 11, *Psicologia e religione: Occidente e Oriente*, par. 631.
28. Jung, C. G.: *Opere*, vol. 18, par. 1358.
29. Jung, C. G.: *Opere*, vol. 10, par. 275.
30. ibid, par. 125.
31. *Lettere*, Lettera a Elined Kotschnig.
32. ibid.
33. *Risposta a Giobbe* in *Opere*, vol. 11, ultimo paragrafo 758.
34. *Il Sé sconosciuto* in *Opere*, vol 10, par. 585–587
35. *Risposta a Giobbe* in *Opere*, vol. 11, par 745.
36. Lettera a Miguel Serrano in *Lettere*.
37. Jung, C. G.: *Opere*, vol. 10, par. 722.

Per approfondimenti raccomando l'autobiografia di Jung: *Ricordi, sogni, riflessioni* e *L'uomo e i suoi simboli*. Anche un libro deliziosamente illustrato scritto da Claire Donne, dal titolo Carl Jung: *Wounded Healer of the Soul* nel quale l'autrice cattura la quintessenza della sua eredità, in parole e in immagini, di gran lunga la migliore delle sue biografie.

Panorama Mattutino
Robin Baring 1978

Capitolo dodici

L'Ombra: Il Drago e L'Anima Primordiale

Non ci si illumina immaginando figure di luce, ma rendendo conscia l'oscurità.

— C.G. Jung

Questo capitolo e il successivo sono dedicati all'esplorazione della nostra propensione alla violenza e alla crudeltà. Sono capitoli difficili da scrivere perché è di gran lunga più facile individuare questi modelli negli altri che riconoscerli nei nostri comportamenti nei confronti dei nostri partner, dei bambini, dei colleghi; oppure vedere, da nazioni, come giustifichiamo le azioni e le politiche che aggiungono sofferenza piuttosto che diminuirla. Tuttavia, illuminare con la luce della coscienza questo aspetto della nostra natura può essere una delle sfide più importanti che dobbiamo affrontare in questo nuovo millennio. In questo momento pericoloso è sempre più chiaro che, se vogliamo sopravvivere come specie e salvaguardare la vita del pianeta, passare a un nuovo livello di coscienza non è un'opzione facoltativa, ma un imperativo.

Jung usò la parola 'ombra' in due sensi: in quello generale per descrivere la dimensione non riconosciuta dell'anima; in quello personale per illustrare certi modelli inconsci di comportamento che possono colpire noi e gli altri in modo negativo, come complessi personali, esperienze e potenziale non vissuto o ridotto, che esistono sotto la soglia della nostra consapevolezza conscia e che possono divenire accessibili con l'intuizione e il richiamo. Nel corso della nostra vita, impariamo a identificarci con la nostra mente conscia e con un'immagine specifica di noi stessi. Non ci viene insegnato ad essere consapevoli dell'aspetto ombra della nostra psiche né a relazionarci con essa. Non ci viene detto che la coscienza è emersa nel corso di molti millenni dalla matrice della natura e che siamo ancora legati a quest'ultima da certe abitudini primordiali. Attraverso l'ombra inconscia siamo connessi ai livelli più profondi dell'inconscio collettivo, in cui i modelli di comportamento della nostra specie sono memorizzati in una sorta di database di memoria, pronti per essere attivati quando vengono chiamati dagli eventi. Molti elementi vanno a costituire il nostro aspetto ombra personale: influenza genitoriale ed educativa; credenze religiose, lealtà tribali, traumi dimenticati da tempo, vissuti nella nostra infanzia o nel passato del nostro gruppo nazionale o etnico, complessi di cui non siamo a conoscenza. Ma, più profondi di tutti, questi sono gli istinti largamente inconsci che derivano dalle fasi precedenti della nostra evoluzione.

Come proposto nei capitoli nono e undicesimo, riguardo a tutti i nostri raggiungimenti intellettuali e tecnologici, siamo ancora, come specie, in uno stato relativamente inconscio o pre–conscio, ancora suscettibili di essere assorbiti da un aspetto della nostra natura di cui sappiamo ben poco. Può essere difficile comprendere il fatto che, una volta emersi, gli istinti di sopravvivenza e territoriali possono farci comportare in modi che contraddicono l'immagine civilizzata che abbiamo di noi stessi. Giustifichiamo le nostre azioni, dicendo che sono necessarie per la nostra sopravvivenza personale o nazionale, eppure non vediamo come possano, a lungo termine, muovere contro i nostri migliori interessi, generare il male e generare sofferenze orrende.

Duecentocinquanta anni fa, il filosofo svizzero–francese Jean–Jacques Rousseau diede inizio al suo libro *Il contratto sociale* (1762) con queste parole: "L'uomo è nato libero e ovunque è in catene". Oggi, mentre assistiamo alla violenza sconvolgente in molte parti del mondo, all'accumulo e alla vendita di armi che possono provocare atroci sofferenze ai civili, a regimi oppressivi controllati da despoti autoritari, che torturano e uccidono migliaia di persone e ne mantengono milioni in soggezione, e alla nostra cieca rapacità in relazione alle risorse della Terra, è ovvio che siamo ancora legati a certe credenze e abitudini, così radicate che guidano i nostri programmi politici, economici e religiosi. Per questa ragione, molti dei nostri piani grandiosi per un futuro migliore poggiano sul fondamento instabile del sé separato e sulla sua alienazione dalla base dell'anima — una separazione che assicura la nostra ripetizione involontaria degli schemi del passato.

Il Drago come Immagine di Paura Primordiale

Ricordo un sogno che feci poco dopo aver deciso di pubblicare *The Birds Who Flew Beyond Time*, non ascoltando il consiglio di un'amica intima che aveva paura io potessi incorrere in una *fatwa* usando un onorato testo islamico per creare un racconto moderno per bambini. Quando le comunicai di aver preso la decisione di andare avanti con la pubblicazione, la notte stessa sognai che un enorme dinosauro stesse devastando la campagna, divorando centinaia di persone al giorno. Il terreno era piatto e senza alberi, non c'era alcun luogo dove nascondersi, nessuna protezione dalle sue mascelle divoranti. Il terrore che provai nel sogno fu maggiore di quello di qualsiasi altro evento della mia vita. Compresi che questo drago–dinosauro era l'immagine della paura primordiale mantenuta nella profondità nella mia psiche, un'immagine vivida di tutto ciò che destava terrore su questo pianeta, dall'inizio della nostra evoluzione come esseri umani e, prima ancora, come animali. La radice di questo terrore è l'esperienza della morte per mano di una creatura o di evento di potere soverchiante. Poiché questo è qualcosa che come specie abbiamo sperimentato, sia in relazione a predatori animali e umani, sia a disastri naturali come terremoti, eruzioni vulcaniche e tsunami, non sorprende che la paura e la risposta istintiva ad essa siano così profondamente impresse sulla nostra memoria cellulare e sia così difficile resistervi. Non c'è da stupirsi che così tanti miti celebrino l'eroe che ha il coraggio di affrontare e vincere il drago della paura.

Il drago incarna il potere immenso dell'istinto, che non può mai essere conquistato né represso, essendo il potere creativo della vita stessa, ma certi aspetti del quale possono essere trasformati quando diventiamo consci del loro potere su di noi. Più il fragile ego conscio perse il senso della partecipazione originaria in una terra e in un cosmo sacri, più ci scollegammo dai nostri istinti più profondi. Nello sviluppo di questo processo e nell'aumento della popolazione umana, con la conseguente creazione di insediamenti sempre più vasti, di città e di gruppi tribali, il pericolo di essere posseduti e guidati dalla volontà di potenza dell'istinto aumentò e cominciammo a vedere gli altri — persone, gruppi, religioni — come nemici da conquistare e soggiogare o come male da sradicare. Intere culture caddero sotto l'incantesimo di questa patologia. Il Cristianesimo e l'Islam adottarono l'ethos della conquista per la maggiore gloria di Dio con un terribile sacrificio della vita umana. La crescente dissociazione tra la mente conscia e il regno di ciò che Jung chiamava la nostra anima primordiale diede origine a molteplici frammentazioni, paure e proiezioni che sono alla base di molti dei problemi che affrontiamo oggi.

Il drago del mito e della fiaba è un'immagine eloquente, non solo di paura, ma di alcuni dei nostri più antichi istinti che rispondono alla paura e che possono suscitare paura negli altri. Possono apparire nei nostri sogni, non solo come un dinosauro ma come altri animali come mammut, rinoceronti, cinghiali, tigri coi denti a sciabola e leoni, che rappresentano non solo le cose di cui possiamo avere paura, ma quei potenti istinti dentro di noi che possono spaventare o minacciare gli altri. Portiamo con noi questi istinti primordiali quando nasciamo, come parte del nostro DNA psico–fisico. Li portiamo perché ci siamo evoluti dalla natura, con il potere della natura di creare e distruggere. Questi istinti sono attivati, programmati e rafforzati in ogni generazione, dalle nostre esperienze in famiglia, a scuola e dall'incontro con il mondo più ampio e dai valori, credenze e modelli di comportamento che assorbiamo nelle diverse culture, man mano che cresciamo.

In caso di conflitti bellici o tribali, questi istinti e le loro manifestazioni emotive possono sfondare il fragile contenitore di civiltà che abbiamo faticosamente e incontrollatamente costruito, distruggendo tutto sul loro cammino, proprio come fa il drago del mito. Questo modello si è protratto per millenni senza che noi capissimo molto bene cosa succede quando questi istinti arcaici ci trascinano, né fummo in grado di anticipare e prevenire che ciò accadesse. Potenzialmente, abbiamo accesso al tesoro inestimabile delle guardie dei draghi — la possibilità di liberarci dalla programmazione inconscia di milioni di anni, trasmutando queste abitudini primordiali nell'energia creativa necessaria per sbarazzarci della nostra schiavitù e per far sì che la famosa frase di Rousseau non abbia più bisogno di applicazione.

Durante l'era solare il mito della battaglia tra eroe e drago fu inquadrato nei termini della battaglia della luce contro le tenebre e del bene contro il male, con la convinzione che, alla fine, il bene avrebbe trionfato sul male. All'interno della psiche, l'oscurità fu identificata inconsciamente con la paura di scivolare di nuovo nello 'stato della natura'. Tuttavia, regredire in uno stato di natura è esattamente ciò che facciamo quando cadiamo sotto il potere di queste abitudini ataviche di comportamento. Con l'intuizione psicologica ora a nostra disposizione, possiamo forse renderci conto che la battaglia non è tanto con i nemici nel mondo, quanto con queste abitudini primordiali che ci fanno regredire nell'incoscienza e ripetere i modelli di comportamento del passato.

Il vero luogo della battaglia della luce contro le tenebre è la mente conscia e l'immenso sforzo di coscienza richiesto per divenire consapevoli della qualità morale del nostro comportamento, per valutare se favorisca l'origine del bene o del male. In secondo luogo, è diventare consapevoli della tendenza a proiettare il male sugli altri, senza riuscire a riconoscere in noi stessi la stessa propensione al male. L'immagine della lotta con il drago può essere re–incorniciata in relazione a questo drago che si nasconde nella nostra ombra piuttosto che esclusivamente alle specifiche minacce che incontriamo nel mondo esterno.

Istinti Primordiali: Predatore e Preda

Nella specie umana gli istinti immensamente potenti di questi due sistemi di cervello più antichi sono immessi nel campo delle relazioni umane: istinti di sopravvivenza, territoriali, sessuali e la programmazione, antica–di–milioni–di–anni, di predatore e preda. Poiché questi istinti arcaici funzionano a livello profondamente inconscio, noi che ci consideriamo al culmine della creazione possiamo tuttavia essere influenzati, addirittura controllati, da abitudini formatesi durante le fasi pre–umane o primitive dell'evoluzione umana. La paura di diventare prede può trasformarci repentinamente in predatori.

Fiaba e mito ci hanno regalato molte immagini del potere distruttivo dei nostri istinti: i draghi emergono dalle loro caverne per devastare le campagne e distruggere tutto quello che incontrano sul loro cammino, chiedendo sacrifici vivi come cibo quotidiano; la Gorgone trasforma in pietra tutti quelli che la guardano. Il potere paralizzante dell'aspetto predatorio dell'istinto è stato tratteggiato per i nostri giorni da Tolkien ne *Il Signore degli Anelli* come il disgustoso ragno Shelob che Frodo deve sconfiggere in una lotta disperata. Queste immagini simboleggiano istinti pre–umani che, ancora straordinariamente potenti in relazione al nostro fragile sé conscio, possono ricondurci a modelli autodistruttivi di comportamento, o a comportamenti verso gli altri che li paralizzino di terrore. Poi, in uno stato di inflazione psichica, perdiamo la nostra umanità, la capacità di relazione, l'empatia e la compassione e l'inestimabile raggiungimento della differenziazione della coscienza dai processi autonomi inconsci. Ritorniamo a diventare predatori spietati, distruttori della vita di altri, che diventano la nostra preda.

Poiché abbiamo vissuto nell'identificazione con il gruppo tribale, nazionale o religioso per così tanti millenni, e poiché abbiamo così poca comprensione di come funziona la psiche collettiva, è straordinariamente difficile per un individuo opporsi a queste pulsioni arcaiche, resistere dall'essere spazzato via dall'emozione (paura, rabbia o odio) che può diffondersi come un incendio nella foresta attraverso la secca esca del gruppo e può trasformarsi, come la tensione sale, nella patologia di una psicosi di massa. Quindi, milioni di individui (la maggior parte maschi) volontariamente, e anche con impazienza, abbracciano la guerra e acclamano un leader il cui obiettivo dichiarato è la sconfitta o l'annientamento di un nemico. Uccidere diventa una virtù patriottica e anche un dovere religioso.

C'è una strana affermazione di Gesù nel Vangelo Gnostico di Tommaso: "È nel giusto il leone che divora l'uomo: è il leone che diventa uomo. Sbaglia l'uomo che mangia il leone: è sempre il leone che diventa uomo". (*logion 7*) Le sue parole puntano da una parte al pericolo dell'istinto inconscio del predatore che 'prende in consegna' o 'possiede' la mente conscia e, dall'altra, al beneficio che deriva all'uomo che è in grado di integrare la forza e il coraggio del leone, senza soccombere al suo potere di uccidere.

Le osservazioni sulla relazione biologica tra esseri umani e animali sono impopolari perché sono in conflitto con l'idea di libero arbitrio e autodeterminazione. C'è stata ancora più resistenza ad accettare l'idea che potessimo essere ancora controllati da istinti che appartengono ai nostri antenati primati e persino ai dinosauri. Tuttavia, sembra ovvio che il modello di predatore/preda è un'abitudine comportamentale genetica stabilita in molte specie nel corso di centinaia di milioni di anni. Portiamo questa abitudine nella nostra eredità biologica e siamo condizionati ad agire e reagire come predatore (attaccante) e ad agire evitando di diventare la preda (vittima) di qualcun altro.

Nella nostra memoria di specie sono impressi i modelli di comportamento di tutte le creature che erano predatori e di tutte le creature che erano prede o cibo. La nostra stessa specie è stata preda di certi animali e predatore di molti altri e il nostro più grande problema è l'imprinting nella nostra memoria di specie, con la sua esperienza secolare. Se ci rendessimo conto di come questo modello di comportamento può subentrare quando ci sentiamo minacciati, o quando sono insufficientemente sviluppati o crollati quei valori etici e morali che possono stabilire dei parametri di comportamento, potremmo essere in grado di resistere al suo potere. Uno degli aspetti più sconcertanti della nostra incoscienza è il fatto che i leader religiosi, che avrebbero dovuto sostenere questi valori, li hanno spesso traditi — anche al presente — soccombendo al modello predatore/preda del comportamento stesso.

Con lo sviluppo della neo–corteccia e dei lobi frontali del cervello, lo sviluppo evolutivo della nostra capacità di riflettere sulle nostre azioni ci separa dalla natura e dai nostri istinti primordiali, mettendo uno spazio, per così dire, tra l'immediata risposta a un bisogno istintivo (per il cibo o per scongiurare una minaccia percepita) e, nelle specie animali, l'azione che ne segue. Lo sparviero non si ferma a riflettere prima di piombare sul merlo, né il leone esita ad attaccare un altro leone che sta invadendo il suo territorio. Tuttavia, noi abbiamo sviluppato la capacità di riflettere quando siamo di fronte a una minaccia, di concederci il tempo per decidere come rispondere. La coscienza ci dà il potere di discriminare tra due linee di azione. Quando siamo inseguiti da un toro, non ci fermiamo a riflettere; di fronte a un nemico o a una situazione minacciosa, possiamo soppesare la scelta su come rispondere.

Come descritto nel Capitolo sei (L'era solare), essere potenti in relazione agli altri — uccidere gli altri e conquistare il loro territorio o le loro proprietà — divenne un modo non solo di aumentare la propria potenza ma di eliminare l'ansia derivante dalla paura di minacce future e anche, soprattutto, dalla minaccia della morte stessa. Il desiderio di potere onnipotente divenne un'abitudine; qualcosa da raggiungere attraverso la conquista, l'espansione territoriale e l'estensione del controllo su risorse come l'oro, il petrolio e i minerali, e l'accumulo di armi per anticipare le minacce future. Oggi questa abitudine controlla le nostre relazioni politiche: vediamo le nazioni più potenti in competizione tra loro per il controllo delle risorse, per acquisire le armi più letali. Questa abitudine arcaica, incorporata in una politica governativa di lunga data, è uno dei nostri maggiori problemi.

La spinta a conquistare, a intraprendere guerre preventive, a sviluppare e accumulare armi, a estendere il raggio di controllo sugli altri è incorporata nei modelli istintivi di risposta a qualsiasi minaccia, reale o anticipata, alla sopravvivenza personale o di gruppo. Il maschio, essendo fisicamente più forte e programmato per concentrarsi sulla caccia, ha agito per millenni come protettore del gruppo tribale e del territorio indicato come appartenente al gruppo. Ma, allo stesso tempo, è stato programmato per agire da predatore nei confronti di qualsiasi gruppo o individuo percepito come minaccia; questi diventano, per forza, la sua legittima preda. In una situazione di pericolo, l'impulso istintivo del maschio è quello di proteggere il gruppo tribale cui appartiene attaccando la minaccia, qualunque essa sia, con mezzi difensivi o offensivi — fino al punto di prevedere un pericolo che potrebbe accadere in futuro. Questo modello comportamentale è stato portato fino ai nostri tempi con la Dottrina Bush che afferma che, nell'interesse dell'auto protezione, l'America ha il diritto di lanciare un attacco militare preventivo (sull'Iran, per esempio) e di utilizzare somme colossali raccolte dalle entrate fiscali dei suoi cittadini per prepararsi alla guerra. Oggi un terzo delle risorse mondiali vengono spese per lo sviluppo e lo stoccaggio di armi.

L'Origine del Male

Il male ha origine in questo modello di comportamento profondamente inconscio predatore–preda. Penso che, in relazione al danno che siamo capaci di infliggere ad altri esseri umani, *il male possa essere definito come l'atto di infliggere terrore, sofferenza, umiliazione, tortura o morte su un individuo o un gruppo di individui*, che vanno dall'omicidio di un bambino alle atrocità che si verificano attualmente in Siria, agli attacchi ferocemente crudeli su Facebook e Twitter. Una delle cose più difficili da riconoscere è che ognuno di noi è capace di agire in modo odioso, crudele o malvagio, o di essere complice in questi comportamenti, sia come individuo che come membro di un governo, un'istituzione, un ente corporativo o una nazione. Questi tratti possono emergere quando ci sentiamo minacciati e possono indurci ad agire collettivamente in modi che, nel contesto delle nostre vite individuali, troveremmo inaccettabili. Possiamo ricordare il massacro di 8000 uomini e ragazzi musulmani a Srebrenica ordinato dal Comandante serbo Ratco Mladic — la peggiore atrocità che si è verificata sul suolo europeo dopo la Seconda Guerra Mondiale. Il fatto che nel 2011 migliaia di serbi si siano radunati per sostenerlo come eroe di guerra quando fu arrestato ed estradato per essere processato all'Aia per crimini di guerra dimostra quanto sia difficile cambiare le abitudini di comportamento collettive quando è coinvolta la lealtà tribale. Ciò che il mondo riconobbe come un'atrocità fu visto dai serbi come una nobile difesa della loro nazione. Il fatto che esista ora una Corte Internazionale di Giustizia per processare coloro che commettono tali crimini contro l'umanità è la prova del progresso collettivo nella consapevolezza morale. Ma questo progresso richiede una vigilanza perenne affinché non tornino le vecchie abitudini inconsce.

Tre Esperimenti

Nel ventesimo secolo tre esperimenti hanno rivelato quanto sia facile persuadere le persone a infliggere dolore agli altri: The Asch Conformity Experiment (1951), l'Esperimento Milgram (1963) e l'Esperimento della Prigione di Stanford (1971). Il primo mostrò che con il nostro desiderio inconscio di conformarci alle aspettative del gruppo, potremmo negare l'evidenza ai nostri stessi occhi. L'Esperimento Milgram, che invitava degli studenti a infliggere dolore elettrico sempre più forte a persone in un'altra stanza tramite telecomando, rivelò che quando le figure di autorità dicevano loro di procedere con l'esperimento, gli studenti potevano sottoporre gli altri a shock elettrici potenzialmente letali, andando contro la propria repulsione istintiva . (Le 'vittime' erano in realtà attori e gli shock non erano reali.) Obbedendo agli ordini, senza riflettere su ciò che stavano facendo, persero la capacità di provare empatia per le loro vittime, la capacità istintiva di sapere quando smettere di infliggere dolore. Continuarono ad aumentare l'intensità degli shock elettrici finché la persona che supervisionava l'esperimento non fermò la cosa.

Il terzo esperimento (Prigione di Stanford) dimostrò che le persone normali e ben intenzionate possono trasformarsi in tiranni crudeli, o in vittime rannicchiate, secondo le situazioni in cui si trovano. Studenti volontari erano divisi in due gruppi: prigionieri e guardie. Ben presto le guardie divennero sempre più violente e i prigionieri si rannicchiarono come relitti impotenti. Il fatto che tutti sapessero che la situazione era del tutto artificiale non fermò la discesa nella barbarie.

Tutti e tre gli esperimenti sono molto importanti per capire come possiamo essere attratti dall'accettazione di una situazione di male istituzionalizzato, come l'orrore dell'Olocausto o lo sterminio di massa di Stalin o l'assassinio di civili disarmati ordinati da regimi autocratici, più recentemente in Siria. Obbedire agli ordini è uno dei principali modi in cui ciò può accadere. Negli esperimenti menzionati sopra, nessuno dei partecipanti che misero in atto il comportamento crudele richiesto dai loro 'superiori' era intrinsecamente malvagio, ma tutti divennero capaci di questo comportamento quando il 'sistema' richiese la loro obbedienza. In tutti e tre gli esperimenti, alcuni individui fecero resistenza alla possibilità di ferire o di terrorizzare gli altri. Alcuni, inorriditi, protestarono. Una di questi osservatori (Christina Maslach) chiuse addirittura anticipatamente l'esperimento della Prigione di Stanford, insistendo sul fatto che dovesse essere ridotto, dalle due settimane previste a sei giorni.

Philip Zimbardo, ideatore di questo esperimento e in seguito marito di Christina Maslach, ha scritto un libro intitolato *L'effetto Lucifero. Cattivi si diventa?* Egli cita esempi, tra cui gli esperimenti di cui sopra, per dimostrare che possiamo facilmente essere corrotti da situazioni in cui siamo incoraggiati a demonizzare gli altri o trattarli come nostra preda, comportandoci in modo predatorio e barbaro e perdendo la capacità di riconoscere che abbiamo perso la nostra umanità. Come nota a pie' di questa breve esplorazione di come si sviluppa il male, nel suo libro di memorie, *Decision Points* (2010), George W. Bush ha difeso l'uso del 'water–boarding' (una tecnica di interrogatorio che simula l'esperienza di annegamento, in cui una persona è legata, a faccia in su, a una tavola inclinata verso il basso, e le vengono versate sul viso grandi quantità di acqua, Ndt) come metodo di tortura, dicendo che ha salvato vite e che non esiterebbe a usarlo di nuovo. La pubblica condanna di queste pratiche dimostra che siamo ben consapevoli del pericolo di tollerarle, eppure molte persone, in particolare quelle in posizione di potere, non possono resistere ad adottarle se devono obbedire o se credono che il fine giustifichi i mezzi. Altri sono in grado di resistere alla chiamata di obbedire agli ordini, come nell'esempio dell'Egitto (2011) in cui i soldati rifiutarono di sparare sui civili.

Il Pericolo del Pensiero Corporativo

Essere membri di un organismo nazionale, religioso o corporativo tende ad attrarre la fedeltà degli individui verso quell'organismo come *direttiva morale primaria*. Ciò può condurre a situazioni dove la lealtà all'organismo corporativo scavalca la capacità di un comportamento empatico, etico e il rispetto per gli individui o per le persone in generale.

Nel suo libro *The Unconscious Civilization*, il filosofo canadese, John Ralston Saul descrive il pericolo di questo modo di pensare, che è radicato nel comportamento di lungo periodo delle istituzioni religiose e nel modello istintivo del legame di gruppo.[1] Si è diffuso nella società moderna in molte delle nostre istituzioni, comprese quelle di governo, il sistema bancario, i media, le corporazioni internazionali e, soprattutto, i militari. (Per fare un esempio: al momento della stesura di questo libro, cinque aziende biotecnologiche possiedono la stragrande maggioranza dei semi in tutto il mondo, controllando quali semi — inclusi molti geneticamente modificati — sono disponibili per gli agricoltori). Questa fedeltà aziendale si ritrova anche nella spinta a estendere il controllo sui mercati e le materie prime, ignorando la sofferenza e la povertà delle persone che lavorano per estrarre queste risorse preziose a beneficio delle grandi corporazioni e dei governi corrotti, ma mai per loro stesse. La rivalità commerciale è esacerbata dalla rivalità economica e politica tra le nazioni più potenti. In un contesto diverso, si può trovare nella fedeltà corporativa di qualsiasi ente pubblico, come polizia, sindacati, banche, consigli locali, assistenti sociali, dirigenti della salute e della sicurezza ecc. Qualsiasi ente può scadere in un comportamento autoritario esibendo un mancanza di empatia verso le persone sfortunate cui capita di cadere sotto il suo controllo o che vengono sacrificate ai suoi programmi burocratici. Nel suo romanzo *1984*, George Orwell descrive brillantemente l'impotenza dei cittadini di fronte al potere dello stato corporativo e ai suoi insidiosi metodi di sorveglianza e controllo. Il trattamento scioccante del popolo delle isole Chagos, menzionato nei capitoli sei e dieci, è un primo esempio di questa mentalità, ma ce ne sono altri, in cui l'individuo non ha alcun risarcimento né appello contro il potere dello stato, anche nei cosiddetti paesi democratici.

Un Esempio della Mentalità Corporativa

Uno degli esempi più rivelatori del pericolo di una mentalità corporativa è stato descritto da Carol Cohn, un'insegnante che, insieme ad altri 47 passò i mesi estivi del 1984 in un contesto circoscritto con un gruppo di "Intellettuali della difesa". [2] Dato che è così rilevante per la comprensione dell'ombra, ho estrapolato le caratteristiche principali del suo articolo. Non esiste un esempio più chiaro di questo sul pericolo di un pensiero emisferico sinistro sbilanciato, il tipo di pensiero brillantemente esplorato e descritto dallo psichiatra Iain McGilchrist in *The Master and His Emissary: The Divided Brain and the Making of the Western World* la cui tesi è stato esplorata nel capitolo nove. [3]

Il mandato del gruppo di cui faceva parte Carol Cohn era quello di tenere un corso sulle armi nucleari, la dottrina strategica nucleare e il controllo degli armamenti e di spiegare e difendere la strategia che giustifica le armi nucleari come deterrente. Ciò che più sciocco Carol Cohn mentre ascoltava gli uomini che discutevano appassionatamente di guerra nucleare e di armi, era l'astrazione dalla realtà del loro pensiero: il linguaggio arcano, la totale assenza di ogni senso di empatia, repulsione o oltraggio morale negli scenari che stavano contemplando e discutendo. Fu anche colpita dal linguaggio eufemistico usato da questi esperti riferendosi, ad esempio, alle morti che sarebbero risultate dall'uso di armi nucleari come 'danno collaterale' — il termine usato da Donald Rumsfeld durante la guerra in Iraq. Altre parole usate furono 'dominio dell'escalation', 'attacchi preventivi', 'impegno in un quasi–olocausto'. Scoprì anche che le immagini sessuali utilizzate nelle descrizioni degli effetti di queste armi erano sorprendenti e scioccanti, eppure gli stessi uomini sembravano inconsapevoli delle implicazioni del linguaggio che usavano: penetrazione profonda, buchi, crateri, l'effetto orgasmico di un'esplosione, un paese 'che perde la sua verginità' quando sviluppa la bomba. Mentre ascoltava e imparava la loro terminologia speciale fino a quando anche lei non sentì una 'affiliata', comprese che l'intero progetto della bomba nucleare era stato associato al potere maschile di partorire. Come la bomba originale di Oppenheimer, tutte le bombe a venire erano descritte dagli scienziati nucleari e dagli strateghi atomici come 'bambine'. La conclusione che ne trasse fu che il linguaggio e le immagini che addomesticano e descrivono queste armi in termini umani distanziano coloro che ne parlano dall'attaccamento emotivo e rendono loro possibile rimuovere l'orribile potere di distruggere vite umane, polverizzare corpi umani. *"L'intera storia del progetto bomba sembra permeata di immagini che confondono il potere tecnologico travolgente dell'uomo di distruggere la natura con il potere di creare — immagini che invertono la distruzione degli uomini e affermano al suo posto il potere di creare nuova vita e un nuovo mondo"*. (Il corsivo è mio) Anche il primo test della bomba atomica fu chiamato Trinità — l'unità delle tre forze maschili della Creazione. I progenitori di questa atrocità erano un nuovo sacerdozio maschile, una nuova Fratellanza posseduta dal desiderio della padronanza tecnologica. Il linguaggio che usavano, scrive, precludeva l'intrusione di valori, di preoccupazione empatica, persino della parola 'pace'.

Carol Cohn scoprì che era stata indottrinata nella lingua e nel modo di pensare di questo sacerdozio, e si era abituata alla fine agli effetti delle armi di cui si discuteva. Come loro, anche lei si era allontanata dalla realtà, arrivando a pensare che contasse solo la preminenza delle armi e della 'strategia' — intenta come loro a raggiungere l'obiettivo tecnologico e politico, senza alcun senso di responsabilità per i suoi effetti. Fortunatamente, aveva conservato una sufficiente intuizione oggettiva per osservare cosa le stava accadendo. Il suo articolo è una critica devastante dei pericoli del pensiero corporativo o istituzionalizzato e può essere applicato all'industria bancaria e alle potenti corporazioni, nonché a tutti i dipartimenti governativi.

La Sindrome Eichmann

In situazioni in cui ad alcuni viene ordinato, da un'autorità superiore, di infliggere torture o sofferenza, essi possono facilmente desensibilizzarsi ed anche divenire immuni ai sintomi di sofferenza o terrore degli altri. Questo modello di comportamento può essere messo in relazione a quella che si può chiamare la 'Sindrome Eichmann', per cui le persone possono essere indotte, con il lavaggio del cervello, a un comportamento orribilmente barbaro essendo addestrate ad obbedire agli ordini senza domande. Nelle sue memorie Eichmann scrisse: "Dall'infanzia, l'obbedienza fu qualcosa che non poteva uscire dal mio sistema.... Era impensabile che non eseguissi gli ordini." In queste persone, il sadismo può facilmente diventare la norma riconosciuta di comportamento. La capacità di riflettere sul contenuto morale delle loro azioni è annullata dalla convinzione che la causa che stanno servendo sia giusta, e l'obbedienza agli ordini essenziale per salvaguardare il loro leader, la loro causa o la propria vita. Quando un numero sufficiente di tali individui con tendenze psicopatiche serve un leader che impartisce l'ordine di liquidare, di torturare o terrorizzare (come con il massacro di Srebrenica, il regime di Gheddafi in

Libia, il regime persecutorio in Siria, i talebani in Afghanistan, al–Qaeda e i Gruppi islamici negli stati africani), l'ombra collettiva predatrice prende il sopravvento e migliaia possono cadere sotto il suo incantesimo, obbedendo ai loro leader senza domande, accettando come normale ciò che in realtà è un comportamento patologico. Può essere applicato per capire come si comportano i governi in guerra, come si giustificano gli acquisti e le vendite di armi e come intere nazioni possano essere sottoposte al lavaggio del cervello, affinché accettino una linea di condotta moralmente indifendibile perché un leader politico dichiara che la difesa nazionale lo richiede. Il male non nasce necessariamente dalle persone 'cattive': ognuno di noi può essere indotto ad agire in modo amorale o sadico se facciamo parte di un sistema o gruppo di controllo che impone, giustifica o ricompensa comportamenti che umiliano, feriscono, torturano o uccidono altri.

I regimi che inculcano il terrore e le pratiche sadiche tendono ad attirare individui con tendenze psicopatiche che eseguano i loro ordini. I documentari hanno mostrato come alcune delle guardie e dei comandanti superstiti che avevano diretto i gulag dell'ex Unione Sovietica, la liquidazione di milioni in Cina o nei campi di sterminio in Cambogia, non mostrassero rimorsi per quello che avevano fatto. Lo stesso dicasi per le atrocità perpetrate dall'esercito giapponese ai danni degli abitanti della città cinese di Ping Fan dal '32 al '45, dove scienziati e dottori furono incaricati di trovare il modo di trasformare batteri mortali in armi biologiche. Le persone furono deliberatamente infettate con batteri e quelle che mostravano segni di malattia furono portate via e rese incoscienti per prelevare dai loro corpi campioni di sangue infetto. Furono poi uccise. Migliaia morirono in questo modo. Questo programma superò in scala, estensione e durata quello dei medici nazisti nell'Europa occupata dai tedeschi. Obbedendo ciecamente agli ordini dei loro comandanti, tutte le persone coinvolte furono apparentemente incapaci di resistere al male di quello che stavano facendo, molto probabilmente a causa della paura di essere essi stessi giustiziati. Nessuno degli scienziati e medici giapponesi di Ping Fan è mai stato processato, evidentemente a causa di un accordo con gli Stati Uniti in base al quale il Giappone avrebbe consegnato tutte le sue informazioni sulle armi biologiche in cambio di non essere processato per crimini di guerra.

L'intimidazione è una caratteristica costante dei regimi autoritari come quelli dell'Arabia Saudita, dell'Iran, della Siria, dell'Egitto e della Turchia, che usano la tortura, la reclusione e l'esecuzione per instillare la paura nella popolazione. In queste situazioni in cui si obbedisce agli ordini per paura di essere liquidati o per rispetto di un regime o del suo leader, le vite dei civili sono sacrificate senza sensi di colpa o rimpianti. Tuttavia, la tortura di un singolo essere umano dovrebbe suscitare un grido di protesta da parte di ognuno di noi. L'atroce tortura e l'omicidio di un ragazzo di 13 anni, Hamza al–Khatib da parte delle forze governative in Siria nel maggio 2011, hanno suscitato una protesta inorridita da parte del mondo e del popolo siriano.

Primo Levi, uno dei pochi sopravvissuti di Auschwitz, nel suo ultimo libro, *I sommersi e i salvati*, ci esorta a non dimenticare gli orrori che l'uomo ha inflitto a persone indifese: "Non è né facile né gradevole scandagliare questo abisso di malvagità, eppure io penso che lo si debba fare, perché ciò che è stato possibile perpetrare ieri potrà essere nuovamente tentato domani, potrà coinvolgere noi stessi o i nostri figli. Si prova la tentazione di torcere il viso e distogliere la mente: è una tentazione a cui ci si deve opporre".[4] Ci chiede di tenere costantemente in mente la nostra capacità per il male, perché l'opportunità che essa prenda il sopravvento è sempre una possibilità latente, in qualsiasi società.

Il Regime Totalitario

I regimi politici o religiosi che hanno lo scopo è estendere il loro potere totalitario attirano certi individui in posizioni di potere in cui viene loro data carta bianca perché siano crudeli e sadici come vogliono, essendo servitori di un regime che elimina chiunque sfidi la sua legittimità o si riveli sacrificabile per ragioni ideologiche o politiche. La caratteristica principale degli individui che servono un tale regime perché mantenga il proprio potere è l'incapacità di provare empatia per la propria vittima; al contrario, provano piacere nell'infliggere terrore e dolore. Il modello arcaico del predatore prende il controllo della psiche. Nel vantarsi delle loro prodezze nella tortura e nell'omicidio gli uomini regrediscono. Un esempio è il regime persecutorio in Iran che, con i mezzi di controllo esercitati dalle Guardie Rivoluzionarie, ha usato imprigionamento, tortura e stupro anale nonché l'esecuzione sommaria (appesi a una gru) come metodo per terrorizzare la popolazione. Un simile regime oppressivo che si manteneva al potere con l'intimidazione e una spietata forza di polizia segreta è durato per trent'anni in Egitto sotto il governo di Hosni Mubarak e per quarantadue anni in Libia sotto il colonnello Gheddafi. Per ragioni politiche, l'Occidente ha scelto di sostenere entrambi questi regimi e li ha riforniti di armi e fondi, pur essendo pienamente consapevole delle atrocità che perpetravano. Nessuno dei soldi donati è andato alla gente di questi paesi, solo al braccio militare dei loro governi.

Paradossalmente, gli istinti di sopravvivenza che possono giustificare l'inflizione della sofferenza e della morte sugli altri hanno anche il potere di rovesciare la tirannia quando vengono risvegliati in milioni di persone oppresse che hanno affrontato il 'drago' e superato il potere paralizzante della paura. Abbiamo assistito a questo evento con la demolizione del Muro di Berlino, in Romania con la rimozione di Ceaușescu e in Bosnia con la rimozione di Milosevic. Anche nel mondo arabo c'è stato il tentativo della gente di liberarsi dai suoi leader autocratici.

Aggressione maligna

Nel suo *Anatomia della distruttività umana*, lo psicologo Erich Fromm usa il termine aggressione maligna o necrofilia (fascino della morte) per descrivere la tendenza al sadismo e alla crudeltà in individui profondamente traumatizzati. Fromm definisce il sadismo come la passione di avere un controllo assoluto e senza restrizioni su un essere vivente, sia esso animale, bambino, uomo o donna. Costringere qualcuno a sopportare il dolore, o l'umiliazione, senza potersi difendere è una delle manifestazioni del controllo assoluto. L'atto sadico, dice Fromm, "è la trasformazione dell'impotenza in onnipotenza".[5] Vorrei aggiungere: la trasformazione dell'impotenza del bambino nell'onnipotenza dell'adulto. Il sadismo è la massima espressione di un'immaginazione resa maligna dal trauma e legata a un sistema nervoso perennemente in allerta contro l'attacco.

La situazione originaria in cui il bambino era costretto dalla paura ad obbedire incondizionatamente a un genitore o a un altro adulto, a sopportare il dolore e il terrore che gli veniva inflitto, o ad assistere alla tortura o all'omicidio di un genitore amato o di un altro individuo, può essere ripetuta con una futura vittima. Ci sono molti esempi di ciò nella crudeltà, negli abusi sessuali e negli omicidi inflitti a bambini piccoli da adulti sadici. Ma ci sono anche esempi di crudeltà predatoria e sadica nel bullismo diffuso nelle scuole e nei luoghi di lavoro, nel trattamento degli anziani negli ospedali e nelle case di riposo o dei bambini affidati agli assistenti sociali, e (nel Regno Unito) nella noncuranza per cui l'individuo non ha alcun risarcimento contro un errore giudiziario, come quando i tribunali applicano la sentenza di separazione dei figli dai genitori per volere degli assistenti sociali, senza diritto di appello da parte dei genitori né dei figli.

Riguardo alle tirannie e ai regimi oppressivi, al di sotto della personalità aggressiva del tiranno può nascondersi la vittima infantile profondamente traumatizzata da una situazione precedente. Gli studi sull'infanzia e sull'ascesa al potere assoluto di Hitler, Stalin, Saddam Hussein, Ceauşescu e di Milosevic e sua moglie giungono a questa conclusione. I libri di Alice Miller, in particolare *La persecuzione del bambino. Le radici della violenza*, hanno dimostrato che brutali esperienze infantili possono creare adulti brutali, in particolare in un sistema statale che incoraggia la crudeltà e la violenza come metodo per stabilire il potere assoluto e il controllo sui suoi cittadini.[6] Nella psiche dell'individuo in cui è subentrata la tendenza del predatore, non c'è un mediatore tra la volontà cosciente e l'ombra inconscia che lo guida. L'esercizio spietato del potere diventa essenziale per la sopravvivenza perché la resa del potere significa diventare nuovamente vulnerabili al dolore e al terrore — l'equivalente della morte.

Sadismo e Violenza come 'Divertimento'

Su questo pianeta ci sono migliaia di persone impegnate in atti di tortura e distruzione delle vite degli altri. Ci sono anche migliaia di persone che creano e commercializzano film e video che mostrano scene sadiche di torture e omicidi. Queste immagini di violenza sono ritenute innocue, ma hanno un'influenza brutale e desensibilizzante sulla fragile psiche dei bambini e su quella degli adulti. Quando un bambino americano avrà diciotto anni, avrà visto duecentomila atti di violenza e quarantamila omicidi in televisione. Non c'è dubbio che guardare scene di violenza per molti anni condiziona gli individui e la società nel suo complesso a considerare la violenza accettabile, persino eroica. L'esposizione costante a scene di violenza, o la partecipazione a giochi per computer violenti, indebolisce la capacità di empatia in modo tale che quando i bambini incontrano crudeltà o bullismo nel loro ambiente, è probabile che non rispondano empaticamente alla vittima ma si schierino con l'aggressore. La sadica crudeltà dei ragazzini che mandano messaggi con le immagini della violenza inflitta a una sfortunata vittima è l'ovvio risultato di questo condizionamento; così è la violenza della banda che porta al tragico assassinio di molti giovani uomini.

Tutta questa violenza che cosa rivela dell'infanzia delle persone impegnate a promuovere e mostrare queste immagini tossiche, se non l'attivazione di istinti primordiali e il dolore sepolto e la paura, che proiettano in scene sadiche ricostituite dalla loro ombra? Quentin Tarantino, descritto come lo 'Shakespeare della Violenza' di Hollywood, ha aperto le porte a immagini di aggressione maligna nel diluvio di torture e violenze porno ora incorporato in molti video e film. Lui e la sua coorte, Robert Rodriguez ed Eli Roth, giustificano la creazione e la vendita di questi video e film nel nome della 'libertà di espressione', godendo senza dubbio della vasta ricchezza che ne deriva. "Voglio la nudità", proclama Roth. "Voglio sesso e violenza mescolati insieme. Cosa c'è che non va? Siamo in un'ondata davvero violenta, e spero non finisca mai".[7] Ma ciò che questi uomini stanno davvero facendo è creare un terrorismo visivo indiretto, presentando immagini che fondono violenza estrema ed eccitazione sessuale ed erodendo tabù sociali che potrebbero inibire gli attacchi alle donne, ai bambini e alle vittime indifese. Stanno promuovendo l'idea che scene rivoltanti di tortura, barbarie e omicidi possano dare origine ad una desiderabile esperienza orgiastica. Chiedono davvero alle persone, inclusi milioni di adolescenti, che fanno avanzare nelle classifiche i loro film e video di diventare complici in atti di orribile violenza, riducendo così la loro capacità di resistere ad essere trascinati in atti sadici se cercano l'approvazione tra pari (bande) o obbediscono agli ordini di presunte autorità, rinunciando, nel processo, alla propria umanità. Non sorprende affatto che l'assassinio di compagni di classe o di comuni cittadini da parte di psicopatici, trascinati nella rete dell'aggressione maligna osservando queste scene di violenza, stia diventando una caratteristica regolare della vita in America, dove sono detenuti circa due milioni di giovani.

Ci sono ora tantissime prove che indicano che questi film e video hanno effetti dannosi sui giovani, ma i 'diritti' e la 'libertà' delle persone che li realizzano sono difesi ferocemente. C'è il continuo rifiuto di accettare il fatto che i videogiochi violenti corrompano e desensibilizzino i bambini e gli adulti. Qui non è un problema di censura: il vero problema è la creazione e la protezione di una società civile.

"Una dieta pesante di violenza dei media ha la tendenza ad aumentare i livelli cronici di ostilità e ad indurre le persone a interpretare il mondo che li circonda come un posto più ostile e pericoloso", afferma Joanne Cantor dell'Università di Wisconsin–Madison, una esperta di bambini e mass media riconosciuta a livello internazionale.[8] Se i bambini hanno una vita familiare disfunzionale o tossica e subiscono l'imprinting di immagini di violenza, svilupperanno risposte violente alla vita e ad altre persone, sia per autodifesa sia in un impulso inconscio di vendicare la sofferenza vissuta. Nello sforzo di evitare di diventare preda degli altri, possono essere trascinati in situazioni in cui mettono in atto il ruolo del predatore nei confronti di qualcun altro — forse un bambino — come vittima. Non dovremmo dimenticare i tre esperimenti menzionati sopra, che hanno dimostrato quanto rapidamente le persone possano regredire, sia in predatore che in vittima. Recenti casi di scioccante crudeltà inflitte ai bambini da altri bambini, alcuni di appena otto o nove anni, lo confermano. Durante il processo a questi bambini (caso Edlington, Regno Unito 2010), è emerso ripetutamente che, nell'atmosfera tossica delle loro case, sono stati nutriti con una dieta di video violenti, oltre a essere testimoni indifesi del continuo e violento abuso della madre da parte del padre.

L'Ombra della Religione: Atrocità Commesse in Nome di Dio

Ovunque un potere immenso sia concentrato nelle mani di pochi individui o di un'istituzione, inevitabilmente ci sarà ombra; maggiore è il potere, maggiore è l'ombra. A parte gli schemi di comportamento descritti sopra, tre aree principali riguardano il possesso della volontà di potenza dell'ombra e invitano la nostra attenzione: religione, politica e scienza. Nella religione si può riconoscere l'ombra nel desiderio di un leader religioso, o di un'istituzione, di attrarre vasti settori, se non l'intera umanità, in un sistema di credenze definito superiore e unico fornitore di verità. Le istituzioni religiose non riconoscono la loro ombra arcaica, riflessa nel bisogno di potere e di controllo su coloro che appartengono alla loro particolare fede e nel rifiuto del valore di altre fedi. L'ombra guidata dal potere può, per esempio, rispecchiarsi nell'insistenza di obbedire alla lettera a certi passaggi della Scrittura, perché si ritiene che questi (scritti millenni fa) riflettano la volontà di Dio e non debbano mai essere alterati o modificati. Tutto ciò non ha nulla a che fare con la spiritualità: è l'antitesi stessa della spiritualità. Sotto il mantello dell'insegnamento religioso e dell'interpretazione letterale dei testi si nascondono l'usanza e il pregiudizio tribale arcaico, in particolare per quanto riguarda gli atteggiamenti patriarcali sul controllo della vita e dei corpi delle donne.

Vediamo oggi come atrocità indicibili siano perpetrate da persone che sostengono che l'eliminazione di un nemico o la soppressione di certi modi di comportarsi sia un dovere religioso. La fede può essere usata come strumento di oppressione perché le persone sono state programmate per secoli ad accettare la conquista di un territorio e l'eliminazione dei nemici nel nome di Yahweh, di Dio, di Cristo o di Allah e sono state addestrate ad obbedire senza pensare ai dettami dei loro capi spirituali. Il potere del padre patriarcale esercita ancora un'immensa influenza sulla psiche immatura o pre–conscia. Quando una religione si scontra con un'altra, o anche un solo gruppo all'interno della stessa religione contro un altro, vengono suscitati gli istinti predatori e le persone vengono esortate a uccidere i loro 'fratelli' con una barbarie troppo disgustosa per i dettagli, come nel pantano dell'Iraq e dell'Afghanistan o nel regime brutalmente repressivo in Siria, dove la minoranza Alawita controlla la maggioranza Sunnita.

L'Ombra della Politica: i Tentacoli Pervasivi del Militarismo

L'ombra nella sfera politica si osserva più facilmente nel complesso militare–industriale delle nazioni più potenti. Poiché questo non è un argomento di cui normalmente avrei conoscenza, sono stata molto aiutata da due libri, il primo che dettaglia la potenza e la portata dell'impero militare degli Stati Uniti e offre una critica al militarismo che minaccia di distruggere quella nazione dall'interno: *The Sorrows of Empire: Militarism, Secrecy, and the End of the Republic* di Chalmers Johnson (2004). Il secondo è l'indagine di Vijay Mehta sulla natura e le ramificazioni del militarismo mondiale in *The Economics of Killing: How the West Fuels War and Poverty in the Developing World* (2012). Il libro di Mehta offre un'analisi completa e dettagliata del complesso militare–industriale che, come i tentacoli di un polpo, si è diffuso in gran parte del mondo. Spiega come sia sostenuto e perpetuato dalle nazioni più potenti del pianeta per aumentare il proprio potere e anche come agisca per impoverire le nazioni in via di sviluppo. La vendita di armi a regimi che usano queste stesse armi contro il proprio popolo è una delle caratteristiche deplorevoli di questo sistema. La Siria, ad esempio, compra ogni anno fino a $1 miliardo di armamenti dalla Russia (*The Times* 18/8/12). L'Iran ha fornito $5 milioni di aiuti militari alla Siria nel corso di sei mesi del 2012 (*The Times* 4/10/12). L'India, la cui povertà abissale è un problema continuo e non affrontato, è ora il più grande importatore di armi al mondo, seguita da vicino da Arabia Saudita, Cina ed Emirati Arabi Uniti (rapporto SIPRI — Stockholm International Peace Research Institute). Secondo le stime, il potenziamento militare che l'India si prefigge nei prossimi dieci anni costerà $100 miliardi.[9]

Il mondo attualmente spende $1686 miliardi nella militarizzazione, laddove solo $30 sono spesi per porre fine alla fame e $11 perché ogni persona sul pianeta abbia acqua pulita. Poche persone al di fuori dei governi sono consapevoli della natura, della portata e dei pericoli di questo complesso e nulla illustra meglio il suo potere della priorità datagli dai governi. Il libro di Mehta è un tempestivo campanello d'allarme per cittadini preoccupati che desiderano vedere un mondo migliore, più equo, non più controllato da un sistema apparentemente progettato per la difesa, ma che agisce come un cancro diffuso sul corpo del pianeta.

Nel suo discorso di addio alla nazione, nel gennaio 1961, il presidente Eisenhower diede questo severo ammonimento al popolo americano:

> Nei consigli del Governo, dobbiamo guardarci dall'acquisizione d'influenza ingiustificata, richiesta o non, da parte del Complesso Industriale Militare. Il potenziale per un'ascesa disastrosa del potere mal riposto esiste e persisterà. Non dobbiamo mai lasciare che il peso di questa combinazione metta in pericolo le nostre libertà o processi democratici. Non dovremmo dare nulla per scontato. Solo una cittadinanza attenta e informata può costringere il corretto intreccio dell'enorme macchinario industriale e militare di difesa con i nostri metodi e obiettivi pacifici, affinché la sicurezza e la libertà possano prosperare insieme.

L'avvertimento di Eisenhower, lungi dall'essere preso a cuore, è stato ignorato dai governi successivi, che spendono somme sempre più grandi per alimentare le insaziabili richieste dei militari e delle potenti e ricche industrie che li riforniscono. Alcuni dei fatti relativi a questo saranno inclusi in questa sezione, ma saranno menzionati anche nel prossimo capitolo.

Il SIPRI riferisce che la spesa militare globale per il 2017 è stata di 1,7 trilioni.[10] Gli Stati Uniti hanno enormemente aumentato la spesa militare dal 2011, e si stima che raggiungerà circa $900 miliardi nel 2018–2019. L'esempio degli Stati Uniti è stato seguito da altre nazioni — Cina, Giappone, India, Pakistan, Regno Unito, Francia, Israele, Russia, Iran e Arabia Saudita — molte delle quali stanno aggiungendo armi al proprio arsenale e allo stesso tempo, vendono armamenti e aerei da combattimento ad altri governi, spesso con leader corrotti e oppressivi.

Queste nazioni formano un'élite militare globale la cui ombra oscura si riflette nell'escalation della corsa agli armamenti e nell'impoverimento e nella sofferenza dei miliardi di persone le cui esigenze sono trascurate. Mehta, inoltre, scrive, "Più di 36,4 milioni di persone in oltre 120 paesi sono colpite dal militarismo. Rifugiati, migranti, sfollati interni e apolidi fuggono dai combattimenti o vengono cacciati con la forza dai propri paesi a seguito di conflitti interni".[11]

Queste informazioni stanno ora diventando più ampiamente disponibili al pubblico attraverso Internet e gli istituti di ricerca come SIPRI. Secondo Mehta, "È un'attività collettiva che offre la migliore speranza per porre fine alle relazioni commerciali militari–industriali che hanno mantenuto metà del mondo in uno stato di guerra, miseria e fame. È l'unità pubblica che devierà le entrate fiscali dalle tasche delle compagnie militari allo sviluppo umano ed economico che garantisca una sicurezza duratura".[12] Sarebbe interessante sapere quanta parte degli aiuti concessi ogni anno dalle nazioni occidentali ai governi indiani, pakistani e africani sia effettivamente usata per sollevare le persone dalla povertà piuttosto che spesa per acquistare armi e aerei da combattimento dalle nazioni donatrici oppure foderare le tasche dei funzionari governativi.

Man mano che le persone diventeranno più consapevoli, con la ricerca su Internet di dettagli di questo duplice scenario, guadagneranno lentamente il potere di smantellarlo. Alla luce delle incredibili scoperte scientifiche (capitolo quattordici) e del fatto che ognuna delle nostre azioni influisce sull'intero ordine cosmico, penso che possiamo capire perché il militarismo sia il residuo corrotto e corruttivo di una visione logora della realtà, anche se comprendiamo perché è nato e perché crede di doversi perpetuare.

La stessa guida ombra per il dominio e il controllo onnipotente, facilitato dal potere militare, contamina tutte quelle ideologie utopistiche che pretendono di portare benefici durevoli all'umanità, indipendentemente dai mezzi violenti e repressivi usati per raggiungerli. Nel suo libro *Black Mass: Apocalyptic Religion and the Death of Utopia* John Gray ha mostrato come le utopiche ideologie secolari che hanno provocato sofferenze così massicce nel secolo scorso fossero profondamente legate alle credenze millenariste cristiane — derivate dal Libro dell'Apocalisse — di un atteso nuovo ordine mondiale che sarebbe stato inaugurato da una catastrofica distruzione. Mostra anche come la concezione di George W. Bush di sconfiggere l'"asse del male" appartenga alla stessa mitologia millenarista.[13] Nel perseguimento di un ideale utopico, l'aggressione militare è stata tacitamente accettata e giustificata al fine di rovesciare un vecchio ordine e stabilirne uno nuovo — tutto nel nome della democrazia.

La Sindrome dell'Arroganza

Quest'espressione, presa da un libro con lo stesso titolo, pubblicato in Inghilterra nel 2007 e di nuovo nel 2012, del Dr. David Owen, che fu Segretario di Stato per gli Affari Esteri per il Governo Laburista, è un tratto caratteriale che si trova spesso nei leader, in particolare nei leader e nei gruppi corporativi implicati in imprese militari oppure che hanno improvvisamente accesso a un potere immenso.

Il libro di David Owen dà una chiara definizione della patologia dei leader che mostrano tratti di grandiosità e di inflazione psichica — *hybris* o delirio di onnipotenza — e accresce il bisogno di consapevolezza di quanto facilmente i leader delle nazioni possano persuadere gli individui, o interi popoli, a perpetrare e ad accettare come 'normali' e 'patriottici' atti di follia immatura o di estrema barbarie.

Il pericolo più grande nella sfera della politica e della religione deriva dall'inflazione mitica dei leader — la loro identificazione inconscia con il ruolo archetipico dell'eroe o salvatore o, nel caso di qualcuno con una forte credenza religiosa, con il ruolo di veicolo di Dio o di qualche nuova ideologia utopica. I leader possono credere di essere guidati da Dio o da Allah nel compito morale di sbarazzarsi di un avversario che chiamano malvagio. Cadono inconsciamente nella grandiosità e onnipotenza e i loro discorsi assumono un tono demagogico, persino messianico.

Nella visione di David Owen, dopo il 2001 sia Tony Blair che George W. Bush cominciarono a mostrare sintomi di grandiosità, come se fossero stati scelti per assumere un compito storico divino nei confronti dell'"asse del male'. Blair fece a meno del consiglio di gabinetto e non ne informò i membri della decisione di portare la nazione in guerra. Ignorò gli avvertimenti di alti funzionari militari e dei consulenti del servizio civile e iniziò a mostrare sintomi di inflazione — eccessiva sicurezza, una tendenza a semplificare e un tono difensivo e messianico. "Blair", scrive Owen, "senza alcun controllo parlamentare, cambiò l'intera base del Gabinetto di governo in relazione alle questioni esteri e difesa…. Non si trattò di modernizzazione, ma di vandalismo spregiudicato, del quale, come primo ministro, Blair solo ha la responsabilità".[14]

Negli Stati Uniti, George W. Bush e i suoi consiglieri aumentarono enormemente il potere dell'ufficio del Presidente come Comandante in Capo e Ramo Esecutivo del governo, sospendendo molti dei diritti costituzionali della popolazione americana e riducendo problemi complessi alla sola frase: "Chi non è con noi è contro di noi".

Gli effetti catastrofici dell'invasione dell'Iraq e dell'Afghanistan sono dettagliati in una critica devastante al governo Bush da parte di un autorevole accademico, David Ray Griffin, dal titolo *Bush e Cheney — How they Ruined America and the World* (Olive Branch Press 2017). Le conseguenze della guerra in Iraq includono circa 2,3 milioni di morti iracheni, 4500 morti americani e centinaia di migliaia di feriti gravi, per non parlare degli effetti disastrosi dell'uranio impoverito e dei bambini nati deformi a causa del suo uso militare. Il costo economico ha raggiunto i 4 trilioni di dollari entro il 2014 e le catastrofiche conseguenze politiche, inclusa l'esistenza dell'ISIS, sono ora visibili a tutti. Il suo libro decifra meticolosamente la spiegazione ufficiale degli eventi dell'11 settembre e mostra che si è costantemente mentito al mondo sia sull'attentato che sulle invasioni americane in Medio Oriente. La posizione arrogante degli Stati Uniti si riflette nella convinzione di avere il diritto di intervenire (e di rovesciare i regimi) ovunque lo ritenga opportuno.

David Owen conclude il suo libro con le parole: "Può darsi che la sindrome dell'arroganza non abbia mai una cura medica e neanche una causa medica provata, ma sta diventando sempre più chiaro che, quanto o anche più della malattia convenzionale, è un grande minaccia alla qualità della leadership e al governo appropriato del nostro mondo".[14]

Ovunque, nel contesto dei preparativi per una guerra, siano menzionate le parole bene e male, dovremmo essere immediatamente all'erta per le proiezioni ombra, allerta per l'inizio di una crociata religiosa o politica e la chiamata a sradicare il male. Come ci avverte Tzvetan Todorov nel suo libro *Hope and Memory: Reflections on the Twentieth Century*: "I progetti che mirano a sradicare il male in modo da inaugurare un regno del bene universale è meglio che siano lasciati stare".[16] Anche se non possiamo lasciarli stare, dovremmo almeno aver cura di procedere con la massima cautela e mantenere una costante vigilanza verso i nostri motivi ombra nel prendere una linea di condotta per sradicare il male.

L'Ombra della Scienza: Grandiosità e Onnipotenza

Si può vedere l'ombra nella sfera della scienza nella tendenza prometeica alla grandiosità e all'onnipotenza e nella convinzione che lo scopo della scienza non sia tanto la ricerca di comprensione del funzionamento della natura, ma la 'conquista della natura'. Gli scienziati descrivono la scienza come una metodologia, ma la scienza può facilmente cadere sotto il controllo della forza motrice dell'ombra e trasformarsi in un'ideologia o in un sistema di credenze. Come altre ideologie politiche, può richiedere la mano libera per fare ciò che vuole in nome del progresso scientifico: niente e nessuno deve essere autorizzato a impedire quel progresso (come con l'ingegneria genetica delle colture); può proclamare con certezza dogmatica di essere l'unica depositaria di verità; può attaccare come eretica qualsiasi nuova ipotesi scientifica, qualsiasi approccio terapeutico alla guarigione o alla credenza che sceglie di rifiutare — come la pratica dell'omeopatia o dell'agopuntura — imponendo così una sorta di 'Soluzione Finale' razionale che mira a eliminare qualsiasi cosa definisca come non razionale o non scientifico.

Un esempio della ricerca inconscia del potere dell'ombra si rispecchiò negli eventi successivi alla creazione della bomba atomica. Robert Oppenheimer, geniale fisico teorico e direttore del Manhattan Project che sviluppò la bomba atomica, quando la bomba fu lanciata su Hiroshima e Nagasaki rimase sconvolto; tuttavia fu coinvolto nella sequenza di eventi che portarono a quella atrocità dalla fascinazione per la tecnologia della bomba e dall'essere incapace di intervenire nel processo politico, una volta che la bomba fu testata: "Il mio giudizio in queste cose è che quando vedi qualcosa di tecnicamente armonioso, vai avanti e la fai e parli di cosa fare al riguardo solo dopo che hai avuto il tuo successo tecnico. Questo è successo con la bomba atomica".[17] Secondo Todorov, anche se il crimine è meno grave dell'eliminazione degli ebrei da parte del regime nazista, la colpevolezza morale di coloro che hanno ucciso in nome della democrazia è maggiore.[18] Quando la deriva dell'ombra per il successo tecnico viene assorbita nella scia dell'ombra della ricerca di potere dei governi in tempo di guerra o coinvolti nel complesso militare–industriale, si mettono in moto degli eventi che possono culminare in una catastrofe, come le bombe sganciate su Hiroshima e Nagasaki o le bombe all'idrogeno esplose sulle isole nel Pacifico, o l'accumulazione di vasti depositi di armi chimiche e biologiche nell'Unione Sovietica durante la Guerra Fredda — una storia insidiosa che sarà esplorata nel prossimo capitolo.[19]

Sfruttare la scienza per servire l'agenda del governo per la difesa è considerato lodevole e legittimo. Molti scienziati lavorano per i governi e i militari. Ma la scienza che è cooptata per servire il braccio militare del governo può essere conquistata dall'ombra quando sviluppa armi che sono diventate un pericolo per l'umanità e sono capaci di devastare vaste aree del pianeta. Dobbiamo sfidare l'ideologia del progresso scientifico e accertare dove sia schiavo delle tendenze dettate dal potere dei governi e degli enti corporativi e dove, in relazione a quanto è stato esplorato sopra, può agire per generare e promuovere il male.

Riconoscere l'Ombra

Nel mondo di oggi, sta diventando più facile riconoscere l'ombra, non solo nel comportamento dei nostri nemici, ma nel nostro. Vengono portate alla luce delle cose sulla condotta del governo di cui la gente non aveva idea, come la dubbia giustificazione per le guerre contro l'Iraq e l'Afghanistan, la menzogna e la corruzione nei luoghi di potere e la tendenza generale all'offuscamento, alla corruzione e alla "manipolazione" dei politici. La gente può vedere che l'escalation della vendita di armi a regimi instabili e persecutori è moralmente corrotta perché, per quanto aumenti il PIL di una nazione, favorisce le condizioni che promuovono la guerra, la miseria e la sofferenza di civili disarmati. Quando le nazioni si impegnano in questo commercio, sono ugualmente complici nel causare la sofferenza che ne segue. Gli scandali finanziari come il fiasco dell'Enron e l'assenza di assunzione di responsabilità delle grandi banche, nella loro duplicità, avidità corporativa e ricerca incessante della ricchezza, sono ormai chiari a tutti. L'abuso sessuale dei bambini da parte del clero cattolico così come i pregiudizi profondamente radicati nel Cristianesimo e nell'Islam nei confronti delle donne e degli omosessuali stanno venendo alla luce. Tutto questo è una rivelazione dell'ombra.

Scoprire l'aspetto ombra delle agende religiose, politiche e scientifiche è di grande valore se può aiutare a liberarci dalla schiavitù di abitudini inconsce di comportamento che conducono alla sofferenza degli altri. Ma c'è ancora molto da fare se vogliamo diventare più consapevoli di quanto facilmente possiamo essere manipolati dal comportamento ombra dei governi, delle religioni e della scienza. Se vogliamo essere capaci di resistere alla spinta all'onnipotenza in uno qualsiasi di questi campi, dobbiamo essere consapevoli della nostra ombra e di dove può portarci nel compiacere o nell'accettare le tendenze ombra in tutti e tre i domini. Allo stesso tempo dobbiamo attentamente distinguere tra le proiezioni negative e la realtà del male nella forma di una psicosi di massa (come la minaccia per tutta l'Europa rappresentata da Hitler) che potrebbe metterci di fronte a una situazione specifica. Dobbiamo anche essere consapevoli di quanto facilmente possa svilupparsi una psicosi di massa in un vasto numero di persone. Solo sviluppando un maggior potere di discriminazione possiamo ottenere il potere e l'intuizione di affrontare il male, riconoscendolo in noi stessi e indicandolo negli altri.

Riscattare l'Ombra dell'Era Solare

In un libro intitolato *Our Final Century*, pubblicato nel 2003, l'astronomo reale Lord Rees sostiene che abbiamo una probabilità del 50% di sopravvivere al secolo attuale:

> Le nostre scelte e le nostre azioni potrebbero assicurare il futuro perpetuo della vita (non solo sulla Terra, ma forse anche oltre). Oppure, al contrario, per intento maligno o per disavventura, la tecnologia del ventunesimo secolo potrebbe mettere a repentaglio il potenziale della vita, precludendo il suo futuro

umano e post–umano. Ciò che accade qui sulla Terra, in questo secolo, potrebbe teoricamente fare la differenza tra un'eternità piena di forme sempre più complesse e sottili di vita e una piena di nient'altro che materia di base.[20]

I principali pericoli che cita sono: il terrorismo, l'impatto dei cambiamenti climatici, l'uso improprio di nanotecnologie, di armi nucleari, chimiche e biologiche, nonché i pericoli presentati dalla natura come una catastrofica devastazione causata dall'impatto di un asteroide e dalle eruzioni vulcaniche. A questi, vorrei aggiungere il pericolo dei reattori nucleari. L'11 marzo 2018 è stato il settimo anniversario del disastro nucleare di Fukushima. Da quel momento, ogni ventiquattro ore, dal quarto reattore fluiscono nel Pacifico tra le 300 e 400 tonnellate di acqua radioattiva, che contamina i pesci, le alghe e gli uccelli che si cibano del pesce e in definitiva incide sugli esseri umani. Al largo delle coste dell'Alaska e della costa occidentale dell'America sono stati trovati pesci contaminati. Il governo giapponese ha ammesso che il processo di rimozione dei nuclei radioattivi dagli altri tre reattori paralizzati richiederà almeno quarant'anni. Altri studi scientifici stimano fino a 80 anni. Il flusso di vento e di aria radioattivi e l'acqua di mare contaminata stanno colpendo il Nord America e al momento non c'è modo di prevenirlo. Secondo un rapporto dell'Istituto francese per la protezione radiologica e la sicurezza nucleare, il guasto iniziale ha causato "il più grande contributo singolo di radionuclidi nell'ambiente marino mai osservato".

Molte delle minacce indotte dall'uomo derivano dal nostro istinto di sopravvivenza e dalla dipendenza da modelli consolidati di espansione territoriale, nonché dall'accumulazione e dall'estensione del potere in diversi campi. Questo nuovo secolo ci chiede di assumere l'enorme compito di riconoscere quelle abitudini di comportamento che sono state giustificate per millenni come necessarie e giuste per il raggiungimento della supremazia nazionale, territoriale o religiosa. Abbiamo bisogno di passare da una prospettiva nazionale a una prospettiva planetaria e questo può essere fatto solo aumentando il numero di individui che sostengono questa posizione. Abbiamo l'intelligenza innata e la capacità di cambiare, ma non abbiamo molto tempo per realizzare questa trasformazione epocale delle coscienze.

Un solo esempio offre speranza: come parte del catalogo dei suoi crimini inenarrabili, Saddam Hussein aveva prosciugato le paludi intorno a Bassora, costruendo enormi bastioni per bloccare l'inondazione annuale dell'Eufrate, con l'intento di scacciare le popolazioni che per millenni avevano abitato quella zona. L'intera area fu trasformata in un deserto dove non cresceva più nulla e nessuno poteva vivere. Un uomo straordinario aveva visitato quest'area da bambino ed era rimasto incantato dalla pace e dalla bellezza primordiale del luogo e dalla profusione di uccelli che lo abitavano. Aveva giurato che un giorno sarebbe tornato per recuperare le paludi al loro stato precedente. Fuggito in esilio in America per sfuggire alle purghe di Saddam, con la morte del dittatore potè tornar in Iraq e dedicarsi al ripristino delle paludi. Facendo canali nei grandi bastioni fatti erigere da Saddam Hussein, liberò l'acqua che potè rifluire in tutta questa regione, permettendole di rigenerarsi. Pochi anni e tanto duro lavoro gli portarono la ricompensa di vedere i canneti crescere di nuovo, milioni di uccelli riversarsi in questa regione e le persone poter tornare alle loro case ancestrali e ricostruire le capanne di canne. Tutto ciò fu realizzato per mezzo della preziosa memoria infantile, della visione e determinazione di un singolo individuo (*BBC 2*, 2011).

La fondamentale sfida morale del diciannovesimo secolo fu la schiavitù.[21] Nel ventesimo secolo, fu il totalitarismo e la rivelazione degli olocausti di persone sacrificate alla letale volontà di dittatori psicopatici. In questo secolo, la sfida principale è il cambiamento climatico. In secondo luogo, c'è la continua sfida offerta dai regimi oppressivi e dalla diminuzione delle risorse di cibo e di acqua causate dall'aumento della popolazione. Una terza sfida morale è la terrificante oppressione delle donne — gli stupri, gli omicidi, i traffici e le violenze domestiche — che inevitabilmente influisce sul benessere dei loro figli. Lo stupro come arma di guerra è un metodo di controllo e di umiliazione tanto spregevole quanto la schiavitù e dovrebbe essere dichiarato un crimine di guerra e un crimine contro l'umanità, con governi e leader militari tenuti a rendere conto delle autorizzazioni e dell'incoraggiamento a compierlo.[22] Una quarta sfida è la necessità di eliminare dalla faccia della Terra tutte le armi di distruzione di massa, in modo che il pianeta non sia più inquinato dalla loro presenza.

L'intuizione di Jung sulla natura dell'ombra è una delle più grandi eredità che ci ha lasciato. Ma, come commentava ironicamente, "Non ci si illumina immaginando figure di luce, ma rendendo conscia l'oscurità".[23] Rendere conscia l'oscurità implica sacrificare la mentalità che continuerebbe sulle stesse tracce di prima, ignorando i mali cui il nostro comportamento ombra dà origine. La nostra sopravvivenza come specie può dipendere dalla nostra capacità di compiere quest'opera erculea, riconoscendo la genesi del male alla sua origine in noi.

Cosa Possiamo Fare per Trasformare questa Situazione

❀ Potremmo aiutare i bambini del mondo e gli adulti a diventare più consapevoli delle proiezioni e del comportamento dell'ombra, attirando la loro attenzione sui pericoli dell'indottrinamento politico e religioso e sulla pratica di demonizzare e disumanizzare gli altri, chiamandoli con nomi come 'cane', 'maiale', 'parassita', 'feccia' o 'negro'.

❀ Potremmo stabilire delle linee di confine al bullismo e ai comportamenti sadici, che non saranno tollerati nelle scuole, nelle imprese e nelle istituzioni, come ospedali e case di cura.

❀ Potremmo estendere la consapevolezza che le radici del comportamento patologico negli adulti possono trovarsi nella sofferenza infantile e nell'odio di sé, in gran parte causati da un'istruzione inadeguata e da una cattiva educazione. La condanna non cambia nulla, ma indurisce la resistenza al cambiamento. Capire che l'aggressore è stato una volta una vittima può diventare il primo stadio di guarigione e trasformare un modello distruttivo di comportamento. Questo non significa che il crimine sia perdonato ma che la punizione non è vista come l'unica soluzione.

❀ A livello nazionale, potremmo imparare a riconoscere l'ombra nella rappresentazione di comportamenti brutali e sadici in televisione, video e film e riconoscere che queste immagini costanti di violenza maschile hanno un'influenza brutale e desensibilizzante sulla fragile psiche dei bambini, come degli adulti. Non c'è dubbio che osservare la violenza per molti anni condiziona un individuo e una società a considerarla un modo di comportarsi accettabile, persino ammirevole ed eroico.

❀ A livello internazionale, potremmo imparare a riconoscere e a nominare l'ombra delle corporazioni giganti che cercano sempre più il controllo sulle risorse della Terra, ad esempio con il monopolio dei semi, che dovrebbero invece essere patrimonio comune di ogni abitante del pianeta. L'irresponsabilità morale delle nazioni industrializzate nei confronti di quelle non industrializzate può non essere riconosciuta come malvagia, ma genera malvagità e grande sofferenza. Il male può assumere molte forme e gli schemi predatori di comportamento possono essere nascosti negli enormi profitti di gigantesche multinazionali, in una competizione che distrugge i rivali, nella ricerca di investimenti redditizi che possono mandare in bancarotta una nazione e privare le popolazioni indifese dei mezzi di sopravvivenza.

Note:

1. Saul, John Ralston: *The Unconscious Civilization*, House of Anansi Press, Canada 1995, e Penguin Books Ltd., Londra 1998.
2. Cohn, Carol: *Sex and Death in the Rational World of Defense Intellectuals,* Signs, Journal of Women in Culture and Society, University of Chicago Press 1987.
3. McGilchrist, Iain: *The Master and His Emissary, The Divided Brain and the Making of the Western World*, Yale University Press 2009.
4. Levi, Primo: *I sommersi e i salvati*, Giulio Einaudi Editore, Torino 2014.
5. Fromm, Erich: *Anatomia della distruttività umana*, Mondadori, Milano 1975.
6. Miller, Alice: *Thou Shalt Not Be Aware: Society's Betrayal of the Child*, Pluto Press, Londra 1985.
7. Citato in un articolo di Christopher Goodwin sul sadismo ultra violento, Are You Sitting Comfortably? *Sunday Times* Magazine, 2009.
8. ibid.
9. Mehta, Vijay: *The Economics of Killing: How the West fuels War and Poverty in the Developing World*, Pluto Press, Londra 2012, p. 33. Questo libro contiene un'appendice utilissima con l'elenco dei nomi delle Organizzazioni per la Pace del Mondo nelle differenti nazioni.
10. Dall'articolo di Mehta, *The Arms Trade*, nel Resurgence Magazine, autunno 2012.
11. ibid.
12. *The Economics of Killing*, p. 164.
13. Gray, John: *Black Mass: Apocalyptic Religion and the Death of Utopia*, Penguin Books Ltd., Londra 2007, p.192.
14. Owen, David: *The Hubris Syndrome*, Methuen Publishing Ltd., Londra 2007, p. 31.
15. ibid, p. 134.
16. Todorov, Tzvetan: *Hope and Memory, Reflections on the Twentieth Century*, Princeton University Press 2003, p. 71.
17. citato da Todorov, p. 234 from J. Glover, *Humanity* (Cape 1999). Vedi anche Kai Bird e Martin J. Sherwin, American Prometheus, The Triumph and Tragedy of J. Robert Oppenheimer, Alfred Knopf, New York, 2005.
18. Todorov, p. 237.
19. Hoffman, David: *The Dead Hand: Reagan, Gorbachov and the Untold Story of the Cold War Arms Race*, Doubleday, New York 2009 e Icon Books, Londra, 2011.
20. Rees, Sir Martin (Lord Rees): *Our Final Century*, William Heinemann Ltd., Londra 2003.
21. Hochschild, Adam: *Bury the Chains*, Macmillan, Londra 2009.
22. Nell'ottobre 2012, il Segretario del British Foreign, William Hague disse che la Gran Bretagna "dovrebbe guidare uno sfozo globale per porre fine alla cultura dell'impunità che circonda questo crimine mostruoso".
23. Jung, C. G.: *Opere*, vol. 13, *Studi alchemici*, par. 335.

San Giorgio e il drago
Gustav Moreau 1890
Riprodotto per gentile concessione della National Gallery, Londra.

Capitolo tredici

La Guerra, Stupro Dell'Anima

Quale pena maggiore possono avere i mortali: vedere i propri figli morti davanti ai propri occhi.
— Euripide

Quando molte persone vengono uccise devono essere piante con dolore sincero. Ecco perché una vittoria deve essere osservata come un funerale.
— *Tao Teh Ching*, 31

Il divino e il demoniaco sono molto vicini; solo una linea sottile li separa. Noi che siamo davvero capaci di divinità siamo anche capaci di atti diabolici. E la più profonda di tutte le attività demoniache è l'uso della nostra immaginazione divina per inventare la distruzione.
— Matthew Fox, *Original blessing*

Questa cosa di tenebra riconosco mia...
— Prospero in *La tempesta*

La distruzione della vita di un altro essere umano e, in senso più ampio, della vita del pianeta e delle specie cui dà sostentamento, diventa più facile da accettare quando si perde il senso del sacro, quando le persone non sentono più di vivere all'interno di un Ordine Sacro e quando i valori del 'mondo reale' prevalgono su quelli di un altro ordine di realtà, valori che le religioni hanno cercato di consolidare fallendo.

Qual è l'effetto della guerra sull'anima? Dalla prospettiva di una dimensione cosmica dell'anima e dei differenti valori relativi alla responsabilità umana nei confronti della Terra descritti nel Capitolo dieci, la guerra ci de–umanizza e ci corrompe nell'anima: è un crimine contro il Sacro Ordine della vita. La guerra infligge all'anima una terribile ferita che non potrà mai guarire per l'eredità che si lascia dietro di traumi e ricordi, non solo dei vivi ma anche dei morti.

All'inizio del suo libro, *Un piccolo angolo d'inferno*, Anna Politkovskaja, la giornalista russa assassinata davanti alla sua casa di Mosca nel 2006 per aver raccontato apertamente le atrocità di cui era stata testimone in Cecenia, cita un brano di un libro di Tolstoj. L'ho incluso in questo capitolo in memoria del suo coraggio nel mostrare gli orrori della guerra, e anche in memoria di Tolstoj e del suo disprezzo per la guerra:

> Tutta la natura sembrava piena di potere pacificante e di bellezza. Non c'è abbastanza spazio per gli uomini per vivere in pace in questo magnifico mondo, sotto questo infinito cielo stellato? Com'è possibile che l'ira, la vendetta o il desiderio di uccidere i propri simili possano persistere nell'anima dell' uomo in mezzo a questa natura affascinante? Si potrebbe pensare che tutto il male nel cuore dell'uomo dovrebbe svanire a contatto con la Natura, in cui la bellezza e il bene trovano la loro espressione più diretta.
>
> Guerra? Che fenomeno incomprensibile! Quando la ragione si chiede, è giusto? È necessario? una voce interna risponde sempre no. Solo la permanenza di questo fenomeno innaturale lo rende naturale, e solo l'istinto di auto conservazione lo rende giusto.[1]

Il Capitolo sei descrive come, durante i quattromila anni dell'era solare, la guerra divenne endemica fino a quando, nell'ultimo secolo, le armi più diaboliche mai concepite dall'uomo furono usate contro i civili nel bombardamento di Hiroshima e Nagasaki. Nel suo libro *Cani di paglia* il filosofo John Gray osserva acutamente che "con l'avanzamento della scienza e della tecnologia, allo stesso modo è avanzata l'abilità di uccidere. Con la crescita della speranza in un mondo migliore, allo stesso modo è cresciuto l'assassinio di massa".

Nel luglio 1955, Albert Einstein, Bertrand Russell, Joseph Rotblat (che abbandonò il Progetto Manhattan quando vide dove portava) ed altri otto firmarono un Manifesto avvertendo delle catastrofiche conseguenze della guerra nucleare, sollecitando il completo disarmo globale. Questa dichiarazione, conosciuta come *Manifesto Russell–Einstein*, fu l'atto pubblico finale di Einstein, che morì poco dopo averlo firmato. La causa che innescò la scrittura di questo Manifesto furono i test del 1954 effettuati dagli Stati Uniti nell'Atollo di Bikini, nell'Oceano Pacifico, per verificare la bomba a idrogeno, una bomba 1300 volte più potente di quella di Hiroshima. Essa produsse un'enorme quantità di ricaduta radioattiva che ancora oggi è causa di malformazioni nei piccoli che nascono nelle Isole Marshall cui appartengono le isole Bikini.

In quel Manifesto i firmatari incoraggiavano la popolazione a ricordare la propria umanità e a dimenticare il resto: "Dobbiamo imparare a pensare in un modo nuovo. Dobbiamo imparare a chiederci non quali passi possiamo intraprendere per dare la vittoria militare al gruppo che preferiamo, perché non ci sono più tali passi; la domanda che dobbiamo porci è: quali misure possiamo adottare per prevenire una competizione militare il cui sbocco sarà disastroso per tutte le parti?"

La guerra incoraggia e giustifica la propensione alla crudeltà latente in ciascuno di noi. Desensibilizza quelli di noi che hanno la possibilità di uccidere altri e scatena la nostra capacità innata per la barbarie. Per cominciare, potremmo esitare ad uccidere altri, trattenuti da un'istintiva empatia. Ma la capacità di uccidere si trasforma presto nell'orgoglio, persino nel godimento dell'abilità di uccidere e di commettere crimini inenarrabili, sia come nazioni che come individui. Il primo risultato del bombardamento di Hiroshima fu quello di incoraggiare altri stati a sviluppare la stessa arma, in modo da essere sullo stesso piano di potere dello stato nucleare; la proliferazione portò a un'ulteriore proliferazione, in una sorta di crescente rivalità tra fratelli. Non è difficile vedere che questi agenti di morte di massa non ci proteggono dalla guerra, ma ci trascinano inesorabilmente verso il loro uso finale. Rinunciare a queste armi è il compito più difficile per la nostra specie, perché va contro tutti i nostri condizionamenti e i nostri più profondi istinti di sopravvivenza. Oltre a questi, va contro una mitologia solare immensamente potente che ci tiene in una sorta di incantesimo collettivo, convincendoci che dobbiamo continuamente prepararci per la guerra e, una volta che l'abbiamo intrapresa, che dobbiamo ottenere la vittoria.

L'Era Solare e l'ethos Guerresco

Durante i quattromila anni dell'era solare, la guerra è stata una presenza costante, glorificata come la più nobile attività dell'uomo. La vittoria e il bottino di guerra erano l'ambito tesoro da vincere in battaglia, il coraggio di fronte alla morte la virtù suprema.

L'America e l'Occidente cristiano, così come lo Stato di Israele e l'intero mondo musulmano sono ancora sotto l'incantesimo polarizzante della mitologia solare che mette in scena la battaglia tra il bene e il male. La conversione forzata e la sconfitta degli altri con la spada, la bomba e ora il missile senza pilota, guidato a distanza, è più di un ricordo: è una realtà sempre presente. Per secoli la guerra è stata costantemente incoraggiata, difesa e promossa dalle culture patriarcali; l'Antico Testamento proclama un Dio bellicoso, determinato a sconfiggere i suoi nemici; Cristianesimo e Islam sono state entrambe civiltà guerriere. Se c'è un libro che illustra questo modello di guerra radicato in tutte e tre le culture patriarcali, è la storia intrisa di sangue di Gerusalemme, brillantemente esplorata da Simon Sebag Montefiore in *Gerusalemme. Biografia di una città* (2011).

Eppure ora questo antico ethos guerresco, così profondamente impresso nella psiche maschile, viene messo in discussione dal momento che molti individui si rendono conto che, a causa del loro effetto devastante sul tessuto della civiltà, per non parlare del pianeta, i riti sacrificali della guerra non possono più essere un'opzione. La legge e l'ordine sono nati per contenere le pericolose propensioni della nostra natura all'interno della società civile. La guerra demolisce questo controllo e ci dà il permesso di giustificare atti di estrema barbarie, purché siano inflitti a un nemico.

La guerra invita al rilascio di una colossale quantità di energia istintiva che potrebbe non avere sbocco nel recinto più contenuto della vita quotidiana. Può sviluppare abilità che le persone non sapevano di avere, dare loro accesso a emozioni che non avevano mai vissuto. Con l'istinto di sopravvivenza all'erta più alta, la guerra fa sentire le persone intensamente vive, libere di agire in un modo selvaggio che sarebbe inaccettabile in una situazione dove prevalgono pace e ordine. La guerra stringe insieme gli uomini in un legame profondo e duraturo di fratellanza, e una nazione nella volontà condivisa di proteggersi da una minaccia percepita. La guerra stimola, eccita, nobilita, affascina, ma anche degrada e corrompe. Ci addentriamo in essa come sonnambuli, sotto l'incantesimo del mito solare e della battaglia archetipica del Bene contro il Male, inconsapevoli del fatto che siamo prigionieri di un modello di comportamento che ha il potere di irretirci. Tuttavia, un segno positivo oggi è che le persone cominciano a sentirsi disilluse dalla retorica della guerra e resistono agli sforzi dei loro governi di impegnarcisi. La giustificazione governativa della guerra suona sempre più cupa alla luce delle orribili armi che abbiamo sviluppato, delle spese colossali per gli armamenti, del peso delle vittime civili, dell'angoscia dei genitori in lutto e delle ferite, fisiche e mentali, che i sopravvissuti ai combattimenti porteranno per il resto della vita. La guerra non può mai essere altro che una tragedia, come compresero i saggi taoisti cinesi tanto tempo fa.

Nessuno mette in dubbio l'eroismo del giovane soldato che sacrifica la vita per il proprio paese. Ciò che viene sempre più messo in dubbio è la saggezza dei leader politici che chiedono quel sacrificio quando la situazione non lo giustifica, che amministrano le vite preziose di giovani uomini e donne e di civili indifesi come fossero briciole da spazzare da un tavolo. La presentazione della guerra come necessità viene sempre più messa in dubbio da persone che credono, invece, che la guerra semini ulteriori conflitti e incoraggi il potenziale uso di armi nucleari, biologiche e chimiche, non necessariamente da parte di una nazione ma di un individuo squilibrato che ha ottenuto l'accesso a una di queste armi, o ai mezzi per produrne, e non esiterà a usarle. Come specie, siamo responsabili di portare queste armi in essere e, come specie, possiamo scegliere di porvi fine perché la loro stessa esistenza inquina la Terra.

Generazione dopo generazione, le persone hanno accettato la chiamata al sacrificio dei propri figli in guerra e hanno sopportato l'immensa sofferenza causata come fatto inevitabile della vita. Immaginando che Dio sia onnipotente e dalla parte del 'Bene' gli hanno chiesto di intervenire per proteggerli e portarli alla vittoria, di stare dalla loro parte. Tuttavia, siamo noi che portiamo nella nostra natura la capacità divina di creare e di distruggere, di portare nel mondo il bene e il male. Il peso della responsabilità di cambiare il nostro destino quindi risiede in noi, non in Dio. Con l'aiuto delle intuizioni psicologiche acquisite nel corso degli ultimi cento anni, possiamo ora affrontare le cause fondamentali dell'aggressività umana e capire perché certi modelli di comportamento vengano rievocati più e più volte, anche oggi, sotto i nostri occhi.

Tradizionalmente, le armi, la difesa e la guerra sono state, e continuano ad essere, preoccupazione degli uomini. Fino alla fine del secolo scorso le donne non partecipavano alla guerra come combattenti. Hanno sofferto in modo indicibile, hanno perso la propria vita e quella di mariti, padri e figli e hanno dovuto sopportare lo stupro, in gran parte non documentato, di loro stesse e delle proprie figlie, ma in passato la loro voce era inudibile. Eppure la guerra riguarda una donna tanto quanto un uomo. Se il potere distruttivo delle nostre armi continua ad aumentare, con il loro potere e la nostra immaturità morale rischiamo di distruggere non solo la civiltà e la nostra stessa specie, ma molta della vita sostenibile di questo pianeta. Oggi le donne aggiungono la loro voce a quella degli uomini che riescono vedere come la guerra non porti da nessuna parte e che sono sconvolti dal comportamento irresponsabile dei leader che vi conducono i propri paesi — leader la cui immaturità e ignoranza delle più profonde questioni archetipiche e mitiche coinvolte può renderli mal equipaggiati per assumersi una responsabilità così grande.

In *Arcipelago Gulag* Alexander Solzhenitsyn ci avverte di tenere a mente il nostro contributo al male, commentando che non è così facile separare il male da noi stessi e incolpare il nostro nemico: "Se solo fosse tutto così semplice!", scrive, "se solo ci fossero persone malvage da qualche parte che commettono insidiosamente azioni malvage, e fosse necessario separarle dal resto di noi e distruggerle. Ma la linea che separa il bene e il male attraversa il cuore di ogni essere umano. E chi è disposto a distruggere un pezzo del suo stesso cuore?"

La Dipendenza Ininterrotta dalla Guerra

La dipendenza inconscia dalla guerra resta una minaccia, riassunta nelle parole di Colin Gray, Professore di Politica Internazionale e Studi Strategici all'università di Reading. In *Another Bloody Century*, dà per scontato che ci siano guerre nel futuro, per la semplice ragione che ce ne sono state nel passato:

> La guerra e il conflitto saranno sempre con noi: la guerra è una caratteristica permanente della condizione umana.... Gli sforzi per controllare, limitare e regolare il conflitto, e quindi la guerra, con misure e atteggiamenti politici,

legali e normativi–etici internazionali meritano di essere perseguiti. Tuttavia, i benefici derivanti da tali sforzi saranno sempre fragili, vulnerabili al ribaltamento al comando della necessità percepita di combattere.[2]

L'idea che la guerra sia parte dell'ordinamento naturale della vita è aperta alla domanda, poiché ci sono poche prove dell'esistenza di culture guerriere prima dell'ascesa delle potenti città–stato in Medio Oriente intorno al 3500 aC. Ad esempio, non vi sono testimonianze di guerre e armi nella Civiltà dell'Antica Europa (7500–3500 aC), né nello straordinario insediamento di Çatal Hüyük in Anatolia (Turchia) dello stesso periodo. Vi sono testimonianze (anche se non in queste due culture) di sacrifici umani, ma non il massiccio sacrificio collettivo della guerra. Nella storia della guerra l'istinto di sopravvivenza è certamente uno dei fattori, ma l'ethos del guerriero è qualcosa che è stato altamente sviluppato durante l'era solare ed è diventato un'abitudine, una dipendenza. È necessario sfidare la convinzione profondamente radicata della sua inevitabilità e necessità, e dei benefici della guerra, rispecchiati nelle parole del feldmaresciallo tedesco Helmuth Graf von Moltke che, nel 1880, scrisse: "La pace eterna è un sogno, e neanche piacevole. La guerra è una parte dell'ordine mondiale di Dio. La guerra sviluppa le più nobili virtù dell'uomo, che altrimenti si addormentano e si estinguono: coraggio, abnegazione, devozione al dovere e disponibilità al sacrificio. Un uomo non dimentica mai le sue esperienze in guerra. Esse sviluppano le sue capacità per tutto il tempo a venire".[3]

Alle sue parole fece eco l'Ayatollah Khomeini, cent'anni dopo, nel 1983, in occasione dell'anniversario della nascita del Profeta Maometto: "La guerra è una benedizione per il mondo e per tutte le nazioni. È Dio che incita gli uomini a combattere e ad uccidere.... Le guerre che il Profeta aveva condotto contro gli infedeli furono una benedizione per tutta l'umanità.... Una religione senza guerra è una religione incompleta".[4] Questa non è la mente conscia che parla, ma una mente posseduta dall'istinto primordiale del predatore. Ma, poiché era il leader spirituale dell'Iran, le sue parole ebbero il potere di attivare proiezioni d'ombra in milioni di seguaci, incitando all'odio collettivo nei confronti dei disprezzati 'infedeli' e furono portate avanti da Osama bin Laden nella generazione successiva. Nell'Europa medioevale erano diffuse credenze simili: l'appello per salvare la Terra Santa fu proclamato dai papi cristiani come volontà di Dio, attivando esattamente lo stesso tipo di proiezione negativa sui musulmani e conducendo al massacro, durante la Quarta Crociata, dell'intera popolazione di Costantinopoli. Fu in quell'epoca che nacque l'idea della 'guerra giusta', costruita sulle fondamenta poste da Sant'Agostino e definite da Tommaso d'Aquino (1225–1274).

Il ventesimo secolo fu quello dei massacri mostruosi — "senza dubbio", scrive lo storico Niall Ferguson, "il secolo più sanguinoso della storia, molto più violento in termini relativi e assoluti rispetto a qualsiasi era precedente. Nelle due guerre mondiali che hanno dominato il secolo sono state uccise percentuali della popolazione mondiale significativamente maggiori di quante ne siano state uccise in un precedente conflitto di grandezza geopolitica comparabile".[5] Decine di milioni di persone sono state traumatizzate dalla perdita di genitori, figli e famiglie, da terrore, orrore, fame e sofferenza. Queste ferite non muoiono con quelli che ne hanno sofferto. Vivono nei campi della memoria dell'inconscio collettivo della nostra specie. Nessuno ha descritto la sofferenza indescrivibile dei civili in guerra in modo più completo di Max Hastings nel suo libro straziante e commovente, *Inferno. Il mondo in guerra 1939–1945*. (2011).

Alla fine dei processi di Norimberga (ottobre 1946), un avvocato commentò: "Questo processo ha dimostrato che nessuna nazione può più impegnarsi in una guerra aggressiva". A quel tempo, come alla fine della Seconda Guerra Mondiale, pensavamo di aver combattuto una guerra che avesse posto fine a tutte le guerre, avesse nobilmente arrestato l'ondata di persecuzioni e sofferenze; avesse salvato la civiltà cristiana dalla barbarie. Sessant'anni dopo, siamo stati coinvolti in un'altra grande guerra (Iraq e Afghanistan), questa volta con una giustificazione molto dubbia, che ha trascinato l'Occidente in un confronto con l'intero mondo musulmano. All'alba di un nuovo millennio, ci troviamo sull'orlo di un abisso, testimoni di ulteriori conflitti, ulteriori atrocità. *Non abbiamo imparato a pensare in un modo nuovo.*

Le Radici Arcaiche della Guerra

Nel precedente capitolo ho spiegato come i riflessi istintivi del cervello rettiliano e mammaliano, formatisi in milioni di anni, possano facilmente 'prendere il sopravvento' sui livelli neo–corticali sviluppatisi molto più di recente. Questi istinti inconsci territoriali e di sopravvivenza, profondamente radicati nel sistema nervoso autonomo, possono controllarci in ogni situazione che susciti paura. Una volta risvegliati, possono guidarci verso azioni che la nostra mente razionale, in un altro contesto, deplorerebbe. Quindi, se la situazione lo richiede, i politici che non hanno mai sperimentato l'orrore della guerra chiederanno il sacrificio di giovani uomini e donne e questi risponderanno coraggiosamente e patriotticamente alla chiamata dei loro leader di offrire la propria vita in sacrificio e di sacrificare altri uomini e, se necessario, donne e bambini, per garantire la sopravvivenza del gruppo cui appartengono.

Queste pulsioni istintive sono intrinseche all'addestramento delle forze armate in qualsiasi stato–nazione: l'addestramento per obbedire agli ordini senza fare domande e lottare per la vittoria a tutti i costi. Sovrapposti a questo modello di comportamento primordiale, poi, ci sono la paura maschile di perdere la faccia, di tirarsi indietro dal confronto, di essere svergognati e umiliati agli occhi di altri uomini o nazioni e c'è anche il senso dell'onore coinvolto nel garantire la vittoria piuttosto che soffrire l'ignominia della sconfitta. In ogni dato gruppo, il maschio 'alfa' è osservato ossessivamente da altri maschi per qualsiasi segno di debolezza o incompetenza, qualsiasi difetto che possa rivelare che è un capo debole o vacillante in tempo di guerra. Qualunque debolezza o difetto è esposto e attaccato vigorosamente, poiché la forza del leader è identificata con la sopravvivenza del gruppo. Quando i leader suscitano gli istinti di sopravvivenza, la massa sosterrà una risposta bellicosa all'attacco.

Armi Nucleari e di Distruzione di Massa

Nel gennaio 2018, il Bollettino degli Scienziati Atomici ha annunciato di avere spostato le lancette del Doomsday Clock (Orologio dell'apocalisse, Ndt) a due minuti prima della mezzanotte. Pochi giorni prima di questo annuncio nel Regno Unito, su *The Times*, è comparsa una dichiarazione del generale Sir Nick Carter: "La nostra capacità di prevenire o rispondere alle minacce sarà erosa se non seguiremo i nostri avversari". Questa affermazione racchiude la mentalità che guida il complesso militare–industriale delle nazioni nucleari e la sua interminabile preparazione e anticipazione di una guerra futura. Alla fine potrebbe condurre una di queste nazioni, deliberatamente o inavvertitamente, a scatenare sul mondo l'inimmaginabile catastrofe di una guerra nucleare.

Molti decenni fa il generale Eisenhower avvertì l'America del potere ingiustificato del Complesso Militare–Industriale (vedi Capitolo dodici). Oggi, l'intero pianeta è tenuto in ostaggio da questo complesso, i cui tentacoli letali controllano le nove nazioni nucleari e quelle nazioni e società impegnate nel commercio di armi redditizie. Questo complesso è una delle principali cause di guerra e di persistenza della guerra. Ecco il commento che fece Eisenhower sulla guerra in generale all'American Society of Newspaper Editors, il 16 aprile 1953:

> Ogni arma prodotta, ogni nave da guerra varata, ogni razzo sparato significa, nel senso ultimo, un furto a coloro che hanno fame e non sono nutriti, coloro che hanno freddo e non sono vestiti. Il mondo in armi non sta solo spendendo soldi. Sta spendendo il sudore dei suoi lavoratori, il genio dei suoi scienziati, le speranze dei suoi figli.… Questo non è affatto un modo di vivere, in alcun senso vero. Sotto la nuvola di una guerra minacciosa, è l'umanità che pende da una croce di ferro.

Molti abitanti del pianeta, anche coloro che sono altamente istruiti e lavorano in organizzazioni governative o alle Nazioni Unite, hanno pochissima consapevolezza di quali sarebbero gli effetti immediati e a lungo termine di uno scambio di armi nucleari, in termini di milioni di morti civili e del rapido e irreversibile deterioramento dell'ambiente planetario nell'inverno nucleare che ne seguirebbe.

Armi che un centinaio di anni fa erano inimmaginabili, gestite da telecomandi posizionati a migliaia di chilometri di distanza dal loro obiettivo, possono ora annientare la vita di milioni di civili indifesi e devastare immense aree della superficie terrestre, inviando efficacemente i sopravvissuti all'età della pietra. Negli ultimi 60 anni, le nazioni si sono armate di forze di distruzione veramente cosmiche, senza alcuna apparente consapevolezza dell'enorme male che hanno scatenato. Matthew Fox parlava sul serio quando, nel suo libro *In principio era la gioia. Original blessing*, scrisse che la più profonda di tutte le attività demoniache è l'uso della nostra immaginazione divina per inventare la distruzione.

La scissione dell'atomo fu il progetto scientifico più monumentale del XX secolo, consegnando nelle mani dell'uomo un potere illimitato, come proclamava un annuncio del dopoguerra. L'applicazione di questa scoperta all'alchimia oscura delle armi nucleari è stata una presenza costante da quando la bomba fu usata per la prima volta come arma nel 1945 nella distruzione di Hiroshima e Nagasaki. Questo fu un atto di inconcepibile aggressione contro i civili, 75.000 dei quali morirono immediatamente a causa delle radiazioni e altrettanti nelle due settimane successive. La bomba che cadde su Nagasaki distrusse, a parte la città stessa, diciotto tra scuole e università con migliaia di studenti al loro interno.

Questo atto riflette il pensiero dualistico che nacque dalla scissione tra spirito e natura durante l'era solare. La nostra crescente capacità di dissociare il pensiero dal sentimento, la mente dall'anima ci ha portato a quel fatidico momento e alla sequenza di decisioni ed eventi che ne sono derivati. Esultando nel trionfo di avere strappato alla natura il potere appena scoperto dell'energia atomica al servizio degli scopi degenerati dell'uomo, e non sapendo nulla della catena di idee che aveva portato a quel modo di pensare e che aveva incoraggiato i leader politici a intraprendere quell'azione, le persone non potevano comprendere quale atto sacrilego fosse stato commesso contro la natura, la materia e il sacro ordine della vita.

Solo l'inflazione dell'ego dell'era solare avrebbe potuto portare a questo atto di *arroganza*. Gli orripilanti effetti sugli esseri umani e l'assoluta distruzione delle città furono considerati il prezzo inevitabile della guerra e della necessità di sconfiggere il nemico. Nel 2018, con gli Stati Uniti, l'Arabia Saudita e Israele preoccupati dalla possibilità che l'Iran diventi una potenza nucleare e dal regime paranoico della Corea del Nord che brandisce le sue armi, le inevitabili conseguenze di tale atto di *arroganza* sono chiaramente evidenti, poiché ha attirato altre nazioni a seguire l'esempio degli Stati Uniti. Il genio è uscito dalla bottiglia e nessuna minaccia lo farà rientrare di nuovo.

Le armi nucleari e di distruzione di massa sono il culmine dell'aspetto ombra dell'era solare e della sua glorificazione della guerra e delle armi. La loro invenzione e il loro uso riflettono una coscienza che vede la materia divorziare dallo spirito e, incredibilmente, è orgogliosa del fatto che l'uomo ora abbia il potere di trasformare la materia in una forza di pura distruzione. Le parole di Robert Oppenheimer — il Prometeo che ci ha portato la bomba atomica — ci hanno avvertito dei pericoli del tentativo di padroneggiare la materia. Parlando con il pubblico dell'American Philosophical Society, disse: "Abbiamo creato una cosa, un'arma terribile che ha alterato bruscamente e profondamente la natura del mondo... una cosa che per tutti gli standard del mondo in cui siamo cresciuti è una cosa malvagia. E così facendo... abbiamo sollevato di nuovo la questione se la scienza sia un bene per l'uomo".[6]

Grazie alla straordinaria ricerca condotta da David Hoffman, presentata nel suo libro *The Dead Hand: Reagan, Gorbachov and the Untold Story of the Cold War Arms Race*, ora sappiamo che nel 1982 "gli arsenali strategici [nucleari] combinati delle due superpotenze detenevano la potenza esplosiva di circa un milione di Hiroshima".[7] Anche questo non era abbastanza per il regime sovietico. I suoi leader elaborarono piani per un sistema che garantisse un attacco di rappresaglia, "un sistema completamente automatico, noto come Dead Hand, in cui un computer da solo avrebbe emesso l'ordine di lancio".[8] Mentre le armi nucleari rappresentavano la travolgente minaccia dell'epoca, Hoffman scrive che un'altra arma letale di omicidio di massa veniva coltivata in fiasche e vasche di fermentazione:

> Dal 1975 al 1991, l'Unione Sovietica costruì di nascosto il più grande programma di armi biologiche del mondo. Gli scienziati sovietici fecero esperimenti con l'ingegneria genetica per creare agenti patogeni che potessero causare malattie inarrestabili. Se gli ordini fossero arrivati, i direttori delle fabbriche sovietiche erano pronti a produrre batteri a tonnellate che avrebbero potuto far ammalare e uccidere milioni di persone.[9]

Sebbene nel 1975 fosse entrato in vigore un trattato (Convenzione sulle armi biologiche e le tossine), firmato da oltre settanta nazioni, tra cui gli Stati Uniti e l'Unione Sovietica, che vietava lo sviluppo e la produzione di armi biologiche e dei mezzi per rilasciarle, L'Unione Sovietica continuò segretamente ad espandere il suo programma di armi biologiche (chiamato Biopreparat) sotto la copertura di un'impresa civile. "Il programma sovietico crebbe sempre più in un oscuro lato nascosto della corsa agli armamenti".[10] Gorbaciov non fu in grado di contrastare il potere della casta militare che controllava lo sviluppo delle armi biologiche.

Come parte del programma, furono fabbricate anche armi chimiche, accumulate e nascoste in aree industriali e agricole. Incredibilmente, questo programma per sviluppare una nuova generazione di armi chimiche, ancora più mortali, fu segretamente perseguito dall'esercito *senza che il governo sovietico ne fosse a conoscenza*, tradendo in tal modo le genuine rassicurazioni che fosse stato interrotto fornite all'Occidente da Gorbaciov e Eltsin.[11] Alla fine della guerra fredda, gli

Stati Uniti avevano ammassato 31.000 mila tonnellate di agenti chimici e l'Unione Sovietica 40.000 tonnellate. Anche la Gran Bretagna ne aveva stoccati.[12]

Il residuo del programma russo di guerra biologica (durante la Guerra Fredda) rimane un pericolo sempre presente, ancora più grande dopo la dissoluzione dell'Unione Sovietica, quando alcuni degli enormi stock di armi biologiche e chimiche immagazzinate in Kazakistan sono diventati accessibili agli scienziati russi impoveriti che crearono un mercato nero altamente lucrativo che vendeva gas nervino alla Siria e altre tossine e materiali letali all'Iran. La Siria ha il più grande stock di armi chimiche del Medio Oriente e non ha esitato a usarle contro i propri cittadini. Israele è ora minacciato dai depositi di gas mostarda, gas sarin e cianuro che, a quanto pare, sono stati incorporati in proiettili di artiglieria, bombe chimiche e testate dei missili Scud. La cooperazione della Siria con Hezbollah rende molto reale il pericolo che queste armi vengano usate contro Israele, tanto che come precauzione il governo ha fornito maschere antigas ai propri cittadini (agosto 2012).

Nel capitolo 22 del suo libro, Hoffman scrive: "Erano passati anni dal crollo sovietico, ma alla fine degli anni '90 furono ancora scoperti per la prima volta agenti patogeni in fiasche, materiali fissili incustoditi, armi inutilizzate e fabbriche di difesa abbandonate"[13] Queste armi, eredità residua della Guerra Fredda, sono con noi ancora oggi. Sono, come dice giustamente, la Dead Hand del nostro tempo, "una macchina letale che infesta il globo molto tempo dopo la scomparsa degli uomini che l'hanno creata".[14]

Abbiamo un grande debito con David Hoffman per aver descritto nei dettagli questi fatti. Ne ho riportati alcuni perché ne sono rimasta assolutamente sconvolta e perché mostrano i pericoli ancora non riconosciuti del pensiero militare corporativo, così chiaramente descritti nel documento di Carol Cohn del Capitolo dodici. Ora c'è un'intera nuova generazione di quelle che vengono chiamate armi nucleari tattiche. Sono molto più piccole delle precedenti bombe nucleari e quando esplodono sembrano esplosioni ordinarie.

L'arsenale Nucleare

Invece di ritrarsi per l'orrore dal male che aveva scatenato, l'America, seguita dall'Unione Sovietica, si imbarcò in una corsa agli armamenti che portò, passo dopo passo, all'esistenza attuale di nove nazioni nucleari e di circa 16.000 armi nucleari, la maggior parte di queste situate negli Stati Uniti e in Russia. Nel 2018 la Russia ne possiede 8.000, gli Stati Uniti 7.100, la Francia 300, la Cina 250, il Regno Unito 215, il Pakistan 120, l'India 110, l'Israele 80 e la Corea del Nord 10 (Federazione degli scienziati atomici 2018). Queste armi sono sufficienti per incenerire più volte l'intera popolazione del globo. Migliaia di esse sono mantenute in allerta permanente "grilletto sensibile". Come parte del sistema di difesa della NATO, circa 180 bombe all'idrogeno B–61, si trovano sul suolo europeo: in Belgio, Germania, Italia e Paesi Bassi, nonché nel Regno Unito con i sottomarini Trident. La base americana di Inçirlik, in Turchia — un paese entrato a far parte della NATO nel 1952 — contiene circa 50 bombe all'idrogeno.

Tutte queste bombe sono state collocate in questi paesi principalmente per scoraggiare un attacco russo. Il pericolo del lancio per errore di una di queste armi è una possibilità costante e accelererebbe una catastrofe genocida. Basta solo un errore involontario, la lettura errata di un computer (come è quasi successo in Unione Sovietica nel 1983), un attacco terroristico, per scatenare sul mondo un orrore e una devastazione inimmaginabili. Il libro di Eric Schlosser, *Comando e Controllo* (2013) racconta la lotta disperata di un manipolo di uomini per prevenire l'esplosione di un missile balistico che trasporta la più potente testata nucleare mai costruita dagli Stati Uniti. I governi che promettono di proteggere e difendere le loro popolazioni tenendo queste armi non fanno nulla del genere. Invece, le mettono a rischio di annientamento totale invitando un attacco di rappresaglia in caso di decisione di lanciare un attacco preventivo o del rilascio accidentale di una bomba nucleare.

Al momento (2018) circa 1800 testate statunitensi e russe sono in stato di alta allerta, in grado di essere lanciate in circa 45 minuti o meno dall'avviso di un attacco.[15] Questi missili possono viaggiare nella stratosfera alla velocità di 400 km al minuto e non sono rilevabili salvo che dai sensori elettronici. Dopo aver ricevuto le informazioni elettroniche che lo affermano, i capi di governo e i capi di stato maggiore hanno 10–15 minuti per decidere se siamo davvero sotto attacco. Gli arsenali americani comprendono armi nucleari con un potere distruttivo di 455.000 tonnellate di esplosivo (30 volte la potenza distruttiva della bomba di Hiroshima). Alcune armi russe hanno un potere distruttivo di oltre il doppio di questa cifra.[16] Nel Regno Unito, ciascuno dei quattro sottomarini lancia missili Trident trasporta tre bombe all'idrogeno nei suoi 16 missili, creando in tutto 48 testate, ognuna delle quali ha circa otto volte il potere distruttivo della bomba di Hiroshima. Ogni missile ha una gittata di circa 12 mila km. Un sottomarino Trident può incenerire 40 milioni di esseri umani.

Il pericolo per l'umanità non viene solo dal potere letale delle bombe, ma dalle nuvole radioattive da esse rilasciate che potrebbero essere attive per migliaia di anni, condannando a morte persone distanti centinaia o anche migliaia di miglia dall'effettiva esplosione e colpendo le generazioni future. La Terra e i suoi milioni di specie furono esposti alle radiazioni delle bombe nucleari esplose nel Pacifico tra il 1946 e il 1963, prima che ci rendessimo conto dei loro effetti a lungo termine. Oltre alle radiazioni emesse dal 1945 attraverso i test nucleari (oltre 2500), che colpiscono la salute delle persone che vivono vicino al luogo dove vengono effettuati (come nel caso dei Navajo in Nevada), vi sono state le radiazioni emesse da Chernobyl (1986) e Fukushima (2011) i disastri e gli incidenti di Windscale (1956) e Three Mile Island (1979). Come risultato di tutto ciò, dal 1945 il mondo è stato sempre più immerso nella radioattività. Stiamo assistendo a un'epidemia di cancro in molte parti del mondo, che non può essere attribuita a uno stile di vita o all'alimentazione o all'eredità genetica. Negli anni '50 sviluppava un cancro una persona su nove. Negli anni '90 era una su cinque. Negli ultimi anni è stata una su tre e entro il 2020 è stimato dall'OMS che sarà una su due.

Poche persone, compresi i generali che sostengono e promuovono l'idea di una futura guerra nucleare tra nazioni, sono consapevoli degli effetti di un "inverno nucleare", risultato di una catastrofica guerra nucleare. Le conse-guenze ambientali di un massiccio scambio di armi nucleari sono state trattate in numerosi studi da meteorologi e altri esperti, dell'Est e dell'Ovest. Prevedono che un uso su larga scala di armi nucleari provocherebbe tempeste di fuoco con venti molto forti e temperature elevate (simili a quanto accaduto nei bombardamenti di Amburgo e Dresda). Il fumo e la polvere risultanti bloccherebbero la luce solare per un periodo di molti mesi, dapprima solo nell'emisfero settentrionale, ma successivamente anche nell'emisfero meridionale. In molti luoghi le temperature cadrebbero molto al di sotto del congelamento e gran parte della vita vegetale terrestre e della vegetazione verrebbero distrutte. Gli animali e gli esseri umani morirebbero di fame.[17]

Per oltre cinquant'anni l'attenzione allo sviluppo delle armi nucleari da parte delle nove potenze nucleari ha creato la situazione più temuta: la capacità di una nazione, di un gruppo o di un individuo squilibrato di distruggere la vita su scala apocalittica. Il Presidente degli Stati Uniti è seguito in ogni momento, 24 ore al giorno, da un assistente militare che trasporta un astuccio contenente i codici nucleari che potrebbe usare, ed è autorizzato a farlo, in caso di attacco nucleare contro gli Stati Uniti. La lotta di queste nazioni per la supremazia e il controllo militare è diventata una tale ricerca letale di eccesso colossale e di avidità divorante per il potere da rivelare che la mente conscia è posseduta da istinti primordiali.

La cosa veramente allarmante è che un singolo individuo che ha accesso alla tecnologia della distruzione — nucleare, biologica o chimica — ora ha il potere di distruggere la vita di decine di milioni di persone perché crede che l'uso di queste armi a scopo preventivo contro un nemico designato sia giustificato o perché si considera l'agente di Dio nell'eliminare i suoi nemici dal mondo e nell'istituire un nuovo ordine. Un missile nucleare non protegge contro una singola fiala di patogeni mortali o di tossine chimiche.

Se pensiamo ai valori illustrati nel Capitolo dieci, lo sviluppo attuale e l'uso proposto di queste armi ne è un tradimento ed è, come affermato all'inizio di questo capitolo, un crimine contro l'ordine sacro della vita stessa. La genesi di questo male si trova nel tentativo di accumulare armi, di accumularne di sempre più letali, così come nella mentalità corporativa che ci tiene legati alle abitudini istintive di difesa e attacco costruite nella psiche umana per millenni.

Sembra che ci siano ancora milioni di persone orgogliose delle armi e delle prodezze della loro nazione in guerra, ed abbiano persino la ridicola pretesa che Dio sia dalla loro parte. Milioni di persone approvano che la loro nazione sia più potente delle altre. La rivalità militare e commerciale tra nazioni potenti come l'America, la Russia e la Cina sono accettate come 'normali'. La corsa per controllare le risorse dell'Artico e la ricchezza minerale dell'Africa è l'esempio più recente di questa mentalità primitiva.

Fortunatamente, questa patologia non è universale. Nel 1968, durante la Guerra Fredda, fu elaborato e firmato da 187 paesi il Trattato di Non Proliferazione (TNP). Fu un tentativo di contenere la crescente minaccia nucleare: dal 1970 è in vigore come legge internazionale ed è convocato ogni cinque anni per proseguire i negoziati verso il disarmo nucleare totale. Nell'articolo VI del Trattato, gli Stati non–nucleari hanno dichiarato che tutti gli Stati avrebbero adottato misure definitive verso il completo disarmo nucleare e per il controllo globale degli armamenti convenzionali. Tuttavia, non tutti gli stati nucleari hanno intrapreso questi passi: Israele non ha ancora riconosciuto di detenere armi nucleari. India e Pakistan non hanno firmato il Trattato. La Corea del Nord, che in origine aveva firmato, si è ritirata nel 2003.

In un articolo pubblicato nel giugno 2015, il professor John Scales Avery scrive che "Il principio di non utilizzo delle armi nucleari è stato una salvaguardia estremamente importante nel corso degli anni, ma è violato dall'attuale politica della NATO, che ne consente il primo utilizzo in un'ampia varietà di circostanze. L'articolo VI del TNP impone agli Stati in possesso di armi nucleari di sbarazzarsene entro un ragionevole periodo di tempo. Questo articolo è violato dal fatto che la politica della NATO è guidata da un Concetto Strategico, che visualizza l'uso continuato di armi nucleari nel prossimo futuro".[18] Attualmente la NATO detiene armi nucleari in quattro stati europei non–nucleari: Germania, Belgio, Italia e Paesi Bassi, contravvenendo agli articoli I e II del TNP.

Gli sforzi persistenti di molte nazioni e individui preoccupati di eliminare le armi nucleari sono culminati il 7 luglio 2017, nell'adozione da parte dell'Assemblea generale delle Nazioni Unite del Trattato sulla Proibizione delle Armi Nucleari, che è stata accettato dalla maggioranza di 122 a 1. Questo importante Trattato è stato il risultato degli sforzi concertati dell'ICAN o Campagna Internazionale per l'Abolizione delle armi Nucleari, fondata nel 2007 da International Physicians for the Prevention of Nuclear War. Lo scopo dell'ICAN è quello di cambiare il focus nel dibattito sul disarmo alla "minaccia umanitaria rappresentata dalle armi nucleari, richiamando l'attenzione sulla loro capacità distruttiva unica, sulle catastrofiche conseguenze sulla salute e sull'ambiente, sul mirare indiscriminato, sull'impatto debilitante di una detonazione sulle infrastrutture mediche e misure di soccorso e gli effetti duraturi delle radiazioni nell'area circostante". Il 10 dicembre 2017, gli sforzi dell'ICAN sono stati riconosciuti con l'assegnazione del Nobel per la pace. Vale la pena leggere nella sua interezza il discorso di accettazione del direttore esecutivo dell'ICAN, Beatrice Fihn, che si conclude con queste parole: "Siamo attivisti di 486 organizzazioni che lavorano per salvaguardare il futuro e siamo rappresentativi della maggioranza morale: i miliardi di persone che scelgono la vita sulla morte, che insieme vedranno la fine delle armi nucleari".

Il Repertorio del Diavolo

Milioni di altre persone aspirano a liberarsi di questo scenario infinito di rivalità e conflitti. Victor Gollancz, in un libro del 1956 intitolato *The Devil's Repertoire*, condannò definitivamente le armi nucleari. Far cadere una bomba nucleare, qualunque sia la circostanza, disse,

> …sarebbe l'iniquità finale, finale nel senso che nessuna iniquità più abominevole è concepibile dalla mente dell'uomo: il male puro e incondizionato. Perché cos'altro sarebbe se non il rifiuto estremo dello spirito, un totale abbandono, da parte degli uomini che lo hanno fatto, di ogni residuo di compassione per i loro simili, e la conversione di loro stessi come scelta deliberata, in strumenti per l'inenarrabile tortura di milioni e milioni di persone?[19]

Rimasi sconvolta quando seppi che l'India aveva sviluppato la bomba nucleare perché ciò mi indicava che, come le nazioni dell'Occidente cristiano, aveva voltato le spalle alla sua grande eredità spirituale. Le esigenze dei bisogni percepiti di sopravvivenza di una nazione possono scavalcare un'antica stirpe di valori spirituali. Quello che, incredibilmente, viene celebrato dai politici come un grande bene è in realtà un grande male. Nel suo libro *The Algebra of Infinite Justice*, Arundhati Roy si chiede se il popolo indiano abbia qualche comprensione delle mostruose implicazioni di ciò che è stato deciso nel suo nome e domanda: "Chi diavolo è il Primo Ministro per decidere quale dito premerà il pulsante nucleare che potrebbe trasformare in un istante tutto ciò che amiamo — la nostra terra, i nostri cieli, le nostre montagne, le nostre pianure, i nostri fiumi, le nostre città e villaggi — in cenere?"

> È possibile che le persone che non sanno scrivere il proprio nome capiscano anche solo i fatti elementari sulla natura delle armi nucleari?… Qualcuno si è preso la briga di spiegare loro di esplosioni termiche, ricadute radioattive e inverno nucleare? Ci sono parole nella loro lingua per descrivere i concetti di uranio arricchito, materiale fissile e massa critica? O il loro linguaggio è diventato obsoleto? Sono intrappolati in una capsula del tempo, e osservano il mondo che

passa, incapaci di capire o comunicare con esso perché il loro linguaggio non ha mai preso in considerazione gli orrori che la razza umana avrebbe immaginato? Non contano affatto?[20]

Nello stesso capitolo, "la fine dell'immaginazione", scrive:

> È una follia suprema credere che le armi nucleari siano letali solo se vengono utilizzate. Il fatto che esistano, la loro stessa presenza nelle nostre vite, farà più scompiglio di quanto possiamo immaginare. Le armi nucleari pervadono il nostro pensiero. Controllano il nostro comportamento. Amministrano le nostre società. Informano i nostri sogni. Si seppelliscono come uncini da carne in profondità nella base del nostro cervello…. La bomba nucleare è la cosa più anti–democratica, anti–nazionale, anti–umana, assolutamente malvagia che l'uomo abbia mai fatto. Attraverso di essa, l'uomo ha ora il potere di distruggere la creazione di Dio.[21]

L'uomo Predatore

L'ultima arma è il missile teleguidato o il drone senza pilota, definito dagli Stati Uniti "l'arma più precisa nella storia della guerra" e ora ampiamente utilizzato nella guerra contro i Talebani e al–Qaeda in Afghanistan, nel Waziristan e in Siria contro l'Isis (Stato islamico dell'Iraq e della Siria). Nonostante le smentite ufficiali, è stato responsabile di molte vittime civili. Non passerà molto tempo prima che altri paesi sviluppino e utilizzino queste armi letali, scaricate dal controllo remoto da parte di agenti operativi a migliaia di chilometri dal loro obiettivo — agenti che non si sentiranno in colpa per le vite che estingueranno con precisione tecnologica concentrandosi sul loro obiettivo. Le sfortunate vittime di queste esecuzioni senza esecutori — siano combattenti, civili o bambini — sono conosciute nel gergo militare associato a questi attacchi come 'bug–splat' (insetto–schiacciato, Ndt). Gli uomini che controllano e lanciano queste armi si considerano senza dubbio cristiani. È un peccato che il cosiddetto Occidente cristiano non abbia alcun concetto di karma.

Nel 2015 il Pentagono ha annunciato che prevede di spendere mille miliardi di dollari nei prossimi 30 anni per una nuova generazione di bombe nucleari, bombardieri, missili e sottomarini, tra cui una dozzina di sottomarini con oltre mille testate. La Russia ha rivelato i suoi piani per un nuovo tipo di arma: un siluro bomba all'idrogeno che può percorrere diecimila km di oceano proprio come un missile nel cielo. All'impatto, la bomba creerebbe uno "tsunami radioattivo" progettato per annientare milioni di persone lungo la costa di un paese. Tutta questa pianificazione letale non è ancora vista come una patologia e un sintomo di follia, ma è considerata perfettamente accettabile dagli Stati Uniti e dai suoi alleati nell'interesse della difesa. Il Buddha avrebbe considerato questo come 'giusto sostentamento'?

Il Commercio delle Armi: un Mondo Ombra

Le vendite di armi sono un altro aspetto della spinta alla supremazia militare. Il commercio di armi è pericoloso, corruttore e amorale. Nel 2017 gli Stati Uniti hanno avuto il più alto numero di vendite di armi, seguiti da Russia, Cina, Francia, Germania, Regno Unito e Spagna. Lo stesso anno, i più grossi esportatori di armi sono stati: USA, Russia, Germania, Francia, Cina, Regno Unito e Israele (SIPRI, Istituto Internazionale di Ricerche sulla Pace di Stoccolma). Sono state vendute armi in modo consistente ai regimi autocratici del Nord Africa, del Medio Oriente e dell'Africa sub–Sahariana, dove si sa che l'abuso dei diritti umani è avvenuto ed è ancora in corso. La vendita di armi da parte del Regno Unito all'Arabia Saudita è in crescita costante. Questo non è qualcosa di cui andare fieri ma, al contrario, è causa di profonda vergogna e condanna.

Il fatto che i governi si impegnino in questo lucroso commercio di armi, rinnegando ogni responsabilità di uccidere e ferire i civili in altri paesi che vorrebbero insorgere contro l'oppressiva élite al potere, è un ulteriore esempio della patologia della guerra. I governi esibiscono la stessa psicopatologia degli individui: paranoia, proiezione, diniego, scissione, certezza delirante. Ma tutto questo viene eliminato perché le vendite di armi sono ritenute accettabili nel contesto della 'difesa', contribuendo al PIL di una nazione o fornendo lavoro. Com'è possibile definirci umani e partecipare all'invenzione e alla fabbricazione di tutte queste armi, per non parlare della loro vendita e uso? Come siamo caduti in un tale uso demoniaco dei nostri grandi poteri creativi, un tale stupro auto–inflitto della nostra anima?

Riassumendo: la convinzione che sia giustificabile uccidere gli altri in difesa del proprio gruppo o territorio (con Dio cooptato per sostenere quel gruppo) si è evoluta dai sistemi di credenze e dalle abitudini tribali territoriali del passato. Gli sforzi dei più grandi maestri spirituali di tutte le tradizioni religiose hanno tentato di liberarci dal nostro asservimento a queste abitudini primordiali, illustrando dei valori che dovremmo aspirare a seguire. Ma il loro messaggio fondamentale — che la vita è sacra e, al livello più profondo, una e indivisibile — è stato costantemente ignorato. Essi riterrebbero moralmente inconcepibile l'invenzione delle armi di distruzione da noi inventate per la difesa personale o per mantenere l''equilibrio di potere' e l'uso che ne facciamo, distruggendo la vita di persone innocenti per salvare la nostra. Credere che il sacrificio di una singola vita possa essere gradito a Dio sarebbe inimmaginabile.

Già nel 1948 il generale Omar Bradley riassumeva in un discorso l'immaturità morale dell'Occidente cristiano: "Abbiamo afferrato il mistero dell'atomo e respinto il Discorso della Montagna. Il nostro è un mondo di giganti nucleari e bambini etici. Sappiamo di più sulla guerra di quanto sappiamo sulla pace, più sull'uccidere di quanto sappiamo sulla vita". Disse anche: "Se continuiamo a sviluppare le armi senza saggezza o prudenza, il nostro servitore potrebbe dimostrarsi il nostro carnefice".

Il Costo della Guerra

I governi versano incredibili somme di denaro per il mantenimento e il rinnovo delle armi. Le guerre generano enormi profitti per pochi individui e corporazioni. Ma l'effettivo costo della guerra e delle armi necessarie per pagarlo, o per dedicarsi alla difesa ricade sulla popolazione comune, le cui tasse vengono utilizzate per pagare guerra e armi. L'accumulo di armi è un peso per ogni paese che vi indulga perché spreca somme colossali che altrimenti potrebbero essere spese per elevare il tenore di vita delle persone in difficoltà. Un esempio è l'enorme costo finale del rinnovo del sistema di missili Trident nel Regno Unito che al momento non possiede l'ammontare di quella cifra.

La spesa militare globale nel 2017 ammontava a mille settecento miliardi di dollari (SIPRI). [22] Il budget di spesa militare presentato dal presidente Trump al Congresso per l'anno 2018-9 è di quasi 900 miliardi di dollari. Si stima che il costo per le guerre in Iraq e Afghanistan raggiunga i duemila quattrocento miliardi di dollari entro il 2017, sebbene si pensi che il costo effettivo sia il doppio, dopo aver preso in considerazione i pagamenti alle famiglie dei defunti e la cura continua dei veterani feriti. C'è anche l'enorme costo di mantenere basi militari in oltre cento paesi diversi. Nel 2018 i rapporti dell'Ispettorato Generale e del Servizio Defence & Accounting del Dipartimento della Difesa hanno rivelato che il Pentagono non poteva contare sui ventuno mila miliardi di finanziamenti da parte dei contribuenti (Changemaker Media and Global Research 2018). Benché incaricato dalla legge federale di condurre verifiche finanziarie regolari, da più di vent'anni il Pentagono non ha mai rispettato questa legge né rendicontato le migliaia di miliardi di dollari del denaro dei contribuenti che ha speso. La follia di tutto questo si riflette nel fatto che due quinti della popolazione della Terra vive con meno di 2 dollari al giorno e un miliardo di persone ha fame. Immagina la differenza che potrebbe esserci per le persone indigenti e affamate del mondo se le oscene somme spese per guerre, armi, basi militari e budget fossero invece indirizzate alla distribuzione mondiale di cibo, sanità e istruzione.

Demonizzare il Nemico: la Manipolazione delle Proiezioni Ombra

In ogni conflitto, un aspetto essenziale della mobilitazione dell'opinione collettiva per giustificare la regressione a livello di predatore o un comportamento patologico è quello di demonizzare o disumanizzare il nemico e presentare il conflitto in modo semplicistico come vittoria o sconfitta, bene o male, giusto o sbagliato, polarizzando in tal modo due gruppi o nazioni e trasformandoli in nemici. Le bugie strategiche per promuovere gli interessi nazionali sono state a lungo parte del repertorio dei leader politici e il terrorismo ne è un elemento integrante. Ma è proprio in queste situazioni che rischiamo di cadere sotto l'incantesimo polarizzante della mitologia solare e di essere posseduti dall'ombra inconscia. Il totalitarismo prosegue nel processo di demonizzazione di un altro gruppo — nominando un gruppo come 'buono' e l'altro come 'cattivo'. Il gruppo 'buono' potrebbe cercare di abbatterne un altro all'interno di una nazione, come nella moderna Siria, o cercare di controllare un'altra nazione che rappresenta una minaccia, come in India o in Pakistan, o prepararsi a una minaccia immaginaria futura, come la percezione della minaccia rappresentata dalla Russia per l'Occidente Quindi viene propagandata la credenza: se il nostro gruppo o nazione deve vincere, l'altro deve essere sconfitto, eliminato. Se la nostra causa è identificata con il bene, l'altra deve essere cattiva ed è, quindi, meritevole di sconfitta, per quanto grande sia il sacrificio — nostro e loro. Non c'è una terza via. Come prezzo necessario alla vittoria sono giustificate azioni barbare da entrambe le parti. Pochi governi menzionano o piangono la perdita di vite umane sul lato nemico, solo quelle perdute sul lato 'nostro'. In quattromila anni poco è cambiato. In una situazione di conflitto in cui si innescano gli istinti di sopravvivenza, il leader di una nazione o il maschio alfa dovrà indossare l'abito del guerriero e vincere la battaglia per la supremazia.

Jung sviluppò le sue idee sul pericolo che il potere archetipico dell'ombra sopraffaccia la civiltà nei suoi saggi sugli eventi in Germania (Opere, vol. 10) In quelle pagine analizzò come le proiezioni negative sugli altri possano svilupparsi e diffondersi come un virus e addirittura contaminare un intero gruppo o nazione, facendolo cadere in una psicosi, come è stato nella Germania nazista o nella Cina maoista. Una delle realizzazioni più importanti di Jung fu che quando proiettiamo il male sugli altri, in particolare quando ci sentiamo minacciati, potremmo perdere la possibilità di intuizione e la capacità di affrontare il male, diventandone molto facilmente contaminati noi stessi:

> Oggi sappiamo che nell'inconscio di ogni individuo ci sono propensioni istintive o sistemi psichici carichi di considerevole tensione. Quando vengono aiutati, in un modo o nell'altro, a penetrare nella coscienza, e quest'ultima non ha la possibilità di intercettarli in forme superiori, spazzano tutto davanti a sé come un torrente in piena e trasformano gli uomini in creature per le quali la parola 'bestia' è ancora troppo buona. Possono quindi essere chiamati solo 'diavoli'. Per evocare tali fenomeni nelle masse tutto ciò che serve sono un po' di persone possedute, o solo una. Se dovesse capitare che questa disposizione inconscia fosse comune alla grande maggioranza della nazione, allora uno solo di questi individui oppressi dal complesso, che allo stesso tempo si pone come megafono, è sufficiente perché si precipiti in una catastrofe.[23]

L'esempio più recente ed evidente di proiezioni ombra è stata l'invasione dell'Iraq da parte degli Stati Uniti e della Gran Bretagna, apparentemente per eliminare la minaccia delle armi di distruzione di massa sviluppate dal regime oppressivo di Saddam Hussein, ma in realtà — secondo Mohamed ElBaradei, vincitore del Premio Nobel per la Pace nel 2005 e autore di *The Age of Deception: Nuclear Diplomacy in Treacherous Times* — per "cambiare il panorama geopolitico del Medio Oriente stabilendo l'Iraq come un'oasi di democrazia". [24]

A parte il numero di soldati alleati uccisi o mutilati in questa guerra, la stima sul numero di morti iracheni è di 2,3 milioni di persone. [25] Inoltre ha creato centinaia di migliaia di persone gravemente ferite, tra cui bambini mutilati e traumatizzati che hanno assistito e hanno subito orrori inimmaginabili. Ha spostato tra 4 e 7 milioni di persone, molte delle quali sono diventate rifugiati. Ha lasciato dietro di sé un'economia in frantumi e uno stato debole e diviso lacerato da fazioni rivali. Nella sua analisi dettagliata degli eventi che hanno portato all'invasione dell'Iraq, Mohamed ElBaradei commenta:

> In definitiva, la storia della guerra in Iraq può arrivare a una serie di domande che colpiscono duramente. Se la comunità delle nazioni cerca di vivere secondo lo stato di diritto, quali misure dovrebbero essere prese quando le violazioni del diritto internazionale comportano un numero massiccio di vittime civili? Chi dovrebbe essere ritenuto responsabile quando si è intrapresa un'azione militare in violazione della legge codificata nella Carta delle Nazioni Unite? O peggio ancora, quando si scopre che l'azione militare era basata su informazioni errate, sul trattamento deliberatamente selettivo delle informazioni o sulla promulgazione di disinformazione? [26]

Come illustra la compulsione dell'Occidente a intraprendere guerre per in-staurare la democrazia in Iraq, in Afghanistan e in altri paesi al fine di proteggersi da un attacco futuro, non siamo assolutamente persone libere e razionalmente dirette, ma siamo ancora schiavi delle antiche abitudini. Nel suo libro *La forza oscura. Come la religione ha portato il mondo alla crisi*, John Gray commenta acidamente: "Il tentativo di rifare il sistema internazionale ha avuto effetti simili alle precedenti utopie... preservare i vincoli di una civiltà conquistati duramente è meno eccitante che buttarli via per realizzare sogni impossibili. La barbarie ha un certo fascino, in particolare quando viene rivestita di virtù". [27]

Finché non faremo alcuno sforzo per ottenere una visione di questo aspetto enormemente pericoloso del nostro comportamento ombra, saremo costretti a ripetere vecchi schemi. Durante la Guerra Fredda, Jung commentò che l'umanità era divisa in due parti apparentemente inconciliabili: "La regola psicologica dice che quando una situazione interiore non viene resa cosciente, accade fuori, come destino. Vale a dire, quando l'individuo rimane indiviso e non diventa conscio del suo opposto interiore [la sua ombra], il mondo deve necessariamente mettere in atto il conflitto ed essere diviso in due metà opposte". [28]

Coloro che non hanno familiarità con le idee di Jung e le implicazioni di ignorare l'ombra, possono tuttavia comprendere che le sue parole sono rilevanti oggi come lo erano quando fu costruito il Muro di Berlino, che divideva la Germania, o quando fu tracciata la Cortina di Ferro tra Unione Sovietica e l'Occidente durante la Guerra Fredda. Oggi abbiamo in corso la 'Guerra al Terrore', il muro di cemento costruito per separare Israele dai Territori palestinesi e la frontiera, irta di uomini armati, tra la Corea del Nord e quella del Sud. Abbiamo l'odio letale tra i sunniti e gli sciiti nell'Islam e i tentativi degli islamisti di distruggere il patrimonio culturale e artistico dei paesi musulmani in Iraq (Mosul) e in Siria (Palmira) e quello dei gruppi tribali in Africa (Mali). Ci raccontiamo che se solo 'loro' potessero essere eliminati il mondo sarebbe un posto migliore e più sicuro, eppure quando quella particolare testa di idra viene tagliata, altre due ne appaiono al suo posto; il problema del male è continuo e cumulativo. Il commento di Jung qui è utile: "Poiché si crede universalmente che l'uomo sia semplicemente ciò che la sua coscienza conosce di sé, egli si considera innocuo e così aggiunge la stupidità all'ingiustizia. Non nega che siano successe cose terribili e continuino a succedere, ma sono sempre 'gli altri' a commetterle". [29]

Il pericolo di una tale situazione è che queste abitudini secolari non incoraggiano il dialogo con il nemico. Le proiezioni paranoiche volano avanti e indietro e si inaspriscono, finché ogni combattente demonizza il suo nemico. La paura e l'odio intrinseco ai conflitti attuali attivano i ricordi dei conflitti più antichi, anche quelli che risalgono a più di mille anni. Quando da entrambe le parti sono commesse delle atrocità, l'impulso riflessivo di vendicarle rende quasi impossibile contenere gli istinti di sopravvivenza che vengono suscitati.

Ovunque ci sia una forte polarizzazione degli opposti, c'è una situazione che attira le proiezioni dell'ombra e la demonizzazione degli altri. Il capro espiatorio o l'individuo o il gruppo nemico demonizzato — spesso chiamato cane, maiale o parassita — trasporta le proiezioni di ombre provenienti da milioni di altre e ci solleva dalla responsabilità di guardare la nostra per vedere dove possiamo aver contribuito a creare questo nemico. Demonizzare o disumanizzare un nemico, incoraggiati dai politici, dai media e dai leader religiosi fanatici, può portare alla situazione in cui la mente collettiva è inondata di proiezioni dell'ombra. Ma possiamo essere incoraggiati dal fatto che questi motivi ombra vengano portati alla luce perché ora, in molti paesi, c'è un numero crescente di persone pronte a sfidare le politiche dei loro governi, anche se non possono ancora impedire che vengano attuate. Ora ci sono molte organizzazioni come Amnesty International, Human Rights Watch e l'organizzazione Internet Avaaz (www.avaaz.com) che sono dedicate a far luce sulle situazioni costellate da comportamenti ombra nei governi e nelle società.

In *Faces of the Enemy*, Sam Keen offre una brillante analisi del modo in cui funziona la propaganda e di come le proiezioni ombra collettive vengano manipolate dai governi e dai media. Inizia la guarigione, dice, "quando smettiamo di giocare al gioco della colpa, quando smettiamo di assegnare la responsabilità della guerra a qualche misteriosa agenzia esterna e osiamo prendere coscienza dei nostri modi violenti".[30] E mette il dito su uno dei nostri più grandi problemi, evidenziato dalle guerre in Afghanistan e in Iraq:

> Il più terribile di tutti i paradossi morali, il nodo gordiano che deve essere svelato se la storia deve continuare, è che creiamo il male con i nostri più alti ideali e le più nobili aspirazioni. Abbiamo tanto bisogno di essere eroici, di essere dalla parte di Dio, di eliminare il male, di ripulire il mondo, di essere vittoriosi sulla morte, che affliggiamo distruzione e morte a tutti coloro che ostacolano il nostro eroico destino storico.[31]

I leader politici portano e inconsapevolmente mettono in scena l'ombra collettiva del passato, perpetuandola nel presente. Milioni di persone entrano in collisione con le loro proiezioni perché guardano a un leader per la propria sicurezza, sentendosi dire che sono in pericolo: così vengono suscitati gli istinti di sopravvivenza. La propaganda del governo e dei media combina la paura e l'illusione della sicurezza. Ritirare queste proiezioni e vedere chiaramente ciò che fa l'ombra contrasta il suo potere, liberandoci dall'esserne posseduti. Abbiamo abbastanza consapevolezza per fare questa scelta, per far luce sulla nostra stessa oscurità. Ciò comporta il dissociarci come individui dalla retorica delle credenze patriottiche o religiose che, lungi dall'eliminare il male, lo generano. Il patriottismo e la conformità religiosa sono stati a lungo promossi come virtù supreme, ma ora dobbiamo guardare oltre questi aspetti a una morale più inclusiva, che invita la consapevolezza dei bisogni dell'intera comunità umana e dell'ambiente planetario. Nelle parole altamente significative di Jung: "L'immunità della nazione dipende interamente dall'esistenza di una minoranza all'avanguardia, immune al male e capace di combattere il potente effetto suggestivo di realizzazioni apparentemente possibili. Se il leader non è assolutamente immune, cadrà inevitabilmente vittima della sua volontà di potenza".[32]

Mark Gerzon, in un libro brillantemente argomentato, *Leading Through Conflict*, mostra che la demonizzazione dell'"altro" è una delle principali radici del male:

> Olocausto e genocidio non accadono mai, ripeto mai, senza menzogne, su un "Altro" malvagio. Un singolo essere umano può ferire, o addirittura uccidere, un altro essere umano. Ma per ucciderne cento, mille e certamente centinaia di migliaia, le vittime devono essere trasformate in qualcosa di sub– o di non–umano. I demagoghi sono spesso dei geni contorti quando si tratta del brutale mestiere della disumanizzazione. Sono brillanti nel ritrarre coloro che cadono fuori dai confini

del "noi" come meno che umani. Il demagogo non guida mai semplicemente il gruppo A senza sistematicamente demonizzare, e spesso distruggere, il gruppo B. Giustifica la sua fissazione sul "nemico" con ogni sorta di razionalità sofisticate, inclusa l'autodifesa. Ma ciò che contraddistingue il Demagogo è che la sua leadership dipende in realtà, ed è alimentata dall'esistenza di un Altro odiato.[33]

Laddove le proiezioni negative e la demonizzazione degli altri sono incoraggiate a proliferare e a mettere radici, il potere archetipico del mito solare può diventare attivo, prendere possesso di milioni di persone e condurre ad atti di indicibile barbarie. I leader sanno da tempo che deviare l'attenzione delle persone dai problemi interni verso una minaccia esterna può fare miracoli per rafforzare il loro potere o sostenere la loro decisione di intraprendere una guerra — persino, come il presidente Assad in Siria, una guerra civile con la sua stessa gente. Quando viene risvegliata alla modalità di sopravvivenza dai suoi leader, la massa della gente accetterà e invocherà persino un attacco bellicoso. Goering era ben consapevole di ciò quando osservava cinicamente:

> Naturalmente la gente comune non vuole la guerra, né in Russia, né in Inghilterra, né in Germania. Questo si sa. Ma, dopo tutto, sono i leader del paese a determinare la politica, ed è sempre una questione semplice trascinare il popolo, sia che si tratti di una democrazia, o di una dittatura fascista, o di un parlamento, o di una dittatura comunista. Voce o non voce, le persone si possono sempre portare a eseguire gli ordini dei leader. Questo è facile. Tutto quello che devi fare è dire loro che sono stati attaccati e denunciare i pacifisti di mancanza di patriottismo e di esporre il paese al pericolo. Funziona allo stesso modo in qualsiasi paese.[34]

I Crimini di Guerra: Effetti sull'Ambiente e sul Pianeta

Uno dei crimini di guerra raramente commentato è la devastazione del pae-saggio e la distruzione di una cultura e dei suoi preziosi edifici, biblioteche e musei. Coloro che erano impegnati nella feroce battaglia per Aleppo hanno distrutto l'inestimabile patrimonio, non solo della loro nazione ma di tutta l'umanità.

La devastazione dell'ambiente da parte di invasioni e bombardamenti è un aspetto della guerra. Ma ci sono altre conseguenze, come gli effetti a lungo termine di armi come l'uranio impoverito sul suolo nonché su esseri umani e animali. Nel suo libro, *Planet Earth, the Latest Weapon of War*, l'illustre biologa dott.ssa Rosalie Bertell, commenta:

> Le guerre provocano morti e distruzione immediata, ma le conseguenze ambientali possono durare centinaia, spesso migliaia di anni. E non è solo la guerra che mina il sistema che ci tiene in vita, ma anche la ricerca e lo sviluppo, le

esercitazioni militari e la preparazione generale alle battaglie che si svolgono quotidianamente in molte parti del mondo. La maggior parte di questa attività prebellica avviene senza il beneficio di un controllo civile e quindi non siamo a conoscenza di ciò che viene fatto al nostro ambiente nel nome della 'sicurezza'.[35]

L'autrice mette in guardia anche su una nuova generazione di armi progettate per interferire con l'atmosfera elettromagnetica della Terra o penetrare in profondità nel campo magnetico sotto la sua superficie. Progetti come HAARP (High–frequency Active Auroral Research Programme), il cui primo stadio in Alaska è stato completato nel 1995, sono ideati per utilizzare la ionosfera, che avvolge la terra, perché rifletta fasci di energia ultra–elevata per distruggere obiettivi in tutto il mondo. Tali armi, dice, sono in grado di interferire con l'equilibrio dinamico dei sistemi vitali della terra e delle forme di vita, di cui siamo una.[36] "Quando HAARP sarà completato, sarà in grado di riscaldare aree specifiche della ionosfera fino a che non producano una lente curva in grado di reindirizzare quantità significative di energia elettromagnetica. Questi fasci elettromagnetici riflessi possono essere microonde o nella gamma degli ultravioletti e potrebbero essere usati come arma per incenerire una riserva forestale o petrolifera, o per uccidere in modo selettivo degli esseri viventi".[37]

Pochi di noi riescono solo a cominciare a comprendere il pericolo incombente su di noi e su tutta l'umanità dallo sviluppo di questo tipo di arma. Secondo la ricerca dell'autrice, l'interferenza con la ionosfera e la manipolazione delle onde elettromagnetiche potrebbe causare la creazione di tempeste insolitamente violente, terremoti ed eruzioni vulcaniche. Le popolazioni del mondo non sono consapevoli dell'esistenza di queste 'iniziative', né delle somme colossali spese dai governi per svilupparle. Al momento, l'umanità nel suo insieme non ha il potere di fermare questo spaventoso spreco di denaro, dal momento che ogni nazione controlla il proprio budget e i propri progetti militari. Ciò che manca attualmente è l'attuazione della Carta della Terra e un'iniziativa globale per la protezione dell'ambiente planetario e di tutte le specie che sostanta.

Guerra e Anima

Non ci sono molti libri sugli effetti della guerra sull'anima. Uno dei più profondi è stato scritto dall'analista junghiano Edward Tick, che ha dedicato la sua vita a curare veterani di guerra traumatizzati, in particolare dopo la guerra in Vietnam. In *War and the Soul: Healing our Veterans of Nation from Post–Traumatic Stress Disorder* scrive che i veterani possono essere perseguitati per anni da incubi in cui rivivono le esperienze terrificanti che hanno subito in origine: "Possono vedere che uccidono di nuovo, o amici e nemici che muoiono di nuovo. Possono avere visioni di amici morti, o di nemici o di entrambi. Possono anche, in retrospettiva, provare l'angoscia morale per aver ucciso persone che non meritavano di morire".[38] Possono avere incubi, insonnia, spaventosi sbalzi d'umore e ondate di rabbia in risposta a qualcosa che per gli altri sarebbe innocuo. Possono dover sopportare di vivere le loro giovani vite senza gli arti, che sono stati amputati, senza vedere, se sono stati accecati, senza la possibilità di sviluppare il pieno potenziale di ciò che avrebbero potuto essere. Tutto questo genera intollerabile angoscia e sofferenza, sia per i veterani che per le loro famiglie, che può durare per anni. A volte questi sintomi non si manifestano che molti anni dopo l'esperienza traumatica originaria:

> Sebbene le ostilità cessino e la vita vada avanti, e sebbene i propri cari desiderino la loro guarigione, i veterani rimangono spesso immersi per decenni, e a volte per tutta la vita, nell'immaginario e nell'emozione della guerra. Per questi sopravvissuti ogni caratteristica umana vitale che attribuiamo all'anima può essere radicalmente rimodellata. Questi tratti includono il modo in cui percepiamo; come le nostre menti sono organizzate e funzionano; come amiamo e ci rapportiamo agli altri; ciò in cui crediamo, che aspettiamo e valutiamo; ciò che sentiamo e rifiutiamo di sentire; e ciò che giudichiamo come buono o cattivo, giusto o sbagliato. Anche se l'afflizione che oggi chiamiamo disturbo da stress post–traumatico ha avuto molti nomi nel corso dei secoli, è sempre il risultato del modo in cui la guerra invade, ferisce e trasforma il nostro spirito.[39]

Esplorando gli effetti della guerra sull'anima e spiegando le ragioni per cui il disturbo post–traumatico da stress (PTSD) è così difficile da trattare, Tick scrive: "…l'impatto traumatico della guerra e della violenza infligge ferite così profonde che dobbiamo affrontarle con straordinario attenzione, risorse e metodi. I metodi convenzionali di funzionamento medico e psicologico e le terapie non sono adeguati per spiegare o trattare tali ferite. I veterani e le loro afflizioni cercano di dircelo".[40] Il dott. Tick spiega perché nei sopravvissuti al trauma sono da aspettarsi questi sintomi di stress insopportabile:

> La guerra devasta non solo il nostro essere fisico, ma la nostra stessa anima — per l'intera cultura e per l'individuo. In guerra, il caos travolge la compassione, la violenza sostituisce la cooperazione, l'istinto sostituisce la razionalità, l'intestino domina la mente. Quando è immersa in queste condizioni, l'anima è sfigurata e può perdere la vita. Ciò che viene chiamato perdita dell'anima è un'estrema condizione psico–spirituale che va oltre quello che gli psicologi chiamano comunemente dissociazione. È molto più che l'intorpidimento psichico o la separazione della mente dal corpo. È una rimozione del centro dell'esperienza dal corpo vivente senza interrompere completamente la connessione. In presenza di una violenza travolgente che mette in pericolo la vita, l'anima — il vero sé — fugge. Il centro dell'esperienza cambia; il corpo supporta l'impatto del trauma ma non lo registra così profondamente come prima. Con il corpo e l'anima separati, una persona è intrappolata in un limbo dove passato e presente si mescolano senza differenziazione o continuità. Nulla sembra giusto, finché corpo e anima non si ricongiungono.[41]

Gli psicoterapeuti sanno che la vittima del trauma ripete lo schema traumatizzante nelle situazioni normali di vita. Penso che questa intuizione possa essere applicata alla vita dell'umanità nel suo complesso. I ricordi del conflitto, e delle sofferenze generate dai conflitti passati, non vanno via con l'avvento delle nuove generazioni. Sono trattenuti nell'inconscio collettivo della specie, pronti per essere attivati quando specifici 'inneschi' richiamano la stessa risposta. Tick conclude che finché non saremo consapevoli degli elementi inconsci che ci guidano, non saremo in grado di liberarci dal potere che hanno su di noi. Continueremo ad essere posseduti da ciò che James Hillman descrive come 'il terribile amore per la guerra' nel suo libro con lo stesso titolo finché non diventeremo consapevoli di quanto facilmente possa farla da padrone e saremo in grado di resistere al suo potente incantesimo. Potremmo quindi sviluppare strategie per contenerlo in modo che non possa più distruggere la nostra anima.

La Strada Davanti

La massa dell'umanità segue inconsciamente le duplici piste del costume tribale o sociale e delle credenze religiose che furono stabilite secoli, o addirittura millenni fa. La conformità è più sicura. Resistere alla chiamata alla guerra significa avere il marchio di antipatriottico e sollecitare la vergogna e il ridicolo. Tuttavia, la maturazione e persino la sopravvivenza dell'umanità nel suo insieme dipendono da individui coraggiosi che aprono nuovi percorsi per le specie che seguono. Nessun modello di comportamento è più resistente al cambiamento degli istinti di sopravvivenza innescati dalla paura. Sono questi istinti che conducono alla guerra, insieme con l'intossicazione del potere nei leader che manipolano queste paure, e la pressione esercitata dal complesso militare–industriale nelle nazioni che aspirano al dominio del mondo.

Solo portando alla consapevolezza conscia questi istinti profondamente sepolti possiamo sperare di ottenere una prospettiva *trascendente* che possa alla fine portarci fuori dalla tragica compulsione a ripetere gli schemi del passato. Al momento attuale, questa prospettiva trascendente è portata avanti da organizzazioni come le Nazioni Unite, la Corte internazionale di Giustizia e da governi e individui che intervengono per mediare tra le parti scontente. Ma le Nazioni Unite, come hanno rivelato i recenti avvenimenti in relazione alla Siria (2018), sono state rese impotenti a prevenire il massacro dei civili e a portare cibo e aiuti medici, dal blocco della risoluzione di intervento del Consiglio di Sicurezza da parte di Russia e Cina. Come tempo fa ha commentato il capo dell'Assemblea Generale delle Nazioni Unite (marzo 2012), il Consiglio di Sicurezza non è adatto allo scopo.

Ci sono, tuttavia, alcuni milioni di individui che a livello transnazionale pensano al benessere di tutti i popoli e del sistema di vita dell'intero pianeta. Essi lavorano per creare un nuovo tipo di civiltà — una civiltà planetaria (ma non un governo planetario) che onorerà veramente il benessere di tutte le persone e di tutte le specie di vita sulla terra. La speranza per il futuro risiede in questi individui che hanno il coraggio di parlare contro l'intero ethos della guerra, che svergognano le nazioni che promuovono questa ideologia, che incrementano i metodi esistenti di risoluzione dei conflitti e tengono conto dei politici responsabili di intraprendere una linea d'azione che può solo portare a ulteriori inimicizie e conflitti — persino a una catastrofe non prevedibile. La Guerra Informatica ci minaccia con un'intera nuova area di conflitto e la capacità di una nazione di paralizzarne un'altra bloccando i suoi sistemi elettronici.

Dalla prospettiva di questo libro, le scoperte che emergono dalla fisica quantistica suggeriscono che la convinzione di poter raggiungere una posizione di dominio in relazione alla natura, alla vita o gli uni sugli altri è sostanzialmente un'illusione: ognuno di noi è espressione di un vasto mare, di un campo olografico di coscienza — ancora poco riconosciuto. Come rivela la fisica quantistica, siamo tutti collegati l'uno all'altro, siamo parte di una grande rete vivente di vita. Siamo letteralmente 'custodi del nostro fratello'.[42]

La convinzione che gli stati moderni possano continuare indefinitamente ad agire come se fossero unità autonome, in competizione tra loro, per ottenere il controllo delle risorse della Terra o per acquisire il potere di distruggere la vita su una scala colossale, non è solo la più insidiosa delle illusioni, ma una patologia non riconosciuta. Il militarismo stesso è un agente patogeno che potrebbe spazzarci via. Distruggendo gli altri, o anche immaginando e provando a farlo con l'invenzione e lo sviluppo di armi sempre più terribili, stiamo, in effetti, sollecitando la nostra stessa distruzione e ferendo tutta l'umanità, per non parlare del pianeta. Nel cercare la riconciliazione e il benessere degli altri, resistendo, anche nel mezzo del conflitto, all'istinto di vendicarci, stiamo contribuendo al nostro benessere e garantendo quello delle generazioni future. Ogni individuo che ha questa prospettiva aiuta l'umanità nel suo complesso a progredire, risvegliando e agendo a partire da questi valori completamente differenti.

Nel 2002, ho ricevuto da una collega americana il racconto di un sogno, che le era stato inviato da uno dei suoi clienti poco dopo l'11 settembre:

> Sono tornato nell'esercito, assegnato ancora una volta al mio vecchio ruolo di cecchino. Ho tutto il mio equipaggiamento e lo sto sistematicamente mettendo insieme, preparandomi a sparare al mio obiettivo, che è a una certa distanza. Finalmente, il mirino telescopico è attaccato al fucile e puntato sul mio obiettivo in modo che io possa effettivamente vedere chi è. E, con mia grande sorpresa, è mio fratello (che nella vita reale è in un altro ramo del servizio). Sono sciocato e mi fermo — non posso continuare.

Se solo potessimo portare nei nostri cuori il messaggio di questo sogno, qualcosa potrebbe cominciare a cambiare nel modello di aggressione e di guerra così profondamente radicato nella nostra psiche. La guerra, cominciata per un bisogno nazionalistico di espansione, deve essere vista come un episodio psicotico nella psiche nazionale, un tradimento dell'anima, in cui il fragile strato di coscienza razionale è sopraffatto dalle profondità irrazionali dell'ombra inconscia e cooptato al servizio dei suoi obiettivi atavici. È una patologia che, se possibile, deve essere deplorata ed evitata invece che presentata come un'opportunità per vincere su un nemico designato o per agire da poliziotto del mondo. L'avvertimento di Jung è rilevante:

> Il pericolo supremo che minaccia gli individui, come le intere nazioni, è un pericolo psichico. La ragione si è rivelata completamente impotente, proprio perché i suoi argomenti hanno un effetto solo sulla mente conscia e non sull'inconscio. Il pericolo più grande di tutti viene dalle masse, in cui gli effetti dell'inconscio si accatastano cumulativamente e la ragionevolezza della mente conscia viene soffocata.... È quindi altamente desiderabile che si diffonda una conoscenza della psicologia in modo che gli uomini possano comprendere la fonte dei pericoli supremi che li minacciano. Non è armandosi fino ai denti, ognuno per sé, che le nazioni potranno difendersi a lungo termine dalle spaventose catastrofi della guerra moderna. L'accumulo di armi è di per sé un richiamo alla guerra. Piuttosto, devono riconoscere quelle condizioni psichiche in cui l'inconscio rompe la diga della coscienza e la travolge.[43]

Quando saranno riconosciuti gli istinti di sopravvivenza, e la mitologia solare che stanno alla radice di questa antica patologia, e sarà riconosciuto e affrontato il controllo inconscio che esercitano su di noi, troveremo un modo per abbandonare la dipendenza dalla guerra e dalla depravazione e devastazione che genera. Ci sarà una fine a questo schema quando si farà avanti un leader di altro calibro, un leader capace di articolare valori che traggano la più alta risposta spirituale dalle persone che lui o lei rappresentano, e non quella atavica. Sarebbe un leader che offre una prospettiva planetaria trascendente alle questioni coinvolte, serve i bisogni, riconosce le ferite e placa le paure di entrambi i popoli in conflitto invece che polarizzarli in un contrasto sempre più letale. Questi leader emergeranno quando rinunceremo all'illusione che la nostra sicurezza come nazione, o anche la sicurezza del mondo, possano essere comprati al prezzo del sacrificio della vita degli altri, poiché riconosceremo che tale credenza, sebbene ancora tenacemente tenuta da molti, alla fine dovrà diventare obsoleta. Le cose cominceranno a cambiare solo quando sapremo riconoscere che l'oscurità che proiettiamo sugli altri potrebbe essere la nostra.

Post scriptum: È possibile che le persone coinvolte in un conflitto siano influenzate da coloro che hanno subito morti atroci e sono ancora legati a questa dimensione terrena dal terrore, dal dolore, dall'odio e dall'angoscia in cui sono morti. Un numero di individui addestrati alla liberazione dello spirito già sono impegnati nell'aiutare queste anime traumatizzate. Questa pratica, tuttavia, potrebbe essere estesa se ci fosse una maggiore comprensione del fatto che i 'morti' possano aver bisogno di essere liberati dal trauma della loro morte.

Nello scrivere la sezione di questo capitolo che riguarda le armi nucleari sono enormemente in debito con il libro scritto dal Professor John Scales Avery, *Nuclear Weapons: An Absolute Evil*. Mi ha fornito ciò che dovevo sapere e ciò a cui non avevo accesso immediato — i dettagli di tutto quello che riguarda le armi nucleari, la storia del loro sviluppo e gli effetti del loro uso. Fornisce un quadro completo di come, nello sviluppo di queste armi demoniache, abbiamo perso la nostra umanità e come, liberando il pianeta da esse, potremmo recuperarla.

Il libro del Professor Avery può essere acquistato su:
http://www.lulu.com/home e http://www.fredsakademiet.dk/library/nuclear.pdf

LAMENTO PER LA TRAGEDIA DELLA GUERRA

Sebbene scritta nel 1999, questa poesia è dedicata a tutti coloro che soffrono nei conflitti in corso che disturbano la vita del pianeta: ai rifugiati che fuggono dalle loro case devastate e vivono nei campi; alle 3000 donne yazide che hanno sopportato l'agonia dello stupro e della schiavitù; alle migliaia di giovani le cui preziose vite vengono spezzate; ai bambini che subiscono il trauma di essere testimoni e di sperimentare le atrocità della guerra. (Appendice 1 a pagina 539)

Note:

1. Politkovskaya, Anna: *Un piccolo angolo d'inferno*, Rizzoli, Milano 2008.
2. Gray, Colin: *Another Bloody Century*, Weidenfeld & Nicolson 2005, p. 24–5.
3. Citato da Colin Gray, p. 35.
4. Keen, Sam: *Faces of the Enemy*, Harper & Row, San Francisco 1986, p. 30.
5. Ferguson, Niall: *La guerra del mondo. Novecento, il secolo della violenza*, Mondadori, Milano 2016.
6. Bird, Kai and Sherwin, Martin J.: *Robert Oppenheimer, il padre della bomba atomica. Il trionfo e la tragedia di uno scienziato*. Garzanti, Milano 2007.
7. Hoffman, David E.: *The Dead Hand: Reagan, Gorbachov and the Untold Story of the Cold War Arms Race*, Doubleday, New York 2009; Icon Books Ltd., Londra 2011, p. 23.
8. ibid, p. 23.
9. ibid, p. 14.

10. ibid, p. 20.
11. ibid, pp. 418–421
12. ibid, p. 309.
13. Hoffman, p. 472 e Capitolo 22, passim.
14. ibid, p. 24.
15. www.fas.org/programs/ssp/nukes/nuclearweapons/nukestatus
16. Blackaby Paper No 8, "Nuclear Weapons Abolition: an idea whose time has come." (Abolizione delle armi nucleari: un'idea il cui tempo è arrivato, Ndt)
17. Avery, John Scales: *Nuclear Weapons: An Absolute Evil*, 2017 p. 87. http://www.fredsakademiet.dk/library/nuclear.pdf
18. Avery, John Scales, articolo in www.dissidentvoice.org, giugno 2015.
19. Gollancz, Victor: *The Devil's Repertoire*, 1956.
20. Roy, Arundhati: *The Algebra of Infinite Justice*, HarperCollins (Flamingo) Londra 2002, pp. 35 e 36–7.
21. ibid, pp. 11 e 37.
22. Per le spese militari sostenute annualmente da ciascun paese vedi SIPRI (Stockholm International Peace Research Institute).
23. Jung, C. G.: *Opere*, vol 18, *La vita simbolica*, par. 1374.
24. ElBaradei, Mohamed: *The Age of Deception: Nuclear Diplomacy in Treacherous Times*, Bloomsbury Books Ltd., Londra 2011, p. 87.
25. Griffin, David Ray: *Bush and Cheney – How They ruined America and the World*, Olive Branch Press, Interlink Books US 2017.
26. ElBaradei, p. 85.
27. Gray, John: *Black Mass: Apocalyptic Religion and the Death of Utopia*, Allen Lane, Londra 2007, p. 192.
28. Jung, C. G.: Opere, vol 9, *Aeon*, par. 126.
29. Jung, C. G.: Opere, vol 10, *Il Sé nascosto*, par. 572.
30. Keen, Sam: *Faces of the Enemy*, Harper & Row, San Francisco 1986, p. 30.
31. Ibid, p. 30.
32. Jung, C. G.: *Opere*, vol 18, *La vita simbolica*, par. 1400.
33. Gerzon, Mark: *Leading Through Conflict*, Harvard Business School Press 2006, p. 23.
34. Gilbert, G.M.: *Nuremberg Diary*, Signet, New York 1961, pp. 255–6.
35. Bertell, Rosalie: *Planet Earth, the Latest Weapon of War*, The Women's Press, Londra 2000, p. 2.
36. ibid, pp. 117–131.
37. ibid, p. 124.
38. Tick, Edward: *War and the Soul: Healing Our Nation's Veterans from Post–Traumatic Disorder*, Quest Books, Wheaton, Ill. 2005, p.138.
39. ibid, p. 1.
40. ibid, p. 2.
41. ibid, p. 16.
42. vedi Levy, Paul: *The Quantum Revelation*, Select Books, New York 2018; Varan, Valerie: Living in a Quantum Reality, Turning Stone Press, San Antonio, Texas 2015.
43. Jung, C. G.: *Opere*, vol 18, *La vita simbolica*, par. 1358.

Parte quinta

Una Nuova Visione della Realtà

14. Una rivoluzione metafisica: scienza e universo conscio
15. L'anima del Cosmo
16. Istinto e corpo come manifestazione dell'anima
17. Vino nuovo in bottiglie nuove: una nuova visione di Dio

Incisione su legno
dal libro di Flammarion *L'atmosfera: meteorologia popolare* del 1888
(nello stile di un'incisione del sedicesimo secolo)

Capitolo quattordici

Una Rivoluzione Metafisica: La Scienza E Un Universo Conscio

La mente intuitiva è un dono sacro. La mente razionale è un servo fedele. Abbiamo creato una società che onora il servo e ha dimenticato il dono.
— Albert Einstein

Nell'uomo scientifico moderno, evoluzione significa divenire conscio di sé.
— Julian Huxley [1]

La scienza non può risolvere il mistero definitivo della natura. E questo perché, in fondo, noi stessi siamo parte della natura e quindi parte del mistero che stia-mo cercando di risolvere.
— Max Planck

La vita è una scoperta senza fine.
— Pierre Teilhard de Chardin, *The Future of Man* [2]

La scienza ci ha regalato una fantastica nuova storia: la storia dell'evoluzione dell'universo e la storia di noi che siamo testimoni e parteci di un dramma in svolgimento. Le scoperte fatte dal telescopio Hubble, come la rivelazione che l'universo ha avuto origine 13,7 miliardi di anni fa, hanno profondamente trasformato la nostra visione riguardo all'evoluzione della vita del cosmo e del pianeta e alle nostre stesse origini. Edwin Hubble (1889–1953) è stato definito il nuovo Copernico e il famoso telescopio che ha sviluppato ha rivelato un universo non solo incredibilmente vasto e strano — perfino spaventoso nella sua immensità — ma anche bello da mozzare il fiato, come se fosse dipinto da un artista cosmico di genio impagabile. La vista del nostro pianeta dalla luna, le dimensioni in continua espansione dell'universo, l'ininterrotta complessità del mondo sub–atomico e la storia dell'evoluzione biologica della vita su questo pianeta possono essere chiamate rivelazioni: sembra quasi che il cosmo ci parli, ci racconti di come è nato, di come noi siamo venuti al mondo. E ci parla attraverso la sua stessa creazione: la coscienza umana.

Dietro la spinta della scienza di scoprire i segreti della materia subatomica, e la sorprendente complessità del funzionamento del cervello rivelato dalle neuroscienze, sta il potente archetipo della ricerca. È l'istigatore della missione Apollo sulla luna e dell'esplorazione mozzafiato delle profondità dello spazio cosmico. Ma, come ha detto Einstein, "Dietro gli sforzi instancabili di un ricercatore, si cela una pulsione più forte, più misteriosa: è l'esistenza, la realtà che si desidera comprendere". [3] Grandi scienziati come Einstein o Hubble possono essere paragonati ai visionari o ai veggenti che vedono oltre i confini del conosciuto. Saranno spinti a fare scoperte che ci porteranno fuori dalla caverna di Platone, dove abbiamo passato millenni a guardare il gioco delle ombre sulle pareti invece di vedere chiaramente la straordinaria natura della realtà in cui sono radicate le nostre vite.

Le scoperte scientifiche ci hanno regalato una cosmologia radicalmente differente da quella copernicana e newtoniana, come lo erano queste ultime rispetto a quella tolemaica. Sappiamo che, quando nel sedicesimo secolo si scoprì che la terra girava intorno al sole, questo ebbe un impatto profondo sulla struttura gerarchica della società: mentre la visione medioevale della realtà cedeva il passo a una nuova visione, insieme a una sensazione di disorientamento fece emergere un enorme senso di libertà. Oggi si verifica la stessa cosa, con la crescente creatività del nostro tempo che accompagna la decostruzione di un vecchio paradigma e la nascita di uno nuovo.

Chi non si meraviglia del potere della mente umana di esplorare questi misteri e il genio inventivo che ha portato alla creazione di quegli aiuti essenziali all'esplorazione: il telescopio e il microscopio? Chi non sarebbe eccitato come i fisici del Cern che, nel luglio 2012, hanno annunciato di aver trovato il Sacro Graal della fisica — l'inafferrabile bosone di Higgs o 'particella di Dio'? Gli scienziati sostengono che questa potrebbe essere la scoperta più significativa sull'universo dopo la scoperta della Relatività di Einstein nel 1905 — forse una delle scoperte più importanti di tutti i tempi. Fornisce agli scienziati la pietra angolare mancante del modello standard dell'universo e un'immagine quasi completa del mondo subatomico. Ulteriori ricerche sulla sua natura potrebbero portare ad altre importanti scoperte e alla comprensione del mistero della materia oscura. Potrebbe provare che il vuoto apparente dello spazio è un campo onnipresente che circonda l'intero universo e permea ogni sua parte e aiuterebbe a spiegare come viene creata la massa e forse anche perché esiste. Senza il potere di tenuta di questo campo, o qualcosa del genere, queste particelle non peserebbero nulla e sfreccerebbero alla velocità della luce. Non ci sarebbero gli atomi come li conosciamo; niente stelle né pianeti; nessun essere umano come noi. La sua scoperta apre un nuovo vasto campo di indagine scientifica.

La scienza e la tecnologia hanno anche trasformato ogni aspetto della nostra vita. Com'era vivere senza elettricità, senza calore, trasporto rapido per ferrovia, auto e aereo, senza telefono, computer, cellulari e tutti gli aiuti alla vita domestica? Com'era vivere nella paura di malattie mortali come il vaiolo, la lebbra, la difterite, il colera e la polio quando non c'era speranza di guarigione? Grazie alle scoperte rivoluzionarie in medicina, energia, informatica e trasporti, nonché nei campi di ricerca più specificamente associati alla scienza, il nostro livello di vita, il nostro tenore di vita e le opportunità di comunicazione sono stati totalmente trasformati rispetto a quelli di un secolo fa. Le nuove tecnologie, come la fusione nucleare, le auto senza carburante e l'energia solare applicata al riscaldamento di intere città, sono in una fase di sviluppo che potrebbe infine ridurre la nostra dipendenza dai combustibili fossili e contrastare l'accelerazione del riscaldamento globale. I telefoni cellulari e Internet connettono tra loro persone di tutto il mondo. Tutto ciò è accaduto e sta accadendo con velocità mozzafiato, non lasciando praticamente alcun tempo per assimilare gli effetti di questa radicale trasformazione delle nostre vite.

Scienza Riduzionista o Scientismo

La scienza così come è definita oggi, tuttavia, presenta un enorme problema: il mondo materiale è l'unico che riconosca. La scienza riduzionista o scientismo poggia sulla credenza che la materia che esplora e manipola sia inanimata e morta, senza coscienza. È giunta alla conclusione che l'universo stesso non abbia una dimensione interiore di coscienza riflessiva, consapevole di sé; nessuna intelligenza, nessuna anima. Siamo l'unico aspetto della vita ad avere la dimensione interiore della coscienza riflessiva consapevole di sé. Gli scienziati che promuovono questo sistema di credenze riduzionista o materialista rifiutano l'idea di Dio, dell'anima e di una vita oltre la morte. L'astrofisico Bernard Haisch, nel suo libro *The God Theory* commenta:

> In un circolo vizioso di esclusione, la scienza moderna, campionessa nell'indagine oggettiva, esclude l'esoterico come oggetto suscettibile di indagine. In tal modo, la scienza ha abolito la sua responsabilità di scoprire la verità oggettiva e soccombe a un dogmatismo a sé stante.... Affermare che l'investigazione del mondo fisico escluda l'indagine su qualsiasi cosa sia spirituale è irrazionale e dogmatico. Rifiutare le prove semplicemente per il fatto che qualcosa non possa ancora essere misurato con gli strumenti di laboratorio è contrario allo spirito scientifico dell'indagine. È tempo di andare oltre questo modello scientifico fondamentalista.[4]

Un libro di Rupert Sheldrake, *Le illusioni della scienza*, sfida i dieci dogmi fondamentali della scienza e mostra come le scienze siano soffocate da supposizioni originate nel diciannovesimo secolo, che si sono indurite in dogmi e in un sistema di credenze "il cui presupposto centrale è che tutto è essenzialmente materiale o fisico, persino le menti. Molti scienziati non sono consapevoli del fatto che il materialismo è un'ipotesi: semplicemente pensano ad esso come scienza o visione scientifica della realtà, o visione scientifica del mondo".[5]

Il pericolo di una situazione simile è che quando la coscienza monoculare della mente razionale dell'emisfero sinistro viene promossa come unica facoltà che può definire la natura della realtà, possiede "una libertà prometeica ma partecipa anche di una arroganza senza dio", come sottolineò Jung.[6]

La Nascita di un Nuovo Paradigma

Durante gli anni in cui lavoravo come analista junghiana, aderii a un'organizzazione che si chiamava The Scientific and Medical Network. Attraverso di essa per più di vent'anni potei partecipare a conferenze cui erano invitati a parlare illustri scienziati. Mi interessai sempre più alla scienza e gradualmente mi resi conto che viviamo nel mezzo di un'incredibile rivoluzione scientifica. Con un senso di crescente eccitazione, realizzai che ci stiamo muovendo dalla visione newtoniana dell'universo come meccanismo perfettamente ordinato e preciso a una che riconosce che, al livello più profondo, esso è vivo, cosciente e il fondamento eternamente presente della nostra stessa coscienza. Per anni conservai questo passaggio illuminante scritto dal fisico Paul Davies nel *Sunday Telegraph Magazine* del luglio 1983, perché sentivo che rifletteva qualcosa di grande importanza:

> Studiare la nuova fisica significa intraprendere un viaggio di meraviglia e paradosso, in cui si intrecciano soggetto e oggetto, mente e materia, forza e campo... Ci stiamo muovendo verso una comprensione in cui materia, forza, ordine e creazione sono unificati in un unico schema descrittivo. Per me le leggi dell'universo, dai quark ai quasar, si uniscono in modo così felice che l'impressione che ci sia qualcosa dietro a tutto è travolgente.

Il nuovo paradigma che emerge suggerisce che noi non siamo la creazione casuale di un universo meccanico, privo di intelligenza, come proclama il riduzionismo scientifico: partecipiamo alla vita di un universo vivente e intelligente che sembra orchestrare il suo dispiegarsi evolutivo all'interno dei suoi processi cosmici, planetari e biologici. Non possiamo separarci da ciò che stiamo osservando. Di nuovo, nelle parole di Paul Davies: "L'Universo non è una collezione di oggetti, ma è una rete inseparabile di modelli di energia vibrante in cui nessun componente ha una realtà indipendente dalla totalità. L'osservatore è incluso nella totalità". Mentre seguivo i dettagli di questa rivoluzione degli ultimi vent'anni circa, sembrava come se stesse sbriciolandosi qualcosa di inamovibile come il muro di Berlino, come se la teoria riduzionista della scienza, istituita da lungo tempo, iniziasse a cedere a un paradigma emergente, che ripristinava la dimensione metafisica che mancava alle sorprendenti scoperte della scienza. Facendo riferimento alla teoria di Pitirim Sorokin esplorata nel Capitolo Nove, mi sono chiesta se stia nascendo una nuova cultura Ideativa visto che le certezze della consolidata cultura Percettiva si indeboliscono.

Coscienza come Fondamento della Realtà

In una cultura secolare che è stata profondamente influenzata dal riduzionismo scientifico, descritta sopra e sostenuta dalla maggioranza degli scienziati di tutto il mondo, non c'è consapevolezza, come nelle culture precedenti, dell'esistenza di una dimensione della realtà che potrebbe essere paragonata al cielo stellato notturno — una dimensione nascosta che può rivelare la sua presenza solo quando si offusca il chiarore del sole. Proprio come è accaduto ai primi esploratori portoghesi che hanno constatato che il mondo non era piatto ma rotondo, la consapevolezza è che l'universo non può consistere di materia morta e insensibile, ma è cosciente in ogni parte di sé, fino alle minuscole particelle all'interno dell'atomo.

Einstein disse che non possiamo risolvere un problema dal livello di coscienza che lo ha creato. Dobbiamo creare il nuovo contesto in cui può apparire la soluzione. Il nuovo contesto in cui si possono allineare le formidabili scoperte della scienza è l'idea che la coscienza, e non la materia, sia il fondamento della realtà e la forza creativa che ha dato origine all'universo. Come il principe nella fiaba della Bella Addormentata, questa idea sta aprendosi una via attraverso la siepe di spine sollevata da secoli di credenze radicate, sia religiose che scientifiche. Ha il potere di risvegliare la nostra anima, nutrire la nostra immaginazione e suscitare in noi una più profonda capacità di relazione con l'altro e con la nostra casa planetaria. Come il grande UFO del film *Incontri ravvicinati del terzo tipo*, sembra che un immenso, invisibile campo di coscienza si stia facendo conoscere, chiedendoci di essere riconosciuto. La consapevolezza di partecipare a una dimensione della realtà che è la fonte e il fondamento della nostra stessa coscienza può alla fine infrangere la credenza che la realtà materiale sia tutto ciò che esiste: che esistiamo su un pianeta creato casualmente in un universo senza vita e senza scopo e che non c'è vita oltre la morte.

Forse è appropriato che questa nuova comprensione emerga dalla scienza, poiché la scienza, molto più della religione, ci ha dato la storia di come e quando sono nati il nostro universo, il nostro pianeta e le nostre specie. È straordinario rendersi conto che le nuove scoperte scientifiche stanno portan-do al recupero del terreno invisibile del cosmo che era noto alle culture scia-maniche, nonché alle tradizioni esoteriche occidentali della Qabbalah e alle tradizioni contemplative del Vedanta, del Buddhismo, del Taoismo e del Sufismo. *Il libro tibetano dei morti. La grande liberazione attraverso l'udire nel Bardo* afferma che la materia deriva dalla mente, non mente dalla materia.

È la scoperta del vuoto quantico che sta cambiando la nostra visione della realtà. Sembra che possiamo essere immersi in un mare, o un campo, o una rete di energia che è co–estensiva con l'immensità dell'universo visibile e con le particelle più minute della materia. Questa rete invisibile collega ognuno di noi all'altro, in ogni aspetto della vita nel Cosmo. Proprio mentre scopriamo che la coscienza è distribuita in ogni cellula del corpo, scopriamo anche che può essere presente in ogni fotone o particella di luce dell'universo. Questa scoperta ci dice che siamo letteralmente immersi in un mare di luce, a noi invisibile, che tuttavia permea ogni cellula del nostro essere. Questa visione emergente è descritta da Christopher Bache in un sorprendente passaggio del suo libro, *Dark Night, Early Dawn*:

> Vidi l'umanità che saliva da una valle e poco più avanti, dall'altra parte della vetta della montagna e oltre la nostra vista presente, c'era un mondo brillante e inondato di sole che stava per travolgerci. L'intervallo di tempo era enorme. Dopo milioni di anni di lotta e di ascesa, eravamo pronti sull'orlo di un'alba che avrebbe cambiato per sempre le condizioni di vita su questo pianeta. Tutte le strutture attuali sarebbero rapidamente diventate irrilevanti… Vidi che, in effetti, l'evoluzione non era un incidente, ma un atto creativo di suprema brillantezza e che l'umanità veniva portata su una soglia che l'avrebbe cambiata per sempre.[7]

> Proprio quando la cultura occidentale si era convinta che l'intero universo era una macchina, che si muove con la precisione e la cecità di una macchina, la capacità di sperimentare la vita interiore dell'universo ci viene restituita…. L'intero sforzo umano è stato svuotato dello scopo e del significato esistenziale perché è stato giudicato un prodotto del caso cieco. Quando si accede all'esperienza interiore dell'universo, tuttavia, si impara che, lungi dall'essere un incidente, la nostra presenza cosciente qui è il risultato di uno sforzo supremo ed eroico. Lontani dal vivere le nostre vite inosservate in un angolo remoto di un universo insenziente, siamo ovunque circondati da ordini di intelligenza oltre ogni immaginazione.[8]

Ciò che le esperienze di Bache gli hanno rivelato è che l'intero universo, visibile e invisibile, è, nelle sue parole, "un organismo unificato di straordinaria ideazione, che riflette una massiccia Intelligenza Creativa". Tutto questo un tempo era noto ed è stato a lungo dimenticato. Nonostante il programma di sicurezza messo a punto dalla scienza riduzionista, ora viene recuperato e sta portando al riconoscimento che il Cosmo e tutto ciò che chiamiamo Natura sono ispirati e sostenuti dall'Intelligenza inimmaginabile che Bache chiama Mente Sacra.

Come noi abbiamo la capacità di immaginare, di pensare e di sentire — un gioco 'interiore' di coscienza ed emozioni all'interno del nostro organismo fisico — l'universo ha un suo 'interno' oltre alla forma visibile: un'intelligenza, una mente creativa, un'Anima. La materia sembra così solida, così ovviamente organizzata in forme distinte e separate. Ma cos'è, in sostanza, la materia? Il fisico Max Planck (1858–1947) che fu il primo scienziato (nel 1900) a nominare i 'quanti' della Teoria Quantistica, osservò:

> Come uomo che ha dedicato tutta la sua vita alla scienza più razionale, allo studio della materia, posso dire questo, come risultato della mia ricerca sugli atomi: non c'è materia in quanto tale. Tutta la materia ha origine ed esiste solo in virtù di una forza che porta le particelle di un atomo alla vibrazione e tiene insieme il minuscolo sistema solare dell'atomo.... Dietro questa forza dobbiamo assumere l'esistenza di una Mente cosciente e intelligente. Questa Mente è la matrice di tutta la materia. [9]

La nostra visione della materia subirà una trasformazione man mano che verranno fatte nuove scoperte. Ma abbiamo bisogno di sapere come è nata la visione riduzionista e perché la scienza è arrivata a respingere lo spirito e a considerare la natura come inanimata.

La Scienza e la 'Supremazia' sulla Natura

Fino all'epoca di Copernico (1473–1543), Keplero (1571–1630) e Galileo (1564–1642), la scienza credeva di operare in armonia con le leggi del Cosmo e di non avere alcun conflitto con la religione. L'universo era considerato come un organismo senziente governato da quelle leggi. Ancora Newton operava all'interno di questo paradigma. Ma dopo la condanna di Galileo, da parte della Chiesa cattolica, la scienza cominciò ad allontanarsi dalla religione. Quattrocento anni fa ci fu una rottura tra la scienza e l'eredità metafisica del mondo medievale. La sorprendente scoperta di Copernico e di Keplero che la terra orbita intorno al sole turbò profondamente l'"establishment' e accelerò questa rottura. Nel 1616, l'opera di Copernico *De Revolutionibus Orbium Cælestium* fu bandita dalla Chiesa cattolica perché la si ritenne pseudoscientifica. Fu tolto dall'indice solo nel 1820 quando la Chiesa accettò che fosse provata e ritenuta scientifica. In realtà, non fu Copernico a dare origine alla visione eliocentrica del mondo. Aristarco, noto come 'il Copernico greco', concepì una visione eliocentrica dei pianeti, ma la sua opinione fu respinta da Aristotele, dai matematici alessandrini e dall'astronomo Tolomeo, che favorì una prospettiva geocentrica. Era il modello tolemaico che ancora prevaleva ai tempi di Copernico. Keplero (che non ha mai avuto il riconoscimento dovutogli) raffinò e sviluppò la teoria di Copernico. Egli si rese conto che per produrre un vero modello eliocentrico in cui la terra fosse considerata come gli altri cinque pianeti conosciuti ai suoi tempi, aveva bisogno di calcolarne l'orbita. Lo fece immaginando di trovarsi su Marte, e di osservare la terra da lì — un atto di immaginazione che Einstein disse essere da 'vero genio'. I principali lavori scientifici di Keplero furono *Astronomia nova* (1609) e *Harmonices Mundi* (1619). La sua *Astronomia nova* gettò le basi dell'astronomia moderna ma *Harmonices Mundi* (L'armonia del mondo, Ndt) fu il suo *opus magnum*, integrando in una gloriosa sintesi geometria, musica, poesia, architettura e astronomia. Galileo non li lesse, ma Newton lo fece, descrivendo nei suoi *Principia* come le tre leggi di Keplero del moto planetario potevano essere incorporate nella sua (di Newton) legge della gravitazione universale.[10] Come risultato di queste importanti scoperte di quattro uomini brillanti, ci fu uno spostamento fondamentale di attenzione dalla religione alla scienza, dalla fede alla conoscenza, dal confinamento in un'ortodossia rigida e controllata alla libertà dell'esplorazione appassionata del mondo materiale.

Tuttavia, mentre la scienza si allontanava dal controllo oppressivo della religione e si rivolgeva all'osservazione della natura, quest'ultima veniva sempre più considerata come un meccanismo senz'anima e come qualcosa di completamente separato dall'uomo e dal Cosmo. In un libro profondo e illuminante, *Metaphysics and the Cosmic Order*, il filosofo Joseph Milne offre un'analisi perspicace di come la scienza sia diventata un'ideologia — un sistema di credenze — che guarda alla natura come a qualcosa da dominare, manipolare e controllare a beneficio dell'uomo. Egli pone l'onere del cambiamento del nostro atteggiamento nei confronti della natura — come qualcosa di separato e distinto dall'ordine cosmico — sugli scritti del filosofo, scienziato e statista, Francis Bacon (1561–1626) che dichiarò che l'oggetto della conoscenza era il controllo della natura e che la natura, in sé, non aveva scopo. "È questo nuovo orientamento verso la natura", osserva Milne, "che segna la nascita dell'età moderna, non l'ascesa delle scienze in quanto tali". E continua: "In un solo colpo la natura umana è alienata dal cosmo. Con questa alienazione, la concezione della conoscenza umana passa dalla partecipazione all'essenza delle cose alla padronanza della volontà sulle cose…. La ricerca della conoscenza passa dalla contemplazione della realtà, come fine a se stessa, alla sottomissione delle risorse della natura al dominio e al controllo umani".[11]

Può essere che la scienza abbia mantenuto, forse inconsciamente, alcuni dei precetti basilari che erano stati a lungo considerati dalla religione. Primo tra questi l'idea, derivata dal Libro della Genesi e profondamente impressa sulla psiche cristiana, che Dio aveva dato all'uomo il dominio sulla Terra e sulla sua specie.

D'ora in poi, il percorso intrapreso dalla scienza non considerò la natura, le altre specie e gli esseri umani come dotati di anima e appartenenti a un Ordine Sacro, ma separò sempre più la materia dallo spirito, allargando così la spaccatura già da tempo stabilita dalla religione. In definitiva, respinse completamente lo spirito e l'anima perché non potè trovarne alcuna prova nei campi della sua esplorazione: l'idea di Dio fu considerata irrilevante; il concetto di anima una superstizione superata. Concluse che l'universo era nato per caso e che la coscienza, emergendo dalla materia, era un prodotto della neurologia e della biochimica del cervello fisico — una conclusione che presentò come fatto inconfutabile.

La scienza, come la religione, è stata influenzata dalla mitologia solare e dall'idea di una grande battaglia tra luce e oscurità. Si trattava di vedere il progresso della scienza in termini di una battaglia tra ragione e superstizione e tra razionale e non razionale, o irrazionale. L'influenza subliminale di questa ideologia ha portato la scienza in una posizione di enorme arroganza in relazione alla natura e alla materia, credendo che l'apparente onnipotenza e unicità della mente umana conferiscano all'uomo il diritto di dominare e controllare la natura. Non vede l'uomo nel contesto più ampio della natura, ma pone l'uomo al di sopra della natura. Dall'invenzione della bomba atomica, la scienza ha raggiunto una posizione di immenso potere, simile al potere che aveva una volta la Chiesa. Si è così gonfiata con le sue scoperte che non riesce a vedere che il suo atteggiamento nei confronti della natura e della materia è gravemente dannoso per l'integrità e il benessere dell'intero organismo planetario. Nella terminologia della psicologia, la scienza può mostrare gli stessi sintomi di grandiosità e onnipotenza del sistema militare–industriale descritto negli ultimi due capitoli.

In molti programmi televisivi sulla scienza, sentiamo il costante tema di come le sorprendenti scoperte scientifiche porteranno a un ulteriore 'dominio' della natura. Nel 2008, mi è capitato di sentire il professor Brian Cox, uno dei più brillanti fisici delle particelle del Regno Unito, che comunicava la sua eccitazione per l'imminente attivazione del Large Hadron Collider (Cern, Ginevra). Poiché le sue parole mi sciccarono, le scrissi: "Stiamo cercando modi sempre più sofisticati per torturare la materia", disse, facendo eco alle parole di Francis Bacon che affermava che la natura sarebbe stata "legata al servizio, perseguitata nei suoi vagabondaggi, messa sulla cremagliera e torturata per i suoi segreti".

Se la materia è inanimata o 'morta', allora può essere torturata perché non ha alcun valore intrinseco e nessuna apparente capacità di sentire o di essere consapevole di ciò che le viene fatto, tuttavia la scelta della parola 'tortura' è rivelatrice, perché suggerisce che l'osservatore è consapevole che la materia è senziente. Perché dobbiamo 'distruggere' elementi di materia per trovare la particella del bosone di Higgs? Perché progettiamo un laser in grado di 'strappare' il tessuto dello spazio per rivelare i segreti della materia oscura? Il linguaggio aggressivo usato per descrivere queste iniziative tecnologiche deriva dalla profonda convinzione che il ruolo dell'uomo in relazione alla natura e alla materia è di dominio e di controllo, se necessario con la violenza.

Ne consegue naturalmente che l'atteggiamento della scienza nei confronti della natura si riflette nell'uso degli animali negli esperimenti di laboratorio volti a testare la sicurezza dei farmaci per le malattie degli esseri umani. Si pensava che gli animali fossero macchine biologiche che non potevano provare dolore come gli umani. Gli animali sono stati trattati come una sorta di razza subalterna: la loro sofferenza, se riconosciuta, è considerata necessaria per l'esito della ricerca. La moralità del nostro atteggiamento nei confronti degli animali — soprattutto primati, cani, conigli e topi — mandati a milioni nei laboratori, è rimasta quasi incontrastata tranne che per il lavoro svolto dagli attivisti per i diritti degli animali, che non hanno diritti che possano proteggerli dal nostro abuso. È evidente che ci consideriamo la specie superiore, giustificata nel causare sofferenza ad altre specie se serve allo scopo di prolungare o migliorare la nostra vita.

Tuttavia, il 7 luglio 2012, alla Francis Crick Memorial Conference di Cambridge, e alla presenza di Stephen Hawking, gli scienziati presenti hanno firmato la Dichiarazione di Cambridge sulla coscienza degli animali non umani, annunciando che negli animali era presente la coscienza:

> L'assenza di una neocorteccia non sembra impedire a un organismo di sperimentare stati affettivi. Prove convergenti indicano che gli animali non umani hanno i substrati neuroanatomici, neurochimici e neurofisiologici degli stati coscienti insieme alla capacità di manifestare comportamenti intenzionali. Di conseguenza, il peso delle prove indica che gli umani non sono unici nel possedere i substrati neurologici che generano coscienza. Gli animali non umani, compresi tutti i mammiferi e gli uccelli e molte altre creature, compresi i polpi, possiedono anche questi substrati neurologici.

L'illustre primatologa Jane Goodall crede che la pratica di usare animali per esperimenti di laboratorio non sia più accettabile, né moralmente né eticamente. A sostegno di ciò, fa riferimento alla ricerca di Andrew Knight e al suo libro *The Costs and Benefits of Animal Experiments* in cui l'autore giunge alla conclusione che "è chiaro che la ricerca sugli animali è un mezzo altamente inefficiente per tentare di far progredire l'assistenza sanitaria umana — in particolare alla luce dei costi molto elevati associati a tale ricerca nelle finanze pubbliche e nella vita animale" (*The Times* 17/3/12).

La Mente Razionale e l'Esilio dell'Anima

L'osservatore scientifico è diventato così distaccato da ciò che osserva che ha perso la consapevolezza istintiva di poter essere parte di un organismo cosmico e planetario vivente e intelligente e che il suo ruolo dovrebbe essere della natura di un servitore più che di un padrone. A causa dell'attenzione ossessiva sul modo in cui la mente razionale dell'emisfero sinistro percepisce la realtà, il sentimento empatico, una parte vitale della nostra interezza, è stato deliberatamente e rigidamente escluso dalla metodologia scientifica. Si potrebbe dire che la scienza riduzionista ha bandito dalla sua ricerca il Femminile e l'anima — colei che porta il sentimento. Vale la pena ricordare le parole di Karl Stern nel libro *The Flight from Woman*: "Se il rapporto dell'uomo con la Natura non è altro che quello della vittoria tecnologica, esso equivale a un'unione senza amore tra uomo e natura, uno stupro, e questo finirà nella perdizione". [12]

In un passaggio molto pertinente e chiarificatore del suo libro, *Science and the Sacred: Eternal Wisdom in a Changing World*, Ravi Ravindra, Professore Emerito (già Professore nei tre Dipartimenti di Fisica, Studi Comparati di Religione e Sviluppo Internazionale) alla Dalhousie University di Halifax, Nuova Scozia, commenta l'atteggiamento della scienza nei confronti della natura:

> L'alterità della natura è un presupposto essenziale dell'atteggiamento scientifico, che vede l'universo come ostile o quantomeno indifferente — non intenzionalmente, ma meccanicamente — agli scopi e alle aspirazioni umane. Quindi la natura ha bisogno di essere combattuta e conquistata. Questa visione è ciò che consente agli esseri umani di sfruttare la natura. Quanto più una società è avanzata scientificamente e tecnologicamente, tanto più pronunciato è lo sfruttamento della natura. La tecnologia moderna è essenzialmente un pezzo della scienza moderna nelle sue procedure e negli atteggiamenti fondamentali.... L'utilizzo delle risorse naturali per soddisfare i legittimi bisogni umani si è spostato sullo sfruttamento della natura per soddisfare desideri sfrenati. Questo cambiamento — chiaro negli Stati Uniti e in aumento altrove — è reso possibile dalle aumentate capacità della scienza e della tecnologia. È reso facile dall'atteggiamento, comune alla scienza e alla tecnologia, di considerare la natura come un nemico da sconfiggere. [13]

Ravindra commenta ulteriormente la svalutazione del sentimento nella nostra cultura:

> La tragedia è che il timore popolare della scienza ha portato alla svalutazione della funzione del sentimento come mezzo per arrivare a un qualunque aspetto della verità, e come conseguenza la qualità del sentimento nella nostra cultura è diminuita a livello infantile o brutale. L'erronea convinzione che quegli aspetti limitati della realtà accessibili alla scienza costituiscano il tutto è diventata così profondamente radicata in noi che mantiene la sua tenace presa anche contro la ragione stessa, che ci propone che la visione più completa possibile della realtà per gli esseri umani deve essere quello che include le percezioni di tutte le facoltà e tutte le facoltà perfezionate al massimo grado. [14]

I commenti del professor Ravindra riflettono la situazione descritta da Iain McGilchrist nel libro *The Master and His Emissary: The Divided Brain and the Making of the Western World*, illustrata nel Capitolo Nove, dove l'emisfero sinistro del cervello esercita un controllo eccessivo sul destro: siamo stati confinati senza esserne consapevoli all'interno di una visione emisferica sinistra della realtà, all'interno della visione limitata di una coscienza monoculare. Abbiamo scambiato il servitore per il maestro. L'intuizione di Einstein è rilevante: "La mente intuitiva è un dono sacro. La mente razionale è un servo fedele. Abbiamo creato una società che onora il servo e ha dimenticato il dono".

Nella sua panoramica completa sull'evoluzione della coscienza descritta in *Cosmo e psiche. Un approccio psicologico alla conoscenza dell'universo*, Richard Tarnas, Professore di Filosofia presso l'Istituto per gli Studi Integrali della California, ci pone una domanda che incombe sul nostro tempo, che la scienza non affronta:

> Qual è l'impatto finale del disincanto cosmologico su una civiltà? Cosa fa al sé umano, anno dopo anno, secolo dopo secolo, sperimentare l'esistenza come un essere cosciente consapevole in un universo inconscio privo di scopo? Qual è il prezzo di una credenza collettiva nell'assoluta indifferenza cosmica? Quali sono le conseguenze di questo contesto cosmologico senza precedenti per l'esperimento umano, anzi per l'intero pianeta? [15]

Nello stesso libro viene illustrato un diverso approccio all'universo, qui citato e leggermente abbreviato con il suo permesso:

> Immagina di essere l'universo — non il disincantato meccanicismo vuoto senz'anima della cosmologia convenzionale, ma invece un cosmo profondo, sottilmente misterioso di grande bellezza spirituale e intelligenza creativa. Immagina allora di essere avvicinato da due diverse epistemologie: due pretendenti, per così dire, che cercano di conoscerti. A chi vorresti rispondere e a chi riveleresti i tuoi segreti più profondi? Risponderesti a colui che ti avvicina pensando che essenzialmente non hai intelligenza né scopo, come se non avessi una dimensione interiore di cui parlare, che ti vede fondamentalmente inferiore a sé, che ti tratta come se la tua esistenza fosse di valore per lui solo per poter sviluppare e sfruttare le tue risorse per soddisfare i suoi bisogni e la cui motivazione per conoscerti è stata guidata da un desiderio di maggiore supremazia su di te?
>
> O tu, il cosmo, ti apriresti più profondamente a quel pretendente che cercasse di conoscerti non per poterti sfruttare meglio, ma piuttosto per unirsi a te e quindi produrre qualcosa di nuovo, una sintesi creativa che emergesse da entrambe le vostre profondità. Che cercasse di liberare ciò che è stato nascosto dalla separazione tra conoscitore e conosciuto. Il suo obiettivo finale non è una maggiore padronanza e controllo, ma piuttosto una partecipazione più cosciente e responsabile a uno sviluppo co-creativo di nuove realtà. Il suo atto di conoscenza è essenzialmente un atto di amore e intelligenza combinati, di meraviglia

e di discernimento, di apertura a un processo di scoperta reciproca. A chi saresti
più propenso a rivelare le tue verità più profonde?[16]

Tarnas segue la sua storia con un appello per re–incantare il Cosmo, per vederlo con occhi nuovi. Non ci chiede di mettere da parte la metodologia della scienza — la capacità di provare le ipotesi con un esperimento che è stato sviluppato con uno sforzo così prodigioso — ma di onorare e sviluppare metodi di conoscenza degni della grandezza, della profondità e della complessità del Cosmo, di integrare l'immaginazione, l'intuizione morale e spirituale, l'esperienza rivelatrice e l'approccio empatico soggettivo, finora rigorosamente esclusi dalla metodologia scientifica. Soprattutto, ci chiede di ritirare la nostra proiezione antropocentrica nascosta di assenza dell'anima sul Cosmo, che è il risultato finale della volontà dell'io dissociato di dominare la matrice cosmica e planetaria da cui si è evoluto. Abbiamo bisogno di sviluppare metodi di conoscenza che integrino la sapienza delle antiche tradizioni spirituali con le scoperte scientifiche emergenti, che possano aprire i nostri occhi all'esistenza delle dimensioni invisibili del Cosmo che ci circondano e interagiscono con il nostro mondo. Dobbiamo andare oltre i limiti della nostra comprensione che sono il risultato finale della dissociazione di lunga data, all'interno della nostra psiche, tra l'ego cosciente e l'anima istintuale, le cui origini sono state esplorate nei Capitoli cinque e sei, e i cui effetti sono stati riassunti nel Capitolo nove.

Il Cambio di Paradigma: Coscienza come Fondamento della Realtà

Ciò che chiede Tarnas sta in realtà avendo luogo. È nata una nuova cosmologia e una nuova visione della nostra profonda relazione con un universo conscio e intelligente. Tra certi fisici, astrofisici e cosmologi si sta diffondendo l'opinione che la coscienza e non la materia sia il terreno primordiale della realtà. Questa è la premessa basilare del cambio di paradigma che sta prendendo piede nel nostro tempo. Invece di vedere l'universo come un conglomerato di parti che funzionano come una sorta di gigantesca macchina, lo si vede come un organismo unificato e vivente, i cui aspetti visibili e invisibili funzionano come un tutto unificato. Stanno formulando il concetto rivoluzionario di un universo creativo e cosciente, e vedendo la coscienza come primaria e l'universo manifesto come creazione della coscienza cosmica.

Nel suo libro *The God Theory* Bernard Haisch commenta: "La sfida per la scienza sarà quella di liberare gli strumenti, gli esperimenti, le osservazioni e la logica del metodo scientifico dalle catene di un'ideologia riduzionista–materialista che non può tollerare il concetto di una vera coscienza, soprattutto di una che sia primaria sulla materia".[17]

Nel libro *The Self–aware Universe* Amit Goswami, Professore di Fisica presso l'Ohio State University, afferma inequivocabilmente che "La coscienza è il fondamento di tutto l'essere, e la fisica quantistica lo rende chiaro come la luce del giorno".[18] In un libro successivo dal titolo *The Visionary Window*, che costruisce un ponte tra la fisica quantistica e le intuizioni della filosofia vedantica, dice:

> Ipotizzare la coscienza come fondamento dell'essere chiama un cambio di paradigma, da una scienza materialista a una scienza basata sul primato della coscienza…. Tale scienza conduce a una vera riconciliazione con le tradizioni spirituali, perché non chiede che la spiritualità sia basata sulla scienza ma chiede alla scienza di basarsi sulla nozione di spirito eterno…. La metafisica spirituale non è mai in discussione. Invece, l'attenzione si concentra sulla cosmologia, su come ha origine il mondo dei fenomeni.[19]

In questo, Goswami echeggia i pensieri del geniale fisico, Wolfgang Pauli, scopritore del neutrino. In una conferenza tenuta nel 1955, questi aveva sottolineato l'importanza di riconciliare la posizione razionale della scienza occidentale con l'approccio mistico delle tradizioni orientali al fine di raggiungere un migliore equilibrio sia per lo scienziato che per la scienza. Pauli fu indubbiamente influenzato dalle molte conversazioni che ebbe con Jung e dalla comprensione, dopo una lunga analisi, che la sua vita mostrava sintomi di squilibrio perché era così completamente concentrato sul suo intelletto da aver trascurato di connettersi con la sua anima.[20]

Altri fisici e cosmologi stanno raggiungendo la stessa conclusione: l'universo potrebbe non essere materia morta e insensibile come sostiene attualmente la scienza ufficiale, ma può essere cosciente e intelligente in modi che sono, al momento, ben oltre la nostra capacità di comprendere. Le straordinarie scoperte fatte negli ultimi cento anni sfidano ciò che la scienza ci ha programmato a credere: che, come specie unica, siamo separati da tutte le altre specie e dal nostro ambiente planetario e cosmologico. La fisica quantistica ci mostra che non possiamo più separarci come osservatori da ciò che stiamo osservando.

Il Modello Standard afferma che l'universo è iniziato con il Big Bang circa 13,7 miliardi di anni fa, che si è rapidamente gonfiato e poi raffreddato a sufficienza per consentire la formazione degli elementi costitutivi della materia, portando infine alla luce miliardi di galassie che ora sappiamo esistere, anche se questa è ancora un'ipotesi. Vediamo solo il 4% (alcuni dicono il 5%) dell'universo conosciuto. Cosa si nasconde nel restante 96%? Contrariamente a quanto si pensava inizialmente, non esiste spazio vuoto tra i miliardi di galassie dell'universo osservabile. Invece, il cosiddetto 'spazio vuoto' è pieno di qualcosa chiamato materia oscura (che comprende il 23% dell'universo) e energia oscura (che comprende il 73%).

Quest'ultima fa sì che l'universo si espanda continuamente mentre la prima agisce come un campo gravitazionale, tenendo la gigantesca ragnatela delle galassie nella stessa relazione l'una con l'altra senza consentire tra di esse l'espansione dello spazio. La materia oscura non emette alcuna luce ed è quindi totalmente invisibile agli strumenti scientifici. Gli scienziati dicono che sono sul punto di scoprirne di più dopo la scoperta della particella del bosone di Higgs. Ci sono attualmente 24 tipi di particelle nell'universo conosciuto. Le particelle di materia oscura, non ancora scoperte, sono diverse da queste e attraversano oggetti solidi, inclusi i nostri corpi. Nessuno sa quante ce ne siano e quante se ne possano scoprire.

Nel gennaio 2012, gli astronomi annunciarono di pensare che la materia oscura possa aver contribuito a formare l'intero cosmo. Durante gli ultimi cinque anni, hanno creato una mappa dettagliata della distribuzione della materia oscura in tutto l'universo e sembra che le galassie e i trilioni di stelle che li compongono possano essere tenuti insieme solo dall'enorme attrazione gravitazionale generata da questa misteriosa 'sostanza'. Sembra che le galassie possano essere collegate tra loro da una vasta 'ragnatela' cosmica. Questo richiama l'idea a lungo scartata dell'etere come di una sostanza simile a schiuma che si espande come una rete o una maglia flessibile mentre si espande l'universo. Le galassie visibili sono probabilmente circondate da un 'alone' di materia oscura la cui concentrazione è massima al centro della galassia. Si pensa che la materia oscura all'interno della Via Lattea impedisca al sole di precipitarne fuori e nello spazio profondo (*Sunday Times* 8/1/12).

Un altro fattore scoperto di recente, che i cosmologi chiamano 'flusso oscuro', fa sì che interi gruppi di galassie si muovano in modo inesplicabile. I cosmologi pensano che questo possa indicare l'esistenza di un altro universo oltre al nostro che influenzi il movimento delle galassie, suggerendo che il nostro universo possa essere parte di un multiverso, un'ipotesi avanzata qualche tempo fa da Lord Rees, l'Astronomo Reale. Quando i cosmologi scopriranno che cosa sono la materia oscura, l'energia oscura e il flusso oscuro e come influenzano l'universo osservabile, sarà forse necessario modificare l'attuale Modello Standard alla luce di una nuova teoria. Mentre completo questo libro (agosto 2012), un programma Horizon (BBC 2) menziona che l'ultima scoperta dei cosmologi americani è che l'universo è apparentemente infinito: la sua circonferenza non può essere calcolata perché è ancora in espansione e, ancora più incredibilmente, potrebbe essere uno di un numero infinito di universi. La mente semplicemente non può assimilare questi fatti sbalorditivi.

Lo sviluppo della cosmologia viene ora compreso a un nuovo livello, lo stesso che un tempo esisteva nelle culture sciamaniche e in quelle della tarda Età del Bronzo e fu portato a un notevole grado di descrizione nella voluminosa eredità di Plotino e nella cosmologia della Qabbalah e del Vedanta. Queste cosmologie riconoscevano l'esistenza e l'interazione di molti piani, livelli o dimensioni di realtà, tenuti insieme da una rete di vita che pervade tutto. Adesso noi stiamo riscoprendo questa rete vivente come fondamento della nostra propria coscienza.

Il Vuoto Quantico

Tre componenti vitali hanno contribuito all'emergere di questa nuova cosmologia: la prima è la scoperta del vuoto quantico, o plenum quantico, come è più accuratamente descritto; la seconda è la scoperta del principio di nonlocalità e il riconoscimento che tutte le particelle di materia sono 'incastrate' l'una nell'altra. Al livello quantico della realtà, siamo tutti collegati. La terza componente è il concetto di universo come ologramma.

Con la scoperta del campo quantico (plenum) che sta alla base della nostra realtà spazio–temporale troviamo l'idea, che ritorna dopo un'assenza di 4000 anni, di un grembo cosmico da cui emerge e al quale può tornare tutto ciò che chiamiamo realtà e tutto ciò che siamo, simile all'espirazione e all'inspirazione dei grandi cicli cosmici postulati molto tempo fa dai saggi vedici dell'India. Il campo quantico è il fondamento sorgente dell'universo visibile che contiene le informazioni registrate di ogni cosa che è stata, è e sarà in futuro. È come un gigantesco campo di memoria, che contiene altri campi al suo interno che si manifestano infine come le 'forme' di vita su questo pianeta.

La teoria quantistica 'decollò' negli anni '20, sviluppandosi sulle basi poste da un articolo pubblicato da Max Planck che, nel 1900, formulò il concetto di 'quanti' o gruppi di energia che in seguito furono compresi come manifestazioni nello spazio–tempo sia come onda che particella. Ciò cambiò completamente il nostro concetto di realtà. Prenderò la descrizione del vuoto quantico (chiamato anche campo del punto zero) dall'astrofisico Bernard Haisch poiché è spiegato con parole che un non–scienziato può capire:

> Le leggi della meccanica quantistica pongono il mare del campo del punto zero come uno stato sia del paradosso che della possibilità — un mare ribollente di coppie di particelle, fluttuazioni di energia e perturbazioni di forza che spuntano dentro e fuori dall'esistenza…. Può rappresentare una fonte illimitata di energia disponibile ovunque, e forse anche un modo per modificare la gravità e l'inerzia. Il vuoto quantico è, quindi, in realtà un plenum…. Il fatto che il campo del punto zero sia lo stato di energia più basso lo rende non osservabile…. Agisce come una specie di luce accecante che preclude la nostra percezione per contrasto. Poiché è ovunque, dentro e fuori di noi, permeando ogni atomo dei nostri corpi, siamo effettivamente ciechi alla sua presenza.[21]

Bernard Haisch suggerisce che la profonda connessione tra fisica e metafisica

> sta nel fatto che il vuoto quantico elettromagnetico è una forma di luce. È un mare di energia sottostante, predetto dal Principio di Indeterminazione di Heisenberg, che permea ogni minuscolo volume di spazio, dal vuoto più vuoto intergalattico alle profondità della Terra, del Sole o dei nostri stessi corpi. In questo senso, il nostro mondo della materia è come la schiuma visibile sopra un oceano di luce molto profondo. [22]

La misteriosa luce del plenum quantico può essere il fondamento creativo della realtà e il fondamento di tutto ciò che siamo e di tutto ciò che percepiamo. Il tempo non esiste in questo campo illimitato di energia luminosa perché per sua stessa natura esso è senza tempo. Le informazioni codificate in esso sono comunicate istantaneamente in ogni parte dell'universo. Attraverso di esso, ogni singola creatura e ogni singolo aspetto della creazione sono indissolubilmente connessi tra loro.

Non posso fare a meno di stabilire un collegamento tra la luce del plenum quantico e la tradizione della Qabbalah, dove si dice che la luce emani dal 'ventre' cosmico dell'essere attraverso tutti i mondi o le dimensioni che genera, fino a creare il mondo a noi familiare della realtà fisica. Questa luce, non paragonabile alla luce del sole, è il terreno invisibile del mondo fenomenico. La Qabbalah vede le nostre anime come le 'scintille' di questo ineffabile terreno di luce.

L'importantissimo principio di Indeterminazione di Heisenberg afferma che il campo elettromagnetico nel plenum quantico si trova in uno stato perpetuo di oscillazione o fluttuazione. Queste vibrazioni costanti creano un mare di luce che si traduce in un'enorme energia — la luce che fluisce attraverso la 'materia' di tutto l'universo manifesto, inclusa la nostra stessa forma fisica e può, in modi che ancora non comprendiamo, portare la materia in essere e sostenere la sua esistenza. In essa sono contenute tutte le possibilità e ogni possibilità può emergere. Le implicazioni di questo principio sono enormi perché significano che potremmo cambiare il nostro modo di pensare, scegliendo di non seguire i vecchi schemi dualistici.

Il famoso fisico David Bohm (1917–1992), professore di fisica teorica al Birkbeck College di Londra, fu il primo scienziato a descrivere l'interazione del campo quantico con il nostro mondo visibile. In un libro che pubblicò nel 1980, intitolato *Wholeness and the Implicate Order*, egli definì la dimensione primaria della realtà come l'Ordine Implicito, la base di origine multidimen-sionale che sottostà a tutta la vita, che descrisse come un mare illimitato di energia e luce. Ciò che percepiamo con i nostri sensi come vuoto spazio co-smico è in realtà il plenum, il fondamento di tutta l'esistenza, noi inclusi. Chiamò il nostro mondo tridimensionale l'Ordine Esplicito e ipotizzò che fosse avvolto nell'invisibile terreno d'origine dell'Ordine Implicito. [23] Vide l'universo in entrambi i suoi aspetti o Ordini, come un unico insieme indiviso e disse che la materia non era altro che luce congelata. "L'intero universo della materia, come lo osserviamo generalmente, deve essere trattato come un modello relativamente piccolo di eccitazione" su questo invisibile mare di luce ed energia.[24]

L'ipotesi di Bohm dell'Ordine Implicito ci riporta alla comprensione sciamanica della presenza di fondo dell'invisibile mondo ultraterreno (capitolo quinto). La sua immagine del plenum quantico come oceano o mare di energia richiama l'antico immaginario della Grande Madre, origine di tutti (capitolo quarto), e la sua idea di un ordine cosmico unificante richiama l'*unus mundus* degli alchimisti (Capitoli Undici e Diciotto). Trovo assolutamente affascinante che delle idee a lungo rifiutate vengano rianimate nella nascita di questo nuovo paradigma della realtà, formulato nel linguaggio scientifico dei moderni cosmologi e fisici.

Bohm notò che nelle prime civiltà la visione della realtà da parte dell'uomo era essenzialmente di pienezza invece che di frammentazione e che questa visione sopravvive ancora nelle tradizioni orientali, in particolare in quella indiana. Credeva che la frammentazione del nostro mondo in diverse nazioni, gruppi etnici, professioni, arti e scienze, che separa persone e cose in categorie disconnesse l'una dall'altra, avesse la sua origine nel tipo di pensiero (anche la struttura soggetto–oggetto del nostro linguaggio) che analizza e descrive le cose come intrinsecamente separate e distinte l'una dall'altra, come parti di una macchina. Quindi, come osservava nell'introduzione al suo libro:

> La scienza stessa richiede una nuova visione non frammentaria del mondo, nel senso che l'attuale approccio di analisi del mondo in parti indipendenti esistenti non funziona molto bene nella fisica moderna. È dimostrato che, sia nella teoria della relatività che nella teoria quantistica, le nozioni che implicano la totalità indivisa dell'universo fornirebbero un modo molto più ordinato di considerare la natura generale della realtà.[25]

> Un cambiamento di importanza centrale nell'ordine descrittivo richiesto nella teoria quantistica è la caduta della nozione di analisi del mondo in parti relativamente autonome, esistenti separatamente ma in interazione. Piuttosto, l'enfasi principale è ora sulla totalità indivisa, in cui lo strumento osservatore non è separabile da ciò che viene osservato.[26]

Egli avvertì dei pericoli del nostro modo frammentato di pensare e ci chiese di esaminare il modo in cui siamo allenati o condizionati a farlo. "Ciò che è principalmente necessario", disse, "è una crescente consapevolezza del pericolo estremamente grande di andare avanti con un processo frammentario di pensiero. Tale realizzazione darebbe all'indagine sul modo in cui il pensiero opera effettivamente quel senso di urgenza e di energia richiesto per accogliere la vera grandezza delle difficoltà con cui la frammentazione ci fronteggia". [27] Sono le stesse cause e gli effetti di questa frammentazione che Iain McGilchrist affronta nella sua grande opera *The Master and His Emissary: the Divided Brain and the Making of the Western World*. È un peccato che i due non si siano mai incontrati perché avrebbero avuto molto da condividere.

È interessante il fatto che Bohm abbia concepito la nascita dell'universo con immagini molto diverse dalla teoria Standard del 'Big Bang', descrivendola più nella natura di un improvviso impulso d'onda che scaturisce dall'insondabile oceano di energia cosmica. "Questo impulso sarebbe esploso verso l'esterno disintegrandosi in increspature più piccole che si sarebbero diffuse ulteriormente verso l'esterno per costituire il nostro 'universo in espansione'. Quest'ultimo avrebbe avuto il suo 'spazio' racchiuso in esso come un ordine particolare distinto esplicito e manifesto". [28]

Scrisse queste commoventi parole per il servizio funebre di Malcolm Sagenkahn, uno dei suoi compagni di classe all'università. Le stesse parole, che riassumono la sua visione della realtà, sono state lette al suo stesso funerale:

> Nel considerare la relazione tra il finito e l'infinito, siamo portati ad osservare che l'intero campo del finito è intrinsecamente limitato, in quanto non ha un'esistenza indipendente. Ha l'aspetto di un'esistenza indipendente, ma quell'aspetto è semplicemente il risultato di un'astrazione del nostro pensiero. Possiamo vedere questa natura dipendente del finito dal fatto che ogni cosa finita è transitoria.
>
> La nostra visione ordinaria sostiene che il campo del finito è tutto ciò che esiste. Ma se il finito non ha una vera esistenza indipendente, non può essere tutto ciò che è. In questo modo siamo portati a suggerire che il vero fondamento di ogni essere è l'infinito, l'illimitato, e che l'infinito include e contiene il finito. In questa visione, il finito, nella sua natura transitoria, può essere compreso solo come sospeso, per così dire, al di là del tempo e dello spazio, nell'infinito.
>
> Il campo del finito è tutto ciò che possiamo vedere, ascoltare, toccare, ricordare e descrivere. Questo campo è fondamentalmente ciò che è manifesto o tangibile. La qualità essenziale dell'infinito, al contrario, è la sua sottigliezza, la sua intangibilità. Questa qualità è trasmessa nella parola spirito, il cui significato principale è "vento o respiro". Questo suggerisce un'energia invisibile ma pervasiva, alla quale risponde il mondo manifesto del finito. Questa energia, o spirito, infonde tutti gli esseri viventi, e senza di essa ogni organismo si sbriciolerebbe nei suoi elementi costitutivi. Ciò che è veramente vivo nell'essere vivente è questa energia dello spirito, e questo non è mai nato e non muore mai. [29]

La Scoperta della Nonlocalità

Nel 1982, il fisico francese Alain Aspect e i suoi collaboratori dimostrarono che quando un atomo emette due quanti di luce, i fotoni, questi, a grande distanza l'uno dall'altro e senza scambiare segnali tra loro, possono influenzarsi reciprocamente istantaneamente a un velocità più veloce di quella della luce. Questi fotoni erano ritenuti "aggrovigliati" l'uno con l'altro e questa notevole scoperta diede origine alla teoria della nonlocalità. Fu una scoperta di importanza cruciale perché indicava l'esistenza di un campo, o dimensione della realtà, al di là di quella del nostro tempo e spazio, che era il mezzo in cui i fotoni si collegavano o comunicavano tra loro. Suggeriva anche che ciò indicasse l'unità essenziale o l'inseparabilità di tutti gli aspetti della vita. Questa scoperta, descritta colloquialmente come 'l'effetto farfalla' e confermata da esperimenti successivi nel 1997, aprì la possibilità di ricollegare la scienza con le tradizioni contemplative di culture diverse, che avevano sempre riconosciuto l'esistenza di un livello trascendente di realtà così come l'esistenza di molti livelli o dimensioni inclusi o avvolti in quella realtà. Tuttavia, poiché pochissimi scienziati hanno familiarità con queste tradizioni, non fanno alcuna connessione tra la fisica e queste antiche cosmologie. Amit Goswami, uno scienziato che la fece, si rese conto dalla scoperta di Alain Aspect che esiste un movimento discendente di causalità da una dimensione al di là del tempo e dello spazio, nonché un movimento ascendente dalla materia, e che tutto inizia con la coscienza cosmica. Le forze che sono al di là o al di fuori delle dimensioni dello spazio e del tempo possono influenzare gli elementi che sono al loro interno.

Il risultato delle sue riflessioni fu la consapevolezza che se la coscienza è accettata come fondamento dell'essere, i paradossi che hanno sconcertato i fisici quantistici per decenni potrebbero essere risolti. Proprio come molto tempo fa aveva compreso Aristotele, come descritto nel Capitolo 5, potremmo cominciare a vedere che la coscienza cosmica (Spirito o Mente) è profondamente impegnata nell'intero processo che chiamiamo evoluzione. Offre un panorama straordinario di interconnessione e intenzione evolutiva in un Grande Disegno Cosmico, con noi stessi che partecipano sempre più a questo progetto che si dispiega man mano che si sviluppa la nostra comprensione e mentre facciamo nuove scoperte. Il libro di Goswami, *The Self–Aware Universe: How Consciousness Creates the Material World* (1993), e i suoi libri successivi sono nati da queste intuizioni.

Nel loro recente libro *CosMos: A Co–creator's Guide to the Whole–World*, la cosmologa Dr. Jude Currivan e l'analista dei sistemi Dr. Ervin Laszlo riassumono come la nostra comprensione sia stata cambiata da queste straordinarie scoperte:

> Durante gli ultimi trent'anni, fenomeni come la telepatia, la chiaroveggenza,

la precognizione, il potere della meditazione e della preghiera e la capacità del solo pensiero di influenzare l'esito di eventi apparentemente casuali sono stati sottoposti a un esame scientifico crescente. Le centinaia di migliaia di esperimenti in tutto questo tempo hanno accumulato un enorme database, dimostrando che le prove di consapevolezza e influenza nonlocali sono ormai schiaccianti.[30]

Un Universo Olografico

David Bohm fu il primo scienziato a riconoscere che l'universo è stato progettato sul principio di un ologramma e questa idea è ora rivisitata e sviluppata da altri scienziati. Jude Currivan e Ervin Laszlo esplorano la visione emergente di un Cosmo informato "completamente integrato e coerente. Dove, nonostante la comunicazione tra eventi apparentemente separati all'interno dello spazio–tempo sia limitata dalla velocità della luce, la realtà più profonda è duratura e quasi istantaneamente interconnessa".[31] Descrivono la nuova comprensione che sta cambiando la nostra visione della realtà e si manifesta in tutti i campi dello sforzo scientifico: la comprensione che l'universo è progettato come un modello olografico e c'è un campo di intelligenza cosmica al di là del nostro tempo e spazio che sta alla base, permea e dà origine non solo alla realtà fisica ma a tutto ciò che possiamo scoprire essere realtà. "Le ultime scoperte in tutte le discipline scientifiche stanno rivelando una visione radicalmente nuova della natura del mondo fisico, come se fosse intrisa e formata da un campo olografico; quindi, esso è intrinsecamente correlato, coerente e armonico a tutte le scale dell'esistenza".[32]

> Sembra che tutto ciò che chiamiamo "realtà fisica" sia in definitiva ordinato in senso armonico e olografico. Non possiamo escluderci dalla natura olografica e coerente dell'universo. Anche quando crediamo di fare delle scelte che sono indipendenti dagli altri, troviamo ancora che quelle scelte diventano parte di schemi collettivi che fanno parte del mondo intero coerente. Come direbbero gli antichi saggi, noi siamo i molti espressi dall'Uno — e siamo l'Uno che è espresso nei molti. Siamo creazione e siamo co–creatori.[33]

Sembra che, attraverso la scintilla infinitesimale della luce cosmica che è la nostra coscienza umana, l'universo si riveli al nostro sguardo sbalordito e mostri che la creazione dell'universo non avrebbe potuto essere un avvenimento casuale. Come gli autori commentano:

> La squisita armonia di queste relazioni cosmiche include i rapporti fondamentali tra le forze elettriche e nucleari che legano gli atomi e le molecole e la forza

di gravità notevolmente più debole. Le loro energie precisamente bilanciate e la natura esatta ma varia delle loro interrelazioni, dal momento in cui il nostro universo è nato, hanno permesso la formazione e l'interazione di elementi chimici, la nascita di stelle, galassie e pianeti e l'evoluzione degli organismi biologici e delle ecologie. Senza il loro incredibile livello di precisione finemente sintonizzato dall'inizio dello spazio–tempo, l'universo complesso che sperimentiamo non potrebbe esistere. [34]

Ancora più strabiliante è l'ipotesi che l'espansione continua dell'universo fisico porti con sé un modello integrato di informazioni che apparentemente esisteva sin dal suo inizio, o forse addirittura prima del suo inizio, prima dell'esistenza del plenum quantico. Questo modello informativo cosmico contiene in sé il progetto del processo di espansione e sviluppo dell'universo come entità unificata coerente, ma facilita anche l'emergere di tutti i tipi di possibilità man mano che si espande.

Campi Morfici

L'ipotesi dei campi morfici, formulata da Rupert Sheldrake, appartiene a ciò che si sta scoprendo sull'universo come campo olografico di informazione, che contiene il potenziale dispiegarsi di un disegno evolutivo stupendo. Per come li descrive, i campi morfici sono molteplici campi di informazioni, annidati l'uno nell'altro, che creano e sostengono i modelli biologici che danno la forma e i modelli di comportamento istintivi alle piante, agli animali e agli umani, sostenendoli attraverso migliaia, persino milioni di anni, tuttavia aggiungendo le nuove abilità che vengono apprese. Queste abilità diventano quindi disponibili, attraverso la risonanza morfica, a tutti i membri di quella particolare specie. Come spiega nel suo ultimo libro, *Le illusioni della scienza*:

> La mia ipotesi è che la formazione delle abitudini dipenda da un processo chiamato risonanza morfica. Modelli di attività simili risuonano attraverso il tempo e lo spazio con modelli successivi. Questa ipotesi si applica a tutti i sistemi auto–organizzanti.... Tutti attingono a una memoria collettiva e, a loro volta, contribuiscono ad essa.... I sistemi auto–organizzanti tra cui molecole, cellule, tessuti, organi, organismi, società e menti sono costituiti da gerarchie annidate, o olarchie di oloni, o unità morfiche. Ad ogni livello il tutto è maggiore della somma delle parti, e queste parti stesse sono interi composti da parti. La totalità di ogni livello dipende da un campo organizzato, chiamato campo morfico. Questo campo è dentro e intorno al sistema che organizza, ed è un modello vibratorio di attività che interagisce con i campi elettromagnetici e quantici del sistema. [35]

> Attraverso la risonanza morfica, gli esseri umani, gli animali e le piante sono collegati con i loro predecessori. Ogni individuo attinge e contribuisce alla memoria collettiva della specie. Animali e piante ereditano le abitudini della loro specie e della loro razza. Lo stesso vale per gli umani.... Una comprensione estesa dell'eredità cambia il modo in cui pensiamo a noi stessi, all'influenza dei nostri predecessori e ai nostri effetti sulle generazioni non ancora nate.[36]

Come la biologa evolutiva Elisabet Sahtouris, nel suo libro *EarthDance*, Sheldrake non vede la vita come una spietata battaglia per la sopravvivenza, come suggerisce Richard Dawkins nel suo libro *Il gene egoista*, ma piuttosto come un'impresa cooperativa che si dispiega in miliardi di anni con una complessità sempre–crescente. L'evoluzione, dice, "può essere il risultato di un'interazione tra abitudini e creatività. Nuove forme e modelli di organizzazione appaiono spontaneamente e sono soggetti alla selezione naturale. Quelli che sopravvivono è probabile che appaiano di nuovo man mano che le nuove abitudini si accumulano, e attraverso la ripetizione diventino sempre più abituali".[37]

La teoria dei campi morfici di Sheldrake rieccheggia l'idea dell'inconscio collettivo di Jung e del concetto indiano delle cronache Akashiche — i vasti campi di memoria che portano l'impronta di tutte le passate esperienze planetarie e umane. Sheldrake crede che la sua teoria della risonanza morfica possa funzionare sia attraverso il trasferimento di informazioni dall'Ordine Implicito all'Esplicito postulati da David Bohm, sia attraverso il campo del vuoto quantico, mediatore di tutti i processi quantici ed elettromagnetici. Sostiene che la sua ipotesi "è eminentemente testabile e già supportata da prove in molti campi di indagine".[38]

Gli Schemi Armonici del Cosmo

Pitagora, che trascorse lunghi anni di studio con gli astronomi egiziani e babilonesi, formulò i principi della geometria sacra che riteneva riflettessero l'ordine armonico innato che sottostava alle forme visibili del Cosmo e capì che la matematica era la chiave per comprendere questo ordine armonico. Ora, con l'avvento della tecnologia informatica, iniziamo a scoprire l'armonia intrinseca dei modelli geometrici di base che sottostanno ai sistemi complessi dell'universo.

Nel 1975, a seguito della scoperta degli squisiti schemi che Benoit Mandelbrot chiamò "frattali", che si replicavano dalla scala più piccola a quella più grande, questi sono stati riconosciuti come i modelli di base, le strutture fondamentali, sia dei cavoli che dei litorali o delle galassie — anche dei sistemi sociali e delle dinamiche finanziarie — che sono alla base dell'aspetto dell'intero mondo manifesto. Rivelano un universo profondamente armonico, ordinato e unificato nascosto sotto l'apparente caos e la differenziazione di sistemi complessi multipli.

In un universo quantico olografico tutto è collegato a tutto il resto in quello che è virtualmente uno stupendo campo di informazione intelligente e una rete unificante di vita. Questo concetto che ricompare di interezza o unità è una riscoperta della consapevolezza partecipativa lunare sciamanica della natura unificata di tutta la vita cosmica e planetaria a un nuovo livello della spirale evolutiva. Facilita l'unione dei due tipi di coscienza che da così tanto tempo sono stati separati in noi, la coscienza della mente razionale e quella dell'anima istintuale, gli aspetti maschile e femminile del nostro essere. Ci invita a diventare più consapevoli delle connessioni, ad andare oltre i concetti di causa ed effetto e causalità esterna in un universo di relazioni, interdipendenza ed essenziale unità nella ribollente energia creativa in cui sono incorporate tutte le nostre vite.

Poiché a livello quantico siamo tutti collegati l'un l'altro, quando migliaia di noi cominciano a cambiare la comprensione della realtà, milioni ne sono influenzati. Più diventiamo coscienti e connessi, più possiamo generare ispirazione e idee che fluiscono in noi da questo terreno profondo del cosmo. L'umanità e il cosmo diventano un'impresa di co–creazione. Questo è ancora molto distante dalla posizione della maggior parte degli scienziati, tuttavia il solo fatto che alcuni singoli scienziati ci riflettano è un passo in avanti per riunire la metafisica e la fisica in una cosmologia radicalmente nuova — unificare la vita, la coscienza e il cosmo.

I Pericoli della Scienza

Tornando al mondo della nostra esperienza quotidiana, la scienza ci ha portato straordinarie scoperte e molti benefici materiali e, solo a una piccola parte dell'intera umanità, standard di vita più elevati. Eppure, come suggerito nel Capitolo dodici, quando la scienza cade nella posizione superba di vedersi al di sopra della natura, ha la tendenza a scivolare nel linguaggio dell'ideologia piuttosto che nella metodologia che afferma di essere. Alcuni scienziati sostengono che, grazie all'attuale rivoluzione informatica e allo sviluppo delle nanotecnologie, saremo presto in grado di 'programmare la materia su ordine', cambiandone i reali modelli strutturali e creando geni sintetici che potrebbero soddisfare ogni nostro capriccio, dandoci 'padronanza' della vita e della materia. Nel suo aspetto positivo, questa nuova tecnologia potrebbe essere applicata alla creazione di macchine minute che distribuiscano farmaci a diverse parti del corpo, o che creino organi per sostituire quelli danneggiati o malfunzionanti, prolungando così le nostre vite. Ma potrebbe anche essere usata per sviluppare nuovi sistemi di armamenti che potrebbero infiltrarsi in quelli di altre nazioni e distruggerli o consentire loro di distruggerci. Scopriamo che le nanoparticelle sono state inserite nelle racchette da tennis e che potrebbero essere utilizzate per curare alcune malattie come il cancro. I produttori alimentari stanno pensando di inserirle negli alimenti, ma ci verrà detto in anticipo, ad esempio, che le fragole contengono nanoparticelle per migliorarne il colore e sapore o prolungarne la durata? E gli scienziati che svilupperanno questa tecnologia saranno pienamente informati degli effetti che potrebbe avere sul sistema immunitario del corpo, probabilmente influenzando la vita dei nostri figli e nipoti? Questa nuova scienza potrebbe portarci la possibilità di benefici indicibili, ma anche una capacità ancora maggiore di interferire o sovvertire le strutture e i processi fondamentali della vita.

Commentando la nuova scienza delle nanotecnologie, Lord Rees, nell'epilogo del suo libro *Our Final Century*, si domanda se siamo moralmente in grado di discriminare tra gli indubbi benefici e i rischi imprevisti che po-trebbero essere generati dalla nostra tecnologia: "Il rovescio delle immense prospettive della tecnologia sono un'escalation di potenziali disastri, non solo per intenti malevoli ma anche a causa innocenti inavvertenze.... I benefici offerti dalla biotecnologia sono evidenti, ma devono essere bilanciati con i pericoli e i vincoli etici che li accompagnano. La robotica o le nanotecnologie comporteranno anche compromessi: se applicate in modo scorretto potrebbero avere conseguenze disastrose o addirittura incontrollabili". [39]

Il pubblico viene a conoscenza di questi 'progressi' scientifici dopo che si sono verificati. Non sapevamo molto dell'ingegneria genetica di piante e semi fino a quando non abbiamo sentito parlare dei tentativi di Monsanto di impedire agli agricoltori indiani di utilizzare i semi generati dalle loro colture, sostituendoli con semi 'terminatori' che non potevano rigenerarsi. A causa di ciò, un gran numero di agricoltori si sono suicidati perché non potevano permettersi il costo di acquistare nuovi semi ogni anno e perché i semi che erano stati costretti ad acquistare spesso non riuscivano a produrre colture. Vandana Shiva, direttore dell'International College for Sustainable Living a Dehra Dun in India, ha ripetutamente richiamato l'attenzione sulle sofferenze inflitte agli agricoltori indiani a seguito di questa pratica scioccante e ha messo in discussione il potere invasivo della Monsanto. Ha anche avviato un movimento mondiale per garantire che le sementi non possano essere brevettate da queste corporazioni giganti, cinque delle quali già controllano il 75% delle forniture mondiali di semi commerciali. Ha ispirato molti movimenti che stanno ora emergendo per impedire alle multinazionali di ottenere un maggiore controllo sull'approvvigionamento alimentare mondiale, per impedire la commercializzazione di colture geneticamente modificate per il consumo animale e umano e per preservare il diritto delle persone a proteggere la biodiversità e ad opporsi al fatto che venga brevettata qualsiasi forma di vita. Questi sono patrimonio di tutta l'umanità e non dovrebbero essere appannaggio di una società, per quanto potente, per l'uso commerciale. [40]

Nel campo delle scienze nucleari, abbiamo ora scoperto che nei reattori nucleari poteva essere utilizzato come combustibile il torio, invece dell'uranio molto più pericoloso, e che dopo la seconda guerra mondiale esisteva già un progetto per un reattore al torio ma, sotto la pressione militare, è stato respinto dal governo degli Stati Uniti in favore di uno all'uranio. L'uranio fu scelto perché il plutonio, il suo sottoprodotto residuo, poteva essere usato nelle armi nucleari. Questo fatto è emerso al pubblico dominio solo dopo il disastro di Fukushima.[41]

Sembra che non esista un forum nel quale le persone possano dibattere sull'eventualità che questi 'progressi' debbano avvenire o che tali decisioni siano prese. Troppo dipende dalla dubbia maturità morale degli 'esperti' scientifici, degli enti corporativi e dei governi che prendono queste decisioni a nome di una nazione, o addirittura dell'umanità nel suo complesso. Il 'pubblico' — quella massa amorfa di individui senza voce e senza scelta che sono manipolati dalla 'rotazione' di governi e di esperti scientifici — non ha alcuna voce in capitolo nelle decisioni estremamente importanti che riguardano anche la vita di ognuno di noi e quella delle generazioni future.

L'ethos amorale che guida la scienza si rivela più chiaramente nel dominio della tecnologia. Perché dovrebbe esserci bisogno di preoccupazioni etiche quando l'umanità è così chiaramente beneficiaria del progresso tecnologico? E chi è meglio lo presieda rispetto agli 'esperti' scientifici? Il commento del professor Ravindra è cauto:

> La metafisica della scienza moderna ha costruito proprio in essa l'assioma che lo stato dell'essere degli scienziati è irrilevante per la scienza che producono. Se uno è buono o cattivo, pauroso, pieno di odio o gentile non ha niente a che fare nel determinarne le qualità di scienziato. (Dovremmo tenere a mente che la maggioranza degli scienziati e dei tecnologi del mondo lavorano effettivamente per l'esercito o per la macchina da guerra, in una forma o nell'altra). L'assunto che il livello di coscienza o di preparazione morale di una persona sia irrilevante per la qualità della scienza che la persona fa è incorporato nelle procedure della scienza.[42]

Bill Joy, alcuni anni fa co–fondatore e Capo Scienziato di Sun Microsystems e ex Co–Presidente della Commissione Presidenziale sul Futuro della Ricerca Informatica, ci chiede di essere più attenti ai pericoli della direzione in cui ci stiamo muovendo. Ci siamo abituati alle scoperte scientifiche, dice, ma non abbiamo riconosciuto che le tre nuove tecnologie della robotica, dell'ingegneria genetica e delle nanotecnologie sono diverse da quelle che le hanno precedute, in quanto tutte e tre hanno la capacità di amplificarsi attraverso l'auto–replicazione. L'auto–replicazione comporta un rischio molto maggiore di danni sostanziali nel mondo fisico — persino la distruzione della biosfera dalla quale dipende tutta la vita: "Una bomba viene fatta esplodere solo una volta, ma un gene alterato può diventare molti e sfuggire rapidamente al controllo". [43]

Nel suo articolo Bill Joy cita Eric Drexler che nel libro *Engines of Creation* spiega:

> Le piante con "foglie" più efficienti delle attuali celle solari potrebbero superare le piante reali, affollando la biosfera di un fogliame immangiabile. I "batteri" onnivori potrebbero surclassare i batteri reali e diffondersi come il polline nel vento, replicandosi rapidamente e riducendo la biosfera in polvere in pochi giorni. Replicanti pericolosi potrebbero facilmente e rapidamente diffondersi, troppo difficili e piccoli da fermare. Abbiamo abbastanza problemi a controllare virus e moscerini della frutta. Non possiamo permetterci questo tipo di incidenti con assemblatori auto–replicanti.

Queste nuove tecnologie non richiedono grandi strutture e materiali rari come l'uranio, come nel caso delle armi nucleari. Basta che alcune persone ne ab-biano conoscenza perché le possano applicare a qualsiasi fine si immaginino, compresa la creazione di nuove armi di distruzione di massa.

In pochi decenni saremo in grado di costruire computer molto più potenti di quelli che usiamo oggi e questa potenza di calcolo potrebbe essere fusa con i progressi delle scienze fisiche e gli sviluppi radicali nel campo della genetica. Avremmo quindi accesso a un potere inimmaginabile per trasformare il nostro ambiente e noi stessi, ridisegnando il mondo secondo la nostra visione di ciò che potrebbe e dovrebbe essere, dirigendo e cambiando, se necessario, i processi della natura nei termini di ciò che porta maggiore vantaggio alla nostra specie. Ma quale visione utopica sarebbe questa e chi terrebbe in ostaggio l'intera umanità e forse milioni di altre specie? Bill Joy conclude:

> Se fossimo stati d'accordo, come specie, su cosa volevamo, dove eravamo diretti e perché, allora avremmo potuto rendere il nostro futuro molto meno pericoloso — allora avremmo potuto capire cosa potevamo e dovevamo abbandonare. Se il corso dell'umanità potesse essere determinato dai nostri valori collettivi, etici e morali, e se avessimo acquisito più saggezza collettiva negli ultimi millenni, allora un dialogo a tal fine sarebbe stato praticato, e gli incredibili poteri che stiamo per scatenare non sarebbero poi così preoccupanti. [44]

Una Direzione Etica per la Scienza

Per definire una direzione etica per la scienza, abbiamo bisogno di recuperare i valori mancanti radicati nelle intuizioni metafisiche delle grandi tradizioni spirituali che sottolineano la nostra unità essenziale e la responsabilità di prenderci cura gli uni degli altri. Per questi valori è fondamentale la necessità di proteggere i sistemi o gli organismi interconnessi della vita planetaria. In una società secolare, non c'è consenso su quali valori etici fondamentali debbano ispirarci. Il richiamo del profitto finanziario guida molte imprese scientifiche, in particolare quelle che riguardano l'applicazione di nuovi farmaci, ma anche nuove armi e nuove tecnologie come la robotica e le nanotecnologie.

Nel suo libro *Ancient Wisdom, Modern World: Ethics for a New Millennium*, pubblicato nel 1999, Sua Santità il Dalai Lama ci chiede di prendere coscienza della motivazione che influenza ciò che facciamo. Ci esorta a prendere come guida etica la nostra capacità latente di empatia e compassione per gli altri — il desiderio di aumentare e migliorare la loro felicità e diminuire la loro sofferenza. Possiamo sviluppare questa capacità etica immaginando cosa possiamo aggiungere alla felicità e sottrarre alla sofferenza di *tutti* gli esseri, non solo quelli appartenenti al nostro gruppo nazionale o etnico. Il suo suggerimento ricorda le parole del messaggio citato nel primo capitolo: Ogni atto di un essere umano deve essere giudicato secondo le domande: offende la natura? Offende Dio? Ferisce la vita?

Per adottare questi valori come guida etica, la scienza dovrebbe modificare la sua attuale ipotesi che l'universo che osserva sia privo di coscienza. Se si presume che l'intero universo sia costituito da materia morta in un movimento senza scopo — non più di un agglomerato di parti e funzioni — allora è difficile considerarlo un Ordine Sacro o un'Entità con intelligenza intrinseca e intenzione evolutiva, ed è molto difficile adottare un atteggiamento etico nei suoi confronti, prendendo in considerazione ciò che potrebbe essere utile o dannoso. Se si presume che il Cosmo sia privo di coscienza, significato o scopo, noi, in quanto unici elementi coscienti in un universo morto, siamo privati di qualsiasi significato profondo per le nostre vite o di qualsiasi altro senso di responsabilità diverso da quello relativo ai nostri stessi bisogni. Continueremo a sfruttare le risorse del pianeta a beneficio della nostra specie fino al momento in cui ci sveglieremo dal nostro sogno di potere sulla natura e fermeremo il nostro comportamento amorale e inconscio.

Trish Pfeiffer, co-autrice, con il compianto professor John Mack, di *Mind Before Matter: Visions of a New Science of Consciousness*, riassume l'essenza di un diverso approccio alla realtà nel Prologo al loro libro:

- Come sarebbe un mondo basato sul pensiero che tutto è Uno e interconnesso?

- Quando la conoscenza di vivere in un mondo partecipativo inizierà a cambiare il nostro modo di pensare alla guerra e alla profanazione del pianeta?

- Un mondo consapevole del primato della coscienza sarebbe simile al mondo visto da alcuni Popoli Indigeni?

- Vedremo quindi il cosmo come una presenza vivente, e l'intero universo e tutta la natura, come intelligenti?
- Scopriremo che le leggi fisiche dell'universo erano 'abitudini' in evoluzione anziché immutabili?
- Cominceremo a percepire altre realtà e altre dimensioni?
- Quando ci renderemo conto che il tempo e lo spazio non sono dimensioni fondamentali alla base della realtà, cambieranno per sempre le nostre idee sulla morte?
- Ci impegneremo nell'amore incondizionato?
- In che modo le relazioni umane, la giustizia sociale, la povertà, la scienza, la medicina, la politica, il governo e l'esercito dovrebbero essere riformulati secondo le prospettive primarie della coscienza?[45]

We are perhaps the first to have a clear picture of our species' devastating impact on the biodiversity of the planet. Two Reports in October 2018 gave the world a clear warning of the ecological crisis threatening the planet and showed that massive changes would have to be made if irreversible damage to it was to be prevented. The Report by the IPCC warned that there are only a dozen years for global warming to be kept to a maximum of 1.5C, beyond which even half a degree would significantly worsen the risks of drought, floods, extreme heat and poverty for hundreds of millions of people as well as the life of the planet as a whole. Carbon pollution would have to be cut by 45% by 2030 and come down to zero by 2050.

An equally serious Report from the World Wildlife Fund showed that since 1970 60% of the Earth's animal species have been wiped out. Vital rain forests in the Amazon and Indonesia have been cut down and replaced by vast soya bean and palm oil plantations. The ice sheets in the Arctic and the Antarctic are melting four times faster than had been assumed. Another unnoticed danger is the disappearance of insects and the serious implications for food supplies and biodiversity. Without insects, food webs collapse and ecosystem services fail, threatening the existence of all other species, including humans. Yet it is humans who are responsible for the "insect apocalypse". Safeguarding both human and animal life on this planet requires ending and ultimately reversing human population growth.

Sir David Attenborough has shown us that all the Earth's seas from Greenland to the Antarctic have been polluted by plastic which has endangered the life of millions of birds and sea-creatures and has even entered the human chain. Speaking in Davos in January 2019, he said: "It is difficult to overstate the climate change crisis. We are now so numerous, so powerful, so all pervasive, the mechanisms we have for destruction are so wholesale and so frightening that we can exterminate whole ecosystems without even noticing it. There has never been a time when people have been more out of touch with the natural world than they are today. We have now to be really aware of the dangers of what we are doing."

The primary factor driving these dire statistics is our growing human population and the food, water and fossil fuels extracted from the Earth to sustain it. These reports together with a study from the Proceedings of the National Academy of Sciences presented in Davos in January 2019 shows that we have barely twelve years in which to act to avoid the effects of catastrophic climate change.

Note:

1. Dalla prefazione alla prima traduzione inglese di *The Phenomenon of Man* di Pierre Teilhard de Chardin, William Collins & Co., Ltd., Londra 1959.
2. Teilhard de Chardin, Pierre: *Il fenomeno umano*, Queriniana, Brescia 1995.
3. Einstein, Albert: *Pensieri, idee, opinioni*, Newton Compton, Roma 2015.
4. Haisch, Bernard: *The God Theory*, Weiser Books, San Francisco 2006, pp. 146 &151–2.
5. Sheldrake, Rupert: *Le illusioni della scienza. 10 dogmi della scienza moderna posti sotto esame*, Urra, Milano 2013.
6. *Il segreto del fiore d'oro*, tradotto e spiegato da Richard Wilhelm, con introduzione e commento europeo di C. G. Jung, Bollati Boringhieri, Torino 2001, p. 85.
7. Bache, Christopher: *Dark Night, Early Dawn*, State University of New York Press 2000, pp. 220–221.
8. ibid, p. 4.
9. Planck, Max, citato in John Davidson, *The Secret of the Creative Vacuum*, 1989, p. 128.
10. Per il materiale su Keplero sono in debito con Paul Hague, che sta terminando un libro dal titolo *Wholeness: The Union of All Opposites*, ed anche per la sua osservazione che la rivoluzione scientifica fu iniziata da quattro uomini illustri. Keplero è spesso escluso.
11. Milne, Joseph: *Metaphysics and the Cosmic Order*, Temenos Academy, Londra 2008, pp. 23, 25.
12. Stern, Karl: *The Flight from Woman*, Paragon House, St. Paul, Minnesota 1985, p. 269.
13. Ravindra, Ravi: *Science and the Sacred: Eternal Wisdom in a Changing World*, Quest Books, Wheaton, Illinois 2002, pp. 50–51.
14. ibid, p. 147.
15. Tarnas, Richard: *Cosmo e psiche: Un approccio psicologico alla conoscenza dell'uni verso*, Ed. Mediterranee, Roma 2012, p. 33.
16. ibid, p. 39.
17. Haisch, p. 67.
18. Goswami, Amit: *The Self-aware Universe: How Consciousness Creates the Material World*. Tarcher/Putnam, New York 1995.
19. Goswami: *The Visionary Window*, Quest Books, Wheaton, Ill. 2001, p. 16.
20. Miller, Arthur I.: 137: *Jung, Pauli, and the Pursuit of a Scientific Obsession*, W.W. Norton & Co., New York & Londra 2009, p. 230.

21. Haisch, p. 71.
22. Haisch: dal suo capitolo in *Mind Before Matter: Visions of a New Science of Consciousness*, O Books, Ropley, UK 2007.
23. Bohm, David: *Wholeness and the Implicate Order*, Routledge & Kegan Paul, Londra 1980, p. 192.
24. ibid, p. 192.
25. ibid, xi
26. ibid, p. 135.
27. ibid, p. 19.
28. ibid, p. 192.
29. discorso di David Bohm, dall'ultima pagina di *Infinite Potential: The Life and Times of David Bohm*, by F. David Peat 1997.
30. Laszlo, Ervin and Currivan, Jude: *CosMos: A Co-creator's Guide to the Whole-World*, Hay House, New York & Londra 2008, p. 84.
31. ibid, p. 53.
32. ibid, p. 19.
33. ibid, p. 36.
34. ibid, p. 20.
35. Sheldrake, pp. 99–100.
36. ibid, p. 185.
37. ibid, p. 108.
38. ibid, p. 101.
39. Rees, Martin (Lord Rees): *Our Final Century*, William Heinemann, Londra 2003.
40. www.vandanashiva.org
41. Programma Horizon BBC2 con il biologo Professor Jim Al-Khalili, settembre 2011. Presso l'Istituto di Fisica Nucleare e Applicata di Shanghai i cinesi si stanno concentrando sullo sviluppo dell'energia nucleare del torio, che sarebbe pulita, economica e sicura. I reattori al torio produrrebbero molti meno rifiuti tossici di quelli alimentati dall'uranio. Inoltre, non sarebbero vulnerabili a pericolose implosioni come i reattori di Fukushima e potrebbero bruciare le scorte attuali dei rifiuti rimasti dai reattori all'uranio. Apparentemente i reattori al torio potrebbero essere piccoli, alloggiati sotto terra, e alimentare intere città. Se i cinesi riusciranno a sviluppare questi reattori, il mondo seguirà e avremo bisogno di meno petrolio, carbone e gas (Ambrose Evans-Pritchard) in *The Telegraph*, gennaio 2013).
42. Ravindra, p. 39.
43. Joy, Bill, estratto da un articolo su *Resurgence Magazine*, numero n. 208 Settembre/Ottobre 2001: Forfeiting the Future: potenti nuove tecnologie minacciano la vita sulla Terra e sollevano questioni morali. Vedi l'articolo completo su
http://www.annebaring.com/anbar11_new-vis05_science.htm#ethicalscience
44. ibid.
45. Pfeiffer, Trish and Mack, John E. MD, editors: *Mind Before Matter: Visions of a New Science of Consciousness*, O Books, Ropley, Hampshire, United Kingdom 2007.

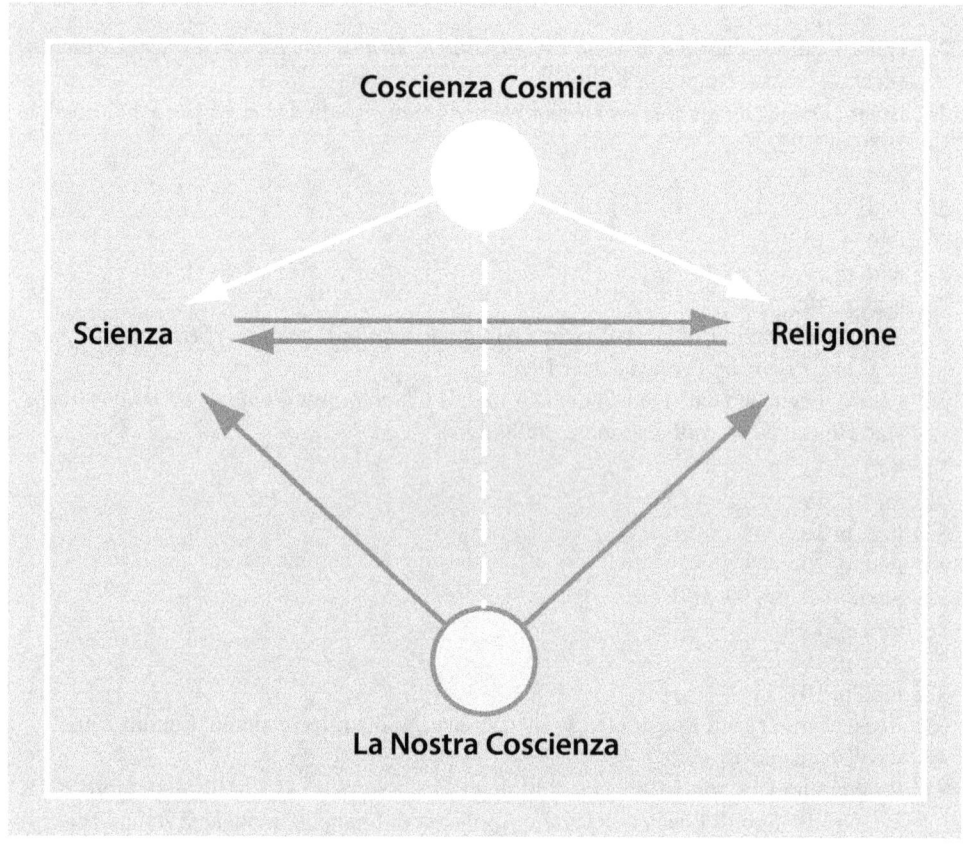

Diagramma della coscienza
adattata dal diagramma dell'Autrice

Capitolo quindici

L'Anima del Cosmo

Non puoi scoprire i limiti dell'anima, anche se percorri ogni sentiero per farlo; così profondo è il suo significato.
— Eraclito

Mi sento sempre più ogni giorno, intanto che si rafforza la mia immaginazione, che non vivo solo in questo mondo ma in mille mondi.
— John Keats, Lettera del 18 ottobre 1818

Il momento in cui la fisica tocca le 'regioni non battute e non percorse' e quando la psicologia allo stesso tempo deve ammettere che ci sono altre forme di vita psichica oltre alle acquisizioni della coscienza personale... allora prende vita di nuovo il regno intermedio dei corpi sottili, e il fisico e il psichico sono ancora una volta mescolati in un'unità indissolubile.... Siamo arrivati molto vicino a questo punto di svolta oggi.
— C. G. Jung, *Psicologia e Alchimia*, ¶ 394

A Parigi, al Museo di Cluny, c'è un arazzo di squisita fattura dove è raffigurata una dama in piedi, davanti a una tenda, fiancheggiata da un leone e da un unicorno. L'artista che ha realizzato questo capolavoro quattrocentesco, scoperto in un castello remoto dell'Alvernia, l'ha posta in un panorama color ruggine pieno di alberi da frutta, animali, uccelli e fiori. Si dice che la serie di sei arazzi chiamati "La Dame à la licorne", cui questo appartiene, rappresenti i cinque sensi. A me, tuttavia, sembra che rappresentino molto più di questo: nella iconografia medioevale il leone simboleggia il corpo e l'unicorno lo spirito. Qui, sono contenuti entrambi, per così dire, nel campo dell'anima impersonato dalla bella dama davanti alla tenda decorata con gigli. Una ragazzina le offre uno scrigno di gioielli. Sopra l'entrata della tenda sono iscritte le parole "Mon seul désir". A ogni lato della tenda c'è un'asta dipinta con lune crescenti che regge uno stendardo con gli stessi simboli. Forse rappresentano un blasone, tuttavia sono anche i simboli antichi del Femminile. A me sembra che questa bella dama rappresenti l'anima quale collegamento essenziale e a lungo oscurato tra corpo e spirito.

In lingue diverse dall'inglese l'anima è stata descritta con nomi femminili. L'Oxford Dictionary la descrive come un'entità distinta dal corpo, come l'aspetto spirituale dell'uomo in contrasto con quello fisico, come la sede delle emozioni e dei sentimenti e come l'aspetto della nostra natura che sopravvive alla morte fisica. In senso metafisico era considerata come il principio vitale, sensibile o razionale nelle piante, negli animali e negli esseri umani. Ma millenni fa era ritenuta il principio animatore del mondo, l'invisibile che contiene la Realtà che sta alla base e permea tutte le forme — l'*Anima Mundi*.

Nella moderna scienza riduzionista il concetto corrente di anima è rivelato dal titolo di un dibattito (30 ottobre 2011) detto "Battaglia di idee" e dal sottotitolo: "C'è un fantasma nella macchina?" La descrizione del soggetto del dibattere comincia con questo paragrafo:

> Lo spirito, la scintilla o la personalità — il concetto di un'anima, un sé o una mente distinti dal nostro guscio fisico — sono stati a lungo una pietra angolare della nostra comprensione di cosa significhi essere umani, sia nella sfera religiosa che in quella secolare. Sempre più spesso, tuttavia, campi scientifici come la neuroscienza, la genetica, l'epigenetica e la psicologia continuano a fornire spiegazioni sempre più complesse del funzionamento umano, radicate nel tangibile e nel biologico. Vi è una diffusa speranza che aspetti della nostra vita che al momento sfuggono alla comprensione finiranno per cedere alla spiegazione scientifica, dato un tempo e una ricerca sufficienti.

Il commento di Jung forse qui è appropriato: "La sottovalutazione dell'anima umana è così grande che né le grandi religioni né i filosofi e neppure il razionalismo scientifico sono stati disposti ad osservarla due volte".[1]

Ciò che è stato perso nelle descrizioni dell'anima è la comprensione platonica che il Cosmo ha un'anima e che quest'anima cosmica è l'origine o il fondamento della nostra individuale — la nostra stessa coscienza — e della nostra connessione con i livelli più profondi del Cosmo; la nostra anima individuale è una parte inseparabile dell'Anima del Cosmo. Per comprendere l'Anima come una realtà cosmica invisibile, abbiamo bisogno di ampliare il nostro concetto di essa per abbracciare la vita interiore o invisibile dell'universo e, seguendo ciò che è stato spiegato nel precedente capitolo, riconoscere che è il terreno eterno, vivo e cosciente della nostra stessa coscienza.

La ragione per cui è stata pensata al femminile credo stia nel fatto che l'idea dell'anima si è evoluta dall'immagine della Grande Madre — la matrice dell'essere — il cui grembo cosmico era la fonte di tutta la vita. Una delle idee più importanti derivate dall'immagine della Grande Madre, descritta nella prefazione a *Il mito della Dea* e nel quarto capitolo di questo libro, era che "la vita era istintivamente vissuta come un tutto organico, vivente e sacro, dove ogni cosa era intessuta in una rete cosmica e tutti gli ordini di vita erano collegati, perché tutti erano condivisi nella santità della fonte originaria".

L'immagine neolitica della Grande Madre fu trasmessa alle Grandi Dee dell'Età del Bronzo — nello specifico in Egitto, alle Dee Iside e Hathor, come descritto nel Capitolo Quattro. In Grecia infine diede origine alla definizione di Platone di Anima del Cosmo (*psuche tou kosmou*) e all'eloquente immagine di Zoë (ζωή), l'anima universale, e *bios* (βίος), l'anima individuale: l'atomo minuscolo e pulsante della nostra coscienza pendeva come una perla dalla grande collana dell'essere. In seguito, l'idea di Anima come realtà cosmica fu definita nell'ampia cosmologia di Plotino e nella sua idea dell'*Anima Mundi*. Un concetto simile si può trovare nella Shekinah della Qabbalah descritta nel terzo capitolo. La familiarità con l'antica cosmologia che circonda l'immagine della Grande Madre e poi delle Grandi Dee, nonché della Shekinah, mi hanno aiutato a capire cosa significasse l'idea di 'Anima' e cosa potrebbe significare di nuovo.

Eraclito aveva sicuramente ragione. Anche se percorressimo ogni sentiero per scoprire i limiti dell'Anima, non potremmo mai sondarne le profondità. Poiché le profondità dell'Anima sono le profondità del Cosmo stesso e la moltitudine di mondi invisibili di cui, con la nostra percezione limitata, non conosciamo praticamente nulla.

Quando stavo raccogliendo le massime per *The Mystic Vision*, mi imbattei in un libro dal titolo *The Story of My Heart* di Richard Jefferies (1848–1887), che visse nel Dorset nella seconda metà dell'ottocento. Non c'è mai stato per me un inno all'Anima più bello ed eloquente che, al contempo, è anche un inno alla bellezza e alla meraviglia della Terra. Fui incantata e commossa nello scoprire queste parole nel suo diario: "C'è un'Entità, un'Entità dell'Anima, non ancora riconosciuta.... È in aggiunta all'esistenza dell'anima, in aggiunta all'immortalità, e va oltre l'idea di divinità.... C'è un immenso oceano sul quale la mente può veleggiare, sul quale il vascello dei pensieri non ha ancora preso il largo. C'è così tanto oltre tutto ciò che non è mai stato immaginato".[2] In un altro passaggio egli esprime il suo desiderio di relazione con questa Entità dell'Anima:

> Ero completamente solo con il sole e la terra. Sdraiato sull'erba, parlavo nella mia anima alla terra, al sole, all'aria e al mare lontano, oltre la vista. Pensavo alla fermezza della terra — sentivo che mi sosteneva; attraverso il letto erboso arrivava un'influenza come se potessi sentire la grande terra che mi parlava.... Toccavo le briciole di terra, il filo d'erba, il fiore di timo, respiravo l'aria che l'avvolge, pensavo al mare e al cielo, tendevo la mano perché i raggi del sole

la toccassero, bocconi sul prato in segno di profonda riverenza, così pregavo che potessi raggiungere l'inesprimibile esistenza infinitamente superiore alla divinità.[3]

Le sue parole illustrano due concetti di anima: il primo è personale, pensato tradizionalmente come femminile, ed è il nucleo spirituale del nostro essere — quell'aspetto di noi che ci permette di entrare in una realtà spirituale invisibile e che si crede sopravviva alla morte del corpo. Ma c'è anche quello più ampio, cosmico che Jefferies chiama Entità dell'Anima e paragona a un immenso oceano. Questo concetto più ampio di Anima abbraccia la vita del Cosmo e dei suoi miliardi di galassie, oltre alla vita del nostro pianeta e a ogni pietra, pianta e creatura che c'è in esso. È questo concetto più antico di Anima, la sorgente nascosta di tutta la vita, che è stato sottovalutato, dimenticato o rimosso dalla nostra cultura.

Jefferies desiderava ardentemente qualcosa a cui le persone una volta sentivano di appartenere, nella cui vita invisibile vivevano. Nel corso dei millenni dell'era solare, questo sentimento istintivo di fare parte di un'entità al di là della comunità di tribù o nazione, un qualcosa vissuto come numinoso, incommensurabile e onnicomprensivo, pieno di agenti demonici del divino, fu gradualmente perso e con esso il senso di partecipazione a una rete di vita che collegava ogni singola creatura ed elemento di vita a tutti gli altri. I grandi contemplativi della Qabbalah chiamavano questa rete l'Albero della Vita.

Senza la mia visione della Donna Cosmica e la scoperta della Qabbalah, non avrei mai compreso che l'anima non è in noi: noi siamo nell'Anima. Molti anni dopo quel sogno visionario, un altro mi aiutò a capire l'intima connessione tra il nostro mondo e il più grande mondo dell'Anima:

> Sognai di arrivare in un posto dove sul terreno c'era una grossa pietra piatta con una specie di staccionata o barriera che si estendeva orizzontalmente da entrambi i lati. Sopra la pietra c'era qualcosa per cui dovetti piegarmi per vedere bene. Era una fibbia dorata e di smalto rosso meravigliosamente lavorata, le cui due 'estremità' combaciavano perfettamente. In apparenza era come le squisite fibbie smaltate trovate nella camera sepolcrale di Sutton Hoo e ora nel British Museum. Quando alzai lo sguardo, vidi un paesaggio diverso che si estendeva oltre la recinzione e lontano a grande distanza di fronte a me. Mi resi conto che la fibbia nel sogno mi stava dando un'immagine di come due realtà si incastrano per formare un tutto. Ero in piedi in una realtà ma potevo vedere chiaramente in un'altra che era simile a quella a me familiare ma infinitamente più bella e straordinaria.

La Rete di Indra

In India e in Cina permase a lungo una squisita immagine della rete cosmica della vita, conosciuta come la Rete di Indra, re degli dèi del pantheon vedico. Si raccontava che questa Rete tempestata di pietre preziose, diamanti o perle — delicata come la serica rete di un ragno — fosse sospesa sopra il palazzo di Indra sul Monte Meru, la Montagna Sacra e *axis mundi* della cosmologia vedica che avevo trovato rappresentata ovunque nelle sculture dei templi durante il mio viaggio attraverso l'India, la Cambogia e l'Indonesia. Il Buddha stesso una volta aveva descritto il cosmo come una "rete di fili d'oro che mettono insieme una miriade di pietre preziose sfaccettate, ognuna delle quali riflette la luce multicolore di tutte le altre".[4] Le pietre preziose o le perle rappresentano le anime degli esseri animati e ogni pietra contiene un infinito universo di immagini ed esperienze, poiché tutte le anime portano un passato insondabile e sono collegate le une con le altre attraverso la Rete.

L'immagine della Rete di Indra mi condusse infine — quasi alla fine della stesura di questo libro — a un testo buddhista chiamato *Avatamsaka Sutra* o Grande Scrittura dell'Ornamento Fiorito, e al buddhismo Hua–Yen, considerato dagli studiosi cinesi e giapponesi come la più alta forma di buddhismo. La leggenda dice che l'insegnamento dato al suo interno fu pronunciato dal Buddha mentre si trovava nello stato di samadhi al momento della sua illuminazione. Francis Cook nel suo libro *Hua–yen Buddhism* (1977) ci fornisce questa descrizione della Rete di Indra:

> Lontano, nella dimora celeste del grande dio Indra c'è una rete meravigliosa che è stata appesa da un astuto artificiere in modo tale che si estenda indefinitamente in tutte le direzioni... l'artefice ha appeso un singolo gioiello luccicante in ciascun "occhio" della rete, e poiché la rete stessa è di dimensione infinita, i gioielli sono in numero infinito. Sono appese pietre preziose, luccicanti come stelle del prima grandezza: uno spettacolo meraviglioso da vedere. Se selezioniamo arbitrariamente una di queste pietre per indagarla e osservarla da vicino, scopriamo che sulla sua superficie levigata si riflettono tutti gli altri gioielli della rete, infiniti di numero. Non solo, ma ognuna delle pietre riflesse in questa riverbera anche tutte le altre, quindi c'è un infinito processo di rifrazione.[5]

In origine l'*Avatamsaka Sutra* era scritto in sanscrito poi, tra il sesto e l'ottavo secolo, fu tradotto in cinese e formò le basi di una Scuola Buddhista Cinese chiamata *Hua–yen* o Scuola dell'Ornamento Fiorito, che incorporò elementi del Buddhismo Mahayana e del Taoismo. Con un eccezional lavoro di studio e anni di dedizione, Thomas Cleary ha tradotto in inglese tutti i trenta libri del Sutra che sono stati poi pubblicati nel 1993, con una sua introduzione.

L'intero straordinario testo dell'*Avatamsaka Sutra*, quintessenza di secoli di contemplazione e meditazione buddhista, si può dire descriva la natura e il significato della Rete di Indra. Il suo messaggio essenziale è che tutta l'esistenza, visibile e invisibile, è un'unità indissolubile. Niente può esistere separatamente da qualsiasi altra cosa. Tutti gli aspetti della vita sono interdipendenti e ciascuno interagisce con gli altri in uno stato di continuo flusso, cambiamento e creatività.

Il grande studioso buddista, D. Suzuki, considerava l'*Avatamsaka Sutra*

> il compimento del pensiero buddhista, del sentimento e dell'esperienza buddhista. A mio parere, nessuna letteratura religiosa nel mondo può mai avvicinarsi alla grandezza di concezione, alla profondità di sentimento e alla gigantesca scala compositiva raggiunta da questo sutra.... Le verità astratte sono così concretamente e simbolicamente qui rappresentate che si giunge finalmente a comprendere la verità che anche in una particella di polvere è riflesso l'intero universo — non solo questo universo visibile, ma un vasto sistema di universi, concepibile solo per le menti più elevate.[6]

Mentre nella tradizione occidentale il concetto dell'universo visibile era basato sull'idea di una causa primaria o di un Dio creatore che gli dava origine, in questo testo l'universo non ha né inizio né fine, né creatore né ordine gerarchico, ma è visto come una incommensurabile 'entità' vivente o una rete cosmica di relazioni esistenti in una specie di campo unificato, con ogni aspetto che si integra e si influenza con tutti gli altri. Descrive un universo oltre il nostro mondo del tempo e dello spazio: uno indubbiamente visto in meditazione. La vita intera è percepita come un tutto organico, così come era concepito nelle culture della dea lunare e in quelle indigene odierne. Tutte le vite e gli elementi della vita sono eternamente e inseparabilmente intrecciati con tutti gli altri, e partecipano di una relazione reciproca, dipendendo da quella rete di relazioni incastonata di pietre preziose o di perle che cambiano continuamente, nascono incessantemente. Tutto ciò che facciamo nella nostra vita influenza questa Ragnatela inimmaginabile, sia nel bene che nel male.

La Rete di Indra può essere allineata con il concetto di universo come ologramma, in cui ogni piccola parte riflette o contiene un'immagine del tutto — un concetto proposto dal fisico David Bohm nell'ultimo capitolo del suo libro *Wholeness and the Implicate Order*. Oggi troviamo questa rete di relazioni nel concetto di Gaia di James Lovelock: un vasto organismo vivente in cui ogni parte dipende da ogni altra per la sua sopravvivenza. Cosa ci impedisce di ampliare la sua scoperta per includere l'intero universo? Nel paragrafo iniziale del suo libro Francis Cook dice che l'uomo occidentale potrebbe essere sull'orlo di una comprensione completamente nuova della natura dell'esistenza.[7] Sebbene questa visione buddhista della realtà possa sembrare a noi estranea, diventa sempre più familiare mentre la scienza scopre la natura interconnessa di tutti gli aspetti della vita e il modo in cui un singolo elettrone è collegato a tutti gli altri, non importa quanto sia grande la distanza tra loro.

La scienza ha osservato le cose isolatamente, come unità separate, ma ora scopre che la vita è una rete di elementi interdipendenti, dove qualcosa di così insignificante come un orso che mangia salmone e scarta gli avanzi nella foresta canadese può nutrire la vita degli alberi che vi crescono e degli animali che si nutrono della vegetazione sul suo suolo. Se un elemento è danneggiato o distrutto, l'intera ragnatela ne risente. Pertanto, è obbligatorio per noi individui prenderci cura e custodire ogni aspetto della vita, consapevoli che la più piccola delle nostre azioni, relativa alle nostre famiglie, alla società nel suo complesso o alla grande rete della vita nella natura, ha un effetto sul tutto. Come osserva Cook nel paragrafo conclusivo del suo libro, parlando dalla prospettiva Hua–yen: "In un certo senso io sono senza confini, il mio essere comprende i limiti più lontani dell'universo, toccando e muovendo ogni atomo esistente.… L'inter–fusione, la condivisione del destino, ha una portata infinita quanto le riflessioni nei gioielli della Rete di Indra.… Non solo "siamo tutti nella rete" insieme. Tutti *siamo* la rete, che cresce o cala come un corpo vivente". [8]

L'Eredità di Platone e di Plotino

Ritornando alla tradizione metafisica occidentale, nessuna descrizione della dimensione cosmica dell'Anima può ignorare l'eredità immensamente influente di due dei più grandi filosofi del mondo greco: Platone (429–347 aC) e Plotino (205–270 dC), un filosofo che nacque nell'Egitto ellenistico e in seguito si trasferì a Roma, dove ebbe una vasta cerchia di discepoli. Siamo fortunati che uno dei suoi studenti, Porfirio, abbia curato l'enorme corpo dei suoi insegnamenti, noti come le *Enneadi*, che costituiscono la base di quello che divenne noto come Neoplatonismo. Attraverso l'influenza di Platone e di Plotino l'idea di un'Anima Cosmica e di un'Anima del Mondo fu trasmessa nel corso dei secoli da individui che apprezzavano le idee e le intuizioni platoniche, e torna in vita oggi. La loro influenza duratura si manifesta nelle parole del mistico sufi Llewellyn Vaughan–Lee nel libro *The Return of the Feminine and the World Soul*: "L'Anima del Mondo non è solo un concetto psicologico o filosofico. È una sostanza spirituale vivente dentro di noi e intorno a noi. Proprio come l'anima individuale pervade l'intero essere umano — il nostro corpo, i pensieri e i sentimenti — la natura dell'Anima del Mondo è di essere presente in ogni cosa. Pervade tutta la creazione ed è un principio unificante all'interno del mondo". [9]

Plotino, che sviluppò e chiarì la cosmologia di Platone, disse che eravamo all'interno di una realtà che è anche dentro di noi. "Tutte le cose dipendono le une dalle altre; tutto respira insieme". La sua concezione dell'Uno totalmente trascendente, la base divina dell'essere, che si sprigiona attraverso i livelli e le dimensioni della vita cosmica nello stesso modo in cui il sole irradia la luce, fino a quando nasce il mondo della materia, è notevolmente simile alla cosmologia della Qabbalah. Come in quella tradizione, l'anima umana individuale è espressione o emanazione del fondamento divino dell'Anima Cosmica o del Mondo e reca la divinità nella sua stessa natura.

Nel XII secolo, le opere di Platone divennero accessibili in Francia attraverso le traduzioni dei filosofi arabi e diedero origine alla meraviglia delle cattedrali gotiche. L'anima prese vita nella ricerca medievale del Santo Graal — immagine del regno sconfinato dell'eterno che riversa la sua luce e il suo amore per il nutrimento dell'umanità. Più tardi, nell'Italia del XV secolo, con la traduzione delle opere di Platone da parte del filosofo fiorentino Marsilio Ficino, fu resuscita l'idea di un'Anima Cosmica e la divinità quintessenziale dell'uomo. All'interno di una piccola ma influente cerchia di individui, la natura fu di nuovo percepita come fonte di ispirazione, liberando un'enorme energia creativa in una piccola parte d'Europa. Eppure queste idee non poterono attecchire e prosperare. Il giovane Pico della Mirandola diede la sua grande *Oratio de hominis dignitate* (Discorso sulla dignità dell'uomo, Ndt) ma fu assassinato prima che potesse realizzare il sogno, che condivideva con Marsilio Ficino, di unire l'insegnamento della Qabbalah con quello del Cristianesimo. Poco più di un secolo dopo, a Roma nel 1600 Giordano Bruno, uno dei filosofi più innovativi e creativi del suo tempo, fu mandato al rogo per aver dichiarato che la natura aveva un'anima, che l'Anima del Mondo illuminava l'universo e che c'erano altri sistemi solari abitati da esseri viventi.

Anche nel mezzo delle turbolenze del diciassettesimo secolo, la presenza dell'Anima come terreno invisibile di questo mondo materiale risplende ancora, attraverso le parole del poeta visionario, Thomas Traherne (1637–1674) nel suo *Centuries of Meditations*: "Il mondo è uno specchio di infinita bellezza, eppure nessuno lo vede. È un tempio di maestà, eppure nessuno lo considera. È una regione di Luce e Pace, se gli uomini non lo turbano. È il paradiso di Dio".

> Il chicco era grano sorto e immortale, che non doveva mai essere raccolto, né mai seminato. Pensavo che fosse esistito da eterno a eterno. La polvere e le pietre della strada erano preziose come l'oro. I cancelli erano dapprima la fine del mondo, gli alberi verdi, quando li vidi per la prima volta attraverso uno dei cancelli, mi emozionarono e mi rapirono; la loro dolcezza e la loro insolita bellezza mi fecero balzare il cuore, e quasi impazzire di estasi, erano cose così strane e meravigliose....

> Non apprezzerai mai il Mondo, finché il mare stesso scorre nelle tue Vene, finché non sarai Rivestito dei Cieli, Incoronato di Stelle e percepirai di essere

l'Unico Erede di tutto il Mondo: e molto altro... perché gli Uomini in esso sono tutti i Soli Eredi, così come te.... Fino a che il tuo Spirito riempirà tutto il Mondo e le Stelle saranno i tuoi gioielli.

Dopo il tumulto e il terribile massacro delle guerre religiose del diciassettesimo secolo, l'Anima rivive nell'opera dei grandi poeti del Movimento Romantico: Wordsworth, Keats, Shelley, Coleridge, e più tardi, Tennyson, Goethe e i poeti tedeschi del diciannovesimo secolo che ricollegano la propria cultura alla natura e all'immaginazione. Blake poteva vedere che "Tutto ciò che vive è Sacro". Ma la loro visione svanisce prima degli enormi cambiamenti sociali, economici e tecnologici prodotti dalle rivoluzioni industriale e scientifica.

I capitoli precedenti hanno esplorato la differenza tra la cultura lunare e quella solare e hanno mostrato come durante l'era solare si sia persa la percezione del Cosmo come essere vivente, e come la nostra mente razionale auto–cosciente si sia gradualmente dissociata dal più profondo istinto da cui si era sviluppata. Hanno mostrato come, attraverso la grande meta–narrativa della Caduta dell'Uomo, la natura e questo mondo si sono desacralizzati e la donna e tutto ciò che è collegato al Femminile è stato profondamente ferito perché associato alla natura — una natura separata dallo spirito e vista come parte di un mondo caduto.

Dal quarto secolo, la potente influenza di sant'Agostino e la sua dottrina del peccato originale, profondamente pessimistica, separarono l'umanità dal fondamento dell'Anima imponendo alla comunità cristiana la credenza che questo mondo fosse fondamentalmente imperfetto e l'uomo contaminato dal peccato e separato da Dio — stato dal quale si sarebbero salvati solo i predestinati per grazia divina. Sebbene molti altri fattori abbiano contribuito alla perdita del più ampio concetto di Anima, per molti secoli questa dottrina cristiana minò drasticamente l'esperienza lunare più antica di partecipazione alla vita e, a mio avviso, condusse infine all'attuale filosofia del riduzionismo scientifico e della solitudine e alienazione dell'uomo in un universo apparentemente inanimato e indifferente.

L'Anima come Profondissimo Mare dell'Essere

Dai miei sogni e dalle impareggiabili scoperte di Jung so che il mare è una delle immagini primordiali dell'anima — quel mare misterioso così difficile da trovare, così incomprensibile per la mente condizionata a credere che ci sia solo la realtà materiale. Forse è per questa ragione che l'*I Ching*, il Libro Cinese degli Oracoli, ci ordina di "attraversare la Grande Acqua".

Nessuno si è mai riferito al mare come 'lui'. Il mare è sempre stato associato al principio femminile e all'immagine della dea — a Kwan Yin in Cina e alla Vergine

Maria nell'occidente cristiano e molto prima di queste a Nammu, la dea sumera dell'abisso primordiale. Per millenni, imbarcandosi nei loro fragili vascelli nella scura immensità del mare, i naviganti invocarono la loro protezione. Ma trasponi l'immagine del mare a quello infinito dell'Anima Cosmica e immagina il piccolo vascello della nostra coscienza individuale che naviga sulla superficie di un mare infinito di luce che cresce continuamente, danzando, fluttuando nell'essere.

Immagina di poter vedere attraverso le forme fisiche, compresi i nostri corpi che sperimentiamo come opachi e solidi, e di essere in grado di vedere una miriade di schemi di energia che interagiscono tra loro e che ci connettono con i mondi sottili dell'Anima. Immagina di illuminare i filamenti di luce (invisibili) che fluiscono attraverso le galassie stellate dello spazio e attraverso i nostri corpi e le forme degli animali, delle piante, degli alberi e del paesaggio che vediamo intorno a noi. Sperimentiamo noi stessi come entità separate, ma se l'intero universo è un organismo integrato, vivente, una sinfonia di suoni cosmici, allora siamo parte di quel tutto. Come mai siamo arrivati a credere che l'universo e la materia siano inanimati e morti?

Questa rete cosmica di vita è un sistema, di inconcepibile complessità e dai molti livelli, di dimensioni annidate dentro dimensioni, con un continuo interscambio — forse paragonabile al modo in cui ora ci scambiamo informazioni attraverso i siti web e le email — a livello molecolare, a livello di comunicazione telepatica tra di noi, a livello della vita planetaria e a livello delle galassie e forse degli innumerevoli universi paralleli dei quali, finora, non sappiamo niente. In questa invisibile Anima dell'universo è codificata l'esperienza di tutti gli ordini di vita nei miliardi di anni in cui noi misuriamo il tempo. Partecipiamo come creatori allo sviluppo della nostra vita in questo processo evolutivo senza confini, ma il potenziale per la creazione senza limiti è anche lì e noi partecipiamo a quel processo in corso di creazione. Forse abiteremo in uno di questi mondi o dimensioni dopo la nostra morte, quando il nostro corpo fisico sarà abbandonato.

Quella che chiamiamo coscienza è infinita, eppure paradossalmente piccola come la lente attraverso la quale cerchiamo di scandagliare quella grandezza incommensurabile. Quanto è recente lo sviluppo della nostra coscienza presente rispetto all'età dell'universo, o solo all'età del nostro pianeta; quanto è difficile allora per noi comprendere il significato dell'Anima. Se ci ponessimo la domanda posta molto tempo fa dal grande saggio indiano Sri Ramana: "Chi sono io?" La risposta sarebbe "Io sono l'Anima del Cosmo che si scopre attraverso la sua stessa creazione".

Nella cultura moderna siamo di solito così completamente assorbiti in ciò che i taoisti chiamano le 'diecimila cose' che forse non ci verrà mai in mente che il desiderio che abbiamo di intraprendere viaggi, navigare attraverso mari o esplorare terre straniere potrebbe riflettere il desiderio dell'Anima di essere esplorata, di rivelarci con le parole di un profeta dell'Antico Testamento "i tesori nascosti e le ricchezze ben celate" (Isaia 45:3). Forse l'Anima ci sta chiamando ma noi potremmo ignorare inconsapevolmente le fondamenta su cui poggia l'intero edificio della vita.

Ricollegarsi con l'Anima

C'è una voce, quella del mito, della fiaba e della leggenda e, anche, della visione mistica che ci indica l'interno, guidandoci, se glielo permettiamo, nelle dimensioni trascurate della nostra vita interiore, della nostra anima, che a loro volta ci connettono con l'Anima più grande del Cosmo. In termini più semplici, l'Anima è la dimensione segreta e nascosta che è l'obiettivo della ricerca dell'eroe nel mito e nella leggenda. È la destinazione finale di ogni esplorazione: la terra sconosciuta, misteriosa e favolosa. La strada per raggiungerla attraversa le misteriose porte di corno così celebrate nel mondo antico — le porte che proteggevano la soglia dei misteri della Dea. Nel linguaggio della mitologia e della fiaba, è stata chiamata mondo delle fate, regno degli dei. Nel linguaggio della rivelazione visionaria, è il Regno dei Cieli, il Regno di Dio, il terreno sacro di tutta la realtà cosmica. I sufi lo conoscono come *alam al–mittal* o ciò che il grande studioso sufi Henri Corbin descrive come il mondo 'immaginario' (*mundus imaginalis*): un mondo reale, vivo e presente come il nostro.[10] Esso è la base o la fonte di tutto ciò che siamo, tutto ciò che percepiamo. È la nostra vera casa nel Cosmo, a cui torniamo dopo il nostro soggiorno sulla terra. Se l'anima è tutto questo, non sorprende che trascenda il nostro attuale livello di coscienza, che non riusciamo a comprenderla dopo qualche ora né anni di ricerca e studio. Tuttavia, paradossalmente, siamo sia ciò che cerchiamo di comprendere che l'oggetto della nostra comprensione. Siamo sia la parte che il tutto.

Cosa ci collega all'invisibile terreno dell'Anima? È la ricerca di significato, vissuta differentemente in ogni vita individuale, che guida il nostro desiderio di scoprire, creare, esplorare, conoscere e comprendere. Ma soprattutto è la nostra capacità di immaginare, di fare associazioni intuitive, di mettere insieme delle cose che erano frammentate e che noi percepiamo appartenersi. È attraverso la nostra capacità di sentire e immaginare che ci colleghiamo più intimamente all'Anima della Natura e del Cosmo. È sviluppando l'abilità di vedere con l'occhio del cuore — di cui parlano spesso poeti ed artisti — che produce la connessione con una realtà inizialmente al di fuori della portata della mente, agendo come una spina che ci connette allo zoccolo di quella realtà più profonda.

Talvolta le persone sognano di essere in una casa con delle stanze di cui non conoscevano l'esistenza, o si trovano ad attraversare porte che danno su una parte sconosciuta. Possiamo pensare all'Anima come a uno straniero nella cui casa viviamo senza averlo mai incontrato. Questo straniero è stato il testimone di tutto ciò che abbiamo vissuto dall'inizio della nostra evoluzione e contiene tutto ciò che è ancora latente come potenziale non realizzato. Questa Coscienza più grande, alla quale appartiene la nostra coscienza — sebbene ancora non consapevole di questa parentela — è l'energia di base della vita, che perpetuamente crea, distrugge e si trasforma. La sua 'immaginazione cosmica' ha generato l'universo, le galassie, il nostro pianeta, il processo evolutivo sul pianeta che, infine, ci ha dato una forma fisica e la creatività consapevole di sé, l'intelligenza e l'immaginazione che hanno trasformato le condizioni fisiche e culturali della nostra vita sulla Terra.

L'idea di incontrare questo straniero può sembrare dapprima leggermente ridicola, addirittura allarmante. L'Anima parla un linguaggio non familiare, come quello dei geroglifici, i cui simboli devono essere scrupolosamente imparati prima che possiamo comprenderne il significato. Man mano che si sviluppa l'abilità di diventare consapevoli di ciò che sta cercando di comunicare, di percepirne la presenza e divinarne l'intenzione e la guida, essa inizia a prendere vita. Si sviluppa un dialogo, si verificano sincronicità che non erano state notate in precedenza.

Comprendere l'immaginario simbolico dei sogni può aiutare a costruire questa relazione. Ma ci sono anche le intuizioni che ci sono state rese disponibili attraverso il lavoro minuzioso dei pionieri che ci hanno aperto questa dimensione inesplorata. Per entrare in dialogo con l'anima, Jung ha sviluppato il metodo che ha chiamato Immaginazione Attiva. La meditazione può aiutare a darci accesso al terreno sottostante, oscurato dal flusso continuo di preoccupazioni e ansie che possono distrarci dalla consapevolezza della sua presenza. Se vogliamo creare lo spazio per ascoltare, nelle nostre vite troppo impegnate, sono essenziali silenzio e contemplazione. Ricordo che il Maharishi diceva che la meditazione è come essere immersi in una vasca piena di tintura d'oro. Alla fine, dopo molte immersioni, iniziamo ad assumere una ricca tonalità dorata. Ciò che un individuo sperimenta e capisce influenza l'intero. Come egli suggeriva, e come l'ipotesi dei campi morfici di Rupert Sheldrake sembrerebbe confermare, una volta raggiunta una massa critica, può esserci uno spostamento nella coscienza collettiva, un risveglio collettivo.

Luoghi Sacri

L'idea che il nostro mondo riposi sul fondamento di un invisibile 'Altro' sopravvisse nelle tradizioni mistiche dell'era solare che mantennero viva l'idea lunare della divinità della natura e della co–inerenza di materia e spirito. Sopravvisse anche in alcune delle comunità indigene più compatte del mondo, dove le tradizioni che rispettano la sacralità della Terra e del Cosmo e i metodi per aprire una connessione con le dimensioni interiori sono passate di generazione in generazione — fino ai nostri giorni. Nel mondo ancora si compiono pellegrinaggi in tutti i luoghi ritenuti sacri per millenni, perché agiscono da portali di connessione fra i due mondi. In Europa, le chiese e i santuari consacrati alla Madonna Nera, la cui nerezza evoca i Misteri della Grande Madre, della Natura e dell'Anima, ancora segnano questi come luoghi di comunione tra questo mondo e il mondo invisibile. In questi luoghi, a tutt'oggi, sono state registrate molte guarigioni.

Un luogo in Europa sacro alla Vergine, e molto prima di lei alla Dea Druidica più antica, è la Cattedrale di Chartres. L'edificio è stato pulito dentro e fuori e la bella pietra color avorio pallido, usata nella sua costruzione originaria, brilla di nuovo. Quando ci entri, come accade a me ogni volta che la visito, è possibile che si riempiano gli occhi di lacrime in risposta allo straordinario effetto che fa. Anima e corpo rispondono alla sottile armonia creata dalla geometria sacra che ti circonda, incorporata in ogni pietra, arco e pilastro. Lo scopo stesso di Chartres è di condurre il pellegrino che calpesta il suo pavimento di pietra dal mondo visibile a quello invisibile, aiutandolo a vedere il terreno divino attraverso il velo della materia. Le due torri di Chartres rappresentano il sole e la luna e, cosa ancora più interessante, i principi solare e lunare, maschile e femminile dell'Alchimia e della Qabbalah. La loro unione si riflette nella 'colonna' centrale della navata con l'altare che si trova nello stesso luogo del cuore nel corpo umano.

La linea centrale della navata può anche essere intesa come rappresentazione dell'eternità e i due transetti come il mondo del tempo. L'altare maggiore segna il punto in cui si intersecano. Il labirinto tracciato sul pavimento della cattedrale simboleggia il percorso nella vita di questo mondo come preparazione consapevole per la vita nel mondo eterno, la cui presenza è indicata dal grande rosone sulla facciata occidentale. Quando la forma del rosone è posata sul labirinto, corrisponde esattamente alle sue dimensioni, enfatizzando la loro relazione. Il labirinto stesso agisce come un vortice, trascinando il pellegrino nel centro di sé, facendogli perdere l'orientamento abituale mentre segue le molteplici svolte e le pieghe del percorso verso la rosa bianca a sei petali centrale, le cui dimensioni corrispondono esattamente alla rosetta al centro del rosone, che contiene la figura di Cristo.

Nel suo meraviglioso libro *The Rise of the Gothic*, William Anderson osserva:

> L'improvvisa comparsa negli anni 1135–1150 di un gruppo di uomini in grado di trasformare il panorama artistico dell'Europa non fu casuale. Successe perché questi uomini avevano come ideale una nuova concezione dell'Uomo da rendere manifesta, una nuova comprensione della propria natura e una nuova visione delle fonti dell'arte e della scienza. Lo splendore dell'arte e dell'ar

chitettura gotica deriva dalla grandezza dell'anima dei suoi creatori. Quella era la fonte da cui scaturiva la capacità di immaginare le possibilità della nuova tecnologia e della qualità di vita rivitalizzata che splende attraverso loro lavoro.[11]

> La nuova immagine ad opera dei maestri gotici presenta l'uomo come un individuo dotato di libero arbitrio, mentre Dio e i suoi angeli lo sorvegliano, che si trova all'interno di una struttura di forme apparentemente astratte di portali, archi, nicchie e volte che simboleggiano aspetti delle leggi e delle forme dell'universo. Il concetto cristiano del valore dell'anima individuale, un concetto che pervade i Vangeli e le Epistole Paoline, raggiunse la sua prima piena espressione solo undici secoli dopo la morte di Cristo, nelle statue delle colonne di St. Denis e Chartres.... Aiutarono a rimuovere dalle anime degli uomini la vergogna per il fatto di essere uomini; parlarono, senza parole, di pace mentale e razionalità, e diedero nuova intensità alla dottrina dell'Incarnazione attraverso lo splendore dello spirito proclamato dalla pietra da cui erano scolpite.[12]

L'intera cattedrale, con i suoi nove portali ed il piano originario di nove torri, fu disegnata per inglobare le nove gerarchie celesti definite dallo Pseudo–Dionigi l'Areopagita, un monaco siriano del quinto secolo, che si presenta con lo pseudonimo di un altro Dionisio, vissuto molto prima di lui, convertitosi al Cristianesimo durante la visita ad Atene di San Paolo, del quale si diceva avesse annotato le esperienze visionarie del santo. Le opere dello Pseudo–Dionigi, che parlava estesamente della "Divina Oscurità di Dio", furono portate in Francia da Bisanzio dietro richiesta del re di Francia, Carlo il Calvo, nipote di Carlo Magno. Furono tradotte durante il nono secolo presso l'Abbazia di Saint Denis dal famoso studioso e monaco neoplatonico Giovanni Scoto Eriugena (810–877) che ne scrisse un autentico commentario e della cui altra opera importante parlerò nel Capitolo diciassette. Questi scritti ebbero un'enorme influenza sui costruttori delle cattedrali gotiche.

Chartres fu costruita per offrire al pellegrino l'esperienza della 'Divina Oscurità' di Dio, illuminata dalla luce che fluiva attraverso le nove gerarchie celesti, filtrata dalla radianza di zaffiro e di rubino delle sue vetrate istoriate.[13] Come scrisse lo stesso Pseudo–Dionigi, in una bella lettera indirizzata a una donna di nome Dorotea la Diacona, "La divina Oscurità è l'inaccessibile Luce nella quale si dice dimori Dio. In questa oscurità — invisibile a causa della sua soverchiante luminosità e imperscrutabile a causa dell'abbondanza dei suoi torrenti di luce soprannaturali — entrano tutti quelli che sono ritenuti degni di conoscere e vedere Dio: e per il fatto stesso di non vedere né conoscere, sono veramente in Lui che è al di sopra di tutta la vista e la conoscenza".[14]

Com'è stato mai possibile, ti chiederai, creare una meraviglia come Chartres?

In che modo degli individui illuminati si riunirono e svilupparono quelle abilità capaci di progettare la forma, scolpire, sollevare e organizzare enormi quantità di pietra con un'armonia e una proporzione così sublimi? Come giunsero a incorporare le tre grandi innovazioni che diedero a Chartres la sua struttura rivoluzionaria: l'arco a sesto acuto, il contrafforte volante e la volta a costoloni? Come poterono le fragili impalcature di legno tenere il peso tremendo delle pietre che dovevano essere rimorchiate al loro posto con funi che potevano sfilacciarsi e rompersi sotto la pressione — pietre che combaciavano con incredibile precisione e pochissima malta?

Chartres fu costruita come tempio per la Regina del Cielo. La rosa stessa era un simbolo della Divina Sapienza e l'intera cattedrale con i suoi tre rosoni era un inno a Maria come Trono di Sapienza e Regina del Cielo:

> Fu l'Abate Sugerio a collaborare allo sviluppo dello schema iconografico dell'Albero di Jesse culminante nella Vergine e in suo Figlio, che avrebbe portato alla trionfale rappresentazione di Maria come Regina del Cielo in tante cattedrali e chiese. Attraverso l'associazione con lei di così tante antiche immagini della luna, delle stelle, della Via Lattea, Maria arrivò a possedere un significato cosmico, che si vede più chiaramente nei grandi rosoni della Francia, come se fosse il grembo dell'universo contenente Cristo il figlio del sole. [15]

Gli uomini senza nome che progettarono Chartres, che si definivano "Maestri del compasso", diedero alla cultura del dodicesimo secolo francese ed europea una nuova immagine dell'uomo, raggiante di divinità, tanto più che fu in grado di creare tali meraviglie. Esaltando l'immagine della Vergine e facendone il fulcro della loro creazione, salvarono il Femminile dal disprezzo in cui era caduto e riscattarono la natura dall'associazione con il peccato, liberandola, in una gloriosa affermazione della sua bellezza, nella frutta, nei fiori e nel fogliame, presiedute dall'Uomo Verde. Chartres è una testimonianza fenomenale del potere creativo dell'immaginazione umana quando è diretta a creare qualcosa che collega con l'eterno questo mondo legato al tempo. Onorare questa connessione crea la civiltà.

Un interessantissimo libro su Chartres di Gordon Strachan descrive come, nella corrispondenza di importanti studiosi nell'undicesimo secolo, ci sia la prova che essi non sapevano come risolvere problemi geometrici molto semplici. Nel tredicesimo secolo, tuttavia, lo fecero. Questo progresso nell'apprendimento, conclude, non poteva che essere venuto dall'Islam durante il XII secolo attraverso i contatti culturali con Toledo e Cordoba in Spagna e dalle Crociate e dalla conquista di Gerusalemme nel 1099. L'evidenza storica mostra che fu solo attraverso il contatto con l'allora altamente sviluppata civiltà musulmana che le opere di Platone, Aristotele ed Euclide furono riscoperte e che fu la loro traduzione, diffusa principalmente attraverso le scuole di Parigi e di Chartres, che diede inizio alla rinascita culturale nel nord della Francia. L'ascesa dell'architettura gotica, conclude, fu il risultato più spettacolare di tutto ciò.[16]

I maestri muratori furono ispirati ed anche istruiti dalla filosofia e dalla geometria sacra insegnate alla Scuola Platonica di Chartres, fondata nell'undicesimo secolo dallo straordinario vescovo Fulberto e rinomata in tutt'Europa come centro di conoscenza. Per studiosi come Fulberto e l'Abate Sugerio, ispirati dagli scritti di Platone, il mondo vero era l'invisibile regno della metafisica e quello materiale, per quanto meraviglioso, solo l'ombra o la copia di quello divino.[17]

Strachan crede che a Chartres ci sia anche la prova della forte influenza islamica e dell'abilità degli artigiani musulmani e che sia possibile che un gruppo di operai di ritorno da Gerusalemme con i Crociati abbiano passato molti anni in Francia.[18] Dal piano complessivo della cattedrale e dei sublimi elementi della sua costruzione è evidente che i suoi costruttori — architetti, scultori, artisti e disegnatori — possono aver tratto la loro ispirazione dalla conoscenza di come entrare nel mondo dell'Anima, vedendo con l'immaginazione il prototipo di ciò che desideravano creare nella città che era stata un sacro sito per millenni.

La Rosa, Simbolo dell'Anima

Le origini della sacralità della rosa si possono rintracciare nello schema orbitale di otto anni compiuto dal pianeta Venere. Nei tempi antichi questo schema fu associato alle Grandi Dee del tempo: Iside, Afrodite, Cibele, Venere e, in seguito, alla vergine Maria e al rosario. Nell'Europa medioevale la rosa e il giardino chiuso divennero il simbolo dell'anima oltre che un luogo d'incontro per gli amanti. Ma, più di questo, la rosa fu il simbolo della più grande Anima del Cosmo in cui erano contenute tutte le anime umane. La rosa è anche uno dei simboli più antichi della Tradizione di Sapienza o della Sapienza stessa che irradia amore al nostro mondo dal divino fondamento. Come il loto dai mille petali, o gioiello del cuore del loto della tradizione orientale, la rosa giunse a simboleggiare l'anima risvegliata unita al fondamento divino, come nella grande visione di Dante della rosa bianca dell'Empireo. Il rosario era talvolta chiamato 'il giardino di rose' e la stessa Maria veniva chiamata 'Il Giardino' (del Paradiso) ed anche 'la Rosa senza spine' o 'Rosa senza eguali'.[19] Nel medioevo, al tempo della costruzione di Chartres, Maria era conosciuta come *Rosa Mistica*. Trovare la forma della rosa così enfatizzata nei tre grandi rosoni di Chartres e di altre cattedrali gotiche suggerisce che questo simbolismo avesse un grande significato per i suoi costruttori. Non sapevo nulla di tutto questo molto tempo fa quando fui stregata dalle parole di una poesia di Walter de la Mare "O nessuno sa dire da quali oscuri secoli discenda errabonda la rosa".

Il Giardino, Metafora dell'Anima

Le persone usano spesso la parola 'anima' quando parlano di un brano musicale che amano, di un meraviglioso edificio come Chartres, di un bel giardino o della persona amata. L'anima è una qualità specifica, una radiosità che le persone riconoscono perché tocca il loro cuore. Chiunque abbia lavorato in un giardino e abbia visto la risposta della natura ai suoi sforzi, forse anche dopo molti anni di lavoro, avrà sentito la presenza dell'anima in ogni foglia e fiore. Sin dai tempi antichi, in tutte le grandi civiltà, in Egitto, in Persia e in India, in Cina, in epoca romana e nell'Europa medievale e rinascimentale, le persone hanno creato giardini come luoghi sacri per contemplare e condividere, per il riposo, il divertimento e il diletto. Nell'Europa del dodicesimo secolo e nella mistica sufi il roseto divenne una replica del Paradiso, e la fontana o il pozzo al centro un simbolo dell'acqua della vita che scorre dal mondo divino. È difficile dire quando il giardino divenne una metafora dell'anima e uno spazio sacro per la connessione con il mondo invisibile, ma si trova certamente nelle correnti mistiche del Cristianesimo, dell'Islam, dell'Ebraismo e del Taoismo. Nella tradizione della Qabbalah, la Shekinah viene spesso indicata come 'il Giardino', e il matrimonio dei due aspetti della divinità — la Santa e il Suo Amato — si svolge in un giardino di melograni, simbolo della camera più interiore dell'anima.

Fin dai primi tempi abbiamo dipinti di giardini e persino (come in Egitto e in Persia) di giardinieri che vi lavorano. I giardini della Spagna moresca del IX secolo, nelle città come Cordoba, Granada e Siviglia, erano rinomati per la loro bellezza e tranquillità, così come più tardi lo furono i giardini italiani, quelli persiani e quelli dell'India Moghul. Più a Oriente, c'erano i giardini dei templi in Cina e in Giappone. Ma i monasteri europei, come quello di Monte Cassino in Italia, promuovevano anche l'arte di creare giardini come santuari per la preghiera e la contemplazione, oltre a coltivare frutta e verdura per nutrire la comunità monastica, e questi avevano una fontana, un pozzo o un albero al centro, forse un ricordo residuo delle precedenti culture sciamaniche dello spazio sacro che fungeva da portale tra i due mondi. In questi monasteri venivano coltivati giardini delle erbe e i monaci divennero abili nell'usare le loro fragranti essenze per curare molte malattie. I giardini erano sempre luoghi che attiravano gli uccelli e le api che raccoglievano il nettare di fiori e piante per trasformarlo in miele. Qui poteva fiorire una vita di contemplazione, come prosperavano le piante e gli uccelli, protetti dal tumulto e dalla violenza del mondo. Potremmo ricordare le parole di Rumi:

> *Quando la rosa è sparita e il roseto è caduto in rovina,*
> *Dove cercherai il profumo della rosa?*

Le Molte Dimensioni della Realtà e la Grande Catena dell'Essere

Le antiche Tradizioni di Sapienza ci dicono che noi e il nostro mondo siamo intessuti in un arazzo cosmico i cui fili ci collegano non solo alle molte dimensioni della realtà ma alle moltitudini di esseri che abitano quelle dimensioni. Al di là degli attuali confini della nostra vista, un campo illimitato di coscienza interagisce con il nostro. Ci dicono che una grande catena dell'essere si estende dall'ineffabile sorgente di luce della terra divina fino al nostro mondo, il livello più denso di manifestazione fisica. Forse Gesù si riferisce a questa molteplicità di dimensioni quando dice "Nella casa di mio Padre ci sono molte dimore" (Giovanni 14:2). Agli gnostici dei primi anni dell'era cristiana il fondo più profondo della realtà, che contiene tutte le altre dimensioni, era noto come Pleroma, la radice di tutto, presente in tutto e tuttavia al di là di tutto — una dimensione infinita, indefinibile, trascendente che, ciò nonostante, permea il nostro mondo nel modo in cui la luce del sole permea l'aria.

Può essere utile immaginare l'intero universo come una rete di vita inimmaginabilmente sottile che regge tre livelli, o piani di realtà, in relazione l'uno con l'altro, due dei quali sono invisibili per noi e nessuno dei quali è separato dagli altri.

- Il piano dello Spirito Eterno, il fondamento della pura Luce oltre ogni forma
- Il piano intermedio dei molti regni sottili dell'Anima che collegano materia e spirito
- Il piano della Terra e l'universo materiale visibile.

I primi due regni dello Spirito e dell'Anima sono pieni di più cinture concentriche, sfere o zone di materia molto più fini della composizione del nostro mondo e dalla frequenza vibratoria variabile. Questi piani non sono separati l'uno dall'altro o dal piano della realtà materiale. Si compenetrano l'un l'altro ma con la nostra visione 'ordinaria' noi non possiamo vederne i livelli più fini neanche, finora, con i nostri strumenti scientifici sebbene, nel loro incontro con la materia oscura e il campo del bosone di Higgs, questi possano toccarli. Potrebbero essere descritti come campi multipli annidati di diversi gradi di coscienza e di diverse intensità di vibrazione tenute all'interno di un Campo, una Terra o una Rete di Luce unificante. Queste sfere interagiscono con il nostro mondo e possono influenzarci in modi di cui non siamo consapevoli. I mondi o le sfere che compongono questo incommensurabile regno dell''Anima' circondano ogni pianeta del sistema solare e forse molte delle galassie. Possono far parte di altri universi che interagiscono con i nostri.

Come spiegherò nel Capitolo diciannove, innumerevoli miliardi di anime abitano queste sfere o zone invisibili della realtà. Potremmo chiederci perché questa cosa non sia nota al nostro mondo. La risposta è che diverse tradizioni metafisiche ne erano a conoscenza e ora la massa di prove che provengono dall''altra parte' la descrivono. L'umanità nel suo insieme, tuttavia, la ignora e continuerà a farlo fino al momento in cui il l'esistenza di queste dimensioni invisibili della realtà sarà conosciuta più ampiamente, probabilmente attraverso le scoperte scientifiche, ma anche attraverso le proprie esperienze personali.

Dall'inizio della storia documentata, e senza dubbio da molto tempo prima, i più grandi poeti, sciamani e visionari, gli artisti, i musicisti e i mistici di tutte le culture ci hanno collegato a questo profondo terreno dell'Anima. Hanno connesso il visibile all'invisibile, il mondo legato al tempo a quello eterno, la mente vigile all'anima sognante. Sappiamo dai loro scritti che i mistici sufi sono entrati in questo mondo intermedio della realtà psichica e l'hanno descritto come un piano di realtà simile al nostro mondo fin nei minimi dettagli, ma di una maggiore intensità di bellezza, colore e forma squisita. È composto di materia, ma eterea, senza la densità della materia del nostro mondo. Lo chiamarono 'Terra Celeste' e riconobbero il mondo terrestre come manifestazione di quel mondo invisibile dell'Anima, vedendo la sua bellezza e maestosità riflessa nelle profonde foreste della terra, nelle montagne innevate, nella profondità e nella vasta distesa del mare, nell'immensità abbagliante del cielo notturno cosparso di stelle. Di secolo in secolo, come anelli di una grande catena d'oro, hanno mantenuto viva la realtà dell'esistenza dell'Anima e i Suoi veri valori — i valori che onorano e celebrano la meraviglia, la sacralità e il grandioso mistero della vita.

Se esaminiamo le antiche cosmologie di Egitto, India, Persia, Cina o Tibet o la tradizione della Qabbalah, troviamo la descrizione di mondi sottili, dimensioni della realtà al di là di questo mondo materiale e degli esseri che li abitano. Nell'Antico e nel Nuovo Testamento abbondano gli angeli e gli arcangeli che adornano le grandi cattedrali d'Europa. I qabbalisti insegnarono che ci sono quattro mondi separati che si compenetrano e interagiscono l'uno con l'altro, ciascuno governato da esseri, arcangeli e angeli, e ciascuno un portale per una moltitudine di altri mondi o dimensioni. Troviamo le nove gerarchie celesti, conosciute dalla tradizione mistica cristiana attraverso gli scritti del monaco Dionigi, scolpite sul portico meridionale della Cattedrale di Chartres sopra la figura seduta del Cristo, ma a meno che una guida non le indichi, potremmo non notarne la presenza né capirne il significato.

Nel sedicesimo secolo, il qabbalista Joseph Cordovero nominò tredici porte che introducevano alla coscienza superiore. In India, per millenni, la pratica del Kundalini Yoga ha offerto un metodo per consentire alla nostra coscienza limitata di evolvere a livelli più alti o più profondi di percezione e all'esperienza di mondi invisibili. Il Buddhismo Mahayana insegna che ci sono tre realtà che si interpenetrano: questo mondo materiale, un sottile mondo d'anima intermedio e infine, il mondo senza forma di puro spirito chiamato la Chiara Luce del Vuoto. Tutte queste tradizioni insegnano che la contemplazione e gli esercizi specifici ci preparano all'incontro con queste realtà trascendenti. Nel mondo intermedio dell'Anima sono conservati tutti i ricordi dell'esperienza umana — ricordi che possono corrispondere all'inconscio collettivo di Jung e al Mondo della Formazione (Yetzirah) della Qabbalah.

Questi ricordi sono noti alla cosmologia hindu come le cronache Akashiche — Akasha è il nome del campo illimitato in cui sono tenuti. Il fatto che la nostra coscienza possa essere espansa alla consapevolezza di vasti campi di memoria planetaria e cosmica è stato dimostrato attraverso i metodi della respirazione olotropica sviluppati e registrati in migliaia di sedute dallo psichiatra Stanislav Grof.[20] Questi mondi trascendenti o dimensioni della coscienza diventano accessibili attraverso esperienze soggettive non ancora accettate dalla scienza, ma questo non significa che non esistano. Non sono tanto 'luoghi' come potremmo immaginarli; piuttosto sono 'stati dell'essere'. Le Tradizioni metafisiche confermano che viviamo in campi sottili della realtà, impercettibili al nostro livello di coscienza 'normale' e agli strumenti finora inventati dalla scienza.

Anima Cosmica e Scienza

Come ha mostrato il precedente capitolo, stiamo vivendo un profondo cambiamento di paradigma, che passa dal vedere l'universo come una macchina senza vita a un organismo unificato e vivente, della cui vita partecipiamo come co–creatori. Duane Elgin descrive il cambio di paradigma con queste parole:

> La nostra vera identità o esperienza di ciò che siamo è enormemente più grande di quanto pensassimo — stiamo passando da una coscienza strettamente personale a una consapevole rivalutazione di noi stessi come parte integrante del cosmo.... In questo nuovo paradigma, il nostro senso di identità assume una qualità paradossale e misteriosa: siamo sia osservatori che osservati, conoscitori e oggetti della conoscenza. Ognuno di noi è completamente unico tuttavia completamente connesso con l'intero universo.... Risvegliare la natura miracolosa della nostra identità come simultaneamente unica e interconnessa con un universo vivente può aiutarci a superare l'arroganza della specie e il senso di separazione che minacciano il nostro futuro.[21]

Concetti come l'Ordine Implicito di David Bohm e la sua comprensione dell'universo come un "mare dell'essere" e come un intero indiviso, rianimano le antiche idee del Cosmo come una grande rete di vita, in cui nessuna parte può essere vista come intrinsecamente separata da qualsiasi altra. Con l'ipotesi dei campi morfici di Rupert Sheldrake, ci viene offerta una possibile spiegazione di come nascono tutte le forme del nostro mondo. C'è inoltre il mistero della materia oscura e il campo del bosone di Higgs menzionato nel capitolo precedente. Deno Kazanis, autore di *The Reintegration of Science and Spirituality*, crede che gli scienziati possano effettivamente inciampare nei corpi sottili dell'energia di cui i mistici parlano da millenni:

> La nostra capacità di vedere, toccare, gustare, odorare e ascoltare il mondo è dovuta solo alla carica elettrica degli atomi. E poiché a livello atomico gli oggetti interagiscono attraverso le forze elettriche, se non c'è una tale forza presente, allora gli oggetti possono letteralmente passare l'uno attraverso l'altro…. Ciò che mi intriga è che la materia oscura, essendo invisibile e non in grado di produrre luce o qualsiasi tipo di onde elettromagnetiche, è una sostanza che non è composta da alcuna carica elettrica…. La sua presenza è determinata dalla sua gravità, che è una quantità enorme, ma il materiale stesso è totalmente invisibile. Quindi mi è venuto in mente che quando i mistici parlavano di corpi sottili che si compenetrano con il nostro corpo visibile, l'unico modo possibile sarebbe se questi corpi fossero fatti di qualcosa di diverso dalla materia carica. E la materia oscura si adatta abbastanza bene a quella categoria.

Sembra che ci siano stati molti nomi per questo terreno invisibile. La luce è l'immagine primaria che collega il mondo della scienza e della metafisica. La scienza avrebbe un enorme aiuto in tutto ciò che sta scoprendo se fosse consapevole e potesse accettare la validità delle tradizioni metafisiche. Potrebbe mettere insieme cose che sono state separate per secoli attraverso il mancato riconoscimento della relazione essenziale tra spirito e materia.

L'Occhio del Cuore: l'Organo di Percezione dell'Anima

Finché la scienza cerca di localizzare l'anima nel cervello fisico e le si avvicina come oggetto da osservare mediante gli strumenti creati dalla mente, non sarà in grado di comprenderla, né in senso personale né nell'aspetto cosmico più ampio cui si riferiva Eraclito. Non capirà la fonte dell'esperienza rivelatrice. E non sarà in grado di rispondere alle domande metafisiche che hanno preoccupato i più grandi intelletti delle epoche precedenti: domande su chi siamo, perché siamo qui e quale potrebbe essere la nostra relazione con il Cosmo. Una comprensione dell'anima può essere recuperata solo attraverso ciò che è stato chiamato l'occhio del cuore.

Il cuore è l'organo di percezione dell'anima. Ha il suo tipo di coscienza, il suo modo di conoscere profondamente istintivo, proprio come la mente ha il suo. Agisce come una specie di cordone ombelicale che ci collega a tutta la vita su questo pianeta e a quella più grande del Cosmo. Il cuore è la fonte della nostra immaginazione creativa, nata dal nostro istinto di relazione con quella vita. Il cuore genera le nostre ricerche, le nostre speranze e i nostri desideri e alla fine ci riunirà alla fonte da cui siamo venuti. Senza il cuore, senza l'istinto di immaginare, sentire, sperare e amare, la vita è priva di significato, sterile, morta. Quando siamo in contatto con i nostri istinti più profondi, i nostri sentimenti e intuizioni, essa prende vita, vibra, canta. Musica, poesia, bellezza, relazioni amorevoli, idee stimolanti, risultati magnifici e elettrizzanti come quelli degli atleti olimpici: tutto ciò nutre il cuore e ciascuno di essi è essenziale per l'anima in questa dimensione, così come il cibo lo è per il corpo. Quale parte del corpo tocchi quando qualcuno ti chiede: "Dov'è la sede del tuo sentimento?" La maggior parte delle persone tocca istintivamente l'area del proprio cuore.

Che cos'è, esattamente, l'occhio del cuore? Ne ho trovato la descrizione più chiara in tre libri scritti da una sacerdotessa della Chiesa Episcopale di nome Cynthia Bourgeault. In essi spiega l'insegnamento essenziale della Tradizione della Sapienza cristiana sulla trasformazione della coscienza. L'occhio del cuore è *un organo di percezione spirituale* e imparare a svilupparlo può aiutarci a entrare nella diversa comprensione della realtà, la diversa visione del mondo che ho cercato di descrivere nei capitoli precedenti quando parlo di un ordine sacro.

Man mano che l'occhio del cuore si sviluppa, diventiamo consapevoli della presenza della dimensione invisibile e scopriamo come allineare la nostra coscienza con essa, come con un partner invisibile, agendo in questo mondo a partire da un senso di connessione e sintonizzazione con l'Altro senza diminuire in alcun modo l'importanza e la validità dell'esperienza in questo mondo. L'occhio del cuore, come lo descrive Cynthia Bourgeault, è un "vibrante campo di risonanza, che funziona come un faro di riferimento tra i regni; quando è forte e chiaro, crea tra loro una risonanza sincrona". [22]

> Tutte le antiche Tradizioni di Sapienza hanno compreso che il mondo fisico, che prendiamo per la nostra realtà empirica legata al tempo e allo spazio, è racchiuso in un altro: un mondo coerente e potente di scopo divino, che lo circonda e lo interpenetra sempre. Questo altro mondo più sottile è invisibile ai sensi e alla mente sembra essere pura speculazione. Ma se l'occhio del cuore è sveglio e chiaro, può ricevere, irradiare e riflettere quella Realtà divina. [23]

Possiamo imparare a focalizzare la nostra coscienza sull'occhio del cuore come porta dell'anima, e immaginare che vi si incontrino due linee: la linea verticale dell'eternità e quella orizzontale di questo mondo del tempo. Man mano che impariamo a sviluppare l'occhio del cuore, iniziamo a vivere attraverso una diversa focalizzazione, perciò siamo sempre più in contatto con quel livello più profondo della realtà. Portare la mente superficiale dissociata in armonia ed equilibrio con il fondo più profondo dell'anima potrebbe cambiare le nostre convinzioni, le nostre vite e la nostra cultura. Una bella citazione del XII secolo ci ricorda l'importanza di concentrarci su quel punto in cui i mondi del tempo e dell'eternità si incontrano, quel punto d'incontro della nostra anima con il fondamento eterno: "Tutto ciò che si muove è soggetto al tempo ma è dall'eternità che è nato tutto quello che è contenuto nella vastità del tempo e nell'eternità deve essere risolto". [24]

È noto da tempo che abbiamo facoltà non sviluppate che sono al di là della portata della mente razionale — anche che ci sono vaste aree del cervello fisico che non vengono utilizzate. Come Jung ha scoperto e come molti seguaci della Qabbalah, del Vedanta e del Sufismo hanno compreso da secoli, il potere dell'immaginazione e metodi collaudati di connessione possono essere utilizzati per creare un ponte verso i mondi invisibili. Come descrive Bourgeault: "Quando... il campo vibratorio di un particolare cuore umano entra in risonanza spontanea con il cuore divino stesso, allora finito e infinito diventano una singola, continua lunghezza d'onda, e diventa possibile un'autentica comunione. Collegare i regni creati e non creati all'interno di un essere umano, è sia un regno in se stesso sia il mezzo attraverso il quale questo regno si fa conoscere". [25]

Il grande mistico fiammingo, Jan van Ruysbroeck, lo afferma con queste parole: "L'unità è questa: che un uomo si sente riunito con tutti i suoi poteri nell'unità del suo cuore. L'unità porta pace interiore e riposo del cuore. L'unità del cuore è un legame che unisce corpo e anima, cuore e sensi e tutti i poteri esteriori e interiori e li racchiude nell'unione dell'amore". [26]

Quando la relazione tra la nostra anima individuale e il terreno eterno della vita diventa più forte, diventiamo più consapevoli della sua voce, della sua presenza e della sua guida sottile. Un rapporto di approfondimento con questo terreno può diventare il tessuto interiore e il centro della nostra vita. È un'alchimia che possiamo porre in essere con la nostra attenzione, sviluppando l'intuizione attraverso il nostro desiderio di comprensione e relazione con esso. Se seguiamo delicatamente questo sentiero nel profondo di noi stessi, non viviamo più la vita inconsciamente, rispondendo ciecamente agli eventi mentre accadono. Rimaniamo in contatto con l'invisibile e ne riceviamo una guida sempre maggiore, anche se interagiamo con il visibile.

Chiunque si avventuri nel regno più profondo dell'Anima, scoprirà, come T.S. Eliot che "la fine di tutta la nostra esplorazione sarà arrivare dove abbiamo iniziato e conoscere quel luogo per la prima volta". [27] Essa saprà che ogni linea di poesia che ha mosso le canne del desiderio, ogni immagine di bellezza e frammento di ciò che è stato percepito come verità è servito a rivelare, a poco a poco, una Presenza che l'umanità ha impiegato innumerevoli millenni a scoprire, eppure è sempre stata lì, in attesa del momento del riconoscimento. La misura dell'impegno che ci viene richiesto dall'Anima in cambio del suo dono di sapienza e guida può essere rivelata solo gradualmente, ma l'iscrizione sullo scrigno di piombo scelta da Bassanio, nella speranza di vincere la mano di Porzia, dice tutto:

> *Chi mi sceglie deve dare e azzardare tutto ciò che ha.* [28]

Il Sé Più Grande, Presenza e Guida

Ogni tradizione spirituale parla dello spirito guida, della presenza nascosta, del daimon, del messaggero angelico, della voce rivelatrice. La tradizione della guida spirituale è molto antica e ha origine nelle culture sciamaniche. Man mano che diventiamo più consapevoli di questa realtà più profonda dentro di noi e intorno a noi, essa è più capace di renderci consapevoli di non essere soli, come illustra la meravigliosa storia di Tobia e dell'Arcangelo Raffaele. In quella storia, Tobia non riconobbe la vera natura del suo compagno fino alla fine del suo viaggio quando Raffaele si rivelò a lui e al padre — cui aveva ap-pena ridato la vista — dicendo: "Io sono Raffaele, uno dei sette santi angeli che sono sempre pronti ad entrare alla presenza della maestà del Signore" (Libro di Tobia 12:15). Ci sono molte sincronicità nella nostra vita, molti messaggi dal regno dello spirito che passano inosservati fino a quando cambia la nostra focalizzazione e iniziamo ad armonizzare la nostra coscienza con esso.

Nel Cristianesimo, c'è sempre stata una forte tradizione di guida e protezione degli angeli. Basta guardare i grandi angeli ritratti nelle sculture medievali o nelle vetrate delle cattedrali gotiche e nelle pitture del primo Rinascimento per vedere quanto viva fosse ancora in quel momento quella tradizione per i popoli europei. Poiché abbiamo bandito gli emissari radiosi della terra divina, tutto ciò nella nostra cultura è andato perduto. Quindi potremmo concordare con Rilke che, nella seconda delle *Elegie Duinesi*, esclama: "Dove sono i giorni di Tobia, allora che il più splendente si fermò dinanzi alla porta della casa semplice un po' travestito per il viaggio e già non più tremendo...."

L'insegnamento della guida spirituale è ugualmente forte nella cultura islamica, in particolare nel Sufismo in cui il mondo dell'anima è una realtà conosciuta. Henri Corbin, il grande studioso del Sufismo, scrive:

> Alcune anime hanno imparato tutto da guide invisibili, conosciute solo da loro... Gli antichi saggi... insegnavano che durante l'esistenza di ogni singola anima, o forse di un numero di anime con la stessa natura e affinità, c'è un essere del mondo spirituale che adotta una speciale sollecitudine e tenerezza

verso quell'anima o gruppo di anime; è lui che li inizia alla conoscenza, li protegge, li guida, li difende e li conforta. [29]

La mia stessa esperienza di vita mi ha insegnato che possiamo ricevere aiuto, ispirazione e guida dal fondamento cosmico che ha portato la nostra coscienza negli eoni del tempo e ci tiene tutti nel suo abbraccio. Anche se ci sono periodi di intensa oscurità e depressione, che gli alchimisti chiamavano 'nigredo' e i mistici cristiani la Scura Notte dell'Anima, con il paziente lavoro di stabilire una connessione, e nei momenti di improvvisa intuizione e illuminazione, possiamo sperimentare la presenza di quel fondamento e sviluppare la capacità di ascoltarne la guida. Cosa c'è in noi che ci spinge a crescere oltre noi stessi? Chi è che conosce la fine quando possiamo vedere solo l'inizio, la forma della quercia quando vediamo solo la ghianda? Cosa ci aiuta quando sembra che non ci sia aiuto? Facciamo tutto da soli? O siamo all'interno di una Coscienza, una Presenza, più grandi della nostra coscienza limitata, che lentamente, faticosamente, ci sta risvegliando alla consapevolezza di se stessa?

Nella sua autobiografia, *The Trembling of the Veil*, il poeta Yeats parla di questa Presenza: "So che la rivelazione viene dal sé, ma da quel sé che conserva i ricordi di lunghe epoche, che modella l'involucro elaborato del mollusco e il bambino nel grembo materno e che insegna agli uccelli a fare il loro nido; e so che il genio è una crisi che per qualche momento congiunge quel sé sepolto alla nostra banale mente quotidiana".

Tutte le tradizioni spirituali hanno registrato le parole dei grandi maestri dell'umanità il cui insegnamento viene da quella fonte. Nel Cristianesimo, la connessione con questo terreno è mediata dalle figure di Gesù e della Vergine Maria; nel Buddhismo dalle grandi incarnazioni del Buddha e della dea Tara; nell'Hinduismo da Krishna; nel Taoismo da Lao Tzu e dagli illuminati sapienti taoisti; e nell'Islam da Maometto, dai suoi più grandi mistici Sufi e dalla figura di al Khidr, noto come "Il Verde". Lo stesso fondamento divino è stato variamente descritto come Tao, Brahman, Dio o Allah, come il Vuoto, come il Santo e la Sua Shekinah. Questo divino fondamento è dentro di noi e intorno a noi. Dobbiamo creare in noi un santuario dove possiamo ascoltare la sua guida e ricevere il suo aiuto.

Duemila anni fa, all'inizio dell'Era dei Pesci, Gesù, come un uomo pienamente risvegliato, emissario delle sfere superiori del Cosmo, insegnò ai suoi discepoli il sentiero della trasformazione interiore — come risvegliare l'occhio del cuore e vivere attraverso quell'occhio risvegliato costruendo un ponte, momento per momento, giorno dopo giorno, tra il mondo visibile e quello invisibile. Ma il Cristianesimo perse quell'insegnamento e divenne un'istituzione che enfatizzò la credenza e l'appartenenza alla Chiesa come via verso Dio piuttosto che la trasformazione della coscienza e il risveglio alla presenza di una realtà vivente trascendente. Come dice Cynthia Bourgeault: "Come una sponda del fiume che viene erosa quando un fiume cambia rotta, così la tradizione della sapienza cristiana sul risveglio dell'occhio del cuore e sulla trasformazione della coscienza è stata costantemente erosa e infine spazzata via".[30] La distinzione operata dal Cristianesimo tra il divino Creatore e la creazione caduta, ha ferito profondamente sia Dio che l'uomo.

Gesù ha aperto la nostra consapevolezza alla nostra divinità e al cam-biamento di coscienza che accompagna la creazione di una relazione con quel terreno nascosto. Perché ci ha chiesto di amarci gli uni gli altri e di riconciliarci con i nostri nemici? Forse perché, in quanto emissario del Divino Fondamento, comprendeva la natura sacra dell'intero ordine manifesto? Perché disse: "Non è forse scritto nella vostra Legge: *Io ho detto: voi siete dei?*" (Giovanni 10:34) a meno che non sapesse che tutti noi abbiamo il potenziale di far emergere la divinità latente in noi attraverso una relazione diretta e crescente con la terra d'origine che chiamò 'Il Padre'? Perché, nell'enigmatico detto del Vangelo Gnostico di Tommaso (*logion* 77), affermò: "Tagliate un ciocco di legno; io sono lì. Sollevate la pietra, e mi troverete" se non per indicare il fatto che la natura e la materia riposano sul terreno dello spirito; che nella loro essenza, sono spirito?

La rivelazione che egli portò, e che i suoi discepoli in un primo momento trovarono così difficile da comprendere, fu di aprire il cuore alla consapevolezza dell'unità e della divinità della vita, e quindi, all'amore e alla compassione per tutti. Gesù stesso visse la sua vita a partire dai valori e dalla sapienza intrinseca a quella percezione della realtà. Questa stupefacente rivelazione, questo vedere veramente nella realtà nascosta dietro le forme di vita, vivendo in piena consapevolezza e connessione con essa pur essendo in questa dimensione terrena, è la perla di grande valore, il tesoro nel campo, il grano di seme di senape che, minuscolo all'inizio, quando è piantato per la prima volta nel terreno dell'anima, può diventare un albero possente, adornato dai frutti dell'intuizione, della sapienza e della compassione.[31] Le belle parole pronunciate da Gesù alla vigilia della sua Passione, registrate negli Atti Gnostici di Giovanni, spesso tornano a me e le pronuncio silenziosamente nei momenti di dubbio o di depressione:

> *Sono una lampada per te che Mi guardi;*
> *Sono uno specchio per te che Mi percepisci;*
> *Sono una porta per te che bussi a Me;*
> *Sono una via per te viandante.*
> *Sono il tuo letto; riposa dunque su di Me.*[32]

Nella Visione mistica ci sono molti passaggi che testimoniano la guida o la presenza del divino fondamento, ma io amo particolarmente queste parole di Bede Griffiths:

> Ogni uomo deve scoprire questo Centro in se stesso, questo Fondamento del

suo essere, questa Legge della sua vita. È nascosto nel profondo di ogni anima, in attesa di essere scoperto. È il tesoro nascosto in un campo, la perla di gran valore. È l'unica cosa necessaria, che può soddisfare tutti i nostri desideri e rispondere a tutti i nostri bisogni. Ma ora è nascosto sotto strati profondi di abitudine e di convenzioni. Intorno a esso il mondo crea una grande barriera protettiva.[33]

Sri Aurobindo, il grande maestro indiano del secolo scorso, parla del processo di risveglio alla presenza e alla guida dell'anima con queste parole:

Quando la crosta della nostra natura esterna si spezza, quando i muri della separazione interiore si rompono, la luce interiore attraversa, il fuoco interiore brucia nel cuore, la sostanza della natura e la sostanza della coscienza si affinano in una maggiore delicatezza e purezza e in questa sostanza più sottile, più pura, più fine, diventano possibili le esperienze psichiche più profonde; l'anima comincia a svelarsi, la personalità psichica raggiunge la sua piena statura. L'anima si manifesta allora come l'essere centrale che sostiene la mente, la vita e il corpo.... Assume la sua più grande funzione di guida e governante della nostra natura.[34]

La crescente relazione con il fondamento eterno può cambiare la qualità delle nostre vite, dando loro una risonanza più profonda, una messa a fuoco diversa. La relazione con l'anima ci porta a una relazione più stretta con l'intera vita. L'ansia e la depressione, che cerchiamo di curare con così tante droghe e terapie, diminuiscono. Attraverso questa trasformazione, così graduale e sottile che è quasi impercettibile, si trasforma la nostra percezione del mondo.

Nasce un significato della vita diverso e più profondo. Se ci rendiamo conto di vivere all'interno di un Ordine Sacro, troviamo un contesto più profondo per le relazioni e per cambiare le nostre abitudini comportamentali, sia come individui che come nazioni e società, che possono aiutarci a risolvere molti problemi difficili nella nostra vita e in generale nel mondo.

In definitiva, ciò che all'inizio era percepito come separato — interno ed esterno; io e gli altri; umano e divino — inizia a fondersi, a divenire un'unità: una vita, una coscienza, un tutto unificato. Si pensava che non potessimo diventare 'spirituali' senza sacrificare la vita del corpo, abbracciando una vita da casti. L'idea della castità come via per lo spirito fu un errore fondamentale, derivato dalla divisione tra mente e corpo così profondamente impressa dalle convinzioni polarizzanti dell'era solare. Il corpo deve essere amato e considerato prezioso, perché è il veicolo dell'anima in questa dimensione della realtà.

Ogni persona può trovare la sua strada con l'aiuto degli altri che sono partiti prima, o attraverso il collegamento con persone che insegnano metodi di risveglio. Si possono formare profonde amicizie dell'anima. Uno dei più grandi premi è trovare amici attraverso il misterioso potere di collegamento e attrazione dell'anima, ora meravigliosamente facilitato da Internet. Organizzazioni attiviste notevoli come Avaaz (www.avaaz.com) raccolgono decine di milioni di persone che parlano con una sola voce per creare un mondo diverso, governato da valori diversi. Stanno creando qualcosa a livello planetario simile alla rete cosmica di Indra. Ho trovato questo bellissimo passaggio nell'introduzione di Christopher Bamford a un libro di Alice Howell intitolato *The Dove in the Stone*:

> C'è un percorso di amore e conoscenza di cui l'Occidente è erede. Una volta su questa strada, il pellegrino non è più solo, ma in una compagnia visionaria di "amici di Dio".... Questa religione profetica di Sophia, eternamente mossa dall'amore e dalla bellezza, è una trasmissione vivente e una rinascita perpetua; non ha una chiesa formale o un'istituzione terrena, ma si rivela solo nei cuori e nelle menti degli esseri umani. Dello spirito, è presente ogni volta che due o tre si riuniscono al servizio dell'integrazione del mondo — del ritorno dell'anima a Dio attraverso il ritorno dell'anima al suo vero sé.[35]

Ci stiamo sensibilizzando alla consapevolezza che noi e il mondo fenomenico siamo intessuti in un arazzo cosmico i cui fili ci collegano non solo l'uno con l'altro al livello più profondo, ma con il terreno divino della vita. Al di là della nostra attuale visione legata al tempo, un campo illimitato di coscienza interagisce con il nostro, chiedendo di essere riconosciuto, abbracciato. La consapevolezza che partecipiamo a una realtà multidimensionale, fonte e fondamento del nostro essere, può infine frantumare la convinzione che questa realtà materiale è tutto ciò che esiste; che viviamo su un piccolo pianeta in un universo senza vita e che non c'è vita oltre la morte. Può darsi che l'Anima del Cosmo abbia aspettato eoni perché noi raggiungessimo il punto in cui più di una manciata di individui possano risvegliarsi alla consapevolezza del terreno che anima e sostiene l'intera nostra esistenza. Quando iniziamo a relazionarci con lo Spirito intelligente che informa il tutto, iniziamo ad allinearci con quella vita più grande, come un pianeta in orbita attorno al sole.

Nel 1841, il filosofo americano Ralph Waldo Emerson scrisse queste bellissime parole che sono la perfetta conclusione di questo capitolo:

> Viviamo in successione, in divisione, in parti, in particelle. Nel frattempo nell'uomo c'è l'anima del tutto; il saggio silenzio; la bellezza universale, alla quale ogni parte e particella è parimenti imparentata, l'UNO eterno. E questo potere profondo in cui esistiamo e la cui beatitudine ci è accessibile, non è solo autosufficiente e perfetto in ogni ora, ma l'atto del vedere e la cosa vista, l'osservatore e lo spettacolo, il soggetto e l'oggetto, sono uno. Vediamo il mondo pezzo per pezzo, come il sole, la luna, l'animale, l'albero; ma il tutto, di cui queste sono parti splendenti, è l'anima.[36]

Note:

1. Jung, C. G.: *L'uomo e i suoi simboli*, Raffaello Cortina Editore, Milano 1996.
2. Jefferies, Richard: *The Story of My Heart*, Constable & Co. Ltd., Londra 1947, p. 46–7.
3. Jefferies, pp. 20–21.
4. Laszlo, Ervin & Currivan, Jude: *CosMos, A Co-creator's Guide to the Whole-World*, 2008 p. 50.
5. Crook, Francis H.: *Hua-yen Buddhism: The Jewel Net of Indra*, Pennsylvania State University 1977, p. 2.
6. Suzuki, Daisetz Teitaro: *Studies in the Lankavarara Sutra*, Google Books 1930, p. 95.
7. Crook, p. 9.
8. ibid, p. 122.
9. Vaughan-Lee, Llewellyn: *The Return of the Feminine and the World Soul*, The Golden Sufi Press, California 2010.
10. Vedi la grande opera *Creative Imagination in the Sufism of Ibn Arabi*, Bollingen, Princeton, 1969.
11. Anderson, William: *The Rise of the Gothic*, Hutchinson Ltd., Londra 1995, p. 83.
12. ibid, p. 85.
13. Strachan, Gordon: *Chartres: Sacred Geometry, Sacred Space*, Floris Books, Edimburgo 2003.
14. Critchlow, Keith: *Chartres Cathedral: A Sacred Geometry*, DVD, Jansen Media 2003.
15. Anderson, p. 131.
16. Strachan, pp. 16–17.
17. ibid, p. 38.
18. ibid, pp. 28–32.
19. Ci sono due libri meravigliosi e rari che parlano di rose e di giardini di rose: Eithne Wilkins: *The Rose Garden Game*, Gollancz, Londra, 1969. E Seonaid Robertson: *Rose Garden and Labyrinth – a Study in Art Education*, Routledge and Kegan Paul, Londra, 1963.
20. Grof, Stanislav with Bennett, Hal Zina: *La mente olotropica. Le esperienze che con ducono ai livelli più profondi della psiche*, red Edizioni 2012.
21. Elgin, Duane: dal suo capitolo in *Mind Before Matter: Visions of New Science of Consciousness*, O Books, Ropley, UK 2007.
22. Bourgeault: *The Meaning of Mary Magdalene*, Shambhala Publications Inc., Boston 2010, p. 51.
23. Bourgeault, *The Wisdom Way of Knowing*, p. 35.
24. Sylvester, Bernardus *Cosmographia*, in Anderson, *The Rise of the Gothic*, p. 23.
25. Bourgeault, *The Meaning of Mary Magdalene*, p. 61.
26. Ruysbroeck, Jan van: *The Adornment of the Spiritual Marriage*.
27. T.S. Eliot: *Quattro Quartetti*.
28. Shakespeare: *Il mercante di Venezia*.
29. Abu'l Barahat, in Henri Corbin, *Creative imagination in the Sufism of Ibn Arabi*, p. 34.
30. Bourgeault, *The Wisdom Way of Knowing*, p. 20.
31. Per afferrare la profondità, la portata e la bellezza della lingua aramaica parlata da Gesù, raccomando i libri di Neil Douglas–Klotz e tra questi *Preghiere del cosmo. Meditazione sulle parole aramaiche di Gesù*.

32. Mead, G.R.S.: *The Gnostic Acts of John in Fragments of a Faith Forgotten*, 1906 & 1931, p. 431.
33. Griffiths, Dom Bede: *Return to the Centre*, Collins, St. James's Place, Londra 1976; e Templegate, Springfield, Ill. 1977.
34. Aurobindo, Sri: *La vita divina*, Edizioni Mediterranee, Roma 1998.
35. Bamford, Christopher: dalla prefazione al libro di Alice O. Howell *The Dove in the Stone*, Quest Books, Wheaton, Ohio 1988.
36. Emerson, Ralph Waldo: *The Over-soul*, Nono saggio, 1841.

Cosmo
Robin Baring 1980

Capitolo sedici

ISTINTO E CORPO
UNA MANIFESTAZIONE DELL'ANIMA

L'uomo non ha un corpo distinto dall'anima perché ciò che chiamiamo corpo è una porzione dell'anima percepita dai cinque sensi, i principali passaggi dell'anima in questa epoca.

— William Blake, da *Il matrimonio del cielo e dell'inferno*

La gente dice che che cerchiamo il senso della vita.... Io penso che ciò che cerchiamo sia l'esperienza di essere vivi, così che la nostra esperienza di vita sul piano puramente fisico abbia delle risonanze nel nostro essere più profondo e nella realtà, così da sentire realmente l'estasi di essere vivi.

— Joseph Campbell, *Il potere del mito*

L'anima non è nel corpo; il corpo è nell'anima.

— Meister Eckhart

Ho sempre amato la storia di Androclo e del leone, perché illustra molto chiaramente come la guarigione delle ferite mediata dall'istinto porti ricche ricompense nell'arena della vita:

> Androclo era uno schiavo romano. Era stato portato in Nord Africa ma aveva cercato di fuggire verso la costa e di tornare a Roma. Sapeva che se fosse stato catturato sarebbe stato ucciso, così aveva aspettato che le notti fossero buie e senza luna prima di strisciare fuori dalla casa del suo padrone e attraversare furtivamente la città verso l'aperta campagna. Si affrettò più veloce che poté, ma quando sorse l'alba scoprì che invece di raggiungere la costa del mare, come aveva sperato, si trovava in un deserto. Vedendo una caverna sul lato di alcune scogliere, vi si insinuò, si sdraiò e ben presto si addormentò. Fu svegliato da un terribile ruggito e con suo orrore vide un enorme leone in piedi, all'ingresso della grotta. Androclo aveva dormito nella tana del leone. Non c'era via di fuga. Il grande leone gli sbarrava la strada.

Androclo aspettò che il leone lo colpisse e lo uccidesse, ma quello non si mosse. Invece, si lamentava e leccava una delle zampe che sembrava sanguinare. Vedendo che l'animale stava soffrendo molto, Androclo dimenticò il suo terrore e si fece avanti. Il leone sollevò la zampa, come se chiedesse aiuto. Androclo vide allora che una grande spina si era insinuata nella zampa e l'aveva tagliata e fatta gonfiare. Tirò fuori la spina con un movimento rapido. Sollevato dal dolore, il leone grato si leccò la zampa, quindi zoppicò fuori dalla caverna, e in pochi minuti ritornò con un coni-glio morto, che depose ai piedi di Androclo. Quando Androclo fu riuscito ad accendere un fuoco e a cuocere e mangiare il coniglio, il leone lo portò a una sorgente di acqua fresca che sgorgava dalla terra.

Per tre anni, nella grotta uomo e leone vissero insieme, ma alla fine Androclo cominciò a desiderare la società dei suoi simili. Lasciò la caverna ma fu presto catturato da alcuni soldati e inviato a Roma come schiavo fuggiasco. Lì fu condannato a essere ucciso dalle bestie feroci nel Colosseo il primo giorno di festa.

Una vasta moltitudine di spettatori venne a vedere lo spettacolo, inclu-so l'imperatore. Androclo fu spinto nel grande spazio aperto e nella mano gli fu posta una lancia. Con ciò, gli fu detto, doveva difendersi dal potente leone che era stato tenuto per giorni senza cibo allo scopo di renderlo sel-vaggio e feroce. Androclo tremò quando con un terribile ruggito il leone famelico balzò fuori dalla sua gabbia, e strinse la lancia mentre la grande bestia veniva verso di lui. Ma, invece di buttarlo a terra con un colpo della zampa, il leone cominciò a lec-cargli le mani. Androclo vide con stupore che era lo stesso leone con cui aveva vissuto nel deserto. Lo accarezzò e, appoggiandosi alla sua testa, gridò. Tutti gli spettatori si meravigliarono della strana scena e l'imperatore mandò a chiamare Androclo, chiedendo-gli una spiegazione. Fu così contento della storia che rese Androclo un uomo libero.

Androclo ebbe due incontri con il leone: il primo fu nella natura selvaggia, regno del leone; il secondo nell'arena romana, simbolicamente l'arena della vita. Anche in questo racconto per bambini ci sono sfumature di mito eroico che raccontano la storia dell'uomo che compie il viaggio nella natura selvaggia della sua anima, dove si riconcilia con i poteri dell'istinto simboleggiati dal leone, cui guarisce la ferita. Poi, compie il viaggio di ritorno nel mondo dove, nell'arena piena di sfide della vita, invece di avere la vita distrutta da un animale ferito e arrabbiato, ottiene il suo sostegno e la sua amicizia. Fare amicizia con il leone e togliere la spina dalla sua zampa significa ricevere la protezione e la guida dei poteri dell'istinto dell'anima.

Molti passano la vita in uno stato di schiavitù nei confronti della miseria, della malattia e della depressione, o di circostanze che detestano e dalle quali si sentono imprigionati, oppure ancora in uno stato di livore e risentimento verso qualcosa o qualcuno da cui si sentono feriti. Queste emozioni potenti sono simboleggiate dal leone ferito con la grande spina nella zampa. Se la spina non viene rimossa, è probabile che il leone diverrà pericoloso. Le vite di innumerevoli persone sono colpite, finanche distrutte, dal leone inferocito e ferito che è condannato a vagare nella natura selvaggia al di là della consapevolezza conscia. Le persone possono rappresentare una minaccia per gli altri, in particolare per i bambini, a causa del loro potere di ferirli e distruggerli. Innumerevoli atrocità sono commesse dal leone infuriato che è dentro di noi. Abbiamo, per così dire, dormito nella fossa dei leoni, come Androclo. Le diverse forme di dipendenza prevalenti nella nostra cultura sono i sintomi dell'incapacità di relazionarsi con l'istinto, della mancanza di comprensione di quali siano i suoi bisogni e del perché, quando questi non sono curati, possa portarci verso modelli di vita negativi.

Se non abbiamo nulla che ci aiuti a sviluppare la comprensione di questo fondamento della nostra vita, non c'è modo che la sua voce riesca a raggiungerci, e neppure possiamo venire arricchiti ed evolvere dalla relazione con qualcosa che è infinitamente più potente della mente conscia. Tagliati fuori dagli istinti ci impoveriamo e perdiamo valore. Una parte vitale di noi non ha modo di guadagnare la nostra attenzione se non con modalità di comportamento distruttivi, violenti, di dipendenza, di rottura.

Il 13 gennaio 2007 uno straordinario fotografo ha pubblicato sui quotidiani la foto di un leone che si protendeva dalle sbarre della sua gabbia per abbracciare una donna, dandole quello che sembrava un bacio appassionato sulle labbra. Le sue zampe erano teneramente avvinte al collo della donna, gli occhi chiusi e sembrava a tutti che fosse in uno stato di grazia. La donna, Ana Julia Torres, è un'insegnante che vive in Columbia. Aveva salvato questo leone africano, di nome Jupiter, da un circo dove veniva maltrattato e l'aveva accudito fino a guarirlo. Dieci anni prima aveva iniziato a riabilitare animali maltrattati e ora ha un centro dove ospita ottocento leoni e una varietà di altri animali. C'era qualcosa di intensamente commovente nel calore e nella tenerezza dell'abbraccio spontaneo del leone e nella fiducia di questa donna che osava invitarlo e accoglierlo, accarezzando la sua folta criniera come fosse stato un enorme gatto. Era un'immagine così perfetta della relazione che potremmo avere con il nostro istinto, se solo sapessimo come abbracciarlo e permettergli di abbracciarci, di amarlo, come nella storia di Bella e la Bestia, dove la bestia spaventosa viene trasformata in un principe dall'amore di Bella.

La Separazione tra Mente e Corpo

Essendo tanto affascinati dalla nostra mente non prestiamo sufficiente attenzione all'importanza che l'istinto riveste nelle nostre vite. Poiché la mente conscia ha guadagnato sempre maggiore autonomia e indipendenza dalla matrice più profonda dell'istinto dalla quale si è evoluta, l'intera super–struttura della coscienza si è distaccata dalla base più antica dalla quale si è sviluppata, quasi come un iceberg che si distacca dal continente cui appartiene. Questa separazione inconscia crea grande tensione tra i due aspetti separati dell'anima e trova la sua strada in molti dei conflitti che mettiamo in atto nella vita personale come nell'arena più grande del mondo.

Come spiegato nel Capitolo Sei, durante i quattromila anni dell'era solare tutto si frammentò e noi perdemmo la percezione di vivere all'interno di un Ordine Sacro. Mentre questo processo si svolgeva, spirito e natura, anima e corpo arrivarono a separarsi: la nostra mente conscia si separò dal suo fondamento istintuale, spaventandosene e reprimendolo. Nel separare la natura dallo spirito, il corpo dall'anima, e nell'avvelenare gli istinti con colpa e paura, fu ferita una parte vitale della nostra natura, fu fatto un grave danno al corpo e agli istinti ad esso associati. In quasi tutti gli insegnamenti religiosi e filosofici dell'era solare, il corpo fu presentato come il più importante impedimento alla spiritualità, qualcosa da trattare con disgusto e disprezzo. Dalla Grecia classica in avanti, nell'educazioni delle classi dirigenti il sentimento e l'emozione furono guardati con grande sospetto. Nel Cristianesimo la mortificazione della carne era un'abitudine cara ai santi e agli asceti.

Inconsciamente influenzata da questo modo di pensare, pensavo all'anima come all'aspetto 'spirituale' di me e tendevo a guardare in basso al corpo come qualcosa di inferiore allo spirito e alla mente. Non mi era venuto in mente che il corpo potesse essere il veicolo dell'anima in questa dimensione materiale della realtà, che potesse essere effettivamente contenuto nel campo dell'anima. Può darsi che, poiché la morte e la decomposizione del corpo sembrano così definitive, sia difficile concepire il corpo fisico, soggetto al decadimento, come a un aspetto intrinseco dell'anima. Tuttavia, come osservò Meister Eckhart, "L'anima non è nel corpo; il corpo è nell'anima".

Con il declino dell'influenza della religione, l'attenzione della cultura moderna è passata dallo spirito al corpo e siamo diventati ossessionati dalla sessualità e dal corpo, in particolare dal corpo della donna che, nella nostra società dei consumi, è soggetto a ogni tipo di modifica per renderlo più attraente dal punto di vista sessuale e accordarsi con l'immagine femminile propagata dai media. Tutto questo, però, non porta ad alcun rapporto reale con il corpo, nessun amore, nessuna vera cura e rispetto per esso, né consapevolezza dei suoi segnali di sofferenza. Suggerisce l'alienazione dall'istinto e uno stato di inconscio possesso da parte sua.

La distinzione che condiziona il nostro pensiero tra ciò che è spirito o spirituale e ciò che è materia o materiale ha influenzato non solo gli atteggiamenti che governano ancora la religione e la scienza, ma il modo in cui trattiamo il nostro corpo e i corpi delle altre persone. Molti trattano il corpo come un servo molto abusato, che compie la volontà del suo 'padrone', la mente. Cambiare questa abitudine e iniziare a vedere il corpo e la materia in generale come parte del Sacro Ordine della vita invita a un fondamentale ripensamento dell'atteggiamento attuale nei confronti del corpo. Una comprensione più inclusiva dell'anima che incorpora il corpo come veicolo di vita o incarnazione su questo pianeta può sembrare strana. Tuttavia, nella sua più ampia definizione, penso che sia essenziale comprendere che l'anima include, a un'estremità dello spettro, il corpo in cui tutti noi abitiamo e, all'altra, la vita dell'universo, incluso il suo 'corpo' — problema che la scienza sta esplorando. In conclusione, la fisica quantistica sta scoprendo come questi siano tra loro collegati attraverso un terreno unificante e sottostante.

Istinto come Potere Cosmico

Il sogno che ho descritto nel secondo Capitolo, nel quale mi trovavo sul bordo di una gola profonda e vedevo emergere, un enorme cobra con i suoi sette cappucci sparsi in un grande ventaglio semicircolare, mi sconvolse per l'improvvisa consapevolezza dell'importanza dell'istinto. Fu un'apparizione davvero elettrizzante che suscitò in me, in egual misura, stupore, timore e meraviglia. In termini junghiani il suo messaggio per me era che incarnava qualcosa di sconosciuto di cui dovevo essere a conoscenza, di cui ero stata forzatamente resa consapevole in un modo che non avrei mai dimenticato. In termini mitologici, era una manifestazione del temibile serpente o drago che custodisce il tesoro. Senza vedere effettivamente questo serpente archetipo emergere dalla gola, non credo che sarei mai arrivata a comprendere l'istinto come qualcosa di così potente e violentemente numinoso — qualcosa che è alla base della vita e il mezzo attraverso cui siamo tutti collegati gli uni agli altri e alla vita del pianeta e, oltre a ciò, alla vita del Cosmo. Ancor più di questo, gradualmente mi resi conto che questo serpente gigantesco personificava l'intelligenza istintiva attiva in ogni aspetto della vita, attiva in tutte le specie e nell'intero processo evolutivo su questo pianeta, che aveva portato infine allo sviluppo della coscienza nella nostra specie. Ora credo che rappresenti la profonda intelligenza istintiva del cuore che è stata trascurata nella fascinazione per la mente e il cervello.

Il Mito della Caduta nel Libro della Genesi descrive la nostra separazione dalla natura e dal mondo divino. Come ci dice il mito, il serpente, immagine dell'istinto, era profondamente implicato nel suo ruolo nel dramma del Giardino dell'Eden, allettando Eva a prendere la mela dall'Albero della Conoscenza. Molto prima di allora, tuttavia, era stato il simbolo principale associato alla Grande Madre e al suo potere di rigenerare la vita. In questo mito persuasivo fu vilipeso e punito da Dio, condannato a mordere il tallone dell'uomo e ad esserne ferito e schiacciato. Non sorprende che, nella tradizione cristiana, il serpente sia stato visto come un simbolo del male, persino del diavolo. Gli istinti in generale, ma in particolare l'istinto sessuale, associato al ruolo ingannatore del serpente, vennero considerati con il più profondo sospetto, paura e repulsione.

I miti occidentali dell'era solare in cui l'eroe combatte con un serpente o con un drago raffigurano l'uomo in un ruolo nuovo, dominatore della natura. Seguendo il tema di questa mitologia, si credeva che il corpo e il suo istinto 'animale' dovessero essere controllati e soggiogati dalla mente — un concetto che deriva dal mito della Genesi così come dalla catena di idee che discendono da Platone e dai filosofi successivi, che consideravano il corpo e le sue passioni inferiori alla mente, e perciò necessitavano di essere da essa dominati e controllati. Ciò che era fisico o istintivo si identificò con ciò che era femminile: l'oscurità e il caos furono associati al femminile e visti come antitetici e minacciosi rispetto alla luce e all'ordine del maschile. La materia, l'oscurità, il caos, il male e la femmina furono considerati uguali e il corpo e i suoi istinti identificati con essi.[1] La razionalità della mente era in contrasto con l'irrazionalità del corpo e delle sue passioni. È estremamente difficile cambiare l'imprinting di queste credenze sull'anima collettiva di una civiltà, in particolare quando la mitologia che ne è alla base è profondamente radicata nell'insegnamento religioso. Ma è essenziale farlo, perché la totalità della nostra natura e la totalità dello spirito e dell'anima ne sono state ferite.

Un atteggiamento completamente diverso nei confronti dell'istinto si trova in Oriente, dove il serpente e il drago (in Cina) sono onnipresenti, come simbolo del potere eterno della vita di creare, distruggere e rigenerare se stessa. Nei miei viaggi per l'Estremo Oriente, ho trovato molte rappresentazioni del serpente nei magnifici templi di Angkor in Cambogia e in innumerevoli sculture dei templi dell'India e del sud–est asiatico. Il Buddha viene spesso mostrato seduto sulle spire di un gigantesco cobra le cui sette teste si aprono dietro di lui per formare un baldacchino protettivo. Avere il serpente come guardiano e guida invece che avversario significa che l'immensamente potente energia dell'istinto — inconscio in noi nel suo stato primordiale — è stata sollevata a uno stato di coscienza pienamente illuminato, lo stato realizzato dai più grandi maestri spirituali dell'umanità.

Questo potenziale risveglio della coscienza umana, nell'antico insegnamento spirituale indiano, era chiamato *Nagayāna* il Sentiero del Serpente. Questo percorso, che ha almeno quattromila anni, descrive il viaggio della dea serpente *Kundalini*, il potere creativo divino dell'universo — noto anche come il Serpente di Fuoco — dal *chakra* più basso, alla base della colonna vertebrale, al *chakra* più alto nella parte superiore della testa. Qui i serpenti gemelli che rappresentano gli aspetti lunari e solari dell'energia vitale (*Ida* e *Pingala*) si uniscono in unione beata nel canale centrale — la *Sushumna* — e fioriscono nella corona del loto dai mille petali. Questa è veramente l'espressione interiore del matrimonio sacro: i suoi effetti si manifestano in una trasformazione della personalità. Il potere sopito della Coscienza di conoscere se stessa nella sua innata divinità si risveglia e si manifesta come la più piena espressione di ciò che, in sostanza, è. Il termine sanscrito per il risveglio di Kundalini è *Shaktipat*, che significa 'discesa della grazia'. Kundalini Shakti è il potere di trasformazione e rivelazione della grazia. Qualunque sia il nome che gli diamo, Kundalini è il potere istintivo della nostra divinità innata e non riconosciuta che ci guida verso la fonte da cui siamo venuti. È un atto d'amore da parte del divino, che libera il potenziale dormiente dell'istinto che risiede in uno stato inconscio all'interno della nostra natura più intima.[2] Il lungo e arduo cammino della coscienza, dalla radice alla corona, significa la sua trasformazione da uno stato inconscio alla più alta espressione di sapienza, intuizione e compassione. Il corpo, nelle tradizioni orientali, è il contenitore, il vaso, il luogo di questo processo di trasformazione e il deposito della sapienza nascosta.

In Oriente il fatto che la nostra coscienza sia capace di risvegliare la coscienza cosmica è conosciuto e attestato da millenni. In Occidente possiamo trovarlo più chiaramente descritto nella tradizione alchemica (vedi il capitolo diciotto) e nell'insegnamento esoterico della Qabbalah. Viene anche descritto nell'esperienza dei mistici e nel capolavoro di Dante, *La Divina Commedia*, che rivela la trasformazione e il risveglio di Dante, condotto da Beatrice — immagine della sua anima — nei regni superiori della coscienza e nella visione ultima della rosa celeste e dell'"amor che move il sole e l'altre stelle".

La nostra coscienza, come la descrisse Jung, è come una pianta che vive sul suo rizoma. La sua vera vita è invisibile, nascosta nel rizoma. E quel rizoma è il vasto regno dell'istinto che, come ora capisco, è la fonte ultima della sapienza di cui abbiamo bisogno affinché ci guidi nel nostro viaggio di risveglio su questo pianeta.

Le pulsioni e le abitudini di comportamento largamente inconsce che chiamiamo istinto sono un aspetto fondamentale della vita dell'anima. L'istinto non è 'più basso' o inferiore rispetto alla coscienza; *è* la coscienza — in sostanza è l'espressione della Coscienza Cosmica. È un potente potere cosmico che organizza lo schema olografico delle forme di vita, la proliferazione infinita di se stesso attraverso innumerevoli 'campi' o livelli. Come ho descritto nel capitolo precedente, non può essere separato dall'Anima Cosmica né dal profondo terreno dello Spirito. Nelle sue diverse varietà di espressione, è il fuoco creativo che dà forma e significato alla nostra vita. Saliamo lentamente la scala dell'intuizione e della comprensione di questo potere che vive in noi e attraverso di noi, in ogni cellula del nostro essere.

L'intera struttura della nostra mente conscia si basa sul fondamento dell'istinto, si è sviluppata da esso nel corso di innumerevoli millenni. L'istinto è la radice originaria dei nostri sentimenti, della nostra immaginazione, della nostra intuizione, della nostra mente razionale. È l'istinto che ci collega alla grande rete di vita di questo pianeta e oltre questo, dell'universo. Se rifiutiamo questa dimensione vitale del nostro essere, ci separiamo dalla rete della vita a cui apparteniamo. Maggiore è la dissociazione nella nostra natura, maggiore è l'angoscia e la disarmonia in noi stessi e maggiore è il rischio che ci distruggeremo attaccandoci e uccidendoci a vicenda.

- L'istinto è l'origine delle nostre emozioni e dei nostri sentimenti e desideri più profondi — della gioia e della delizia nella vita così come di dolore e solitudine, di speranza e paura.
- Dà origine alla sensazione che qualcosa sia giusto o sbagliato, utile o dannoso, può crescere in ciò che chiamiamo coscienza e capacità di fare scelte consapevoli ed esercitare una certa misura di libero arbitrio. Man mano che diventiamo più consapevoli, può diventare la nostra guida.
- È l'origine del nostro desiderio di creare, esplorare e scoprire; e di proteggere, preservare e prolungare la vita, sia in noi stessi che negli altri.
- È il potere che, come la forza di gravità, ci trascina in relazioni empatiche e connessione con gli altri, con la natura, con il cosmo.
- È la fonte della nostra attrazione per la bellezza, l'armonia, l'ordine.
- È l'origine del nostro desiderio di migliorare le condizioni della vita, di curare le ferite che rechiamo, noi e la nostra specie, di capire chi siamo e dove stiamo andando.
- Soprattutto, è la fonte della nostra immaginazione creativa e del nostro potere creativo.

Sembra che un campo cosmico a più livelli organizzi ogni sistema di vita, dalle grandi galassie dello spazio a tutte le specie di vita, compresa la nostra. Il funzionamento della vita istintiva della natura con tutti i suoi sistemi miracolosi di interazione e coordinazione è ordinato su questo piano di realtà da campi invisibili che danno, a ogni specie, la forma specifica e i modelli o le abitudini di comportamento che chiamiamo istinti. Come descritto nel capitolo quattordici, il lavoro di Rupert Sheldrake, in particolare l'ultima versione di *A New Science of Life* (2009) e *Le illusioni della scienza* (2012) offre la spiegazione più chiara di questi campi morfici multilivello: egli vede l'universo come un sistema evolutivo di abitudini che, su questo pianeta, possono mutare in nuove comportamenti man mano che apprendiamo nuove abilità e sviluppiamo nuove conoscenze:

> Attraverso la risonanza morfica, gli animali e le piante sono collegati con i loro predecessori. Ogni individuo attinge e contribuisce alla memoria collettiva della specie. Animali e piante ereditano le abitudini della propria specie e della propria razza. Lo stesso vale per gli umani. Una comprensione estesa dell'eredità cambia il modo in cui pensiamo a noi stessi, l'influenza dei nostri predecessori e gli effetti sulle generazioni non ancora nate.[3]

Può sembrare strano pensare all'istinto come alla fonte primaria della nostra immaginazione ma riordinare le diverse categorie della nostra esperienza — ricollegare l'immaginazione con l'istinto come creatività dinamica della vita cosmica — mette insieme cose che sono state separate da tempo. L'immaginazione è quell'aspetto, o espressione, dell'istinto che comunica più facilmente attraverso le immagini, nel modo in cui Einstein si vedeva in sella a un raggio di sole verso il bordo dell'universo e ritorno — un'immagine che lo portò alla teoria della relatività.

Yeats descrisse l'immaginazione come simpatia per tutti gli esseri viventi, ricordando il perduto senso di *partecipazione mistica* delle culture sciamaniche. Coleridge la percepì come il fondamento della nostra coscienza, della nostra capacità di sentire, pensare e creare: "Ritengo l'immaginazione primaria la forza vivente e il primo agente di tutta la percezione umana, una ripetizione nella mente finita dell'eterno atto di creazione nell'infinito IO SONO".[4] L'immaginazione è una facoltà di vitale importanza per il nostro essere perché agisce come un ponte che ci mette in relazione con tutto ciò che attualmente si trova oltre la nostra coscienza limitata. E quel ponte è di per sé un'espressione dell'istinto.

L'istinto può talvolta guidarci lungo un percorso di vita che ha scelto per noi, non necessariamente quello che avremmo scelto per noi stessi. I greci riconobbero il suo potere irresistibile e lo chiamarono *daimon*. Diedero ai suoi diversi aspetti i nomi di dèi e dee, riconoscendo che, quando si innamoravano o venivano spinti a intraprendere la guerra, potevano essere stati 'presi in consegna' da uno o dall'altro. Poiché l'istinto è il potere della vita stessa e può creare e distruggere. È per noi la fonte del più grande pericolo, come descritto nei Capitoli Dodici e Tredici e anche, paradossalmente, la più grande sapienza, come suggerisce l'immagine del drago che custodisce il tesoro. Può possedere e illudere oltre che guarire, guidare e illuminare. Soprattutto, forse, è il potere che ci spinge a cercare il significato della nostra vita, un significato specifico e unico per ciascuno di noi.

Nel suo libro profondamente commovente, *L'uomo in cerca di senso*, Viktor Frankl osservò che "la ricerca del significato è la motivazione primaria della vita dell'uomo".[5] Mentre scrivo, penso alla straordinaria vita di Marie Colvin, corrispondente di guerra per il *Sunday Times*, uccisa dall'esplosione di una bomba siriana nel febbraio 2012 nella città di Homs. Aveva scoperto il significato della sua vita nel desiderio appassionato di portare alla consapevolezza del pubblico la sofferenza inflitta ai civili dall'oppressione e dalla guerra. Il suo immenso coraggio nel perseguimento di ciò che vedeva come scopo della vita la portò alla sua tragica morte, ma non prima di aver informato il mondo degli orrori inflitti al popolo della Siria dal suo governo. Lei è stata una persona veramente viva.

Il Cuore

Per rispondere alla ricerca di senso nella nostra vita, per trovare il percorso di connessione con i nostri istinti più profondi, dobbiamo ascoltare il cuore, sentirne la presenza, riconoscerne la voce. Nella storia di Androclo il leone è un antico simbolo del cuore e del fondamento istintuale della nostra anima. Rappresenta la forza e il coraggio del cuore, la sua intelligenza, la sua capacità di recupero e di audacia, la sua feroce passione e compassione. Come descritto nel capitolo precedente, il cuore è l'organo di percezione dell'anima e svolge un ruolo molto più importante nella nostra vita di quanto non ci rendiamo conto. Il cuore è la chiave per capire come funziona l'istinto, quant'è potente, pervasivo e sorprendente. È attraverso il campo di energia elettromagnetica del cuore che abbiamo accesso a un campo energetico più ampio che ci collega gli uni agli altri e al campo più vasto dell'organismo planetario. Quindi, mentre leggi queste parole, prenditi un momento per entrare in contatto con il tuo cuore come se lo stessi incontrando per la prima volta, con la piena consapevolezza della sua importanza.

Sono state fatte scoperte nel campo della neurocardiologia che non raggiungono il grande pubblico e sono molto più grandiose della scoperta della nonlocalità nella fisica quantistica, sostiene Joseph Chilton Pearce, rimarcando che Rudolf Steiner osservava oltre un secolo fa che la più grande scoperta della scienza del ventesimo secolo era stata che il cuore non è una pompa ma molto di più, e che dobbiamo permettergli di insegnarci a pensare in un modo nuovo.[6]

Il cuore non è solo una pompa che fa circolare il sangue nel corpo. Parlando in termini puramente fisiologici, il cuore è ora noto per essere un altro 'cervello': un organo che è un centro di intelligenza e coscienza importante, se non più importante, del cervello che associamo alla mente. Ora si pensa che sia l'organo principale che coordina il funzionamento del sistema nervoso autonomo, del sistema immunitario e del sistema endocrino e che comunichi continuamente con il cervello. Come sintetizzato dall'Istituto di HeartMath a Boulder Creek, in California, "Il cuore comunica con il cervello in quattro modi: neurologicamente, (attraverso la trasmissione di impulsi nervosi), biochimicamente (tramite ormoni e neurotrasmettitori), biofisicamente (attraverso le onde del polso) e energeticamente (attraverso le interazioni dei loro campi elettromagnetici)".[7] I cardiologi chiamano l'intero sistema il 'cervello del cuore'. Questi quattro diversi trasmettitori di informazioni funzionano al di sotto della consapevolezza della mente conscia, ma interagiscono continuamente con il cervello, scambiando con esso informazioni e influenzando profondamente il modo in cui pensiamo, sentiamo e ci comportiamo di momento in momento. Ora è noto che esiste una continua autostrada di comunicazione neurale tra il vecchio cervello emotivo limbico, il cuore e i due emisferi del cervello neo–corticale ma anche che "le connessioni neurali dal centro emotivo a quello cognitivo sono più numerose di quelle che provengono dalla parte inversa".[8] Il cuore risponde istantaneamente ai segnali provenienti dal cervello 'emotivo' antico e li trasmette, attraverso il proprio sistema nervoso, al cervello neo–corticale. A quanto pare svolge un ruolo nel controllo della funzione cardiaca indipendentemente dal sistema nervoso autonomo. Senza questo sistema nervoso 'personale', vitale per la sua stabilità ed efficienza, il cuore non può funzionare correttamente. Si è anche scoperto che è una ghiandola ormonale e rilascia un ormone che ha effetto sui reni, sulle ghiandole surrenali e su certe regioni del cervello.

Esplorare la connessione tra il cuore, il vecchio cervello emotivo istintivo (limbico) e il nuovo neo–corticale, che di solito chiamiamo la nostra mente, può aiutarci a capire, in termini di chimica del cervello e connessioni neuronali, perché il cuore sia così importante, perché gli istinti e le emozioni siano così potenti, perché possano avere un effetto positivo o negativo su di noi e perché ci vogliano un sacco di intuizioni e attenzione per divenire consapevoli di come e dove influenzano le nostre vite, a volte in modi creativi che ci portano grande felicità e talvolta in modi che ci spingono a infliggere danni agli altri e anche a noi stessi.

Se il cuore, canale dei nostri istinti più profondi, delle emozioni e dei sentimenti, reca ferite, queste, come le arterie bloccate, possono limitare il flusso di energia attraverso il sistema circolatorio dell'anima, portando alla compromissione della salute mentale e fisica. Il corpo ricorda tutto ciò che gli è successo e molte terapie sono focalizzate sull'aiutare a recuperare questi ricordi sepolti, in modo che il sistema nervoso possa essere liberato dalla memoria dei traumi che ha subito.

L'Istituto di HeartMath ha scoperto che stabilire una connessione cosciente con il cuore può avviare cambiamenti nei modelli profondamente impressi nel sistema nervoso e migliorare la coerenza mentale. Ha sviluppato metodi per migliorare la coerenza (funzione ordinata e armonica) del ritmo cardiaco che a sua volta influenza sia il cervello emotivo più antico che quello neo–corticale. Questi possono migliorare la vista, l'udito, la chiarezza mentale e la capacità di relazionarsi con gli altri:

> Il cuore produce di gran lunga il più potente campo elettromagnetico ritmico del corpo che, con strumenti sensibili, può essere rilevato a diversi metri di distanza. La ricerca mostra chiaramente i cambiamenti del nostro cuore nel momento in cui sperimentiamo emozioni diverse. Viene registrato dai cervelli delle persone intorno a noi e sembra in grado di influenzare le cellule, l'acqua e il DNA studiati in vitro. Prove crescenti suggeriscono anche che le interazioni energetiche che coinvolgono il cuore possano essere alla base dell'intuizione e di importanti aspetti della coscienza umana.[9]

Nel libro *Healing Without Freud o Prozac*, lo psichiatra Dr. David Servan–Schreiber, che ha familiarità con le scoperte fatte dall'Istituto di HeartMath, afferma che cuore e cervello possono cooperare o competere per il controllo dei nostri pensieri e del nostro comportamento: quando lavorano insieme, proviamo un senso di armonia, calma e benessere; quando sono in conflitto, possiamo sentirci agitati, ansiosi, depressi e infelici.[10] Con la pratica, possiamo imparare a prendere coscienza di queste fluttuazioni dell'umore e adottare misure per aiutarci a ritrovare uno stato di armonia ed equilibrio.

Ecco alcuni dei fatti noti sul cuore tratti dal sito web dell'Istituto di HeartMath (www.heartmath.org) e da un'intervista con Joseph Chilton Pearce:

- Il cuore è il più potente generatore di energia elettromagnetica nel corpo, con il più grande campo elettromagnetico ritmico di uno qualsiasi degli organi del corpo. Il campo elettromagnetico del cuore avvolge ogni cellula del corpo.

- Il campo elettrico del cuore è circa 60 volte più grande in ampiezza rispetto all'attività elettrica generata dal cervello; il campo magnetico prodotto dal cuore ha una forza più di 100 volte maggiore rispetto al campo generato dal cervello, e può essere rilevato a metri di distanza dal corpo (3,5–7,5 m) in tutte le direzioni.

- Il cuore è collegato a tutti gli organi vitali del corpo e ne mantiene l'equilibrio per il funzionamento ottimale di tutto l'organismo corpo–cuore–mente.

- Il sessanta–sessantacinque per cento di tutte le cellule del cuore sono cellule neurali che funzionano allo stesso modo delle cellule cerebrali, ma monitorano e mantengono il controllo dell'intero organismo mente–cervello–corpo e le connessioni dirette non mediate tra il cuore e il più antico cervello 'emotivo' e quello neo–corticale.

- Il cuore è il centro di coordinamento della principale struttura ghiandolare endocrina del corpo, che produce gli ormoni che influenzano profondamente le operazioni del corpo, del cervello e della mente e coordinano il funzionamento degli altri sistemi del corpo, compreso il sistema immunitario.

È affascinante, dice Joseph Chilton Pearce, che si sia scoperto che il cuore produce ad ogni pulsazione due watt e mezzo di energia elettrica, creando un campo elettromagnetico che è come un ologramma del campo elettromagnetico intorno alla terra:

Il campo elettromagnetico del cuore produce, olograficamente, lo stesso campo di quello prodotto dalla terra e dal sistema solare. Ora, i fisici stanno iniziando a osservare le aure elettromagnetiche come semplice organizzazione dell'energia dell'universo. Tutto ciò funziona olograficamente — cioè al più incredibilmente piccolo livello tra i dendriti della sinapsi, del corpo, della terra e verso l'esterno. Tutti operano in modo olografico e selettivo.[11]

Basta posizionare la mano sull'area del cuore per cambiare le onde cerebrali. Il cuore e il cervello producono un ormone : l'ossitocina — l'ormone del legame — che può e deve essere attivato all'inizio della vita da una relazione amorevole e nutriente con nostra madre. Lo cerchiamo e lo riscopriamo in uno stretto rapporto con il nostro partner. Frustrazione, ansia e paura rendono la frequenza cardiaca seghettata e rapida e questo ha un effetto sull'intero sistema nervoso. Amare, carezzare, coccolare il corpo può rendere il cuore calmo e ritmato.[12]

L'Istituto di HeartMath ha scoperto che quando le persone imparano a mantenere focalizzati sul cuore gli stati di riconoscenza o di amore, l'attività elettrica del cervello entra in coordinazione o coerenza con i ritmi del cuore stesso. Cambiare le emozioni può alterare l'attività cerebrale. "L'attività delle onde alfa del cervello è sincronizzata con il ciclo cardiaco. Durante gli stati di alta coerenza del ritmo cardiaco, la sincronizzazione dell'onda alfa con l'attività del cuore aumenta in modo significativo".[13]

Tutto ciò è interessante per chiunque lavori nel campo della guarigione e della psicoterapia. Quando i terapeuti prendono coscienza della presenza di un 'campo' tra loro e il loro cliente, si tratta del campo elettromagnetico del cuore. Il loro atteggiamento nei confronti del loro cliente, attento e centrato sul cuore oppure superficiale e distante, può influenzare il cuore del cliente e il campo elettromagnetico tra e intorno a loro, aumentando o annullando il potere di guarigione:

> I nostri dati indicano che il segnale cardiaco di una persona può influenzare le onde cerebrali di un'altra e che tra due persone che interagiscono può verificarsi la sincronizzazione di cuore–cervello. Infine, sembra che gli individui aumentino la coerenza psico–fisiologica, diventino più sensibili ai sottili segnali elettromagnetici comunicati da coloro che li circondano. Presi insieme, questi risultati suggeriscono che la comunicazione cardio–elettromagnetica potrebbe essere una fonte poco conosciuta di scambio di informazioni tra persone e che questo scambio sia influenzato dalle nostre emozioni.[14]

Esiste un metodo chiamato Quick Coherence, spiegato sul sito del HeartMath www.heartmath.org, con cui si può modificare intenzionalmente il proprio stato emotivo focalizzandosi sul cuore e facendo esercizi specifici che possono cambiare uno stato negativo in uno stato di sensazione positiva, rendendo il ritmo del cuore più coerente e influenzando la chiarezza dei propri pensieri e intuizioni e le prestazioni cognitive in generale. L'ho trovato estremamente utile nella mia vita e, con il permesso dell'Istituto di HeartMath, offro una pratica per connettersi e modificare il ritmo del cuore in tre fasi e una ulteriore per consolidarla. Queste sono un'ottima alternativa alla meditazione — una forma di meditazione in sé:

Tecnica di Quick Coherence:

1. **Attenzione sul cuore:** focalizza la tua attenzione sull'area del cuore, posizionando la mano sinistra al centro del petto.
2. **Respirazione del cuore:** Respira profondamente ma normalmente e senti come se il respiro arrivasse ed uscisse attraverso la zona del cuore. Continua a respirare con facilità fino a trovare un ritmo interiore naturale che ti faccia sentire bene.
3. **Emozione del cuore:** Mantenendo l'attenzione/messa a fuoco sul cuore e sulla respirazione, attiva un sentimento positivo. Ricorda una sensazione positiva, un momento in cui ti sei sentito/a bene dentro, e cerca di sperimentarne nuovamente la sensazione, l'emozione. Uno dei modi più semplici per generare una sensazione basata sulla positività del cuore, è quella di ricordare un posto speciale in cui sei stato o l'amore che provi per un partner o un figlio o un familiare o un animale domestico speciali. Quando ti sei connesso con questo sentimento, continua a sostenerlo mentre prosegui con la pratica dell'attenzione e della respirazione.

Tecnica di attivazione del cuore: prova la sensazione di amore genuino per qualcuno o qualcosa nella tua vita. Invia a te stesso questa sensazione di amore e cura, e poi estendila fino ai confini del campo elettromagnetico che circonda il tuo corpo, quindi espandi il flusso all'esterno verso gli altri e verso il mondo più ampio sotto forma di onde di energia. Se provi sensazioni ansiose e scomode, invia amore e compassione a quei sentimenti. Fare amicizia con un sentimento negativo e mandargli compassione può liberare o dissolvere il blocco. Questi esercizi rafforzeranno gradualmente la tua connessione cosciente con il cuore, aumenteranno la capacità di recupero e saprai essere consapevole dei sottili cambiamenti nel suo ritmo.[15]

L'Organismo Corpomente

In relazione a tutto ciò che l'Istituto HeartMath ha scoperto riguardo all'importanza del cuore c'è un altro aspetto che aiuta a comprendere il corpo e l'importanza delle emozioni. Alcuni decenni fa, la biologa Candace Pert si propose di rispondere alla domanda: Come possono le emozioni trasformare il corpo, creando malattia o guarigione, mantenendo la salute o danneggiandola? Scoprì che le nostre emozioni sono il collegamento cruciale tra la mente e il corpo, che sostanze chimiche specifiche chiamate neuropeptidi erano in relazione con stati emotivi specifici e, in seguito, che questi neuropeptidi erano attivi in tutto il corpo, inclusi l'antico cervello limbico, la neo-corteccia, lo stomaco e l'intestino. Comprendendo che i peptidi sono il linguaggio biochimico universale delle emozioni, li chiamò "molecole dell'emozione" — titolo del suo libro straordinario, uno dei più interessanti che abbia mai letto.

Questa fu una scoperta rivoluzionaria perché si rese conto che i neuropeptidi sono il fattore di collegamento tra le emozioni e i processi fisiologici. Ogni specifico peptide (sostanza chimica) media uno stato emotivo specifico. Non possiamo più parlare di un pensiero oggettivo e razionale perché il pensiero è inestricabilmente coinvolto con l'emozione. Scoprì che i neuropeptidi fungono da messaggeri tra il cervello, il sistema ormonale e il sistema immunitario, e sono in grado di alterare o modificare sia l'umore che il comportamento. Comprese che ogni cambiamento nello stato fisiologico è accompagnato da un cambiamento istantaneo nello stato emotivo e ogni cambiamento nello stato emotivo è accompagnato da un cambiamento istantaneo in quello fisiologico. Questo la portò a concludere che è un errore pensare in termini di due distinte categorie di 'mente' e 'corpo' perché formano un singolo organismo che lei chiamò "Corpomente", e a considerarlo come "uno straordinario campo di informazioni interattive che viaggiano ovunque istantaneamente".[16] Comprese che non possiamo più vedere il corpo come una macchina ma come una rete di informazioni incredibilmente efficiente, con intelligenza incorporata e che questa intelligenza non si trova solo nel cervello ma nelle cellule di ogni parte del corpo. Le implicazioni delle sue scoperte sono enormi e sono una chiave per comprendere le origini della malattia e i modi per guarirla.

> Ovunque ci siano recettori c'è memoria, quindi alcuni dei nostri vecchi schemi e i nostri vecchi modi subconsci di fare le cose si trovano davvero all'interno del corpo. Il trauma può essere immagazzinato non solo in piccole parti del nostro cervello ma profondamente nel nostro corpo, il che può spiegare alcuni degli aspetti molto potenti dei vari tipi di lavoro sul corpo... interventi psicologici in caso di cancro, visualizzazione per altre malattie possono cambiare il sistema immunitario, possono davvero cambiare le misurazioni fisiche. È molto profondo. Credo che ci sia bisogno di più ricerca e che la gente debba prestare molta attenzione a questa cosa. Sembra estranea, tuttavia deve essere sembrato molto estraneo e scioccante sentire che la terra ruotava attorno al sole. È davvero di quella magnitudine.[17]

La Nascita e l'Importanza del Legame Madre–Figlio

L'importanza del cuore, e il modo in cui specifici neuro–peptidi mediano precisi stati emotivi, approfondisce la spiegazione del perché il legame di cuore tra madre e figlio è così significativo. Può darsi che il campo elettromagnetico del cuore della madre influenzi il campo minuto del cuore del bambino.

La vita del corpo inizia con il concepimento e la nascita nel mondo. Osservare questo processo, descritto nei libri e in televisione, ha ampliato enormemente la nostra comprensione della formazione e dello sviluppo dell'embrione e del feto nell'utero, e della nascita di un bambino. La medicina e la scienza ci hanno rivelato sempre di più la crescita miracolosa del feto nell'utero. [18] Inoltre, il lavoro pionieristico di due uomini notevoli, Michel Odent e Frederick Leboyer, ha sottolineato l'importanza del cuore e dell'impatto, positivo o negativo, che il modo in cui vengono al mondo ha sugli istinti e sulle emozioni dei bambini. Nel loro approccio alla nascita, l'acqua assume la massima importanza, per la madre prima e durante la nascita e per il bambino dopo la nascita. Nel suo libro, *L'acqua e la sessualità*, Odent mostra quanto sia importante per gli umani il collegamento con l'acqua in generale e come anche il solo fatto di vedere un bagno d'acqua nella sala parto possa affrettare e facilitare una donna nel partorire il suo bambino.

Le nascite nell'acqua, iniziate da Michel Odent nel suo ospedale di Pithiviers in Francia e introdotte negli ospedali di tutto il mondo, offrono alle madri un'esperienza insolita e calmante, permettendo loro di entrare in quello che lui chiama il processo adattivo primitivo — dove agiscono gli istinti e le emozioni, per così dire, fusi l'uno nelle altre e dove l'importantissimo cambiamento, che avviene sia nella madre che nel bambino, può permettersi di dispiegarsi, diretto dalle risposte istintive del vecchio cervello primordiale. Odent sostiene che abbiamo bisogno di aggiungere una nuova parola al nostro vocabolario, che abbracci sia l'emozione che l'istinto e che non crei una barriera artificiale tra di essi. [19]

La cruda descrizione di Leboyer del dolore acuto, del terrore e dell'angoscia che il bambino appena nato può sperimentare se gestito in modo insensibile, tenuto a testa in giù per i piedi, schiaffeggiato sui glutei, gli occhi accecati da luci brillanti, le orecchie aggredite da voci forti, è profondamente inquietante, tanto più quando questa brutalità inconscia è in contrasto con il modo sensibile e gentile in cui un bambino può essere accolto: in un'atmosfera buia e silenziosa dove non ci sono a terrorizzarlo voci forti, luci brillanti o superfici fredde. Nel suo libro, *Per una nascita senza violenza,* egli scrive: "Dovremmo piangere lacrime di vergogna, piangere per la nostra stessa cecità. La stessa cecità che ci ha fatto pensare che le donne dovessero soffrire semplicemente perché non sapevamo niente di meglio. Fortunatamente non crediamo più al vecchio detto: 'partorirai nel dolore'. Non è ora di fare per il bambino quello che stiamo cercando di fare per la madre?" [20]

Leboyer ha dimostrato che i bambini sono incredibilmente sensibili e vulnerabili: possono sentire molto più intensamente degli adulti; sono esseri coscienti, senzienti, nel grembo materno e alla nascita. Incredibilmente, non molto tempo fa, i bambini (e gli animali) erano ritenuti incapaci di provare sentimenti perché non avevano sviluppato un senso cosciente di sé. Fortunatamente, questi vecchi atteggiamenti stanno cambiando.

Leboyer sosteneva che il cordone ombelicale non dovesse essere tagliato subito dopo la nascita, permettendo al bambino di adattarsi alla nuova esperienza di respirazione attraverso il midollo e i polmoni fino a quando il cordone smette di battere, indicando che i polmoni sono pronti a prendere il sopravvento e che il cordone può essere tagliato. Immergere un bambino in acqua, dopo averlo messo per un po' sul corpo caldo della madre, gli dà ancora la sensazione di essere senza peso, come nel grembo materno, e questo può confortarlo e calmarlo. Leboyer approfondisce ulteriormente gli effetti di una nascita traumatica, collegandola con gli schemi di comportamento aggressivi che nel corso della vita successiva la rimettono in atto; il dolore e il terrore che abbiamo vissuto alla nascita sono inflitti ad altri, decenni più tardi, negli atti di violenza e di terrorismo che devastano il mondo: "Il ricordo della nascita e il terrore che lo accompagna rimangono in ognuno di noi. Ma dal momento che è così carico di paura e dolore, giace dormiente e totalmente represso, come un terribile segreto in fondo al nostro inconscio.... Quanto pochi di noi sono consapevoli di quanta paura inconscia ci sia nella nostra vita! Tutta questa paura è legata all'orrore della nascita.... È come se la paura della morte, l'ombra buia che proietta la sua oscurità su tutta la vita, non sia altro che il ricordo inconscio di... la paura che abbiamo provato quando siamo nati".[21] In questo, è sostenuto dalla ricerca di Stanislav Grof, che, nel suo libro *Oltre il cervello* descrive brillantemente i tre stadi dell'esperienza perinatale e l'influenza che esercitano sulla nostra vita.

Sebbene l'approccio sensibile di questi uomini alla nascita del bambino possa non essere pienamente realizzato in ogni ospedale, dove attualmente non ci sono quasi abbastanza ostetriche per prendersi cura delle madri attraverso le diverse fasi del travaglio, le loro idee tuttavia hanno avuto un'influenza profonda sul modo in cui i neonati vengono gestiti quando emergono dal grembo materno, rendendo questa comparsa meno traumatizzante. C'è una nuova enfasi sulla gentilezza e sul bisogno primario del bambino di legarsi al corpo della madre subito dopo la nascita.

Se i loro suggerimenti vengono seguiti, la sensazione di intensa felicità del bambino dopo il trauma di espulsione dall'utero viene trasmessa al cuore dal cervello limbico istintivo. Il bambino può sperimentare questi sentimenti di felicità nell'utero, prima della nascita e nei primi momenti di riconnessione con la madre dopo la nascita, in stretto contatto sensoriale con il suo tocco, la sua voce, il suo odore e la sua espressione facciale, e queste esperienze sensoriali continuano durante l'infanzia. Questa esperienza viscerale originaria può gettare le fondamenta dei successivi sentimenti di fiducia nella vita, la capacità di empatia e amore e la capacità di provare gioia, estasi e piacere. È nei primi minuti, ore, giorni e mesi della vita di un bambino che il cuore e il sistema nervoso vengono programmati per una vita appagante e felice o, al contrario, per una oppressa dall'ansia, difficile e persino tragica. L'abbandono da parte della madre o la sua incapacità di amare il proprio bambino, sono due tra i più grandi traumi che un neonato o un bambino piccolo possano sperimentare. L'adozione precoce da parte di genitori adottivi amorevoli può servire a diminuire gli effetti del dolore e del profondo disagio che il bambino prova. Gli attuali ritardi nel processo di adozione sono invece disastrosi per i bisogni istintivi di un bambino che è stato portato via da sua madre e non ha nessuno con cui legarsi.

Ora sappiamo che il feto nell'utero registra tutto ciò che la madre sta vi-vendo: la sua felicità e gioia per il bambino che le cresce nel ventre, oppure la sua paura e ansia. Sappiamo che lo sviluppo del sistema nervoso, il cuore e le funzioni cognitive nascenti del cervello possono essere influenzati positiva-mente o negativa-mente dal suo stato, sereno o stressato. Sappiamo che il feto può essere condizionato dalla qualità dell'alimentazione della madre o dalla sua mancanza, così come dall'alcol, dal fumo e dalle droghe e anche dalla tensione e dalla violenza nella relazione genitoriale. Sappiamo che è sensibile alla musica, al rumore forte e alla qualità dell'ambiente in cui la madre vive.

Siamo nati con 100 miliardi di neuroni nel cervello collegati da 100 trilioni di sinapsi (questo numero può cambiare man mano che apprendiamo sempre di più sui neuroni del cuore). Da tre a dieci mesi avviene un abbattimento con la perdita ogni secondo di 50.000 connessioni tra le cellule cerebrali; le cellule che non vengono utilizzate durante questo tempo muoiono. Ogni cellula ha diverse diramazioni che si chiamano dendriti. Più le cellule vengono utilizzate, più si sviluppano i dendriti che si connettono. Sviluppano la complessità e aumentano con l'utilizzo. La risposta empatica della madre al suo bambino nei primi mesi e anni è vitale per lo sviluppo di questi dendriti. La cura e il legame con la madre, o con chi dà le prime cure, aiutano le cellule e i dendriti a diventare attivi durante i primi dieci mesi di cruciale importanza. Se la cura e l'amore sono assenti o carenti, non saranno attivati.[22]

I primi tre anni di vita sono i più importanti per il futuro sviluppo emotivo e mentale del bambino. Fino all'età di 3–5 anni, le connessioni neurali tra il cervello limbico più vecchio, il cuore e i lobi frontali del cervello neo–corticale non sono completamente stabilite. Fino ad allora, viviamo attraverso i riflessi del cervello limbico e attraverso il comportamento puramente istintuale (inconscio), assimilando a un ritmo fenomenale suoni, visioni e incontri con le persone e il nostro ambiente. Se in questi anni lo stimolo verbale e sensoriale è insufficiente, non saremo in grado di raggiungere il livello ottimale di cui siamo capaci alla nascita. Il nostro istinto naturale è di raggiungere le persone e rispondere ad esse, esplorare attraverso i sensi tutto ciò che ci circonda. Tra i tre e i cinque anni si attiva il livello neo–corticale del cervello e dei lobi frontali e iniziamo a sviluppare un senso di sé e a differenziare noi stessi e il nostro ambiente. I ricordi associati al cervello più antico durante i primi anni diventano gradualmente 'inconsci'. Eppure questi primi ricordi, impressi sul vecchio cervello e trattenuti nel cervello limbico e nel campo della memoria del cuore, hanno l'immenso potere di influenzare la nostra vita e il nostro comportamento. Una ferita all'istinto in questi primi anni può influenzare le nostre vite in modo negativo fino alla fine dei nostri giorni, a meno che, e fino a quando, non ne diventeremo consapevoli.

Studi dopo studi hanno dimostrato che l'abuso emotivo e fisico della madre influenza i circuiti neuronali (sistema nervoso) del bambino che porta in grembo e che l'abbandono, il rifiuto o l'abuso del neonato e del bambino piccolo possono alterare l'equilibrio del suo sistema chimico neurale e programmarlo alla depressione o al comportamento violento e criminale. Si è scoperto che il cervello e il sistema nervoso dei bambini traumatizzati dalle loro esperienze in una casa disfunzionale presentano gli stessi schemi di funzionamento dei veterani di guerra affetti da PTSD (Post–Traumatic Stress Disorder — Disturbo da Stress Post–Traumatico, Ndt).[23] Quando nell'infanzia si vivono ansia e disagio, le ghiandole surrenali producono un alto livello di cortisolo, l'ormone dello stress, e questo turba, o disturba, la formazione e l'equilibrio ottimali del sistema nervoso autonomo, del sistema endocrino e immunitario, così come interferisce con le connessioni neurali tra il cuore, i due emisferi del cervello e il lobi frontali. I centri cerebrali più alti potrebbero non essere in grado di svilupparsi a causa dello stress dell'ansia costante. Come spiegato prima, il cuore è l'organo principale di tutto l'organismo corpomente. Quando è profondamente angosciato e non funziona in modo ottimale, ciò influisce sul sistema nervoso ormonale, immunitario e autonomo e su tutti gli altri organi del corpo. I bambini che sono stati sottoposti a un ambiente cronicamente abusivo crescono sviluppando, come misura protettiva, iper–attenzione agli stati d'animo e al linguaggio del corpo delle altre persone. Avvertono cambiamenti di umore o una leggera flessione nella voce o nel linguaggio del corpo molto prima che lo facciano gli altri. Questa iper–vigilanza colpisce ogni sistema del corpo, programmandolo a vivere in uno stato costante di eccitazione e ansia.

Il danno al cuore e al sistema nervoso può durare tutta la vita senza alcun modo di guarirlo, se non ne siamo consapevoli. Dobbiamo chiederci se l'aumento del crimine violento, del bullismo e del comportamento aggressivo, sono sempre più evidenti a tutti i livelli della nostra cultura, non provengano in parte da sofferenza fetale e infantile, contribuendo al successivo disorientamento e all'angoscia dell'adolescente in un ambiente brutale e indifferente e quindi al risveglio degli istinti di sopravvivenza più aggressivi e alla riduzione delle abilità neo–corticali dell'intelligenza emotiva e alla capacità di contenere e gestire la rabbia.

La crescente tendenza a portare al nido e alla scuola materna bambini e neonati sin dalla più tenera età può avere un effetto negativo sul loro sviluppo emotivo, perché sono privati dell'unica esperienza di legame emotivo con la madre. D'altra parte, se la madre è incapace di legarsi al figlio, indifferente o violenta — o per innata inadeguatezza o perché soffre di depressione post partum — la scuola materna può essere un'alternativa migliore a un ambiente domestico disfunzionale. Recentemente è stato notato che molti bambini piccoli entrano all'asilo e alla scuola elementare senza saper parlare o interagire con altri bambini o adulti perché non hanno avuto praticamente alcuna interazione personale con le loro madri a casa, molto probabilmente perché sono posti per ore davanti alla televisione o perché vengono semplicemente lasciati a piangere da soli o sono indotti al silenzio con l'abuso fisico.

I ricordi di felicità e gioia o di terrore, abbandono, angoscia e dolore che sono impressi sul campo del cervello e del cervello limbico nella prima infanzia — anche nel grembo materno — rimangono impressi su di loro per tutta la vita e possono influenzare i lobi frontali del cervello man mano che questi si sviluppano, sia positivamente che negativamente. Con lo sviluppo dei lobi frontali arriva la capacità di riflettere, di ragionare, di applicare le conoscenze acquisite a scopi specifici ma anche di ampliare le idee veicolate dall'immaginazione, di creare connessioni intuitive tra cose e idee apparentemente non correlate. Ma se il cuore e l'intero sistema istintivo ad esso connesso sono traumatizzati e deviati da un normale percorso di crescita da un'ansia intensa e dalla paura suscitate dal rifiuto, dall'abbandono o dall'abuso, questa capacità di interazione armoniosa ed equilibrata tra il cuore, il sistema nervoso e il cervello sarà compromessa. Niente, quindi, in relazione al benessere e alla creatività di un'intera società, è più importante della cura della madre e del bambino e del modo in cui un bambino viene trattato nei suoi primi anni, sia a casa che a scuola. Questo vale per tutte le società, per quanto siano ricche o povere.

Trascurare i Bisogni Istintivi

Nella maggior parte delle aree moderne del mondo, milioni di noi vivono in orribili città sovraffollate: ci sono oltre 400 città con una popolazione superiore al milione. Non siamo più strettamente in contatto, come lo erano i nostri antenati, con la Terra e il cielo stellato notturno. Questo di per sé fa violenza al nostro cuore e ai nostri istinti. I bambini non sono incoraggiati a giocare all'aperto, a esplorare, a rischiare e a scoprire il loro potere di sopravvivere, per paura che vengano rapiti o abusati dai pedofili. Si siedono per ore a guardare la televisione o gli schermi dei loro computer. Milioni di adulti dipendono da un lavoro che non li soddisfa e da cui non hanno scampo. Milioni di persone non hanno lavoro, forse da tre generazioni e vivono di benefici statali. Con il raddoppio e la triplicazione della popolazione mondiale degli ultimi cinquanta anni, questa situazione è incomparabilmente peggiorata perché, anche con un'economia fiorente, non ci sarà mai abbastanza occupazione per il numero crescente di tutte le persone che lo cercano, in particolare i giovani. I leader politici sono lenti nel comprendere che le risorse del pianeta sono limitate e non può esserci un aumento perpetuo della popolazione mondiale, della crescita economica o dei posti di lavoro.

La disgregazione delle famiglie che, in parte, è un effetto di questa alienazione dall'istinto, contribuisce a modelli di comportamento che riflettono l'angoscia e il disorientamento. Non c'è nulla nella società secolare che fornisca una base ai valori che rispettino i bisogni dell'istinto. Senza un modello maschile fornito da un padre premuroso, i ragazzi si rivolgono alle bande per avere sicurezza, struttura e stato. Le ragazze seguono i modelli di ruolo offerti dalle 'celebrità' dei media, forzando uno sviluppo prematuro della consapevolezza sessuale e adattando la propria natura femminile all'etica e agli obiettivi maschili della cultura. Un'attenzione esagerata sulla sessualità distorce il bisogno di amore e di fiducia nelle relazioni. Uomini e donne si vedono l'un l'altra in termini di gratificazione immediata, come oggetti da scartare se il partner non soddisfa le loro esigenze. I bambini, il prezioso deposito del nostro futuro, sono le vittime infelici delle relazioni seriali dei loro genitori e diventano bersaglio non solo di pedofili, ma anche dello sfruttamento commerciale e del cyberbullismo online. Nel Regno Unito di recente è emerso il terrificante trattamento subito e l'abbandono dei bambini presi in custodia. Le madri possono essere troppo stressate ed esauste per le esigenze combinate di un lavoro a tempo pieno e della gestione della casa per soddisfare i bisogni emotivi dei propri figli e il rapporto con i loro partner. Nel Regno Unito, l'attuale sistema di benefici che ha incoraggiato le giovani donne a diventare madri, senza il desiderio o la necessità di trovare un partner premuroso che le sostenga, ha portato alla situazione in cui un bambino su tre (3,8 milioni) ora vive senza padre. Annualmente si registrano cinquantamila nascite senza il nome del padre sul certificato di nascita. Questa situazione potrebbe essere migliorata se gli adolescenti fossero aiutati a comprendere le responsabilità della genitorialità e perché sia fondamentale il bisogno di un bambino della cura amorevole di entrambi i genitori.

Il fattore più importante nell'educazione dei bambini, nella scuola dell'infanzia e nella scuola primaria, è quello di nutrire l'immaginazione con attività che li mettano in contatto con la natura e contribuiscano a collegarli con i loro istinti. Esplorare i boschi e imparare a conoscere gli uccelli e gli animali, imparare a coltivare le verdure, costruire piccoli oggetti, dipingere, ballare, cantare, cucinare e imparare a suonare uno strumento musicale, come fanno migliaia di bambini nelle città più povere del Venezuela, sarebbe molto utile per aiutare i bambini ad acquisire sicurezza ed equilibrio e, soprattutto, a divertirsi imparando. Troppa enfasi sull'apprendimento dell'emisfero sinistro, focalizzato sull'esame, senza il bilanciamento delle attività che nutrono l'immaginazione e coinvolgono la coordinazione di occhio, cuore e mano, può paralizzare gli istinti e il cuore. Possiamo influenzare profondamente il loro futuro fornendo ai bambini le condizioni in cui possano svilupparsi ed esprimere il loro naturale istinto di godere di ciò che stanno imparando e accorgendoci della noia e dello scoraggiamento inflitti loro da cattivi insegnanti e da un'istruzione inadeguata e superficiale. I migliori insegnanti sanno tutto questo e possono ispirare e incoraggiare un bambino a scoprire il suo percorso creativo nella vita. I peggiori, come i peggiori genitori, possono schiacciare e distruggere l'anima di un bambino. L'angoscia che i bambini sentono — causata non solo da un'educazione inadeguata e dal bullismo nelle scuole, ma da litigi e divisioni da parte dei genitori — sono spesso espressi in sintomi fisici come il dolore addominale, poiché quando sono molto giovani possono esprimere ciò che sentono solo attraverso i sintomi fisici. Tale angoscia lascia traumi incorporati nel sistema nervoso. Quando questi giovani crescono e diventano adulti, molti di essi si rivolgono alle droghe, all'alcol o cadono in depressione e in una sorta di paralisi, non sapendo come affrontare l'angoscia, spinti giorno dopo giorno dal senso di fallimento per l'incapacità di raggiungere gli obiettivi e i benefici materiali che la nostra cultura competitiva incita a ottenere.

I governi cercano di affrontare i sintomi di questo disagio, manifestati non solo nel crimine ma anche in malattie come il cancro e il diabete, nonché la depressione, le malattie mentali e l'obesità che colpisce un terzo della popolazione nel Regno Unito. Nel 2011 sono state erogate quasi 46 milioni di prescrizioni per antidepressivi, per arrivare a oltre 67 milioni nel 2016, molte delle quali per adolescenti. Un'indagine dell'Istituto di Psicologia Clinica e Psicoterapia di Dresda (2011) riporta che 30 milioni di persone in 30 paesi europei soffrono di depressione e che più di un terzo delle popolazioni di questi paesi soffre di disturbi mentali, ma che solo un quarto di questi ricevono aiuto. [24] Nel mondo sembra ci sia un uso epidemico di anti-depressivi, con gli Stati uniti al primo posto. I miliardi spesi per la salute non sono destinati a risolvere il problema di fondo della qualità dell'assistenza che neonati e bambini ricevono in una società sovraffollata e disfunzionale, e quindi non lo possono alleviare. Poiché i valori superficiali che dominano i media non rispondono ai nostri reali bisogni e perché la loro stessa superficialità ci separa dalla connessione al nostro terreno più profondo, ci trascinano in schemi di dipendenza che possono distruggere vita, salute e relazioni. Il tragico destino della talentuosa cantante Amy Winehouse ne è un esempio.

Ricongiungersi al Corpo

Il corpo sperimenta la vita attraverso i cinque sensi. Prendersi il tempo per diventare acutamente consapevoli dell'esperienza sensoriale è una forma di meditazione. Ci mette in contatto con il corpo e il ritmo del nostro respiro e del nostro cuore. Ci aiuta a rallentare, a prendere coscienza di tutto ciò che ci circonda e ci comunica la sua presenza. Non pensiamo al passato o al futuro: siamo nel presente. Respirare più liberamente ci aiuta a lasciar andare la necessità di fare qualsiasi cosa. Prendersi il tempo di sdraiarsi a terra o sul pavimento per qualche minuto durante il giorno, o forse nel nostro letto quando ci svegliamo al mattino, ci dà il tempo di ascoltare il nostro respiro, essere in contatto con la nostra casa terrena, riconnetterci con la nostra anima istintuale.

Da bambini, una volta avevamo questa connessione con il corpo: era inconscia, istintiva. Ci muovevamo liberamente, gioiosamente, senza pensare a quello che facevamo, esprimendo ogni pensiero e sentimento nel movimento fisico. Amavamo correre, saltare, esplorare, urlare, sentire la pioggia morbida o il sole caldo sulla pelle, in contatto con l'energia della terra, le piante e gli alberi, accarezzare la morbidezza della pelliccia di un animale, percepire l'estasi di essere vivi. Man mano che cresciamo e ci viene insegnato a conformarci alle aspettative dei genitori, degli insegnanti e della società in generale, perdiamo quella fisicità istintiva e la libertà emotiva spontanea della prima infanzia. Imparando a conformarci, il respiro diventa più corto e parti del nostro corpo — di solito la colonna vertebrale e il collo — diventano più tese. Questo processo si sviluppa gradualmente nella rigidità dell'età adulta, dove ci si siede, ci si alza e ci si muove in un certo modo abituale. Spiega anche perché quasi ogni forma di lavoro corporeo che coinvolga la respirazione e/o il rilassamento muscolare può rilasciare emozioni ed energia che sono state soppresse e bloccate nel corpo, a volte per trenta o quarant'anni. Fortunatamente oggi esistono molti metodi di cura per liberare questa tensione e riscoprire la nostra capacità di sentirci connessi con il corpo. Con le parole di un uomo che ha imparato un metodo di massaggio profondo dagli sciamani Kahuna delle Hawaii, e insegna un metodo di riconnessione con il corpo: "Più pienamente siamo presenti fisicamente, più siamo consapevoli dei sottili flussi di energia del nostro corpo. Iniziamo a percepire che il corpo è un canale tra il cielo e la terra, che è forse il suo scopo e la sua funzione più profondi".[25]

Se riuscissimo a riscoprire questa connessione con il nostro corpo, forse ricordando il tempo in cui la sentivamo — quando nuotavamo o sciavamo, camminavamo nei boschi, vicino al mare o respiravamo la sorprendente aria limpida delle montagne — otterremmo la profonda esperienza di essere 'a casa' in noi stessi: una vitalità e un senso di sicurezza, felicità e benessere. Questo sentimento si comunica ad altre persone, che si sentono al sicuro in nostra presenza e più in contatto con il proprio corpo. Spesso le persone scoprono che le loro migliori idee vengono quando camminano, nuotano, sono nella vasca da bagno o sentono l'acqua della doccia che scende a cascata sui loro corpi. L'acqua sembra attivare l'immaginazione.

Sebbene non possiamo recuperare immediatamente il senso di connessione con la Terra e il Cosmo che avevano, e ancora hanno, i popoli sciamanici, possiamo iniziare ad aprire i nostri sensi a quella consapevolezza. Un bellissimo passaggio dei *Carmina Gadelica* irlandesi ci ricorda il rapporto con la natura che abbiamo perso e che potremmo recuperare:

> Gli anziani avevano le rune che cantavano agli spiriti che dimoravano nel mare e nella montagna, nel vento e nel turbine, nel lampo e nel tuono, nel mare e nella luna e nelle stelle del cielo. [26]

Il canto mi ricorda gli straordinari poteri nascosti del corpo scoperti nell'arte del canto armonico mongolo e introdotti da Jill Purce in molti laboratori di tutto il mondo. Scoprire che anche persone che non sono mai state capaci di cantare possano creare questi suoni meravigliosi, è un'esperienza elettrizzante. Questa è un'arte sciamanica ed è ora disponibile a chiunque scelga di impararla. Sarebbe meraviglioso se, nelle scuole, a tutti i bambini venisse insegnato il canto mongolo, dando loro un legame comune, un'abilità condivisa e l'eccitazione di scoprire il meraviglioso suono che i loro corpi possono produrre. [27]

Guarire il Cuore

Quando cambia la relazione con il fondamento della vita, cambia la nostra relazione con il partner, il bambino o il genitore; si approfondisce e si espande la nostra comprensione della vita e delle altre persone. Durante i molti anni di partecipazione alla voce del nostro cuore, mentre impara a impegnarsi con questo terreno come con un partner e amico invisibile, una personalità che non era a conoscenza del terreno numinoso su cui si fonda, o della fonte di luce che gli dà vita, da volgare metallo si trasforma in oro. Aspetti della nostra vita psichica che, se ne eravamo incoscienti, possono aver controllato le nostre vite e le nostre relazioni, si trasformano lentamente mentre cresce e si sviluppa la relazione con questo profondo fondamento istintivo della nostra anima.

Seguire la guida del cuore può portarci in direzioni inaspettate nelle nostre vite. L'istinto porta in sé l'intelligenza attiva, l'intenzione e il potere di trasformare questi modelli inconsci affinché l'umanità possa raggiungere il suo obiettivo evolutivo di una coscienza matura, trasformata e integrata. Questa anima istintuale, focalizzata attraverso il cuore e connessa alla più grande rete cosmica della vita, è la radice della nostra immaginazione e della nostra creatività.

Importanti Iniziative che Possono Essere utili al Benessere del Bambino

> 🍂 Insegnare ai bambini i fatti clinici dei rapporti sessuali usando un libro come *A Child Is Born* di Nillson, invece di una banana e di un condom, potrebbe instillare un senso di meraviglia e rispetto per la sessualità, il concepimento e il parto invece di affrontarli in modo meccanicistico.
>
> 🍂 È essenziale insegnare agli adolescenti e ai futuri genitori l'importanza che entrambi assumano una buona alimentazione, prima del concepimento e durante la crescita del bimbo nel grembo materno. Questo dovrebbe essere riconosciuto come parte della preparazione per la genitorialità, invece non riceve abbastanza attenzione. Tante proteine, frutta e verdura fresche sono di vitale importanza. Lo è anche astenersi da alcol, droghe e antidepressivi. È inoltre fondamentale che entrambi i genitori assumano un integratore di olio di pesce omega–3 o mangino pesce perché la nostra dieta ne è priva. È importante quanto assumere un supplemento di acido folico per prevenire la spina bifida.
>
> 🍂 Aumentare il numero delle ostetriche in modo che le madri possano ricevere un'assistenza veramente di supporto durante la gravidanza e il parto aiuterebbe a contrastare la paura del parto e la sofferenza, oltre alla paura delle madri lasciate troppo a lungo incustodite. Il processo di nascita è diventato superficiale, indifferente e meccanico a causa della mancanza cronica di ostetriche. Questo bisogno di assistenza si estende a una maggiore formazione nel riconoscimento e nel trattamento della depressione post partum, che può essere notevolmente aiutata dall'assunzione di integratori omega–3 e dal trattamento ormonale come possibile alternativa agli antidepressivi.
>
> 🍂 Educare i bambini e gli adolescenti ad assumersi la responsabilità delle loro future relazioni sessuali, insegnando la responsabilità di essere genitori; le esigenze fisiche ed emotive del bambino, inoltre, dovrebbero essere parte del curriculum scolastico. Li si dovrebbe informare che il consumo eccessivo di alcol (le sbronze) tra gli adolescenti e i giovani danneggia il sistema immunitario non solo dei loro figli ma anche dei loro nipoti.

Quando cominciamo a prestare attenzione alla nostra vita interiore, diventa evidente che nel profondo ci sia un'intelligenza infinitamente superiore al nostro ego conscio, o personalità. In relazione a questa intelligenza maggiore, la personalità superficiale è come un minuscolo pianeta paragonato alla dimensione e all'energia di una supernova.

Se queste iniziative fossero realizzate, si potrebbero evitare un'enorme quantità di malattie mentali e fisiche e ridurre i miliardi spesi per la salute. Se durante l'adolescenza i giovani, ragazze e ragazzi, venissero informati su questi fatti basilari riguardo alla genitorialità e, in aggiunta, si mostrassero loro gli effetti dannosi per il sistema immunitario dei loro figli — e addirittura dei loro nipoti — causati dal bere in eccesso e assumere droghe, che conducono a malattia fisica e mentale, potrebbero essere evitati molta sofferenza e molto disagio. Potrebbero divenire più consapevoli della responsabilità di diventare genitori. Potrebbero porre maggiore attenzione nella scelta di una buona madre o un buon padre per i loro figli e riguardo alla propria salute prima di imbarcarsi nella genitorialità.

Note:

1. Vedi Hillman, James: *Il mito dell'analisi*, Parte terza: sulla femminilità psicologica, Adelphi, Milano 2012.
2. vedi *Kundalini Rising*, Sounds True Publications, Boulder, Colorado 2009. Sono in debito con Lawrence Edwards Ph.D. per la conoscenza espressa qui.
3. Sheldrake: *Le illusioni della scienza*.
4. Coleridge, Samuel Taylor: *Biographia Literaria*, p. 167.
5. Frankl, Viktor: *L'uomo in cerca di senso*, Franco Angeli Editore, Roma 2017.
6. Pearce, Joseph Chilton: *Evolution's End*, HarperCollins, San Francisco 1992 e note da un'intervista in Internet.
7. Institute of HeartMath website www.heartmath.org
8. ibid.
9. ibid.
10. Servan–Shreiber, David: *Healing Without Freud or Prozac*, Pan Macmillan, Londra 2004, p. 36.
11. Intervista a Pearce, Joseph Chilton in Internet.
12. HeartMath website.
13. ibid.
14. ibid.
15. ibid.
16. Pert, Candace: *Molecole di Emozioni*, TEA, Milano 2017.
17. ibid.
18. Vedi Nilsson, Lennart e Hamberger, Lars: *A Child is Born*, Doubleday, 1994 e 2010. Un libro essenziale e affascinante che interesserà sia i genitori che i bambini e dovrebbe essere usato in ogni scuola come introduzione alla sessualità e alla genitorialità.
19. Odent, Michel: *L'acqua e la sessualità*, red Edizioni 1991.
20. Leboyer, Frederick: *Per una nascita senza violenza. Il parto dal punto di vista del bambino*, Tascabili Bompiani, Milano 2000, p. 19.
21. Leboyer, pp. 131, 134.
22. Vedi Gerhardt, Sue: *Why Love Matters: How Affection Shapes a Baby's Brain*, Brunner-Routledge, Londra 2004.
23. Rapporto di Camila Batmanghelidjh in *The Times* 24/12/11.
24. Rapporto in the *Scientific and Medical Network Review* Inverno 2011.
25. Janni, Nicolas, Co-fondatore e Direttore di Strategic Partnerships e Olivier Mythodrama. www.oliviermythodrama.com
26. Freeman, Mara: *Carmina Gadelica da Kindling the Celtic Spirit*, Harper San Francisco 2001.
27. Purce, Jill, Mongolian Overtone Chanting workshops. www.healingvoice.com

Campo elettro–magnetico HeartMath
Per gentile concessione dell'Istituto HeartMath, Boulder Creek, California.

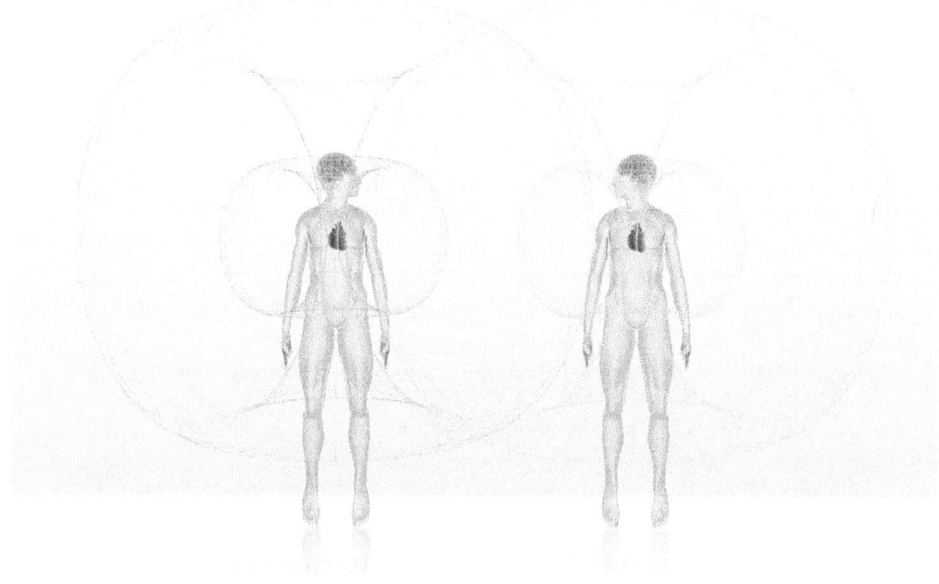

Capitolo diciassette

Vino Nuovo In Bottiglie Nuove: Una Nuova Immagine Di Dio

Né si mette vino nuovo in otri vecchi, altrimenti si rompono gli otri e il vino si versa e gli otri van perduti. Ma si versa vino nuovo in otri nuovi, e così l'uno e gli altri si conservano.
— Matteo 9:17; Marco 2:22; Luca 5:37–38

Il mondo umano di oggi non è diventato freddo, ma è ardentemente alla ricerca di un Dio proporzionato alle nuove dimensioni di un Universo il cui aspetto ha completamente rivoluzionato le dimensioni della nostra facoltà di adorazione.
— Pierre Teilhard de Chardin, *The Future of Man*

Se è vero, che lo Spirito è coinvolto nella Materia e che la Natura manifesta è il Dio segreto, allora la manifestazione del divino in sé e la realizzazione di Dio all'interno e all'esterno sono l'obiettivo più alto e più legittimo possibile per l'uomo sulla terra.
— Sri Aurobindo, *La vita divina*

Non c'è nulla che voglia scoprire e desideri conoscere con maggiore urgenza di questo. Posso trovare Dio, posso afferrarlo quasi con le mie stesse mani guardando l'universo, e anche in me stesso?
— Giovanni Keplero

Dai primi risvegli della consapevolezza cosciente, abbiamo cercato la relazione con il Cosmo. Questo è forse il nostro istinto più profondo. Osservando meravigliati le stelle, dando i nomi alle costellazioni, individuando minuziosamente il sorgere e il tramontare della luna e del sole, immaginando un'intelligenza divina creatrice della bellezza e della meraviglia della Terra e desiderando comunicare con quell'intelligenza, abbiamo creato molte immagini sacre per avvicinarci al mistero.

Ora sappiamo che nell'arco di molti millenni l'immagine della divinità è cambiata, dalla primigenia Grande Madre del Paleolitico e del Neolitico ai molti dèi e dee dell'Età del Bronzo e infine, con le tre religioni patriarcali dell'era solare, all'immagine di un unico Dio Padre, anche se, in Oriente, il vecchio pantheon politeistico sopravvive fino ad oggi con tutta la sua ricca mitologia. In tutto questo tempo, qualunque fosse la religione o la cultura, l'immagine sacra ci ha dato un asse verticale, un punto archimedeo al di là di noi stessi, che ci ha tenuti in contatto con una Sorgente o Terra o Mistero che sentivamo istintivamente esistere.

Penso che possiamo capire che, mentre la nostra mente conscia si è evoluta lentamente dalla matrice dell'istinto, l'immagine sacra e le mitologie che si erano formate intorno a essa sono state come un cordone ombelicale che ci teneva in contatto con le fondamenta della vita. Ma, mentre ci muovevamo verso l'era solare e l'immagine–dio trascendente monoteista delle tre religioni patriarcali, la vecchia relazione sciamanica con la Terra e un Cosmo vivente andava gradualmente perdendosi e con essa l'idea che tutta la natura fosse sacra, infusa del divino, con un'anima.

Oggi viviamo un tempo straordinariamente stimolante, nel quale affrontiamo i pericoli maggiori ma anche le più grandi opportunità che abbiamo avuto nell'intero corso della nostra evoluzione su questo pianeta. Molti percepiscono che questo secolo sarà il test definitivo della nostra sopravvivenza come specie. Un così potente impulso alla trasformazione non si vedeva dall'inizio dell'era cristiana. Da un lato sta morendo l'immagine della divinità che ha presieduto la civiltà cristiana per duemila anni e questo processo di decadenza o declino di un archetipo colpisce il mondo intero. Dall'altro, al di sotto delle preoccupazioni superficiali della nostra cultura, possiamo vedere che sta avvenendo un risveglio spirituale su scala planetaria. Questo risveglio inizia a sanare la grande spaccatura nella psiche patriarcale tra spirito e natura e la dissociazione tra pensiero e sentimento che sta al centro del riduzionismo scientifico. È guidato da uomini e donne che stanno creando un nuovo paradigma di realtà e una spiritualità che nasce dal bisogno di una connessione diretta con la dimensione trascendente, una spiritualità che riconosce e onora l'interconnessione, l'indivisibilità e la sacralità assoluta della vita. La loro visione sta creando una potente alchimia nella cultura, trasformando lentamente la nostra comprensione da piombo in oro.

A causa della sua paura dell'animismo e dell'enfasi su un dio creatore che trascende la creazione, il Cristianesimo perse la più ampia e unificante dimensione dell'Anima che aveva tenuto insieme lo spirito e la materia. Perse il senso vitale della relazione e della comunione con una realtà invisibile che aveva animato il grande organismo del pianeta — montagne, fiumi, sorgenti, alberi, piante e animali. Di conseguenza, all'interno della civiltà occidentale e della psiche umana si aprì una dissociazione tra spirito e natura, creando una profonda ferita che ha bisogno di essere guarita.

Durante l'era solare, l'interpretazione letterale del Mito della Caduta e la dottrina del Peccato Originale hanno gettato una cappa sulle nostre vite, portandoci a considerare la Terra come un terrificante luogo di punizione, sofferenza, fatica e morte. Penso che siano state queste due credenze collegate a minare la precedente esperienza partecipativa della vita che, in alcune parti del mondo, i Popoli Indigeni hanno conservato fino ad oggi. Le ramificazioni di queste due credenze sono enormi. Le ho esplorate nei capitoli precedenti, e lascio al lettore le opportune riflessioni — collegandole all'attuale situazione politica in cui tutte e tre le religioni abramitiche e i popoli che le hanno abbracciate sono coinvolti in conflitti nell'area del pianeta dove, molto tempo fa, hanno avuto origine.

La meta–narrativa cristiana, scaturita dalla matrice del giudaismo, ha messo in risalto un'immagine di Dio come Padre amorevole, preoccupato del benessere di ogni singola creatura — persino dell'umile passero. Gesù stesso divenne una nuova immagine di Dio — unificando nella sua persona la divinità e l'umanità e offrendo all'umanità un modello di ciò che gli uomini e le donne potrebbero diventare scoprendo e manifestando la divinità latente in loro, attraverso la creazione di una relazione diretta con quel terreno misterioso. Eppure questa grande rivelazione che indicava l'ulteriore potenziale evolutivo dell'umanità — già molto sviluppato nelle religioni orientali — fu deviata in una nuova religione in cui la morte sacrificale del Cristo fu interpretata come offerta per la redenzione dei peccati del mondo e, in particolare, per i cristiani che erano stati battezzati nella fede. L'enfasi fu posta sulla redenzione per mezzo della fede e sull'appartenenza a un gruppo con una rivelazione superiore invece che sulla trasformazione della coscienza. La redenzione era disponibile solo per i credenti.

La grande rivelazione del nostro tempo

Ci stiamo spostando dalla storia di un cosmo morto e insenziente alla nuova storia di un Cosmo che è vibrante e vivo e terreno principale della nostra stessa coscienza. Ma più di questo, ci stiamo muovendo verso un nuovo concetto di Dio e della nostra relazione con Dio, una rivelazione così grande che non ne abbiamo mai avuto l'eguale. Ci stiamo muovendo dall'immagine di un Dio creatore separato dalla creazione all'immagine dello spirito come intelligenza ineffabile *all'interno* del processo di evoluzione cosmica e planetaria, con noi stessi che vi partecipiamo. Una Coscienza Eterna partecipa alla vita di questo universo e noi siamo una manifestazione di quella Coscienza, appena arrivati alla consapevolezza che anche noi ne siamo parte, co–creatori, che siamo, essenzialmente, esseri divini.

Quattro dei più grandi saggi del secolo scorso, Sri Aurobindo, Carl Jung, Bede Griffiths e Pierre Teilhard de Chardin concepirono la storia interiore del mondo come una incarnazione progressiva dello spirito, vissuta attraverso l'anima in evoluzione dell'individuo. Jung disse che lo 'Spirito Santo' era una forza impellente, che crea consapevolezza più ampia, responsabilità e maggiore comprensione. "Fu solo tardi che capimmo (o meglio, cominciammo a capire) che Dio è la Realtà stessa e quindi — ultimo ma non meno importante — l'uomo".[1] Con quella singola frase, ci offrì un'immagine radicalmente diversa di Dio e un un'immagine radicalmente diversa di noi stessi.

> Siamo divenuti partecipi della vita divina e dobbiamo assumere una nuova responsabilità. La vita responsabile e l'adempimento dell'amore divino in noi sarà la nostra forma di adorazione e di commercio con Dio. La sua bontà significa grazia e luce e il suo lato oscuro la terribile tentazione del potere. L'uomo ha già ricevuto così tanta conoscenza che può distruggere il suo pianeta. Speriamo che lo spirito buono di Dio lo guidi nelle sue decisioni, perché dipenderà da quelle se la creazione di Dio continuerà.[1]

Possiamo capire la storia dell'evoluzione della vita su questo pianeta come la storia dell'incarnazione dello spirito cosmico nel tempo e nello spazio, la storia del suo lungo viaggio evolutivo attraverso fasi di sempre maggiore complessità e diversificazione e il suo risveglio, attraverso la stessa coscienza umana, alla consapevolezza di sé? Visto in questo modo, lo sviluppo evolutivo dell'universo diventa un dramma divino, il dramma dello spirito che incarna (dalla nostra prospettiva) il processo infinitamente lento della creazione della coscienza nel crogiolo della vita planetaria, e quindi viene limitato entro i confini di quella coscienza finché non raggiunge il punto di risveglio e consapevolezza di sé. La coscienza cosmica, nascosta dal filtro dell'evoluzione galattica e planetaria, non potrà essere da noi riconosciuta per quello che è fino a quando la nostra coscienza non sarà sufficientemente sviluppata per diventare capace di farlo.

Meister Eckhart (1260–1327) dice così: "Il fine supremo di Dio è la nascita. Non si accontenterà finché suo Figlio non sarà nato in noi. L'anima non si accontenterà fino a quando da lei non nascerà il Figlio" (Sermone 12). Quel 'Figlio' è la coscienza trasformata dell'individuo e, infine — se accettiamo il modello evolutivo offerto dai quattro saggi citati — di tutta l'umanità.

Il mondo non è un insieme casuale di parti, ma risuona con l'impronta di un'intelligenza unificante e coerente. L'universo fisico è una sorta di ologramma divino che riflette nelle sue parti più piccole l'impronta dell'intelligenza unificante superiore che lo ha creato. Il modo in cui trattiamo la vita planetaria, la materia e noi stessi diventa la questione di come trattiamo Dio. Ferire la Terra o infliggere dolore e sofferenza ad altri esseri umani significa ferire la Coscienza Universale e, dal momento che siamo quella Coscienza, ferire noi stessi. Tutto ciò che facciamo influisce sul tutto. Questa è una concezione così diversa di Dio e di noi che ci vuole del tempo per assimilarne le implicazioni.

Il declino dell'antico Ordine

Trecentocinquanta anni fa l'immagine cristiana di Dio era ancora al centro della civiltà occidentale e nessuno poteva immaginare la vita senza credere in Lui. La più alta visione delle diverse religioni di quella che è stata chiamata l'Età Assiale (a partire dal 500 aC circa) era che noi eravamo nel mondo, ma non interamente del mondo e, attraverso tecniche meditative e contemplative, potevamo avere accesso a una dimensione trascendente della realtà che sta al di là del mondo fenomenico. Nella tradizione cristiana, con la preghiera potevamo chiedere a Dio, a Cristo o alla Vergine Maria di intercedere per la nostra vita. Potevamo vivere una vita pia, seguendo il modello del servizio compassionevole offerto da Cristo. Potevamo avere fiducia che, secondo l'insegnamento della Chiesa, i nostri peccati erano stati redenti dalla morte sacrificale di Cristo e che, alla nostra morte, saremmo stati uniti a Lui nel suo regno.

Poi venne l'Illuminismo del diciottesimo secolo e il progressivo indebolimento di questa grande meta–narrazione. Le radici di questo cambiamento risalgono a Keplero e a Copernico e alla loro scoperta che la terra si muoveva intorno al sole, spostando così la convinzione che la terra fosse ferma e centro fisso del sistema solare. La loro scoperta, insieme a quelle di Galileo (1564–1642), mandò in frantumi il consolidato sistema tolemaico e la credenza in un Cosmo ordinato dove la terra occupava lo spazio intermedio tra il paradiso sopra e l'inferno sottostante. Essi diedero l'avvio alla grande era della scienza che si sarebbe sviluppata nei successivi quattro secoli.

Qualche tempo prima di Galileo, la proposta radicale di Lutero (1483–1546) secondo cui ogni individuo poteva avere una connessione diretta con Dio minò l'autorità della Chiesa cattolica come unica intermediaria tra l'uomo e Dio. L'impatto di questi eventi fu profondo e diede origine a secoli di conflitti religiosi, mentre le loro implicazioni facevano il loro ingresso nella coscienza della cultura nel suo complesso. Ulteriore influenza ebbero le formidabili scoperte di Newton (1643–1727) e, a partire da quelle, lo sviluppo dell'idea di un universo meccanico, un meccanismo causalmente determinato e governato da leggi immutabili. La potente influenza della filosofia di Descartes (1596–1650) contribuì alla crescente frattura tra religione e scienza e tra mente e materia. Galileo, Copernico, Keplero e Newton vedevano ancora le loro grandi scoperte come dono dell'intuizione umana nella mente di Dio e come spiegazione del funzionamento dell'universo da Lui creato. Un universo senza Dio era per loro ancora impensabile.

Un successivo filone di influenza venne dalla pubblicazione dell'*Origine delle specie* di Darwin (1859) e dalla sua interpretazione dell'apparizione dell'uomo su questo pianeta, completamente diversa da quella esposta nel Libro della Genesi. Proprio come la grande scoperta di Keplero e Copernico, quella teoria frantumò le fondamenta della visione del mondo medievale, poiché sembrava che Darwin invalidasse la meta–narrativa cristiana della storia della Creazione e della Caduta dell'Uomo e quindi, implicitamente, la necessità della redenzione attraverso la morte sacrificale di Cristo. La teoria di Darwin sembrava minare il bisogno dell'esistenza di Dio e inaugurò una grande era di scoperte con l'esplorazione della storia geologica, biologica e antropologica del pianeta da parte degli scienziati che lavoravano nei diversi campi. La scienza aveva cominciato a divergere dalla religione a seguito della persecuzione di Galileo, ora gradualmente iniziava a sostituire la religione fornendo nuove ed eccitanti scoperte che potevano essere testate e provate con metodi scientifici.

Cedendo alla pressione di questa filosofia laica, il Cristianesimo cominciò a indebolirsi. Nel 1867, nella sua grande poesia *Dover Beach*, Matthew Arnold scrisse del "lungo ruggito che si ritira" della marea del Cristianesimo. Riconoscendo l'impatto della teoria dell'evoluzione di Darwin, nell'introduzione a *Così parlò Zarathustra*, Nietzsche pose la domanda: "Non hai sentito che Dio è morto?" Descriveva non tanto la morte letterale di Dio quanto il decadimento di un sistema di credenze e di un'immagine logora dello spirito, perché per milioni di persone non era più numinoso né rilevante. Nel giro di cento anni, la marea della fede si era ritirata così lontano che non c'era nulla cui aspirare se non il perseguimento degli scopi che ora dominano la moderna cultura secolare, i cui dèi sembrano essere il denaro, il potere e la mente razionale. Nel giro di poche generazioni, le vecchie certezze, indebolite da tutte le influenze sopra delineate, sembravano svanite nell'aria come l'immagine di una realtà trascendente, come i palazzi incantati di Prospero, e svaniva la nostra lunga relazione con essa. Si sosteneva che la ragione avrebbe sostituito la fede. La mente razionale dell'uomo sarebbe stata il nuovo dio.

Alla fine del diciannovesimo secolo l'influenza combinata di Darwin, Nietzsche, Freud e Marx gettò le fondamenta di una nuova meta–narrativa laica: questa realtà materiale è l'unica che dobbiamo riconoscere; non c'è altra realtà, nessuna dimensione trascendente. Non c'è bisogno di pregare Dio né può esserci l'aspettativa di unirsi a Dio o a Cristo dopo la morte perché non c'è nessun Dio, nessuna anima e nessun paradiso: la morte porta all'estinzione della coscienza. Nel 1963 Sir Julian Huxley confermò questa convinzione: "Oggi", scrisse, "l'ipotesi di Dio ha cessato di essere scientificamente sostenibile, ha perso il suo valore esplicativo e sta diventando un peso per il nostro pensiero. Non convince né conforta più, e il suo abbandono spesso porta un profondo senso di sollievo".[2]

L'indebolimento della meta–narrativa più antica ha lasciato un enorme vuoto in cui si sono riversate le ideologie secolari che hanno devastato il mondo nel XX secolo. Le ideologie utopistiche del comunismo e la visione di Hitler del nazionalsocialismo indussero milioni di individui a soccombere a credenze che portarono alla schiavitù e alla morte di milioni di altri. Gli uomini che le promuovevano si gonfiarono di un'onnipotenza divina, così come hanno fatto i leader contemporanei, di qualsiasi fede o di nessuna, che si sono identificati inconsciamente con il potere dell'archetipo mancante. Nel suo libro, *The Creation of Consciousness: Jung's Myth for Modern Man*, Edward Edinger riassume gli effetti di questa situazione:

> La rottura di un mito centrale è come la distruzione di un recipiente che contiene un'essenza preziosa; il liquido viene versato e drenato via, assorbito dalla materia circostante indifferenziata. Il significato è perso. Al suo posto, i contenuti primitivi e atavici vengono riattivati. I valori differenziati scompaiono e vengono sostituiti dalle motivazioni elementari del potere e del piacere, altrimenti l'individuo è esposto al vuoto e alla disperazione.[3]

Il collasso della meta–narrativa antica

Questa era l'atmosfera culturale generale che, come giovane donna, trovavo così sconcertante e insoddisfacente, avendo incontrato, durante i miei viaggi in Oriente, l'idea che ci fosse uno stato illuminato della mente o uno stato di coscienza cui si poteva accedere attraverso la contemplazione, la meditazione e un graduale allineamento con un ordine dell'essere trascendente. Sembrava che nel laico Occidente nulla mi potesse condurre a questo livello dell'essere, non ci fosse alcun sentiero da seguire al di là del Cristianesimo convenzionale, con la sua enfasi sul credere, adorare e compiere opere di carità, oppure del sentiero della scienza con la sua attenzione esclusiva sull'aspetto fisico della realtà. C'era un vuoto, un'aspirazione a qualcosa che sentivo mancare al cuore sia della religione che della scienza; una risposta alle eterne domande umane: chi siamo e perché siamo qui? Qual è il significato della mia esistenza? Perché la vita è così piena di sofferenza e di male? Divenni consapevole che migliaia di persone erano come me alla ricerca di risposte a queste domande, di riempire il vuoto lasciato dalla decostruzione della vecchia immagine di Dio e dell'indebolimento dei valori morali che avevano guidato la cultura cristiana per secoli, sebbene molti di questi fossero stati appannati dall'enfasi predatoria sulla conquista territoriale e sul perseguimento sfrenato di ricchezza e potere.

A quel tempo (negli anni '50 e '60) milioni di persone, inclusa me, si erano allontanate dal Cristianesimo, visto che le sue credenze non suscitavano più reazioni nelle nostre anime. Per molti di noi erano troppo letterali, troppo remote, maschili e paternalistiche, troppo legate all'inflessibilità dei dogmi, troppo ignoranti e intolleranti nei confronti delle altre tradizioni e convinte dell'infallibilità delle proprie. Cercando una relazione diretta con lo spirito, le persone si rivolsero alle tradizioni sciamaniche, agli scritti di Aldous Huxley e ai mistici come il poeta

Rumi. Molti, come me, andarono in Oriente a esplorare gli insegnamenti dell'Hinduismo, del Buddhismo, del Taoismo e del Buddhismo Zen, e a studiare ai piedi dei maestri orientali. Le donne andavano in cerca di ciò che era a lungo mancato nell'immagine patriarcale di Dio — la dimensione femminile del divino e i valori femminili che si sminuivano sempre più in una cultura intenta alla 'sopravvivenza del più adatto' e spinta da un ethos competitivo e da un vorace consumismo.

In una cultura prevalentemente laica, era diventato di moda ignorare le credenze religiose, considerate residui di una superstizione primitiva e superata. Anche se provo simpatia per la posizione laicista, mi preoccupa il fatto che se eliminiamo Dio e un ordine trascendente, ci resta l'idea dell'uomo di cosa dovrebbe essere la creazione e il suo sogno di manipolarla per servire i suoi interessi e bisogni. Qualunque siano gli abusi da parte delle religioni che hanno preteso di conoscere la volontà di Dio, l'immagine trascendente ci ha dato una bussola morale per forgiare quei valori che possano proteggere l'umanità dalla rischiosa arroganza — l'"onnipotenza divina' — del sogno secolare, e dalle indubbie distorsioni del sogno religioso. Questi valori primari sono radicati nel servizio e nella protezione della vita: compassione, misericordia, amore, verità, giustizia e libertà.

L'immagine logora di Dio

Parlando in senso mitologico, poiché il mito prevalente della nostra civiltà svanisce, muore e scompare nel mondo sotterraneo dell'inconscio collettivo, si potrebbe dire che stiamo vivendo la fase lunare di morte o oscurità. Come commenta lo storico della cultura Thomas Berry: "Siamo tra le storie. La vec-chia storia, il racconto di come il mondo è nato e di come ci siamo adattati ad esso, non è più efficace. Eppure non abbiamo ancora imparato la storia nuova".[4] In termini mitici, stiamo aspettando la rinascita della luna e una nuova narrazione che unisca l'intera umanità in una visione condivisa della realtà.

Durante la fase delle tenebre, tuttavia, viviamo ancora l'incantesimo della meta–narrazione solare descritta nei Capitoli Sei, Nove e Quattordici — il mito prometeico del progresso e del dominio sulla natura attraverso il potere della scienza e della tecnologia. Questa meta–narrazione non ha alcuna relazione con una dimensione trascendente. La mente umana è il valore supremo. Il 'progresso' serve solo ai bisogni percepiti della nostra specie. Nella sua posizione arrogante, questa meta–narrazione laica ha bandito l'aspetto sconosciuto, inesplorato, transrazionale della vita e della nostra stessa natura. Eppure, paradossalmente, questa meta–narrativa secolare si è sviluppata a partire dalla credenza racchiusa nel Libro della Genesi: che Dio diede ad Adamo il dominio sulla Terra.

In *The Inner Reaches of Outer Space* il grande mitologo Joseph Campbell scrive che l'immagine di Dio deve morire, di tanto in tanto, se non vuole di-ventare un idolo. Dice che per essere rinnovato deve diventare trasparente alla trascendenza.[5] Lo stesso tema si riflette nell'immagine che si trova in molti trattati alchemici: la morte del Vecchio Re. Ai nostri tempi il Vecchio Re può essere identificato non solo con l'immagine logora di Dio, ma anche con cre-denze ormai superate — in parte religiose, in parte secolari — che non possono più fornire un contenitore adeguato per l'anima dell'umanità. Può essere che l'immagine di Dio debba evolversi perché qualcosa manca o è incompleto nella vecchia.

Forse non è morto Dio, ma piuttosto l'immagine che abbiamo proiettato su di Lui, un'immagine che è stata formulata in un momento storico specifico da caste sacerdotali differenti, in base al loro livello di comprensione. Può darsi che 'Dio' desideri ardentemente essere liberato dalla sua prigionia nella camicia di forza delle nostre convinzioni. Oppure, per usare una metafora del giardinaggio, 'Dio' è diventato troppo grande per il vaso, costretto dall'immagine antropomorfica, di genere, paternalistica, proiettata su di Lui millenni fa. Come un prestigiatore che dimostra le sue capacità, abbiamo diviso Dio in due e abbiamo completamente perso il senso della divinità della natura. Abbiamo fissato l'immagine della divinità nel genere maschile, rifiutando fino a poco tempo fa di accogliere l'idea che l'aspetto femminile dello spirito fosse essenziale per il completamento e l'equilibrio dell'immagine della divinità e per l'equilibrio di una civiltà.

Come proponeva Teilhard de Chardin, dobbiamo formulare un'immagine radicalmente nuova di Dio e una nuova cosmologia correlata alle scoperte fenomeniche della scienza che hanno rivelato le stupende dimensioni dell'universo. Abbiamo anche bisogno di un'immagine del sacro matrimonio che possa riunificare lo spirito e la natura — i due aspetti della vita, separati dalle credenze sorte durante l'era solare. Sottolineava anche che: "Qualcosa sembra essere andato storto nel modo in cui Dio è rappresentato dall'uomo. Sembra che l'uomo non abbia un'immagine chiara del Dio che desidera adorare".[6]

Jung previde questa situazione nel suo libro, *Psicologia e Religione: Occidente e Oriente* (Opere complete, vol. 11, Ndt). Comprese che la frase di Nietzsche sulla "morte di Dio" non doveva essere presa alla lettera, e neppure le dottrine della Chiesa sulla nascita della Vergine e la risurrezione corporale di Cristo lo dovevano essere, perché descrivevano una profonda trasformazione che operava nel profondo della psiche moderna. Affrontando la necessità della riscoperta del mito cristiano in una nuova forma e offrendo una nuova interpretazione mitica e simbolica della morte e della risurrezione di Cristo, scrisse:

> Il mito dice che [Cristo] non fu trovato dove fu deposto il suo corpo. "Corpo" significa la forma esteriore, visibile, la configurazione precedente ma effimera del valore più alto. Il mito afferma inoltre che il valore è aumentato di nuovo in

> un modo miracolosamente trasformato. La discesa di tre giorni nell'inferno durante la morte descrive l'affondamento del valore svanito nell'inconscio, dove, conquistando il potere delle tenebre, stabilisce un nuovo ordine, e poi sale di nuovo in cielo, cioè raggiunge la suprema chiarezza di coscienza. Il fatto che solo poche persone vedano il Risorto significa che non ci sono piccole difficoltà nel trovare e riconoscere il valore trasformato.[7]

Ancora una volta, come nei primi secoli dell'era cristiana, sembra che siano necessarie bottiglie nuove per contenere il vino di una nuova rivelazione. Come ha sottolineato Gesù 2000 anni fa, le bottiglie si logorano e devono essere sostituite. Ma come possiamo creare un recipiente che possa assimilare il vino di una nuova visione della realtà e di una diversa immagine di Dio? Come rinunciare alle convinzioni dogmatiche e alle certezze che hanno causato sofferenze indescrivibili e del tutto inutili nel corso dei millenni dell'era patriarcale, e il sacrificio di innumerevoli milioni di vite? Non posso rispondere a queste domande. Ma so che quando nasce il nuovo vino, dobbiamo mantenere la tensione tra il vecchio e il nuovo.

Deve essere stato così 2000 anni fa quando i discepoli di Gesù cercarono di assorbire ciò che stava dicendo loro, qualcosa di così profondamente diverso dal sistema di credenze e dai valori brutali che governavano il mondo del loro tempo. Quei nuovi insegnamenti e quei diversi valori sembrano aver toccato a mala pena la coscienza che attualmente governa il mondo, tuttavia molti leader politici e religiosi proclamano la loro fedeltà ad essi. Milioni di persone sostengono di essere cristiane, ma quegli stessi milioni sovvertono l'insegnamento di Cristo sulla compassione e sul non versare il sangue dei loro fratelli. Su questioni come l'omosessualità e le donne sacerdote sembra che il Cristianesimo sia degenerato in faide tra i suoi diversi rami.

Gran parte di ciò che fu perso al Cristianesimo durante i primi secoli di persecuzione è stato ora recuperato, compresi gli importanti testi gnostici scoperti nel 1945 a Nag Hammadi.[8] Ma non c'è ancora nessun recipiente culturale che riceva questo materiale recuperato, in nessun modo può essere integrato o sposato con le tradizioni religiose ortodosse perché queste si aggrappano con tenacia e persino fanatismo all'interpretazione letterale delle "bottiglie vecchie", i testi della rivelazione scritti millenni fa.

Il livello di coscienza finora raggiunto dai 'credenti' non sembra abbastanza forte da tollerare un cambiamento nell'immagine di Dio; tuttavia, se l'immagine dello spirito non cambia in modo che ci sia un matrimonio tra gli archetipi maschili e femminili, sembra dubbio che la coscienza umana possa evolversi ulteriormente, perché è in balia di un'immagine squilibrata o incompleta di Dio oppure di un ateismo che ripudia l'intera idea di Dio. Ora sappiamo perché la dimensione femminile del divino è stata ripudiata dalle tre religioni patriarcali, ma è stupefacente che queste non sembrino mettere in discussione il concetto o l'immagine di Dio che hanno ereditato dal passato. Come sottolinea Susanne Schaup nel suo libro *Sophia, Aspects of the Divine Feminine*:

> L'immagine di Dio nella religione occidentale, inclusi l'Ebraismo e l'Islam, è maschile, nonostante tutte le proteste del contrario, e come tale è una causa diretta della svalutazione delle priorità femminili nella nostra cultura.... Ciò che dà legittimità alla cultura è, in definitiva, il concetto fondamentale di Dio. Se questo concetto non cambia, nulla può realmente cambiare.... Nessun cambiamento di paradigma scientifico, ecologico o sociale può avere effetto, finché il paradigma teologico non cambia con esso.[9]

Nonostante gli sforzi di molte femministe di 'sposare' l'immagine femminile del divino con quella maschile e il cambiamento di coscienza mondiale che sta prendendo slancio nel nostro rapporto con il pianeta, è comunque un dato di fatto che il mondo è ancora governato da una mentalità patriarcale. Le grandi nazioni del mondo sono ancora in competizione tra loro per il potere e le risorse invece di pensare a mettersi insieme per servire l'organismo planetario in via di estinzione. Non esiste ancora un consenso politico su come lavorare insieme e su come formulare valori diversi, sebbene un movimento in quella direzione stia crescendo e diventi sempre più articolato.

Sembra quasi che viviamo in un interregno tumultuoso, reso estrema-mente pericoloso dalla nostra incommensurabilmente potenziata capacità di distruggerci a vicenda e di danneggiare irreparabilmente il tessuto della vita su questo pianeta. Mentre la 'morte di Dio' è stata accolta dalla cultura secolare, questo fatto crea tuttavia un'ansia inconscia in molte persone e una profonda paura, generando un vuoto morale oltre che una posizione fondamentalista difensiva sia nella religione che nella scienza secolare. Il jihadista che crede che sia volontà di Dio che l'Islam conquisti il mondo attinge il potere della sua ideologia da questa paura, così come i fondamentalisti cristiani. Le radici della tendenza a polarizzarsi giacciono nel profondo del nostro passato solare, ma sono rafforzate ogni volta che c'è una situazione che suscita incertezza, ansia e conflitto.

Il conflitto tra le tre religioni patriarcali

Si potrebbe dire che la pericolosa situazione politica in Medio Oriente con Gerusalemme al centro è, alla radice, un conflitto tra tre tradizioni religiose, ognuna delle quali crede di essere portatrice di una rivelazione speciale e unica e ognuna delle quali ritiene Gerusalemme la sua città santa. Qualsiasi minaccia o sfida al sistema collettivo di credenze va incontro a una difesa furibonda, quasi isterica. La ragione di ciò sembra essere che, al livello più profondo della psiche, le credenze religiose sono legate agli istinti di sopravvivenza e anche al possesso di una terra ritenuta sacra per generazioni. Una minaccia per la religione è una minaccia per la sopravvivenza di quel gruppo e il legame profondo e sacro tra i membri di quel gruppo e la terra che si crede Dio abbia concesso a quel gruppo millenni fa. Poiché queste credenze sono così profondamente radicate e poiché al di sotto di esse giace il terrore della mancanza di significato dell'esistenza umana, è difficile dibattere sulla possibilità che possano essere modificate e persino messe da parte, alla luce di una nuova comprensione.

Nel lontano passato, la credenza ebraica di essere il Popolo Eletto lasciò esclusi altri gruppi e diede una svolta alle relazioni tra le diverse religioni e gruppi etnici come tra Caino e Abele. I cristiani affermarono a loro volta di essere stati 'scelti' per portare una rivelazione che era stata loro offerta dall'unico Figlio di Dio e che la loro religione era quindi, per implicazione, superiore alle altre e alla fine le avrebbe soppiantate. Questa convinzione portò il Cristianesimo in una posizione evangelica gonfiata che lo portò a guardare dall'alto in basso le altre tradizioni religiose e a tentare di convertire al 'vero' sentiero i loro seguaci. Quale direzione fu lasciata all'Islam se non quella di cercare di emulare l'esempio cristiano propagando la diffusione della sua religione con tutti i mezzi possibili, tentando di soppiantare il Cristianesimo con il puro peso dei numeri e della forza delle armi? Dal punto di vista psicologico, l'intero processo inconscio ha creato una massiccia rivalità tra i tre 'fratelli' patriarcali, laddove le loro rivelazioni specifiche sono state interpretate in modo letterale e divisivo.

Il vecchio modello comportamentale atavico del predatore che uccide la preda, già profondamente radicato nelle rivalità tribali, fu incorporato inconsciamente nelle religioni: il sacrificio umano in difesa di un sistema di credenze o di un'ideologia fu sancito come qualcosa accettato da Dio, qualcosa che Dio avrebbe approvato e sostenuto. L'idea che un particolare sistema di credenze fosse più vero, più gradito a Dio di altri, e che offrisse un percorso di salvezza negato a coloro che seguivano un diverso sistema, fu accettata e insegnato come parte della tradizione religiosa, tanto che generazioni di bambini furono indottrinate con questa idea perniciosa. Peggio ancora, l'idea che chiunque rappresentasse una minaccia per quella tradizione potesse essere ucciso al fine di preservare, o promuovere, la 'vera' religione fu intessuta nell'insegnamento e da lì trovò la sua strada nelle ideologie e nei rapporti tra le nazioni. A partire dal quarto secolo la Chiesa cristiana fu viziata dall'esclusione di alcuni testi gnostici ritenuti inaccettabili da un gruppo di individui molto potenti e dal fatto che venisse incorporata nella potente istituzione politica dell'Impero Romano. La sua sacra missione fu sovvertita dai mezzi che adottò per mantenere ed estendere il suo potere.

L'abuso di Dio

L'immagine di Dio che abbiamo ereditato dalle religioni patriarcali ritrae un Dio trascendente che crea la Terra da una distanza, lontano e separato dal mondo creato e da noi stessi. Fu persa l'idea dell'immanenza — un'idea che il filosofo ebreo Spinoza (1632–1677) fece rivivere brevemente nel diciassettesimo secolo, subendo la persecuzione da parte della sua comunità per aver osato suggerirla. Questa immagine di Dio si incorporò nei sistemi di credenze che fissarono la divinità nella figura di una divinità maschile e rifiutarono o non inclusero la dimensione femminile e l'idea che la creazione materiale, incluso il corpo, fosse una teofania — una dimostrazione o manifestazione di un fondamento divino. In che modo allora la vita umana, l'esperienza umana, poteva essere considerata e onorata come preziosa, sacra, un veicolo di divinità? Come poteva essere rispettata la vita della Terra e delle sue specie?

L'immagine archetipica che abbiamo creato allargò la spaccatura all'interno della nostra stessa natura, tra la mente conscia e la matrice dell'istinto. Il problema potrebbe non essere Dio, ma l'uso che ne è stato fatto per servire i nostri programmi. I cristiani (per concentrarci su una religione) credevano che Dio approvasse i loro pregiudizi nella persecuzione di donne, omosessuali, neri (schiavitù) e persone con un sistema di credenze diverso dal loro: ebrei, musulmani o indigeni di diversi continenti. Affermavano che la rivelazione cristiana fosse superiore a quella degli altri e cercarono di convertire le persone alla 'vera' via verso Dio, proclamando che il loro credo fosse la strada della redenzione e che al di fuori della Chiesa non ci fosse salvezza. Per secoli perseguitarono sciamani, visionari, profeti, mistici e tutti coloro che avrebbero potuto introdurre una diversa esperienza dello spirito. Meister Eckhart, uno dei più grandi mistici del Cristianesimo, che aveva detto: "Fuori di Dio non c'è nulla", sarebbe stato bruciato sul rogo se non fosse fortunatamente morto prima che la Chiesa potesse mettere in atto un processo e una sentenza in tal senso. Giordano Bruno morì sul rogo per aver proclamato che Dio era presente nella natura.

Nonostante tutti i suoi straordinari risultati nel tenere insieme la società in una visione condivisa, l'abuso di Dio e delle creature di Dio è stato un grosso difetto nella storia della religione patriarcale. Con la 'morte' di Dio proclamata da una cultura secolare, molte di queste vecchie abitudini e credenze stanno cambiando. Eppure sentiamo ancora i 'credenti' cristiani litigare tra loro sugli omosessuali e le donne sacerdote. Nel nome dell'Islam, vediamo la persecuzione delle donne, in atto in Afghanistan e Pakistan e in Iran, nei regimi teocratici autoritari e oppressivi. Vediamo l'inimicizia sanguinosa e irrisolta tra il ramo sciita e quello sunnita dell'Islam. In molti di questi casi di persecuzione, si fa confusione tra l'antica usanza tribale e il pregiudizio umano e il comando divino.

A che cosa serve credere se non conduce ad un approfondimento della comprensione e della compassione? E a che serve l'adorazione continua del Figlio sacrificato di Dio se nulla cambia in modo radicale nelle nostre abitudini comportamentali? Cristo avrebbe approvato le armi di distruzione di massa? Hiroshima? L'uranio impoverito, le bombe a grappolo, i droni e i bombardamenti su Baghdad?

La lettura letterale del Libro dell'Apocalisse ha portato i cristiani evangelici (non meno del 40% degli americani) ad anticipare con impazienza i 'Giorni Finali' e l'Armageddon — la battaglia finale che avverrà prima della 'Resurrezione dei beati' e della Seconda Venuta di Cristo. Nella stessa aspettativa di un nuovo ordine mondiale, i musulmani sciiti attendono il ritorno del Mahdi. Gli ebrei ultra–ortodossi attendono il Messia. Tutte le ideologie che invocano la venuta di un nuovo ordine dopo l'eliminazione del vecchio, e la ricorrente credenza millenaria che un nuovo ordine sarà inaugurato da una battaglia finale, hanno la loro origine ultima nella mitologia lunare e nella rinascita della falce di luna dopo l'"esilio' della sua fase oscura. Tuttavia, influenzate dall'eredità polarizzante della mitologia solare, le aspettative nell'arrivo di un Nuovo Ordine accettano generalmente che nella battaglia finale tra le forze della luce e quelle dell'oscurità ci sia un massiccio sacrificio come preliminare necessario all'instaurazione del Nuovo Ordine. I cristiani rinati credono che nella Resurrezione dei beati solo i 'Prescelti' saranno salvati e portati in cielo da un momento all'altro. Tutti gli altri periranno.

Quando sulla psiche collettiva prendono il sopravvento le credenze letterali, suscitate in un pubblico credulone da sacerdoti e profeti convinti dell'autenticità del loro messaggio, possono ignorare i più alti valori della religione e lanciare ciò che può essere descritto come un incantesimo su coloro che sostengono di credere in Dio. Tutta questa perversione è sorta da un concetto errato di ciò che è la Deità — il culto di un idolo piuttosto che una vera intuizione sulla natura della divinità.

Tuttavia, se si leggono come metafora invece che come letterale Parola di Dio, queste profezie sulla fine del mondo e sulla venuta di un Messia e di un Nuovo Ordine Mondiale possono essere intese come riferite all'aumento di coscienza dell'intera umanità piuttosto che prevedere l'apparizione di un redentore che imponga un nuovo ordine. Ad esempio, nel suo libro, *God is a Verb*, il rabbino David Cooper scrive: "i qabbalisti dicono che ci stiamo rapidamente avvicinando a un altro importante cambio di paradigma nella consapevolezza. Si chiamerà coscienza messianica e capiremo tutto in una luce completamente nuova".[10]

L'influenza dell'Oriente

Dagli anni '50 sempre più persone, disilluse dal Cristianesimo, cominciarono a viaggiare verso Oriente in cerca della sapienza racchiusa nell'Hinduismo, nel

Buddhismo, nello Zen, nel Taoismo e nel Sufismo, la tradizione mistica dell'Islam. Da Oriente cominciò a fluire verso Occidente una collezione senza prezzo di testi da cui si impararono metodi di meditazione che potevano aprire un percorso diretto di comunione con la dimensione trascendente della realtà — un percorso verso l'illuminazione. Come era successo a me, nei miei due viaggi a Est, molti incontrarono un'immagine dello spirito radicalmente diversa e anche il concetto della responsabilità karmica e della reincarnazione e fecero propria l'idea che la sofferenza sorge dalla non consapevolezza o dall'ignoranza del fatto che lo spirito è il fondamento di tutta la vita.

Ognuna di queste antiche tradizioni contribuì alla nascita in Occidente di una nuova coscienza. Molti testi divennero disponibili, con traduzioni eccellenti, per un pubblico nuovo e interessato. Le celebri poesie di Rumi attrassero una cerchia di seguaci. Con il suo libro *Donne di saggezza, una via femminile all'illuminazione* (1985) Tsultrim Allione attirò l'attenzione sulle donne straordinarie della tradizione buddista tibetana. I libri di Aldous Huxley aprirono la porta all'esperienza psichedelica e al recupero delle tradizioni sciamaniche dei Popoli Indigeni. Nacquero gli editori che si specializzarono in questi argomenti.

L'invasione del Tibet da parte della Cina, avvenuta nel 1950, costrinse molti monaci tibetani a fuggire in India, America ed Europa. Alcuni impararono l'inglese e altre lingue, divennero insegnanti rinomati e scrissero libri che ebbero un impatto considerevole sulla cultura occidentale. Il libro di Sogyal Rinpoche, *Il libro tibetano del vivere e del morire*, ad esempio, fu ampiamente letto. Portarono con sé antichi metodi di guarigione e meditazione e offrirono diversi approcci per guarire la malattia del corpo e dell'anima. Oggi Sua Santità il Dalai Lama è riconosciuto da milioni di persone come il più grande leader spirituale nel mondo.

La California fu per molti anni un punto focale per lo sviluppo di queste idee, pratiche e metodi contemplativi dell'Oriente e un centro per lo sviluppo spirituale dell'individuo; ma l'Europa beneficiò del fatto che i monaci tibetani fondassero templi e centri di insegnamento in diversi paesi, portando il buddhismo alle molte migliaia di persone che cercavano un approccio diverso alla spiritualità. Il monaco vietnamita Thich Nhat Hahn stabilì un rinomato centro in Francia, il Plum Village. Maharishi Mahesh Yogi attrasse migliaia di persone a seguire il suo metodo di Meditazione Trascendentale e stabilì un centro in Inghilterra.

Le persone iniziarono a cercare nuovi metodi di guarigione come l'agopuntura, l'aromaterapia, la riflessologia e l'erboristeria cinese, come pure la medicina ayurvedica e l'approccio già consolidato dell'omeopatia. Nonostante l'opposizione, a volte virulenta, della medicina e della scienza ufficiale a questi antichi metodi di guarigione, migliaia di uomini e donne li hanno imparati e hanno trattato milioni di pazienti. L'obiettivo di questo approccio alla guarigione è un atteggiamento olistico empatico che tratti il corpo e la mente come un tutto organico.

Queste diverse influenze hanno iniziato ad avere un impatto sul vuoto lasciato dalla decostruzione dell'immagine di Dio ereditata dal passato patriarcale.

La Cosmologia dell'Oriente

Nelle religioni orientali troviamo un approccio che le unisce — molto vicino all'insegnamento della Qabbalah descritto nel Capitolo Tre. A parte questa tradizione, la scienza indiana dell'anima è la più antica, la più saggia e la più sviluppata del pianeta. Per almeno 5000 anni, forse più, i grandi saggi dell'India hanno insegnato l'unità sottostante di tutta la creazione e non hanno mai separato le dimensioni visibili e invisibili della realtà. Dal loro punto di vista, l'intero organismo del mondo che conosciamo e l'organismo del nostro sé umano individuale sono l'espressione, la manifestazione e la dimora dello spirito. Nel suo libro *Science and the Sacred* il professor Ravindra ci dice:

> L'unica visione centrale della verità, a cui punta tutta la sapienza indiana, sono l'*unità di tutto ciò che esiste*. Questa visione non è estranea ad altre culture; ma in India tutti i grandi sapienti vi ritornano ancora e ancora. In realtà, in India, la realizzazione di questa verità è ciò che definisce la grandezza di una persona. Sebbene la verità sia facilmente dichiarata come "Tutto è uno", i sapienti hanno anche affermato che la realizzazione di questa verità nel nucleo del proprio essere può durare molte vite. E la realizzazione di questa verità è ritenuta lo scopo dell'esistenza umana. Tutta l'arte, la filosofia e la scienza, se sono vere, riflettono questa visione e la sua realizzazione.... Durante un periodo di almeno quattromila anni, in India i sapienti hanno ripetutamente affermato l'unità sottostante a tutto ciò che è, incluso tutto ciò che chiamiamo animato o inanimato, dicendo che la coltivazione della sapienza consiste nella realizzazione di questa verità.[11]

I mistici di tutte le grandi culture di cui abbiamo conoscenza hanno scoperto che la nostra coscienza può interagire con il terreno invisibile di tutta la vita che hanno chiamato Brahman, il Tao, o semplicemente, il Vuoto. I mistici cristiani hanno parlato del mistero della Divina Tenebra di Dio. Dionigi l'Areopagita scriveva nel V secolo dC che "la più divina conoscenza di Dio, quella in cui Egli è conosciuto attraverso la non conoscenza, secondo l'Unione che trascende la mente, avviene quando la mente, allontanandosi da tutte le cose, inclusa se stessa, si unisce ai raggi abbaglianti e all'istante è illuminata nella imperscrutabile profondità della sapienza".[12] Più di mille anni dopo, un poeta inglese, Thomas Vaughan (1622–1695), scrisse queste bellissime parole: "C'è in Dio — qualcuno dice — un'oscurità profonda e abbagliante.... Oh è per quella notte che io potrei vivere in Lui, invisibile e oscuro".

La ricerca di una visione unificata:
guarire la ferita nel "corpo" di Dio

Molti anni fa sognai che stavo camminando in un deserto di roccia e scisto, un paesaggio simile a quello roccioso delle Alpi. All'improvviso sentii una debole voce che gridava: "Aiutami. Aiutami". Mi guardai intorno ma non vidi nessuno. Il grido si ripetè e sembrava venire dalla terra sotto i miei piedi. Abbassai lo sguardo e vidi una minuscola borsa di cuoio che giaceva nella polvere, quasi nascosta tra rocce e macigni. La presi e l'aprii. Dentro c'era una piccola pietra ed era da lì che arrivava la voce. Una pietra ha coscienza? Mi chiesi. Può comunicare con me a parole? "Come posso aiutarti?" domandai alla pietra, mentre si riscaldava al tocco della mia mano. Non mi diede risposta, ma l'urgenza del suo appello mi perseguitava. Dovevo scoprire che cosa avesse bisogno di aiuto e come potevo aiutare.

Alla fine, capii che ad aver bisogno d'aiuto era la coscienza che è sepolta nell'aspetto più profondo della nostra vita psichica, nell'aspetto più denso della materia che ci viene detto essere 'morto' e senza coscienza — un aspetto perduto dello spirito che non viene riconosciuto come spirito; qualcosa che chiede di essere redento da uno stato di immolazione creato dalle nostre convinzioni. L'immagine dello spirito ereditato dal passato può di tanto in tanto essere scartata, ma l'archetipo dello spirito sarà sempre riscoperto in una nuova forma, incorporando aspetti di sé che potrebbero essere stati scissi o esclusi, nel passato, a causa della nostra comprensione troppo limitata. Anni dopo questo sogno, mentre esploravo l'insegnamento della Qabbalah, nella traduzione di un testo scritto dal grande cabalista del sedicesimo secolo, Moses Cordovero trovai questo passaggio e capii che quella era la definizione di Dio che stavo cercando e non riuscivo a trovare nel Cristianesimo:

> L'essenza della divinità si trova in ogni singola cosa — null'altro esiste. Poiché fa sì che ogni cosa sia, nessuna cosa può vivere da qualcos'altro. Li anima; la sua esistenza esiste in ogni esistente.... Non attribuire la dualità a Dio. Lascia che Dio sia solo Dio.... Non dire: "Questa è una pietra e non Dio". Dio non voglia! Piuttosto, tutta l'esistenza è Dio, e la pietra è una cosa pervasa dalla divinità.... Niente è privo della sua divinità. Tutto è dentro di essa; è dentro tutto e fuori da tutto. Non c'è nient'altro che essa.[13]

Queste parole sembrano risuonare non solo con quelle di Meister Eckhart e di molti altri mistici, ma anche con le parole di Gesù nel Vangelo Gnostico di Tommaso quando dice che il Regno di Dio è sparso sulla Terra e gli uomini non lo vedono. L'intuizione che la divinità è presente in ogni singolo atomo della vita è precisamente ciò che è mancato nel nostro concetto di Dio ed è questo che ha portato alla divisione tra spirito e natura e, in definitiva, a quella tra religione e scienza, nonché alla nostra crescente capacità di infliggere distruzione a noi stessi e alla vita planetaria.

Natura come Teofania

Sorprendentemente, nel nono secolo ci fu la più bella e chiara descrizione della natura come espressione o teofania dello spirito. Questo concetto fiorì nel Cristianesimo celtico fino a quando le pratiche di quel ramo del Cristianesimo furono sostituite (dopo il Sinodo di Whitby nel 664 d.C.) da quelle della Chiesa cattolica romana. Eppure dovette sopravvivere perché si trova nel lavoro di Giovanni Scoto Eriugena (810–877), un rinomato studioso irlandese neo–platonico che visse per molti anni alla corte reale di Francia e contribuì, con la sua traduzione delle opere di Dionigi l'Areopagita, al grande impulso culturale che portò alla costruzione delle cattedrali gotiche. Egli scrisse un libro straordinario: il *Periphyseon* o *De Divisione Naturae*. Avevo scoperto questo libro per la prima volta molti anni fa, quando studiavo storia medievale a Oxford e a quel tempo mi aveva impressionato molto. Ma non ne avevo realizzato il significato e la rilevanza per i nostri tempi fino a poco tempo fa, quando mi imbattei in queste parole elettrizzanti, comunicate da un insegnante all'altro, che sradicano la divisione tra creatore e creazione:

> Non dovremmo quindi comprendere Dio e la creazione come due cose diverse, ma come una sola e identica. Poiché la creazione sussiste in Dio, e Dio è creato nella creazione in modo notevole e ineffabile, manifestandosi e, sebbene invisibile, rendendosi visibile, e sebbene incomprensibile, rendendosi comprensibile, e sebbene nascosto, rivelando se stesso e, sebbene sconosciuto, facendosi conoscere; sebbene privo di forma e specie, dotandosi di forma e specie; sebbene super–essenziale, rendendosi essenziale… anche se crea tutto, facendosi creare in tutto. Il Creatore di tutto, fatto in tutto, comincia ad essere eterno e, sebbene immobile, si muove in tutto e diventa tutto in tutte le cose…. Quindi la materia stessa, da cui, come leggiamo, Egli ha fatto il mondo, viene da Lui ed è in Lui ed Egli è in essa nella misura in cui si capisce che ha esistenza.[14]

Quanto radicalmente diversa è questa visione di Dio da quella attualmente esposta dalle tre principali religioni patriarcali; quanto è soddisfacente e quanto è vicina alle tradizioni orientali. Dio è descritto sia come Sorgente Nascosta che come un Processo o una Forma Manifesta, sia trascendente che immanente, proprio come nella tradizione della Qabbalah. Il libro di Eriugena fu condannato dalla Chiesa perché si pensava che promuovesse l'idea del panteismo — che Dio era presente nella natura. Fortunatamente, questo libro straordinario sopravvisse, ma si dice che l'autore fu ucciso dai suoi stessi monaci dell'Abbazia di Malmesbury quando tornò in Inghilterra, senza dubbio a causa della natura eretica delle sue idee.

Vino nuovo in bottiglie nuove: la nuova spiritualità

Negli ultimi cinquant'anni, a causa della crisi dei nostri tempi che riguarda molti aspetti del vivere, sotto la superficie della nostra cultura ha avuto luogo un graduale ripristino del senso del sacro. Ora, attraverso il potere di risveglio del movimento ambientalista, e attraverso le nuove scoperte della scienza, siamo invitati a entrare in una nuova era, in cui la natura — la vita della Terra — e tutti i processi miracolosi e i modelli di vita possono di nuovo essere riconosciuti come sacri, come lo erano una volta nelle culture sciamaniche.

Questo nuovo movimento che alcuni chiamano "il Grande Risveglio" comincia a sanare la divisione tra spirito e natura, la ferita nel corpo di Dio che ha così tragicamente incrinato le tre religioni patriarcali e l'intera era solare. Tuttavia, poiché né la religione tradizionale né la scienza sono consapevoli dell'origine di questa spaccatura e della sua influenza sui nostri atteggiamenti e sul nostro comportamento, nessuna delle due sembra in grado di impegnarsi adeguatamente in questo processo di risveglio e di affrontare le immense sfide che oggi abbiamo di fronte. C'è un'enorme resistenza al cambiamento perché, istintivamente, lo si percepisce come una minaccia alla nostra sopravvivenza: è più sicuro rimanere con il conosciuto piuttosto che creare un percorso verso l'ignoto.

Qualcosa che vada oltre l'uno o l'altro è necessario: una nuova meta–narrazione, una nuova visione del mondo. Come nella storia medievale del Graal, dove Parsifal, dopo molte prove, guarisce la ferita del Re Pescatore ponendo la domanda: "Che cosa ti affligge, Padre?" Forse dovremmo porre la stessa domanda riguardo alle nostre convinzioni, ai nostri valori e alla nostra cultura.

Quando scrisse: "Gli antichi dei sono morti o muoiono e la gente dappertutto cerca, chiede qual è la nuova mitologia, la mitologia di questa terra unificata come di un unico essere armonioso?" Joseph Campbell riconobbe la necessità di un nuovo mito.[15] E rispose alla domanda, dicendo che il nuovo mito è che la Terra è il paese cui tutti appartengono. Vide che questo nuovo mito della Terra come nostra casa cosmica poteva portarci oltre le divisioni e le rivalità che velano la nostra relazione essenziale gli uni con gli altri e la nostra relazione con il pianeta e con il Cosmo più ampio.

Migliaia, se non milioni di individui oggi cercano non solo il campo unificato nella scienza ma una visione unitaria della vita — una visione unitaria di spirito, natura e umanità che potrebbe essere in tempo per mitigare gli effetti catastrofici della nostra visione frammentata della vita. La nascita di questa visione ci chiede di abbandonare molte credenze cui siamo affezionati e richiede una trasformazione fondamentale dei nostri valori. La nostra conoscenza del mondo e dell'universo sta accelerando geometricamente. In ogni aspetto di ciò che osserviamo siamo sopraffatti dalle informazioni, eppure non capiamo quasi nulla del mistero del perché siamo qui e di quale possa essere il ruolo evolutivo della nostra specie su questo pianeta.

Supponiamo che la fonte cosmica da cui proveniamo ci stia attirando a sé, aiutando la nostra coscienza a connettersi con essa, a rispondere alla sua intenzione evolutiva. Oggi c'è un bisogno disperato di un nuovo modo di vivere e di relazionarsi tra di noi e con il Cosmo. Si riflette brillantemente in una poesia scritta nel 1945 da Christopher Fry nella sua opera intitolata *A Sleep of Prisoners*.

> *Il cuore umano può percorrere la lunghezza di Dio,*
> *Oscuri e freddi possiamo essere, ma questo*
> *Non è inverno ora. La miseria congelata*
> *Di secoli rompe, crepa, comincia a muoversi;*
> *Il tuono è il fragore dei ghiacciai che si staccano,*
> *Il disgelo, la primavera appena nata.*
> *Grazie a Dio il nostro tempo è ora quando l'errore*
> *Arriva ad affrontarci ovunque.*
> *Non ci lascia mai finché non prendiamo*
> *Il passo più lungo dell'anima che gli uomini abbiano mai preso.*
> *Gli affari hanno ora la dimensione dell'anima,*
> *L'impresa*
> *È l'esplorazione in Dio.*
> *Dove stai andando? Ci vogliono*
> *Così tante migliaia di anni per svegliarsi*
> *Ma ti sveglierai per pietà?*

La vecchia idea che siamo separati da Dio si rompe, si crepa, inizia a muoversi. Una primavera rigeneratrice ci esorta a compiere il passo più lungo dell'anima che abbiamo mai compiuto nel cuore di Dio. Le straordinarie scoperte sulla dimensione, la complessità e l'incredibile bellezza dell'universo aprono le porte a una nuova cosmologia, un nuovo modo di vivere e relazionarsi tra noi e il pianeta. Questa meta–narrazione nascente sta portando alla frantumazione delle vecchie credenze, delle vecchie immagini di Dio e della natura e della nostra stessa natura umana. Sfida le strutture politiche ed economiche, la nostra schiavitù verso credenze obsolete e abitudini comportamentali ataviche. Risveglia il nostro cuore, la nostra anima, spesso attraverso mezzi che possono apparire bizzarri o minacciosi. A volte, come sanno le persone che lavorano nel campo della psicoterapia, ci deve essere una rottura prima che possa esserci una svolta. La decostruzione della vecchia immagine di Dio può essere un aspetto necessario di quel processo. C'è il rischio che la rottura possa precipitare la regressione in uno stato più inconscio in cui potremmo perdere il tesoro inestimabile della civiltà. Tutto dipende dalla nostra capacità di assistere o resistere al processo simultaneo di morte e rinascita che sta avvenendo dentro di noi e nella nostra cultura. È un momento di grande responsabilità.

Il problema ora è che la cultura è in un dilemma. Parte di essa — in particolare quella parte che riguarda istituzioni affermate, sia religiose che politiche — sta ancora operando a partire dal vecchio paradigma solare della separazione tra spirito e natura; pensa ancora in termini di competizione tra stati nazionali; è ancora ipnotizzata dall'idea di potere e progresso, intenta a conquistare e controllare la natura e a sfruttare le risorse del pianeta per il guadagno finanziario di poche nazioni e società e a beneficio della sola specie umana. Glorifica le conquiste tecnologiche della scienza ma trascura di affrontare la povertà e la sofferenza di miliardi di persone e gli effetti disastrosi della crescita in espansione della popolazione umana sull'organismo planetario. Poiché nel 2018, la popolazione umana supera il segno dei 7,6 miliardi, non può vedere che una vita praticabile sta diventando sempre più impossibile per quei miliardi che già lottano semplicemente per sopravvivere, senza cibo sufficiente é acqua, per non parlare della qualità della vita.

L'altra parte sta rapidamente imparando a pensare in termini globali, comprendendo che la nostra specie non può essere separata dalla biosfera planetaria. Si rende conto che le lotte nazionaliste di potere stanno diventando sempre più obsolete e pericolose e che la guerra non è più un'opzione. Guarda alle armi e alle colossali somme di denaro che si spendono per armarsi e nella vendita delle armi come a qualcosa di veramente osceno. Vede la crescita della popolazione come una delle più grandi minacce alla sopravvivenza della nostra specie, e a milioni di altre specie e al benessere del pianeta in generale. Il profondo malessere della società può aiutarci a superare l'attuale mentalità laica e le religioni del passato che trasportano così tanto legno morto, per andare verso una nuova spiritualità che unifichi i due grandi archetipi della vita in un sacro matrimonio di spirito e natura. Questa nuova spiritualità, che incorpora l'aspetto migliore delle grandi tradizioni spirituali del passato, comprese le tradizioni indigene, potrebbe aprire la porta a una nuova comprensione del nostro ruolo in un dramma cosmico stupefacente. Molte persone stanno scoprendo che l'esperienza dello spirito è completamente diversa da quella che nel passato avevano accettato come 'verità'. In queste scoperte non c'è separazione da Dio. Non c'è nulla al di fuori di Dio. Dio, come realizzò Meister Eckhart, è tutta la vita cosmica.

Coscienza cosmica

Ricordo quanto ero eccitata nello scoprire questo passaggio nel libro *Ritorno al centro* di Bede Griffiths:

> L'evoluzione della materia conduce dal principio all'evoluzione della coscienza nell'uomo; è l'universo stesso che diventa cosciente nell'uomo.... È il movimento interiore dello Spirito, immanente nella natura, che determina l'evoluzione della materia e della vita nella coscienza e lo stesso Spirito all'opera nella coscienza umana, latente in ogni uomo, è sempre in azione per condurre alla vita divina. [16]

Le sue parole, come quelle di Aurobindo nel suo libro straordinario *La vita divina*, e la visione di Teilhard de Chardin dell'umanità che si muove verso quello che lui chiamava il Punto Omega, mi hanno aiutata a vedere che l'evoluzione della vita su questo pianeta è come una pianta, una crescita organica, che ha le sue radici in una profondità sconosciuta. La sua fioritura è in potenza in noi, qualcosa che dobbiamo ancora sperimentare, che solo pochi pionieri della coscienza hanno sperimentato. Ancora una volta, è qualcosa che si sta dispiegando ed evolvendo dall'interno, nel corso di milioni di anni, poiché la forma potenziale di una quercia è contenuta in una ghianda. Non possiamo conoscere la forma finale finché non ci saremo sviluppati, ma possiamo iniziare a comprendere il processo di evoluzione che ci ha formato e cominciare coscientemente a cooperare con essa.

Proprio come hanno suggerito questi tre grandissimi sapienti del secolo scorso, lo spirito può essere sempre immanente o attivo in questa dimensione della realtà, portandoci alla rivelazione finale, che risponde alla domanda di Keplero posta all'inizio di questo capitolo, dicendoci che, nella nostra sostanza spirituale e fisica, siamo dell'essenza della divinità: tutto ciò che possiamo vedere, percepire e su cui riflettiamo, appartiene a quell'essenza. Dalla prospettiva dello spirito, egli ha creato questa dimensione materiale della realtà per estendere l'esperienza di sé — per arrivare a conoscersi attraverso tutti gli aspetti della vita che ha creato, inclusa la nostra specie, che è l'unica al momento capace di riconoscerlo coscientemente.

La visione di Teilhard del processo di evoluzione, che mostra l'ondata crescente di coscienza incorporata nei processi vitali della terra, è una delle idee più avvincenti del nostro tempo. Ma, chiede, questo Spirito universale di Evoluzione "fiorirà in tempo per assicurare che, arrivati al punto della super umanità, eviteremo di disumanizzarci?" [17] Questa è la domanda che ci si pone di fronte in questi tempi pericolosi.

La nostra coscienza è ora in bilico sulla soglia dell'incontro con la coscienza cosmica. Il campo invisibile che ci collega alla vita galattica risuona con la chiamata a relazionarci con essa e molte persone rispondono a questa chiamata.

C'è una nuova percezione della vita che si riversa nella cultura attraverso molte migliaia di individui: la percezione dell'universo come un insieme organico, sacro e vivente, con la nostra partecipazione cosciente a quel tutto vivente. Sembra che stiamo raggiungendo il punto in cui possiamo sperimentare la coscienza cosmica, la mente cosmica o l'anima cosmica (io uso questi termini in modo intercambiabile) come il più grande campo o terreno da cui deriva e del quale partecipa la nostra coscienza. Potrebbe questa nuova idea (tuttavia molto antica) trasformare le nostre relazioni reciproche e quelle con la Terra e la vasta entità del Cosmo?

Ogni tradizione mistica dice che al centro del nostro essere siamo uno con il divino. Siamo uno con l'immensità che contempliamo. Ognuna insegna che l'occhio del cuore — l'occhio che percepisce con la gnosi o visione della natura della realtà — può solo lentamente aprirsi alla consapevolezza di questo mistero. Il terreno deve essere ben preparato per contenere la rivelazione di questa visione e la preparazione richiede molto tempo per la contemplazione, nonché un crescente rispetto e amore per tutti gli aspetti della vita.

Ciò che sembra accadere ora è che stia sorgendo in noi una nuova, o forse molto antica, comprensione dello spirito. Sebbene non sia ancora del tutto cosciente, la consapevolezza che il nostro cervello agisce sia come ricevitore che come trasmettitore per un campo più ampio oltre la normale gamma di consapevolezza ci sta portando al punto in cui potremmo essere in grado di dire, come Arjuna a Krishna nella *Bhagavad Gita*: "Tu sei il conoscitore e ciò che deve essere conosciuto.... Solo di te questo universo è pervaso.... Vedendo questa forma universale, che non avevo mai visto prima, sono felice...."

Alla luce di questa diversa comprensione, la spiritualità ci invita a concentrarci maggiormente sull'esperienza dell'illuminazione e dell'intuizione, invece che sulla fede e sul credo, sebbene inizialmente anche questi possano essere un percorso che porta all'illuminazione. Durante l'era solare abbiamo imparato a pensare allo spirito e alla materia come separati, ma ora potremmo essere in grado di vedere che tra loro non c'è separazione essenziale: le dimensioni visibili e invisibili della realtà sono aspetti del tutto e interagiscono continuamente l'una con l'altra, fluendo l'una nell'altra.

Abbiamo bisogno di un'immagine di Dio che sia collegata a queste intuizioni. Di tutte le sfide che dobbiamo affrontare, questa è una delle più difficili, perché significa che dobbiamo rinunciare a una struttura di pensiero o meta–narrativa con cui abbiamo vissuto per millenni.

I mistici di tutte le grandi culture del passato hanno scoperto che la nostra coscienza può interagire con il campo invisibile che hanno chiamato variamente: Dio, Brahman, Tao, oppure Luce, Tenebra Divina e Vuoto. Nel nostro stato normale non possiamo iniziare o percepire questa interazione, ma questo non significa che non esista.

I *Veda*, le *Upanishad*, la *Bhagavad Gita*, la tradizione mistica ebraica della Qabbalah, i mistici cristiani e sufi, tutti dicono che si può sostanzialmente conoscere o comprendere lo spirito solo con l'esperienza, e che lo spirito è onnipresente, al tempo stesso trascendente e immanente dentro le forme della vita. In ogni momento della nostra esistenza, in ogni respiro che facciamo, siamo immersi nello spirito, permeati di esso. Alla luce di questa comprensione, la spiritualità ci invita a concentrarci maggiormente sull'esperienza dell'illuminazione che sulla fede e sul credo. Non esiste un testo migliore della *Bhagavad Gita* per descrivere questa fusione tra l'umano e il divino. Ecco Krishna, che parla ad Arjuna:

> Io sono l'origine di tutto; da me tutto si svolge;
> Io sono il principio, il mezzo, la fine di tutti gli esistenti
> Io sono il seme di tutti gli esistenti;
> Non c'è esistente quale che sia, che si muova o non si muova,
> che possa esistere senza di me.[18]

Non penso che possiamo davvero capire noi stessi se non comprendiamo la storia dell'evoluzione della coscienza e cominciamo a riunire i diversi rami della conoscenza che si sono sviluppati con una così straordinaria rapidità negli ultimi cento anni e sono stati separati gli uni dagli altri.

Mentre scopriamo questa incredibile storia, comprendiamo che stiamo partecipando a una Coscienza o Intelligenza Cosmica che è co–inerente a ogni particella del nostro essere e a ogni particella di materia. Se colleghiamo queste idee a Dio, allora Dio o Spirito o Mente Divina non è qualcosa di trascendente da noi. Siamo co–intrinseci con Esso, nel Suo vero cuore. Co–intrinseco significa stare insieme, dimorare insieme.

Questa realizzazione richiede un enorme cambiamento di consapevolezza e un cambiamento fondamentale nei nostri valori. Se Dio o lo Spirito, non è qualcosa di separato da noi, qualcosa che trascende la natura e la vita planetaria, ma è l'intelligenza e l'energia del processo stesso della vita, che esplode in ogni istante in ogni regione di questo vasto universo così come in noi, allora il modo in cui trattiamo la cosiddetta materia 'inanimata', la vita planetaria e ci relazioniamo l'un l'altro diventa una questione di come stiamo trattando Dio. Ciò trasforma l'obbedienza al comando di Dio in amore e rispetto per la creazione di Dio, compresi noi stessi, il nostro prossimo e, soprattutto, il nostro nemico.

Dopo aver studiato l'esperienza visionaria di molte culture, mi è chiaro che un visionario è consapevole della realtà di mondi e presenze inaccessibili al nostro 'normale' stato di coscienza. Sono assolutamente certa, attraverso la mia esperienza personale e il mio studio, che una coscienza più ampia e profonda della nostra sta cercando di farsi conoscere. Lo ha fatto per millenni, ma finché questa dimensione della coscienza è negata all'esistenza e dissociata dalla nostra, agirà come un complesso autonomo inconscio, influenzandoci in tutti i modi, alcuni dei quali negativi e distruttivi, fino a quando finalmente attirerà la nostra attenzione. Finché crediamo che la coscienza cominci e finisca con il cervello fisico, non raggiungeremo mai ciò che siamo capaci di diventare — persone in comunione cosciente con la realtà metafisica.

Nel suo libro *Coscienza Cosmica*, Richard Bucke descrive le esperienze di individui che hanno avuto quella apertura alla coscienza cosmica e li vede come precursori di una razza più avanzata che sta lentamente nascendo. Lui stesso ha avuto una tale esperienza, che ha cambiato la sua vita e la sua comprensione. Poiché questo passaggio significa molto per me e mi ha aiutata a cambiare la mia visione, mi piacerebbe condividerlo con i lettori che potrebbero non conoscerlo:

> *Avevo passato la serata (nel 1872 in Inghilterra) in una grande città, con due amici, leggendo e discutendo su Wordsworth, Shelley, Keats, Browning e soprattutto Whitman. Ci separammo a mezzanotte. Io feci un lungo viaggio in carrozza per ritornare al mio alloggio. La mia mente, profondamente influenzata dalle idee, dalle immagini e dalle emozioni richiamate dalla lettura e dalla conversazione, era calma e pacifica. Ero in uno stato di quiete, di gioia quasi passiva: non pensavo in realtà, ma lasciavo che idee, immagini ed emozioni fluissero da sole, per così dire, nella mia mente. All'improvviso, senza alcun preavviso, mi ritrovai avvolto in una nuvola color fiamma. Per un istante pensai al fuoco, a un'immensa conflagrazione da qualche parte vicino in quella grande città; l'istante dopo, seppi che il fuoco era dentro di me. Subito dopo mi investì un senso di esultanza, di immensa gioia, accompagnata o immediatamente seguita da un'illuminazione intellettuale impossibile da descrivere. Tra le altre cose, non mi limitai a credere, ma vidi che l'universo non è composto da materia morta, ma è, al contrario, una Presenza vivente; Diventai conscio in me stesso della vita eterna. Non fu la convinzione che avrei avuto la vita eterna, ma la consapevolezza che possedevo già la vita eterna; vidi che tutti gli uomini sono immortali; che l'ordine cosmico è tale che senza alcun dubbio tutte le cose lavorano insieme per il bene di tutti; che il principio fondante del mondo, di tutti i mondi, è ciò che chiamiamo amore, e che la felicità di ognuno e di tutti è alla lunga assolutamente certa. La visione durò pochi secondi e svanì; ma il ricordo di essa e il senso della realtà di ciò che mi aveva insegnato ri-mase per il quarto di secolo che è trascorso da allora. Sapevo che ciò che la visione mostrava era vero. Avevo raggiunto un punto di vista dal quale sapevo che dove-va essere vero. Quella visione, quella convinzione, posso dire quella coscienza, non è mai stata persa, nemmeno durante i periodi di depressione più profonda.* [19]

Riunirci con il fondamento da cui siamo venuti, così da aiutare l'ulteriore evoluzione della Coscienza Cosmica, è una delle ricerche più eccitanti che io possa immaginare. Scoprire che lo spirito, così a lungo proiettato su un Creatore trascendente, lontano dal nostro mondo, è la coscienza per eccellenza che attende di essere scoperta, sia nella natura che in noi stessi, è una delle più grandi rivelazioni che sia possibile sperimentare. L'altra rivelazione, non meno travolgente, è che abbiamo la straordinaria responsabilità di aiutare lo spirito a diventare cosciente in noi. Forse la Coscienza Cosmica ha aspettato eoni per raggiungere un punto in cui più di qualche individuo possa risvegliarsi a questa rivelazione. Per rispondere a quello che sta accadendo al livello più profondo, per entrare in una nuova fase del nostro viaggio evolutivo, dobbiamo creare i recipienti per contenere il vino nuovo che ora si sta riversando nella nostra cultura attraverso la coscienza risvegliata di molte migliaia, persino milioni, di individui.

Note:

1. Jung, C. G.: Lettere 2, p. 312.
2. Citato in The Observer, 31 marzo 1963.
3. Edinger, Edward: *The Creation of Consciousness: Jung's Myth for Modern Man*, Inner City Books, Toronto 1984, pp. 9–10.
4. Berry, Thomas: *The Dream of the Earth*, Sierra Club Books, San Francisco 1988.
5. Campbell, Joseph: *The Inner Reaches of Outer Space*, Alfred van der Marck Editions, New York 1986, p. 17.
6. Teilhard de Chardin, Pierre: *The Future of Man*, William Collins Sons & Co., Ltd., Londra 1959, p. 272.
7. Jung, C. G.: *Ricordi, sogni, riflessioni*, Capitolo XI, BUR, Milano 1998.
8. Pagels, Elaine: *I Vangeli gnostici*, Mondadori, Milano 2011.
9. Schaup, Susanne: *Sophia, Aspects of the Divine Feminine*, Nicolas-Hays Inc. Maine 1997, p. xi.
10. Cooper, Rabbi David: *God is a Verb*, Riverhead Books, New York 1997, p.1.
11. Ravindra, Ravi, Prof.: *Science and the Sacred*, Quest Books, Wheaton 2002, Ill. p. 27.
12. Louth, Andrew: *Denys the Areopagite*, Morehouse–Barlow, Londra 1989.
13. Matt, Daniel: *The Essential Kabbalah: The Heart of Jewish Mysticism*, HarperSan Francisco 1995, p. 24.
14. Uhlfelder, Myra, and Potter, Jean A.: *Periphyseon: On the Division of Nature*, Book III 678c. Bobbs–Merrill, Indianapolis 1976, ripubblicato nel 2011 da Wipf & Stock Publishers, Eugene, Oregon, p. 197 in entrambe le edizioni.
15. Campbell: *The Inner Reaches of Outer Space*.
16. Griffiths, dom Bede: *Ritorno al centro*, Lindau, Torino 2016.
17. Teilhard de Chardin, *The Future of Man*, p.141.
18. *Bhagavad Gita* 10:3, 8, 20, 39.
19. Bucke, Richard: *La coscienza cosmica*, Edizioni Crisalide, Saturnia 1998. La sua esperienza è descritta nel libro di William James: *The Varieties of religious Experience* (1929), p. 399.

Un panorama di rinascita
Robin Baring 1975

Secondo interludio

La Via Del Tao

Esiste un'antichissima tradizione spirituale che offre un equilibrio femminile alla coscienza solare maschile, una delle poche eredità culturali che indica l'intelligenza profonda della cultura lunare. Sono stata tanto fortunata da avere come padrino un uomo che era vissuto decenni in Cina e da poter passare molte ore con lui di ritorno dai miei viaggi in Oriente. In vecchiaia, sembrava egli stesso un sapiente cinese e mi insegnò il Taoismo, mostrandomi molti preziosi manoscritti e dipinti che aveva portato dal suo soggiorno in Cina. Mi raccomandò di non dimenticare mai la sapienza dei saggi taoisti, spiegandomi che essi avevano scoperto come sviluppare la mente senza perdere il contatto con l'anima e per questo era così importante la comprensione della loro filosofia — il dono inestimabile della Cina all'umanità. In particolare, menzionò il genio di un poeta della dinastia T'ang chiamato Wang Wei (701–761).

> *Nel fondo della foresta di bambù siedo solo*
> *Canto forte e accordo il liuto*
> *La foresta è così fitta che nessuno la conosce.*
> *Solo la luna luminosa risplende su di me.*

Mentre l'Occidente immaginava il fondamento creativo dell'essere come un Padre trascendente, il Taoismo, in modo più sottile e comprensivo di qualsiasi altra tradizione spirituale, nutriva la quintessenza del Femminile come Madre Primordiale, mantenendo vivo l'antico sentimento di relazione con la Natura come espressione manifesta di questo terreno misterioso:

> *C'era qualcosa di informe ma completo*
> *Che esisteva prima del cielo e della terra;*
> *Senza suono, senza sostanze,*
> *Non dipendente da nulla, immutabile,*
> *Tutto pervadente, incessante.*
> *Si può pensare ad essa come la Madre di tutte le cose sotto il cielo*
> *Il suo vero nome non lo sappiamo.* [1]

L'essenza inafferrabile del Taoismo è espressa nel *Tao Tê Ching*, l'unica opera conosciuta del grande saggio Lao Tzu (nato nel 604 aC circa) che, secondo la leggenda, fu persuaso a scrivere gli ottantuno aforismi da uno dei suoi discepoli quando, giunto alla fine della sua vita, si era già incamminato per il suo ultimo viaggio verso le montagne dell'Occidente. La parola *Tao* significa la Sorgente insondabile, l'Uno, il Profondo. *Tê* è il modo in cui il *Tao* viene alla luce, crescendo in modo organico come una pianta dalle profondità, dall'origine della vita, dall'interno verso l'esterno. *Ching* è la lenta e paziente elaborazione di quel processo attraverso l'attività di un'intelligenza creativa all'interno della natura, che si esprime come lo schema organico dentro tutta la vita istintiva, una sorta di DNA cosmico: "Il *Tao* non fa nulla, eppure nulla è lasciato incompiuto".

Nessuno ha compreso l'indivisibilità dello spirito e della natura meglio dei sapienti taoisti della Cina. Nessuno è entrato più profondamente nell'anima della natura e ha compreso e rispettato il rapporto tra corpo, anima e spirito. Osservare e contemplare per migliaia di anni li ha portati all'intuizione che il corpo esiste all'interno della più ampia matrice della natura e la natura all'interno dell'anima più ampia del cosmo. Hanno capito che l'energia sconfinata dell'universo, che chiamavano *qi*, scorre attraverso tutto ciò che esiste. Attraverso il flusso di quell'energia tutto è connesso a tutto il resto. La loro intuizione potrebbe essere riassunta nelle parole di un moderno insegnante di *Qigong*: "Sono dentro l'universo e l'universo è dentro di me".

Le origini del Taoismo vengono dalle pratiche sciamaniche e dalle tradizioni orali che si erano sviluppate durante l'era Neolitica. La sua prima espressione scritta fu l'*I Ching*, il Libro dei Mutamenti, un testo di divinazione scritto tra il 3000 e il 1200 aC, che consiste di sessantaquattro oracoli ed è a tutt'oggi consultato. La tradizione del Taoismo era trasmessa da maestro a discepolo, in una successione di sciamani–sapienti, molti dei quali sublimi artisti e poeti.

Dalla sorgente che è ogni cosa e nessuna cosa al contempo, e la cui immagine è il cerchio, provengono il cielo e la terra, yang e yin — il principio maschile e quello femminile la cui interazione dinamica genera il mondo che vediamo e lo mantiene in equilibrio. Il *Tao* è sia la sorgente che il processo creativo della vita che scorre da esso, ed è immaginato come una Madre, radice del cielo e della terra, al di là di tutto e tuttavia in tutto, che a tutto dà vita, che tutto contiene e nutre. La Via del *Tao* significa riconnetterci con la sorgente, il terreno Madre, essere in essa, come un uccello nell'aria o un pesce nell'acqua, sentirsi in contatto, pur vivendo nel mezzo della miriade di forme che la sorgente porta alla manifestazione. Significa essere consapevoli della presenza del *Tao* in ogni cosa, scoprire e osservare il suo ritmo e la sua danza imparando a fidarsi, non interferire più con il flusso della vita manipolandolo, dirigendolo, resistendogli e controllandolo. Significa sviluppare una relazione ed essere consapevoli intuitivamente del mistero che solo gradualmente si svela.

Seguire la Via del *Tao* richiede una svolta verso l'interiorità nascosta delle cose, una ricettività verso l'invisibile attraverso la contemplazione del visibile in relazione con l'invisibile, abbastanza tempo per riflettere su ciò che è inconcepibile e indescrivibile, al di là della portata della mente o dell'intelletto, che può essere sentito, intuito, sperimentato a una profondità sempre più profonda. L'azione presa da questa posizione di equilibrio e libertà sarà allineata all'armonia del *Tao* e quindi incarnerà il suo misterioso potere e saggezza, che le consentirà di agire nel mondo senza attaccamento.

L'illuminazione, secondo Lao Tzu e Chuang Tzu, due dei più grandi saggi del Taoismo, svela i poteri sconosciuti della mente che si trovano oltre la soglia della coscienza normale. L'illuminazione improvvisa rompe la struttura abituale della coscienza e apre la mente ai poteri e alle intuizioni imprigionate nelle profondità dell'anima.

I Taoisti non separarono mai la natura dallo spirito, preservando consciamente la conoscenza istintiva che la vita è Uno, sebbene si manifesti come dualità. Nessuno osservò la Natura con più passione e minuziosità di questi sapienti cinesi, né raggiunse così profondamente il cuore nascosto della vita, descrivendo la vita e la forma di insetti, animali, uccelli, fiori, alberi, vento, acqua, pianeti e stelle. Sentivano che lo scorrere e il flusso continuo della vita era un'energia sottostante senza inizio né fine; era, come l'acqua, mai statica, mai immobile, mai fissa in cose o eventi separati, ma sempre in uno stato di movimento, uno stato di cambiamento, di divenire e di relazione.

Chiamarono *Wu Wei* — non fare (*Wu* significa no o non, *Wei* significa fare, sforzarsi), l'arte di andare con il flusso di questa energia, intendendola come l'arte di abbandonare il controllo, di non tentare di forzare o manipolare la vita ma di armonizzarsi, attraverso un atto cosciente di osservazione e connessione, con il ritmo sottostante e con i modi in continua evoluzione del suo essere. I taoisti non avrebbero mai preso in considerazione l'idea di obiettivi o mete che fossero altro dalla padronanza del medium — poesia o pittura — attraverso cui esprimevano la loro relazione con il *Tao*.

La quiete della mente superficiale, preoccupata delle 'diecimila cose' dà luogo a una mente più profonda, più completa e a uno stato meditativo di coscienza e potere creativo, definito Te, che permise loro di non interferire con la vita ma, nelle loro parole, di "entrare nella foresta senza muovere l'erba; di entrare nell'acqua senza sollevare un'increspatura".

La mente dell'uomo cerca lontano da sé tutto il giorno
Più lontano giunge,
Più si oppone a se stessa.

> *Solo quelli che guardano dentro*
> *Possono censurare le loro passioni,*
> *E cessare i loro pensieri.*
> *Essendo in grado di cessare i loro pensieri,*
> *Le loro menti diventano tranquille.*
> *Tranquillizzare la mente significa nutrire il proprio spirito.*
> *Nutrire lo spirito è ritornare alla Natura.* ²

Amavano il *Tao* con le loro pennellate, e osservavano come fluiva negli schemi di nuvole e foschia tra la terra e il picco della montagna, o nel ritmo mutevole delle correnti d'aria e dell'acqua vorticosa di fiumi e torrenti, la squisita apertura del fiore di prugna in primavera, la danza frusciante del bambù e del salice. Ascoltavano i suoni che si possono sentire solo nel silenzio. Esprimevano la loro esperienza del *Tao* nei dipinti, nelle poesie, nei templi, in remoti rifugi e giardini di montagna e nel loro modo di vivere, che era essenzialmente un ritiro dal mondo verso un santuario nel cuore della natura dove potevano vivere una vita semplice, contemplativa, che si concentrava sul perfezionamento della pennellata nella calligrafia e nella pittura e della sottigliezza di espressione nell'arte della poesia. Umiltà, reverenza, pazienza, intuizione e saggezza erano le qualità che cercavano di coltivare.

> *Dal non essere, è nato l'essere;*
> *Dal silenzio, l'autore produce un canto.* ³

L'artista o il poeta taoista coglieva con l'intuito l'essenza segreta di ciò che osservava, facendosi tutt'uno con esso, quindi invitandolo a parlare attraverso di lui, liberando così l'armonia dinamica al suo interno. Non imponeva nulla di sé, ma rifletteva l'anima di ciò che osservava attraverso le abilità altamente sviluppate che aveva coltivato con tutta una vita di pratica. Attraverso la perfezione della sua arte, non definiva né spiegava il *Tao* che, come diceva Chuang Tzu, non può essere trasmesso né dalle parole né dal silenzio, ma lo chiamava in modo che potesse essere vissuto da chi guarda. Il *Tao* scorre attraverso l'intera opera come una Presenza, al tempo stesso trascendente nel suo mistero e immanente nella sua forma. La distillazione di ciò che i sapienti taoisti hanno scoperto ci è stata tramandata nella bellezza e saggezza della loro pittura, della poesia e della filosofia, e nella loro profonda comprensione della relazione tra l'osservatore e ciò che è osservato e il terreno eterno che sta alla base e li avvolge.

In *Un trattato sulla pittura*, Chuang Huai scrive:

> Solo colui che raggiunge la Realtà può seguire la spontaneità della Natura ed essere consapevole della sottigliezza delle cose, e la sua mente sarà assorbita da

esse. Il suo pennello sarà segretamente in armonia con il movimento e la quiescenza e tutte le forme usciranno. Le apparenze e la sostanza sono prese in un movimento mentre l'alito vitale riecheggia attraverso di loro. Colui che ignora la Realtà diventa schiavo della passione e la sua natura sarà distorta dalle cose esteriori. Sprofonda nella confusione ed è disturbato da pensieri di guadagno o perdita. Non è altro che un prigioniero di pennello e inchiostro. Come può parlare di vere opere di Cielo e Terra?[4]

Ogni volta che guardo uno dei grandi dipinti taoisti delle dinastie T'ang o Sung o leggo un poema taoista, mi ritrovo sottilmente permeata da essi. Evocano uno stato di calma, che mi aiuta a lasciare andare le cose che normalmente distraggono la mente — la preoccupazione per le diecimila cose che chiamavano "polvere". Mi collegano istantaneamente alla fonte o al terreno che unisce tutto. C'è una storia particolare che amo, raccontata a Jung da Richard Wilhelm, che ci ha dato la prima traduzione in inglese dell'*I Ching*:

Una volta, non molto tempo fa, c'era una grande siccità in una provincia della Cina. La situazione era catastrofica. La terra era completamente riarsa e le coltivazioni si guastavano; molte persone avevano di fronte la prospettiva della fame. Disperati, cercarono di far piovere eseguendo tutti i riti religiosi che conoscevano: i cattolici fecero processioni, i protestanti pregarono, i cinesi bruciarono bastoncini d'incenso e spararono con le pistole per spaventare i demoni della siccità, ma senza risultato. Alla fine la gente decise di mandare a chiamare un rinomato mago della pioggia che viveva in una provincia molto lontana. Dopo alcuni giorni, apparve un vecchio raggrinzito. L'unica cosa che chiese fu una piccola capanna tranquilla da qualche parte, e lì si chiuse a chiave per tre giorni. Il quarto giorno si accumularono le nuvole e cadde la pioggia. Di conseguenza, la città si riempì di voci sul magnifico mago della pioggia, così la gente andò alla sua capanna e gli chiese cosa avesse fatto durante quei tre giorni per produrre la pioggia nel quarto. Egli rispose: "Vengo da un altro paese dove le cose sono in ordine. Qui sono fuori posto; non sono come dovrebbero essere sotto l'ordinamento del cielo. Quindi l'intero paese non era nel *Tao*, e anch'io non ero nell'ordine naturale delle cose perché ero in un paese disordinato. Quindi ho dovuto aspettare tre giorni prima di tornare nel *Tao* e poi, naturalmente, è arrivata la pioggia".[5]

Lasciare andare il bisogno di sforzo e controllo, riposare nella quiete della mente e nell'umiltà del cuore che il saggio taoista incarna, significa vivere in uno stato di istintiva spontaneità che chiamarono *Tzu Jan* — un essere–nel–momento che può esistere solo, come nella prima infanzia, quando lo sforzo di adattarsi ai valori collettivi è sconosciuto o di nessuna importanza. Ciò che esiste è ciò che è. Non c'è bisogno di cambiarlo imponendo la propria volontà o cercando di manipolare le circostanze. Il cambiamento avverrà mutando la qualità del proprio essere, ricollegandosi consapevolmente, momento dopo momento, alla presenza della Sorgente, in particolare nei momenti di confu-sione o stress. Sentire ciò che deve essere detto senza sforzarsi di dirlo, parlare dal cuore con il minor numero possibile di parole, agire quando è richiesta l'azione, rispondere ai bisogni del momento senza attaccamento ai frutti dell'azione, questa fu l'essenza della visione taoista. È una risposta alla vita essenzialmente gentile, equilibrata, dinamica e saggia. Si riflette ancora oggi nei volti e nel comportamento dei saggi moderni che vivono nelle montagne sacre della Cina dove, per secoli, i ritiri sono stati costruiti come luoghi di contemplazione in un paesaggio di assoluta calma e bellezza mozzafiato.

> *L'ampio stagno si espande come uno specchio*
> *La luce celeste e le ombre nuvolose giocano su di esso.*
> *Come si verifica tale chiarezza?*
> *È perché contiene il flusso vivente*
> *dalla fontana.* [6]

Note

1. *Tao Tê Ching*, Adelphi, Milano 1994.
2. *Tao Tê Ching* 52, Traduzione di Chang Chung–Yuan, da *Creativity and Taoism*, Wildwood House, Londra 1963.
3. Lu Chi, da Wen Fu: *The Art of Writing* traduzione. Sam Hamill.
4. Chuang Huai, *A Treatise on Painting*.
5. Da una storia raccontata a Jung da Richard Wilhelm, traduttore di *I Ching* o *Libro dei Mutamenti*, pubblicato tra gli altri da Adelphi, Milano 1995.
6. Chu Si, da Chang Chung–Yuan, *Creativity and Taoism*.

Vista di Lu Shan
di Chiang Ts'an, Dinastia Sung

Parte sesta

Coscienza Stellare

Trasformazione e Partecipazione Finale

18. La grande opera alchemica: il processo di trasmutazione dell'anima
19. La sopravvivenza dell'anima e la vita dopo la morte
20. Luce e Amore: la pulsazione del Cosmo
21. Appendice — Mellen–Thomas Benedict, la sua storia

L'Alchimista segue le orme della Natura
Michael Maier, *Atalanta Fugiens*, 1618

Capitolo diciotto

La Grande Opera Alchemica:
Il Processo Di Trasmutazione Dell'Anima

L'immaginazione è la stella dell'uomo: il corpo celestiale e super–celestiale.
— Ruland il lessicografo

Nascosta nell'uomo esiste una tale luce celestiale e divina che non può essere posta nell'uomo da fuori ma deve emergere da dentro.
— Zosimo di Panopolis

Congiungi il maschile e il femminile e troverai ciò che desideri.
— Maria, la Profetessa

A tutti noi tocca un'eredità: la sapienza. Tutti ne ereditiamo ugualmente. Ma un uomo fa il miglior uso della sua eredità, e un altro no; uno la seppellisce, la lascia morire e le passa sopra; un altro ne trae profitto: uno più, uno meno. Secondo il modo in cui investiamo, usiamo e amministriamo la nostra eredità, ne ricaviamo molto o poco; eppure appartiene a tutti noi, ed è in tutti noi.
— Paracelso

L'alchimia scorre sotto la superficie della civiltà occidentale come un fiume d'oro, conservando per noi le sue immagini e le sue intuizioni in modo da poter un giorno capire meglio di noi la nostra presenza su questo pianeta. L'alchimia costruisce un ponte arcobaleno tra l'umano e il divino, le dimensioni visibili e invisibili della realtà, tra la materia e lo spirito. Il Cosmo ci chiama a prendere coscienza che partecipiamo alla sua vita, che tutto è sacro e connesso: una vita; uno spirito. L'alchimia risponde a quella chiamata. Ci chiede di sviluppare la coscienza cosmica, di risvegliare la scintilla divina della nostra coscienza e di riunirla con l'Anima invisibile del Cosmo. Cambia la nostra percezione della realtà e risponde alle domande: "chi siamo?" e "perché siamo qui?" Raffina e trasmuta il metallo volgare della nostra comprensione in modo che noi — che siamo evoluti dalla sostanza stessa delle stelle — possiamo sapere che partecipiamo al misterioso terreno dello spirito mentre viviamo in questa dimensione fisica della realtà.

L'arte reale

L'alchimia è stata chiamata Arte Reale. Che significa? Significa che ognuno di noi porta, latente nella sua natura, il valore reale — la persona più grande, più bella, più completa o intera che siamo capaci di diventare. L'alchimia riguarda il processo di riscattare o di far nascere quel valore reale — la quintessenza della nostra natura — aiutandolo ad arrivare alla piena coscienza e portandoci all'interezza, alla maturità spirituale. È il processo che trasmuta la materia volatile del nostro essere in elementi sempre più raffinati. Racconta la storia della salvezza dello spirito, sepolto o perduto nelle forme della sua creazione, che necessita del nostro aiuto per emergere dal suo luogo d'esilio. Entrando nella Grande Opera alchemica, diventiamo i co–liberatori dello spirito, operando mano nella mano con lui per liberarci, riscattarci e riunirci con il divino fondamento cosmico della nostra vita psichica e di tutta la natura. L'alchimia è un processo di rivelazione e trasmutazione. Lo scopo dell'alchimista era quello di salvare 'l'oro vivente', il tesoro dello spirito sepolto nel mondo sotterraneo della sua anima. Zosimo di Panopolis, vissuto in Egitto nel terzo secolo dC, diceva: "Ti giuro che se fai questo lavoro correttamente, un giorno avrai un fiume di oro fluente".

Siamo immersi nel mondo dello spirito. I nostri corpi fisici trasportano elementi cosmici che provengono dalle stelle: siamo l'incarnazione vivente dello spirito, ma non lo sappiamo. L'alchimia riguarda un lento e arduo processo di sintonizzazione con questa realizzazione: arduo perché l'evoluzione della coscienza prende eoni del tempo terrestre e ciò che è stato perso nel corso dei secoli è molto difficile da recuperare e comprendere. Molte credenze e abitudini profondamente impresse impediscono questa comprensione ed è difficile smantellare le strutture di credenze che sono state costruite nel corso di millenni. L'alchimia europea, erede dell'alchimia egizia, greca e araba, è la tradizione occidentale della trasmutazione psichica interiore; come la tradizione della Qabbalah in Occidente e del Kundalini Yoga in Oriente, ci aiuta nel processo di riunirci alla nostra fonte.

459

L'immagine dell'oro

Quando si menziona l'alchimia l'immagine che viene alla mente è quella dell'oro — oro o la misteriosa pietra filosofale. Non solo si diceva che quest'oro, o questa pietra, curasse tutte le malattie ma si pensava che rappresentasse il corpo risvegliato sottile o spirituale che agisce da veicolo dell'anima nei mondi al di là di questo. L'oro simboleggia il dono della sapienza, dell'intuizione o gnosi e del potere di risanare le sofferenze umane oltre alla consapevolezza della presenza del corpo sottile dell'anima. "In quest'arte ci sono due categorie, ossia: vedere con l'occhio e comprendere con il cuore, e questa è la pietra nascosta, chiamata appropriatamente dono di Dio.... E questa pietra divina è il cuore e la pozione d'oro che i filosofi cercano".[1]

Il simbolo dell'oro alchemico era il cerchio. In molte immagini e simboli, che hanno avuto origine in Egitto, la ricerca alchemica descrive il processo che trasmuta ciò che siamo in ciò che siamo capaci di diventare, da volgare metallo in oro, portandoci da uno stato di ignoranza e frammentazione ad uno di illuminazione e interezza. Gradualmente ci apre gli occhi a una visione incandescente della realtà. Fa nascere un profondo stato di comunione tra la nostra coscienza e la dimensione invisibile dello spirito. "L'alchimia non è tanto un'arte o la scienza di insegnare la trasmutazione dei metalli, quanto una scienza vera e solida che insegna come conoscere il centro di tutte le cose, che nel linguaggio divino è chiamato lo spirito della vita".[2]

Al momento attuale, aver abbandonato la nostra vita interiore e le nostre necessità istintive più profonde ha portato alla situazione in cui, come nella leggenda del Graal, il territorio dell'anima è preda di una terribile siccità. Poche persone capiscono ancora il paesaggio e il linguaggio dell'anima; pochi possono leggere le immagini che sono come geroglifici la cui chiave è stata persa. Una comprensione dei concetti di base dell'alchimia può aiutarci a riconnetterci con l'anima e con il terreno nascosto della vita. Le immagini alchemiche svelano il loro segreto a coloro che le contemplano.

Il bisogno di risveglio

L'evoluzione della coscienza umana su questo pianeta è un gradiente molto lento di ascesa dall'incoscienza alla coscienza di sé, alla fine, alla coscienza risvegliata. Ci sono molte battute d'arresto e lunghi periodi di stagnazione e incubazione. Tutta l'umanità soffre perché l'aumento della coscienza è così lento ed è così difficile mettere in atto la trasformazione necessaria per diminuire la sofferenza umana e l'ignoranza. Ora, sembra che a causa delle turbolenze nel mondo e dei danni al pianeta causati dal nostro comportamento inconscio, la nostra evoluzione si sia accelerata, portandoci a un punto in cui dobbiamo fare la scelta tra trasformazione e annientamento.

È come se, durante gli ultimi settant'anni o quasi, ci trovassimo in una storta alchemica, costretti a vivere, per la maggior parte inconsciamente, attraverso il fuoco della trasformazione. Più persone sono in grado di risvegliarsi a questo processo di trasformazione e cooperare con esso, meno sofferenza ci sarà per tutto il corpo dell'umanità poiché, essenzialmente, siamo un'unica vita. Nel secolo scorso e in questo, l'umanità è passata attraverso una calcinatio infuocata, termine che descrive il primo stadio del processo alchemico. Abbiamo assistito alle immagini dell'incenerimento nei forni di Auschwitz, al bombardamento di fuoco di Coventry, Amburgo e Dresda; alla distruzione di Hiroshima e Nagasaki; alla morte per napalm, all'uranio impoverito e alle bombe al fosforo bianco; all'orribile crollo infuocato delle torri gemelle; al bombardamento di Baghdad e a tutti gli atti insensati che usano esplosivi per distruggere vite umane. Questi eventi, combinati con la sofferenza e la miseria create dalle guerre, dalla vendita di armi, dalla corruzione, dall'avidità e dalla paura, spingono tutti noi a fare tutto il possibile per contribuire al processo di risveglio e trasformazione che ora coinvolge l'intera umanità.

Data la posizione predefinita dei governi che devono agire a nome di interessi nazionali, solo degli individui o dei gruppi di individui possono sperare di dare un contributo al cambiamento. Tuttavia, poiché la crisi che affrontiamo è così grave, le stesse limitazioni e inettitudine dei governi e il caos generale dei mercati finanziari stanno accelerando in tutto il mondo il risveglio delle persone. In relazione alla vita di coloro la cui disperata preoccupazione è la sopravvivenza, questo lavoro interiore può sembrare irrilevante, persino assurdo, ma se il cambiamento nella situazione mondiale dovesse mai verificarsi, può venire solo attraverso un aumento del numero di individui, interessati e coinvolti, che si impegnano nel risveglio e nella trasformazione della propria coscienza e danno espressione a quella trasformazione in una qualche forma di servizio al mondo. Questo servizio può assumere la forma della lotta per liberarsi dei regimi oppressivi, per alleviare la fame e la privazione in aree dove milioni di persone ne muoiono, per la liberazione delle donne dall'oppressione e dalla servitù alle credenze religiose e ai costumi sociali, per la protezione del pianeta dall'incapacità dei governi di intraprendere un'azione collettiva. Qualunque sia la forma, l'ispirazione scaturirà da un cuore risvegliato e compassionevole.

Le radici dell'alchimia

L'alchimia è antica di almeno 4000 anni e ha le sue radici più profonde nelle civiltà egizia, babilonese e greca, non meno che in quella cinese, indiana e persiana. Alcuni studiosi pensano che il termine alchimia derivi da una parola araba che significa "la preparazione di argento e oro"; altri suggeriscono che voglia dire "terra nera". La parola 'alchimia' allude a una derivazione araba a causa del prefisso '*al*', tuttavia '*chemeia*' indica una connessione con l'egizio '*Khem*', parola usata per descrivere l'Egitto, la cui terra nera era creata dall'inondazione annuale del Nilo. I grandi obelischi che si ergevano scintillanti nei cortili dei templi egizi erano un tempo ricoperti di elettro, una lega naturale di argento e oro. Alcuni egizi capirono come applicare questa scienza all'anima. Scoprirono come creare una lega dei suoi due elementi fondamentali: l'oro solare dell'elemento maschile e l'argento lunare di quello femminile.

In ogni cultura: in Egitto e in Babilonia; in Persia, Tibet, India e Cina; sulle montagne e nelle foreste lontane dai centri della civiltà, ci sono stati uomini e donne che hanno trasmesso la loro conoscenza del modo con cui entrare in relazione con la dimensione dello spirito — antichi modi che fino a poco tempo fa erano il segreto strettamente custodito di un manipolo di iniziati. Ci sono due aspetti dell'alchimia: un approccio è vedere l'anima come il vaso alchemico della trasformazione; l'altro è la creazione fisica dell'oro. L'alchimia è una scienza, nel senso che ha una metodologia e fornisce stupefacenti intuizioni sulla natura della materia e sulla nostra stessa natura.

Il lavoro degli alchimisti nelle diverse culture gettò le basi della scienza moderna: chimica, biologia, fisica da una parte e psicologia dall'altra. Svilupparono anche la conoscenza di come distillare l'essenza delle piante ai fini della guarigione — portando alle scienze dell'omeopatia e della medicina erboristica. Molta conoscenza preziosa, trasmessa dalle precedenti culture sciamaniche, fu persa perché troppi di quelli che la trasmettevano furono uccisi dal fanatismo religioso che ha così spiacevolmente prolungato la sofferenza dell'umanità. Oggi, nei nostri tempi apparentemente illuminati, possiamo ancora vedere il profondo sospetto verso le terapie alternative e le medicine a base di erbe e i continui tentativi di screditarle e di eliminarle, sotto la dubbia suggestione che la loro efficacia non possa essere provata con metodi scientifici e che possano persino essere pericolose.

In Europa, l'alchimia ebbe la sua grande era di fioritura nei secoli XVI e XVII, sebbene esistessero ben noti alchimisti in epoche precedenti e in altri luoghi. Come la città di Praga fu il centro dell'alchimia europea nei secoli XVI e XVII, così la fiorente città di Alessandria d'Egitto lo fu dell'alchimia in epoca ellenistica. Manoscritti recentemente scoperti (Zosimo di Panopolis del III secolo dC) mostrano che fin dall'antichità l'alchimia era intesa come l'arte della trasmutazione dell'anima, non della trasmutazione letterale dei metalli in oro. Da qui il detto alchemico: "Il nostro oro non è l'oro comune".

L'origine dell'alchimia risiede nelle tradizioni sciamaniche delle culture lunari che hanno mantenuto viva la connessione vitale tra il mondo visibile e quello invisibile. C'è sempre stata una catena di insegnanti (conosciuta come la Catena d'Oro o *Catena Aurea*) che hanno trasmesso questa conoscenza di generazione in generazione per migliaia di anni. Due grandi flussi di conoscenza alchemica, uno che scorreva dall'antico Egitto e da Babilonia con la conoscenza altamente avanzata di astronomia e matematica, e l'altro che proveniva dall'Arabia e dalla Spagna islamica, nel tardo Medioevo e nel Rinascimento si riunirono in Europa, dove, tra il 1200 e il 1650, furono all'opera circa 4000 alchimisti che crearono decine di straordinari testi alchemici, in alcuni casi molto belli.[3] L'alchimia, come la Qabbalah, fu una tradizione visionaria e contemplativa, tramandata da insegnante ad allievo e, in effetti, molti alchimisti furono qabbalisti e viceversa. Per provare a capire l'alchimia, è utile avere una certa conoscenza della Qabbalah. Tutti erano astrologi, poiché la Grande Opera richiedeva la conoscenza dell'allineamento dei processi alchemici e degli elementi fisici sottoposti a trasmutazione, con la posizione e il collegamento di certi pianeti. Tra i più famosi alchimisti egizi ci furono le figure mitiche di Ermete Trismegisto e Maria, la Profetessa, un'ebrea di Alessandria, dal cui nome deriva il bagnomaria, una modalità ancora oggi utilizzata dagli chef che consiste nell'uso di una padella d'acqua bollente per scaldare delicatamente i piatti nel forno o per tenerli in caldo. Più tardi, in Europa, ci furono grandi alchimisti ebrei e cristiani, tra cui il brillante e controverso medico Paracelso. Dobbiamo loro un immenso debito di gratitudine ed è utile invocare la loro presenza e chiedere la loro assistenza nella comprensione dei loro scritti. Ecco i nomi di alcuni degli alchimisti che fecero parte di questa catena d'oro:

> Geber o Jabir — alchimista dell'ottavo secolo che visse alla corte di Harun al–Rashid a Baghdad; fondatore della chimica, ebbe un'influenza enorme sugli alchimisti europei.
> Rhazes, Rasis o Al–Razi (c.825–c.924), Persia.
> Roger Bacon (1220–1292), Inghilterra.
> Albertus Magnus (1200–1280), Germania.
> Arnoldo di Villanova (1235–1311), Spagna.
> Raymund Lull (1232–1316), Deia, Maiorca.
> Nicolas Flamel (1330–1413), Parigi.
> Basil Valentine – Germania, XVII secolo (questo nome potrebbe essere uno pseudonimo)
> Salomon Trismosin, XVI secolo, autore di un raffinato manoscritto, lo Splendor Solis — uno dei tesori della British Library.

Paracelso (1493–1541), Svizzera.
Gerhard Dorn, (1530–1584), Belgio.
Giordano Bruno (1548–1600), Italia (bruciato sul rogo nel 1600).

Dobbiamo un debito di gratitudine anche a Jung, un alchimista moderno, perché senza la sua riscoperta dell'alchimia molto avrebbe potuto rimanere sconosciuto al grande pubblico. Jung arrivò a studiare l'alchimia attraverso due sogni raccontati nella sua autobiografia *Ricordi, sogni, riflessioni*, che lo spinsero a raccogliere molti libri sull'alchimia e a fare un inventario di tutte le immagini e le descrizioni in essi contenute. Si potrebbe dire che attraverso la sua comprensione abbia ricollegato la coscienza solare con quella lunare e l'emisfero sinistro del cervello con quello destro. Recuperò l'antico modo sciamanico di conoscere l'era lunare che gli alchimisti erano riusciti a mantenere in vita attraverso secoli di persecuzioni. Si rese conto che le immagini dell'alchimia erano simili a quelle dei sogni dei suoi pazienti e che descrivevano un processo di trasformazione psichica interiore che chiamò processo di individuazione.

Laddove il Cristianesimo insegnava che il Redentore è fuori di noi e che la nostra salvezza (come cristiani) è stata assicurata dalla morte sacrificale di Cristo, Jung comprese che la scienza segreta dell'alchimia insegnava che l'alchimista può diventare il salvatore dell'aspetto perduto dello spirito, nascosto dentro di sé e nella natura, operando con lo spirito per compiere questa redenzione. L'alchimia dà grande importanza e significato all'individuo poiché il dramma divino della redenzione è consumato in noi e attraverso di noi, non compiuto per nostro conto. È un compito grandioso ed eroico. Ognuno di noi porta il mistero dell'incarnazione dello spirito in questa dimensione fisica della realtà. Nella ricca libreria di immagini alchemiche, cerchiamo la manifestazione dello spirito e la sua trasformazione, il suo desiderio di essere riconosciuto e di comunicare con noi. La coscienza umana, la nostra anima, è il recipiente in cui avviene questa misteriosa trasformazione. Ecco perché Jung riconobbe che l'alchimia è un rito sacro, un *opus divinum*.

Jung si rese conto che quando gli alchimisti parlavano di "oro filosofale" si riferivano al vero oro dello spirito che poteva, attraverso ripetute "distillazioni", "lavaggi" e "pulizie", essere liberato dalle scorie che si erano accumulate nel corso dell'evoluzione umana. Dall'alchimista Gerhard Dorn, Jung prese l'idea dell'*unus mundus*, il terreno cosmico unificante di cui partecipano sia la materia che la psiche e il cui substrato di collegamento dà origine a sincronicità e guarigioni miracolose, esperienze visionarie e illuminazioni improvvise. Disse che l'alchimia aveva due obiettivi: il salvataggio dell'anima umana e la salvezza del Cosmo. Il suo ultimo e più profondo libro sulla Grande Opera alchemica è *Mysterium Coniunctionis*. Dopo aver terminato la prima stesura, ebbe un incidente, seguito da una grave malattia e, sentendo di essere sulla soglia della morte, ebbe le grandi visioni della *coniunctio* che descrisse nella sua autobiografia.

Un sogno alchemico

Fui attratta la prima volta dall'alchimia quando studiavo Storia Medioevale a Oxford e leggevo con grande eccitazione le storie degli alchimisti del Medio Evo. A ventott'anni, appena cominciata l'analisi junghiana, ebbi un sogno visionario e impressionante che mi avvertì del viaggio spirituale che avevo intrapreso inconsciamente (a quel tempo). Solo molti anni dopo, quando lessi gli scritti di Jung sull'alchimia, riconobbi il suo simbolismo alchemico:

> *Sono in un giardino, murato e squadrato con una parete centrale che lo divide in due metà. In una parte del giardino c'è una bella fioritura di meli o ciliegi. Oltre il giardino, l'intero orizzonte del mondo è circondato da città in fiamme. Striscio sul ventre lungo il muro centrale che è in fiamme. Mentre cammino lentamente e con grande difficoltà lungo il muro, guardo verso un altro muro di fronte a me, che forma un incrocio a T con quello in cui mi trovo. Sopra quel muro, come se fosse su una scala dall'altra parte, appare un uomo che indossa un cappello strano che cade di lato. Sta aspettando che passi attraverso il fuoco e vada ad incontrarlo. Mentre cammino lungo il muro verso di lui, mi rendo conto che è il Giardiniere, il Custode del Giardino.*

Sto ancora assimilando il messaggio di quel sogno e di uno successivo, descritto nel precedente capitolo, dove una pietra mi parlava chiedendomi: "Aiutami, aiutami". Scoprii più tardi che il cappello indossato dal Giardiniere del mio sogno era il berretto frigio indossato dai devoti della dea Cibele (Kybele) e poi dagli alchimisti medioevali. Mi imbattei in una scultura all'esterno di Notre Dame, a Parigi, di un uomo che indossava lo stesso cappello, illustrato in un libro di alchimia di Fulcanelli intitolato *Il mistero delle Cattedrali*. Solo attraverso lo studio dell'alchimia iniziai a percepire il significato del 'sogno dell'acqua' che mi perseguitava da così tanto tempo, dopo quei primi messaggi canalizzati. Solo nell'alchimia trovai il riferimento all''Acqua divina' e capii che questa 'acqua' era il mare invisibile dell'essere in cui siamo tutti immersi senza esserne consapevoli; immersi, come scrive Matilde di Magdeburgo (1210–c.1285) nel libro *The Flowing Light of the Godhead*: "come un uccello nell'aria, come un pesce nel mare". Molto gradualmente, nel corso di molti anni di meraviglia, cominciai a comprendere l''Acqua Divina' come un'immagine che rispecchiava il fondamento profondo dell'anima nei confronti della personalità superficiale non consapevole della sua esistenza. Ma sentivo che era più di questo: era il desiderio di quella profondità di portare l'umanità alla consapevolezza conscia della sacralità della vita, dell'unità e della perfezione dell'ordine cosmico e del nostro ruolo potenziale nel creare una relazione cosciente con questo Sacro Ordine. Iniziai a capire che l'alchimia è un metodo sciamanico che conduce a un incontro diretto con lo spirito.

Man mano che imparavo, vedevo che l'alchimia getta un ponte tra le dimensioni visibili e invisibili della vita. Una delle grandi massime degli alchimisti, secondo le parole incise sulla Tavola di Smeraldo, forse di Ermete Trismegisto, era "Come sopra, così sotto". Il loro scopo era quello di assistere al 'matrimonio' tra le due dimensioni della realtà: la realtà invisibile del più alto ordine — il macrocosmo — e il mondo visibile e manifesto, nonché il nostro stesso organismo umano — il microcosmo. La quadratura del cerchio, unendo queste due dimensioni della realtà, porta alla nascita del bambino divino — la coscienza risvegliata che è il tesoro, la perla di grande valore e il frutto ultimo di questa unione. Così gli alchimisti dissero: "Chiunque farà il manifesto nascosto conosce l'intera opera".

L'importanza del mito

Come la Stele di Rosetta, i miti più grandi contengono un significato che deve essere decodificato dalla immagine simbolica che lo nasconde e usato come chiave per una comprensione più profonda della vita. Con le parole evocative di un grande mitologo, Joseph Campbell, "Il mito è l'apertura segreta attraverso cui le inesauribili energie del cosmo si riversano nella manifestazione culturale umana".[4] Se le loro immagini vengono comprese in relazione all'anima, certi miti hanno il potere di risanare e trasformare. Essi raccontano, con figure simboliche e storie allegoriche, l'opera nascosta dello spirito dentro la matrice dell'anima.

Essi descrivono l'evoluzione della coscienza umana e la tremenda lotta che ha sostenuto per una maggiore consapevolezza, con la ricerca, la sofferenza e lo sforzo eroico che la storia umana rappresenta. Tali miti possono essere applicati tanto alla vita di un individuo quanto a quella di una cultura o all'intero viaggio evolutivo dell'umanità su questo pianeta. Descrivono ciò che l'umanità deve compiere più e più volte se vuole raggiungere l'obiettivo che lo spirito intende. Raccontano la storia della ricerca di un rapporto più profondo e completo con la vita, descritto come il tesoro — il valore supremo. Il tesoro non è il potere, né alcun tipo di supremazia su qualcosa o qualcuno. Il tesoro è uno stato illuminato dell'essere o, nel linguaggio più familiare dell'Occidente, la sapienza, l'intuizione e la compassione che sono i frutti di una relazione con il terreno nascosto della vita.

Alcuni miti fluiscono sotto la superficie delle nostre vite come un fiume possente, collegando la nostra consapevolezza superficiale con le sue radici, sempre pronte, quando noi lo siamo, a sgorgare come una sorgente perenne ogni volta che invochiamo l'aiuto dell'anima. Nella civiltà europea ci fu una ricchezza di idee che dovettero andare sottoterra, dal momento che potevano sfuggire alla persecuzione solo nascondendosi nella metafora e nell'allegoria. Solo ora stanno riemergendo, essendo state preservate per il giorno della loro 'resurrezione' da una forte tradizione mitologica, espressa nell'alchimia da una parte e in innumerevoli leggende e storie, come la fiaba della Bella Addormentata e la leggenda del Santo Graal, dall'altra.

In tutte le culture le rivelazioni trasmesse dagli individui risvegliati si incarnano, in seguito, in istituzioni religiose che gradualmente perdono o escludono quegli elementi che sono vitali per il nostro equilibrio e il nostro benessere. Una tendenza alla cristallizzazione, al dogmatismo e alla letteralità può far sì che le religioni si fissino nel passato, incapaci di applicare la loro grande rivelazione all'anima umana e agli eventi contemporanei. Nel caso delle tre religioni patriarcali, c'è stata un'enfasi eccessiva sul principio maschile, sul dogma teologico e un'insistenza sulla credenza invece che sulla trasformazione della coscienza come via verso Dio. Come hanno dimostrato i Capitoli sette e otto, a credenze specifiche sono state associate abitudini sociali oppressive.

Per circa 4000 anni l'alchimia mantenne viva la coscienza partecipativa sciamanica dell'era lunare (vedi i Capitoli quattro e cinque). I suoi temi principali discendono dai grandi miti lunari della morte e della rigenerazione celebrati in Egitto, Sumer, Babilonia e Grecia, legati in origine alla morte e alla rigenerazione annuale della vita delle colture. I temi principali dell'alchimia riecheggiano i temi principali di questi grandi miti lunari: in Sumer, la discesa di Inanna agli Inferi; in Egitto, la ricerca di Iside del corpo frammentato di Osiride; In Babilonia, la discesa di Ishtar agli Inferi per salvare suo figlio Tammuz, e in Grecia, la ricerca di Demetra di sua figlia Persefone. Nell'alchimista alcuni temi trovati in questi grandi miti lunari sono legati alla trasformazione della coscienza. Questi temi sono:

> La discesa agli Inferi e il ritorno
> La lotta con un avversario sovrumano
> La ricerca di un tesoro inestimabile
> Il salvataggio di un elemento divino perso nel mondo sotterraneo
> Il tema della trasformazione
> Il matrimonio sacro
> La nascita del bambino divino

Nell'alchimia, l'alchimista intraprende la redenzione della propria anima e, simultaneamente, dell'*Anima Mundi*, l'aspetto nascosto femminile dello spirito imprigionato nella materia. L'alchimia traspone all'anima umana le immagini e i temi della mitologia antica — il salvataggio dell'elemento divino perso nel mondo sotterraneo, la ricerca del tesoro e l'immagine del matrimonio sacro. Incorpora anche la tradizione sciamanica della morte iniziatica e della rinascita implicate nel processo per diventare sciamano, ciò che l'alchimista era in effetti. Questi compiva la discesa nel mondo sotterraneo della sua anima per recuperare il tesoro sepolto nella 'materia' della sua vita istintiva e dare alla luce il nuovo valore o trasformare la coscienza. (Con l'aiuto della grazia divina) diveniva il redentore della propria anima, scoprendo l'esperienza rivelatrice del tesoro. Uomini e donne a volte lavoravano insieme per creare il tesoro dell'oro alchemico, come Nicolas Flamel e sua moglie Perenelle, a Parigi nel quattordicesimo secolo. Incredibilmente, la loro casa è ancora in piedi. Nel lavoro alchemico il compagno era chiamato "*soror mystica*" o "*frater mysticus*".

Su Nicolas Flamel c'è una storia affascinante. Una notte sognò un angelo che teneva un libro, il libro di Abramo l'ebreo, e pronunciava queste parole: "Guarda bene questo libro, Nicholas. All'inizio non capirai nulla, ma un giorno vedrai in esso ciò che nessun altro sarà in grado di vedere". Non molto tempo dopo aver fatto questo sogno, un uomo entrò nella sua libreria portando un libro. Flamel lo riconobbe come lo stesso libro che l'angelo gli aveva regalato. Lo acquistò e per ventun anni studiò le sue misteriose ventuno pagine alla ricerca dei segreti fondamentali della natura. Si racconta che fosse uno dei pochi alchimisti ad essere riuscito, con la moglie Perenelle, a creare l'oro fisico e ne avesse fatto dono a molti ospedali di Parigi, alcuni dei quali esistono ancora oggi. Disegnò la propria tomba e la coprì con immagini alchemiche. Quando fu aperta anni dopo la sua morte, il suo corpo non era lì.

La ricerca di un tesoro inestimabile

L'alchimia era la tradizione segreta che insegnava che l'inestimabile tesoro di cui parlano tanti miti si trova nella nostra stessa natura umana — non riconosciuto e trascurato o, in altre parole, che viviamo inconsapevolmente nel campo del tesoro anche se la nostra esistenza in questa dimensione fisica della realtà sembra così separata, così remota da esso. L'alchimia conferisce al tesoro molti bei nomi che risuonano nel corso dei secoli: l'Elisir di lunga Vita; la Pietra Filosofale; il Balsamo Celeste; il Fiore dell'Immortalità; l'Acqua Divina; l'Oro Quintessenziale.

La Grande Opera alchemica implica una discesa nel mondo sotterraneo dell'anima per recuperare la consapevolezza perduta che la vita della natura, della materia e del corpo è anche una manifestazione e incarnazione dello spirito — un'intuizione riflessa nelle parole del grande maestro indiano, Sri Aurobindo: "La natura nascosta è il Dio segreto". [5] L'alchimia oggi ci invita a cambiare il nostro atteggiamento nei confronti della natura e della materia e il modo in cui sfruttiamo tutti gli aspetti della vita planetaria a esclusivo beneficio della nostra specie. La Grande Opera alchemica consiste nel recuperare il perduto senso lunare di consapevolezza partecipativa e nell'applicarlo coscientemente al nostro rapporto con la natura. Si tratta di rianimare la visione immaginativa, la sensibilità poetica e l'intensa consapevolezza o intuizione che ci collega al terreno invisibile dell'essere. Allo stesso tempo si tratta di crescere nella nostra individualità unica, differenziandoci dai valori collettivi carenti che attualmente dirigono la vita politica e religiosa della società, senza in alcun modo considerarci superiori alle altre persone o forzare i nostri punti di vista su di loro.

L'alchimista discendeva nelle profondità della sua anima per morire e rinascere, per trasformare la sua coscienza da volgare metallo in oro, per recuperare il tesoro sepolto nella materia della sua vita istintiva e per ricongiungersi con la terra divina personificata da Sophia, l'immagine femminile della Divina Sapienza. Nel vaso della sua storta di vetro egli tentava di trasmutare metalli e sostanze chimiche, ma erano le immagini e i sogni che faceva mentre compiva questo lavoro a rispecchiare ciò che stava avvenendo nel recipiente della sua stessa anima e ad avvertirlo; in seguito approfondiva la comprensione del processo di trasformazione psichica che accadeva in lui. La storta si comportava come uno specchio: rifletteva i processi che avvenivano all'interno del recipiente della sua anima. Dall'osservazione di questi processi egli deduceva che materia e spirito erano misteriosamente connessi l'una con l'altro.

Per prima cosa gli alchimisti dovevano portare l'energia vitale primordiale nella coscienza al loro interno, e poi scoprire come lavorarci per trasformarla e permetterle di trasformarli. Nel corso di questo processo di sintonizzazione e trasformazione, il centro di gravità della loro psiche si spostava gradualmente dai bisogni e dai desideri della personalità legata all'ego a una messa a fuoco più profonda, creata dalla crescente relazione con lo spirito e dalla consapevolezza di tutte le sue manifestazioni. Questo processo — che per alcuni richiedeva molti decenni e per altri era improvviso e inaspettato — apriva colui che ne era trasformato a valori completamente diversi da quelli che governano il mondo: i valori associati alla mentalità che gli alchimisti chiamavano il "Vecchio Re". Quando il processo trasformava la loro comprensione, li risvegliava a un nuovo tipo di relazione con la materia, la Terra e il Cosmo. Alla fine, l'anima dava alla luce la coscienza illuminata che chiamavano "Il Giovane Re". Gli alchimisti sottolineavano che il lavoro dovesse essere fatto con gentilezza e pazienza, permettendogli di svolgersi. Cercare di raggiungere questo stato con la forza, l'avidità o l'ambizione significava rischiare di perdere il contatto con la realtà, la follia e la morte.

Il 'giovane re' e il re che deve morire

L'alchimia ci dà l'immagine di un re che deve morire affinché suo figlio possa regnare al suo posto. Molte sorprendenti immagini alchemiche illustrano i processi che portano alla 'morte' del Vecchio Re. Chi ha familiarità con le storie del Graal ricorderà la storia del vecchio re, che giace ferito all'inguine, in attesa del redentore che liberi le acque dell'anima in modo che la fertilità possa ritornare sulla Terra Desolata di cui è signore. I testi alchemici europei portarono avanti l'immaginario di questa storia medievale. In particolare, c'è un bellissimo testo (lo *Splendor Solis* di Trismosin), accompagnato da un altrettanto bel dipinto alchemico, che dice: "Il figlio del Re giace nelle profondità del mare come se fosse morto. Ma vive e chiama dal profondo: 'Chiunque mi libererà dalle acque e mi condurrà sulla terraferma, prospererà con ricchezze eterne'".[6]

Possiamo identificare il Vecchio Re — il re che deve morire — con i valori inadeguati che attualmente controllano il cosiddetto mondo 'reale': i valori guidati dalla volontà di potenza che ha governato il mondo durante l'era solare. Può anche essere identificato con la nostra attuale percezione della realtà, dove, nelle parole di San Paolo, "Ora vediamo come in uno specchio, in maniera confusa" (1Cor. 13:12). Possiamo anche identificare il Vecchio Re con un'immagine logorata dello spirito che deve essere abbandonata perché dal profondo dell'anima emerga una nuova immagine — il Giovane Re. Come descritto nel capitolo precedente, proprio come, di volta in volta, dobbiamo comprare vestiti nuovi per sostituire quelli consumati, anche l'immagine dello spirito, o di Dio, che a lungo ha presieduto una civiltà potrebbe dover morire perché se ne manifesti una nuova. Il Figlio del Re nel testo precedente personifica i diversi valori generati da una relazione più profonda con lo spirito, basata sull'esperienza spirituale diretta invece che sulla credenza.

Duemila anni fa, Gesù fu il "Giovane Re" e portò un potenziale rinnovamento alla cultura del suo tempo e la possibilità di una trasformazione dei valori che governavano il mondo 'reale'. Cinquecento anni prima di lui, all'inizio di quella che fu definita l'età assiale, in India il Buddha fece lo stesso per la sua cultura. San Francesco avrebbe fatto lo stesso per l'Italia del tredicesimo secolo e, a mio avviso, anche Jung fece la stessa cosa per la cultura occidentale del ventesimo secolo. Tuttavia sembra che abbiamo ancora la massima difficoltà nel liberarci del potere del Vecchio Re che, al momento attuale, sembra più radicato che mai.

In relazione all'anima collettiva dell'umanità, il mondo intero può cadere sotto l'incantesimo dei valori che caratterizzano il Vecchio Re e rimanerci per secoli, se non millenni. Se c'è una eccessiva rigidità da parte di coloro che sono l'elemento dominante della cultura, potremo rischiare la regressione a uno stato psichico inferiore e nessun cambiamento sarà permesso, nessun nuovo elemento sarà integrato nel sistema deficitario dei valori. L'esempio estremo sarebbe la tirannia sotto forma di dogma politico o religioso inflessibile, oppure il desiderio di dominare il mondo da parte di una nazione o di un gruppo religioso. Questo impulso a dominare sorge quando la personalità conscia, simboleggiata dal Vecchio Re, non è in contatto con il profondo. È quindi posseduta e guidata dalla sua ombra: la volontà di potenza dell'istinto inconscio. Jung ha avvertito del pericolo che corre la mente moderna, affermando che "ogni aumento di coscienza nasconde il pericolo di inflazione psichica".

> Una coscienza gonfiata è sempre egocentrica e di nient'altro consapevole che della propria presenza. È incapace di imparare dal passato, incapace di comprendere gli eventi contemporanei e incapace di trarre conclusioni giuste sul futuro. È ipnotizzata da se stessa e quindi non sa mettersi in discussione. È inevitabilmente condannata alle calamità che devono colpirla. Paradossalmente, l'inflazione psichica è una regressione della coscienza nell'incoscienza. Succede sempre quando la coscienza prende su di sé troppi contenuti inconsci e perde la facoltà di discriminazione, condizione *sine qua non* di tutta la coscienza... più grande è la folla, più appropriata è la verità — e maggiore è la catastrofe.[7]

Il matrimonio sacro

Quattromila anni fa nei cortili dei grandi templi sulle rive del Nilo si celebrava il Matrimonio Sacro della dea con il dio. Il tema del Matrimonio Sacro è giunto fino a noi nel mito, nelle fiabe come Cenerentola e la Bella Addormentata, e nel Cantico dei Cantici biblico. L'alchimia pone la ricerca suprema del tesoro nel contesto di un matrimonio tra gli aspetti solari e lunari dell'anima, l'oro ardente dell'elemento maschile e l'argento volatile di quello femminile, un'unione tra la nostra mente e la nostra anima, la testa e il cuore, il Re solare e la Regina lunare. Questo matrimonio unisce anche la dimensione invisibile del sottile mondo dello spirito con il mondo materiale della nostra esperienza, rendendo quest'ultimo trasparente allo spirito. Il Matrimonio Sacro è l'immagine millenaria di questa misteriosa doppia unione. Gli alchimisti chiamavano Coscienza Stellare il frutto di questo matrimonio interiore — a significare che si erano riuniti con l'invisibile piano cosmico che è il fondamento del mondo fenomenico.[8]

Essi sostenevano che, affinché la coscienza si trasformasse da volgare metallo in oro, il re e la regina dovevano sottoporsi a un processo di dissoluzione e trasformazione. Associavano il re al sole, all'oro, allo zolfo e al colore rosso. Oggi potremmo identificarlo con la coscienza limitata che associamo alla mente razionale, interamente legata alla percezione sensoriale della realtà e ignara di una dimensione più profonda della realtà e della psiche. Il re si propone molti obiettivi che possono non essere in relazione con niente che riguardi il regno dello spirito.

Le immagini che associavano alla regina sono la luna, l'argento, l'argento vivo (mercurio) e il colore bianco, come la rosa, il giglio, la colomba e il cigno. Descrivevano la sua natura come volatile, liquida, acquatica e mutevole. In relazione al mondo interiore della psiche, la regina è la nostra anima istintiva, il cui fulcro è il cuore. A livello archetipico, rappresenta la dimensione cosmica dell'*Anima Mundi*, l'anima nascosta della natura, la matrice della nostra energia creativa e il grembo della nostra immaginazione, che deriva sostanzialmente dall'Anima del Cosmo. Come la coscienza risvegliata e trasformata del re è rappresentata dal 'Giovane Re', allo stesso modo la coscienza risvegliata e trasformata della regina è incarnata dalla 'Giovane Regina'. La loro unione crea il bambino della coscienza risvegliata e integrata, simboleggiato dall'oro alchemico e da altre immagini numinose del compimento della Grande Opera.

Per risvegliare la coscienza impersonata dal re ai valori associati con la sapienza dell'anima, egli deve sottoporsi a una morte simbolica, vividamente descritta dall'iniziazione sciamanica. Egli compie la discesa nel regno acquatico dell'anima, nel regno delle emozioni, dei sentimenti, degli istinti, che mai sono stati associati a qualcosa di valore, che sono stati temuti e disprezzati e sono, quindi durante l'era solare, rimasti in gran parte dissociati dalla coscienza e non sviluppati. Arriva a conoscere intimamente la regina, diventando consapevole dei suoi sentimenti non come qualcosa di inferiore alla sua mente razionale, ma come qualcosa di simile a sua madre, qualcosa da cui è nato, è emerso, con la quale ora può unirsi consapevolmente come alla sua sposa — la sua equivalente femminile e reale.

Discendendo in questa dimensione, vincendo il sospetto e il disprezzo, e abbandonando il suo desiderio di controllo, il re sviluppa rispetto per i misteri di cui non era consapevole e che non aveva ancora compreso. Sviluppa intuizione, sapienza, umiltà e compassione. Quando il re entra in una relazione conscia con lei, anche la regina, incarnazione dell'anima, viene trasformata. Non è più costretta a rimanere in uno stato dissociato. Non è più schiava dei valori inadeguati e della percezione limitata rappresentata dal vecchio re; né è più vincolata dalle potenti pulsioni inconsce dell'istinto cieco, cui era anche legata. I valori del cuore cominciano ad essere ascoltati e rafforzati. Quando il re e la regina vengono trasformati, anche il sentimento comincia a funzionare in un modo più conscio. Come nella storia della Bella Addormentata, il re scopre una nuova relazione con la regina quando essa diventa la sua amata e sposa. Dove prima c'era stata una barriera di spine che li separava, ora re e regina sono uniti nella camera nuziale dell'anima. Quest'unione alchemica opera in entrambi una profonda trasmutazione, dando luogo alla nascita del bambino della nuova coscienza. Entrambi devono subire il processo di frammentazione, smembramento, ricostituzione e rigenerazione descritto dalle diverse fasi della Grande Opera alchemica. In relazione all'uomo o alla donna di oggi, questo processo è essenziale per entrambi, poiché la donna è stata educata allo stesso modo dell'uomo, ha assorbito gli stessi valori, ha appreso le stesse idee e può dare il massimo valore al principio maschile e alla mente razionale, non conoscendo nulla della dimensione più profonda dell'anima e la dimensione invisibile della realtà.

Nella tradizione qabbalistica (e molti alchimisti erano qabbalisti) l'unione del re e della regina nel loro stato rigenerato significa l'incontro, o l'unione, dei rami maschile e femminile dell'albero della vita nel cuore di Tiferet nella colonna centrale, la cui firma è Bellezza e Armonia. Ci sono alcune immagini alchemiche molto belle dell'Ermafrodito che simboleggia questa unione di Sole e Luna, Re e Regina e queste possono essere collegate all'immaginario dell'unione nella Qabbalah. In una di queste immagini, alla sinistra del re e alla destra della regina vi sono due forme simili ad alberi, ciascuna piantata in una pietra, una decorata con soli rossi e l'altra con lune d'argento, che rappresentano le due 'colonne' o rami dell'albero della vita. Il re e la regina uniti al centro, con i piedi che poggiano su due pietre, simboleggiano il completamento dell'opera alchemica nell'unione o *coniunctio* delle 'due nature' del re e della regina. Sotto i loro piedi giace un drago che simboleggia la *prima materia* dell'alchimia e anche Mercurio, il cui significato verrà spiegato in seguito. Coloro che hanno familiarità con il *Kundalini Yoga* saranno in grado di mettere in relazione i due pilastri, o rami dell'Albero della Vita, con i due 'canali' — l'*Ida* lunare e la *Pingala* solare — che si incontrano nel canale centrale della *Sushumna* quando il fuoco creativo della Dea *Kundalini* fa la sua ascesa dalla base della colonna vertebrale alla sua fioritura sopra la testa (Capitolo 16). Così simili sono queste tre tradizioni, che è possibile che ognuno abbia scoperto un metodo simile di trasmutazione della coscienza attraverso specifici esercizi, visualizzazioni e pratiche meditative.

La prima materia

La *prima materia* è il fondamento dell'opera alchemica, il materiale grezzo dal quale viene prodotta la pietra, l'oro, l'elisir divino. Gli alchimisti dicevano: "Questa materia è davanti agli occhi di tutti: chiunque la può vedere, toccare, amare, ma non conoscerla. È gloriosa e vile, preziosa e di poco conto, e si trova ovunque.... Per essere brevi, la nostra Materia ha tanti nomi quante sono le cose del mondo, ecco perché lo stolto non la conosce". [9] Mi sono a lungo chiesta se volessero dire che lo spirito è la prima materia, presente in ogni cosa, vista da tutti e tuttavia non riconosciuta perché la nostra coscienza è incapace di riconoscere la sua presenza in tutte le forme di vita, essendoci stato insegnato per secoli che lo spirito non è presente in natura o nella materia.

Gli alchimisti dicevano di cercare la *prima materia* in ciò che è stato più disprezzato. Nella *prima materia* ci sono tutti gli elementi che sono stati respinti e ignorati dalla mente conscia. Ci sono gli istinti più profondi, i più profondi sentimenti e la capacità più intensa di relazione con la vita — elementi che erano soprattutto associati al femminile, disprezzato e negletto ed escluso dallo spirito: la natura, la materia, l'anima e il corpo. Gli alchimisti chiamavano la *prima materia* "terra nera" o drago e talvolta anche merda. Quando Paracelso cominciò il suo insegnamento all'Università di Basilea, pose sulla cattedra una pentola fumante di escrementi umani e disse: "Questo è il contenuto dell'opera, questa è vita, questo è Dio". La risposta degli studenti inorriditi fu di strapparlo dalla sedia e di cacciarlo dalla classe. Fu probabilmente fortunato di fuggire tutto intero.

Il drago

Il drago è l'immagine più eloquente e potente della prima materia. Come è stato spiegato nel capitolo Dodici, il drago è un'immagine dell'immenso e non riconosciuto potere dell'istinto, che essenzialmente è il potere creativo e distruttivo della vita stessa — il potere che vive dentro e attraverso tutti noi in uno stato non trasformato o inconscio. Come nelle tradizioni orientali, l'arte dell'alchimista doveva aiutare a portare questo potere, apparentemente caotico e travolgente, a uno stato pienamente risvegliato, senza mai dimenticare di essere il suo servitore, mai il suo padrone, che l'avrebbe usato per i propri fini. Le cosiddette Arti Nere descrivono il lavoro di qualcuno che è schiavo del drago, che serve il proprio desiderio di potere o il desiderio di potere dei governi; una situazione che potrebbe essere collegata ai molti scienziati che hanno lavorato per sviluppare armi in grado di distruggere la vita. Paradossalmente, il drago rappresenta per noi il più grande pericolo ed è anche il guardiano del nostro più grande tesoro: l'oro, il risultato della Grande Opera alchemica.

Mercurio

Mercurio è una delle figure più enigmatiche dell'alchimia; viene talvolta mostrato nella forma maschile e talvolta in quella femminile o, negli stadi successivi del processo alchemico, come un ermafrodito. L'origine di Mercurio risale all'Hermes greco o al Thoth egizio, la guida dell'anima negli inferi. Molte immagini alchemiche ritraggono Mercurio con un caduceo e i serpenti intrecciati. Poiché Mercurio era spesso androgino, gli alchimisti lo videro sotto molte forme diverse: come *materia prima* — la materia primaria che deve essere trasformata dallo spirito; come spirito stesso; e come guida, agente di trasformazione e desiderio del tesoro e obiettivo del lavoro alchemico: l'oro filosofico, l'elisir o la pietra. Riconobbero Mercurio come l'oro vivente, il divino fuoco creativo, il *lumen naturae* — la luce dello spirito invisibile nascosta nelle forme della vita, della materia e di ognuno di noi. Alcuni alchimisti associavano Mercurio allo Spirito Santo.

Misteriosamente, Mercurio poteva assumere la forma di un drago, di un leone, un lupo, un corvo, una colomba e una fenice, e di molte altre immagini incluso l'ermafrodito, secondo quale fase del processo alchemico veniva raffigurata. Durante il processo di trasformazione il drago viene abbattuto, il leone ha le zampe tagliate, il lupo viene ucciso, poiché queste immagini simboliche dell'aspetto distruttivo o pericoloso dell'istinto — la volontà di potenza, la lussuria, la crudeltà, l'avidità — vengono trasformate. Quello che gli alchimisti sembrano dire è che Mercurio è ogni cosa, perché lo spirito è ogni cosa, visto nelle diverse fasi del proprio risveglio e della trasformazione all'interno dell'anima dell'alchimista. È importante ricordare che tutte queste immagini erano correlate ai cambiamenti effettivi nella costituzione dei minerali nella storta alchemica.

In tutta Europa, in particolare nelle grandi cattedrali, l'immagine dell'Uomo Verde (Mercurio) ci guarda dagli archi d'ingresso, dalle sporgenze del soffitto, dagli stalli del coro e dagli intagli nella parte superiore delle colonne. Tutte queste meravigliose immagini sono opera dei maestri costruttori medioevali, molti dei quali avevano familiarità con l'alchimia e i suoi segreti. Esse proclamano: Io sono il *lumen naturae*, la luce della natura, la presenza sempre vivente dello spirito creativo, spirito come luce che ti circonda, che permea tutto ciò che vedi e tocchi come materia. Un altro nome per il *lumen naturae* era *Anima Mundi*. L'immagine dell'Uomo Verde risale a Osiride, Attis e Tammuz, tutti gli dei della rigenerazione della Terra.

Quando gli alchimisti osservavano la materia trasformarsi davanti ai loro occhi nel recipiente alchemico, essa si animava. Essi compresero che subiva una trasformazione e cominciarono a parlarci e a rispondere alle immagini cui dava origine nella loro immaginazione. Il mistero li attirò nel cuore di sé. Ciò che gli scienziati scoprono ora poggia sulle fondamenta che essi hanno posto secoli fa. Ma gli alchimisti si consideravano i servi, non i maestri della pietra e sapevano che i pericoli implicati nell'Opera erano la fretta, l'arroganza e l'avidità. Ascoltando gli scienziati che parlano dell'eccitazione e della meraviglia alla scoperta della particella del bosone di Higgs, li si può vedere come moderni alchimisti, attratti a lavorare insieme nella ricerca di penetrare i misteri dell'universo, sbalorditi e commossi da ciò che stanno scoprendo, ma consapevoli di quanto c'è ancora di più da scoprire. Eppure sembra che manchi l'umiltà degli alchimisti.

Sophia o la Divina Sapienza

La figura Femminile della Divina Sapienza o Spirito Santo è l'immagine guida dell'alchimia. Gli alchimisti si definivano Figli della Sapienza. Talvolta è chiamata *Anima Mundi*, talvolta Sophia, Sapientia o Signora Alchimia. Gli alchimisti che erano anche qabbalisti la conoscevano come Shekinah, la Sposa di Dio — il divino fondamento del mondo fenomenico. Tutte queste immagini indicano la sapienza nascosta della natura che gli alchimisti prendevano come guida, sebbene sapessero che la loro opera era *contra naturam* poiché andava contro le attitudini e le abitudini istintive così difficili da vincere. Essi si vedevano all'opera con la natura, aiutando a rilasciare lo spirito nascosto nelle sue forme.

Ma sapevano altresì che la Divina Sapienza rappresentava molto di più di ciò che chiamiamo natura, poiché siamo connessi l'uno l'altro e con la vita planetaria e cosmica attraverso un'enorme e complessa rete di relazioni nascoste, che gli scienziati stanno appena iniziando a scoprire intanto che cercano di sondare il mistero della materia oscura e il 95% dell'universo che ancora sfugge alla loro comprensione. Questa vita interiore del Cosmo, come ho indicato nei Capitoli quattro e quindici, è meglio descritta nel linguaggio metafisico dall'idea dell'Anima Cosmica e dall'immagine, della tradizione hindu e buddhista, della Rete unificante di Indra. L'archetipo femminile è sempre stato associato alla Terra, alla Natura e all'Anima, non in senso personale ma come dimensione invisibile della realtà e alla grande rete di connessione della vita.

Per molte migliaia di anni questa matrice cosmica di relazioni fu incarnata dall'immagine della Grande Madre e, in seguito, da dee come Hathor e Iside in Egitto. Più tardi fu portata dall'immagine della Divina Sapienza e dello Spirito Santo nell'Antico Testamento, dalla Shekinah della Qabbalah e dall'Anima Cosmica o Anima del Mondo di Platone e di Plotino; ancora più in là, nel Medioevo, dall'immagine della Madonna Nera e del Santo Graal: la coppa misteriosa raffigurata come fonte di ogni abbondanza. Per molti secoli in una cultura europea profondamente repressiva del Femminile, l'alchimia portò segretamente l'immagine di questo aspetto rinnegato del Divino. Gli alchimisti avevano la visione di una donna cosmica e la conoscevano come una forza viva e una presenza divina, che riversava sull'umanità le acque dell'amore e dell'illuminazione. Forse questo è il motivo per cui la dottoressa Marie–Louise von Franz, nel suo commento a un testo alchemico chiamato *Aurora Consurgens*, dice: "L'alchimia pone sull'uomo il compito, e gli conferisce la dignità, di salvare con la sua opera l'aspetto femminile nascosto di Dio dall'imprigionamento nella materia e di ricongiungerla con la divinità manifesta e maschile". [10] In questo testo la Sapienza rivolge agli alchimisti parole memorabili, dicendo: "Comprendete figli della Sapienza, proteggetemi, e io vi proteggerò; datemi quanto mi è dovuto affinché io vi possa aiutare". [11] Una delle più potenti e profonde affermazioni dell'alchimia, questo è un messaggio per i nostri tempi in cui sorge in così tanti di noi il desiderio istintivo di proteggere la natura e servire la vita del pianeta.

L'Aurora Consurgens

Questo è un libro straordinario, dalla lettura del quale chiunque desideri comprendere di più l'alchimia trarrà beneficio e troverà affascinante. Ho incluso alcuni passaggi dell'*Aurora* perché sono profondamente significativi e molto numinosi per me e potrebbero esserlo anche per altri. Non solo le parole del testo sono squisitamente belle, ma il commento della Dottoressa Marie–Louise von Franz è profondo e illuminante. Dice che "*Aurora* è uno dei primi trattati medievali in cui troviamo l'idea nascente che l'opera alchemica implichi un'esperienza interiore e che il segreto cercato dall'adepto nelle sostanze chimiche sia un contenuto numinoso, la Sapienza (l'anima)". [12]

La Dottoressa von Franz crede che l'autore di questo libro illuminante, che porta in vita l'alchimia in modo così vivido sia Tommaso d'Aquino, il grande teologo medievale. In esso un uomo parla di una visione e di una rivelazione che ebbe appena prima della morte, una rivelazione le cui parole furono trascritte mentre le pronunciava dai monaci seduti con lui. È davvero straordinario che questo testo ci sia apparso senza censura. Nel primo capitolo viene introdotta una figura mistica femminile, la personificazione della *Sapientia Dei* o Sapienza di Dio: la stessa figura che appare nei libri biblici dei Proverbi, Ben Sirach e la Sapienza di Salomone e che rappresenta il fondamento divino cosmico che a tutto dà vita. È lei che all'improvviso si manifesta e parla all'autore dell'*Aurora*. La Dottoressa Von Franz commenta:

Possiamo capire quanto l'autore dell'*Aurora* debba essere stato sconvolto all'apparire improvviso della Sapienza in forma personale. Senza dubbio prima non sapeva quanto fosse reale una figura archetipica come la Sapienza, avendola presa come una mera idea astratta. Per un intellettuale è un'esperienza sconvolgente scoprire che quello che stava cercando... non è solo un'idea ma è fisicamente reale in un senso molto più profondo e può scendere su di lui come un tuono.... Dice che non è solo un concetto intellettuale, ma è sorprendentemente reale, reale e palpabile nella materia".[13]

La sua esperienza descrive la potenza e la numinosità dell'esperienza visionaria dell'*Anima Mundi*. Udì parole che invocavano la descrizione della Sapienza di Salomone (Sapienza di Salomone 7: 7, 10, 21–7, 29; 8: 1–2):

È lei che Salomone scelse di avere al posto della luce, e soprattutto della bellezza e della salute.... Perché tutto l'oro al suo confronto sarà stimato un po' come sabbia, e l'argento sarà considerato come fango.... E i suoi frutti son più preziosi di tutte le ricchezze di questo mondo, e tutte le cose che si desiderano non sono da paragonarsi a lei.... È un albero di vita per chi ad essa s'attiene e una luce immancabile.... Per colui che ha trovato questa scienza, essa sarà per sempre il cibo legittimo.... Un tale è ricco come colui che ha una pietra da cui è colpito il fuoco, che può dare fuoco a chi egli voglia, tanto quanto vuole e quando vuole, senza perdita per sé.[14]

La Sapienza gli parlò, dicendo:

Rivolgiti a me con tutto il tuo cuore e non gettarmi da parte perché sono nera e bruna, perché il sole ha cambiato il mio colore e le acque mi hanno coperto la faccia... perché mi infilo veloce nel fango del profondo e la mia sostanza non è dischiusa. Perciò, dal profondo, ho pianto e dall'abisso della terra con la mia voce a tutti quelli che passano per la via. Attendi e vedimi, se qualcuno ne troverà una simile a me, io darò nella sua mano la stella del mattino.[15]

e con parole che risuonano con quelle attribuite a Gesù nei Vangeli:

Io sono quella terra della santa promessa, che scorre con latte e miele e produce i frutti più dolci nella giusta stagione; pertanto tutti i filosofi mi hanno elogiato e hanno seminato in me il loro grano dorato e argentato e incombustibile. E fino a che quel grano che cade in me non muoia, esso stesso rimarrà da solo, ma se muore, produce frutti triplici: poiché il primo che produrrà sarà buono perché è stato seminato in buona terra, cioè di perle; anche il secondo è buono perché è stato seminato in terra migliore, cioè di foglie (argento); il terzo produrrà mille volte perché è stato seminato nella terra migliore, cioè d'oro. Poiché dai frutti di (questo) grano è fatto il cibo della vita, che scende dal cielo. Se qualcuno ne mangerà, vivrà senza fame.[16]

Penso che questo testo alchemico rivelatore ponga le basi per ciò che sta emergendo ora nella coscienza umana: una consapevolezza della divinità della natura e della materia, come della nostra stessa divinità e responsabilità di proteggere il pianeta dall'impensabile sfruttamento delle sue risorse.

Le fasi dell'Opera

L'alchimia definisce tre fasi, qualche volta quattro, della Grande Opera, dicendo: "Quest'arte è come un embrione che in seguito è la nascita di un bambino". Il processo è circolare e continuo e muove ripetutamente attraverso i diversi passaggi, quindi ciò che è definito come *nigredo* o 'oscurità' della prima fase può essere sperimentato di nuovo dall'alchimista nel contesto di quella finale, il *rubedo*.

I sette processi implicati nella Grande Opera alchemica sono:

- Il recupero dell'aspetto femminile perduto dello spirito nascosto nella natura e in noi stessi
- Il processo di trasformazione coinvolto in questo recupero
- La morte della vecchia coscienza simboleggiata dai vecchi re e regina
- La formazione della nuova coscienza simboleggiata dai giovani re e regina
- La formazione dell'Ermafrodito — l'unione dei due elementi trasformati
- L'integrazione di corpo, anima e spirito
- L'unione con quello che gli alchimisti chiamavano l'unus mundus, il divino fondamento cosmico

Fase 1: La prima fase dell'Opera Minore
— *Creazione della pietra bianca* —
conosciuta come *Nigredo* o *Separatio* e governata dall'elemento Fuoco

La parola *Nigredo* significa 'nerezza' — l'oscurità della *prima materia*, la nerezza della depressione. Il simbolo di questa fase era il corvo, e l'alchimista, subendo il processo di trasformazione, si trovava a cadere in quella che viene descritta come una 'oscurità più nera del nero', un'oscurità che vedeva riflessa nell'annerirsi della materia nella storta alchemica e che si può dire corrispondesse cosmicamente alla fase oscura della luna. Il *nigredo* può anche essere associato ai molti anni di solitudine e isolamento di qualcuno che è stato chiamato a seguire questo percorso interiore.

Gli alchimisti chiamarono questo stato anche *unio naturalis* e *massa confusa* e anche terra nera e drago — tutti termini che descrivono lo stato semiconscio, la complicazione inconscia dei diversi aspetti della nostra psiche, che è il risultato inevitabile del nostro emergere dalla matrice della natura. Videro il *Nigredo* come lo stato di cieca sofferenza e ignoranza che esiste prima dell'alba della consapevolezza. Si può dire che descriva lo stato in cui viviamo giorno per giorno, rispondendo agli eventi mentre accadono; quando crediamo di avere il controllo delle nostre vite ma siamo vittime di complessi, di idee e di credenze inculcate, di pulsioni arcaiche, di abitudini e valori istintuali che controllano sia la vita collettiva dell'umanità che le nostre vite individuali. In questo stato lo spirito non è sveglio né libero, ma prigioniero e vittima di tutte queste cose.

I processi alchemici associati al *Nigredo* sono la *Putrefactio* (decomposizione), *Calcinatio* (incenerimento, annerimento, bruciatura) e *Mortificatio* (morte o soffocamento). Paracelso, il fisico e alchimista del sedicesimo secolo, disse: "la putrefazione è di così grande efficacia che cancella la vecchia natura e trasmuta tutto in una natura nuova, dando alla luce un nuovo frutto. Tutte le cose viventi muoiono in essa, tutte le cose morte si decompongono e poi tutte queste cose morte riguadagnano la vita".

Il processo della *separatio* o differenziazione tra gli elementi della nostra natura è difficile, confonde e spesso fa paura, per la sensazione di perdere il controllo. Nell'analisi junghiana, il *nigredo* o *separatio* ci porta a diretto contatto con l'ombra, l'aspetto sconosciuto della psiche. Il senso originario di unità si divide in due e ciò può essere sperimentato come una sorta di smembramento, spesso esplicitamente illustrato nei testi alchemici. Tuttavia, quest'opera di differenziazione e separazione è il primo stadio di riunione dell'aspetto solare conscio della psiche con l'aspetto lunare sconosciuto e dissociato, che include l'ombra e l'intero regno dell'anima; essa ci porta a contatto diretto con il potere degli aspetti arcaici sconosciuti della nostra psiche. L'alchimista deve dapprima separare i diversi elementi di corpo, anima e spirito e quindi rimetterli insieme in una nuova unione conscia, basata sulla consapevolezza che ciascuno è un aspetto essenziale dello spirito: che ciò che era oscuro — sconosciuto e anche terrorizzante — può essere illuminato dalla luce della coscienza, entrando o discendendo in quell'oscurità. Paradossalmente, la scoperta della luce avviene attraverso la discesa nell'oscurità. Perciò essi seguivano le istruzioni della Tavola di Smeraldo di Ermete Trismegisto che dicevano: "Separerai la terra dal fuoco, il sottile dal denso, delicatamente, con grande ingenuità". Si dava particolare enfasi alla parola 'delicatamente' in contrasto con la violenza, il disprezzo e la repressione con cui venivano generalmente trattati il corpo e gli istinti.

Gli alchimisti si auto–definivano lavandaie e cuoche e paragonavano il processo di trasformazione all'essere cucinati, impastati, lavati, induriti, ammorbiditi, sollevati, abbassati, divisi e, infine, uniti. "Studia, medita, suda, lavora, lava, cucina", dicevano. È un processo impossibile da descrivere e le immagini possono offrire una comprensione migliore delle parole. Non si può cancellare qualcosa dalla psiche come si elimina una frase o un paragrafo da un computer. Si può solo gradualmente prendere coscienza di un aspetto di sé fino ad allora sconosciuto e lentamente approfondire la propria intuizione sulle cause, il potere e la persistenza di abitudini inconsce di comportamento e proiezioni, cause che hanno origine non solo nell'esperienza personale, ma nell'intera eredità religiosa e politica di una civiltà. Questa intuizione fa parte del processo di consapevolezza di un diverso tipo di luce, nell'oscurità di ciò che prima era sconosciuto.

Jung pose l'accento sulla vitale importanza dell'ego in quest'opera. L'ego, o personalità conscia, è il mediatore tra la parte conscia della nostra psiche (il re) e la parte sconosciuta che egli chiamò inconscio (la regina). Senza la sua cooperazione non può aver luogo alcuna trasformazione. Cercare di disfarsene crea resistenza. Quando nasce il nuovo centro di coscienza, l'ego si rafforza — non nel senso che imponga la sua volontà, ma nel senso che diviene forte abbastanza da non essere sopraffatto o gonfiato dagli elementi emergenti dell'inconscio. La stessa esperienza di Jung, descritta in gran dettaglio nel *Libro Rosso* testimonia questo bisogno. L'ego o mente conscia deve imparare a mettersi in relazione con questo potere maggiore invece che negarne la presenza o sopprimerne la voce e i tentativi di comunicazione. Essenzialmente, diviene il servitore di questo potere più grande e si arrende alla sua guida.

Oggi, e probabilmente nel passato, la chiamata ad entrare nel processo alchemico può aver avuto inizio da un trauma: l'esperienza di una perdita profonda e devastante in cui il fondamento della nostra vita sembra disintegrarsi. L'ego può essere assalito da una depressione paralizzante, una profonda malinconia e perdere ogni speranza e volontà di vivere. Questi sentimenti possono derivare dalla perdita di un genitore, di un partner o di un figlio, dalla fine del matrimonio, dalla perdita della casa, della salute, del lavoro, dei nostri soldi, oppure da un qualunque tipo di tradimento — la nostra vita è apparentemente ridotta in polvere e cenere. Se riusciremo a interpretare questo evento traumatico come preparazione a un nuovo orientamento nella nostra vita, anche come richiamo dello spirito sepolto, ciò potrà essere di qualche aiuto; altrimenti lo vivremo come una sofferenza cieca, apparentemente inutile: l'imposizione di un destino crudele, negativo, incomprensibile. Non avendo informazioni su ciò che sta accadendo, potremo incorrere nella tentazione di suicidarci. Scrittori e artisti sanno che questa discesa nell'oscurità paralizzante della depressione può preludere a una nuova iniziativa creativa, ma ci si sente, come Persefone, rapiti, portati negli inferi e lì abbandonati. Se cercassimo un esempio contemporaneo di *nigredo* sul palcoscenico mondiale, lo fornirebbe il devastante tsunami che ha spazzato via i villaggi costieri del Giappone, ed anche il crollo dell'euro e del sistema bancario, con la disoccupazione e le sofferenze umane che hanno causato. Questa esperienza di disintegrazione e *mortificatio* può essere il preludio di un nuovo inizio, un'iniziativa creativa nuova e fino a quel momento inimmaginabile.

Fase 2: La seconda fase dell'Opera Minore
— conosciuta come *Albedo*, *Solutio* o *Purificatio* —

I due simboli principali della fase dell'*Albedo* sono la colomba dello Spirito Santo e la Pietra Bianca. Questa fase è governata dall'elemento Acqua e riguarda il battesimo e la rigenerazione nell'utero acquoso dell'anima, il risveglio al principio femminile e ai valori rifiutati del sentimento, aprendo l'occhio del cuore nel senso descritto nel Capitolo Quindici. In questa fase l'agente della trasformazione è l'acqua e, in modo specifico, l'acqua associata alla sostanza eterea dell'anima — l'*aqua permanens*: "Quest'acqua divina rende vivi i morti e morti i vivi, illumina l'oscurità e oscura la luce".[17]

Altri simboli che descrivono questa fase sono la rosa bianca e il giglio, il pellicano e il cigno e, ancora più importante, la Giovane Regina. Anche la luna è un simbolo dell'*Albedo* perché splende nell'oscurità e governa i misteri della trasformazione che hanno luogo nell'oscurità, in una parte della psiche di cui, all'inizio del processo alchemico, non siamo consapevoli. La luna crescente significa il sorgere dell'intuizione, della comprensione e lo sviluppo della relazione con lo spirito. Un pianto copioso accompagna questa fase, mentre si dissolvono o si sciolgono le abitudini consolidate, le credenze e i complessi potenti. Può indicare l'apertura del cuore nella prima potente esperienza di profondo sentire.

Gli alchimisti paragonano l'*Albedo* al graduale sbiancamento del cielo dell'alba dopo l'oscurità della notte. Con immagini vivide descrivono il processo di trasformazione della *prima materia* dello stato psichico iniziale per mezzo di ripetuti lavaggi, pulizie, purificazioni, ripetute immersioni nell'acqua e ripetute sottomissioni alla potenza di riscaldamento del fuoco che, insieme, separano e rimuovono la ruggine, o il verderame accumulato, che aveva nascosto l'oro dello spirito nello stato preconscio. Quindi ci sono immagini del sole che affonda nella fontana mercuriale, il re che suda in uno spazio ristretto o che annega e chiede aiuto. Ma nelle acque profonde dell'anima, il re e la regina vengono riuniti in quella che è conosciuta come la prima *coniunctio*, descritta con molte immagini. L'immaginazione comincia ad essere attivata, nascono nuove possibilità.

La fase dell'*Albedo* descrive il processo dell'anima che inizia a prendere coscienza dello spirito nascosto che gli alchimisti chiamavano Mercurio e la cui presenza segreta sovrintende alla Grande Opera del processo di trasmutazione. In questa fase cominciavano a lavorare coscientemente con lo spirito, a servirlo con fiducia e devozione, ma anche a prendere coscienza di come avrebbero potuto essere ingannati o fuorviati dalle sue qualità truffaldine, che in sostanza sono le qualità ingannevoli dell'ombra. Alcuni alchimisti cristiani paragonarono questa fase all'Assunzione della Vergine. "A poco a poco e di giorno in giorno", scrisse Gerhard Dorn, alchimista belga del XVI secolo, "percepirà con i suoi occhi mentali e con la più grande gioia alcune scintille di illuminazione divina".

Fase 3: L'Opera Maggiore:
Rubedo, Coniunctio e Multiplicatio
— la riunificazione di corpo, anima e spirito —

Gli alchimisti chiamano la terza e ultima fase del processo alchemico la Grande Opera e il *Rubedo*. In alcuni testi è preceduta da una fase chiamata *Citronitas* o di ingiallimento. Paragonarono il *Rubedo* a ciò che gli alchimisti e mistici medievali chiamavano 'Alba Nascente' (*Aurora*) o 'Ora dorata' (*Aurea Hora*) come descrizione dell'unione mistica dell'anima con Dio.[18] Lo paragonarono anche alla Resurrezione e all'arancione del cielo mentre il sole comincia a salire verso lo zenit, diffondendo sulla terra i suoi raggi irradianti e riscaldanti. Il colore del *Rubedo* è l'oro rosso e la rosa rossa e la pietra rossa sono i simboli del completamento della Grande Opera.

La fase del *Rubedo* comporta il lungo e difficile lavoro di fissare il nuovo atteggiamento in modo che sia stabile e costante, non un'alternanza di vecchio e nuovo stato e, soprattutto, evitando il pericolo di inflazione. Può comportare l'impegno in qualche lavoro creativo, portando a manifestarsi intuizioni e conoscenze che sono state apprese, comunicandole al mondo o servendo la vita in qualche modo che rifletta una compassione e un impegno più profondi. Può essere paragonato ai processi fisici di sbattimento del latte per ricavare il burro, alla trasformazione dell'uva in vino, del grano in pane, di elementi grezzi in cibo cotto. La mia insegnante, Barbara Somers, lo descrisse una volta, in modo indimenticabile: "la marmellata comincia ad addensarsi".

Questa fase descrive il risveglio della personalità conscia alla piena consapevolezza dello spirito come guida e compagno dell'anima illuminata, l'allineamento cosciente con lo spirito e l'unione finale (coniunctio) dei due aspetti precedentemente estranei della psiche, il Re solare e la Regina lunare — in termini junghiani il conscio e l'inconscio. Tra loro non c'è più conflitto e inimicizia, e nemmeno la pretesa esagerata della mente conscia di costituire la totalità della coscienza, ignorando l'esistenza dell'anima.

Il *Rubedo* annuncia la piena espansione o risveglio del cuore, la fioritura incandescente dell'immaginazione che un alchimista del sedicesimo secolo chiamato Martin Ruland, allievo di Paracelso, chiamava la stella nell'uomo: il corpo celeste o super–celeste. Corpo, anima e spirito sono unificati e trasfigurati in questa esperienza di illuminazione e unione; a volte al momento della morte, come nell'*Aurora* ma anche, credo, nella sorprendente illuminazione dell'esperienza di pre–morte che offre uno spaccato della vita oltre la morte. Attraverso la fase alchemica del *Nigredo* e dell'*Albedo*, cresciamo nel *Rubedo*. Non possiamo forzarne l'entrata tramite esercizi spirituali o qualsiasi formulazione di obiettivi. Ci può accadere, come con l'esperienza di pre–morte, o possiamo crescere attraverso l'espansione del cuore, la capacità istintiva di amare, di dare agli altri, di servire la vita attraverso una compassione risvegliata. Sua Santità il Dalai Lama sarebbe un esempio moderno di questa capacità di dare, di servire.

La *coniunctio* coinvolge l'intero processo di trasformazione psichica come l'unione dei due aspetti della psiche procede attraverso le diverse fasi dell'alchimia che si ripetono all'infinito, ciò che gli alchimisti chiamavano la *circulatio*, collegando questa parola alla rotazione del pianeti intorno al sole. Le trasformazioni alchemiche con cui l'alchimista lavorava erano eseguite durante i transiti astrologici appropriati, conformandosi alla comprensione che gli eventi cosmici nel 'Sopra' si riflettono nel regno del 'Sotto'. Ma in un altro senso, la *coniunctio* rappresenta il risveglio finale, l'unione finale con il fondamento divino, ora pienamente riconosciuto, onorato e coscientemente presente nell'anima. Il potere di trasformare, servire, guarire proviene da questa fonte. La pietra o l'elisir hanno il potere di moltiplicarsi (*multiplicatio*) come nel Miracolo dei Pani e dei Pesci del Vangelo. L'intero processo alchemico riguarda l'incarnazione dello spirito nell'anima umana e la lunga incubazione o preparazione necessarie affinché l'anima diventi capace di contenere la tensione, i pericoli e la rivelazione dell'incarnazione o del risveglio graduale dello spirito.

L'ultima fase dell'alchimia consiste nel diventare consapevoli e entrare nel "corpo di luce" immortale — il corpo 'stellato' o 'celeste' nel quale potremo essenzialmente abitare dopo la nostra morte. Riguarda il risveglio del cuore, il flusso di compassione verso tutti gli esseri viventi e l'unione con il terreno divino che gli alchimisti chiamavano l'*unus mundus*. Un simbolo primario del *Rubedo* è la fenice, che simboleggia la vita rigenerata dalle ceneri della vecchia vita inconscia. Le immagini belle e suggestive del tesoro appartengono a que-sto stadio finale: l'Oro Quintessenziale; la Pietra dei Sapienti; la Perla di Gran Valore; la Fenice d'Oro; l'Elisir di Vita; il Fiore dell'Immortalità; il Balsamo Celeste e l'Acqua Divina, come pure il profumo dei fiori, un albero in fiore e il colore celeste. Un testo descrive la pietra (*lapis*) come una "luce senz'ombra, una cosa meravigliosa che da sé fa scaturire una grande fontana d'oro".[19]

Conclusione

Quindi, per riassumere, gli alchimisti volevano liberare l'oro quintessenziale dello spirito nascosto nella natura, liberare l'impulso vitale divino dalle credenze, dagli atteggiamenti fissi, dalle abitudini istintuali e dalle proiezioni inconsce che lo velano. Il loro scopo era quello di aiutare questo spirito misterioso a diventare conscio in loro stessi in modo da poter arrivare alla piena esperienza della sua presenza e guida, ma nel farlo sapevano che in realtà stavano influenzando, e forse stavano trasformando in senso positivo (astenendosi dal nuocerle), la natura stessa della materia e quindi tutta la vita, dal momento che tutte le cose sono collegate. La rivelazione graduale del tesoro comportava una grande solitudine, sofferenza e sacrificio da una parte, e illuminazione, meraviglia e gioia inesprimibile dall'altra, quando la luce della coscienza unificata emergeva. "Nessuno", scrisse Gerhard Dorn, "può compiere quest'opera se non con sofferenza, umiltà e amore, poiché è il dono di Dio ai suoi umili servitori".

Mentre osservava la materia della propria vita psichica trasformarsi nello specchio della storta alchemica, il più grande e anche il più umile degli alchimisti sperimentava l'immenso mistero di cui era testimone. Essi compresero che stavano aiutando lo spirito nel processo della sua stessa trasformazione, portandosi alla coscienza dopo eoni del tempo terrestre, ricollegando la creazione con la sua fonte. In un processo graduale di illuminazione, rivelarono a se stessi la divinità della natura e di tutti i processi della vita, vedendo che uno spirito divino era all'opera in tutte le forme di vita e nella propria coscienza umana. Cercarono di far nascere in sé lo spirito nascosto che desiderava essere salvato dal suo stato, sepolto nella natura e in loro stessi. Nel compiere questo doppio atto di redenzione divennero i figli della Sapienza Divina, eredi del tesoro, il vero oro filosofale. Quando la loro comprensione crebbe, si resero conto di essere i ministri, non i maestri della pietra, e che le loro vite erano illuminate dalla Sapienza dello Spirito Santo che riversava eternamente l'acqua della vita.

Le tre fasi della Grande Opera si fondono impercettibilmente l'una nell'altra e vengono ripetute più e più volte in un processo noto come la *circulatio*, la triplice unione di corpo, anima e spirito. Non c'è un solo risveglio, ma molti, non un'illuminazione ma molte. Appena penetriamo l'oscurità al centro della nostra natura, le finestre dell'anima si aprono e la luce comincia a splendere: la luce che si irradia dal *lumen naturae*, la luce che è il terreno nascosto di tutta la vita, rivelando ciò che prima era sconosciuto o avvolto nell'oscurità. L'immagine del diagramma alchemico del cerchio quadrato indica il riconoscimento dell'incarnazione dello spirito nella materia, l'unificazione del principio maschile con quello femminile e la *coniunctio* o il 'matrimonio' indissolubile del Sopra con il Sotto.

Il defunto padre Bede Griffiths (1906–1993), uno dei grandi saggi del nostro tempo, racconta di come, avendo avuto un ictus e pensando di morire, si preparava alla morte. Ma invece che alla morte, sentì il bisogno di arrendersi alla Madre, al Femminile. Fece quell'atto di resa e sentì un'ondata d'amore travolgerlo, un'onda così potente che non sapeva se sarebbe stato in grado di sopravvivere. Si rese conto che tutti noi portiamo questo amore nel nostro essere, ma ne siamo esclusi perché la mente ci ostacola e crea la coscienza dualistica in cui viviamo. Dopo quell'esperienza, disse che nel tempo che gli rimaneva sarebbe stato capace di vivere oltre la mente dualistica. Sulla Grande Opera affermò:

> L'anima scopre la sua fonte dell'essere nello Spirito, la mente è aperta a questa luce interiore, la volontà è energizzata da questo potere interiore. La vera sostanza dell'anima è cambiata; è resa 'partecipe della natura divina'. E questa trasformazione colpisce non solo l'anima ma anche il corpo. La materia del corpo — le sue particelle reali — viene trasformata dal potere divino e trasfigurata dalla luce divina — come il corpo di Cristo nella risurrezione.[20]

Diventando consapevoli della nostra anima, scoprendo come relazionarci ad essa, trasformandola e facendoci trasformare da essa, curando le sue ferite, ascoltando la sua guida, ricevendo illuminazione e intuizione dai nostri sogni, aiutiamo a realizzare il matrimonio tra il Re e la Regina e, infine, il sacro matrimonio di tutta l'umanità con il Fondamento Divino, che è il tema principale dell'Alchimia, della Qabbalah e del Vedanta ed è, credo, lo straordinario destino della razza umana. Questo Spirito Santo, non riconosciuto ma immanente, è il flusso della vita nelle nostre vene, il flusso e il fluire dei nostri pensieri, il potere primordiale dei nostri istinti, il miracolo del nostro organismo corporeo, il genio creativo della nostra immaginazione. Chiunque abbia sperimentato la pura estasi di servire la vita al massimo delle sue capacità avrà toccato lo spirito e sperimentato il suo fantastico potere.

"Una è la pietra, uno il recipiente, una la procedura e una la medicina". Il processo di trasformazione è unico per ciascuno di noi, ma intrinsecamente uguale per tutti. L'alchimia ci dà la rivelazione infuocata della divinità della vita nella riunione del corpo, dell'anima e dello spirito e ci chiama al servizio di quella vita con qualsiasi dono creativo ci abbia concesso.

Negli ultimi cinquant'anni ho imparato che l'alchimia è:

- Un viaggio di ritorno verso la dimensione invisibile dello spirito con l'aiuto dello spirito.
- Un viaggio che può portare ciascuno di noi tanto lontano quanto può giungere il nostro desiderio.
- Un processo che sintonizza la nostra consapevolezza verso un ordine nascosto della realtà.
- Una rivelazione che in ogni momento e in tutti i luoghi viviamo nella luce dello spirito. Non c'è niente al di là o al di fuori dello spirito. C'è solo una vita, ednè la vita de Cosmo e la vita di ognuno e di tutti. Ognuno di noi è un atomo unico nella vita invisibile del Tutto.
- Una scoperta che non c'è morte per la coscienza, né la materia del corpo muore davvero. Il nostro scopo su questo pianeta è scoprire questa verità e vivere questa verità con ogni respiro della vita; amare e servire la vita come meglio possiamo, non facendo del male a nessuno e attivando il flusso di luce e amore nelle nostre vite.

La preghiera dell'alchimista

Oh, Presenza singolarissima e inenarrabile, prima e ultima nell'universo, accresci la furia del mio fuoco e brucia via le scorie del mio essere. Purifica la mia anima sporca; bagnami nella tua meravigliosa luce. Liberami dalla mia storia e liberami dai miei confini. Uniscimi con l'Unica Cosa nascosta della mia vita, in cui è la mia unica forza. Riempimi della tua Presenza, permettimi di vedere attraverso il tuo Occhio, concedimi l'accesso alla tua Mente, lasciami risuonare con la tua Volontà. Rendimi trasparente alla tua fiamma e modellami in una lente solo per la tua luce. Trasformami in una Pietra incorruttibile al tuo servizio eterno, come la luce dorata che ti circonda.[21]

Note:

1. citato in *Aurora Consurgens*, riveduto e commentato da Marie–Louise von Franz, Bollingen, New York and Routledge e Kegan Paul, Londra 1966, p. 160, da un manoscritto di Petrus Bonus.
2. Fabre, Pierre-Jean: *Les Secrets Chymiques*, Paris 1636.
3. Adam McLean ha passato molti anni ad affrontare immensi problemi per assemblare, tradurre e mettere molti di questi testi sul suo sito web, insieme a centinaia di straordinarie immagini dei testi alchemici, molti dei quali fino ad allora sconosciuti. www.levity.com/alchemy
4. Campbell, Joseph: *L'eroe dai mille volti*, Lindau, Torino 2016.
5. Aurobindo: *La vita divina*, Edizioni Mediterranee, Roma 1998.
6. Uno dei manoscritti inestimabili della British Library.
7. C. G. Jung: *Opere Complete*, vol. 12, Psicologia e alchimia, par. 559–563.
8. vedi il sito web: www.alchemylab.com.
9. Waite, A.E.: *The Hermetic Museum*, Londra 1953, 1, 13.
10. *Aurora Consurgens*, pag. 242.
11. Dal *tractatus aureus*, citato da Jung nel par. 155 di Opere Complete, vol. 12, *Psicologia e alchimia*. Paragona il passo in Proverbi 4:6–8 "Non abbandonarla ed essa ti custodirà, amala e veglierà su di te".
12. *Aurora Consurgens*, pag. 186.
13. ibid, p. 192.
14. ibid, pp. 35 e 37. Confronta con Proverbi 3:13–18.
15. ibid, p. 133.
16. ibid, pp. 141 e 143.
17. C. G. Jung: *Opere Complete*, vol. 14, *Mysterium Coniunctionis*, par. 317.
18. *Aurora Consurgens*, pag. 205.
19. ibid, p. 324 da *Carmina Heliodori*.
20. Griffiths, Dom Bede: *Ritorno al centro*, Lindau, Torino 2016.
21. dal sito web www.alchemylab.com.

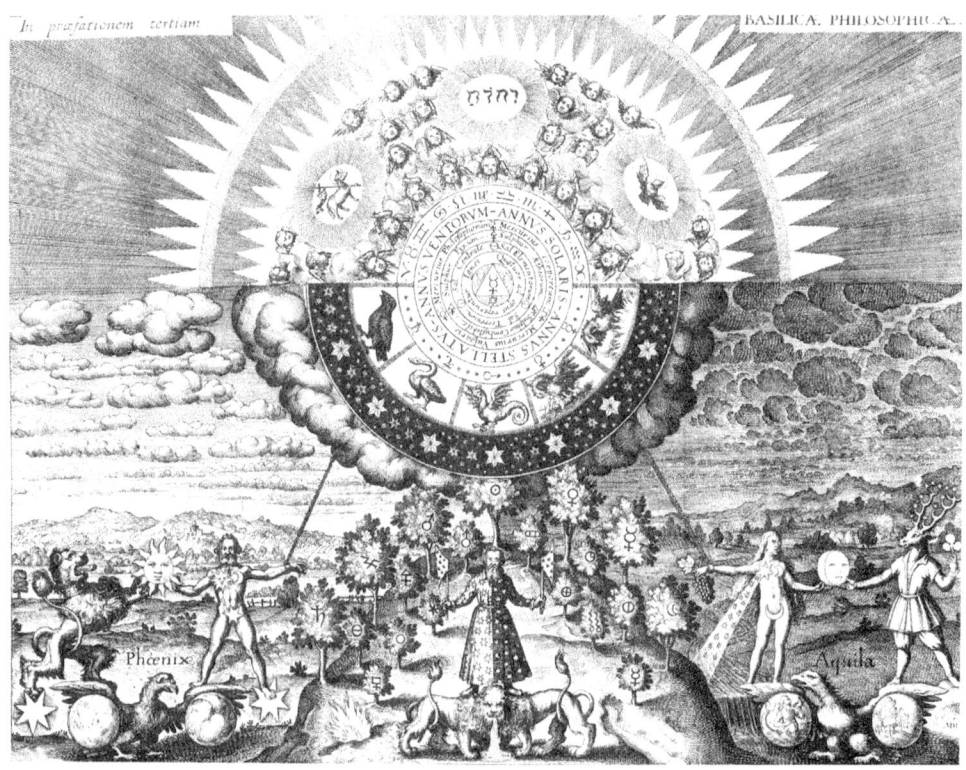

Compimento della Grande Opera
Incisione di Matthäus Merian, ca. 1630

Sopra la Santissima Trinità e gli angeli della Luce che influenzano lo zodiaco. Sotto il Corvo del *Nigredo*, il Cigno dell'*Albedo*, il Drago, il Pellicano che simboleggia il mercurio lunare e la Fenice che simboleggia lo zolfo solare. Sulla destra c'è la figura di uno sciamano dalla testa di cervo che regge una luna e la figura di Luna con un flusso di stelle che scorre dal suo seno e un grappolo d'uva tenuto in mano. Sotto di loro c'è un'aquila con le ali che avvolgono l'acqua e la terra. A sinistra c'è la figura di Sol e un magnifico leone, insieme con un'immagine del sole. Sotto di loro c'è una fenice con le ali che avvolgono il fuoco e l'aria. La figura centrale dell'alchimista o qabbalista con indosso una veste a stelle, circondato dai segni dello zodiaco, si erge su due leoni con una sola testa. Dalle loro fauci scorre un flusso di acqua viva. Sol e Luna sono collegati al corpo sottile del cosmo. Tutta questa magnifica scena simboleggia l'unità indissolubile della Pietra d'Oro e l'unione dell'alchimista con l'*unus mundus*, il terreno divino e anche l'unione del Sopra e del Sotto.

Prima Fase: Lunare ☾
Original Participation

Seconda Fase: Solare ☉
Separazione

Cosmo Dio e Mondo visti come oggetti

Mente e Anima Separate

Terza Fase: Stellare ✱
Il Matrimonio Sacro
Partecipazione Conscia
in un Cosmo con anima

Mente e Anima Riunite

Tre fasi dell'Evoluzione della coscienza
adattate dal diagramma originale dell'Autrice

Capitolo diciannove

All Di Là Del Velo: La Sopravvivenza Dell'Anima E La Vita Oltre La Morte

Poiché la vita è eterna e l'amore immortale e la morte solo un orizzonte, e un orizzonte non è altro che il limite al nostro vedere.
— Anonimo

Non c'è morte — solo un cambio di mondi.
— Capo nativo americano

Nessun libro sull'anima può essere completo senza una considerazione di cosa ci accade dopo la morte. È davvero sorprendente che dopo millenni di vita umana su questo pianeta e tutta la grande quantità di conoscenza ora disponibile, ancora non sappiamo praticamente nulla sulla più misteriosa, spaventosa ed entusiasmante esperienza della nostra vita: la nostra nascita e la nostra morte. da quale altra dimensione della realtà proveniamo quando nasciamo? E a quale altra dimensione della realtà andiamo quando moriamo? Le risposte a queste domande, che Socrate si pose alla vigilia della propria morte, nel racconto che ne dà il *Fedone* di Platone, sembrano più chiare allora di quanto lo siano ora, quasi duemilacinquecento anni dopo. Ancora più straordinario è il fatto che la scienza, e la nostra cultura nel suo complesso, fino a poco tempo fa, ignoravano l'esistenza del grande corpus di materiale raccolto negli ultimi cento anni da istituzioni dedite alla registrazione di esperienze fuori dall'ordinario: pre–morte, dopo–morte ed extra–corporee (NDE, ADE, e OBE, in inglese near–death, after–death and out–of–the–body experiences, Ndt), come le comunicazioni ai viventi da parte dei 'morti'. Né la scienza ha accettato come degne di attenzione le esperienze sciamaniche, di veggenti e mistici di tutte le culture e di tutti i tempi, che hanno testimoniato l'esistenza di altre dimensioni della realtà e la possibilità di entrare in comunione con esse. La visione della scienza ufficiale, secondo cui la morte del cervello fisico è la fine della coscienza, ha creato una sorta di sbarramento, chiudendo le nostre menti a questa prova e alla crescente evidenza che la coscienza non è limitata al cervello umano — confinandoci così a una prigione di nostra stessa creazione. Questa convinzione riduzionista si riflette in una dichiarazione di Stephen Hawking (riportata in *The Guardian* 2011): "I cervelli sono come i computer. Non c'è il paradiso o l'aldilà per i computer guasti; questa è una favola per le persone che hanno paura del buio".

In considerazione del fatto che la morte è sempre stata parte dell'esperienza umana e arriva per tutti noi, prima o poi, sembra strano che a qualcosa di significato enorme per tutti sia prestata così poca attenzione. Tuttavia, come Jung ha sottolineato nella sua autobiografia:

> Il razionalismo critico ha evidentemente eliminato, insieme a tante altre concezioni mitiche, l'idea della vita dopo la morte. Questo potrebbe essere successo solo perché oggigiorno la maggior parte delle persone si identifica quasi esclusivamente con la propria coscienza e immagina di essere solo ciò che sa di sé. Eppure, chiunque abbia soltanto un'infarinatura di psicologia può vedere quanto sia limitata questa conoscenza… sarà tuttavia scoperta una grande storia, che la nostra visione attuale, limitata, avrebbe escluso come impossibile.[1]

Finché la scienza insiste che l'universo è 'morto', senza dimensione interiore, coscienza o anima, e che il cervello fisico è l'origine della coscienza, queste credenze continueranno a paralizzare e strozzare lo spirito umano e a limitare l'orizzonte della nostra vista. Finché continuerà a credere con Bertrand Russell che "Nessun fuoco, nessun eroismo, nessuna intensità di pensiero e sentimento, può preservare una vita individuale oltre la tomba", continuerà a bloccare la crescita della comprensione umana e a soffocare il desiderio del cuore. Nel suo libro *Dark Night, Early Dawn* Christopher Bache commenta questa situazione:

> Il pensiero occidentale si è impegnato in una visione della realtà che si basa quasi interamente sul mondo in piena luce degli stati ordinari di coscienza, ignorando sistematicamente la conoscenza che si può ottenere dal cielo notturno degli stati non ordinari…. Intrappolata nell'orizzonte della mente a portata di mano, la nostra cultura crea miti sull'inattendibilità e l'irrilevanza degli stati non ordinari. Nel frattempo, la frammentazione sociale continua ad approfondirsi, riflettendo in parte la nostra incapacità di rispondere alle domande esistenziali più basilari.[2]

Questa visione ristretta della realtà ha lasciato un vuoto doloroso nelle vite di molti, che nulla può riempire, né un credo religioso, né il progresso scientifico, né il miglioramento delle condizioni materiali della vita, sebbene queste cose vengano presentate come tutto ciò che è necessario per migliorare la sofferenza della condizione umana. Ciò che manca è il senso di relazione con una dimensione invisibile, il sapere come questa relazione possa essere coltivata, e come la paura della morte possa essere essenzialmente sostituita dalla fiducia nella sopravvivenza. molti grandi maestri hanno indicato la strada per una esperienza diretta della realtà, ma il loro messaggio e i loro insegnamenti sono stati, in gran parte, mal interpretati o ignorati.

Il rifiuto di un campo di esperienza umana decisamente importante ha significato che le esperienze e le scoperte relative ad esso siano considerate irrilevanti o, peggio, sintomi di menti illuse o 'superstiziose'. Non abbiamo più accesso ad altri livelli o modi di coscienza perché la nostra mente 'razionale' negli ultimi quattro secoli ha sempre più ridicolizzato, denigrato e represso ciò che finora non è stata in grado di accettare, provare o comprendere. Ci ha quindi separati da quegli aspetti istintivi più profondi della nostra natura che hanno il potere di connetterci con altre dimensioni della realtà. L'accesso a quelle facoltà più profonde è stato negato per secoli e le ha portate ad atrofizzarsi per mancanza di utilità. Da questa desolazione metafisica — la negazione e la repressione di questi aspetti intuitivi, creativi e immaginativi di noi stessi insieme al senso che la vita è fondamentalmente priva di significato — è arrivato il nostro sistema di credenze secolari e una cultura di violenza crescente che ora ci minaccia con la disintegrazione della civiltà e, in definitiva, con la possibile estinzione della nostra specie.

Le parole accuratamente scelte di William James, scritte cento anni fa, sembrano più rilevanti che mai oggi:

> La nostra normale coscienza di veglia, la coscienza razionale come la chiamiamo, non è che un tipo speciale di coscienza, mentre tutt'intorno ad essa, separate da uno schermo più sottile, vi sono potenziali forme di coscienza completamente diverse. Possiamo attraversare la vita senza sospettarne l'esistenza; ma applica lo stimolo necessario, e con un semplice tocco ci sono, in tutta la loro completezza, tipi definiti di mentalità che probabilmente da qualche parte hanno il loro campo di applicazione e adattamento. Nessun racconto dell'universo che, nella sua totalità, lasci del tutto trascurate queste altre forme di coscienza può essere definitivo.[3]

La nostra comprensione della vita e di tutti gli aspetti ad essa intercon-nessi in questo momento è tragicamente deficitaria. Nel *Libro tibetano del vivere e del morire*, Sogyal Rinpoche scrive:

> Tutte le più grandi tradizioni spirituali del mondo, incluso naturalmente il Cristianesimo, ci hanno detto chiaramente che la morte non è la fine. Tutte hanno tramandato la visione di una sorta di vita futura, che infonde alla vita che stiamo conducendo ora un significato sacro. Ma nonostante i loro insegnamenti, la società moderna è in gran parte un deserto spirituale dove la maggioranza immagina che questa vita sia tutto ciò che esiste. Senza alcuna fede vera o autentica in un aldilà, la maggior parte della gente vive vite private di ogni significato ultimo.[4]

> Mi sono reso conto che gli effetti disastrosi della negazione della morte vanno ben oltre l'individuo: colpiscono l'intero pianeta. Credendo fondamentalmente che questa vita sia l'unica, la gente moderna non ha sviluppato una visione a lungo termine. Quindi non c'è nulla che impedisca loro di saccheggiare il pianeta per dei fini immediati e di vivere in un modo egoistico che potrebbe rivelarsi fatale per il futuro.... La paura della morte e l'ignoranza dell'aldilà alimentano quella distruzione del nostro ambiente che minaccia tutte le nostre vite.[5]

Supponiamo di sapere oltre ogni possibilità di dubbio che siamo immortali, che la definitività della morte è la più grande delle nostre illusioni. Supponiamo di sapere che la morte è semplicemente un cambiamento di mondi e che quando moriamo entriamo in un'altra dimensione della realtà, in un altro stato dell'essere, senza perdere la coscienza che abbiamo in questa. La prospettiva delle nostre vite cambierebbe se sapessimo che la morte è come una seconda nascita — una nascita in un mondo che è reale come questo, dove ci riuniamo con la famiglia e gli amici intimi, e possiamo esplorare, crescere e usare i nostri doni creativi con una libertà che molti di noi qui non hanno. Come cambierebbe il modo in cui viviamo le nostre vite in questo mondo se sapessimo che il viaggio oltre la morte del corpo ci condurrà in una vita enormemente espansa in più dimensioni o mondi oltre questo e che abiteremo un corpo dell'anima dopo che ci siamo separati da quello fisico?

Potremmo risvegliarci alla consapevolezza di qualcosa che una volta era conosciuto istintivamente e che è stato a lungo dimenticato: la comprensione che partecipiamo e che siamo contenuti nella coscienza creativa e nell'intelligenza amorevole dell'universo. Qualunque nome diamo a questa coscienza — Dio, Mente Universale o Intelligenza, Anima Cosmica, Energia o Spirito — non ha molta importanza. Ciò che importa è che riconosciamo l'esistenza di una dimensione della realtà oltre quella che conosciamo e iniziamo a entrarci in relazione.

In tutte le culture, anche nella nostra attuale secolare, la credenza nell'immortalità è profondamente, istintivamente presente nell'anima umana. Può darsi che questa credenza abbia origini lontane nell'osservazione della luna e nel suo processo ciclico di morte e rigenerazione. I più grandi miti del mondo antico — sumerici, egizi e greci, come pure il mito cristiano della morte e risurrezione di Gesù — tutti offrono l'immagine lunare della rinascita dopo i tre giorni di oscurità.

Mentre lavoravamo all'ultimo capitolo de *Il mito della dea*, Jules e io ci siamo imbattute in queste parole profondamente riflessive del poeta Rilke che allargano i confini della nostra visione limitata:

> La morte è il lato della vita da noi evitato, disatteso: dobbiamo cercare di raggiungere la più grande consapevolezza della nostra esistenza che è a casa in entrambi i regni illimitati, inesauribilmente nutriti da entrambi.... La vera cifra della vita si estende attraverso entrambi: non è né un qui né un aldilà, ma la

grande unità in cui gli esseri che ci superano, gli 'angeli', sono a casa.... Noi del qui e ora non siamo vincolati neanche per un attimo dal mondo del tempo, né limitati al suo interno... scorriamo sempre più verso coloro che ci hanno preceduto....[6]

L'intrusione improvvisa della morte

So che per molte persone, quando invecchiano, l'inevitabilità della morte pesa come una pietra sul cuore e tuttavia non possono condividere il loro dolore e l'apprensione con i figli o gli amici perché, anche se la morte è un'esperienza che ci tocca tutti, parlarne rappresenta ancora una profonda minaccia. In una cultura che crede che la coscienza abbia origine nel cervello e che la morte del cervello debba inevitabilmente portare all'estinzione della coscienza, raramente nelle discussioni emerge il tema della sopravvivenza dopo la morte. E così le preoccupazioni più profonde del cuore non possono trovare un canale di espressione. Visto questo silenzio, non è una sorpresa che il più grande dolore, la più grande paura che possiamo provare nella vita sia la perdita di una persona amata, un figlio o un compagno, credendo che siano persi per sempre o che riunirsi con loro sia incerto. Nonostante la mia fiducia nella sopravvivenza e la certezza che questa vita non sia la mia unica, la consapevolezza della morte evoca in me un profondo dolore. Prima o poi, come chiunque altro al mondo, sperimenterò la perdita di una persona amata e, alla fine, la mia stessa morte e la separazione da mio marito, mia figlia e mio nipote.

Così tanti milioni di persone oggi perdono la vita all'improvviso e prematuramente, non solo a causa di bombe o guerre terroristiche, ma per malattie devastanti come l'AIDS e il cancro, per incidenti mortali e disastri naturali imprevisti come terremoti e tsunami. La brutale intrusione della morte prematura di una persona cara nella vita delle persone, e l'angoscia per la loro profonda sofferenza, spinge a scoprire di più sul destino di quelli così improvvisamente banditi da questa dimensione. Molti anziani prolungano le loro vite con la paura della morte e della separazione da coloro che amano. Se sapessimo di più su ciò che accade dopo la morte, il dolore per la perdita di una persona cara si ridurrebbe e le persone sarebbero incoraggiate a fidarsi della propria sopravvivenza e a credere di non perdere per sempre coloro che hanno di più caro e vicino. Questa fiducia è particolarmente importante nella vita dei bambini, il cui dolore per essere abbandonato dalla morte di un genitore può svilupparsi, più tardi nella vita, in una rabbia incontrollabile o in modelli di comportamento autodistruttivo.

Nella società occidentale non fa più parte del rituale di morte sedere con il corpo o avere parenti e amici che vengono a salutare i defunti e mettere fiori nella bara. I bambini vedono raramente il corpo di un nonno o di un genitore e sono protetti dalla realtà di come appare un corpo morto. Molte persone vengono cremate anziché sepolte. Questa particolare cerimonia sembra quasi surreale perché finisce bruscamente dopo il numero assegnato di minuti per fare spazio al gruppo successivo di persone in lutto che viene a salutare una persona cara. Sebbene in un funerale o una cremazione ci possa essere menzione della vita eterna, di un ritorno a Dio e idee simili radicate e rassicuranti, la gente non ha alcuna idea di cosa possa essere l'aldilà, né di cosa possa comportare il passaggio da questa vita a un'altra, e neppure di come prepararsi per questa esperienza.

Che sia la nostra morte o la morte di qualcuno a noi vicino, possiamo essere profondamente turbati dal fatto che per quanta passione e sforzo, sofferenza e amore siano stati spesi nella vita, tutto ciò che abbiamo costruito, tutto ciò che abbiamo amato e avuto a cuore nelle nostre vite o in quelle di coloro che amiamo, deve essere abbandonato, spesso senza preparazione. Inoltre, tutta quella ricca esperienza è, per così dire, andata per sempre, svanita in un momento, senza lasciare traccia. Molte persone che hanno perso i propri cari spesso provano verso i defunti sentimenti di dolore profondo, di colpa e rabbia, nonché di rimpianto per 'quanto è rimasto incompiuto', sentimenti che possono influenzarli per il resto della loro vita.

Cosa portiamo con noi mentre ci avviciniamo alla soglia della morte? Sicuramente la quintessenza del nostro essere: i ricordi di ciò che abbiamo amato; l'amore dei figli e dei nipoti cui abbiamo dato la vita; l'amore degli amici che abbiamo amato e che ci hanno amato; il lavoro creativo il cui residuo ci lasciamo alle spalle — parte visibile, parte invisibile — perché nessuno può esprimere tutta la gamma del suo essere, né i più vicini a noi possono conoscerne l'estensione. Quando mia madre è morta, ho istintivamente messo una rosa nella sua bara come simbolo del mio amore per lei e della continuità della mia relazione con lei. Diversi anni dopo sono rimasta sbalordita nel sentire una medium dire che mia madre era stata molto toccata dal mio gesto di addio. Le sue parole non mi hanno davvero sorpresa, ma hanno confermato quello che già sentivo essere vero: che la nostra coscienza sopravvive alla morte.

Grazie alla mia precoce esperienza extra–corporea e alla direzione che la mia vita prese in risposta a quell'avvenimento e ai primi messaggi ricevuti da mia madre e dalle sue amiche, ho raccolto negli anni la testimonianza di molte persone che hanno parlato delle loro esperienze extra–corporee e di come queste abbiano cambiato la loro vita e il loro atteggiamento nei confronti della morte. La varietà dell'esperienza umana è così ricca, ampia e affascinante che sento che è essenziale includere questa esperienza soggettiva in ogni considerazione su ciò che è di grande valore per noi. E cosa potrebbe essere di maggior valore se non sapere che la coscienza sopravvive alla morte del corpo e anche sapere cosa ci succede realmente quando moriamo? Sebbene io abbia un enorme rispetto per la scienza come metodologia, non accetto la convinzione riduzionista che il cervello sia l'origine della coscienza perché sembra poco plausibile alla luce di ciò che io e molti altri abbiamo sperimentato, delle prove che ora sono disponibili al riguardo e della testimonianza di visionari, mistici e sciamani delle culture passate e presenti.

Effetti della paura della morte

Mi chiedo se la violenza così endemica nell'umanità possa nascere non solo dall'esperienza della perdita calamitosa, ma anche dall'inconscia paura della morte, dalla rabbia derivante dal fatto che sappiamo così poco dello scopo più profondo della nostra presenza su questo pianeta e dal fatto di credere di avere una sola vita da vivere. La paura della morte e il desiderio di assicurare la nostra stessa sopravvivenza ci hanno portato a uccidere gli altri senza la consapevolezza che nel farlo, stiamo ferendo tutta la vita. Che senso avrebbe celebrare l'uccisione di altri se sapessimo che i nostri corpi erano solo un involucro temporaneo per una coscienza immortale? Quale senso l'enorme motore di distruzione che secoli di guerre hanno creato con l'obiettivo di distruggere il corpo? Realizzeremmo forse che tutti i nostri sforzi per conquistare, controllare e uccidere gli altri al fine di proteggere il nostro gruppo tribale o estendere il suo potere sono uno spreco di risorse, energia e vita preziosa?

Per secoli, ai cristiani è stato insegnato a credere che la morte fosse una punizione introdotta nel mondo a causa del peccato della Caduta, e che la morte redentrice di Cristo sulla croce avesse spezzato il potere della morte e ci avesse dato accesso al regno dei cieli — purché fossimo battezzati come cristiani. Secondo questa dottrina, al risorgere in un corpo fisico (non un corpo spirituale) nel Giorno del Giudizio, dovevamo essere battezzati nella fede cristiana. Non essere stato battezzato condannava il non credente e, fino a poco tempo fa nella religione cattolica, anche il neonato, a rimanere nel limbo. L'ateo, ovviamente, crede che la morte sia la fine. Ha solo questa vita e niente oltre. Cosa c'è nella nostra società che possa preparare le persone alla vita oltre la morte?

Credenze passate sulla sopravvivenza dell'anima

Per migliaia di anni le culture sciamaniche hanno saputo che esiste una scala di collegamento tra questo mondo e una realtà invisibile e che quella realtà sostiene, permea e interagisce con la nostra. Anche ai giorni nostri hanno mantenuto una connessione con i loro antenati. Ovunque sia esistita una forte mitologia lunare, c'è stata la credenza nell'immortalità dell'anima.

Se guardiamo indietro fino all'Egitto dell'Età del Bronzo, troviamo una cosmologia altamente sviluppata e completa e un concetto dettagliato della sopravvivenza dell'anima dopo la morte. Quella straordinaria civiltà era consapevole dell'aldilà come di questa vita. Le persone vivevano nella consapevolezza della presenza del mondo invisibile e delle dee e dèi che abitavano il cosmo stellato e scendevano ogni giorno nei loro templi. Lungi dal vedere la morte come estinzione, gli egizi la vedevano come un viaggio verso il risveglio alla vita cosmica e alla dimensione invisibile che chiamavano *Dwat*. Il *Libro dei Morti* e molti libri sugli Inferi sono guide per entrare con stati di consapevolezza spirituale sempre più raffinati in questo regno invisibile. Quando un egizio lasciava il corpo fisico, il suo *ba* (anima) poteva aggrapparsi al corpo, incapace di liberarsi dall'identificazione con la vita precedente e poteva quindi rimanere legato a questo piano terreno. Ma, con l'aiuto degli dèi poteva trovare la liberazione da questo stato e trasferirsi in un corpo spirituale chiamato *sah* o *sahu*. Nel suo stato pienamente risvegliato, il corpo spirituale era rappresentato dall'*akh*, il 'fulgido', la 'forma splendente', simboleggiato dall'ibis crestato. In questo corpo splendente, l'anima *ba* poteva essere portata ai piani cosmici superiori associati con il sole e le stelle. Gli egizi descrivevano questa esperienza come "Avanzare nel giorno".[7]

Allo stesso modo, a Eleusi nell'antica Grecia, i rituali segreti dei Misteri, che si crede siano durati per oltre mille anni, davano agli iniziati la certezza dell'immortalità: "Chi ha visto i Misteri non assapora la morte".

Ci sono quattro altre antiche cosmologie che parlano di molteplici mondi e dimensioni nascoste: le tradizioni mistiche vedica, sufi, tibetana ed ebraica della Qabbalah. Come spiegato nei precedenti Capitoli, la Qabbalah riconosce quattro mondi o piani interconnessi di esistenza, definiti come un Albero della Vita, ciascuno contenente molti più mondi o dimensioni, ognuno dei quali trasmette la luce che emana dalla fonte divina, rendendo infine manifesto il nostro mondo materiale. In questo mondo tutto è il riflesso del suo prototipo nei mondi superiori di vibrazioni più sottili. Tutto è sacro perché emanato e contenuto nella terra divina. Da qui il detto qabbalistico, che in realtà ha origine in Egitto: "Come Sopra, così Sotto".

All'interno di questa tradizione, come nell'Ebraismo, nel Cristianesimo, nell'Islam, nell'Hinduismo e nel Buddhismo, c'era (e c'è tuttora) una credenza nell'esistenza di angeli o esseri spirituali che intervengono per aiutare e guidare l'umanità. C'era e c'è ancora la credenza che l'anima sopravviva alla morte del corpo fisico. Stranamente, tuttavia, ad eccezione del buddhismo tibetano, non vi è alcun manuale o guida offerta che possa prepararci a ciò che incontreremo nei mondi ultraterreni.

Molto tempo fa, nell'ottavo secolo, il grande maestro buddhista tantrico Padmasambhava, che aveva portato il buddhismo in Tibet, elargì ai suoi più stretti discepoli e al sovrano del Tibet un insegnamento sull'esperienza dopo la morte. Su sua richiesta, il testo di questo insegnamento rimase nascosto in una delle montagne sacre del Tibet, per attendervi il tempo stabilito in cui era opportuno che fosse trovato e reso disponibile per un mondo più ampio. Seguì una lunga era di persecuzioni ma, incredibilmente, nel XV secolo, il testo dell'insegnamento di Padmasambhava fu trovato e le informazioni in esso contenute furono diffuse in lungo e in largo attraverso le regioni montuose adiacenti al Tibet. All'inizio del secolo scorso, due grandi studiosi, W.Y. Evans-Wentz e il Lama Anagarika Govinda, ne tradussero un capitolo in in-glese e questa traduzione fu pubblicata per la prima volta nel 1927 come *Il libro tibetano dei morti*. La terza edizione di questa traduzione fu pubblicata nel 1957 dalla Oxford University Press con un commento di Jung. Ora, per la prima volta, Penguin ha pubblicato l'intero testo di dodici capitoli, o sezioni, in una nuova traduzione chiamata *Il Libro tibetano dei morti*, con l'introduzione e il commento di sua Santità il Dalai Lama (2005).

I più grandi maestri spirituali hanno testimoniato l'esistenza di questa realtà trascendente; ne hanno sperimentato le dimensioni superiori; possono persino esserne gli emissari. Solo purificando le porte della percezione, come ci ha consigliato Blake, possiamo diventare consapevoli della presenza di questi mondi trascendenti. Durante l'ultimo quarto del ventesimo secolo, un numero crescente di persone si è convinto, attraverso la propria csperienza soggettiva e leggendo i numerosi libri sull'argomento, che la coscienza continua oltre la morte del corpo. Coloro che sono stati improvvisamente catapultati in un'esperienza quasi mortale o fuori dal corpo e sono tornati ai loro corpi hanno scoperto di aver dato loro una nuova prospettiva sulla vita. Ora vivono la vita in un modo diverso, con meno paura della morte e un maggiore senso di responsabilità per le loro azioni.

Reincarnazione

In una cultura lunare, l'idea di avere molte vite, di entrare e uscire da questa dimensione fisica della realtà, sarebbe stata concepita come perfettamente naturale, data l'influenza dei cicli ricorrenti della luna. Sono da lungo tempo convinta che abbiamo molte vite, frammenti delle quali potrebbero tornare a noi, alcuni vividi e alcuni come un debole ricordo — forse come desiderio di un luogo specifico o la forte attrazione per qualcuno che ci sembra stranamente familiare o, al contrario, una paura o antipatia per luoghi o persone che conosciamo a malapena. Quando andai in India per la prima volta e scoprii la credenza nella reincarnazione sia nell'hinduismo che nel buddhismo, non pensai mai di metterla in discussione. Mi sentivo totalmente a mio agio in queste religioni così diverse dalla mia. A causa dell'ampiezza e profondità del loro concetto di divinità e dell'Unità della vita, le

Upanishad e *la Bhagavad Gita* significarono per me più dell'immagine cristiana di un Dio remoto con cui ero cresciuta. Mi ritrovai attratta dallo studio della vita e dell'insegnamento del Buddha e dalle meravigliose immagini di lui che si erano diffuse dall'India in tutta l'Asia, in Cina e in Giappone. Erano così sorprendentemente diverse dalle immagini del Cristo crocifisso.

Mi sembrava ovvio che dovessi rispettare migliaia di anni di contemplazione nelle tradizioni che erano molto più antiche del Cristianesimo e, inoltre, l'idea che avessimo molte vite sembrava così logica. Una vita non è abbastanza lunga da comprendere tutti gli aspetti della condizione umana, o da abbracciare tutto quello che in me voleva vivere e sperimentare, né mi dava il tempo di imparare tutto ciò che volevo sapere, né applicare quella conoscenza a come vivere la vita, comunque dovesse svolgersi. L'idea di una vita sola era claustrofobica e in qualche modo oltraggiosamente limitata. L'idea di rinascere continuamente in questa dimensione materiale fino a quando fossimo in grado di recuperare la conoscenza della nostra origine divina e iniziare coscientemente a relazionarci con quella fonte o terreno aveva perfettamente senso.

L'insegnamento sugli effetti karmici a lungo termine delle mie azioni, portati avanti di vita in vita, mi rese più consapevole della necessità di agire con maggiore consapevolezza di come vivevo e di come trattavo le altre per-sone. Il concetto di karma sembrava più compassionevole, come spiegazione e liberazione dalla sofferenza, del concetto di peccato originale (sebbene il suo aspetto ombra si rifletta nel disprezzo con cui le persone in India trattano co-loro che appartengono alla casta più bassa, credendo che la loro nascita in quella casta indichi infrazioni in un'altra vita). C'erano così tante domande a cui non si poteva rispondere se il quadro si fosse limitato a un'unica vita. Ma se allargato per abbracciare molte vite, tutto assumeva più senso. C'era più tempo per fermarsi e riflettere sulle cose invece di riempire ogni momento di attività frenetica, nel caso qualcosa fosse stato lasciato fuori dalla mia unica e sola vita.

In un libro recente, *Science and the Re–enchantment of the Cosmos* (2006), il Dr. Ervin Laszlo riassume le visioni delle molte culture e dei popoli che hanno creduto nella reincarnazione:

> Per migliaia di anni è stata una parte intrinseca del mito, della metafisica e della filosofia. È un elemento essenziale nell'Hinduismo, nel Buddhismo, nel Jainismo, nel Sikhismo, nello Zoroastrismo, nel Buddhismo tibetano Vajrayana e nel Taoismo. È presente nei sistemi di credenze delle tribù africane, dei nativi americani e delle culture precolombiane, dei Kahuna hawaiani, dei Galli e dei Druidi. Fu adottato dagli Esseni, dai Farisei, dai Caraiti e da altre tribù e gruppi ebraici; rimane un elemento importante nella Qabbalah. Nell'antica Grecia lo sottoscrissero Pitagorici e Orfici. Platone parlava di "metempsicosi" (la

trasmigrazione della psiche) in molti dei suoi famosi dialoghi — *Fedone, Fedro, Repubblica* e *Timeo* — Giulio Cesare la menzionava come una dottrina mantenuta dai Celti e gli storici romani notavano che era condivisa dal popolo germanico.[8]

La reincarnazione fece parte della dottrina cristiana fino alla sua rimozione al tempo del secondo Concilio di Costantinopoli nel 553 dC (Quinto Concilio Ecumenico), quando l'imperatore Giustiniano pose l'anatema sugli insegnamenti del grande maestro cristiano Origene sulla preesistenza dell'anima. Origene, (circa 182–251 dC), descritto da San Gregorio come "il principe della conoscenza cristiana nel terzo secolo", aveva scritto: "Ogni anima viene in questo mondo rafforzata dalle vittorie e indebolita dalle sconfitte delle sue vite precedenti". Nel 529 dC Giustiniano chiuse la splendida e millenaria Accademia Platonica di Atene, scacciandone il suo ultimo insegnante Damascio. Fortunatamente questi e gli altri maestri furono invitati dal Re di Persia, perché insegnassero nella grande università vicino all'odierna Bassora. Portarono con sé i preziosissimi manoscritti dell'Accademia che, alla fine, attraverso la Spagna Araba raggiunsero le Scuole di Chartres e di Parigi nella Francia del dodicesimo secolo. Questa storia straordinaria è raccontata in un libro, intitolato *Europe's Debt to Persia from Ancient to Modern Times*. La civiltà occidentale fu impoverita per circa mille anni dalla perdita dell'eredità dell'insegnamento platonico e neoplatonico, con tutta la sua ricca comprensione della natura dell'anima. Poi parte di questa eredità non fu recuperata, nel dodicesimo secolo, per mezzo delle scuole di Chartres e di Parigi, dando origine allo splendore delle cattedrali gotiche; tuttavia divenne pienamente accessibile solo nell'Italia del XV secolo quando Cosimo dei Medici incaricò il filosofo Marsilio Ficino di tradurre le opere di Platone.

Guarire i traumi delle vite passate

La regressione alle vite passate è un approccio di recente sviluppo che permette una comprensione più profonda di noi stessi e conferma il fatto che ognuno di noi conserva l'esperienza e la memoria di molte altre vite. Usando questo metodo di regressione, possiamo accedere ai ricordi sepolti che sono trattenuti di vita in vita nel campo più ampio dell'anima. Possiamo, ad esempio, rivivere e guarire il trauma di una morte terribile occorsaci in un'altra vita, la cui memoria, mantenuta al livello inconscio della psiche, influenza la nostra salute mentale e fisica in questa, trasmettendo un'eredità di costante ansietà e ossessiva paura o colpa. Roger Woolger († 2011) è stato un analista junghiano e un pioniere in questo campo. Negli ultimi due decenni ha lavorato per sviluppare la regressione alle vite passate, definendola "Processo di memoria profonda". Come scrive nel suo libro più recente, *Healing Your Past Lives* (2004), questo metodo "offre una serie di strumenti per scavare nei recessi profondi della mente inconscia — ciò che chiamiamo anima — per scoprire dove sono immagazzinati i ricordi dell'esistenza passata e riportali alla luce.... Possono aprirti la realtà trascendente dell'anima".

I ricordi fisici, emotivi e mentali e i ritornelli negativi di altre vite possono influenzare la nostra vita presente, inibendo la nostra capacità di rispondere alle difficoltà e alle sfide della vita in modo positivo. Una grave depressione in questa vita può derivare dal ricordo di un trauma riportato in un'altra. Un individuo può ripetere i modelli negativi di una vita precedente essendo attirato da situazioni o persone che possono ri–costellare gli effetti del trauma originale. Per quanto riguarda la guarigione di questo trauma, molte persone sono impegnate nell'aiutare a liberare le anime di coloro che sono ancora legati a questa dimensione dalla loro sofferenza, in particolare le anime dei soldati uccisi in guerra che potrebbero non rendersi conto di essere morti o quelli che hanno incontrato una morte atroce per mano di altri. Uno dei modi più efficaci per aiutare quelli che abbiamo perso è immaginarli immersi nella luce, guariti, interi e privi di dolore e angoscia come chiaramente descritto nel libro di Sogyal Rinpoche. Il lavoro pionieristico di Edith Fiore, come spiegato nel libro *The Unquiet Dead*, è di particolare nota in questo contesto, così come il lavoro dell'analista junghiano Edward Tick, che opera con i veterani di guerra e le anime dei morti, descritto nel libro commovente *War and the Soul* (vedi Capitolo tredici). C'è così tanto che deve ancora essere scoperto. Ciò che percepiamo in questa dimensione fisica della realtà è solo una frazione del tutto.

Principali fonti di documentazione sulla sopravvivenza dopo la morte

Vi è ora una vasta quantità di prove per la nostra sopravvivenza oltre la morte del corpo, nonché studi dettagliati su come diverse tradizioni religiose prevedono che sia l'aldilà. Molte di queste prove sono state attentamente esaminate da un numero di illustri personaggi, tra cui scienziati e avvocati, interessati ad accertare i fatti sulla nostra sopravvivenza. Una delle più importanti testimonianze proviene da un libro intitolato *The Supreme Adventure* (pubblicato nel 1961 e nel 1974) dello scienziato Dr. Robert Crookall. Questi ha analizzato una grande quantità di materiale proveniente da ogni paese e continente — Brasile, Sud Africa, Tibet, Europa, India e Australia — e ha scoperto che tutti i racconti erano coerenti.

Ci sono almeno sette principali fonti di prova sulla nostra sopravvivenza dopo la morte e queste sono state raccolte su un sito web eccezionale e pieno di informazioni: www.victorzammit.com. Tra queste fonti ci sono:

1. Decine di migliaia di esperienze di pre–morte e extra–corporee (OBE e NDE).
2. Comunicazioni da parte di persone morte per mezzo di medium di alto livello.
3. Esperienza diretta attraverso chiaroveggenza, chiaroudienza e visioni sul letto di morte.
4. Esperienze extra–corporee di sciamani e osservatori remoti.
5. Testimonianza di cardiologi tra cui il dott. Pim van Lommel dei Paesi Bassi, il cui libro, *Coscienza oltre la vita: la scienza dell'esperienza di premorte*, è stato pubblicato in Italia nel 2017.
6. Gli stati olotropici registrati da Stanislav Grof, M.D. e Hal Zina Bennett in *La mente olotropica* e da Christopher Bache, che ha descritto la sua esperienza rivelatrice della natura interiore dell'universo in due libri: *Dark Night, Early Dawn*, e *Diamonds from Heaven* (in uscita).
7. Fenomeni di voce elettronica (Electronic voice phenomena, EVP) e trans–comunicazione strumentale (Instrumental trans–communication, ITC).

Una grande pioniera

La più grande pioniera moderna che ha affrontato il tema della vita dopo la morte per la cultura occidentale nel suo insieme è stata la dottoressa Elisabeth Kübler–Ross. Come il sorprendente impatto del libro di Rachel Carson *Silent Spring* del 1962, che aprì la nostra consapevolezza alle preoccupazioni ecologiche, la pubblicazione nel 1969 del suo libro *La morte e il morire* strappò il velo opaco che aveva avvolto l'argomento morte.[9] Quasi sola, assistita da una forte personalità e da una vasta esperienza clinica di medico e psichiatra, ruppe il tabù sul tema della morte e trasformò gli atteggiamenti verso la morte e la cura dei morenti. I suoi libri successivi, in particolare *La morte e la vita dopo la morte* (1991), mantennero il tema sotto gli occhi del pubblico e, grazie alla rapida diffusione delle sue idee attraverso i media e molti workshop in diversi paesi, portò molte migliaia, se non milioni di persone, ad avere una maggiore fiducia nella loro sopravvivenza dopo la morte e in quella dei loro cari.[10] I suoi scritti portarono ad avere una cura di gran lunga più attenta dei morenti e al rispetto dei loro bisogni — con la fondazione di molti hospice.

Accudire pazienti morenti le insegnò che molti di loro avevano esperienze, di pre–morte ed extra–corporee, che davano loro fiducia nella sopravvivenza oltre la morte del loro corpo. Sempre più affascinata da questo argomento, con il suo team studiò le registrazioni della storia clinica di oltre ven-timila persone, provenienti da tutto il mondo e con ogni tipo di background culturale e sociale, che avevano avuto una pre–morte ed erano tornate in vita dopo essere state dichiarate clinicamente morte.[11] Alcuni erano tornati in vita in modo naturale e alcuni attraverso la rianimazione medica. Paragonò la morte del corpo fisico alla muta di un involucro logoro o di un bozzolo, che rilasciava la "farfalla" dell'anima nella vita in un'altra dimensione. Queste migliaia di testimonianze la convinsero che la morte non esisteva — che era un'esperienza di transizione verso un altro stato di coscienza "in cui continui a percepire, a capire, a ridere e ad essere in grado di crescere".[12] Le sembrava che fosse niente di meno che una tragedia il fatto che tanti milioni di noi non ne fossimo a conoscenza. Si rese conto che, dopo molti anni di lavoro come psichiatra con pazienti schizofrenici e molti altri occupandosi di morte, aveva soprattutto bisogno di comunicare alla gente il fatto che la morte non è la fine della coscienza. "L'esperienza di morire è quasi identica all'esperienza della nascita. È la nascita in un'esistenza diversa, che può essere dimostrata in modo semplice. Per migliaia di anni siamo stati costretti a "credere" nelle cose che riguardano l'aldilà. Ma per me non è più una questione di credenza, ma piuttosto una questione di conoscenza".[13] Attraverso il lavoro di anni, Elisabeth Kübler–Ross, come gli altri che l'hanno seguita, fu in grado di definire esattamente cosa succede mentre ci spostiamo da questa dimensione dentro un'altra.

Descrisse come il primo stadio dell'esperienza di pre–morte inizi con una sensazione di serenità e calma, persino con sentimenti di gioia e beatitudine. Una persona può rendersi conto che sta lasciando il corpo, fluttuando sopra di esso e di avere la capacità, non familiare, di muoversi nella stanza e guardare in basso sul corpo, spesso dal soffitto.

> Non appena la tua anima lascia il corpo, ti accorgerai subito che puoi percepire tutto ciò che accade nel luogo della morte, che si tratti di una stanza d'ospedale, di un incidente o dovunque tu abbia lasciato il tuo corpo. Non registrerai questi eventi con la coscienza terrena, ma piuttosto con una nuova consapevolezza, anche durante il tempo in cui il tuo corpo non ha pressione sanguigna, né polso, né respiro e, in alcuni casi, non vi sono onde cerebrali misurabili.[14]

Scoprì che le persone fornivano descrizioni chiare di ciò che avevano visto accadere durante un intervento chirurgico, o una rianimazione cardiaca, o quando venivano sbalzati fuori da un'auto dopo un incidente, anche con dettagli come la targa dell'auto che li aveva colpiti. Potevano sentire le parole dei dottori e delle infermiere che lavoravano sui loro corpi sconquassati e potevano ripeterle più tardi agli assistenti attoniti e spesso scettici. Uno studio speciale da lei condotto sui non vedenti, mostrò che erano in grado di vedere e ricordare i colori, i gioielli, i vestiti e persino il modello di abito delle persone impegnate a rianimarli.

Nella seconda fase della NDE, le persone 'morte' che in precedenza erano state gravemente ferite, o forse cieche o sorde nella vita terrena, si rendevano conto di essere ristabiliti in perfetta integrità e salute. Quelli precedentemente ciechi e sordi riferirono che durante la loro NDE, potevano vedere e sentire. Persino i pazienti con sclerosi multipla e confinati su una sedia a rotelle dissero che durante la loro NDE erano stati in grado di muoversi di nuovo, persino di ballare e cantare. Una persona poteva essere pienamente consapevole di aver perso un arto in un incidente, ma nella NDE vedeva l'arto ricongiungersi al corpo. Questa esperienza sembra riflettere le parole del *Libro tibetano dei morti*, "Anche se potresti essere stato cieco, sordo o zoppo mentre eri vivo, ora i tuoi occhi vedono le forme, le tue orecchie sentono i suoni e tutte le tue facoltà sensoriali sono impeccabili, chiare e complete".[15] Anche se le parole tibetane si riferiscono alla persona che è appena morta piuttosto che a una che sta vivendo un'esperienza di pre–morte, la somiglianza è sorprendente.

Kübler–Ross scoprì che i bambini vicini alla morte passavano dentro e fuori da uno stato di NDE quando si avvicinava il momento. Dicevano che un nonno o un altro parente stretto era venuto dall'altra parte per stare con loro e aiutarli nella transizione. Mentre sviluppava il suo lavoro raccogliendo migliaia di esperienze di NDE, scoprì che nessuno di coloro che ne avevano avuta una aveva più paura di morire. Molti infatti volevano tornare nello stato fuori dal corpo in cui si sentivano guariti e integri. Poiché la cura dei bambini morenti era la sua preoccupazione speciale, si sedette con molti che erano stati portati in ospedale dopo incidenti automobilistici. Mentre sedeva a guardare i segni di serenità che precedevano immediatamente la morte, scoprì che a volte un bambino poteva dire che tutto andava bene e che i suoi cari lo stavano aspettando. In un caso che condivise, una bambina le disse che sua madre e suo fratello la stavano aspettando — anche se nessuno le aveva detto che sua madre e suo fratello erano stati uccisi nello stesso incidente.

Un altro caso eclatante menzionato da Kübler–Ross racconta di una giovane donna nativa americana che, mentre moriva tra le braccia di un estraneo che l'aveva soccorsa dopo che aveva avuto un incidente, gli aveva chiesto di comunicare a sua madre che era felice perché era con suo padre. Lo straniero fu così commosso da questa esperienza che guidò per settecento miglia, fino a una riserva indiana, per vedere la madre della donna. Lì gli fu raccontato che il padre della vittima era morto di infarto coronarico un'ora prima dell'incidente di sua figlia.[16] Furono riportati molti casi come questo dove la persona morente non sapeva della morte precedente di un altro membro della famiglia, eppure ne veniva accolta.

Il terzo stadio della NDE — che a volte può anticipare la consapevolezza che il corpo fisico è separato dalla coscienza che osserva — è l'esperienza di muoversi molto rapidamente attraverso un tunnel, o un imbuto, simile a un cilindro, spesso accompagnati da un forte boato come di vento impetuoso, valanga o cascata. Questa è l'esperienza che ho avuto io stessa quando avevo undici anni e ricordo che il forte rombo e il tunnel erano terrificanti perché non sapevo cosa mi stesse accadendo. Se avessi saputo allora quello che so adesso, la mia paura sarebbe stata notevolmente ridotta. Mentre si muovono attraverso il tunnel (non tutti sperimentano un rumore di accompagnamento), molte persone descrivono di vedere una luce alla fine di esso, che diventa più luminosa mentre avanzano finché si ritrovano immersi nella sua luminosità indescrivibilmente brillante. Nel 1480, l'artista Hieronymus Bosch dipinse questa scena esatta come parte di un dipinto più grande, mostrando la persona deceduta accompagnata da un angelo mentre entrava nel tunnel e un altro la stava aspettando in fondo.

Verso la fine del libro *La morte e la vita dopo la morte*, la dottoressa Kübler–Ross descrive la propria esperienza della luce e dell'amore del fondamento divino:

> Cominciò con una velocissima vibrazione, o pulsazione, della mia zona addominale che si diffuse attraverso tutto il corpo e poi a tutto ciò che i miei occhi potevano vedere: il soffitto, il muro, il pavimento, i mobili, il letto, la finestra, l'orizzonte all'esterno della finestra, gli alberi e infine l'intero pianeta terra. Era come se l'intero pianeta avesse una vibrazione ad altissima velocità, come se vibrasse ogni molecola. Allo stesso tempo, apparve qualcosa che sembrava un bocciolo di loto che si aprì in un incredibile, bellissimo fiore colorato. Dietro il fiore di loto apparve la luce di cui i miei pazienti parlano così spesso. E mentre mi avvicinavo a questa luce attraverso il fiore di loto aperto, con un vortice in una vibrazione profonda e veloce, gradualmente e lentamente mi immersi in questo incredibile amore incondizionato, in questa luce. Mi fusi con esso.[17]

L'amore incondizionato accompagna spesso un'esperienza di pre–morte e lei descrive come, poco dopo, mentre usciva da casa, avesse sperimentato "la più grande estasi dell'esistenza che gli esseri umani possano mai sperimentare su questo piano fisico. Ero in totale amore e incanto per tutta la vita intorno a me. Ero innamorata di ogni foglia, ogni nuvola, ogni filo d'erba, ogni creatura vivente". Non c'era, dice, "da mettere in dubbio la validità di questa esperienza, era semplicemente la consapevolezza di una coscienza cosmica della vita in ogni cosa vivente, e di un amore che non potrà mai essere descritto a parole".[18]

Elisabeth Kübler–Ross ha gettato le basi per un nuovo approccio all'esperienza del morire, basato sulla fiducia invece che sulla paura, e presenta la dimensione invisibile del Cosmo come amore e cura di coloro che stanno per lasciare questa dimensione. Nei suoi libri c'è una gentilezza, una vera compassione femminile, un'empatia, che è qualcosa di nuovo. C'è anche la forza feroce e appassionata necessaria per portare la sua visione in una cultura che tratta gli anziani nelle case di riposo e le persone che muoiono in ospedale con indifferenza scioccante, persino aperta crudeltà e disprezzo.

Tradizionalmente, sono state le donne a prendersi cura dei morenti proprio come si prendono cura dei neonati. Tuttavia, in passato, tutte le dichiarazioni sulla natura della morte e la sopravvivenza dell'anima, da qualsiasi tradizione religiosa provenissero, sono state formulate dagli uomini. Ecco, improvvisamente, la prospettiva di una donna sulla morte, l'esperienza di una donna della morte e la fiducia nella sopravvivenza dell'anima. Le sue esperienze e quelle di molti altri ci offrono l'opportunità di creare una nuova visione della realtà e un approccio illuminato alla morte che possa portare l'umanità a una diversa comprensione della vita e della morte. Nella penultima pagina di *Death, the Final Stage of Growth*, conclude, attraverso la sua annuale esperienza di lavoro con i morenti, che "la morte è la fase finale di crescita della vita. Solo il corpo muore. Il sé o lo spirito o in qualunque modo lo si voglia etichettare, è eterno".

Esperienze di pre–morte e arresto cardiaco

Alcuni cardiologi hanno registrato per qualche anno l'insorgere di esperienze pre–morte in caso di arresto cardiaco, uno stato in cui si conferma che il paziente è clinicamente morto – in uno stato di incoscienza causato da mancanza di ossigeno al cervello dovuta alla cessazione della circolazione e/o del respiro. Il Dr Pim van Lommel, un cardiologo che lavora in Olanda, ha pubblicato nel 2010 un libro dal titolo *Consciousness Beyond Life: the Science of the Near–Death Experience*, nel quale registra e commenta i risultati di uno studio che ha intrapreso per investigare questo fenomeno nei pazienti che hanno subito un arresto cardiaco, le cui esperienze durante questo 'stato inconscio' sono state registrate sotto condizioni controllate in un certo numero di ospedali. Egli si pone la domanda: "Come si può sperimentare una coscienza estremamente lucida fuori dal corpo mentre il cervello ha momentaneamente smesso di funzionare durante un periodo di morte clinica?" [19]

Le scoperte dello studio definitivo che risponde a questa domanda causarono scalpore internazionale quando venne pubblicato su *The Lancet* nel 2001 e suggerisce che ciò che è stato variamente nominato come mente, coscienza o anima esiste come un'entità separata dal cervello fisico e che una esperienza di pre–morte non può essere attribuita all'immaginazione, alla psicosi, all'epilessia o alla privazione di ossigeno. "L'esperienza della coscienza dovrebbe essere impossibile durante l'arresto cardiaco. Tutte le attività elettriche misurabili nel cervello si sono estinte e tutti i riflessi del tronco corporeo e del tronco cerebrale sono scomparsi. Eppure, durante questo periodo di disfunzione totale, alcune persone sperimentano una coscienza accresciuta e potenziata, nota come NDE". [20] Il suo libro dovrebbe essere letto da ogni neuroscienziato che è convinto che la coscienza inizi e finisca con il cervello fisico. Lo trovo uno dei libri più interessanti e completi che abbia mai letto sull'argomento della natura della coscienza e della sopravvivenza dell'anima.

Il Dr van Lommel cita un passo da un libro del neurofisiologo John C. Eccles, *Evoluzione del cervello e creazione dell'io*:

> Io sostengo che il mistero umano sia incredibilmente svilito dal riduzioni-smo scientifico, con la sua pretesa che il materialismo spieghi alla fine tutto il mondo spirituale in termini di modelli di attività neuronale. Questa credenza deve essere classificata come una superstizione. [...] Dobbiamo riconoscere che siamo esseri spirituali con anime esistenti in un mondo spirituale così come esseri materiali con corpi e cervelli esistenti in un mondo materiale. [21]

Il Dr van Lommel scrive: "È dura evitare la conclusione che la nostra coscien-za senza fine preceda la nascita e sopravviva alla morte indipendentemente dal corpo e in uno spazio nonlocale dove tempo e spazio non giocano alcun ruolo. Secondo la teoria della coscienza nonlocale, per la nostra coscienza non c'è principio né fine". [22] E osserva che:

> Una NDE è una crisi esistenziale e un'esperienza intensa di apprendimento. Le persone vengono trasformate dall'intuizione di una dimensione in cui il tempo e lo spazio non giocano alcun ruolo, dove il passato e il futuro possono essere visti, dove si sentono completi e guariti, e dove si può sperimentare la saggezza infinita e l'amore incondizionato. Queste trasformazioni sono principalmente alimentate dall'intuizione che l'amore e la compassione per se stessi, gli altri e la natura sono essenziali. Dopo una NDE, le persone si rendono conto che tutto e tutti sono connessi, che ogni pensiero ha un impatto su di sé e sugli altri, e che la nostra coscienza sopravvive alla morte fisica. La consapevolezza che ogni cosa è nonlocalmente connessa modifica sia le teorie scientifiche che la nostra immagine dell'umanità e del mondo. [23]

Il suo libro riassume quanto si è imparato sui differenti aspetti dell'esperienza di pre–morte negli ultimi decenni del ventesimo secondo e nel primo decennio di questo. Egli conclude il suo libro rivoluzionario con queste parole:

> Spesso è necessaria una NDE per convincere la gente a pensare alla possibilità di sperimentare la coscienza indipendentemente dal corpo e a rendersi conto che la coscienza è sempre stata e sempre sarà, che tutto e tutti sono connessi, che tutti i nostri pensieri esisteranno per sempre e hanno un impatto su di noi e su ciò che ci circonda, e che la morte in quanto tale non esiste. Una NDE offre l'opportunità di riconsiderare la nostra relazione con noi stessi, gli altri e la natura, ma solo se continuiamo a porre domande aperte e ad abbandonare i preconcetti. [24]

Una delle più recenti e interessanti di queste esperienze di pre–morte è stata raccontata da Anita Moorjani. Quando viveva a Hong Kong era stata portata all'ospedale per un cancro all'ultimo stadio e ci si aspettava che morisse entro poche ore. Questo è un estratto della sua esperienza che ho letto per la prima volta su Internet ed è ora descritto nel libro, *Morendo ho ritrovato me stessa* (2012):

> In quel momento andavo alla deriva, dentro e fuori dalla coscienza, e potevo sentire il mio spirito lasciare davvero il corpo. Vedevo e ascoltavo le conversazioni tra mio marito e i medici che si svolgevano fuori dalla mia stanza, a una decina di metri di distanza in un corridoio. Poi, in realtà, "passai" in un'altra dimensione, dove fui sommersa da un sentimento di amore totale. Compresi con estrema chiarezza perché avevo avuto il cancro, perché in primo luogo ero entrata in questa vita, che ruolo vi avevano giocato, nel grande schema delle cose, tutti i membri della mia famiglia, e in generale come funziona la vita. La chiarezza e la comprensione ottenute in questo stato sono quasi indescrivibili. Le parole sembrano limitare l'esperienza — ero in un luogo in cui capivo quanto ci sia più di quello che siamo in grado di concepire nel nostro mondo tridimensionale. Mi resi conto di quale regalo fosse la vita e di essere circondata da esseri spirituali amorevoli, sempre intorno a me anche quando non lo sapevo.... La quantità di amore che sentivo era travolgente. Vidi le incredibili possibilità che noi umani siamo in grado di raggiungere durante una vita fisica. Scoprii che il mio scopo da allora in avanti sarebbe stato quello di vivere "il paradiso in terra" usando questa nuova comprensione, e anche di condividere questa conoscenza con altre persone.

Anita scoprì con stupore suo, della sua famiglia e dei suoi medici, che il suo cancro terminale in poche settimane era completamente guarito. Paragonò la sua normale esperienza di vita prima della sua NDE come vivere in un magazzino oscurato dove aveva solo una torcia per vedere cosa c'era nei suoi scaffali. La sua esperienza NDE fu come accendere la luce affinché ogni cosa nel magazzino potesse essere vista chiaramente per la prima volta. Il suo libro, pubblicato qualche anno, fa ha acceso la luce per molte migliaia di persone mostrando loro come quell'esperienza abbia cambiato la sua comprensione della vita e della morte. Nel corso della sua NDE ha capito che siamo tutti collegati: "Mi resi conto che l'intero universo è vivo e infuso di coscienza, che comprende tutta la vita e la natura. Tutto appartiene a un Tutto infinito. Ero dettagliatamente, inseparabilmente invischiata con tutta la vita. Siamo tutti aspetti di quell'unità — siamo tutti Uno, e ognuno di noi ha un effetto sul tutto collettivo".[25] Ci raccomanda di ricordare la nostra magnificenza e di non dubitare mai, neppure per un momento, che siamo circondati dall'amore e da esseri amorevoli.

C'è una crescente quantità di materiale che documenta le testimonianze registrate di decine di migliaia di esperienze pre–morte e fuori dal corpo, così come le prove raccolte attraverso organizzazioni come l'Alister Hardy Research Center di Oxford, e i molte video disponibili su YouTube. In uno di questi video, un neurochirurgo di nome Eben Alexander (2012) descrive la sua esperienza di una dimensione trascendente della realtà mentre era in un coma potenzialmente letale causato da meningite batterica. Il coma è durato sette giorni e durante questo periodo le scansioni TC del suo cervello non hanno mostrato alcuna attività nella neocorteccia. Aveva solo il 2% di probabilità di sopravvivenza e la possibilità di tornare a uno stato 'normale' era quasi zero. Eppure durante questa 'assenza' si ritrovò in un'altra dimensione della realtà: "Quello che ho visto e imparato in quel luogo mi ha messo letteralmente in un nuovo mondo: un mondo in cui siamo molto più del nostro cervello e dei nostri corpi, e dove la morte non è la fine della coscienza, ma piuttosto un capitolo di un vasto viaggio, incalcolabilmente positivo". Descrive ciò che ha visto in un libro intitolato *Milioni di farfalle: il paradiso esiste. Ci sono stato*. Ciò che più colpisce di queste esperienze è la loro vivida e precisa immaginazione e l'intensità delle emozioni generate, così come la capacità di cambiare la prospettiva delle persone sulla loro esistenza, dando loro la sensazione che la vita abbia un significato e un valore molto più profondi.

Ora c'è una sottocultura formata da migliaia di persone che hanno fame di saperne di più al riguardo. Questa fame sembra riflettere il bisogno dell'anima di avere una visione più profonda del significato della vita e della creazione di una relazione con altre dimensioni della realtà e con i propri cari che hanno lasciato questo mondo. Il credo per queste persone non è più sufficiente: vogliono sapere e vogliono connettersi. Molte migliaia di persone nelle culture indigene continuano a connettersi regolarmente con i loro antenati. Lo considerano perfettamente naturale e davvero necessario, per costruire relazioni continue a beneficio del particolare gruppo a cui appartengono e per allineare la vita della loro comunità con la vita più profonda del mondo invisibile. Ecco un'esperienza raccontata da una donna che ha praticato la visualizzazione sciamanica:

> Sono stato impegnata in un addestramento sciamanico formale per quasi due anni e uno dei nostri esercizi era viaggiare fino al momento successivo alla nostra morte. Non entrerò nei dettagli di tutto ciò che ho visto dall'altra parte, ma dirò che sono tornata con una sensazione radicalmente diversa della vita su questa terra. Ho visto qualcosa di ciò che descrivi, l'idea che questo mondo sia incorporato in una vasta matrice di vita cosmica. Una immagine — metafora — che ho ricevuto era di me in piedi in un centro immobile prima della rinascita, mentre intorno a me giravano, come in una grande giostra, degli "ingressi" in un mondo dopo l'altro, una dimensione dopo l'altra, un pianeta dopo l'altro. Erano tutti lì e si po-teva accedervi al momento giusto. Per quel che ne so, le possibilità sono infinite. Durante quella meditazione/visione ho visto più chiaramente che mai che questo non è un mondo imperfetto, "inferiore", come insegna il Cristianesimo. Esistiamo già in paradiso, se solo avessimo gli occhi per vederlo — la bellezza di questo mondo è immensa e abbagliante. Mi sono resa conto che in tutti i miei momenti migliori, specialmente nel mondo naturale — vicino all'oceano, sulla

cima di una montagna tra le sequoie, nei campi e nei boschi della mia infanzia —
ho sentito quell'unità, quella totalità, quell'estasi di appartenenza, quella senso
di immortalità e di eterno, quella comprensione che alla base del mondo tutto va
bene. Ho riconosciuto quella sensazione mentre guardavo attraverso gli ingressi
che portano ai confini di tutti quei mondi. [26]

Altre peculiarità delle esperienze di pre–morte

Molte testimonianze descrivono un "essere di luce" che viene loro incontro amorevole e le abbraccia — quasi la quintessenza stessa dell'amore. Questa è un'esperienza profondamente emotiva, il cui ricordo rimane quando ritornano alla vita terrena. Altri incontrano un parente stretto già deceduto, o un caro amico, che li accoglie e li rassicura. Anita Moorjani è stata accolta da suo padre e dalla sua migliore amica.

Un'ulteriore caratteristica della NDE è la testimonianza di un ripasso della vita, vissuta 'in un lampo' anche se include dettagli minuti di esperienze, relazioni, pensieri ed emozioni di molti anni di vita terrena. Le persone sono rese consapevoli di tutte le cose, dette e fatte, che hanno influenzato gli altri sia in senso positivo che negativo. La loro esperienza suggerisce che ogni pensiero, ogni parola che pronunciamo, ogni atto, è in qualche modo registrato. Anche gli eventi che sperimentiamo qui, come se fossero al rallentatore, in quell'altra dimensione sono accelerati. La nostra capacità di vedere questi eventi e di assimilarli in quel luogo è evidentemente accelerata.

La cosa interessante di questa particolare caratteristica della moderna esperienza di pre–morte è che riflette un'esperienza simile di epoca egizia, che ha dato agli egizi l'immagine mitica di Osiride come Giudice dei morti e del peso dell'anima sulle bilance della dea Maat. *Il libro dei morti* degli antichi Egizi mostra l'anima del defunto che passa attraverso la sala del giudizio per essere "pesata" prima di passare ai "Campi di Ra" o al mondo stellato del *Dwat*.

Vivere la propria vita nella consapevolezza che non solo sopravviviamo alla morte ma che ogni pensiero, ogni sfumatura di relazione, ogni atto è registrato in una dimensione più profonda della realtà dà una consapevolezza molto maggiore della nostra responsabilità per come ci comportiamo nei rapporti con gli altri e in che misura le nostre parole e le nostre azioni ne influenzano la vita e il benessere. Se tutte le nostre vite e la nostra coscienza sono collegate, questo ha perfettamente senso.

Naturalmente, le persone che sono state ferite in modo significativo vogliono rimanere in questo strano nuovo ambiente, spesso descritto come squisitamente bello. Tuttavia, se il loro destino è quello di tornare alla vita terrena, si imbattono in qualche tipo di barriera o incontrano qualcuno, un familiare defunto o forse un essere di luce, che spiega le ragioni per cui devono tornare: prendersi cura dei familiari o completare il compito terreno. La scelta viene lasciata a loro. Quando accettano il bisogno di tornare alla loro vita terrena, anche se a volte non senza proteste, si ritrovano nel corpo fisico, senza sapere esattamente come sono tornati.

Spostarsi da una dimensione a un'altra

In un libro intitolato *La morte e i sogni* della collaboratrice più stretta di Jung, Marie-Louise von Franz, ci sono descrizioni interessanti su come ci si sente a passare da una dimensione all'altra. Scrive:

> Tutti i sogni delle persone che affrontano la morte indicano l'inconscio, cioè il mondo dell'istinto, che prepara la coscienza non per una fine definita ma per una profonda trasformazione e per una sorta di continuazione del processo vitale che, tuttavia, è inimmaginabile per la coscienza di tutti i giorni.
>
> L'immagine della luce appare più spesso di qualsiasi altra nel nostro materiale. Jung ha espresso il presupposto che la realtà psichica potrebbe trovarsi a un livello di frequenza super luminoso, cioè potrebbe superare la velocità della luce. [27]

Uno dei racconti che cita è quello di un uomo che fu dato per clinicamente morto per ventitré minuti:

> Mi stavo muovendo molto velocemente verso una rete brillante che vibrava con una notevole energia fredda nei punti di intersezione dei suoi fili radianti. La rete era come un reticolo che non volevo sfondare. Per un breve momento il mio movimento in avanti sembrò rallentare, ma poi ero nel reticolo. Quando entrai in contatto con esso, lo sfarfallio della luce aumentò a tal intensità che si consumò e, allo stesso tempo, mi trasformò. Non sentii dolore La sensazione non era né gradevole né sgradevole, ma mi riempiva completamente. Da quel momento in poi tutto fu diverso — questo può essere descritto solo in modo incompleto. *Il tutto era come un trasformatore, un trasformatore di energia, che mi trasportava in un luogo senza forma al di là del tempo e dello spazio.* Non ero in un altro posto — perché le dimensioni spaziali erano state abolite — ma piuttosto in un altro stato dell'essere. [28]

Von Franz cita un'altra considerazione: quella di un architetto di nome Stefan von Jankovich:

> Una delle più grandi scoperte che feci durante la morte... fu il principio di oscillazione.... Da quel momento "Dio" rappresenta, per me, una fonte di energia primordiale, inesauribile e senza tempo, che irradia continuamente energia, assorbe

energia e pulsa costantemente.... Mondi diversi sono formati da diverse oscillazioni; le frequenze determinano le differenze.... Quindi è possibile che mondi diversi esistano simultaneamente nello stesso luogo, poiché anche le oscillazioni che non corrispondono tra loro non si influenzano.... Quindi la nascita e la morte possono essere comprese come eventi in cui, da una frequenza di oscillazione e quindi da un mondo, entriamo in un altro.[29]

Guarire il trauma per la perdita di una persona amata

Molte persone in lutto fanno l'esperienza di vedere i propri cari apparire o comunicare con loro in qualche modo, dopo la loro morte. Altri sentono la presenza molto forte di quella persona nella loro vita, come se fosse ancora vicina, tanto vicina da poterci avere un dialogo. Possono sentire la presenza dell'altro anche se non riescono a vederlo con gli occhi fisici. Spesso si notano sincronicità. Sogyal Rinpoche offre una pratica molto utile per inviare raggi di luce e di amore compassionevole a una persona amata, che può aiutarla se è in uno stato di paura e smarrimento dopo una morte traumatica.

Una delle più interessanti iniziative recenti per quanto riguarda il rasserenarsi dopo un trauma del lutto è stata analizzata in un libro del Dr. Allan L. Botkin intitolato *Induced After Death Communication* (2005). Usando la tecnica EMDR (Desensibilizzazione e rielaborazione attraverso il movimento oculare), che è stata usata con grande efficacia nel trattamento dei veterani con disturbo da stress post–traumatico, ha sviluppato un metodo per trattare il trauma del lutto portandolo a uno stadio ulteriore, che si traduce nella manifestazione effettiva dell'individuo che è morto o è stato ucciso. La persona in lutto scopre di poter vedere la persona 'morta' e talvolta parlare con lei. All'inizio esitante a comunicare ai colleghi questo nuovo sviluppo e il suo potenziale per la guarigione del trauma del lutto, il Dr. Botkin ha scoperto che più cresceva la sua esperienza, più aumentavano la sua fiducia e la sua sicurezza. Porta molte storie di casi per mostrare l'efficacia di questo nuovo e rivoluzionario metodo di trattamento del lutto e fa riferimento anche a casi di veterani che hanno visto uccisi i propri compagni o ne hanno uccisi altri in combattimento e riportano un profondo senso di colpa. Essere in grado di parlare con questi uomini deceduti, e rendersi conto che quelli che pensavano fossero morti sono vivi, rimuove l'enorme fardello di dolore e senso di colpa che possono aver portato per anni.

Mi chiedo se il nostro mondo e i mondi o le dimensioni che non possiamo vedere esistano come livelli nel vasto campo vibrazionale elettromagnetico dell'universo, in cui ogni livello vibra ad una velocità diversa. Sembra che il mondo dei 'morti viventi' si muova con una velocità vibratoria diversa dalla materia fisica del nostro mondo. Occasionalmente, in qualche modo che non comprendiamo ancora, questi diversi livelli si avvicinano o si sovrappongono, o forse il nostro campo di coscienza si espande, permettendoci di dare uno sguardo, una breve connessione, prima di ritornare al nostro solito stato. In un discorso sugli angeli, l'artista Cecil Collins ha pronunciato queste parole: "Forse non ci sono due cose, spirito e materia... ma diversi gradi di una realtà: diversi gradi di vibrazione su una scala dal livello più basso delle vibrazioni che chiamiamo materia, a quello più elevato, alla vibrazione e radianza del mondo di luce che è il mondo degli angeli. Vediamo secondo il nostro posto sulla scala delle vibrazioni".[30]

Riassunto dei mondi, o dimensioni, oltre il nostro

1. Siamo immortali e manteniamo la nostra individualità dopo la morte.

2. Come descritto nel Capitolo Quindici, ci sono letteralmente milioni di mondi, piani o dimensioni invisibili abitati da innumerevoli anime, ma sembrano esserci tre livelli base della realtà: il nostro mondo fisico; un mondo di anime multidimensionale intermedio; e un livello che va oltre la descrizione, che rappresenta ciò che può essere chiamato il mondo divino. Alcune anime si reincarnano in questo mondo materiale. Altre no. Sembra esserci una possibilità per le anime di circolare tra molti di questi mondi o dimensioni diverse della realtà.

3. Non esiste un paradiso o inferno specifico a cui le persone possano essere con segnate indefinitamente, ma ci sono stati dell'essere che possono essere paragonati a questi. Nelle comunicazioni che provengono dall'altra parte sono spesso citate le parole "Terra del sole" e "Terre delle ombre". C'è sempre la possibilità per le anime più elevate di dare aiuto a coloro che sono in stati più densi, più inconsci e questi hanno la scelta se rispondere o meno all'aiuto che viene offerto.

4. Non è ciò in cui crediamo, ma il modo in cui viviamo le nostre vite qui che ci attira sul piano che abiteremo là. Nessun salvatore realizza la nostra redenzione al posto nostro. Ci salviamo, ci riscattiamo e guariamo noi stessi attraverso la cura e il servizio che offriamo agli altri e alla vita perché abbiamo la capacità innata di farlo e perché portiamo la divinità dentro di noi, come parte della divinità inata di tutta la vita.

La luce e l'amore del fondamento divino, sottostanti e pervasivi in questa pletora di mondi o dimensioni, emanano dal piano più elevato e animano e sostengono tutti i mondi, tutti i livelli della realtà. Il fondamento cosmico dell'essere è descritto come un oceano incommensurabile di luce e amore. Il nostro mondo è permeato e sostenuto da questa luce cosmica e dall'amore, ma non possiamo vederlo né sentirlo. Noi e tutto su questo pianeta siamo l'incarnazione, la creazione di quella luce e di quell'amore. La luce nei mondi superiori non viene dal sole ma da questa ineffabile fonte. Più le zone o sfere sono vicine alla sorgente, più sono luminose e più fine è la loro frequenza vibratoria. La bellezza di queste zone elevate, interne e più sottili è indescrivibile. Una comunicazione registrata in un libro molto interessante scritto dall'avvocato Edward C. Randall, pubblicato per la prima volta nel 1922 e ripubblicato nel 2010, intitolato *Frontiers of the Afterlife*, afferma:

> Il nostro mondo è composto da materia reale e definita come la tua, ma quella materia vibra ad un ritmo più elevato, di conseguenza i tuoi sensi non sviluppati possono avere solo poca cognizione di essa. E, essendo la tua sfera composta di materia a un basso tasso di vibrazione, è quasi altrettanto difficile per noi manifestarci sul tuo piano quanto è per te penetrare il nostro.... Il principio di cooperazione tra i due piani è ciò che desideriamo stabilire, poiché questo principio di cooperazione è una condizione essenziale per lo sviluppo della coscienza, dalle vostre vibrazioni basse e stagnanti a quelle più alte e più sane e più in sintonia con l'anelito più profondo dello spirito, più in armonia con quel processo che opera per il destino ultimo e assoluto dello spirito in evoluzione dell'uomo.[31]

Tre corpi

Secondo le molte comunicazioni che sono state ricevute sulla natura della nostra esistenza in questa realtà trascendente, ognuno di noi ha diversi 'corpi' corrispondenti ai tre ordini di realtà descritti sopra e nel Capitolo Quindici: il piano fisico della realtà; il piano intermedio delle forme sottili dei mondi dell'anima e, infine, il piano dello spirito, o pura luce oltre la forma. In corrispondenza con questi tre ordini di realtà,

1. Abbiamo un corpo fisico per questo mondo materiale.

2. Abbiamo un corpo–anima o corpo–di–luce composto da particelle molto più sottili del corpo fisico, ma che assomiglia esattamente ad esso. In punto di morte, questo corpo–anima emerge dal corpo fisico ed è collegato ad esso da un filo d'argento. La morte si verifica quando il filo d'argento viene reciso dal corpo fisico. Quando scartiamo il corpo fisico, il nostro corpo dell'anima entra nel proprio e scopriamo con nostra sorpresa che non siamo morti ma molto vivi in un 'corpo' che ha le stesse caratteristiche del nostro vecchio, ma in uno stato più giovane e sano. In questo corpo–anima possiamo vedere e sentire come prima, solo più intensamente. Possiamo comunicare telepaticamente con gli altri e avere accesso istantaneo ai pensieri degli altri, nonché ai luoghi o alle persone che desideriamo vedere o con cui comunicare. Questo corpo–anima può creare la forma solo attraverso il pensiero e l'immaginazione, senza bisogno di parlare. In una certa misura possiamo visitare altri piani di quella realtà sottile, ma non possiamo visitare i più alti regni del mondo spirituale per molto tempo finché le

nostre vibrazioni dell'anima non saranno in sintonia con le vibrazioni molto sottili di quel piano di realtà.

3. All'interno del corpo dell'anima, abbiamo un corpo spirituale o una sequenza di corpi formati da particelle sempre più fini che corrispondono ai livelli superiori del mondo spirituale. Questi sono gradualmente svelati o ci entriamo intanto che ci avviciniamo sempre più alla luce del fondamento divino.

Coloro che non si rendono conto di essere morti o che si aggrappano ai ricordi e alle abitudini della loro vita terrena possono rimanere nelle regioni più dense e oscure conosciute come le Terre dell'ombra, a causa del danno che hanno fatto agli altri o a loro stessi, oppure a causa di credenze fisse impresse durante le loro vite terrene, o della loro incapacità di rendersi conto di essere morti e di trovarsi in un'altra dimensione della realtà. Per chiunque sia convinto che la morte sia la fine della coscienza, è uno shock rendersi conto di essere ancora cosciente e ci vuole tempo per adattarsi a questa realizzazione. La nostra cultura incoraggia le dipendenze di tutti i tipi e quando muoiono, le persone possono rimanervi intrappolate. Ma con l'aiuto di coloro che sono nelle sfere superiori possono spostarsi verso la luce. I bambini nati morti e i bambini che sono morti giovani sono apparentemente curati da adulti amorevoli e si riuniscono con i genitori quando arriva il momento per loro di effettuare la transizione.

> Quando un individuo, sulla terra o qui, omette di fare qualcosa che sente e sa di dover fare, l'intera creazione sente la perdita. Mentre quando facciamo qualcosa che aggiunge grandezza e statura alla vita, l'intero universo creato guadagna da quell'azione. Può farti rabbrividire dentro sapere e apprezzare quanto un pensiero, un'azione o la parola di una persona siano di vasta portata.[32]

Questa affermazione ricorda la Rete di Indra descritta nel Capitolo Quindici. In relazione alla chiarezza della visione e alla libertà di movimento che sembrano caratterizzare la vita nelle sottili dimensioni della realtà, noi, in questa dimensione fisica, viviamo un'esistenza ridotta o ristretta, racchiusa come un'ostrica nel guscio, come scrisse Platone nel *Fedro*.

Le forme di vita nel mondo dello spirito

Le forme dei mondi intermedi dell'anima e dei mondi spirituali superiori sono prototipi delle forme di questo mondo, solo più belle e straordinarie, proprio come le hanno descritte Platone e i mistici sufi. In questi mondi ci sono montagne, oceani, fiumi e laghi; rocce, alberi e fiori; animali, uccelli meravigliosi e splendide farfalle. Tutto è reale e familiare agli abitanti di questi mondi come le forme di questo pianeta lo sono per noi. Ma lì non abbiamo bisogno di mangiare, di guadagnarci da vivere, di procreare. Né abbiamo bisogno di difenderci da attacchi. Possiamo muoverci liberamente nella nostra anima o nei nostri corpi spirituali e quindi non abbiamo bisogno di strade asfaltate, automobili, treni, aerei. Non abbiamo bisogno di petrolio o elettricità. Possiamo comunicare telepaticamente con il solo pensiero, quindi non abbiamo bisogno di cellulari. Soprattutto, non abbiamo bisogno di soldi o banche perché possiamo creare case, arredi e giardini in cui vorremmo vivere, solo con l'immaginazione.

C'è molto da fare in questi mondi. Possiamo continuare con le attività che ci hanno interessato in questo: coltivare giardini, costruire case, immaginare, inventare, esplorare, scoprire e in generale sviluppare noi stessi e aiutare ad uscirne coloro che si sono persi nelle regioni più dense e buie. Qui ci sono case, magnifici templi, grandi città, scuole, meravigliose università e biblioteche; luoghi per scienziati e astronomi per studiare l'universo; per artisti e artigiani per creare bellezza; per scrittori per scrivere; perché gli insegnanti insegnino; perché i musicisti suonino. La bella musica è una delle funzioni più spesso commentate. La musica può apparentemente creare una forma. Ci sono ospedali in cui le persone possono riposare e riprendersi mentre si adattano al loro nuovo ambiente. Si possono fare nuove scoperte che possono essere comunicate agli scienziati sulla Terra, se sapranno ascoltare.

Il corpo sottile

Nel 1919 G.R.S. Mead, traduttore di importanti opere della filosofia egizia e neoplatonica e dei testi gnostici allora noti, pubblicò la sua *Dottrina del corpo sottile nella tradizione occidentale*.[33] Questo rivelò, come dice l'introduzione a una nuova edizione pubblicata nel 2005 (In Italia nel 2015, Ndt), che in Occidente, così come in Oriente c'è e c'è sempre stata una tradizione esoterica, riguardo al 'corpo sottile' dell'uomo. Ciò sembra corrispondere a ciò che nella tradizione cristiana viene generalmente definito come anima. Ma il concetto di anima come corpo sottile che abitiamo dopo la morte non è mai stato sviluppato dalla teologia cristiana né offerto alla cultura nel suo insieme, quindi l'insegnamento preesistente sulla sopravvivenza della coscienza dopo la morte del corpo, derivato dall'Egitto e, successivamente, dalla scuola platonica di Atene e dal neoplatonismo di Plotino fu praticamente perso.

Del corpo sottile Mead scrive: "Le congetture che lo riguardano variano con ogni fase della cultura e differiscono all'interno di ogni stadio. Ma la concezione sottostante mantiene invariabilmente il suo fondamento, e fa valere la sua pretesa di essere una delle convinzioni più persistenti dell'umanità in tutte le epoche e in tutti i climi".[34] Anche nel 1919, con parole che sono purtroppo applicabili ai giorni nostri quanto lo erano ai suoi, quasi cento anni dopo, poteva scrivere: "È, tuttavia, abitudine prevalente del razionalismo scettico del presente di respingere sommariamente tutte queste credenze dell'antichità come sogni infondati di un'età pre–scientifica, e di scaricarli tutti indiscriminatamente nel mistero delle superstizioni scoppiate. Ma di questa particolare superstizione, mi permetto di pensare, non ci si può sbarazzare giustamente in modo così sprezzante".[35] Mead anticipò che un giorno i fisici avrebbero scoperto l'esistenza di campi sottili di energia e sarebbero quindi stati in grado di provare l'esistenza del corpo sottile, usando la propria metodologia. Penso che siano sul punto di farlo oggi con la scoperta della materia oscura.

Molti autori di culture precedenti parlano in modo diverso di un corpo 'sottile', un corpo di 'resurrezione' (San Paolo), un corpo 'celeste', un corpo 'splendente', un corpo 'radioso', un corpo 'etereo' o eterico, un corpo astrale o 'stellato'. Nel sedicesimo secolo, un alchimista dal nome indimenticabile di Ruland il Lessicografo, identifica la stessa facoltà dell'immaginazione con il corpo sottile quando scrive: "L'immaginazione è la stella nell'uomo; il corpo celeste e super–celeste". Le diverse culture hanno creduto che questi "corpi" o involucri diversi esistessero all'interno o circondassero e avvolgessero il corpo fisico quando si incarna in questa dimensione terrena. Quando scartiamo il corpo, il nostro corpo sottile o "anima" entra nel proprio e noi scopriamo con sorpresa che non siamo morti, ma ancora molto vivi.

Una delle più belle descrizioni del corpo sottile si trova in *The Hymn of the Robe of Glory*, conosciuto anche come *Inno della Perla*. Ritenuto scritto da uno gnostico chiamato Bardasanes, che visse a Edessa nel III secolo dC, e originariamente tradotto da Mead, racconta la storia dell'anima che si congeda da suo padre e da sua madre nei regni celesti, discende nella mortalità, cade nella dimenticanza della sua origine divina, riceve un messaggio dai regni divini, si risveglia e conquista una perla dalle fauci di un grande drago e ritorna alla fonte da cui è venuta, dove è finalmente vestita di un "corpo di gloria" e ricevuta nel Regno. Le parole vibranti di questo breve estratto dal poema tradotto da Mead descrivono l'anima rivestita della veste di gloria o "corpo di luce":

> *La mia luminosa veste ricamata,*
> *Che... con colori gloriosi;*
> *Con l'oro e con i berilli,*
> *E rubini e agate*
> *E le sardoniche di vario di colore...*
> *E come la pietra di zaffiro c'erano anche le sue molteplici sfumature...*
> *Si affrettò che lo prendessi*
> *E anche il mio amore mi esortò*
> *Che dovessi correre per incontrarlo e riceverlo;*
> *E mi allungai e lo ricevetti,*

> *Con la bellezza dei suoi colori mi adornai*
> *E nella mia veste regale dai colori brillanti*
> *Mi vestii dunque e ascesi*
> *al cancello del saluto e dell'omaggio....*[36]

La transizione

Questi bellissimi versi del poeta inglese del XVI secolo John Donne, nella poesia "Inno a Dio, il mio Dio", risvegliano una profonda riflessione sul momento di transizione, quando passiamo da questa dimensione a un'altra:

> *Poiché vengo a quella santa stanza*
> *Dove, con il Coro dei Santi, per sempre*
> *Sarò fatto tua musica; appena arrivo*
> *Accordo lo strumento qui alla porta,*
> *E cosa devo fare dopo, penso qui prima.*

Come possiamo sintonizzare lo strumento del nostro essere con la musica del Cosmo? Anche l'atto di riflettere su questa delicata metafora della comunione o della riunione può aiutare a calmare il tumulto dei nostri pensieri, a riportare alla mente ciò che è più importante per noi, come possiamo affinare il nostro essere. Troppo spesso quelli che stanno morendo possono trovarsi intensamente soli e spaventati nel momento in cui sono più bisognosi di conforto e di sostegno. Se sono stati feriti in battaglia o coinvolti in un incidente automobilistico, potrebbero essere stati portati di corsa all'ospedale e all'unità di terapia intensiva. Intanto che medici e infermieri sono impegnati attivamente nel cercare di prolungare i momenti di vita, percependo l'avvicinarsi della morte, tutto ciò che vogliono è essere in grado di prepararsi per il momento di transizione e avere un altro essere umano gentile seduto vicino, che forse tiene loro la mano.

Negli ultimi giorni, ore e minuti della nostra vita, potremmo provare sentimenti forti: paura e incertezza su ciò che verrà; rimpianto per le cose che potremo aver fatto o che non siamo stati in grado di fare; amarezza per la sofferenza che abbiamo provato o causato; profonda tristezza per non essere riusciti a fare di più, che le nostre vite siano state interrotte; il desiderio di comunicare tutto ciò che non siamo riusciti a dire ai nostri cari — soprattutto, per esprimere l'amore che provavamo e proviamo per loro. Aiuta molto se quei sentimenti possono essere condivisi con qualcuno che può avere il tempo di ascoltarci. Coloro che siedono in silenzio e ascoltano, in compagnia empatica, anche quando una persona ha perso conoscenza, possono rendersi conto che proprio prima che la persona muoia, una profonda sensazione di pace e serenità pervade la stanza.

Ne *Il libro tibetano del vivere e del morire*, Sogyal Rinpoche ci chiede di vivere le nostre vite consapevoli del momento della morte in modo che, quando arriverà, saremo in grado di abbandonare le pressanti preoccupazioni della personalità e concentrarci sulla riunione con la Fonte da cui siamo venuti. Questa Fonte, nella tradizione tibetana, come in altre, è concepita come una grande luce: la Chiara Luce del Vuoto. Qualunque sforzo possiamo fare nei nostri ultimi momenti per liberarci dalle potenti emozioni, dai rimpianti e dalle preoccupazioni che potrebbero aver governato le nostre vite, faciliterà la nostra transizione da un livello di realtà a un'altro. Con la morte che si avvicina è importante, dove possibile, risolvere vecchi problemi di relazione con gli altri: lasciare andare le vecchie angherie, le gelosie, i risentimenti e le paure; riconciliarci con persone dalle quali ci siamo allontanati; parlare con amore e rassicurazione ai genitori o ai bambini dai quali siamo separati.

Riassunto delle fasi della transizione

- Ci sono sentimenti di pace, beatitudine, felicità intensa; una consapevolezza di non più dolore.

- Separazione dal corpo — un senso di leggerezza — "come togliersi una muta da sub".

- Attraversare un tunnel – un rumore impetuoso e ruggente.

- Vedere una luce brillante e sentire una spinta magnetica verso di essa.

- Qualcuno ci viene incontro: un parente stretto o un essere di luce. Molte testimonianze descrivono un "essere di luce" che vivono come amorevole e accogliente — quasi la quintessenza dell'amore stesso. Altri sono accolti da un parente stretto, o un caro amico già deceduto che li accoglie e li rassicura.

- La sensazione di essere abbracciati o circondati da un amore travolgente e incondizionato.

- A volte il ripasso della vita.

- Ripristino di un perfetto stato di salute — vista, udito, arti — anche di coloro che avevano la sclerosi multipla o erano ciechi, sordi o paralizzati.

> Poi, silenziosamente, come l'alba incontra il mattino, arriva la separazione. Fuori dalla casa della carne, emerge il corpo interiore, ed è accolto da coloro che sono andati prima. Questa è la seconda nascita, così come la prima, eccetto che tutta la conoscenza, l'individualità e la spiritualità acquisite nella nos-

tra vita terrena vengono mantenute, e viviamo nella pienezza di mente e forza come prima. La dissoluzione non aggiunge né sottrae nulla dalla somma totale delle nostre conoscenze. Il corpo interiore con cui abbiamo operato continuerà a funzionare per tutta l'eternità. [37]

Nulla è più importante per il nostro benessere di sapere che quando moriamo entriamo in un'altra realtà, reale e vitale come questa. La coscienza non muore con la morte del corpo: la coscienza è eterna.

Alcuni anni fa, nelle mie mani arrivò un manoscritto dal titolo *The Miracle of Death*. ne scrissi una prefazione perché sentivo che poteva aiutare molte persone in lutto a fidarsi della sopravvivenza dei loro cari. Betty J. Kovács, l'autrice, che ha perso prima un figlio e poi un marito in incidenti d'auto a distanza di due anni e mezzo, descrive come, da una costante attenzione meditativa, sia nata in lei non solo una capacità più profonda per l'intuizione, ma anche per l'apertura della consapevolezza "verso una dimensione così vasta che rimasi sbalordita nel rendermi conto di quanto fosse dolorosamente piccolo quello spazio in cui ero stata addestrata a vivere e chiamavo realtà". Quando la consapevolezza di questa dimensione si espanse ciò che sperimentò fu la distruzione del mito del materialismo che condanna così tanti a una vita insignificante di "mediocrità, dipendenza, violenza, indifferenza e fanatismo". Il messaggio del suo libro è di speranza e di fiducia che saremo capaci di aprirci all'esperienza dei misteri del Cosmo e intrecciare questi misteri nelle nostre vite quotidiane, e così facendo guariremo la profonda frammentazione nelle nostre anime. Nell'ultima pagina del libro scrive: "Quando ci ricolleghiamo, chiudendo il cerchio, alle radici della nostra esistenza nella Mente dell'universo... sperimentiamo la profonda unità della nascita e della morte e la creatività radicale di entrambi. Comprendiamo che "la Morte è Divina come la Vita", perché è Vita — perché non c'è altro che Vita". [38]

Altri libri che danno una nuova prospettiva sulla morte e il morire

Uno dei libri più completi sulla reincarnazione è *Lifecycles and the Web of Life* di Christopher Bache (1994). Tra i libri sulla vita dopo la morte ho trovato utili: *The Afterlife Unveiled*, di Stafford Betty (2011) e *Testimony of Light* di Helen Greaves (1977). Ricordo vividamente l'impatto dei due libri di Raymond Moody, *La vita oltre la vita* (1975) e *Nuove ipotesi sulla vita oltre la vita* (1978) che, come i libri di Elisabeth Kübler Ross, suscitarono un enorme interesse per la possibilità di una vita dopo la morte. Nel 1973 Robert Monroe fondò il Monroe Institute America per studiare esperienze extracorporee e scrisse *Viaggi lontani. Esplorazioni fuori dal corpo*. L'Istituto Monroe offre seminari sulla Vita dopo la morte che preparano le persone alla transizione. Nel 1980, Kenneth Ring, professore di psicologia presso l'Università del Connecticut, ha pubblicato il libro, *Life at Death: A Scientific Investigation of the Near–Death Experience*, e in seguito ha fondato l'International Association for Near–Death Studies, dedicata all'esplorazione di esperienze di pre–morte, incoraggiandone l'esplorazione a livello internazionale. I suoi libri successivi, tra cui *Progetto Omega. Dall'esperienza di pre–morte ai rapimenti alieni* e *Insegnamenti dalla luce*, hanno fornito ulteriori resoconti dettagliati di un'esperienza che deve essere stata a lungo familiare alle popolazioni delle culture sciamaniche, ma fino a poco tempo fa non era stata presa in considerazione dalla nostra. Nel 2005 il defunto professor David Fontana pubblicò un libro intitolato Is there an Afterlife? Commentandolo, il dott. Peter Fenwick, che ha recentemente pubblicato con la moglie *The Art of Dying*, scrive: "Dopo aver letto e valutato le prove, non può più esserci alcun dubbio sul fatto che ci sia una vita dopo la morte". Vorrei includere anche *The Final Frontier* di Julia Assante (2012) che copre il terreno esplorato in questo capitolo in modo molto più dettagliato, e presenta una brillante delucidazione di tre categorie di prove per la sopravvivenza della coscienza dopo la morte: la scienza, la storia, e l'esperienza personale. Non posso raccomandarlo più caldamente.

In Italia sono stati pubblicati nel 2009 due libri del Professor Cesare Boni. In *Vado e torno*, dedicato ai ragazzi, descrive la propria esperienza di pre–morte avvenuta quando era adolescente. In *Dove va l'anima dopo la morte*, offre uno studio comparato dei più grandi testi sapienziali di tutte le tradizioni che ci descrivono, istante per istante, il viaggio dell'anima dopo la morte.

Non è solo possibile e lecito,... ma un dovere assoluto da parte dei mortali... mantenere un rapporto d'amore con i propri cari che sono andati prima.
— W.T. Stead, prefazione a *After Death; o lettere da Julia* (1905)

Siti web:
www.victorzammit.com
www.sagb.org.uk (L'Associazione Spiritualista della Gran Bretagna)
www.anitamoorjani.com
www.mellen–thomas.com per un resoconto straordinario di un OBE — vedi appendice

Note:
1. Jung, C. G.: Ricordi, sogni, riflessioni, p. 278.
2. Bache, Christopher: *Dark Night, Early Dawn: Steps to a Deep Ecology of Mind*, Suny Press, Albany, New York 2000, p. 5.
3. James, William: *The Varieties of Religious Experience*, Longmans Green & Co., New York 1929, p. 388.
4. Rinpoche, Sogyal: *Il libro tibetano del vivere e del morire*, Ubaldini Editore, Roma 2015,

p. 8.
5. ibid, p. 8.
6. *Letters of Rainer Maria Rilke 1910–1924*, tr. Jane Bannard Green and M.M. Heerter, New York, W.W. Norton & Co., New York, 1947, pp. 373–4.
7. Naydler, Jeremy: *Temple of the Cosmos*, Inner Traditions, Vermont 1996, pp. 207–210.
8. Laszlo, Ervin: *Science and the Reenchantment of the Cosmos*, Inner Traditions, Vermont 2006, pp. 65–66.
9. Kübler–Ross, Elisabeth: *La morte e il morire*, Edizioni Cittadella, Assisi 2013.
10. Kübler–Ross, Elisabeth: *La morte e la vita dopo la morte*, Edizioni Mediterranee, Roma, 2007.
11. ibid.
12. ibid.
13. ibid.
14. ibid.
15. *Il libro tibetano dei morti*, citato in una recensione di questo libro, *The Times*, 15 ottobre 2005.
16. Kübler–Ross, Elisabeth: *La morte e la vita dopo la morte*.
17. ibid.
18. ibid.
19. van Lommel, Dr. Pim: *Consciousness Beyond Life: The Science of the Near–Death Experience*, HarperCollins New York 2010, p. 158.
20. ibid, 193.
21. ibid, p. 261. Sir John Eccles *Evoluzione del cervello e creazione dell'io*, Armando Editore, Roma 1995.
22. ibid.
23. ibid.
24. ibid.
25. Moorjani, Anita: *Morendo ho ritrovato me stessa*, My Life, Rimini 2013.
26. Raccontatomi da Joy Parker.
27. von Franz, Marie–Louise: *La morte e i sogni*, Bollati Boringhieri, Torino 1986.
28. ibid.
29. ibid.
30. Collins, Cecil: *Angels*, edited by Stella Astor, Fool's Press, Londra 2004, p. 43.
31. Randall, Edward C.: *Frontiers of the Afterlife*, White Crow Books, UK 2010, p. 66.
32. Betty, Stafford: *The Afterlife Unveiled*, O Books, UK 2011, p. 94.
33. Mead, George Robert Stowe: *La dottrina del corpo sottile nella tradizione occidentale*, Ghibli Edizioni, Milano 2015.
34. ibid.
35. ibid.
36. Mead, G.R.S.: da *Fragments of a Faith Forgotten*, John M. Watkins, Londra, pp. 406–414. Un'altra bella traduzione, con commento interessante, è stata fatta da John Davidson in *The Robe of Glory, An Ancient Parable of the Soul*, Element Books, UK, 1992.
37. Randall, p. 11.
38. Kovács, Betty J.: *The Miracle of Death*, The Kamlak Center, California 2003

L'oracolo
Cecil Collins 1940

Capitolo venti

Luce e Amore: La Pulsazione De Cosmo

Il flauto dell'Infinito è suonato senza sosta e il suo suono è amore.
— Kabir

L'amore è l'interiore, l'universale, il Sé cosmico.
— Swami Muktananda

Il cuore non è altro che il mare di luce… il luogo della visione di Dio.
— Rumi, *the Mathnavi*

Colui che vede che il Signore di tutto è sempre lo stesso in tutto ciò che è, immortale nel campo della mortalità, vede la verità. E quando un uomo vede che il Dio in se stesso è lo stesso Dio in tutto ciò che è, non ferisce se stesso facendo del male agli altri: allora va davvero verso il Sentiero più alto.
— Bhagavad Gita, XIII 27–28

Verrà il giorno in cui, dopo aver sfruttato l'etere, i venti, le maree, la gravitazione, sfrutteremo per Dio le energie dell'amore. E in quel giorno per la seconda volta nella storia del mondo, gli esseri umani avranno scoperto il fuoco.
— Pierre Teilhard de Chardin, *Toward the Future*

Questo libro è stato scritto con amore: amore per la vita, amore per la bellezza, la meraviglia e la sacralità della Terra e di tutte le sue incredibili specie; amore per l'umanità e per la sublime espressione del suo spirito creativo e del suo indomabile coraggio; amore per la mia famiglia e i miei amici più cari e amore per il mistero del Cosmo, al contempo visibile e invisibile, la cui vita io servo. Nel corso della scrittura e seguendo il filo dei miei sogni, sono stata in grado di rispondere alla domanda: "Chi sono?", posta tanto tempo fa da Sri Ramana Maharshi e, in piccola misura, di scoprire la natura dell'Anima della cui immensa portata nelle dimensioni invisibili non avevo idea all'inizio del mio viaggio, settant'anni fa. La mia ricerca è stata guidata dall'archetipo del Femminile che non ha avuto alcun luogo d'onore nella civiltà occidentale, come Natura, Anima o Materia. Ho preso come mentori i grandi mistici di tutte le tradizioni e Jung perché egli, più di chiunque altro nel secolo scorso, ha recuperato per noi la dimensione trascurata dell'anima. Per quanto sono stata capace, ho anche cercato di onorare le scoperte dei grandi scienziati che stanno trasformando la nostra visione dell'universo, di questo pianeta e di noi stessi.

Ma sebbene l'amore e il desiderio appassionato di sondare la ragione della nostra presenza su questo pianeta e le cause della nostra sofferenza abbiano informato tutti i miei scritti, ho avuto una sola esperienza nella vita che descriverò come un amore cosmico. Questa esperienza, accaduta quando avevo sessant'anni, è preziosa perché non succede spesso nel corso di una vita che uno squarcio dell'eterno irrompa nella nuvola della coscienza legata alla terra. Sembrava il sole che esce dopo un inverno di oscurità: una calda, avvolgente sensazione di amore intenso e incondizionato che fluiva attraverso di me come un fiume d'oro verso tutte le persone che incontravo, avvolgendole nel suo abbraccio. Durò per circa dieci giorni. Fu come se nel mio cuore fosse esplosa una diga e l'acqua dell'amore si riversasse nel mondo. Ero semplicemente il veicolo di quell'amore. Mi chiedevo come questa esperienza estatica, che andava e veniva senza preavviso, avesse cambiato la mia comprensione della vita e le mie relazioni con altre persone. Come potevo sintonizzarmi con questo potere incandescente all'interno di tutti noi, un potere che potrebbe trasformare il nostro modo di vedere e di relazionarci gli uni con gli altri e con la Terra, la nostra casa planetaria?

Siamo gli eredi di una tradizione spirituale immensamente ricca — dell'Occidente cristiano, dell'India, della Persia, del Medio Oriente e altrove — che parla dell'amore come la pulsazione del Cosmo e la segreta vibrazione del nostro essere. La splendida poesia di questa tradizione — che include *La Divina Commedia*, le *Upanishad*, le poesie di Rumi e Kabir e il *Cantico dei Cantici* — parla dell'anelito del cuore umano a ricongiungersi con la sua Sorgente, ma anche l'aspirazione della Sorgente di entrare in comunione con noi. "Ero il tesoro che desiderava essere trovato; ecco perché ho creato il mondo", dice un *hadith* del Corano.

La vita interiore del Cosmo può comunicare solo attraverso quegli individui che, nei millenni dell'esperienza umana su questo pianeta, sono divenuti ricettivi alla sua presenza. Noi conosciamo l'esistenza e la natura di questo fondamento cosmico dell'essere solo attraverso gli uomini e le donne che hanno parlato della loro esperienza con esso: alcuni descrivendolo come Padre, come fece Gesù, altri come Madre, come i Taoisti e il sapiente indiano Ramakrishna. Alcuni lo descrivono come Amore Cosmico, altri come Intelligenza Creativa o Mente Sacra. I mistici lo conoscono come il Divino Fondamento dell'Essere. Le persone che hanno avuto un'esperienza di pre–morte lo descrivono come Luce e Amore Incondizionato.

Gli scritti dei più grandi mistici e maestri spirituali del mondo e queste testimonianze affermano che la luce e l'amore sono i principi fondamentali dell'universo: l'universo che vediamo e ammiriamo è generato e sostenuto dalla luce e dall'amore. Veleggiamo con il fragile vascello della nostra coscienza sulla superficie di questo mare profondissimo di luce e amore senza sapere di essere, nell'essenza, quello che cerchiamo. Un maestro del sentiero tantrico tibetano dice: "La mente luminosa risvegliata è sempre presente; dobbiamo semplicemente riconoscerla". L'intenzione segreta della vita che ci vive — il Sogno segreto del Cosmo — è di portarci alla scoperta che apparteniamo a questo fondamento divino, che lo *siamo*, anche se non ne abbiamo consapevolezza. Il tempio del nostro corpo è creato e sostenuto da questo terreno. Quando il corpo muore, la nostra coscienza scopre la sua identità con questo fondamento eterno. Come ci dice la *Bhagavad Gita*: "La tua stessa coscienza, splendente, vuota e inseparabile dal Grande Corpo di Radianza, non ha nascita, né morte, ed è Luce immutabile".[1]

Come Blake aveva compreso, tutte le tradizioni affermano che le porte della nostra percezione devono essere purificate prima che possiamo vedere e sperimentare la piena luminosità di quel terreno. Un passo dello *Zohar* dice che quando un uomo è stato rinchiuso nell'oscurità per un lungo periodo, per prima cosa si deve fare per lui una piccola apertura, e poi un'altra un po' più grande, e un'altra ancora, finché non riesca a sopportare il pieno splendore della luce. Quindi, l'occhio del cuore e l'occhio della mente possono essere aperti alla rivelazione che, nel nostro essere essenziale, siamo eternamente uno con quella luce e quell'amore.

Nei testi vedici indiani, che forse sono i resti della tradizione orale di una civiltà perduta sepolta sotto le acque del Diluvio Universale, sentiamo le risposte alle domande che sorgono dal cuore di un popolo che viveva molto prima di noi:

> Non c'era allora ciò che è né ciò che non è. Non c'era il cielo, e nessun paradiso oltre il cielo. Che potere c'era? Dove? Chi era quel potere? C'era un abisso di acque insondabili? Allora non c'era né morte né immortalità. Non c'erano segni di notte o giorno. L'UNO respirava per il proprio potere, nella pace infinita. Solo l'UNO era: non c'era niente oltre.... E nell'Uno sorse l'amore: l'amore, il primo seme dell'anima. I saggi hanno trovato nel loro cuore la verità di ciò: cercando nei loro cuori con sapienza, i saggi hanno scoperto quel legame di unione tra Essere e non–essere...[2]

Più tardi, nelle *Upanishad*, il Brahman — la realtà suprema che nei *Veda* è chiamata *Purusha* — è descritto come Verità e Amore: lo Spirito Eterno trascendente e immanente; che dimora al di là di tutto e in tutto ciò che possiamo conoscere o apprendere. In una parte del *Brihadaranyaka Upanishad* (quinto *Brahmana*) viene usato il miele come metafora per descrivere come tutte le cose, tutti gli elementi della creazione, sono contenuti all'interno e sostenuti dal fondamento divina: "Questo Sé è il miele di tutti gli esseri e tutti gli esseri sono il miele di questo Sé".[3]

Mentre scrivo delle *Upanishad*, vorrei menzionare la storia di uno dei grandi mistici sufi, il principe Dara Šikōh (1615–1659), che non è molto conosciuto in Occidente. Era il figlio maggiore dell'imperatore Shah Jehan e della sua amata moglie Mumtaz Mahal (per la quale fu costruito l'impareggiabile Taj Mahal) — un poeta, studioso e mistico che trascorse molti anni come discepolo di due dei più grandi sapienti sufi dell'epoca. Mentre era nel Kashmir nel 1640, aveva sentito parlare delle *Upanishad*: si fece tradurre in persiano cinquanta di questi e altri testi sanscriti, inclusa la *Bhagavad Gita*.

Volendo mostrare la stretta relazione tra l'Islam e questi grandi testi vedici, il principe Dara scrisse un bellissimo e profondo trattato chiamato *La confluenza dei due mari* (*Majma 'al–bahrayn*), noto anche come *La congiunzione dei due oceani*. In questo grande contributo allo studio comparato della religione, cercò di mostrare come l'Induismo e l'Islam fossero della stessa essenza, trasmettendo lo stesso insegnamento. In esso scrisse:

> Tutto ciò che vedete come diverso da Dio è un tutt'uno con Dio in essenza, sebbene separato nel nome. Quando trascendi la coscienza ordinaria, realizzi che tutto è Dio e inevitabilmente seguirà che conoscerai te stesso come sei nella realtà. Non rimarrai più entro i confini della coscienza di 'Io–e–te'. È qui che troverai la verità dell'unità.

Nel 1646 scrisse uno dei più profondi trattati sufi intitolato *La bussola della verità* (*Risala–yi haqq–numa*), una guida dettagliata dei regni trascendenti dell'anima. Ma nel 1658, durante un brutale colpo di stato organizzato dal fratello minore Aurangzeb, e sostenuto dai mullah ortodossi che disapprovavano i suoi trattati e lo accusavano di apostasia, il principe Dara fu catturato e decapitato, e la sua testa fu inviata al padre imprigionato e distrutto dal dolore. Con questo tragico colpo del destino, non divenne mai il legittimo sovrano dell'impero Mughal. Avrebbe forse governato l'India come un re filosofo, seguendo l'esempio di suo nonno, Akbar, che aveva unito hindu e musulmani sotto il principio della "pace universale". Avrebbe potuto essere capace di tenere insieme i seguaci delle due grandi religioni, che ora sono divisi in due nazioni diverse, pronte a colpirsi a vicenda con le armi nucleari. Da quando ho viaggiato in India e ho sentito la storia di questo straordinario Principe, mi sono sempre sentita attratta da lui e per questo motivo gli ho reso omaggio qui.[4]

Il principe Dara avrebbe capito il messaggio profondo della *Bhagavad Gita* e il legame d'amore tra il Fondamento Divino e l'anima umana che è racchiuso nella sua impareggiabile poesia. Nel poema, Krishna dice ad Arjuna "solo attraverso l'amore costante posso essere conosciuto e veduto come realmente sono e compenetrato"[5] e alla fine, ripetendo le precedenti istruzioni per seguire la via dell'amore: "Fissa su di me l'anima tua; sii a me devoto; a me rendi il sacrificio; a me rendi onore; a me così tu verrai e a te prometto la verità, (ché) tu mi sei caro".[6]

Nei successivi testi buddhisti, ascoltiamo l'insegnamento del Buddha su come liberare la mente da tutto ciò che oscura la luminosità della Chiara Luce del Vuoto in modo che possiamo diventare veicoli della compassione che si irradia come il sole dalla fonte della vita.

Nella tradizione cristiana, sentiamo la voce di Gesù: "Dio è amore; chi sta nell'amore dimora in Dio e Dio dimora in lui" (Lettere 1 Giovanni 4:16). E il grande comandamento che diede ai suoi discepoli alla vigilia della sua Passione: "che vi amiate gli uni gli altri; come io vi ho amato, così amatevi anche voi gli uni gli altri" (Giovanni 13:34–35 e 15:12).

Nel *Vangelo di Eva*, gnostico, sentiamo le belle parole che potrebbero essere quelle dello Spirito Santo o, in ugual modo, della Shekinah della Qabbalah:

> Io sono te e tu sei me e ovunque tu sia, io sono là; e io sono seminato (sparso) in tutte le cose e da qualunque cosa tu voglia, tu Mi raccogli, ma nel raccogliere raccogli Te stesso.[7]

I mistici di ogni tradizione hanno parlato del loro incontro con l'amore cosmico del fondamento divino, ma nessuno con parole più belle di Giuliana di Norwich (1342–1416/19): "Così imparai che l'amore è il significato del nostro Signore. E vidi del tutto pienamente in questo, e in tutto il resto, che prima che Dio ci facesse, ci amava. E quell'amore non è mai finito e non lo sarà mai. E in questo amore ha compiuto tutte le sue azioni; ha reso tutte le cose redditizie per noi. E in questo amore la nostra vita è eterna. Nel nostro farci abbiamo avuto il nostro principio: ma l'amore in cui ci ha creati è senza inizio.... E tutto ciò vedremo in Dio senza fine".[8]

Le diverse tradizioni cui ho fatto riferimento, e le moderne testimonianze sull'esistenza di questo più profondo terreno di coscienza e i molti resoconti dell'esperienza di pre-morte, ci dicono che l'amore e la luce pulsazione del cosmo fluiscono nella creazione e nel divenire delle nostre vite, mantenendo nell'abbraccio dell'eterno questo mondo del tempo. Le parole del grande mistico fiammingo cristiano, Giovanni di Ruysbroeck (1273–1381), offrono l'essenza di questo abbraccio:

> Quando l'amore ci ha portato sopra ogni cosa, riceviamo in pace la Luce incomprensibile, che ci avvolge e ci penetra. Cos'è questa Luce, se non la contemplazione dell'Infinito e l'intuizione dell'Eternità? Noi vediamo ciò che siamo e siamo ciò che vediamo; perché il nostro essere, senza perdere nulla della sua personalità, è unito alla Divina Verità.[9]

Con tutte queste tradizioni, ognuna delle quali ci collega alla luce e all'amore del fondamento divino, ci è stata offerta una festa. Chi ha preparato questa festa se non l'Intelligenza Cosmica, o lo Spirito Santo, o Mente Divina, che opera nei secoli e nei millenni e con le anime di innumerevoli individui per risvegliare la nostra coscienza addormentata alla consapevolezza del suo fondamento radioso e della nostra profonda connessione gli uni con gli altri.

"La verità", scrisse Teilhard de Chardin verso la fine della sua vita "basta che appaia solo una volta, in una sola mente, perché sia impossibile per qualsiasi cosa impedirle di diffondersi universalmente e incendiare tutto". [10]

Forse abbiamo raggiunto il punto della nostra evoluzione in cui nei nostri cuori può nascere una nuova verità, una nuova rivelazione dell'intera vita come unità divina — la consapevolezza che siamo parte della divinità che abbiamo adorato per millenni come qualcosa di separato da noi e dalla vita di questo mondo. Non c'è alcuna distinzione essenziale tra spirito trascendente e spirito immanente. Come i mistici ci hanno sempre detto, la distinzione e la dualità sono nella nostra percezione incompleta della realtà: il divino è ciò che siamo; siamo eternamente nel divino. Questo era noto da tempo agli alchimisti — una visione della realtà che chiamarono coscienza stellare, che rifletteva la loro incredibile *esperienza* del senso perduto dell'unità e della divinità di tutta la vita.

Come potremmo definire la sensazione di amore? Nella mia esperienza, è associata a un sentimento di felicità, una gioia estatica, al risveglio di un sentimento che esiste prima di qualsiasi concezione di ciò a cui quel sentimento può appartenere. Può scaturire all'improvviso e inaspettatamente, mentre ci svegliamo dal sonno, e potremmo sdraiarci sul letto immersi in esso mentre torniamo dalla comunione con un terreno più profondo al centro della nostra vita quotidiana. Può esprimersi come unione estatica, emotiva e sessuale, con un partner amato. Può essere vissuta come l'amore di un genitore per un figlio appena nato o la gioia di un nonno nel guardare un bambino amato crescere in forza fino a raggiungere la maturità. Chiunque abbia creato qualcosa prodotto dal cuore con amore e pazienza, lo saprà. Uno scienziato o un medico che ha scoperto o inventato qualcosa di immenso valore per l'umanità, come il vaccino contro la polio di Salk, può sperimentarlo. Gli atleti che, dopo anni di dedizione al loro sport, ottengono una medaglia alle Olimpiadi, lo conoscono come le lacrime di orgoglio e la gioia nei propri occhi. Un versetto di una delle *Upanishad* dice: "E poi vide che il Brahman era gioia: poiché dalla gioia tutti gli esseri sono venuti, per mezzo della gioia tutti vivono, e alla gioia tutti tornano". [11]

In che modo questa capacità di gioia, di amore, di estasi si risveglia in noi? Prima di tutto sorge attraverso l'esperienza beata della relazione del bambino con sua madre. Guarda il volto di un bambino appena nato che è stato fatto nascere con tutta la cura, l'attenzione e l'amore mostrati dai due eminenti medici, Frederick Leboyer e Michel Odent, nel loro approccio sensibile al parto. Guarda come risponde istintivamente al tocco di sua madre, al suo sentire, al suo profumo e al suo sguardo amorevole. Quando il bambino cresce, la fiducia può essere uno dei frutti di questo amore e di questa cura primaria: la fiducia reciproca tra figlio e genitore che lo porta a fidarsi della vita, delle altre persone, di se stesso.

Più tardi, con l'esperienza, lo conosciamo come la sensazione che sorge spontaneamente in noi quando improvvisamente sentiamo un intenso amore per qualcuno vicino, fuso talvolta con l'angoscia dell'addio al momento della morte. Oppure possiamo sentirlo come un'attrazione intensa verso un luogo o il ricordo di un luogo. Durante il corso della vita la gioia può manifestarsi attraverso un qualche tipo di attività che ci attrae e suscita il nostro interesse appassionato; questo ci porta a sviluppare un talento, un'abilità di qualche tipo attraverso la quale possiamo esprimere la nostra natura essenziale — fondamentalmente la passione di creare e di amare. Si manifesta nelle nostre relazioni, nella nostra capacità di fidarci degli altri e di dare e ricevere amore, spesso sostenuta nelle circostanze più difficili. Può venire attraverso la scoperta che in qualche modo possiamo essere d'aiuto, che ci piace aiutare gli altri — forse persone che non incontreremo mai; che possiamo aiutare in modo tangibile ad alleviare la sofferenza del mondo. Troviamo amore intenso nel legame tra i soldati che affrontano la morte sul campo di battaglia, nella cura di un genitore o di un nonno per un bambino. Si può scoprire sentendo che il cuore brucia dal desiderio di stare con persone che stanno soffrendo dopo uno tsunami, un terremoto, una siccità devastante o un'eruzione vulcanica, o scoppia di dolore per coloro che stanno affrontando terribili persecuzioni, torture, una morte imminente — e cerca di alleviare in modo tangibile la loro sofferenza.

L'amore può anche sorgere nel cuore quando vediamo veramente chiaro per la prima volta e con occhi nuovi, come quando abbiamo osservato il nostro pianeta dalle profondità dello spazio, come l'astronauta Edgar Mitchell che, nel suo viaggio verso casa dalla luna, scrisse queste parole: "Guardando attraverso 240.000 miglia di spazio verso le stelle e il pianeta da cui ero venuto, improvvisamente sperimentai l'Universo come intelligente, amorevole, armonioso. La presenza della divinità divenne quasi palpabile e seppi che la vita nell'universo non era solo un incidente basato su processi casuali".

Ci vuole del tempo per riflettere e assorbire tutti questi aspetti dell'amore e ancora di più, il tempo di prendere coscienza del potere e dell'intelligenza dell'energia che sta vivendo attraverso di noi e in noi, il tempo di aprire l'occhio del cuore alla consapevolezza del suo amore incondizionato. Mi viene in mente la storia di Marta e Maria nel Nuovo Testamento: Marta presa nella rete delle preoccupazioni quotidiane; Maria seduta nell'immobilità, che ascolta la sinfonia di una realtà più profonda.

Se ci fidiamo della parola dei mistici e di coloro che sono penetrati nella nostra coscienza limitata per portarci verso la terra divina, l'amore è la grande presa che collega il potere dell'universo. È difficile per noi comprendere che la nostra vita è un'espressione di quell'amore, che tutto ciò che siamo e facciamo scaturisce da quell'amore: tutte le relazioni, gli sforzi creativi, le speranze, i desideri, le paure e gli insuccessi — persino le ferite inflitte dalla nostra crudeltà e dall'odio — esistono all'interno di quel vasto oceano di amore.

Teilhard de Chardin potrebbe aiutarci con le parole che scrisse nel suo *Inno dell'Universo*:

> L'umanità ha dormito — e dorme ancora — cullata dalle gioie strettamente limitanti dei suoi piccoli chiusi amori. Nel profondo della moltitudine umana sonnecchia un immenso potere spirituale che si manifesterà solo quando avremo imparato a sfondare le pareti divisorie del nostro egoismo e ad elevarci a una prospettiva completamente nuova, così che abitualmente e praticamente fisseremo il nostro sguardo sulle realtà universali.[12]

E ancora, con le parole che usò nel saggio *The Spirit of the Earth*, scritto nel 1931, "L'amore è la più universale, la più tremenda, la più misteriosa delle forze cosmiche. È davvero possibile per l'umanità continuare a vivere e crescere senza chiedersi quanta verità ed energia si sta perdendo trascurando i suoi incredibili poteri d'amore?"[13]

E la nostra propensione al male, all'odio e alla crudeltà? Penso che nascano dalla paura e dal disprezzo di sé, dalla convinzione che non siamo amati né amabili, che siamo stati abbandonati su questo pianeta, che le nostre vite non hanno significato, valore o scopo, che ci attende una morte che estinguerà il ricordo di tutto ciò che siamo stati, di tutto ciò che abbiamo amato. Nascano dalle terribili ferite inflitte durante l'infanzia dall'incuria, dall'abbandono, dalla crudeltà abissale e dall'esperienza insopportabile di dolore o di perdita, dalla rottura del cuore fiducioso e amorevole di un bambino. Nascano dal rifiuto di sé, dall'ignoranza di chi e cosa siamo e dalla distorsione della nostra natura, causata da credenze passate e presenti che vivono nel profondo del nostro inconscio — non riconosciute e non trasformate. I bambini che sono stati salvati da sofferenze inimmaginabili inflitte da crudeltà, orrore o abbandono possono essere guariti dall'attenzione amorosa di un adulto. Il monaco vietnamita Thich Nhat Hanh voleva dire proprio questo sulla capacità dell'amore di contenere la rabbia e il desiderio di vendetta. Dopo l'11 settembre affermò: "Se mi fosse data l'opportunità di un faccia a faccia con Osama bin Laden, la prima cosa che farei è ascoltare. Cercherei di capire tutta la sofferenza che lo ha portato alla violenza... perché un tale atto di violenza è una richiesta disperata di attenzione e di aiuto".[14]

L'amore che fluisce verso di noi dal Cosmo può agire in noi in modo più efficace quando si espande la nostra capacità di provare empatia per la sofferenza degli altri.

Con la sua vita ed il suo insegnamento Thich Nhat Hanh è un esempio della comprensione empatica che potrebbe portare alla guarigione a livello internazionale, se fossimo in grado di incarnarla nelle nostre relazioni con gli altri. Nel libro *Blessed Unrest* Paul Hawken ha descritto l'impulso a guarire e ad aiutare che nasce nei milioni di persone impegnate in innumerevoli iniziative per aiutare gli altri e per aiutare il pianeta.

Esistono molti vecchi e nuovi metodi di guarigione che vengono riscoperti e implementati. In relazione alla mia professione di psicoterapeuta, faccio tesoro delle parole di un counselor di nome Brian Thorne:

> Nel mio lavoro di terapeuta ci sono momenti in cui mi sento fuori dal tempo e dallo spazio e non riesco a concepire che il paradiso stesso possa essere più desiderabile. Sono caratterizzati, sia per me che per il mio cliente, da un senso di radicale, incondizionata e gratuita accettazione e da un rafforzamento del potere che ci rende capaci, per quanto brevemente, di amare l'intero ordine creato. In breve, siamo trascinati nella relazione divina.... Per un momento, per quanto fugace, siamo integri e santi, pienamente umani e quindi incarnazioni del divino.
>
> Credo che noi terapeuti abbiamo l'opportunità... di influenzare il corso della storia umana se possiamo cogliere l'attimo. Siamo i guardiani della conoscenza che ci viene data da innumerevoli individui sofferenti che cercano il nostro aiuto.... Non è stravagante vedere i counselor e i terapeuti di oggigiorno come i principali destinatari del dolore e del desiderio collettivi del tempo. Questo è un tesoro che non ha prezzo; ma il suo valore risiede nella sua capacità, se pienamente rivelata e articolata, di dare un significato al disagio di adesso e di fornire speranza e guida per il futuro.[15]

Guarire il cuore ferito dell'umanità significa amare in tutti i sensi: considerare le nostre vite come aventi un significato e un valore infiniti, coltivare il tempo che ci è stato dato per scoprire la nostra vera direzione nella vita e chi siamo davvero, adorare il corpo che è stato sacrificato per così tanto tempo a un'immagine distorta della spiritualità, amare la vita delle persone che sono state affidate alle nostre cure, amare la vita del pianeta che è il campo più grande di tutti i nostri sforzi. L'amore ci chiama alla cura, alla sollecitudine, alla perspicacia, alla dolcezza e alla comprensione, ma anche alla forza, al potere e all'intelligenza usate al servizio dell'umanità e di tutte le specie del pianeta. Ci chiama ad essere consapevoli e a contenere il desiderio di potere, di controllo e di dominio che sono radicati nell'opposto dell'amore — nella paura.

Nel suo libro meraviglioso e stimolante, *Songlines of the Soul: Pathways to a New Vision for a New Century*, Veronica Goodchild scrive:

> Nel crollo della realtà ordinaria che conosciamo, un diverso tipo di gnosi si sta verificando intorno a noi. Nel punto di svolta dell'Eone, ci porta un nuovo tipo di conoscenza — rivelata invece che razionale — che desidera farsi sentire. Questa

rivelazione allude all'unione di anima e vita in una rivelazione di amore: l'amore umano e l'amore del cosmo per noi. In questa prospettiva più ampia, arriviamo a sapere non solo ciò che gli antichi, i mistici, gli gnostici e gli alchimisti conoscevano un tempo, ma anche ciò che conosciamo oggi attraverso i sogni, le visioni e le esperienze anomale, che forse abbiamo tenuto segrete troppo a lungo, ma che ora gridano a ciascuno di noi di aggiungersi al coro che canta le strofe del canto dell'anima.[16]

L'immagine della luce

Tutto ciò che ho scritto in questo libro sembra convergere sull'immagine della luce, una luce che è diversa dalla luce del sole e proviene da una fonte celestiale, una luce che è il terreno creativo invisibile della nostra coscienza e il mondo della realtà fisica. Quindi, in questo ultimo capitolo, vorrei disegnare insieme immagini di luce provenienti da tre diverse fonti: la luce del vuoto quantico scoperto dalla scienza, la luce ineffabile descritta dall'esperienza mistica e da coloro che sono andati oltre il nostro solito modo di vedere, e, infine, la descrizione di un incontro con la luce in una sorprendente esperienza extracorporea.

Le scoperte della fisica quantistica ci dicono che siamo letteralmente immersi in un mare di luce cosmica, a noi invisibile, che eppure permea e sostiene ogni cellula del nostro essere, ogni atomo di materia. A livello quantico, tutti gli aspetti apparentemente separati della vita sono collegati in un unico insieme invisibile e indivisibile. Tutta la vita, al livello più profondo, è essenzialmente Una. Nelle parole dell'astrofisico Bernard Haisch la profonda connessione tra fisica e metafisica

> sta nel fatto che il vuoto quantico elettromagnetico è una forma di luce. È un mare di energia sottostante... che permea ogni piccolo volume di spazio, dal vuoto più vuoto intergalattico alle profondità della Terra, del Sole o dei nostri stessi corpi. In questo senso, il nostro mondo della materia è come la schiuma visibile sopra un oceano di luce molto profondo.[17]

La descrizione metafisica della luce

Vi sono numerose descrizioni metafisiche della luce cosmica incontrate nell'esperienza di pre–morte. La prima si trova nelle *Upanishad* dove il Brahman è descritto come "la luce radiante di tutte le luci il cui splendore illumina tutta la creazione".[18]

Nei primi tre Vangeli della tradizione cristiana c'è una descrizione straordinariamente coerente della Trasfigurazione di Gesù, testimoniata da tre discepoli: Pietro, Giacomo e Giovanni (Matteo 17: 2–9, Marco 9: 2–9, Luca 9: 28–36). Nel

Vangelo di Matteo Gesù è descritto con il volto che brilla come il sole e le vesti bianche come la luce.

C'è anche un'altra descrizione, meno conosciuta, della Trasfigurazione, annotata in un manoscritto gnostico chiamato Pistis Sophia, ritenuto fino ad oggi — anche se c'è qualche disputa al riguardo — della prima metà del terzo secolo dC. È stato tradotto da G.R.S. Mead e pubblicato per la prima volta nel 1896, con un'edizione completamente rivista nel 1921 e una ristampa nel 1947. In questo estratto del manoscritto, Gesù e i suoi discepoli — che non sono nominati — sono riuniti su una montagna, nel giorno della luna piena, poco dopo l'alba.

> *Accadde... in quel giorno, dunque, allorché il sole uscì per il suo corso, fu seguito da una grande forza luminosa, molto splendente, la cui luce era al di là di ogni misura. Era uscita, infatti, dalla luce delle luci.... Quella forza luminosa scese su Gesù e lo avvolse interamente, mentre era seduto discosto dai suoi discepoli: divenne tutto splendente, e la luce riversatasi su di lui era al di là di ogni misura. A motivo della grande luce nella quale si trovava o era in lui, i discepoli non videro più Gesù: la grande luce nella quale si trovava, aveva accecato i loro occhi; vedevano soltanto la luce che emetteva molti raggi luminosi. I raggi luminosi non erano uguali, e la luce aveva aspetti diversi e forma diversa dal basso in alto, un raggio più splendente dell'altro... in uno splendore di luce incommensurabile che dalla terra giungeva fino al cielo. Alla vista di quella luce i discepoli furono colpiti da grande paura e da grande eccitazione. Allorché dunque quella forza luminosa discese su Gesù poco alla volta lo avvolse completamente; diventato molto splendente, Gesù si levò, volò in alto, in una incommensurabile luce. I discepoli lo guardavano, senza parlare, fino a quando giunse in cielo: erano tutti immersi in un grande silenzio.*[19]

Nel nostro tempo c'è la straordinaria testimonianza di Gopi Krishna che, nel 1937, sperimentò l'improvvisa e travolgente ascesa di *Kundalini* descritta nel suo libro *Kundalini*, pubblicato nel 1967 con un commento dell'analista junghiano James Hillman. In un'intervista pubblicata in un libro più recente intitolato Kundalini Rising (2010), egli afferma che è impostata la fase di un movimento dal mondo esterno al mondo interiore della coscienza, che nella nostra specie viene attivato e, nel tempo, si manifesterà un potenziale non vissuto della coscienza umana — un canale di cognizione super sensoriale. Crede che alla fine sapremo rispondere alla domanda "In che modo la Coscienza Eterna si incarna e poi si innalza, passo dopo passo, attraverso lunghi periodi di tempo, fino alla realizzazione della propria sovranità?" E anche alla domanda su come si svolge questo processo nell'evoluzione organica del cervello. A testimonianza del fatto che questo canale super sensoriale di cognizione è stato aperto in lui stesso, scrive che in ogni momento della sua vita vive in due mondi:

> Uno è il mondo sensoriale che condividiamo tutti.... Le mie reazioni a questo mondo sono le stesse degli altri esseri umani. L'altro è un fantastico mondo super sensoriale.... Sono sempre consapevole di un bagliore luminoso, non solo nel mio interno, ma che pervade l'intero campo della mia visione durante le ore di veglia. Vivo, letteralmente, in un mondo di luce. È come se una luce ardesse nel mio interno, riempiendomi di una lucentezza così bella e affascinante che la mia attenzione è sempre più attratta verso di essa.... Non pretendo di vedere Dio, ma sono consapevole di una radianza vivente sia dentro che fuori di me. In altre parole, ho acquisito un nuovo potere di percezione che prima non era presente. La luminosità non finisce con il mio tempo di veglia. Persiste anche nei miei sogni.... La luce incantevole che percepisco sia internamente che all'esterno, è viva. Pulsa di vita e intelligenza È come un Oceano infinito di Consapevolezza che pervade il mio piccolo stagno di coscienza all'interno e l'intero universo che percepisco con i miei sensi fuori.... Per me, l'universo è vivo: un'intelligenza stupenda che posso percepire, ma mai immaginare, troneggia dietro ogni oggetto e ogni evento nell'universo, silenziosa, quieta, serena e immobile come una montagna. È uno spettacolo sbalorditivo. [20]

Terzo, c'è la commovente testimonianza di Christopher Bache, autore di *Dark Night, Early Dawn*, di cui ho citato le parole: "Fui portato all'incontro con un campo energetico unificato che sta alla base di tutta l'esistenza fisica. Stavo affrontando un campo enorme di energia incredibilmente brillante, incredibilmente intensa.... Questa energia era la sola energia che costituiva tutta l'esistenza". [21] E continua:

> Il campo unificato sottostante all'esistenza fisica dissolse completamente tutti i confini. Mentre mi inoltravo più in profondità, tutti i confini cadevano, tutte le apparenze di divisione erano in definitiva illusorie. Nessun limite tra incarnazioni, esseri umani, specie, o tra materia e spirito. Il mondo dell'esistenza individualizzata non collassava in una massa amorfa, come potrebbe sembrare, ma piuttosto si rivelava la manifestazione squisitamente diversificata di una singola entità.
>
> Sebbene queste esperienze fossero straordinarie di per sé, l'aspetto più toccante non erano le dimensioni scoperte dell'universo stesso, ma ciò che il mio vedere e comprendere significava per la Coscienza con cui ero. Sembrava così contenta di avere qualcuno cui mostrare il suo lavoro. Capii che da miliardi di anni aspettava che la coscienza incarnata si evolvesse al punto da poter finalmente cominciare a vedere, comprendere e apprezzare ciò che era stato realizzato. Sentii la solitudine di questa Intelligenza che aveva creato un tale capolavoro e non aveva nessuno che potesse apprezzare il suo lavoro, e piansi. Piansi per il suo isolamento e ammirai il profondo amore che aveva accettato questo isolamento come parte di un piano più ampio. Dietro la creazione c'è un amore di proporzioni straordinarie, e tutta l'esistenza è un'espressione di questo

amore. L'intelligenza del disegno dell'universo è eguagliata dalla profondità dell'amore che l'ha ispirata. [22]

Migliaia di persone che hanno avuto un'esperienza di pre–morte o fuori dal corpo hanno testimoniato la luce avvolgente che vedono e l'amore incondizionato che provano. Un particolare racconto di tale esperienza mi ha commossa e colpita profondamente. È l'esperienza fuori dal corpo di un uomo di nome Mellen–Thomas Benedict, che ha descritto cosa gli è successo durante le ore successive alla morte clinica per cancro, per poi tornare in vita. Descrive il viaggio che lo portò nella Luce e come la Luce rispondesse alle sue domande e lo portasse sempre più in profondità in Sé. Poiché la descrizione della sua esperienza è così straordinaria, così chiaramente espressa e così stimolante, con il suo permesso l'ho inclusa come appendice a questo libro, nella speranza che possa interessare, ispirare e aiutare altri. La sua esperienza offre un messaggio di speranza per l'umanità, consegnato con una gioia e una chiarezza che è sorprendente e autentica.

Epilogo

Durante i vent'anni in cui ho scritto questo libro sull'Anima, la mia stessa coscienza è stata modificata dal processo di scrittura e dai fatti e dalle idee che ho scoperto durante la ricerca per la stesura dei diversi capitoli. Mentre sperimentavo questo cambiamento, se ne verificava uno simile nella coscienza collettiva dell'umanità. Non solo sono in disordine le istituzioni politiche, economiche, finanziarie e religiose di lunga data, ma vacilla l'intero ethos del potere e del dominio che ha guidato la civiltà occidentale per circa 4000 anni di fronte ai gravi problemi che affrontiamo, molti dei quali sono stati creati da questo ethos e non possono essere risolti continuando con le vecchie risposte. Ciò che sta nascendo nel collasso e nella dissoluzione delle vecchie mitologie — i vecchi sistemi di credenze che hanno diviso l'umanità invece di unirla — è il riconoscimento che non viviamo in un universo privo di significato, ma all'interno di un Ordine Cosmico Sacro e che abbiamo la responsabilità di sintonizzarci al servizio di questo Ordine al meglio delle nostre capacità.

Affrontiamo una scelta tra continuare con gli schemi del passato che possono portarci all'estinzione o iniziare a vivere e ad agire da questa comprensione radicalmente diversa della vita e di noi stessi. L'immensità del compito che ci attende è scoraggiante. Eppure l'indomito coraggio e la creatività della nostra specie possono risollevarsi, sfidando la depravazione, l'avidità e la malignità che caratterizzano gli aspetti peggiori del vecchio ordine. Dal momento che a livello quantico siamo tutti connessi, quando migliaia di noi cominceranno a cambiare la coscienza, a milioni ne saranno influenzati.

Si può dire che l'Incarnazione non si è conclusa con la vita di Cristo: piuttosto, può essere intesa come un processo che si svolge nei millenni nelle vite di migliaia, persino di milioni di individui, molti dei quali non sono affiliati a nessuna tradizione religiosa. Le grandi immagini del mito cristiano, come l'Annunciazione, sono realtà archetipe che possono rianimarsi nel nostro tempo perché nell'animo collettivo dell'umanità si sta svolgendo un arduo processo di nascita.

Ci stiamo risvegliando a ciò che ho chiamato il Sogno del Cosmo — il sogno di un'umanità illuminata che si impegna in un nuovo ruolo su questo pianeta: un ruolo che è in armonia con l'intenzione evolutiva del Cosmo e non è più guidato dalla ricerca di potere, di conquista e di controllo e appropriazione delle risorse della Terra a beneficio di pochi. Quando inizieremo coscientemente ad allinearci con questo terreno luminoso della realtà, le nostre menti serviranno il più profondo desiderio del nostro cuore, la saggezza più profonda della nostra anima. Sapremo chi siamo e perché siamo qui.

L'anelito appassionato del cuore umano è sempre stato quello di spingersi oltre i confini del conosciuto, di superare i limiti della comprensione, di estendere l'orizzonte della consapevolezza. Questa è forse la nostra libertà più fondamentale ed essenziale. Ora, più che mai, dobbiamo onorare quel desiderio e accogliere quei pionieri che possono svelare nuovi orizzonti, nuove possibilità di comprendere la nostra natura, il nostro potenziale e il nostro destino. Abbiamo bisogno, con le parole dei T.S. Eliot nel suo grande poema *Mercoledì delle ceneri*, di "Redimere il tempo. Redimere la visione non letta nel sogno più alto".

Note:

1. Prem, Krishna: *The Yoga of the Bhagavad Gita*, Watkins, Londra 1958, p. xiii.
2. *Upanishad* con testo a fronte, Bompiani, Milano 2010
3. van Over, Raymond (curatore): *Eastern Mysticism, Volume One: The Near East and Asia*, New American Library Inc., New York 1977, p. 125.
4. Ho tratto il materiale dalla traduzione delle *Upanishad* di Juan Mascaró, p. 8; inoltre un articolo sul principe Dara Šikōh pubblicato su Elixir Magazine, I Edizione su Interspirituality, Autunno 2005.
5. *Bhagavad Gita* 11:54.
6. *Bhagavad Gita* 18:65 vedi anche The Bhagavad Gita, traduzione e introduzione di Juan Mascaró, Penguin, Londra.
7. Mead, G.R.S.: *Frammenti di una fede dimenticata*, Il basilisco, Pavia 1988.
8. Giuliana di Norwich: *Una rivelazione dell'amore*, Ancora editrice, Milano 2015.
9. van Ruysbroeck, Jan: *The Adornment of the Spiritual Marriage, The Book of Truth, The Sparkling Stone*, Dutton & Co. New York 1916.
10. Teilhard de Chardin, Pierre: *last unpublished Essay*, Le Christique.
11. *The Upanishad*, tradotte da Juan Mascaró. Taittiriya Upanishad, p. 111.
12. Teilhard De Chardin, Pierre: *Inno dell'Universo*, Queriniana, Brescia 1992.
13. Teilhard de Chardin: *The Spirit of the Earth*, 1931.
14. Thich Nhat Hanh (articolo di quotidiano 2001).
15. Thorne, Brian: *Person-Centred Counselling and Christian Spirituality*, Whurr Publishers, Londra 1998. Vedi anche *The Mystical Power of Person-Centred Therapy: Hope Beyond Despair*, Whurr Publishers, Londra, 2002.
16. Goodchild, Veronica: *Songlines of the Soul: Pathways to a New Vision for a New Century*, Nicolas-Hays Inc., Fort Worth, Florida 2012.
17. Haisch, Bernard: dal suo capitolo in *Mind Before Matter: Visions of a New Science of Consciousness*, O Books, Ropley, UK 2007.
18. *Mundaka Upanishad*, traduzione di Juan Mascaró, pp. 78-9.
19. Mead, G.R.S.: *Pistis Sophia*, John M. Watkins, Londra 1947, pp. 3 & 4.
20. Intervista con Gopi Krishna pubblicata in *Kundalini Rising*, (2009) Sounds True Inc., Boulder, CO., p. 295.
21. Bache, Christopher: *Dark Night, Early Dawn*, 2000, p. 67.
22. ibid, p. 70.

Appendice 1

Lamento per la Tragedia della Guerra
© Anne Baring

Sebbene scritto nel 1999, questo poema è dedicato a tutti coloro che soffrono nei conflitti che tuttora sconvolgono la vita del pianeta: ai rifugiati che fuggono dalle case devastate e vivono nei campi; alle 3000 donne Yazide che hanno sopportato l'agonia dello stupro e della schiavitù; alle migliaia di giovani le cui preziose vite vengono spezzate; ai bambini che subiscono il trauma di essere testimoni e di sperimentare le atrocità della guerra.

Pasqua 1999

Ascoltate la Buona Novella, dicevano…

Poi, oltre il passo di montagna,
immerso nella neve, guardammo quelli che avevano perso tutto,
eccetto la vita inciampare nella speranza;
portando neonati, trascinando i bambini,
anziani avvolti nella plastica come pagnotte di pane,
in modo che potessero essere tirati più facilmente
sulla superficie ghiacciata.
Una donna alta e rugosa come una quercia
guida una fila di sopravvissuti.
Alcuni non possono proseguire
nella neve pesante e muoiono dove cadono.
Una ragazzina tiene in braccio sua madre
mentre la vita svanisce dal corpo.

Questa volta vedemmo il volto della barbarie.
Questa volta li vedemmo: gente come noi,
in vesti come le nostre, arrivare tramortiti,
evitando le mine, arrancando nell'ultimo tratto
lungo il binario fino alla frontiera;
volti contorti dal dolore.
Donne, uomini, bambini dal pianto irrefrenabile,
avendo perso tutto si salvano a vicenda.

Giorno dopo giorno vedemmo un fiume umano
attraversare le frontiere:
linee di carri, carrelli, trattori, rimorchi,
un cavallo, un asino; i vecchi nelle carriole,

e gente che cammina, cammina, intrisa di pioggia gelida
attraverso giorni e notti d'angoscia,
portando i vecchi e i giovani a loro tanto cari.

Vedemmo persone disorientate costrette sui treni
che cercavano di tenere insieme le famiglie;
donne partorire sole,
trascinate tremanti con il loro neonato
nelle fauci di quella massa soffocante.

Impotenti piangemmo con loro,
scottati dalla loro sofferenza, desiderando aiutare,
circondarli con le nostre braccia, confortarli, riscaldarli;
ma potevamo solo inviare denaro, cibo, amore
e spero che abbiano raggiunto un riparo
da quella pioggia implacabile.

Non ci fu tempo per radunare i bambini
andati a giocare con gli amici, né tempo per avvertire gli altri,
non ci fu tempo per nutrire gli animali, mungere le mucche,
o salutare la cara terra, casa per secoli.
Non ci fu tempo per raccogliere provviste per il viaggio:
latte per neonati, cibo i per bambini piccoli,
scarpe, pannolini, vestiti caldi.
Le donne facevano scelte dure
– cosa portare, cosa lasciare –
scelte per fare la differenza tra
la vita e la morte per quelli troppo giovani
per sapere cosa stava succedendo.

Donne che avevano visto mariti, figli, padri
uccisi davanti agli occhi,
inginocchiati, mani giunte dietro le teste,
sapendo che avevano solo pochi secondi
per ricordare tutto ciò che amavano,
per conservare il prezioso sangue
che presto, troppo presto avrebbe intriso il terreno.

Ascoltate la Buona Novella, dicevano…
Può succedere ancora?

Questa volta vedemmo il volto della barbarie.
Gli uomini obbedire agli ordini.
Portarono via le ragazze
fuori dalle macchine, fuori dai rimorchi.

Tutti sapevano cosa sarebbe successo.
Ragazze troppo giovani per immaginare
le spinte che strappano la pelle morbida,
l'odore rancido degli uomini coi volti coperti
impazziti per la sete di sangue
e l'odio per la ragazza innocente,
madre del nemico di domani.
Alcune furono uccise; alcune tornarono al convoglio,
ore o giorni dopo lo stupro.
Come potevano sperare di trovare le loro famiglie,
conforto per l'anima e il corpo
in quella ressa di umanità disperata?
Quale conforto potevano trovare tra la gente
per le quali lo stupro è profanazione,
una vergogna da nascondere?
Come potevano reggere questo ulteriore dolore
coloro che avevano già conosciuto l'annientamento?

Se avessi visto mia figlia presa,
il suo corpo ancora fragile che si ritira dalla paura,
i suoi occhi a implorare un aiuto che non potevo dare,
il mio cuore scorticato da quel sentire,
il mio grido sarebbe risuonato per secoli.
Anche ora lo sento strappato dal mio stomaco
per quelle giovani vite rovinate
dall'incontro con le bestie.

Secolo dopo secolo gli uomini hanno seguito le tracce dell'altro
attraverso foreste verdeggianti benedette dal canto di uccelli,
Intenti ad uccidere.
Potevano vedere o sentire la meraviglia?
Potevano fermarsi per la meraviglia del suono?

Come fa un uomo a diventare un predatore,
capace di uccidere, stuprare, mutilare?
Sicuramente è ora di chiedere.
Sicuramente è tempo di domandare.
Sicuramente è tempo di cercare risposte.
Tutto questo è successo tante volte prima
e accadrà di nuovo.
È il vecchio istinto del gregge
che lega insieme gli uomini di una tribù?
È l'istinto territoriale
che attacca lo straniero?
È il ricordo del clan primordiale

stretto insieme nella caccia?
È l'ethos del guerriero che passa di padre in figlio?
O la segreta vendetta delle madri
che hanno perso i figli?
È la brutalità sopportata dai bambini
che crescono per brutalizzare gli altri,
vendicando l'impotenza con l'onnipotenza?
O è l'odio nutrito dai preti che,
secolo dopo secolo, hanno invocato nel nome di Dio lo sterminio
di quelli che avevano demonizzato, contro cui avevano scagliato anatemi,
avevano bandito dalla cerchia dell'amore di Dio?

'Aggressione maligna' la chiamò Fromm.
Maligna è una parola forte, una parola appropriata
per il tipo di barbarie che abbiamo visto e sentito.
Gli uomini sono addestrati a obbedire agli ordini di riflesso,
senza pensare.
L'obbedienza ai capi tribali, ai capi militari,
ai capi religiosi, li ha condizionati
a obbedire alla chiamata di uccidere, temendo la vergogna, il biasimo;
insensibili al dolore dell'altro.

'Per essere un uomo devo uccidere.
Per essere un patriota devo uccidere.
Indosso una maschera per ispirare terrore,
indosso una maschera per nascondermi da me stesso.
Non so che sono pazzo.
I miei ordini sono di uccidere, stuprare, distruggere.
I miei ordini sono di uccidere perché
gli altri sono una razza diversa.
I miei ordini sono di uccidere perché
gli altri professano un credo diverso.
I miei ordini sono di uccidere perché
gli altri sono l'antico nemico.
Uccidere è facile:
è facile come dire 'buongiorno'.'

Cosa si prova ad essere quest'uomo?
Si pone mai la domanda:
'Cosa sto facendo mentre alzo la pistola
per uccidere mio fratello?
'Cosa sto facendo mentre mutilo il suo corpo?
'Cosa sto facendo mentre spingo a forza il mio corpo
nel corpo che trema violentemente
di sua moglie o di sua figlia?

'Cosa sto facendo quando prendo a calci
la testa di un cadavere decapitato
nel cortile della sua casa
mentre i suoi bambini vomitano?
'Cosa sto facendo mentre sparo al bambino
sulle ginocchia del nonno?
'Cosa sto facendo mentre taglio lentamente
l'orecchio a mio fratello
e lo getto al cane da mangiare?
'Cosa sto facendo mentre distruggo la sua casa?
'Cosa sto facendo mentre rubo tutto ciò che gli è rimasto?
'Cosa sto facendo mentre lo strappo da tutto ciò che gli è caro?
'Cosa sto facendo se permetto all'odio
di corrodermi l'anima?'

'Non posso sfuggire al senso di colpa di ciò che ho fatto.
Ho obbedito agli ordini: ho perso l'anima'.

E che dire degli uomini che si ritraggono dalla barbarie
e tuttavia devono uccidere o essere uccisi
perché quella è la legge della tribù?
E che dire delle reclute,
che non possono sopportare l'omicidio?
I disertori sotto processo per le loro vite,
non possono dimenticare gli occhi
di quelli che hanno assassinato, e imploravano la vita;
i corpi rigidi delle ragazze portate via per essere violentate;
case bruciate fino all'osso, bambini orfani
che invocano i padri, le madri;
gli occhi dei morenti, gli occhi di chi,
come loro, conosce la paura per la prima volta.

E che dire delle madri che vedono la vita
che hanno amato, nutrito e
curato per ore, giorni,
anni di crescita distrutta in un secondo
da un proiettile, un coltello, una bomba? Per niente.

Può succedere ancora?

E nei campi migliaia di persone si radunano
nel fango, nel puzzo di merda, lottando per
un pezzo di terra, una tenda, acqua,
coperte per sopravvivere alla notte gelida.
Madri che cercano, cercano un bambino

perso nel viaggio che singhiozza da qualche parte, solo.

Alcuni bambini non possono parlare
di quello cui hanno assistito.
Disegnano immagini per raccontare la storia di quello
che hanno imparato da noi
che, nonostante salvatori, religioni,
credenze nella redenzione, standard di vita più elevati,
rimettiamo in atto all'infinito le abitudini del passato.
Abbiamo insegnato loro odio, crudeltà, terrore.

Un padre chiede al figlio
cosa farà quando incontrerà il nemico.
Il ragazzo, amando suo padre, esita, incerto…
Non riesce a immaginare che risposta si aspetta.
"Lo ucciderai".
Questa è l'eredità del padre al figlio
in una cultura guerriera:
l'innocenza e la fiducia dell'anima
stuprate dall'indottrinamento.

Tutto questo è successo tante volte prima.
Perché succede ancora?

E le bombe piovono
notte dopo notte sul 'nemico':
i missili 'intelligenti' diretti a distruggere l'infrastruttura
della macchina militare, scagliati da aerei
dipinti con l'immagine della morte che brandisce la falce
e la parola 'Apocalisse'.
Quanto è appropriata questa parola.
Missili dotati di uranio impoverito,
ceramica radioattiva
progettata per portare una morte lenta anni dopo;
Missili che colpiscono raffinerie di petrolio,
ponti, vie di comunicazione.
"Non puoi avere la guerra senza vittime".
Immacolata; obiettiva; parole
lontane dall'esperienza
di essere sulla traiettoria di un missile:
un leone che salta su di te,
non c'è tempo per prepararsi
all'estinzione.

Non sappiamo ancora vedere la nostra ombra.

Non sappiamo ancora vedere che la continua invenzione
di armi sempre più terribili perpetua la guerra.
Non sappiamo ancora vedere
che la proliferazione di demoniaci
agenti di morte alla fine invita
la nostra stessa distruzione.

Le persone del mondo desiderano la liberazione
da leader bellicosi e psicopatici,
dalla servitù all'antico credo
che ci siano solo due alternative:
potenza o impotenza, vittoria, sconfitta.

E che dire dei morti?
Prigionieri tra dimensioni
i morti bramano la liberazione
dal ciclo di vendetta
per non dover tornare
al suolo ancestrale per ripetere
il sanguinoso schema del sacrificio,
l'odio tra i popoli che,
avrebbero potuto riconciliarsi secoli fa,
se non fosse stato per i leader, per i preti,
per l'incapacità di rinunciare al male
di uccidere l'altro che è anche il fratello.

Ascoltate la Buona Novella, dicevano...

Quanto siamo sciocchi a credere
che siamo redenti.
Sicuramente dobbiamo compiere
la nostra redenzione rinunciando all'illusione
che alcuni di noi siano più vicini a Dio di altri.
Sicuramente dobbiamo riscattare Cristo
dalla crocifissione continuamente rimessa in atto
nello stupro di nostra sorella, nell'omicidio di nostro fratello
prima di parlare della Redenzione, prima di parlare della Buona Novella,
prima che noi, i morti, possiamo sperare nella Resurrezione.

Appendice 2

MELLEN–THOMAS BENEDICT

LA SUA ESPERIENZA CON LE SUE STESSE PAROLE
www.mellen–thomas.com
(riprodotta con il suo permesso)

Diario verso la luce e ritorno

Dopo aver sofferto di una malattia terminale, nel 1982 Mellen–Thomas 'morì' e per un'ora e mezza fu monitorato senza mostrare segni vitali. Miracolosa-mente tornò al suo corpo con una completa remissione della malattia.

Mentre era "dall'altra parte" Mellen viaggiò attraverso diversi regni di coscienza e oltre la "luce alla fine del tunnel". Gli fu mostrato, in dettaglio olografico, il passato della Terra e una bella visione del futuro dell'umanità nei prossimi 400 anni. Sperimentò la cosmologia della connessione della nostra anima con la madre terra (Gaia), il nostro ruolo nell'Universo ed ebbe il dono dell'accesso all'Intelligenza Universale.

Dalla sua esperienza di pre–morte, Mellen–Thomas ha mantenuto il suo accesso diretto all'Intelligenza Universale, e ritorna alla luce quando vuole, cosa che lo rende un ponte tra scienza e spirito. È stato coinvolto in programmi di ricerca e ha sviluppato nuove tecnologie per la salute e il benessere. Con umiltà, comprensione e profondità di sentimenti condivide la sua esperienza e le sue intuizioni.

Egli porta con sé un messaggio di speranza e di ispirazione per l'umanità, che porge con una gioia e una chiarezza rinfrescanti. La sua profondità di sentimenti e passione per la vita è un dono da condividere.

L'Esperienza dalle sue stesse parole

Nel 1982 morii per un cancro in fase terminale; si trattava di un tumore inoperabile. Mi fu detto che avrei potuto vivere ancora dai sei agli otto mesi, ma ogni tipo di chemioterapia a cui potevo essere sottoposto avrebbe fatto di me poco più che un vegetale. Negli anni '70 ero stato un contestatore e mi ero sempre più scoraggiato a causa della crisi nucleare, di quella ecologica e così via. Poiché non avevo alcun credo spirituale, cominciai a pensare che la natura avesse commesso un errore, e che gli uomini erano simili ad un cancro per il nostro pianeta. Non vedevo alcuna soluzione per tutti i problemi che avevamo creato a noi stessi e al pianeta. Percepivo tutti gli esseri umani come un cancro, ed è quello che ho ottenuto. Questo è quello che mi ha ucciso. Stai attento a qual è la tua visione del mondo: può ritorcersi contro di te, specialmente se è una visione negativa. La mia era davvero tale e mi ha portato alla morte. Provai tutti i metodi di guarigione alternativi, ma niente mi aiutò.

Quindi decisi che era una questione davvero solo tra me e Dio. Non avevo mai veramente affrontato Dio prima, neanche ci avevo mai avuto a che fare, né ero incline ad alcun genere di spiritualità, ma iniziai un viaggio per approfondire la spiritualità e i metodi di guarigione alternativa. Decisi di leggere tutto quello che potevo per approfondire l'argomento, perché non volevo avere sorprese dall'altra parte. Così iniziai a leggere di varie religioni e filosofie. Era tutto molto interessante e davano speranza che nell'aldilà ci fosse qualcosa.

In quel momento, poiché ero artista delle vetrate colorate, non avevo alcuna assicurazione medica, quindi i miei risparmi di una vita andarono in fumo durante la notte nei test. E dopo mi trovai a fronteggiare i medici senza alcun tipo di assicurazione. Non volevo che la mia famiglia venisse trascinata in un tracollo finanziario, quindi decisi di gestire tutto da solo. Non c'era dolore costante, ma c'erano dei momenti di assenza. Capii così che non avrei avuto il coraggio di guidare, e alla fine finii in un hospice, dove trovai una persona che si prese cura di me. Fui molto benedetto dalla presenza di questo angelo che attraversò l'ultima parte di vita con me. Andai avanti circa diciotto mesi. Non volevo prendere molti farmaci, perché volevo essere il più cosciente possibile, ma alla fine il dolore crebbe tanto che nella mia coscienza non ci fu posto per altro, anche se ogni crisi, per fortuna, durava solo qualche giorno.

La luce di Dio

Ricordo di essermi svegliato una mattina a casa verso le 4 e mezza del mattino, sapendo solo che era così, che era il giorno in cui stavo per morire. Così chiamai alcuni amici e dissi loro addio. Svegliai la mia infermiera dell'hospice e dissi addio anche a lei. Ci eravamo messi d'accordo che avrebbe lasciato il mio corpo morto, senza avvisare nessuno, per sei ore, dal momento che avevo letto che quando muori accadono tanti tipi di cose interessanti. Tornai a dormire. La cosa successiva che ricordo è l'inizio di una tipica esperienza di pre–morte. All'improvviso ero pienamente consapevole ed ero in piedi, mentre il mio corpo era sul letto, circondato dall'oscurità. Essere fuori dal corpo era un'esperienza ancora più vivida dell'ordinario; così vivida che potevo vedere ogni stanza della casa, potevo vedere la parte superiore, potevo vedere intorno, potevo vedere sotto.

C'era una luce splendente. Mi girai verso la luce: era molto simile a quella che molte altre persone hanno descritto nelle loro esperienze di pre–morte. È magnifica, e tangibile: puoi sentirla. È attraente; vuoi andare da lei come vorresti andare nelle braccia di tua madre o di tuo padre. Mentre cominciavo a muovermi verso la luce, sapevo intuitivamente che se vi fossi andato sarei morto. Avviandomi le dissi: "Per favore aspetta un attimo, aspetta un secondo qui. Voglio pensarci; vorrei parlarti prima di andare".

Con mia sorpresa, a quel punto l'intera esperienza si fermò. Hai davvero il controllo della tua esperienza di pre–morte, non è un giro sulle montagne russe. Quindi la mia richiesta fu onorata ed ebbi alcuni momenti di conversazione con la luce che continuava a trasformarsi in figure diverse, Gesù, Buddha, Krishna, forme di mandala, immagini e segni archetipici. Chiesi alla luce: "Cosa succede qui? Per favore, luce, renditi chiara per me. Voglio davvero conoscere la realtà della situazione".

Non posso ripetere le parole esatte, perché fu una sorta di telepatia. La luce rispose. Le informazioni che ricevetti erano che le cose in cui crediamo modellano il tipo di feedback che riceviamo prima della luce. Se sei buddhista o cattolico o fondamentalista, ottieni un ciclo di feedback in accordo con ciò in cui credi. Hai la possibilità di guardarlo ed esaminarlo, ma la maggior parte delle persone non lo fa.

Mentre la luce si rivelava a me, mi resi conto che ciò che stavo realmente vedendo era la matrice del nostro Sé Superiore. L'unica cosa che posso dire è che si trasformò in una matrice, un mandala di anime umane, e quello che vidi è che ciò che chiamiamo il nostro Sé Superiore in ognuno di noi è una matrice. È anche un canale verso la Sorgente; ognuno di noi viene direttamente, come esperienza diretta, dalla Sorgente. Abbiamo tutti un Sé Superiore o una parte sovrannaturale del nostro essere. Si rivelò a me nella sua forma più vera di energia. L'unico modo in cui posso davvero descriverlo è che l'essere del Sé Superiore è più simile a un condotto. Non sembrava così, ma è una connessione diretta alla Sorgente che ognuno di noi ha. Siamo direttamente collegati alla Sorgente.

Quindi la luce mi stava mostrando la matrice del Sé Superiore. E divenne molto chiaro per me che tutti i Sé Superiori sono collegati come un unico essere, tutti gli esseri umani sono connessi come un unico essere, siamo davvero lo stesso essere, diversi aspetti dello stesso essere, non legato ad una particolare religione. Questo è ciò che mi fu dato in cambio: vidi questo mandala di anime umane. Fu la cosa più bella che avessi mai visto. Appena ci entrai fu semplicemente travolgente. Era come tutto l'amore che hai sempre desiderato, ed era il tipo di amore che cura, guarisce, rigenera.

Quando chiesi alla luce di continuare a spiegare, capii che cos'è la matrice del Sé Superiore: c'è una sorta di griglia attorno al pianeta in cui tutti i Sé Superiori sono collegati. È come una grande compagnia, un livello sottile di energia intorno a noi, il livello dello spirito, si potrebbe dire. Poi, dopo un paio di minuti, chiesi ulteriori chiarimenti. Volevo davvero sapere che cos'è l'universo, e, in quel momento, ero pronto ad andare.

Dissi: "Sono pronto, prendimi". Allora la luce divenne la cosa più bella che avessi mai visto: un mandala composto di tutte le anime di questo pianeta. E io ci arrivai con la mia visione negativa di quello che era successo sulla terra. Così, mentre chiedevo alla luce di continuare a spiegare, in quel magnifico mandala vidi quanto siamo belli nella nostra essenza, nel nostro nucleo. Siamo le creazioni più belle. L'anima umana, la matrice umana che creiamo insieme è assolutamente fantastica, elegante, esotica, tutto. Non trovo parole sufficienti a spiegare come quell'istante abbia cambiato la mia opinione sugli esseri umani. Dissi: "Oh, Dio, non sapevo quanto siamo belli". A qualsiasi livello, alto o basso, in qualsiasi forma tu sia, sei la creazione più bella, lo sei. Ero stupito di scoprire che non c'era alcun male in nessuna anima. Chiesi: "Come può essere?"

La risposta fu che nessuna anima è intrinsecamente malvagia. Le cose terribili che accadono alle persone possono far loro fare cose cattive, ma le loro anime non sono malvage. Ciò che tutte le persone cercano, ciò che le sostiene, è l'amore, mi disse la luce. Ciò che nuoce alle persone è la mancanza di amore.

Le rivelazioni provenienti dalla luce sembravano diventare sempre più profonde, allora io chiesi alla luce: "Questo significa che l'umanità sarà salvata?"

Allora, come un suono di tromba che esplode con una pioggia di luci, la Grande Luce parlò, dicendo: "Ricordalo e non dimenticare mai; sei tu che salvi, redimi e guarisci te stesso. Lo hai sempre fatto. Lo farai sempre. Sei stato creato con il potere di farlo da prima dell'inizio del mondo".

In quell'istante compresi ancora di più. Mi resi conto che SIAMO GIÀ STATI SALVATI, e ci siamo salvati perché siamo stati progettati per auto–correggerci come il resto dell'universo di Dio. Questo è ciò che riguarda la seconda venuta.

Ringraziai la luce di Dio con tutto il mio cuore. La cosa migliore che riu-scii a formulare furono queste semplici parole di totale apprezzamento: "Oh caro Dio, caro Universo, caro Grande Sé, amo la mia vita".

Sembrò che la luce mi aspirasse ancora più profondamente. Era come se mi assorbisse completamente. La luce dell'amore è, fino ad oggi, indescrivibile. Entrai in un altro regno, più profondo del primo, e mi resi conto di più cose, molto altro di più. C'era un enorme flusso di luce, vasto e intenso, che sprofondava nel cuore della vita. Chiesi cosa fosse. La luce rispose: "Questo è il FIUME DELLA VITA. Bevi quest'acqua di manna per la gioia del tuo cuore". Così feci. Presi un grande sorso e poi un altro. Bere la vita stessa! Ero in estasi. Poi la luce disse: "Hai un desiderio". La luce sapeva tutto di me, tutto il passato, il presente e il futuro. "Sì!" Sussurrai.

Chiesi di vedere il resto dell'universo; oltre il nostro sistema solare, al di là di ogni illusione umana. La luce allora mi disse che potevo andare con il Flusso. Lo feci e fui trasportato attraverso la luce alla fine del tunnel. Percepii e sentii una serie di esplosioni molto smorzate. Che corsa!

All'improvviso mi sembrò di schizzare come un razzo dal pianeta in questo flusso di vita. Vidi la terra volare via. Il sistema solare, in tutto il suo splendore, sfrecciare e scomparire. A una velocità più veloce della luce, volai attraverso il centro della galassia, assorbendo sempre più conoscenza. Imparai che questa galassia, e tutto l'universo, scoppia di molte e diverse varietà di VITA. Vidi molti mondi. La buona notizia è che non siamo soli in questo universo!

Mentre cavalcavo questo flusso di coscienza attraverso il centro della ga-lassia, il flusso si espandeva in fantastiche onde frattali di energia. Passarono i super–ammassi di galassie con tutta la loro antica saggezza. All'inizio pensai di stare andando da qualche parte: in effetti viaggiavo. Ma poi capii che, come il flusso si espandeva, così si espandeva la mia coscienza, per accogliere tutto l'universo! Tutta la creazione passò attraverso me. Era di una meraviglia inimmaginabile! Ero davvero un bambino meraviglioso nel Paese delle Meraviglie!

Sembrava che tutte le creazioni dell'universo svanissero in me, in un granello di luce. Quasi immediatamente, apparve una seconda luce. Veniva da tutti i lati ed era così diversa; una luce composta da ogni frequenza nell'universo, forse ancor di più. Percepii e sentii di nuovo diverse esplosioni sonore vellutate. La mia coscienza e il mio essere, si stavano espandendo per congiungersi con l'intero universo olografico e altro ancora. Mentre passavo nella seconda luce, fui consapevole che avevo appena trasceso la verità. Queste sono le parole più adatte che ho per dirlo, ma cercherò di spiegare. Mentre passavo nella seconda luce, mi espansi al di là della prima luce. Mi trovai in una profonda quiete, oltre ogni silenzio. Potevo vedere o percepire l'ETERNITÀ, oltre l'infinito. Ero nel vuoto, prima della creazione, prima del Big Bang. Avevo attraversato l'inizio del tempo — la prima parola —la prima vibrazione. Ero nell'occhio della creazione. Mi sentivo come se stessi toccando il volto di Dio. Non era un sentimento religioso. Semplicemente ero un tutt'uno con la vita e la coscienza assoluta.

Quando dico che potevo vedere o percepire l'eternità, voglio dire che potevo sperimentare tutta la creazione che genera se stessa. Senza inizio e senza fine. Questo è un pensiero che espande la mente, non è vero? Gli scienziati considerano il Big Bang come un singolo evento che ha creato l'universo, ma io ho visto che il Big Bang è solo uno di un numero infinito di Big Bang che creano infiniti universi simultaneamente. Le sole immagini che si possono dare un'idea di questo processo, in termini umani, sono quelle create dai supercomputer che usano le equazioni della geometria frattale.

Gli antichi lo sapevano. Dicevano che espirando la Divinità crea periodicamente nuovi universi, e inspirando ne riassorbe altri. Queste epoche, che la scienza moderna ha definito Big Bang, venivano chiamate yuga. Ero nell'assoluta, pura coscienza e potevo vedere o percepire tutti i Big Bang o gli yuga che si creano e si riassorbono. Immediatamente entrai in tutti simultaneamente e vidi che ogni piccolo pezzo di creazione ha il potere di creare. È molto difficile cercare di spiegarlo. Sono ancora senza parole.

Mi ci vollero anni, dopo essere tornato, per trovare le parole adatte all'esperienza del vuoto. Ora posso dire che il vuoto è meno di niente, eppure più di tutto ciò che è! Il vuoto è lo zero assoluto, il caos che origina tutte le possibilità. È la coscienza assoluta, molto più dell'intelligenza universale.

Dov'è il vuoto? Io lo so: è dentro e fuori di tutto. Tu, proprio ora mentre vivi, sei sempre simultaneamente dentro e fuori dal vuoto. Non devi andare da nessuna parte e nemmeno morire per arrivarci. Il vuoto è il vacuum o il nulla che si trova tra tutte le manifestazioni fisiche, lo SPAZIO tra gli atomi e i loro componenti. La scienza moderna ha iniziato a studiare questo spazio vuoto e lo ha chiamato punto zero. Ogni volta che provano a misurarlo, gli strumenti vanno fuori scala, o verso l'infinito, per così dire. Non hanno ancora modo, per ora, di misurare l'infinito in modo accurato. C'è più dello spazio vuoto nel tuo corpo e nell'universo di qualsiasi altra cosa!

Ciò che i mistici chiamano il vuoto non è un vuoto. È così pieno di energia, un diverso tipo di energia che ha creato tutto ciò che siamo. Tutto a partire dal Big Bang è vibrazione, dalla prima parola, che è la prima vibrazione.

La parola biblica "Io sono" è in realtà seguita da un punto interrogativo: "Io sono? Cosa sono io?" Quindi la creazione è Dio che esplora il Sé di Dio attraverso ogni immaginabile possibilità, in un'esplorazione continua, infinita, attraverso ognuno di noi. Attraverso ogni capello sulla tua testa, attraverso ogni foglia di ogni albero, attraverso ogni atomo, Dio esplora il proprio Sé, il grande "Io sono". Ho cominciato a vedere che tutto ciò che è, è il Sé, letteralmente, il tuo Sé, il mio Sé. Tutto è il grande Sé. Ecco perché Dio conosce quando cade anche una singola foglia. Questo è possibile perché ovunque tu sia, quello è il centro dell'universo. Ovunque ci sia un atomo, quello è il centro dell'universo: Dio è in quell'atomo, Dio è nel vuoto.

Mentre esploravo il vuoto e tutti gli yuga o le creazioni, ero completamente fuori dal tempo e dallo spazio per come li conosciamo. In questo stato espanso, ho scoperto che la creazione riguarda la pura coscienza assoluta, o Dio, che discende nell'esperienza della vita così come la conosciamo. Il vuoto stesso è privo di esperienza. Viene prima della vita, prima della prima vibra-zione. La Divinità va ben oltre la vita e la morte, perciò nell'universo c'è ancora da sperimentare ben più della vita e della morte!

Ero nel vuoto ed ero consapevole di tutto ciò che era stato creato. Era come se stessi guardando con gli occhi di Dio. Ero diventato Dio. All'improvviso non ero più io. L'unica cosa che posso dire è guardavo con gli occhi di Dio e improvvisamente compresi il perché dell'esistenza di ogni ato-mo, e potei vedere tutto.

Il punto interessante è che sono andato nel vuoto e sono tornato con la comprensione che Dio non è lì. Dio è qui. Ecco di cosa si tratta. Perciò questa continua ricerca della razza umana di andare a cercare Dio... Dio ci ha dato tutto, tutto è qui — questo è il luogo in cui si trova. E ciò in cui siamo ora coinvolti è l'esplorazione di Dio da parte Dio, attraverso di noi. Le persone sono così impegnate a cercare di diventare Dio che devono rendersi conto che siamo già Dio e che Dio sta diventando noi. Ecco di cosa si tratta veramente.

Quando me ne resi conto, ne ebbi abbastanza del il vuoto e volli ritornare a questa creazione, a questo yuga. Sembrava la cosa più naturale da fare.

Così, all'improvviso, tornai attraverso la seconda luce, il Big Bang, sentendo molte più esplosioni di velluto. Percorsi all'indietro il flusso di coscienza attraverso tutta la creazione, e che cavalcata fu! I super–ammassi delle galassie mi passarono attraverso dandomi ancora più intuizioni. Attraversai il centro della nostra galassia, che è un buco nero. I buchi neri sono i grandi processori o rigeneratori dell'universo. Sai cosa c'è dall'altra parte di un buco nero? Ci siamo noi; la nostra galassia; che è stata ri–processata da un altro universo. Nella sua configurazione energetica totale, la galassia sembrava una fantastica città di luci. Tutta l'energia di questo lato del Big Bang è luce. Ogni particella sub–atomica, ogni atomo, stella, pianeta, persino la coscienza stessa è fatta di luce e ha una frequenza: la luce è materia vivente. Tutto è fatto di luce, persino le pietre. Quindi tutto è vivo. Tutto è fatto della luce di Dio; tutto è molto intelligente.

La luce dell'Amore

Mentre mi spingevo sempre più avanti nel flusso, vidi arrivare un'enorme luce. Sapevo che era la prima luce, la matrice di luce del Sé Supremo del nostro sistema solare. Poi l'intero sistema solare apparve alla luce, accompagnato da uno di quei bagliori di velluto.

Vidi che il sistema solare in cui viviamo è come il nostro più grande corpo locale. Questo è il nostro corpo locale e siamo molto più grandi di quanto immaginiamo. Vidi che il sistema solare è il nostro corpo. Io ne sono parte, e la terra è questo grande essere creato e noi siamo la parte che sa di esserlo. Ma noi siamo solo quella parte, non siamo tutto, ma siamo quella parte che sa di esserlo.

Potei vedere tutta l'energia generata da questo sistema solare e si tratta di un incredibile spettacolo di luci! Potei sentire la musica delle sfere. Il nostro sistema solare, come tutti i corpi celesti, genera una matrice unica di luce, suono ed energie vibratorie. Le civiltà avanzate di altri sistemi stellari possono individuare la vita nell'universo, così come la conosciamo, grazie all'impronta della matrice o dell'energia vibratoria. È un gioco da ragazzi. Proprio ora, i meravigliosi figli della terra (gli esseri umani) emettono un'abbondanza di suoni come bambini che giocano nel cortile dell'universo.

Cavalcai il flusso direttamente fino al centro della luce. Mi sentivo abbracciato da essa mentre mi prendeva di nuovo con il suo respiro, seguito da un altra morbida esplosione sonora. Ero in questa grande luce d'amore mentre il flusso della vita fluiva attraverso me. Devo dirlo ancora una volta: è la luce più amorevole e non giudicante. Il genitore ideale per questo bambino meraviglioso.

"E adesso?" Mi chiesi.

La luce mi spiegò che non la morte non esiste: siamo esseri immortali. Siamo già vivi per l'eternità! Compresi che siamo parte di un sistema di vita naturale che si rigenera all'infinito. Non mi fu mai detto che dovevo tornare. Sapevo solo che lo avrei fatto: era naturale, dopo quello che avevo visto.

Non so per quanto tempo in termini umani rimasi con la luce. Ma arrivò un momento in cui mi resi conto che tutte le mie domande avevano avuto ri-sposta e il mio ritorno era vicino. Quando dico che tutte le mie domande han-no avuto risposta dall'altra parte, intendo dire proprio questo. Tutte le mie domande hanno avuto risposta. Ogni essere umano ha una vita diversa e una serie di domande da esplorare: alcune sono universali, ma ognuno di noi sta esplorando nel suo modo unico questa cosa che chiamiamo vita. Questo vale per ogni altra forma di vita, dalle montagne a ogni singola foglia di ogni albero.

Questo è molto importante per tutti noi in questo universo, perché tutto contribuisce al grande quadro, alla pienezza della vita. Siamo letteralmente Dio che esplora il Sé di Dio in un'infinita danza di vita. La tua unicità migliora tutta la vita.

Il mio ritorno alla Terra

Quando iniziai il ritorno al ciclo vitale, non mi passò mai per la mente, né mi fu detto che sarei tornato nello stesso corpo. Semplicemente non importava. Avevo piena fiducia nella luce e nel processo vitale. Mentre il flusso si fondeva con la grande luce, chiesi di non dimenticare mai le rivelazioni e le sensazioni di ciò che avevo imparato dall'altra parte. Ci fu un "Sì". Mi sembrò un bacio per l'anima.

Poi fui riportato di nuovo attraverso la luce nel regno vibratorio. L'intero processo si invertì, mentre ricevevo ancora più informazioni. Tornai a casa e mi furono insegnati i meccanismi della reincarnazione. Diedero risposte a tutte quelle piccole domande che avevo: "Come funziona questo? Come funziona quello?" Sapevo che mi sarei reincarnato. La terra è un grande processore di energia, e la coscienza individuale si evolve da quello in ciascuno di noi. Per la prima volta pensai a me stesso come a un essere umano, ed ero felice di esserlo. Da quello che ho visto, sarei felice di essere un atomo in questo universo. Un atomo. Quindi essere la parte umana di Dio … questa è la più fantastica delle benedizioni. È una benedizione che va oltre ciò che consideriamo possa essere una benedizione. Per ognuno di noi essere la parte umana di questa esperienza è fantastico e magnifico. Ognuno di noi, non importa dove siamo, incasinati o no, è una benedizione per il pianeta, proprio qui ed ora.

Così attraversai il processo di reincarnazione aspettandomi di nascere come un bambino da qualche parte, ma mi fu data una lezione su come si evolvono l'identità individuale e la coscienza. Quindi mi reincarnai in questo corpo.

Ero così sorpreso quando aprii gli occhi. Non so perché, perché lo capivo, ma fu tuttavia una tale sorpresa essere di nuovo in questo corpo, nella mia stanza con qualcuno che mi guardava piangendo. Era la mia assistente dell'hospice. Si era rassegnata un'ora e mezza dopo avermi trovato morto, era sicura che fossi morto: c'erano tutti i segni — mi stavo irrigidendo. Non sappiamo per quanto tempo fui morto, ma sappiamo che era passata un'ora e mezza da quando ero stato trovato. Aveva onorato il mio desiderio di lasciare il mio corpo appena morto da solo per qualche ora, per quanto aveva potuto. Avevamo uno stetoscopio amplificato e molti modi per verificare le funzioni vitali del corpo per vedere cosa stava succedendo. Lei può dimostrare che io fossi davvero morto. Non è stata un'esperienza di pre–morte. Ho vissuto la morte per almeno un'ora e mezza. L'assistente mi aveva trovato morto e aveva controllato lo stetoscopio, la pressione sanguigna e il monitor della frequenza cardiaca per un'ora e mezza. Poi io mi svegliai e vidi la luce all'esterno. Provai ad alzarmi per andarle incontro, ma caddi dal letto. Lei sentì un forte rumore, corse dentro e mi trovò sul pavimento.

Quando mi ripresi, rimasi molto sorpreso e molto stupito da quello che mi era successo. All'inizio non ricordavo come ora tutto il viaggio. Continuavo a venir fuori in questo mondo e a chiedere: "Sono vivo?" Questo mondo sembrava più un sogno dell'altro.

Dopo tre giorni, mi sentii di nuovo normale, più lucido, ma diverso da come mi ero mai sentito in vita mia. Il ricordo del viaggio comparve più tardi. Non vedevo nulla di sbagliato in nessun essere umano che avessi mai incontrato. Prima di quell'esperienza ero stato davvero critico, pensavo che molte persone fossero davvero incasinate, che tutti fossero incasinati, in realtà, tranne me. Ma tutto divenne chiaro.

Circa tre mesi dopo un amico mi disse di fare i test di controllo, quindi andai a farli e così via. Mi sentivo davvero bene, perciò avevo paura di ricevere cattive notizie. Ricordo il dottore della clinica mentre osservava le scansioni prima e dopo, dicendo: "Beh, adesso qui non c'è più niente".

Esclamai: "Davvero, deve essere un miracolo!"

Il dottore rispose: "No, queste cose accadono, si chiamano remissioni spontanee". Si comportava in modo molto indifferente, ma io sono sicuro che è stato un miracolo e sono rimasto impressionato, anche se nessun altro lo era.

Le lezioni apprese

Il mistero della vita ha ben poco a che fare con l'intelligenza. L'universo non è affatto un processo intellettuale. L'intelletto è utile, è brillante, ma in questo momento è l'unica cosa che usiamo per elaborare, anziché usare i nostri cuori e la parte più saggia di noi.

Il centro della terra è questo grande trasmutatore di energia, proprio come si vede nelle immagini del campo magnetico della nostra terra. Questo è il nostro ciclo, che richiama le anime reincarnate e le rigenera di nuovo. Un segno del fatto che stai raggiungendo il livello umano è che stai iniziando a sviluppare una coscienza individuale. Gli animali hanno un'anima di gruppo e si reincarnano in anime di gruppo. Un cervo è praticamente un cervo per sempre. Ma il fatto di essere nato umano, deforme o genio, dimostra che sei sulla strada dello sviluppo di una coscienza individuale. Questo è di per sé parte della coscienza di gruppo chiamata umanità.

Ho visto che le razze sono ammassi di personalità. Nazioni come Francia, Germania e Cina hanno ciascuna la propria personalità. Le città hanno personalità, le anime del loro gruppo locale che attrae certe persone. Le famiglie hanno anime di gruppo. L'identità individuale si evolve come i rami di un frattale; l'anima del gruppo esplora nella nostra individualità. Le diverse domande che ognuno di noi si pone sono molto, molto importanti. È così che la Divinità sta esplorando il Sé divino — attraverso te. Quindi fa' le tue domande, fa' le tue ricerche. Troverai il tuo Sé e troverai Dio in quel Sé, perché è solo il Sé.

Iniziai inoltre a comprendere che ognuno di noi umani è un compagno dell'anima. Siamo parte della stessa anima che si espande come un frattale in molte direzioni creative, ma è sempre la stessa. Ora osservo ogni essere umano che vedo, e vedo compagno dell'anima, la mia anima gemella, quella che ho sempre cercato. Oltre a ciò, la più grande anima gemella che tu abbia mai avuto è te stesso. Siamo entrambi maschi e femmine. Lo sperimentiamo nell'utero e negli stati di reincarnazione. Se stai cercando quell'ultima anima gemella al di fuori di te, potresti non trovarla mai; non è lì. Proprio come Dio non è "lì". Dio è qui. Non cercare Dio "là fuori". Cerca Dio qui. Cerca attraverso il tuo Sé. Inizia ad avere la più grande storia d'amore che tu abbia mai avuto... con te stesso. Amerai tutto a partire da quello.

Ebbi una discesa in quello che si potrebbe chiamare inferno, e fu molto sorprendente. Non vidi Satana né il male. La mia discesa all'inferno fu una discesa nella miseria umana personalizzata, nell'ignoranza e nell'oscurità del non–sapere. Sembrò un'eternità miserabile. Ognuna delle milioni di anime intorno a me aveva sempre una piccola stella di luce disponibile, ma nessuna sembrava prestarle attenzione. Erano così consumate dal dolore, dai traumi e dalle sofferenze. Dopo quella che sembrò un'eternità, iniziai a gridare a quella luce, come un bambino che chiama un genitore per chiedere aiuto. Allora la luce si aprì e formò un tunnel che venne dritto a me e mi isolò da tutta quella paura e quel dolore. Questo è ciò che l'inferno veramente è.

Quindi quello che facciamo è imparare a tenerci per mano, a unirci. Le porte dell'inferno sono aperte ora. Stiamo per collegarci, tenerci per mano e uscire dall'inferno insieme.

La luce venne da me e si trasformò in un enorme angelo d'oro. Le chiesi: "Sei l'angelo della morte?"

Mi rivelò di essere la mia anima sovrana, la mia matrice del Sé Superiore, una parte super antica di noi. Poi fui portato alla luce.

Presto la nostra scienza quantificherà lo spirito. Non sarà meraviglioso? Con dispositivi sensibili ci siamo avvicinando all'energia sottile, all'energia dello spirito. I fisici usano gli acceleratori atomici di particelle per distruggere gli atomi e vedere di cosa sono fatti. Li hanno ridotti in quark e charm, e tutto il resto. Bene, un giorno arriveranno alla piccola cosa che tiene tutto insieme, e dovranno chiamarla ... Dio. Con gli acceleratori atomici non solo vedono cosa c'è, ma creano particelle. Grazie a Dio la maggior parte ha una vita breve di millisecondi e nanosecondi. Mentre andiamo avanti, stiamo proprio iniziando a capire che creiamo anche noi.

Come vidi per l'eternità, giunsi in una dimensione in cui c'è un punto nel quale passiamo tutta la conoscenza e iniziamo a creare il frattale successivo, il livello seguente. Abbiamo quel potere di creare mentre esploriamo. E questo è Dio che si espande attraverso di noi.

Dal mio ritorno sperimentai la luce spontaneamente, e imparai come ar-rivare in quello spazio quasi in qualsiasi momento della mia meditazione. Ognuno può farlo. Non è necessario morire. È all'interno delle tue capacità; funzioni già in quel modo.

Il corpo è la luce più magnifica che ci sia. Il corpo è un universo di luce incredibile. Lo Spirito non ci sta spingendo a dissolvere questo corpo. Questo non è ciò che sta accadendo. Smetti di provare a diventare Dio; Dio sta diven-tando te. Qui...

Chiesi a Dio: "Qual è la migliore religione del pianeta? Qual è quella giusta?"

E Dio rispose, con grande amore. "Non mi interessa". Fu una grazia incredibile. Ciò significava che siamo noi gli esseri a cui importa.

La Divinità Suprema di tutte le stelle ci dice: "Non importa a quale religione tu appartenga". Vengono e vanno, cambiano. Il Buddhismo non c'è stato per sempre, il Cattolicesimo non c'è stato per sempre, tutte stanno per diventare più illuminate. Ora c'è più luce in tutti i sistemi. Ci sarà una riforma nella spiritualità importante tanto quanto la Riforma protestante. Molte persone combatteranno per questo, una religione contro l'altra, credendo di avere ragione.

Tutti pensano di possedere Dio, le religioni e le filosofie, specialmente le religioni, perché formano grandi organizzazioni attorno alla loro filosofia. Quando la Divinità disse: "Non mi interessa", capii subito che è di noi che ci dobbiamo preoccupare. È importante, perché siamo esseri cui importa. È im-portante per noi e perciò è importante. Ciò che nella spiritualità dobbiamo avere è l'equilibrio energetico. Alla Divinità Suprema non importa se sei pro-testante, buddhista o altro. È solo una sfaccettatura scolorita del tutto. Vorrei che tutte le religioni lo capissero e si lasciassero in pace l'un l'altra. Non è la fine di ogni religione, ma parliamo dello stesso Dio. Vivi e lascia vivere. Ognuno ha una diversa visione. E tutto si somma al Grande Quadro, tutto è importante.

Fui accolto dall'altra parte con un sacco di paure riguardo ai rifiuti tossici, ai missili nucleari, all'esplosione demografica, alla foresta pluviale. Tornai amando ogni singolo problema. Amo le scorie nucleari. Amo il fungo atomico; questo è il mandala più sacro che abbiamo manifestato fino ad oggi, come un archetipo. Esso, più di qualsiasi religione o filosofia sulla terra, ci ha portato tutti insieme ad un nuovo livello di coscienza. Sapendo che forse possiamo far saltare in aria il pianeta cinquanta, o cinquecento volte, ci rendiamo finalmente conto forse che siamo tutti sulla stessa barca. Per un certo periodo hanno dovuto continuare ad esplodere bombe fino ad arrivare a noi. Ora abbiamo iniziato a dire "Non ne abbiamo più bisogno".

Ora siamo effettivamente in un mondo più sicuro di quanto siamo mai stati, e diventerà più sicuro.

Il disboscamento della foresta pluviale rallenterà, e in cinquant'anni ci saranno più alberi sul pianeta di quanti ce ne siano stati da molto tempo. Se ti piace l'ecologia, provaci; tu sei quella parte del sistema che sta diventando consapevole. Vai con tutte le tue forze, ma non essere depresso. Fa parte di una cosa più grande.

La Terra sta per addomesticarsi. Non sarà mai più un posto selvaggio come un tempo. Ci saranno grandi luoghi selvaggi, riserve dove prospererà la natura. Il giardini e le riserve saranno materia del futuro. L'aumento della popolazione sta arrivando molto vicino alla gamma ottimale di energia per causare uno spostamento di coscienza. Questo cambiamento di coscienza cambierà la politica, il denaro, l'energia.

Cosa succede quando sogniamo? Siamo esseri multidimensionali. Possiamo accedere a quella dimensione attraverso un sogno lucido. In realtà, questo universo è il sogno di Dio. Una delle cose che ho visto è che noi umani siamo un puntino, su un pianeta che è un granello, in una galassia che è un granello. Quelli là fuori sono sistemi giganti, e noi siamo in una sorta di sistema medio. Ma gli esseri umani sono già leggendari in tutto il cosmo della coscienza. Il piccolo essere umano della Terra/Gaia è leggendario. Una delle cose per cui siamo leggendari è il sognare. Siamo sognatori leggendari. In realtà, l'intero cosmo ha cercato il significato della vita, il significato di tutto questo, ed è stato un piccolo sognatore a trovare la migliore risposta di sempre. L'abbiamo sognata. Quindi i sogni sono importanti.

Dopo la morte e il ritorno, rispetto davvero la vita e la morte. Nei nostri esperimenti sul DNA potremmo aver aperto la porta a un grande segreto. Presto saremo in grado di vivere in questo corpo finché vorremo. Dopo aver vissuto 150 anni circa, ci sarà la sensazione intuitiva dell'anima di voler cambiare canale. Vivere eternamente in un solo corpo non è così creativo come reincarnarsi, come il trasferimento di energia in questo fantastico vortice di energia in cui ci troviamo. In realtà vedremo la saggezza della vita e della morte e ne godremo.

Come è ora, siamo già vivi in eterno. Questo corpo in cui sei, è vivo in eterno. Viene da un flusso infinito di vita, risalendo al Big Bang e oltre. Questo corpo dà vita alla prossima vita, in un'energia densa e sottile. Questo corpo è già vivo in eterno.

Bibliografia

Abram, David (1996) *The Spell of the Sensuous*, Vintage Books, New York.
Adler, Gerhard (1979) *Dynamics of the Self*, Coventure, Londra.
Ali, Ayaan Hirsi (2010) *Nomad, From Islam to America: A Personal Journey through the Clash of Civilizations*, Simon and Schuster Ltd., Londra.
Anderson, William (1985) *The Rise of the Gothic*, Huchinson Ltd., Londra.
Anderson, William e Clive Hicks (1990) *Green Man, The Archetype of our Oneness with the Earth*, HarperCollins, Londra e San Francisco.
Annan, Kofi (2012) *Interventions: A Life in War and Peace*, Allen Lane, Londra.
Apuleio (2005) *Le metamorfosi o L'asino d'oro*, BUR, Milano.
Armstrong, Karen (1993) *The End of Silence, Women and the Priesthood*, Fourth Estate, Londra.
Aurobindo, Sri (1998) *La vita divina*, Ed. Mediterranee, Roma.
Bache, Christopher (2000) *Dark Night, Early Dawn*, State University of New York Press.
Baker, Ian A. (2000) *The Dalai Lama's Secret Temple*, Thames and Hudson, Londra.
Barfield, Owen (1988) *Saving the Appearances, A Study in Idolatry*, seconda edizione, the Wesleyan University Press, Middletown, Conn. USA. (2010) *Salvare le apparenze. Uno studio sull'idolatria*, Marietti, Bologna.
Baring, Anne & Cashford, Jules (1993) *The Myth of the Goddess: Evolution of an Image*, Penguin Arkana, Londra. (2017) *Il mito della dea. Evoluzione di un'immagine*, Venexia, Roma.
Bayley, Harold (1912) *The Lost Language of Symbolism*, Vol.1, Williams and Norgate, Londra.
Berry, Thomas (1988) *The Dream of the Earth*, Sierra Club Books, San Francisco, (2006) *Evening Thoughts*, Sierra Club Books, San Francisco.
Bertell, Rosalie (2000) *Planet Earth, the Latest Weapon of War*, The Women's Press, Londra.
Betty, Stafford Ph.D. (2011) *The Afterlife Unveiled*, O Books, Ropley, UK.
Bettenson, Henry Bettenson ed. & trs. (1970), *The Later Christian Fathers*, OUP.
Bird, Kai and Sherwin, Martin J. (2005) *American Prometheus, The Triumph and Tragedy of J. Robert Oppenheimer*, Alfred Knopf, New York. (2007) *Robert Oppenheimer, il padre della bomba atomica. Il trionfo e la tragedia di uno scienziato*, Garzanti, Milano.
Blake, William, letter to Thomas Butts, 22 November, 1802, *Complete Poetry and Prose*, ed. Geoffrey Keynes.
Boezio, Severino (2010) *La consolazione della filosofia (testo latino a fronte)*, Giulio Einaudi Editore, Torino.
Bohm, David (1980) *Wholeness and the Implicate Order*, Routledge & Kegan Paul Ltd., Londra.
Bolte Taylor, Jill PH.D (2008) *My Stroke of Insight*, Hodder and Stoughton Ltd., Londra.
Boni, Cesare (2009) *Dove va l'anima dopo la morte*, Ed. Amrita. (2009) *Vado e torno*, Ed. Amrita.
Bourgeault, Cynthia (2003) *The Wisdom Way of Knowing*, John Wiley & Sons, San Francisco. (2010) *The Meaning of Mary Magdalene*, Shambhala Publications Inc., Boston.
Bucke, Maurice Richard (1923) *Cosmic Consciousness*, Dutton & Co., New York.
Budge, E.A. Wallis (1969) *The Gods of the Egyptians*, Dover Publications, New York.
Campbell, Joseph (1958–68) *The Masks of God*, Vol. I–IV, Secker & Warburg, Londra.
    (1992) *Le maschere di Dio*, Mondadori, Milano.
    (1968) *The Hero with a Thousand Faces*, Princeton University Press.
    (2016) *L'eroe dai mille volti*, Lindau, Torino.
    (1984) *The Way of the Animal Powers*, Times Books, Londra.
    (1986) *The Inner Reaches of Outer Space*, Alfred van der Marck Editions, New York.
    (1988) *The Power of Myth*, Doubleday, New York.
    (2012) *Il potere del mito*, Neri Pozza, Vicenza.
Carson, Rachel (1950) *The Sea Around Us*, OUP.
    (2011) *Il mare intorno a noi*, Orme Editori, Roma.

(1963) *Silent Spring*, Hamish Hamilton, Londra.
(2016) *Primavera silenziosa*, Feltrinelli, Milano.
Cashford, Jules (2003) *The Moon: Myth and Image*, Cassell Illustrated, Londra.
Chauvet Cave, (1996) Thames and Hudson Ltd., Londra.
Cohn, Carol (1987) *Sex and Death in the Rational World of Defense Intellectuals, Signs, Journal of Women in Culture and Society*, University of Chicago Press.
Collins, Cecil (2004) *Angels*, edited by Stella Astor, Fool's Press, Londra.
Cook, Francis H. (1977) *Hua–yen Buddhism: The Jewel Net of Indra*, Pennsylvania State University.
Cooper, Rabbi David (1997) *God is a Verb*, Riverhead Books, New York.
Corbin, Henri, (1969) *Creative Imagination in the Sufism of Ibn Arabi*, Bollingen Series XCI, Princeton University Press.
Crick, Francis (1994) *The Astonishing Hypothesis*, Simon and Schuster, Londra.
(1994) *La scienza e l'anima. Un'ipotesi sulla coscienza*, Rizzoli, Milano.
Davidson, John (1992) *The Robe of Glory, An Ancient Parable of the Soul*, Element Books, UK.
Devereux, Paul (2010) *Sacred Geography: Deciphering Hidden Codes in the Landscape*, Octopus Publishing Group, Londra.
Diköter, Frank (2011) *Mao's Great Famine*, Bloomsbury Books Ltd., Londra.
Douglas–Klotz, Neil (1990) *Prayers of the Cosmos: Meditations on the Aramaic Words of Jesus*, HarperSanFrancisco. *Dreams: Visions of the Night*, Thames and Hudson, Londra (nessuna data) ed. Jill Purce.
Dunne, Claire (2000) *Carl Jung, Wounded Healer of the Soul*, Parabola Books, New York.
Edinger, Edward (1984) *The Creation of Consciousness: Jung's Myth for Modern Man*, Inner City Books, Toronto.
Einstein, Albert (2000) *The Expanded Quotable Einstein*, collected and edited by Alice Calaprice, The Hebrew University of Jerusalem and Princeton University Press, Princeton, New Jersey
Einstein, Albert (1954) *Ideas and Opinions*, Crown Publishers, New York. (2015) *Pensieri, idee, opinioni*, Newton Compton, Roma.
Eisler, Riane (1988) *The Chalice and the Blade*, Harper & Row, San Francisco. (2011) *Il calice e la spada*, Forum Edizioni, Udine.
ElBaradei, Mohamed (2011) *The Age of Deception*, Bloomsbury Books Ltd., Londra.
Eliade, Mircea (1959) *The Sacred and the Profane*, Harcourt, Brace & World, Inc.
(2013) *Il sacro e il profano*, Bollati Boringhieri, Torino.
(1964) *Shamanism; Archaic Techniques in Ecstasy*, Bollingen Foundation, Princeton.
(1983) *Lo sciamanismo e le tecniche dell'estasi*, Edizioni Mediterranee, Roma.
Eliot, T.S. (1969) *The Complete Poems and Plays of T.S. Eliot*, Faber & Faber Ltd., Londra.
Eriugena, Giovanni Scoto (1976) Uhlfelder, Myra, and Potter Jean A. *Periphyseon: On the Division of Nature*, Book III 678c. Bobbs–Merrill, Indianapolis, ripubblicato nel 2011 da Wipf & Stock Publishers, Eugene, Oregon. (2017) *Sulle nature dell'universo. Testo latino a fronte*, 5 voll. Fondazione Lorenzo Valla/Mondadori, Milano.
Feinstein, Andrew (2011) *The Shadow World: Inside the Global Arms Trade*, Hamish Hamilton, Londra.
Ferguson, Niall (2006) *The War of the World*, Allen Lane, Londra. (2016) *La guerra del mondo. Novecento, il secolo della violenza*, Mondadori, Milano.
Fox, Matthew (1983) *Original Blessing*, Bear & Co. Santa Fe. (2011) *In principio era la gioia. Original blessing*, Fazi Editore, Roma.
Frankl, Viktor E. (2003) *Man's Search for Meaning*, Rider, Londra.(2017) *L'uomo in cerca di senso*, Franco Angeli Editore, Milano.
Freeman, Charles (2003) *The Closing of the Western Mind*, Pimlico, Londra. (2016) *La fine del pensiero occidentale*. Ariele, Milano. (2008) *AD 381: Heretics, Pagans and the Christian State*, Pimlico, Londra.
Freeman, Mara (2001) *Kindling the Celtic Spirit*, HarperSan Francisco.
French, Marilyn (2002) *From Eve to Dawn: A History of Women*, McArthur & Co., Toronto.

Fromm, Erich   (1977) *The Anatomy of Human Destructiveness*, Penguin Books Ltd., Londra.
   (1992) *Anatomia della distruttività umana*, Mondadori, Milano.
Gerhardt, Sue (2004) *Why Love Matters: How Affection Shapes a Baby's Brain*, Brunner–Routledge, Londra. (2018) *Perché si devono amare i bambini*, Raffaello Cortina ed., Milano.
Gerzon, Mark (2006) *Leading Through Conflict*, Harvard Business School Press.
Gilbert, G.M. (1961) *Nuremberg Diary*, New York, Signet.
Gimbutas, Marija (1974 & 1982) *The Goddesses and Gods of Old Europe*, Thames & Hudson, Londra.
   (2016) *Le dee e gli dei dell'antica Europa*, Stampa Alternativa, Roma.
   (1989) *The Language of the Goddess*, Harper & Row, San Francisco.
   (2008) *Il linguaggio della dea*, Venexia ed. Roma.
Gollancz, Victor (1956) *The Devil's Repertoire*.
Goodchild, Veronica (2012) *Songlines of the Soul, Pathways to a New Vision for a New Century*, Nicolas–Hays Inc., Fort Worth, Florida.
Goswami, Amit (1995) *The Self-aware Universe: How Consciousness Creates the Material World*, Tarcher/Putnam, New York. (2000) *The Visionary Window*, Quest Books, Wheaton, Ill.
Gray, Colin (2005) *Another Bloody Century*, Weidenfeld & Nicolson Ltd., Londra.
Gray, John (2007) *Black Mass: Apocalyptic Religion and the Death of Utopia*, Penguin Books Ltd., UK
   (2009) *La forza oscura. Come la religione ha portato il mondo alla crisi*, Dalai Editore, Milano.
Gray, William G. (1968) *The Ladder of Lights*, Helios Book Service Ltd., Cheltenham.
   (2015) *La scala delle luci*, Venexia ed., Roma.
Griffiths, Dom Bede (1976) *Return to the Centre*, Collins, St. James's Place, Londra e Templegate, Springfield, Ill. 1977. (1992) *A New Vision of Reality*, HarperCol-lins, Londra.
Grof, Stanislav (1985) *Beyond the Brain*, State University of New York Press. (con Hal Z. Bennett)
   (1993) *The Holotropic Mind: Three levels of Human Consciousness and How They Shape Our Lives*, HarperCollins, New York.
   (1998) *The Cosmic Game*, State University of New York Press.
   (2001) *LSD Psychotherapy*, published by the Multidisciplinary Association for Psychedelic Studies, Sarasota, Florida, USA.
   (1997) *Oltre il cervello*, Cittadella editrice, Assisi.
   (2012) *La mente olotropica. Le esperienze che conducono ai livelli più profondi della psiche*, Red Edizioni, Roma.
   (2000) *Il gioco cosmico della mente*, Red Edizioni, Roma.
Haisch, Bernard (2006) *The God Theory*, Weiser Books, San Francisco.
Halevi, Z'ev ben Shimon (1986) *The Work of the Kabbalist*, Samuel Weiser Inc., Maine.
Happold, F.C. (1963) *Mysticism, A Study and an Anthology*, Penguin Books Ltd., Harmondsworth.
   (1987) *Misticismo. Studio e antologia*, Mondadori, Milano.
Harvey, Andrew (1983) *A Journey in Ladakh*, Jonathan Cape Ltd., Londra
   (1991) *Hidden Journey*, Bloomsbury Publishing Co., Ltd., Londra.
Hastings, Max (2011) *All Hell Let Loose: The World at War 1939–1945*, HarperPress, Londra.
   (2013) Inferno. *Il mondo in guerra 1939–1945*, Neri Pozza, Vicenza.
Hillman, James (1972) *The Myth of Analysis*, Three Essays in Archetypal Psychology, Part Three: On Psychological Femininity, Northwestern University Press. (2012) *Il mito dell'analisi*, Adelphi, Milano.
Hochschild, Adam (2009) *Bury the Chains*, Macmillan, Londra.
Hoffman, David E. (2009) *The Dead Hand, Reagan, Gorbachov and the Untold Story of the Cold War Arms Race*, Doubleday, New York. Icon Books, Londra, 2011.
Hoffman, Edward (1981) *The Way of Splendor: Jewish Mysticism and Modern Psychology*, Shambala, Boulder, Colorado.
Holland, Jack (2006) *Misogyny, The World's Oldest Prejudice*, Constable and Robinson Ltd., Londra.
Howell, Alice O. (1988) *The Dove in the Stone*, Quest Books, Wheaton, Ohio.
   (1998) *La colomba nella roccia*, Piemme ed., Milano.

Hubbard, Barbara Marx (2012) *Birth 2012: Humanity's Great Shift to the Age of Conscious Evolution*, (2012) *Emergence: The Shift from Ego to Essence*, Shift Books, US.
Jaffé, Aniela (1989) *From the Life and Work of C. G. Jung*, tradotto da R.F.C. Hull e Murray Stein, Daimon Verlag, Einsiedeln, Switzerland.
James, William (1929) *The Varieties of Religious Experience*, Longmans, Green and Co. Londra & New York. (2001) *Le varie forme dell'esperienza religiosa. Uno studio sulla natura umana*, Morcelliana, Brescia.
Jefferies, Richard (1947) *The Story of My Heart*, Constable & Co. Ltd., Londra.
Johnson, Chalmers (2004) *The Sorrows of Empire: Militarism, Secrecy and the End of the Republic*, Henry Holt & Company LLC, New York. (2005) *Le lacrime dell'impero. L'apparato militare industriale, i servizi segreti e la fine del sogno americano*, Garzanti Editore, Milano.
Giuliana di Norwich (1977) *Revelations of Divine Love*, trad.. M. L. Del Mastro, Doubleday, New York. (2015) Una rivelazione dell'amore, Ancora ed., Milano.
Jung, C.G. (1963) *Memories, Dreams, Reflections*, Collins and Routledge & Kegan Paul Ltd., Londra. (1998) Ricordi, sogni, riflessioni, BUR, Milano.
Jung, C.G. *Collected Works*, trad. R.F.C. Hull, Routledge & Kegan Paul Ltd., Londra.
(1931) *The Secret of the Golden Flower*, tradotto e spiegato da Richard Wilhelm, con introduzione e commento europeo di C.G. Jung. trad. Cary F. Baynes.(1933) *Modern Man in Search of a Soul*, trad. W.S. Dell & Cary F. Baynes. (1973 & 1976) *Letters*, Volumes 1 & 2, Routledge and Kegan Paul Ltd. Londra. (1964) *Conversations with Carl Jung* (based on four filmed interviews), Richard Evans, Van Nostrand, Princeton. (1964) *Man and His Symbols*, Aldus Books, Londra. (2009) *The Red Book, Liber Novus*, edito e introdotto da Sonu Shamdasani, W.W. Norton & Co., New York & Londra. (2000) Opere, Bollati Boringhieri, Torino. (2001) Il segreto del fiore d'oro. Un libro di vita cinese, Bollati Boringhieri, Torino. (2016) Lettere, Magi Edizioni, Roma. (1991) L'uomo e i suoi simboli, TEA, Milano. (2012) Il libro rosso. Liber Novus, Bollati Boringhieri, Torino.
Keen, Sam (1986) *Faces of the Enemy*, Harper & Row, San Francisco. (1992) *Fire in the Belly: On Being A Man*, Bantam.
King, Ursula (1989) *The Spirit of One Earth: Reflections on Teilhard de Chardin and Global Spirituality*, Paragon House, New York.
Kingsley, Peter (1999) *In the Dark Places of Wisdom*, Golden Sufi Press, California.
Korten, David (2009) *Mind Before Matter, Visions of a New Science of Consciousness*, ed. John Mack and Trish Pfeiffer, O Books, Winchester, Hampshire.
Kovács, Betty J. (2003) *The Miracle of Death*, The Kamlak Center, California.
Kübler–Ross, Elisabeth (1975) *On Death and Dying*, Spectrum, US. (1991) *On Life After Death*, Celestial Arts, Berkeley, CA. (2007) La morte e la vita dopo la morte, Ed. Mediterranee, Roma. (2013) La morte e il morire, Cittadella editrice, Assisi.
Kundalini Rising, Exploring the Energy of Awakening, (2009) Sounds True Publications, Boulder, Colorado.
Lamy, Lucy (1981) *Egyptian Mysteries*, Thames and Hudson, Londra.
Laszlo, Ervin (2006) *Science and the Reenchantment of the Cosmos*, Inner Traditions, Vermont. (2008) Risacralizzare il cosmo. Per una visione integrale della realtà, Apogeo Editore, Milano.
Laszlo, Ervin and Currivan, Jude (2008) *CosMos: A Co–creator's Guide to the Whole–World*, Hay House, Inc., USA, UK. (2009) Da esecutori a co–creatori. Cosmos, Macro Edizioni, Cesena
Lawrence, D.H. *Last Poems, The Complete Poems of D.H. Lawrence*, Vol 1, p. 17.
Lawrence, D.H. (1931) *Apocalypse and Other Writings*, Cambridge University Press.
Lawrence, D.H. (1993) *The Letters of vol. VII*. eds. Keith Sagar and James T. Boulton, CUP.
Leboyer, Frederick 1995) *Birth Without Violence*, trs. Yvonne Fitzgerald, Mandarin Paperbacks, Londra. (2000) Per una nascita senza violenza, Bompiani, Milano.

Levi, Primo (1988) *The Damned and the Saved*, Abacus Books, Londra.
    (2014) I sommersi e i salvati, Giulio Einaudi Editore, Torino.
Levy, Gertrude (1968) *The Gate of Horn*, Faber & Faber Ltd., Londra.
Louth, Andrew, (1989) *Denys the Areopagite*, Morehouse–Barlow, Londra.
Lovelock, James (1991) *Healing Gaia*, Harmony Books, New York.
    (2011) *Gaia. Nuove idee sull'ecologia*, Bollati Boringhieri, Torino.
McGilchrist, Iain (2009) *The Master and His Emissary, The Divided Brain and the Making of the Western World*, Yale University Press.
McGilchrist, (2010) dal suo capitolo in *A New Renaissance; Transforming Science, Spirit and Society*, ed. David Lorimer and Oliver Robinson, Floris Books Ltd., Edimburgo.
MacLean, Paul (1990) *The Triune Brain in Evolution*, Plenum Press, New York.
Marshack, Alexander (1972) *The Roots of Civilization*, Weidenfeld & Nicolson, Londra.
Mascaró, Juan (1962) trad. e introduzione alla *Bhagavad Gita*, Penguin Books, Londra.
    (1965) *Upanishads*, trad. e introduzione, Penguin Books, Londra.
Matt, Daniel (1995) *The Essential Kabbalah, The Heart of Jewish Mysticism*, Harper-SanFrancisco.
Mead, G.R.S. (1906 & 1931) *Fragments of a Faith Forgotten*, John M. Watkins, Londra. (1947) *Pistis Sophia*, John M. Watkins, Londra. (1919) *The Doctrine of the Subtle Body in Western Tradition*, John M. Watkins, Londra (1995) Solos Press, Dorset, UK. (2017) *Pistis Sophia, il libro del Salvatore*, Formato kindle.
Mehta, Vijay (2012) *The Economics of Killing: How the West fuels War and Poverty in the Developing World*, Pluto Press, Londra.
Michell, John (1972) *City of Revelation: on the Proportions and Symbolic Numbers of the Cosmic Temple*, Garnstone Press, Londra.
Miller, Alice (1985) *Thou Shalt Not Be Aware, Society's Betrayal of the Child*, Pluto Press, Londra.
    (2008) La persecuzione del bambino. Le radici della violenza, Bollati Boringhieri, Torino.
Miller, Arthur I. (2009) *137: Jung, Pauli, and the Pursuit of a Scientific Obsession*, W.W. Norton & Co., New York.
Milne, Joseph (2008) *Metaphysics and the Cosmic Order*, Temenos Academy, Londra.
Mitchell, Dr. Edgar (1996) *The Way of the Explorer*, Putnam, New York.
    (2010) *La via dell'esploratore*, Verdechiaro ed., Reggio Emilia.
Moorjani, Anita (2012) *Dying to be Me*, Hay House, Inc., New York. (2013) *Morendo ho ritrovato me stessa*, My Life, Rimini.
Nag Hammadi Library (1977) ed. James M. Robinson, E.J. Brill, Leiden.
Narby, Jeremy (1998) *The Cosmic Serpent; DNA and the Origins of Knowledge*, Victor Gollancz, Londra. (2006) Il serpente cosmico; DNA e le origini della conoscenza, Venexia ed., Roma.
Naydler, Jeremy (2009) *The Future of the Ancient world: Essays on the History of Consciousness*, (1996) *Temple of the Cosmos: Ancient Egyptian Experience of the Sacred*, Inner Traditions, Rochester, Vermont.
Neumann, Erich (1955) *The Great Mother, An Analysis of the Archetype*, Pantheon Books Inc., New York. (1981) La grande madre. Fenomenologia delle configurazioni femminili dell'inconscio, Casa Editrice Astrolabio, Roma.
Nilsson, Lennart and Hamberger, Lars (1994 & 2010) *A Child is Born*, Doubleday, Londra.
Odent, Michel (1990) *Water and Sexuality*, Arkana, Londra.
    (1991) L'acqua e la sessualità, Red Edizioni, Roma.
Owen, David (2007and 2012) *The Hubris Syndrome*, Methuen Publishing Ltd., Londra.
Pagels, Elaine (1980) *The Gnostic Gospels*, Weidenfeld and Nicolson Ltd., Londra.
    (2011) *I vangeli gnostici*, Mondadori, Milano.
Pearce, Joseph Chilton (1992) *Evolution's End*, HarperCollins, San Francisco.
    (2011) The Death of Religion and the Rebirth of Spirit: A Return to the Intelligence of the Heart, Inner Traditions, Vermont.

Perera, Sylvia Brinton (1981) *Descent to the Goddess*, Inner City Books, Toronto.
Pert, Candace (1998) *Molecules of Emotion*, Simon and Schuster Ltd., Londra.
  (2016) *Molecole di emozioni*, TEA, Milano.
Petit, Ann (2006) *Walking to Greenham*, Honno UK.
Pfeiffer, Trish and Mack, John E. MD, editors, (2007) *Mind Before Matter, Visions of a New Science of Consciousness*, O Books, Ropley, Hampshire, UK.
Pizan, Christine de (1999) *The Book of the City of Ladies*, Penguin Books Ltd., Londra.
  (2004) *La città delle dame*, Carocci editore, Roma.
Politkovskaya, Anna (2003) *A Small Corner of Hell, Dispatches from Chechnya*, University of Chicago Press. (2008) *Un piccolo angolo d'inferno*, Rizzoli, Milano.
Prem, Krishna (1958) *The Yoga of the Bhagavat Gita*, John M. Watkins, Londra.
Randall, Edward C. (2010) *Frontiers of the Afterlife*, White Crow Books, UK.
Ranke–Heinemann, Uta (1990) *Eunuchs for Heaven*, English trad. André Deutsch Ltd., Londra.
  (1990) *Eunuchi per il regno dei cieli*, Rizzoli, Milano.
Ravindra, Ravi (2002) *Science and the Sacred: Eternal Wisdom in a Changing World*, Quest Books, Wheaton, Illinois.
Rees, Sir Martin (1967) *Before the Beginning*, Simon & Schuster
  (1999) *Just Six Numbers, The Deep Forces that Shape the Universe*, Basic Books, Londra.
  (2003) (Lord Rees) *Our Final Century*, William Heinemann, Londra.
  (1998) *Prima dell'inizio*, Raffaello Cortina ed., Milano.
  (2002) *I sei numeri dell'universo. Le forze profonde che spiegano il cosmo*, Rizzoli ed., Milano.
  (2005) *Il secolo finale*, Mondadori, Milano.
Rilke, Rainer Maria (1947) *Letters 1910–1924*, trs. Jane Bannard Green and M.M. Heerter, W.W. Norton & Co., New York. Dell'autore, in Italia, sono pubblicate innumerevoli raccolte di lettere (Ndt).
Rinpoche, Sogyal (1992) *The Tibetan Book of Living and Dying*, HarperSanFrancisco.
  (2015) *Il libro tibetano del vivere e del morire*, Ubaldini Editore, Roma.
Roberts, Alison (1995 & 2000) *Hathor Rising, The Serpent Power of Ancient Egypt*, e *My Heart, My Mother*, Northgate Press, Devon.
Robertson, Seonaid (1963) *Rose Garden and Labyrinth – a Study in Art Education*, Routledge and Kegan Paul Ltd., Londra.
Roy, Arundhati (2002) *The Algebra of Infinite Justice*, HarperCollins (Flamingo) Londra.
Rudgley, Richard (1998) *Lost Civilisations of the Stone Age*, Arrow Books, Londra.
Russell, Bertrand (1903) *The Free Man's Worship*.
Sagar, Keith (2005) *Literature and the Crime Against Nature, from Homer to Hughes*, Chaucer Press, Londra.
Sahtouris, Elisabet (2000) *EarthDance: Living Systems in Evolution*, iUniversity Press, Lincoln Nebraska.
Saul, John Ralston (1995 & 1998) *The Unconscious Civilization*, House of Anansi Press, Canada, e Penguin Books Ltd., Londra.
Sant'Agostino, (1958) *The City of God*, Image Books. (2013) *La città di Dio*, Limovia.net.
Sandars N. K. (1960) *The Epic of Gilgamesh*, Penguin Books Ltd. Londra.
  (1986) *L'epopea di Gilgamesh*, Adelphi, Milano.
Schaup, Susanne (1997) *Sophia, Aspects of the Divine Feminine*, Nicolas–Hays Inc. Maine.
Schell, Jonathan (1982) *The Fate of the Earth*, Pan books Ltd., Londra. (1982) *Il destino della terra*, Mondadori, Milano.
Scholem, Gershom (1954 & 1961) *Major Trends in Jewish Mysticism*, Schocken Books Inc., New York.
Sebag Montefiore, Simon (2011) *Jerusalem*, Simon and Schuster, New York & Londra.
  (2018) *Gerusalemme*, Mondadori, Milano.
Servan–Shreiber, David (2004) *Healing Without Freud or Prozac*, Pan Macmillan Ltd., Londra.
Sheldrake, Rupert (2012) *The Science Delusion*, Coronet, Londra.
  (2013) *Le illusioni della scienza*, Apogeo Editore, Milano.

Sherrard, Philip (1987) *The Rape of Man and Nature*, Golgonooza Press, Ipswich, Suffolk. (2012) *Uomo e natura: storia di uno stupro*, Irfan Edizioni, Roma.
Shlain, Leonard (1998) *The Alphabet Versus the Goddess*, Viking, New York.
Skafte, Dianne (1997) *When Oracles Speak*, Thorsons, Londra.
Sorokin, Pitirim (1992) *The Crisis of Our Age*, Oneworld Publications Ltd., Oxford. (2000) *La crisi del nostro tempo*, Arianna Editrice, Cesena.
Stern, Karl (1985) *The Flight from Woman*, Paragon House Publishers, St. Paul, Minnesota.
Strachan, Gordon (2003) *Chartres: Sacred Geometry, Sacred Space*, Floris Books Ltd., Edimburgo.
Swimme, Brian (1996) *The Hidden Heart of the Cosmos*, Orbis Books, New York.
Tarnas, Richard (1991) *The Passion of the Western Mind*, Ballantine Books, New York. (2006) *Cosmos and Psyche, Intimations of a New World View*, Viking, New York. (2012) Cosmo e psiche. Un approccio psicologico alla conoscenza dell'universo, Edizioni Mediterranee, Roma.
Teilhard de Chardin, Pierre (1959) *The Phenomenon of Man*, William Collins & Co., Ltd., Londra. (1959) The Future of Man, William Collins & Co., Ltd., Londra. (1977) Hymn of the Universe, William Collins Ltd., Fount Paperbacks, Londra. (1931) The Spirit of the Earth. (1995) Il fenomeno umano, Queriniana, Brescia. (2000) Inno dell'universo, Queriniana, Brescia.
Thorne, Brian (1998) *Person–Centred Counselling and Christian Spirituality*, Whurr Publishers Ltd., Londra. (2013) Counseling centrato sulla persona, Erickson, Trento.
Tick, Edward (2005) *War and the Soul, Healing Our Nation's Veterans from Post–Traumatic Disorder*, Quest Books, Wheaton, Ill.
Todorov, Tzvetan (2003) *Hope and Memory, Reflections on the Twentieth Century*, Princeton University Press.
Torjesen, Karen Jo (1995) *When Women Were Priests*, HarperSanFrancisco.
Trish Pfeiffer and John E. Mack MD, editors (2007) *Mind Before Matter, Visions of a New Science of Consciousness*, O Books, Ropley, Hampshire, United Kingdom.
Turner, Frederick (1983 & 1992), *Beyond Geography, The Western Spirit Against the Wilderness*, Rutgers University Press.
Van Lommel, Dr. Pim (2010) *Consciousness Beyond Life; The Science of the Near–Death Experience*, HarperCollins New York. (2017) *Coscienza oltre la vita. La scienza delle esperienze di premorte*, Edizioni Amrita, Giaveno (To).
Van Over, Raymond (editor) (1977) *Eastern Mysticism, Volume One: The Near–East and Asia*, New American Library Inc., New York.
Van Ruysbroeck, Jan (1916) *The Adornment of the Spiritual Marriage, The Book of Truth, The Sparkling Stone*, Dutton & Co. New York.
Vaughan–Lee, Llewellyn (2010) *The Return of the Feminine and the World Soul*, The Golden Sufi Press, California.
Von Franz, Marie–Louise ed. (1966) *Aurora Consurgens*, Routledge & Kegan Paul, Ltd., Londra. (1986) *On Dreams and Death*, Shambhala Publications Inc., Boston, Mass. e Routledge and Kegan Paul Ltd., Londra. (2017) *Aurora Consurgens* (attribuita a Tommaso d'Aquino), Jouvence, Milano. (1986) La morte e i sogni, Bollati Boringhieri, Torino.
Waddell, Helen (1927 & 1949) *The Wandering Scholars*, Constable & Co., Londra.
Waite, A.E. (1953) *The Hermetic Museum*, Londra.
Wilkins, Eithne (1969) *The Rose Garden Game*, Gollancz, Londra.
Woolger, Roger (2004) *Healing Your Past Lives: Exploring the Many Lives of the Soul*, Sounds True, Inc., Boulder Colorado. (2007) *Il segreto di altre vite*, Sperling & Kupfer, Segrate (Mi).
Zabkar, Louis V. (1989) *Hymns to Isis in Her Temple at Philae*, pubblicato per Brandeis University Press da University Press of New England.
Zilboorg, Gregory (1941 & 1967) *A History of Medical Psychology*, W.W. Norton & Company, New York.

"Penso continuamente a coloro che sono stati veramente grandi" da NEW COLLECTED POEMS di Stephen Spender © 2004, Faber & Faber Ltd., Londra. Ristam-pato per gentile concessione della Proprietà di Stephen Spender.

Un ringraziamento riconoscente all'Istituto di Heartmath, Boulder Creek, California, per il permesso di usare il materiale sul cuore e il diagramma del campo elettromagnetico del cuore nel Capitolo Sedici.

Artemide di Efeso, fotografia per gentile concessione di Barnaby Rogerson

A

Abele (Caino e) 430
Abramo 121
Abramo l'Ebreo 467
Abramitiche religioni **429–32** *vedi anche*
       Cristianesimo, Islam, Ebraismo; Dio
   abuso di Dio, creature di Dio 431
   conflitto tra 421, 429–30
   Divino Femminile ripudiato da 29, 429
   eliminazione dello spirito dal mondo naturale 47
   perdita del se so di partecipazione a un Ordine Sacro 47
   immagine di Dio maschile 121–2
   immagine di Dio come Sé 260
   misoginia 157–8, 140
   natura dissociata dallo spirito 32, 33, 84, 108, 110, 121–2, 182, 420
      creatore e creazione dissociati xxiii, 84, 121–2
   uomo separato da Dio xxiii
   rituali pagani banditi 121
   sottomissione delle donne 122
   trascendenza di Dio xxiii
      perdita della divina immanenza 121
   ethos della guerra 297
Abram, David 119
Abu Simbel 75
Accademia Platonica (Atene) 137, 499, 515
Accademia Platonica (Firenze) 128
Acqua, 'Divina' 464, 481
   come invisibile mare dell'essere 464
   'Sogno dell'Acqua', il 5, 10, 464
   rinascita nell' 'utero acquoso' dell'anima
Adamo *vedi anche* Eva
   maledetta da Dio 135
   disobbedienza 133
   dominio sulla Terra 123, 435
   Eva emerse da 164
   Eva conduce nella direzione sbagliata 139, 154
   Eva tenta 173
   Caduta e 147
   sofferenza umana come punizione per 177
   artefice della razza umana 145
   incarna l'anima razionale 164
   il libro di Raziel dato a 41
   titolo conferito a Eva 140
   trasmettitrice del peccato originale 146
Ade 78
Adeodonatus 144
Adler, Dr Gerhard 18, 19
Adler, Hella 19
adozione 408
Afghanistan
   costo della guerra 310
   droni 307
   dubbia giustificazione per la guerra 288
   oppressione delle donne 170, 236
   guerre di religione 283
Africa
   AIDS 175, 236
   attitudini a 177
   comprare terreni in 220, 233
   mutilazione genitale femminile 168, 178
   Jung in 250
   notazioni lunari 29
   sofferenza in xviii
Afrodite 26, 27, 71
Agenda Femminista 221
Agostino, Sant' 139, **143–52**, 163, 367
   battaglia con Pelagio 147
   Caduta, importanza data 137
   Città di Dio 146
   Confessioni 145
   deviazione disastrosa del Cristianesimo 177
   edificio filosofico di 145, 151
   eredità di paura degli istinti 148–9
   eresia 149
   Inquisizione e 136
   'Guerra Giusta' 300
   male, credenza nel 145
   misoginia 145, 150
   natura di 144, 151
   Peccato Originale, Dottrina del 134, 145–7, 367
   predestinazione 174
   sessualità e peccato 149–52, 163
   volto della donna ricordo di Eva 164
aggressione maligna 280
Ahriman 113
AIDS 175, 236
Ain Soph (*Aur*) 44, 48
Akashiche registrazioni 378
Akbar 13, 526
alam al–mittal 369
Alawiti 283
Alba Nascente 482
Albedo 481, 482
Albero della Conoscenza 134, 141, 173, 395
Albero di Jesse 373
Albero della Vita nella Qabbalah 42, 44, 49–51, 74, 362, 496
   colonne o rami dell' 222
   forma archetipica della realtà 42
   Luce trasmessa come cascata radiante 49
   manifestazione del Volto e della Gloria di Dio 55
   mondi interconnessi 42, 51, 61, 496
   nel Giardino dell'Eden 74, 140
   nei templi della Dea dell'Età del Bronzo 74
   nostra vita inseparabile dalla vita interiore del Cosmo 42
   percorso dell'Emanazione Divina verso il basso 44, 49
      Lampo Accecante 44
   rami maschili e femminili dell' 49, 50
   Sefiroth e 22 percorsi 49
      Malkuth, il Regno 50, 51
      Tipareth 51, 472
   Shekinah pietra preziosa ai piedi dell' 51
Alberto Magno 164
Albigesi Crociata 43
Alchimia **254–8, 457–86**
   'Acqua Divina' 464, 481
   alchimista, redentore dell'aspetto perduto dello spirito 458, 463, 467, 468, 476, 478, 483–4, 485
   Anima, riconnettersi con 459, 468

Aurora Consurgens 476–8
'Bella Addormentata', La 209
'Catena d'oro' degli alchimisti 462
coscienza cosmica 397, 457
coscienza stellare 470
culture Sciamaniche e 119
drago 473–4
Fasi dell'opera 478–483, 484
Jung e 254–56, 463–4
Kundalini yoga, paragone con 472
lumen naturae 474, 484
Matrimonio Sacro 470–2, 485
Mercurio 474–5
oro 459, 463, 467, 474, 483–4
preghiera dell'alchimista 486
prima materia 473
Qabbalah e 458, 462
radici di 461–4
redenzione dello spirito 458, 463, 476, 483–4
riunione di corpo, anima e spirito 485
Sapienza Divina (Sophia) 468, 475–6
    alchimisti come figli della 484
sette processi implicati 478
sogni 464–5
    il sogno di Nicholas Flamel 467
'il Sopra e il Sotto' 44, 68, 465
spirito all'interno della materia 102, 458, 463
temi principali e miti lunari 466
tesoro, nomi del 467, 483
trasformazione dello spirito 484
unus mundus 257, 344, 463, 483
aldilà 77
Alessandro Magno 101, 117, 118
Alessandria
    alchimia in 461
    Ebrei esilio 52, 53
    Grande Biblioteca 119
    Mahayana Buddhismo 50
    matematici 333
    Qabbalah 41, 50
    Sapienza Divina tradizione 55
Alexander, Dr. Eben 507
alfabetismo 119–20
Alhambra 8, 43
Ali, Ayaan Hirsi 168–9, 170
Alister Hardy Research Centre 507
al Khidr 383
Allione, Tsultrim 433
al–Qaeda 307
Amazzonica foresta pluviale 91, 93, 126, 230
ambiente 316–17, 548
Amici della Terra 230
amigdala 196 *vedi anche* cervello
Amore come pulsazione del Cosmo 523–32
Anatolia 67, 300
Anassimene 95
Anderson, William xii–xiv, 371
'Androclo e il leone' 391–3
Andromaca 119
angeli 382, 511

Angkor 11, 12, 396
anima 153, 245, 259
anima, l' (individuale o personale); per la dimensione cosmica dell'anima *vedi Anima Mundi*; Anima del Cosmo
    Adamo considerato uguale all'anima razionale 164
    Eva con le passioni irrazionali 100
    Alchimia (Grande Opera dell') come processo della trasmutazione dell'anima **458–63**
    alchimista intraprende la redenzione della propria anima 466, 467
    Alchimia come arte della trasformazione dell'anima 462, 463
    nascita della coscienza illuminata o risvegliata 468
    creazione del corpo 'sottile' per la vita dopo la morte 459
    risveglio finale o unione 483
    entrare nel 'corpo di luce' 483
    unione con il fondamento divino 'unus mundus'
    anima individuale come contenitore di trasformazione 463
    matrimonio delle due dimensioni della realtà 465
    fasi dell'Opera di trasmutazione 478–483, 484
    regina come incarnazione del regno acquatico dell'anima 471, 481
    riconnessione della coscienza solare con la lunare 463
    recupero del senso perduto di partecipazione 468
    redentore dell'aspetto perduto dello spirito sepolto in sé 463
        discesa nel mondo sotterraneo 467, 471
        morte iniziale e rinascita 467, 468
    salvataggio del tesoro nascosto nel 'mondo sotterraneo' dell'anima 458, 470, 478
    rivelazione della divinità di tutta la vita, processi 484
    separazione e riunione di corpo, anima e spirito 479
    triplice unione di corpo, anima e spirito 484
    tesoro come stato dell'essere risvegliato o illuminato 465
    unione con il fondamento divino 483, 485
    acque dell'anima 481
anima amicizia 385–6
anima e spirito guida 382–3
anima 'corpo' 513
anima indossa la 'veste di gloria'; passa dagli 'stracci' alla 'ricchezza' 52
anima umana parte dell'Anima del Cosmo 38, 80, 360
    'anima non è in noi; noi siamo nell'anima' 38, 362
    Plotino: anima espressione dell'*Anima Mundi* 366
Aurobindo e 385
    Bede Griffiths e trasformazione dell'anima 385, 485
    'Bella Addormentata' matrimonio di mente e anima 209–14
    bios, immagine greca dell'anima individuale 32, 361
    Concetto cristiano del valore dell'anima individuale 372
    corpo separato dall'anima 135, 138, 394
        corpo separato da 100, 394–5
        come veicolo dell'anima 385, 394
    Cristianesimo e insegnamento perso dell'cuore come organo di percezione dell'anima 380
    importanza del 400–404
    Dante guidato da Beatrice, immagine della sua anima 397
    descrizione nell'Oxford Dictionary 360

nella scienza riduzionista 186, 329, 360
e immagine del Sé 259–60
fallimento delle religioni di applicare le grandi rivelazioni all'anima umana 466
guerra, infligge ferite devastanti all' 295, 317–19
idea perduta della divinità dell'uomo 384
    recuperata 366, 485 (tramite l'opera alchemica)
Jung 243–5, 247–8
    anima come tesoro sepolto 257
    ascoltare la voce dell'anima, 'spirito del profondo' 247–8
    complessità e diversità dell'anima 256
    concetto di anima e individuazione 256
    immagine del Sé 259–60
    importanza del Femminile come matrice 258–9
    porre domande all'anima 244
    recupero dell'anima opera della sua vita 263
    riconnettere la mente conscia all'anima 250
    risanare la dissociazione tra mente razionale e anima istintiva 244
    risanare la dissociazione tra coscienza solare e lunare 244
    sogno come porta nascosta verso 250
    sottovalutazione dell' 360
    visione tradizionale dell'anima personale troppo limitata 263
Kundalini Yoga e trasmutazione della coscienza 396–7, 472
    risveglio alla coscienza cosmica 397
legame d'amore tra l'anima umana e il fondamento divino 526–7
mandala delle anime umane 541
Meister Eckhart 'corpo è nell'anima, non l'anima nel corpo' 391, 394
mente conscia ignora l'esistenza dell'anima 482
mente razionale scollegata da 181, 182, 183, 244
    pensiero scollegato dal sentimento 182
    anima irrilevante 186
mente separata dall'anima istintiva 125–6, 256, 394
miliardi di anime che abitano dimensioni invisibili 377, 512
mito che emerge da 254–5 (mito cristiano e alchimia)
necessità di consapevolezza dell'ombra 263 vedi ombra e Capitolo 12
necessità del riconoscimento dell'anima xxii
necessità del recupero dell'occhio sciamanico 204
nucleo spirituale del nostro essere 362
    pervade il nostro intero essere 365
occhio del cuore come porta dell'anima 369, 379–82
    trasformazione della coscienza 384–5
    apertura all'unità e divinità della vita 384
paesaggio e lingua perduta dell'anima 459
poteri istintivi dell' 252, 392, 397–8
relazione con il fondamento dell'essere 381, 385, 386
ricerca del tesoro inestimabile 467
    perla di gran valore e 384, 385
ricollegarsi alla vita interiore dell' 369, 459
    mente conscia verso la dimensione più profonda dell'anima 252
    importanza della meditazione 370
    imparare a capire il linguaggio dell' 370
risanare le ferite dell'anima 485
risveglio dell'anima al nostro tempo 238–40
    risveglio all'Anima del Cosmo 386
    matrimonio dell'anima con il fondamento divino 485
ritorno dell' ai nostri giorni 129–31
rosa come simbolo di risvegliata 374–5
scienza indiana dell' 434
Shekinah come radiante 'corpo–luce' dell'anima umana 51
significato cosmico della parola 'anima' 37
scopo dell'anima che entra nel corpo 44
    diviene illuminata durante molte vite 44
trascurato giardino dell' 28
trascurare la vita interiore i i bisogni istintivi 459
Songlines dell' 531–2
sorgente di istinti e sentimenti più profondi xxii
anima, sopravvivenza dell' 79, 362, **489–520, 540–45**
aiutare coloro che sono morti 500
'anima corpo', 'spirito corpo' e pieni sottili della realtà 513–16
    forme di vita nel mondo dello spirito 515
    'corpo sottile' e Inno alla Veste di Gloria
bellezza delle zone più elevate, interiori, sottili della realtà 512, 514
credenze passate sulla sopravvivenza 495–7, 515
    credenze cristiane 495
    mitologia lunare e credenza nella sopravvivenza dell'anima 496
    reincarnazione 497–9
dopo–morte comunicazione 511
effetti della paura della morte 495
Elisabeth Kübler–Ross 501–5
esperienze di pre-morte (NDE) 489, 501–504, 506–10
    Anita Moorjani 507
    Dr. Eben Alexander 507–8
    Dr. Pim van Lommel e arresto cardiaco 505–8
karma e gli effetti delle nostre azioni 498
libri sulla 519–20
luce e amore del fondamento divino 512, 540–44
molte altre dimensioni della realtà 376–8, 512–13, 519
morte un cambio di mondi 492
morte e dolore della perdita 493–5
morte raramente menzionata 493–5
nostra immortalità 485, 492, 512, 548
    risanare dalla malattia, infermità 518
principali fonti di documentazione sulla nostra sopravvivenza 500–501
risanare il trauma del lutto usando EMDR 511
risanare i traumi delle vite passate 499–500
scienza riduzionista e anima 490–1
Sogyal Rinpoche 491–2, 500, 517
spostarsi da una dimensione all'altra 510–11, 517–18
    fasi di transizione 517–19
    riepilogo 518
    spostarsi attraverso il tunnel 503–4
    vedere un essere di luce 509
    vedere una luce splendente e spostarsi verso ess 504, 518

vita in altri mondi 515
anima–corpo 513–4, 516
Anima Cosmica *vedi* Anima del Cosmo
Anima del Cosmo **359–88**; Anima Cosmica; Anima del Mondo, xx, 37–9, 47, 184, 360, 366, 368, 379, 383, 386 *vedi anche Anima Mundi*
    Anima come vita interiore del Cosmo 475
    come profondissimo mare dell'essere 367–9, 379
    Anima Cosmica fondamento dell'anima individuale 360
    'Anima del Mondo pervade tutta la creazione'– Vaughan–Lee 365
    Anima e Spirito come Fondamento Divino 38
    'Anima non è in noi; noi siamo nell'anima' 38, 362
    anima umana parte di 80
    antiche cosmologie e campi sottili della realtà 377–8
    Avatamsaka Sutra 363–4
        rete cosmica di relazioni 364
        campo unificato di connessioni 364
    Buddha descrive il Cosmo come una rete di filo d'oro 363
    Chartres e il Mondo Eterno 371, 373
    corpi sottili, regno intermedio dell' 359
    (Jung citazione)
    Cristianesimo, perduta dimensione più ampia dell'Anima 37
        aspetto femminile di Dio 37
        Spirito Santo e Sapienza Divina 37
    descrizione dell'Anima Cosmica 368–9
    descrizione di Jefferies dell'Anima–Entità 361
    dissacrazione dell'*Anima Mundi* o Anima del Mondo 19–20
    dimensioni dell' 376–8
    Donna Cosmica, visione dell' 26–7, 37, 38, 52, 221, 260, 362
        Apuleio e Iside 27, 39, 52
        Boezio e Sophia 27, 39
    era lunare e 60–81, 81
    Femminile, il e l'Anima Cosmica 219–42
    Fondamento Divino 38–9
        unione con 483, 485
    Fondamento Eterno della nostra coscienza 360
    giardino come metafora di 375–6
    Giordano Bruno e Anima del Mondo 366
    Dea incarnazione dell' 32
    Graal come immagine dell' 366
    Grande Madre incarna 60–81, 361, 475
        associazione con il Femminile deriva da 360
    Gesù Emissario del Fondamento Divino 383–4
    incommensurabile regno dell' 377
    invisibile realtà sotto tutta la forma 360
    Matrimonio Sacro e unione con il fondamento divino 470, 485
    molte dimensioni, sfere o livelli di realtà 376–8
    nomi del fondamento divino nelle diverse culture 383
    nostra partecipazione in una realtà multi–dimensionale 386
    perdita della dimensione cosmica dell'anima nell'insegnamento religioso 36
    perdita della relazione con l'Anima Cosmic e l'Ordine Sacro 103
    Platone e 27, 38–9, 98, 103, 128, 184, 360, 361, 365, 366, 476
    natura vista nuovamente come animata 366
    Pleroma 257, 265, 376
    Plotino e 27, 38–9, 361, 365–6, 476
        anima individuale parte dell'Anima del Cosmo 366
        citazioni 365–6
        ritorno all'Anima del Mondo 128
    Qabbalah e Albero della Vita 51, 362
        anima individuale parte dell'Anima Cosmica 366
    Ralph Waldo Emerson citato 386
    Rappresentanti del Fondamento Eterno o Divino 383
        Gesù come emissario del 383–4
    Registrazioni Akashiche mantengono i ricordi dell'anima 378
    Rete della vita, Cosmo come 362, 368, 379, 475
    Rete di Indra 27, 363–5, 386, 475, 514
    riconnettersi con 369–70, 385
    rosa come simbolo dell'Anima del Cosmo 374
    Santo Graal e 476
    scienza e 378–9
    scoperte di Jung e 259–60, 261
    Shekinah incarna 31–2, 36–7, 46–7, 475
    Spirito Santo 475, 484
    Thomas Traherne citazioni 366–7
    Voce di, nel Libro dei Proverbi 39
    Trimorphic Protennoia 54
    Libri di Sapienza degli *Apocrypha* 39
    Tradizioni di Sapienza 374, 376, 380
Anima Mundi 38–9, 81, 128, 219–20, **225–6**, **360–1**, 365, 467, 471, 474, 475, 477
    vedi anche Anima del Mondo, Anima del Cosmo
    alchimia e 360–1, 467, 471, 475
    Anima della Natura 471
        lumen naturae 474
    aspetto dello spirito nascosto nella materia 467
    Aurora Consurgens 477
    come Sapienza Divina e Spirito Santo 475
    come sostanza spirituale vivente 365
    dissacrazione di 219–20
    Grande Madre origine di 81
    Henry Moore e l'immagine di 222
    Plotino e 27, 38, 361, 365
    principio animatore del mondo 360
    risveglio globale di 225–6
anima primordiale 267–73
animali
    anime degli 546
    Dichiarazione di Cambridge su 336
    esperimenti di laboratorio 336
    fornitori di cibo, come 220
    Mercurio e 474
    relazione biologica con 271
    sogni sugli 269
animismo 47, 420
animus 245
Annan, Kofi 286
Annunciazione, come realtà archetipica 536

Anselmo, St. 152
Antico Testamento
    conquista e crociata 116
    Grande Padre contro Grande Madre 121
    omosessualità 143
    Qabbalah e 47
    Maat e la Sapienza Divina 75
    mitologia solare 113
    Dio guerriero del 297
    donne 157, 169
Apocrifi
    Ben Sirach (Ecclesiastico) 29, 52, 71
    Bibbia Protestante, non inclusi in 52
    Sapienza di Salomone 52
    Spirito Santo in 32, 39, 52
    Tobia e l'Arcangelo Raffaele 382
Apollo (dio greco) 92, 97, 101, 113
Apollo Missioni 227, 328
Apophis 77
Apuleio 27, 39, 52
Aquino, d' Tommaso 164, 300, 476
Arabia 462
Arabia Saudita 169
Arcangelo Michele 9
Archeologico Museo, Napoli 79
archetipi 25, 27, 225 *vedi anche* Il Femminile (archetipo)
    riunione di spirito e natura 225
Arianna 80, 333
Aristotele 43, 101–2, 164–5, 373
Arjuna 526
Armi di Distruzione di Massa (WMD) 312
armi nucleari 276–7, 302–7, 322–3 *vedi anche* bombe atomiche
armonia 5, 349–50
Armonia del mondo, L' (Kepler) 324
armi biologiche 304, 305
armi chimiche 304, 305
armi commercio, vendita 283, 308–9
Armstrong, Karen 149, 157, 171
Armstrong, Neil 227
Arnold, Matthew 238, 424
Artemide 79, 137
Artico Circolo 231
Artico Oceano 220, 304
Arunachala 12
Asburgo 58
asceti, cristiani 142, 394
Asch Conformity Experiment 274
Ash Wednesday (T.S. Eliot) xvii
Asherah 47, 53, 121, 139
    degradata da Dea a Eva 139–40
Ashtiani, Sakineh Mohammadi 169, 234
Asino d'oro, L' (Apuleio) 27, 39, 52
Aspect, Alain 346
al–Assad, Bashar 127, 316 vedi anche Siria
Assisi 8 *vedi anche* Francesco d'Assisi, San
Associazione degli Analisti Junghiani 28 *vedi anche* Jung, Carl Gustav
Assiri 53, 115, 139
Atacama Deserto osservatorio 190

Atena 53, 78–9, 80
Atene xii, 79, 98
atomi 192
attacco con drone 307–8
Attar, Farid ud–Din 35
Attenborough, Sir David 193, 231
Atti Gnostici di Giovanni 384
Asclepio 92, 97
asse del male 286 *vedi anche* male
Attis 474
Aung San Suu Kyi 236, 237
Aurobindo *vedi* Sri Aurobindo
Aurora (sorgere dell'alba) 482
Aurora Consurgens 476–8
Auschwitz 71, 225, 278
auto–da–fe 43
Avaaz 223, 386
Avatamsaka Sutra 363, 364
Averroè 43
axis mundi 87, 88, 90
Ayatollah Khomeini 300
Ayurvedica medicina 433
Aziz, Tariq 307–8
Aztechi, rituali di sacrificio 71

B

Baal Shem Tov 238
Babilonia
    alchimia in 462
    annali 115
    Dea 31
    Ebrei cattività 41, 53
    Enuma Elish 112
    Ishtar 67, 73
    Marduk 136
    Scuole Rabbiniche 46
Bache, Christopher 221, 332, 490, 534, 501
    campo unificato 534
    risveglio dell'anima 221
    stati olotropici 501
Bachelet, Michelle 236
Bacon, Francis 335
Baigent, Michael 225
bambini 408–12
    abuso dei 173, 174
    angoscia dei 412
    coscienza nei 194
    educazione dei 412
    Mito della Caduta, influenza sui 173
    sostenere il benessere dei 415
bambini, cura dei 406–7
Bamford, Christopher 386
Bardasanes 516
Barfield, Owen
    evoluzione della coscienza umana 28
    Fase di Separazione 29, 110
    Partecipazione Finale 103
    Partecipazione Originale 84
Barker, Margaret 53

Basilide 257
Bassora, paludi vicino a 290
Batmanghelidjh, Camila 409–10
'Battaglia delle Idee' 360
Bayley, Harold 51
'Bella Addormentata', La 94, **209–14**, 331, 466, 472
    siepe di spine come credenze radicate 331
'Bella e la Bestia', La 393
Bene e Male 116, 297, 298 *vedi anche* male
ben Shimon Halevi, Z'ev (Warren Kenton) 41, 46
Ben Sirach, Book of (Apocrypha) 29, 52, 71, 476
Benedict, Mellen–Thomas 535, **539–48**
Bennett, Hal Zina 501
Berlino Muro 313
Bernardo di Cluny 165
Berry, Thomas 188, 202, 229, 426
Bertell, Dr. Rosalie 316
Bhagavad Gita vedi anche India 85, 441, 442, 523, 525, 526–7
    Persian translation 526
Bibi, Asia, persecuzione di 169–70
Biblioteca Reale degli Asburgo 58
Big Bang
    energia questo lato del 543
    flusso della vita e 549
    percezione di
    Modello Standard 189, 340
bin Laden, Osama 300, 530
biocarburanti 233
Biopreparat 304
bios 32, 361
Black Death 128
Blair, Tony 286
Blake, William
    citato 183, 391
    porte della percezione 497, 525
    'Tutto ciò che vive è sacro' 38, 81, 129
Bodhisattvas xii
Boezio 27, 39
Bohm, David
    campi quantici 343–4
    nascita dell'universo 345
    Ordine Implicito 343–4, 349, 379
    Rete di Indra 364
    universo olografico 347, 364
Bolen, Jean Shinoda 34
Bolle Papali 162, 166, 224
bombe atomiche 228, 229, 287–8, 335
    vedi anche armi nucleari
Bosch, Hieronymus 504
Bosnia 127, 172
Botkin, Dr. Allan J. 511
Botticelli, Sandro 128
Bourgeault, Cynthia
    castità di Gesù 162
    citata 381, 384
    Maria Maddalena 160–1
    occhio del cuore 380
Bradley, General Omar 309
Brahman 434, 525, 528

Breivik, Anders 116, 313
Brihadaranyaka Upanishad 525 *vedi anche* Upanishad
Bronowski, Jacob 123
Brown, Dan 160, 225
Brown, Isaac Baker 167, 168
Brown–Séquard, Charles 168
Bruno, Giordano 366
Bucke, Richard Maurice 183, 443
Buddha, il
    descrive il cosmo 363
    insegnamenti 527
    lascia la famiglia 123
    ricerca dell'Illuminazione xvi
    rinnovamento culturale in India 469
    serpente, seduto su 24, 396
Buddhismo
    Avatamsaka Sutra 364
    Cristianesimo e 13–14
    Chiara Luce del Vuoto 527
    fasi di rinnovamento xii
    forte attrazione di 11
    Hua–Yen 363, 365
    insegnamenti 15
    Mahayana 50, 363, 378
    Monte Kailas 87
    sculture viste in viaggio 12
    Tibetano 433, 495, 496–7
Budge, Wallis 77
buchi neri 191, 543
Burma 236
Bush, George W.
    asse del male 285
    azioni militari preventive 273
    glorificazione della guerra 118
    liberare il mondo dal male 111
    linguaggio di combattimento 311
    sintomi di arroganza 286
    water–boarding tortura 275

C

Caduta, *vedi* Mito della Caduta
Caino e Abele 430
Calcinatio 460, 479
Calvin, John 152, 173
Cambogia 11, 12, 127
Cambridge Dichiarazione sugli animali 336
Campbell, Joseph
    citato 133, 136, 227, 391, 465
    l'immagine di dio deve morire 427, 437
    mito come rivelatore di segreti 465
    opere magistrali 30
    Terra unificata, nuovo mito di 227
    il viaggio dell'eroe 243
campo punto–zero *vedi* vuoto quantico
campi morfici 348–9, 370, 379, 398
Canaaniti
    Albero della Vita 74
    Asherah 47, 121, 139
    dissacrare la dea 139

inni di matrimonio 73
Cantico dei Cantici 50, 74
Cantor, Joanne 282
Capo Seattle 93, 229
Capra, Fritjof 228
cardiaco arresto 505–8
carenza d'acqua 233
Carlo Magno 39
Carmina Gadelica 414
Carrowkeel 88
Carson, Rachel 226, 501
Carter, Presidente Jimmy 153
Carta della Terra 220, 239, 242, 317
Cartagine, Concilio di 145
Cashford, Jules
    l'autrice incontra 28
    la collaborazione si approfondisce 31
    il Mito della Dea 31, 61, 121, 223, 492
    Moon: Myth and Image, 68
caste sistema delle 14, 498
Çatal Hüyük 300
Catena Aurea 462
Catena d'Oro, *catena aurea* 462
castità 150, 162, 176
Casti 146, 162
Cavaliere della Rosa, il (Richard Strauss) 168
Cecenia 296
Cenerentola 51–2
Cerca, la, di un tesoro inestimabile xvi, 467–8
    temi mitologici 80 vedi anche tesoro
cerchi nel grano 88, 191
Cern, grande acceleratore di particelle 328
Cernan, Gene, astronauta 227
cervello, il 195–9
    amigdala e emozioni primarie 196
    bambini piccoli e sviluppo del 408–9
cervello trino 196, 199
    coscienza e 186, 199, 200, 201, 272
        il cervello trasmette 201
    coscienza pre-esiste 201
    cuore e 400-2, 403
    emisferi 197–9
        alfabetismo ed emisfero sinistro 119–20
        Carol Cohn 276
        Iain McGilchrist 101, 198, 201, 345
        Jill Bolte Taylor 198
        Jung intuizioni 244
        percezione della realtà 337
        il sinistro controlla il destro 198, 203, 338
    fatto di 408
    neuroscienze e 189
    Stephen Hawking sulla morte di 490
Cervello trino 195–7, 199 *vedi anche* cervello
CFC (cloro fluoro carburi) 231
Chagos Isole 127, 220, 276
chakra 396
Charles, Principe di Galles 239
Charon, Jean 83
Chartres Cattedrale 371–4
    axis-mundi 87

Dionigi l'Areopagita 377
sforzo costruttivo 90
influenza dell'Islam 373–4
innovazioni architettoniche 373
ispirazione dei carpentieri 374
luogo più sacro 87, 371
parole incise 213
principi lunare e solari 371
scuola di 499
Sogno del Risveglio e 26
Chiang Kai–shek 11
Chiara Luce del Vuoto 518, 527
Chiesa Anglicana 171
Chiesa Cattolica
    autorità assoluta della 149
    castità dei preti 150, 162
    parto e neonati 150
    contraccezione 175
    Galileo e 187
    Inquisizione e stato totalitario 149
    intermediaria tra Dio e l'uomo 431
    misoginia 157, 163–4, 166, 170–1, 157–8
    ossessione di colpa e peccato 144
    ordinazione delle donne 170–1
    peccato originale 145, 149, 162
    riti sacrificali 149
    abuso sessuale dei preti 289
    Vergine Maria 224
Chiesa Celtica 436
ChildLine (*come Telefono Azzurro*) 172
Chuang Huai 450
Chuang Tzu 449, 450
Cibele 67, 79, 464
Cicerone xiii
Ciclopi 183
Cigno Costellazione 190
Cina
    antichi pellegrinaggi siti 87
    autrice e 14, 447
    Chiang Kai–shek 11
    Sapienti cinesi e la guerra 295, 298
    draghi 396
    siccità odierna in 233
    Mao Tse–tung 127, 311
    Consiglio di Sicurezza 320
    sottomissione delle donne 122
    Taoismo 447–52
    Tibet invasione 94, 433
circulatio 483, 484
Citronitas 482
civiltà xii–xiv, xvi, 86
'Civiltà dell'Antica Europa' 30, 66
Cleary, Thomas 363
clima cambiamento 115, 188, 233
cliterodectomia 167–8, 178
Cloyne Rapporto 173
CND (Campagna per il Disarmo Nucleare) 229
Cnosso 66
cobra 24, 76, 396 *vedi anche* serpenti
Codice Da Vinci, Il (Dan Brown) 160, 225

Cohn, Carol 276, 277, 304
Coleridge, Samuel Taylor 129, 197, 399
Collins, Cecil 511
Colossesi 142
colpa 135, 136, 141–9, 174
colture 69, 73, 233
Colvin, Marie 399
Comunismo 127, 424
Compass of Truth, The 526
Concilio di Cartagine 145
Concilio di Efeso 162
Concilio di Trento 150
Conferenza degli uccelli, La 35, 37
Confessioni (St. Augustine) 145
Confluence of the Two Seas, The 526
coniunctio 464, 481–4
conquista 115, 116, 118
Consiglio di Sicurezza 320
Convenzione sulle armi biologiche e sulle tossine Armi 304
contraccezione 175–6, 236
Cook, Francis 363, 364, 365
Cooper, Rabbi David 432
Copernico, Niccolò
    Illuminazione e 423
    Hubble e 327
    Keplero e 244, 334
    visione medioevale del mondo xix, 244, 424
    nuove cosmologie 328
    cambiamento radicale 191
    scienza e religione 333
Corbin, Henri 369, 382
cordone ombelicale 407
Cordova 8, 43, 44, 373
Cordovero, Moses 41, 378, 435
Corea del Nord 303, 313
'corpo di luce celestiale, spirito–corpo 483, 514
corpo (umano) 393–414 *vedi anche* istinto
    anima–corpo 513
    anima lascia 502, 510–11
    'celestiale' corpo di luce or spirito–corpo 483, 514
    corpomente organismo 404–5
    corpo soggetto alla mente 394, 396
    corpo sottile 513–14, 515–16
    impedimento alla spiritualità 394
    importanza del cuore 400–4, 406,
    intelligenza innata 405
    leone come immagine del corpo e dell'istinto 359, 391–3
    manifestazione o veicolo dell'anima 63, 394
    meditazione su 179
    mente conscia separata dal corpo / istinti 394
    nascita e trattamento del corpo del bambino 406–7
        legame madre–figlio nella fase iniziale/prima infanzia 406, 407, 408–10
        Odent e Leboyer approccio alla nascita 406–7
    parte dell'Ordine Sacro 394
    riconnettersi con 413–4
    rifiuto del 135, 394
    sado–masochistiche pratiche and 135
    Sant'Agostino e 144–5
    separazione dall'anima 135, 138, 394
    sofferenza, infliggere sul 135, 142, 394
    tre corpi 513–14
    un "universo di luce incredibile" 547
corpo e mente 393–5, 396, 404–5
corpi sottili 515–16
Corpus Hermeticum 85
Corte internazionale di giustizia (Tribunale internazionale dell'Aia) 127, 234, 273
Cortina di Ferro 313
coscienza xix, 62, 110, 121, 125–6, **194–5, 199–201, 250–4, 330–33** *vedi anche* coscienza cosmica, cervello
    alchimia 457
    bambini, sviluppo della 194
    cambio 224–5
    capacità di consapevolezza di sé 195
    cervello e 186, 196, 199, 200, 201, 272, 443
    'con un solo occhio' 182–5, 203–4, 330, 338
    conoscenza dei mistici di una più elevata 183, 434
    Cosmo e 30, 443–4
    differenti tipi vedi meta–narrazioni 84
    droghe allucinogene 90–1
    effetti della separazione dalla natura 110, 130, 202–3
    espansione della 45, 195
    espressione di coscienza cosmica 195, 201, 331–33, 442
    età industriale nell' 186
    evoluzione della 194–5
        Caduta come metafora della nascita di 133
        ego come raggiungimento evolutivo sommo 126, 130, 250
            importanza di 250, 480
            inflazione dell' 126, 252, 253
        era lunare, Partecipazione Originaria 66, 81, 83–4, 81
        era solare, Fase di Separazione 109–11, 121–2
        Femminile, e cambio di 204, 222–3
        matrimonio di luna e sole 131
        mente conscia, potere discriminatorio 272
        separazione dalla natura 31, 130, 251
        separazione tra mente conscia e anima istintiva 78, 130, 252
        stato illuminato xvi, 184
        sviluppo della consapevolezza di sé, senso di sé 126, 130
        sviluppo fuori dalla natura 62
        Tarnas e evoluzione di 130
        due fasi nell'evoluzione di 97–8
    fondamento della realtà 330–33
    fondamento primario di 205, 340
    interrotta dalla sorgente 23, 203
    istinti e 395, 397
    lavoro di Grof sulla 91, 200, 203
    McGilchrist su 101, 198, 201, 276, 345
    mente e pensiero razionale 78
    morte non la fine 204, 514, 519
    nascita di, un mito 177
    natura eterna della 519
    non–local 346–7, 506

ordine trascendente della realtà come origine di 201, 204
partecipazione nella Coscienza Cosmica xx, 442, 443, 444
realtà e 331–3, 339–42
scoperte di Jung 19, 250–4
scoprire una nuova storia xix
Sè come centro di 260
stati alterati 200–1
tentativo di definire 194, 199–200
universo olografico nella, 350
trasformazione di, negli insegnamenti di Gesù 161, 177, 384
nell'alchimia 455–87
Václav Havel su xv
William James su 181, 199, 491
Coscienza Cosmica, la nostra partecipazione nella xix–xx, 330–33, 346, 386, 442, 443, 444
e Anima del Cosmo xx, 386
risveglio alla 386, 536
nascita di un nuovo paradigma 330–3, 339–40, 347–8, 536
incontro con 440
universo un organismo conscio unificato 332
coscienza di sé 141, 194, 195
Coscienza Stellare 455, 470, 528
Coscienza Universale xiv, 422 *vedi anche* coscienza
Cosimo de' Medici 128, 499
cosmologia, nuova 339–40, 354–5, 438
cosmologia antica 377–8
Cosmo animato 333 *vedi anche* Anima del Cosmo
Costantino, Imperatore 149, 247
Costantinopoli 300
Cox, Brian 335
Creazione, definizione di Eriugena 436
Creta 66, 78, 79
Crick, Francis 187, 336
crisi del nostro tempo e denigrazione del Femminile 33, 46
Cristianesimo *vedi anche* Chiesa Cattolica, Dio
angeli 382
Annunciazione, una realtà archetipica 536
asceticismo 142
aspetti ombra 134, 142, 176
atteggiamento enfatico verso le altre religioni 430
Caduta, il Mito della 133, 134–5 136, 137, 153, 165, 495
Celtico modello 436
cielo e terra 128
colpa, proiezione dal Mito della Caduta 135
ossessione con dei Padri Cristiani 143–6
proiezione dell'inconscio 141–3
conquista, ethos of 116, 431
credenze millenarie 285
Cristo immagine del Sé 260
Cristo, insegnamenti distorti 5, 8, 136, 177
Crocifissione 8, 73
Dio, trascendenza di 32, 431
distruzione templi pagani 137
dissociazione tra spirito e natura, creatore e creazione xxiii, 32, 33, 84, 108, 110, 121–2, 136, 182, 420
dissociazione di corpo e materia dallo spirito 135
dissociazione del corpo dall'anima 100
natura e corpo esclusi dall'Ordine Sacro 100
donne, attitudine verso le 20, 157, 289, 431
vedi anche misoginia
Dottrina del Peccato Originale **133–54**, 153, 177, 367
eresia 103, 116, 142, 148–9
natura animata dallo spirito un'eresia 103
Evangelismo 153, 430
Femminile, ripudio del, aspetto del divino 138, 427, 429
Fondamentalismo 143, 148, 153, 429
Hinduismo, Buddhismo e 13–14
immagini e miti 536
Incarnazione 536
espressa nelle cattedrali gotiche 372
indebolimento del 425
Islam e 116, 175, 430
Jung sulla 245, 254, 258, 427
Logos Dottrina del 151
lotte militanti 127
Madre Divina nello Gnosticismo 53, 54
Maria Maddalena 138, 160–1
Matthew Arnold su 424
meta–narrazioni
Mito della Caduta;
Dottrina del Peccato Originale 133–4, 136
nuovi cristiani 421
misoginia 135, 140, 157–59, 163–6, 170–1, 176
mitologia solare 124
monoteistico concetto di Dio 12
Nag Hammadi 54
nuova concezione dell'uomo xii
occhio del cuore 383–4
Occidente, immaturità morale del Cristianesimo 309
omosessuali 289, 431
oppressione da 13
perdita della mitologia di connessione 38
perdita della visione lunare 138
perdita dell'immagine unificante dell'Anima 420
persone che si allontanano da 425
Platone, eredità trasmessa a 100
Qabbalah e 42, 44
redenzione solo per i credenti 134, 421
sacre missioni sovvertite 430
sacralità della natura persa 73, 103, 136
sado–masochismo inerente al 174
Saladino e 9
serpente nella Genesi 140, 395
storia violenta del 116, 174, 431
testi gnostici occultati 54, 247
trasformazione necessaria 428–9
Trinità definito come interamente maschile 53
Terza Persona della Trinità 32, 37–8
Uomo Verde 73
Vergine Maria 138, 162
Crookall, Dr. Robert 500
Crotone 96
Crociate 135

Albigesi 43
  contatti con Islam 373
  contro i Musulmani 43, 175
  mitologia della conquista 116
  Quarta crociata 300
cultura Vadastra 66
culture ideative (Pitirim) 184, 187–8, 331
culture percettive (Pitirim) 184–6, 188, 203, 331
cuore, il **379–84, 400–4**
  madre e figlio 406
  organo primario dell'organismo corpomente 409
  risanare 414
Currivan, Dr. Jude 347
Custodi della Vita 230

D

daemon 92, 399
Dalai Lama, Sua Santità il 354
  capacità di servire 483
  donna occidentale salvatrice del mondo 238
  Libro Tibetano dei Morti 497
  Lukhang, tempio 94
  motivazione, sulla 354
  sommo leader spirituale 433
Damascio 499
'Dame à La Licorne, La ' 359
Dante Alighieri
  ascesa dell'anima 45
  Divina Commedia 397
  rosa bianca dell'Empireo 374
  viaggio nell'oltretomba 80
  Virgilio e 248
Danubio, insediamenti sul fiume 66
Darfur 172
Darwin, Charles 186, 187, 423–4
Davies, Paul 330
Dawkins, Richard 349
DDT 226
Dea, la **28–31**, 81 *vedi anche* Età del Bronzo; Divino
    Femminile; Madre Divina; il Femminile; Grande
    Madre, la; Madre;
    Mito della Dea, Il: Evoluzione di un'immagine;
  Anima del Cosmo viva 80
  Babilonesi, natura come forza da dominare 31
  'Dea degli Animali, La' 67
  Genesi, demitizzazione della 139–40
  Grandi Dee dell'Età del Bronzo 67, 72–8 81
  Grandi Dee dell'Egitto 74–8, 361
  Grandi Dee della Grecia 78–9
    poteri della Grande madre Neolitica separati 78
  incarna la visione unificata della vita 32, 36, 79
  libri su 28–9, 34, 224
  luna 68
  mare, dee del 70–1, 368
  'matrimonio sacro' della 73
  mitologie della 73
  origine dell'idea di *Anima Mundi*, Anima del Mondo 81
  sacerdotesse e 81

Sacro Ordine Cosmico, incarnazione 80, 81
serpente rappresentazioni di Atena 79
templi di Sumer ed Egitto 71–2
giovane dio, figlio della Grande Dea 72–3
  uomo Verde 73, 373, 474
  matrimonio sacro del dio e della dea 73
Dead Hand 303, 306
Dea–Uccello 65
De contemptu mundi (Bernard of Cluny) 165
Decreto della Chiesa cattolica: ordinazione di donne
  sacerdote (2010), 170
De Divisione Naturae (Giovanni Scoto Eriugena) 436
de la Mare, Walter 20
de Laon, Moses 44, 48
de Montfort, Simon 43
De revolutionibus orbium coelestium (Copernico) 333
Deir–el–Bahri 75
della Francesca, Piero 8
della Mirandola, Pico 42, 128, 366
Delphi 92, 113
Demetra 73, 79, 137
Dendera 76
dendriti 408 *vedi anche* cervello
depressione
  aumento dei sofferenti di 220, 412
  condizione vergognosa, vista come 16, 19
  scrittori e artisti 480
  trauma di vite passate e 500
Descartes, René 187, 423
determinismo xiii
Deuteronomio, Libro 116
Devereux, Paul 87
Dialogue of the Savior 161
Dieci Comandamenti 116
Diego Garcia 127, 220
Diluvio 64, 111, 525
Dio **419–44, 543–9**
  abuso di 422, 431–2
  Albero della Vita 55
  appello a, in guerra 298–9
  asceti 142, 394
  assenza del femminile nell'immagine di 224, 427
  Caduta e 84, 133
  cambiare le immagini della divinità 420
  citazioni, Campbell, Teilhard, Jung 427
  collasso del vecchio mito o meta–narrazione 425
  come 'Madre' e 'Padre' 48, 224
  conflitto tra le tre religioni Abramitiche 429–31
  coscienza creativa del campo cosmico unificato
  Creatore separato dalla creazione 84
  declino di un archetipo 420
  disobbedienza di Eva xxii, 139, 140
  dissociazione tra spirito e natura 420
  Eriugena e la definizione di 436
    Dio e creazione una e la stessa 436
  Estasi, l' 148, 174, 247, 432
  Eva maledetta da 135
  Gesù parla del suo essere figlio di 174
  Illuminazione, Darwin e oltre 423–5
  immagine del Sé e 260

immagine logora di xxiii, 426–9
immagine sacra come asse verticale 420
immagini di 426–9
    collasso del vecchio 420, 438–9
    cristiano 423
    definizioni differenti di 436
    nuova immagine necessaria 427–8, 441–2
    smantellate 425, 439
    religioni Abramitiche xxiii
'incita gli uomini a uccidere' (Ayatollah Khomeini) 300
indebolimento della vecchia meta–narrazione, ragioni 424
indivisibilità di 441
'ipotesi Dio', l' Huxley 424
Jihad e 437
Jung su "Dio come Realtà in sé" 422
'matrimonio sacro' dei due principi archetipici 73, 222, 223, 224
    nella Qabbalah 48
Meister Eckhart 422, 439
meta–narrazione cristiana di Dio come Padre amorevole 421
'morte' di 427, 429
    vuoto lasciato da 425
Moses Cordovero, nessuna dualità in Dio 435
natura come teofania 436–7
    come 'veste di Dio' 49
nuova storia, nuovo concetto di spirito xxiii, 421, 437–9, 440–43
    grande 'rivelazione' del nostro tempo 421–3
'Oscurità Divina' di 372, 434
percorsi alternativi nelle tradizioni orientali 425–6
perdere la dimensione femminile di 32, 429
perdita della visione sciamanica vision nelle religioni Abramitiche 420
Regno di 45, 436
religioni Abramitiche xxiii, 420, 429–32
ricerca di una visione unificata 435 7
risanare ferita nel "Corpo" di Dio 435–7
Sant'Agostino, parole pronunciate a 151
sofferenza umana e 261
Teilhard de Chardin, bisogno di una nuova immagine di 427
trascendenza di xxiii, 420, 421
Vecchio Testamento e dio guerriero 297
'vino nuovo in bottiglie nuove' xxiii, 428, 437–9, 444
Dionigi l'Areopagita 372, 377, 434, 436
Dioniso 101, 118
dissociazione di natura e spirito, mente e corpo
    vedi separazione tra
Disturbo post traumatico da stress (PTSD) 318, 319, 409
Divino Femminile **47–53, 46–8, 49–51, 52**, 53, 72–80, 361, 475–6
    vedi anche Femminile, il; Dea, la; Grande Madre, la; le religioni abramitiche, escluso da 29, 429
    Età del Bronzo, Dee incarnare 72–8
        voce di, in Egitto 74
    Età del Ferro, Dee incarnare 78–80
        Artemide di Efeso, Grande Madre & Ordine Sacro 79
    Libro dei Proverbi e *Apocrypha* 52
    'matrimonio sacro' dei due principi archetipici 73, 224
        nella Qabbalah 48
    Mito della Dea 61
    perdita del 53, 55, 121–2
    Rappresentazioni Gnostiche del Divino Femminile 53–4
    Trimorphic Protennoia
    Shekinah 46–8, 49–51
DNA 24, 187, 200, 548
Dodona 92
Donna Cosmica, visione della 26–7, 37, 38, 52, 221, 362
    Apuleio e 27, 39, 52
    Boezio e 27, 39
donne **122–3, 235–8** *vedi anche* Divino Femminile; Madre Divina; archetipo femminile ; Dea, La; Grand Madre, La; misoginia; Madre
    Alberto Magno sulle 164
    alleate del serpente e del demonio 164
    Aristotele, visione delle 164
    Baal Shem Tov, detti 238
    'Bella Addormentata', La 211
    Caduta, effetto della percezione della 134, 139, 172, 174
    cliterodectomia 167–8, 178
    compito della donna 235–6
    contaminazione dei Santi Sacramenti 163
    contraccezione negata 175–6, 236
    corpo delle, nella società costumista 394
    creazione secondaria (mediante Eva) 164
    Dalai Lama, donna occidentale salvatrice del mondo 238
    Ebrei, visione delle 157, 165
    equazione con la sessualità 166
    fenditura creata tra donna e Dio 166
    Gesù e le 159
    Graziano sulle 157, 164
    Greci e Romani, visione delle 158–9, 165
    guerra e le 299
    Hazrat Inayat Khan, donne che guidano l'umanità 238
    identificate con natura, oscurità e caos 108, 122
        con passioni irrazionali 100, 158–9
        Islam e trattamento delle 235, 289
        natura femminile 'minore' della maschile 158
    inconscio, paura dell' e bisogno di controllo 176
    Jung 153, 235–6, 259
    luna e le, nell'era lunare 70
    Maria Maddalena 160–1, 225
    Matthew Arnold e il potere delle donne 238
    misoginia **157–77**, 163–4, 166, 140, 170–1
    natura difettosa delle 163–6
    oppressione delle 122, 157, 168–70, 172, 174, 290
    ONU Risoluzione 1325 sulle Donne 236
    Ordinazione delle donne: Decreto della Chiesa Cattolica 2010, 170
    Paesi Asiatici, vario 236–7
    patriarcale, atteggiamento verso le 100, 122–3, 165, 283, 171
    paura delle 122, 171

pornografia e le 153, 171, 175, 281
porta del demonio 164
potere emergente delle 235–8
    nascita epocale che ha luogo nel 237
    tremendo compito culturale del 236
    valori associati con il Femminile emergente 238
pratiche mediche e le 167–8
pregiudizio contro le 289
processi alle streghe 166, 234
risveglio delle 237–8
ruolo nella chiesa primitiva 159
senso di colpa e biasimo di sé 174
sessualità e le 166
Shekinah e le 47
società islamiche e le 168–70, 234
sopravvivenza dell'anima e le 505
sottomissione nell'era solare 122
    radici dell'oppressione 33
stupro 153, 157, 171, 172, 174, 234, 290, 299
subordinazione e inferiorità 153, 154, 165
Tertulliano sulle 163
Tommaso d'Aquino sulle 164–5
tratta delle 157, 171, 172
Vergine Maria distinta dalle 162
    modello di ruolo per 163
verginità identificata con spiritualità 150
violenza domestica 172, 174
donne lapidate a morte 169
'Donne per la Vita sulla Terra' 229
Donne, John 517
Dorn, Gerhard 463, 481, 484
Dottrina del Peccato Originale vedi Peccato Originale
Dover Beach (Matthew Arnold) 424
draghi 268–70, 473–4 vedi anche serpenti
    Cina 396
    Inno della veste di gloria 516
    Marduk 112–13
Dresda, bombe incendiarie su 412
Drexler, Eric 353
dualismo e Fase di Separazione 109–130
    assenza di nelle culture indigene 85
    civiltà occidentale, profondo dualismo della 84
    creatore e creazione, spirito e natura divisi 84, 110
    età solare 110, 176
    Giardino dell'Eden 133
    impatto dell'alfabetizzazione 120
    insegnamento cristiano che separa la natura dallo spirito 136
    misoginia, origini nel dualismo dell'età solare 165
    Sant'Agostino, conflitto tra volontà e desiderio 145
Dunne, Claire 265
Duomo, Orvieto 9
Durga 67
Dwat 496
Dzogchen percorso per dirigere l'esperienza della realtà 94

E

Ebadi, Shirin 236
Ebrei 73
Ebrei
    Alessandria, fuga ad 41, 52, 53
    Assiri 139
    Caduta, mito della 137, 157, 159
    disumanizzazione degli 315
    donne, ruolo assegnato alle 163, 165
    Messia atteso 432
    Musulmani e 42
    Musulmani, Cristiani e 43–4, 430
    Nazisti e 288
    Olocausto 127
    Popolo Eletto credenza 430
    qabbalisti 46
Eccles, John C. 506
'Ecclesiaste' (*Apocrypha*) 29, 52
Eckhart, Meister
    corpo e anima 391, 394
    nascita del Figlio di Dio 422
    nient'altro che Dio 436, 439
ecocidio, crimine di 220
Edfu 76
Edinger, Edward 425
Editto Papale (1854) 138, 162
Edlington fratelli 282
educazione, dei bambini 411–2
educazione sessuale 415
Efeso 79, 119, 137
Efeso, Concilio di 162
ego **252–4** *vedi anche* coscienza
    dissociazione tra ego e istinto 125
    forza crescente dell'ego 'eroico' 125
    Jung 244, 253–4, 480
    mito dell'eroe solare e battaglia con il drago 113, 114
    nascita della Coscienza di Sé nel Mito della Caduta 141
    paura di regredire allo 'stato di natura' 126
    pericolo di inflazione, arroganza 126, 252–4, 470
    ricerca solare di vittoria della luce sulle tenebre 114
    separazione dell'ego dalla matrice dell'istinto 110
    supremo raggiungimento dell'era solare 126
    vitale importanza dell' 251, 480
Egitto **74–8**
    Alchimia origini in 461, 462
    Apuleio 27, 39, 52
    Assiri 115
    Età del Bronzo 74, 91, 361, 496
    corpo sottile 515
    cura dei malati 234
    creazione, miti della 112
    Divino Femminile 72, 74
    Ermetica, tradizione 128
    Hathor 75–6, 77, 361
    Iside 32, 39, 53, 76–8 *vedi anche* Iside
    Maat 53, 75
    morte, visione della 91–2, 496
    Nag Hammadi 29

Nut 75, poema a
Primavera Araba 237, 275
sciamani 95
sopravvivenza dell'anima dopo la morte 91–2, 496, 515
Eichmann, Adolf 277
Einstein, Albert
   bomba atomica 228
   cambiare il modo di pensare 182, 203
   cavalcare un raggio di sole 399
   citato 327
   compassione xxiv
   Keplero elogiato 334
   Russell–Einstein Manifesto 296
   teoria della relatività 197
   visionario, come 328
Eisenhower, Presidente Dwight D. 284, 323
Eisler, Riane 34
ElBaradei, Mohamed 312, 320
Elgin, Duane 378
Eliade, Mircea 30, 83, 90, 243
Eliot, T.S. xvii, 243, 381, 536
Elworthy, Dr. Scilla 314
Emanazione, dottrina dell', nella Qabbalah, 44, 48, 49
   Eriugena 436
   nello Gnosticismo 54
EMDR (Desensibilizzazione e ritrattamento del movimento oculare) 319, 511
Emerson, Ralph Waldo 386
emozioni, collegamento tra mente e corpo 404–5
Empireo 374
energia oscura 191
Enneadi (Plotinus) 27, 365
Enrico VIII, Re 129
Enuma Elish 112
Epopea di Gilgamesh 111–12
Eraclito 95, 359, 361, 379
Era Gotica 371–4
   cattedrali 128, 222, 366, 499
   condivisione spirito comune xiii
era lunare e Partecipazione Originaria **61–104**
   vedi anche Visione sciamanica,
   Alchimia, origini nella coscienza lunare 462, 466
   coscienza umana e 23, 84
   costruttori di Megaliti 88–9
   donne nell' 70
   esperienza di partecipazione nell' 38, 72–8
   Fiabe, origine nell' 94
   filosofi Pre–Socratici 95–7
   Geografia Sacra e un Cosmo Vivente 86–8
     axis mundi 87–8, 90
   Grandi Dee 72–8, 81
   Grande Madre 63–7
     e il mare 70–1
   Jung si ricollega alla coscienza lunare 244
   luna 68–70 *vedi* luna
   morte un passaggio per la rinascita 70
   natura con l'anima, animata 84, 93, 103
   Ordine Sacro 61, 63, 80, 81, 83–4, 86, 90, 92
   parentela con tutta la creazione 93
   Partecipazione Originaria, definizione 85
   Popoli Indigeni mantengono la visione lunare 103
   Principio Femminile definito 77
   recupero del senso lunare di relazione 239
   reincarnazione 497
   riti di incubazione 96–7
   rituali di sacrificio 71–2
   spirito del mondo 84, 87–88, 89, 90, 91–3
   sopravvivenza dell'anima 91, 92, 496
   temi mitologici dell' 72–4
   Terra e Cosmo come Madre 63, 64, 66, 69
   viaggiare in altre dimensioni, 90, 91, 93
   visione sciamanica, esperienza sciamanica 90–7
     perdita della 98–9 vedi Platone
era solare, mitologia 107–31, 182 *vedi anch* era lunare: mitologia lunare e solare
   battaglia tra luce e oscurità 109, 112
   'Bella Addormentata', La 210, 211
   bene e male, battaglia tra 109, 114, 116
   caduta, Mito della, riflette la Fase di Separazione 133, 421
   cambiamento politico e sociale 114–6
   civiltà occidentale, influenza sulla 123
   combattimento con il drago 112–3
   come Fase di Separazione 116
   corpo, atteggiamenti verso il 394
   crimini contro la natura 126
   dissociazione tra pensiero e sentimento 182
   donne sottomesse durante 122–3
   effetto polarizzante dell' 125–7, 129, 146
   emergere dell'ego, supremo risultato dell' 126
   eredità del Libro della Genesi 114, 123
   eroe solare: guerriero 117–8
   ethos del guerriero 117–18, 297
   Grande Madre, da a Grande Padre 120–2
     creatore separato dalla creazione 110, 121–2
   Guerra e 296–9, 302, 303, 311
   ideologie utopiche 126–7
   impatto dell'alfabetizzazione 119
   mito dominante dell' 111
   mitologia solare e psiche maschile 124
   natura senz'anima, vista come avversario 113–4, 129
   nuova meta–narrazione 113
   redimere l'ombra dell'era solare 289–92
   religioni patriarcali dell'era solare 420
   ricerca di potere e onnipotenza 124
   scienza influenzata da 182, 335–6
   separazione tra mente e anima 125–6
   separazione tra natura e spirito 110, 121–2, 182
   tema dell' 109, 123
   'Vecchio Re' nell'Alchimia 469
erbe medicinali 433, 461
ere lunare e solare, mitologia 62, 84, 109
   Cattedrale di Chartres 371
   differenza tra 103, 367
   Grecia tra due ere 78
   universo olografico e riscoperta della coscienza partecipativa dell'era lunare 350
   mito lunare e solare: viaggio dell'eroe nell'oltretomba 243

matrimonio dei due aspetti della coscienza 103, 240
nascita di una nuova coscienza 240
temi mitologici delle due ere 109
Platone lo spartiacque tra due ere 97
cambio da lunare a solare 29, 109–11, 137, 138
'Bella Addormentata', la unisce 210, 211
due meta–narrazioni primarie 61–2, 84
eresia 116, 142, 148–9
Eriugena, Giovanni Scoto 372, 436–7
Ermafrodito 472, 478
Ermete Trismegisto 462, 465, 474, 479
esperienze di pre–morte (NDE) 489, 502–4, 505–10, 539–45
Esperimento alla Stanford Prison 274
Esseni 57-8
Essere 32, 183
Estasi, L' 148, 174, 247, 432
Età Assiale 99, 423, 469
Età del Bronzo 72–4
    Alchimia 466
    'Bella Addormentata', La origini 209
    culture lunari 38, 466 vedi era lunare
    cosmologia di 341
    cura del malato 234
    Egitto 74, 91, 361, 496
    Grande Madre in 63, 65, 66–7, 70–1, 79
        origine dell'idea di Anima, *Anima Mundi* 81, 361
    Grandi Dee di 74–8, 79, 81, 361
        giovane dio, figlio–amante 73
        Hathor 75–6
        Iside 32, 76–7
    guerrieri 117
    matrimonio sacro rappresentazioni 46, 48, 73–4
    tecnologia 113
    Vergine Maria e 224
    voce del Divino Femminile sentita 72
Età del Ferro 78–81, 113
    dee 78–80
    temi mitologici 80
Età dei Pesci 383
Etruschi 137–8
Euclide 373
Eufrate, Fiume 290
Euripide 295
Europa
    siccità e piovosità 233
    dopo il Medio Evo 184
    Ordine Sacro sopravvissuto 84
    santuari 87, 371
    Europa Unita, ideologia dell' 188
Eurozona 288
Evans–Wentz, W.Y. 497
Eva **133–4**, 135
    anima ed 153
    Asherah ed 47
    carnalità ed 138
    causa prima della Caduta 139
    creazione secondaria 122, 154, 164
    desiderio sessuale 146
    Dio maledice 135
    dominio sulla terra 123
    donna identificata con 166
    Giardino dell'Eden 41
    Genesi, Libro di xxii, 65, 134–5, 138, 139–41, 177
    'Madre di tutti i viventi' 65, 140
    mela 395
    misoginia ed 33, 139
    modello di ruolo negativo 138
    processi delle streghe 166
    responsabile del Peccato Originale 134, 171
    Sant'Agostino, il volto di donna gli ricordava lei 164
    serpente ed 140, 141
    tenta Adamo 173
    titolo conferito da Adamo 140
Eva, Vangelo di 527
evoluzione, processo di 440 vedi anche coscienza

F

Facebook 273
Faraoni 75, 76, 77, 115
Farid ud–Din Attar 35
'Fase di Separazione' 29, 110, 116, 219
Fedone (Platone) 489
Fedro (Platone) 99, 514
Feinstein, Andrew 308
Femminile, Il (archetipo) **221–239**, **475–6** *vedi anche*
    Divino Femmini-le;
        Madre Divina; Sapienza Divina; Dea;
        Grande Madre; Madre; donne
    Alchimia e aspetto rinnegato del Divino 476
    liberare l'aspetto femminile di Dio 476
    Anima e 221, 223, 224, 360
    associata con Terra, Natura, Anima 475
        con oscurità e caos 396
    Aurora e 476–8
    autrice in analisi 18–19
    Bede Griffiths, arrendersi a 484–5
    Età del Bronzo, chiara definizione del 77
    voce del, in Egitto 74
    definizione del Femminile oggi 221–3
        nuova coscienza planetaria 223
        spirito e natura riunite 223
    denigrazione del 33, 220
        e crisi ecologica del nostro tempo 33
    Donna Cosmica, visione della 26–7, 37, 38, 52, 221, 362
        Apuleio e Iside 27, 39, 52
        Boezio e Sophia 27, 39
    enfatizzare l'importanza del 258–9
    giardini e 28
    Grande Dea come immagine del 72, 74–8, 79–80, 81
    immagini cristiane 34, 138
    influenza di Jung sul recupero del 243, 258–9
    Luna e 18, 23, 68
    Maria Maddalena, ritorno di un archetipo 225
    'matrimonio sacro' di due principi 73, 222, 223, 224
        nella Qabbalah 48
        al nostro tempo 33, 224, 240

riunione di mente e anima 225
opera dell'autrice sul 32
potere risanante del 234–5
perdita della dimensione Femminile del Divino 32–3
presenza viva, una 38
prima materia 473
Rete della vita 61–79, 475
rinascita dell'Archetipo nel nostro tempo 222–4
    come impulso evolutivo 238–9
ripudio da parte delle religioni abramitiche 29, 429
risveglio al 222, 223
Santo Graal e 212, 475–6
scoprire 20–1
Shekinah e 36, 475
Vergine Maria come immagine di 162
Ferdinando e Isabella (di Spagna) 43
Ferguson, Niall 300
FGM (mutilazioni genitali femminili) 168, 178
fiabe 94, **209–14**
    Bella Addormentata, La 94, 209–214, 470
    Bella e la Bestia, La 393
    Cenerentola 51–2, 470
    frammenti residui di 94
    'Matrimonio Sacro' nelle 470
Ficino, Marsilio
    della Mirandola e 42
    anima come entità vivente 19
    traduzione di Platone 128, 366, 499
File 72, 76, 77
Filemone 248
Filippo, Vangelo di 160, 161
Filippo di Macedonia 101, 118
filosofia 10
filosofia ermetica 68, 119, 128
Fiore, Edith 500
Firenze 128
    Marsilio Ficino 128, 366
    Pico della Mirandola 42, 128, 366
fisica 330
fisica quantistica 342–344
    coscienza come fondamento dell'essere 340
    David Bohm e 342–346
    dominio sulla natura un'illusione 320
    Fritjof Capra 228
    Max Planck 333
    neurocardiologia comparata a 400
    osservatore inseparabile dall'osservato 340
    mare di luce xix–xx, 532
    Vedanta e 340
Flamel, Nicolas 467
Flamel, Perenelle 467
Fondamentalismo 143, 148, 153, 429
Fondamento Divino 38–9,
    matrimonio sacro con 485, 526
Forme Eterne, Platone 98, 100, 101, 158
fotoni 346
Fox, Matthew 152, 295, 302
Fra Angelico 8
Francia 6–7, 46
Francis Crick Memorial Conference 336

Francesco d'Assisi, St 8, 9, 128, 469
Frankl, Viktor 399
Franz, Marie–Louise von 25, 262, 476, 510
frattali 349, 542
Freeman, Charles 148, 178
Freeman, John 258
Freud, Sigmund 19, 121, 246, 424
Fromm, Erich 280
Fry, Christopher 438
Fukushima 289, 352
Fulberto 374
Fulcanelli 464

G

Gaia 78, 229, 364
galassie 190, 340–1
Galileo Galilei 187, 333, 334, 423
Gange, Fiume 87, 88
Gavrinis 65
Genesi, Libro della xxii, 31, **123, 133–5, 335, 395**
    Adamo riceve il dominio sulla Terra 31, 123, 334
        origine dell'idea del dominio dell'uomo sulla natura 427
        relazione speciale col divino 111
    assegna le origini di male, morte e sofferenza 134
    Caduta, La *vedi* Mito della Caduta, Il
    Darwin e 424
    Eva 65, 135, 139, 164
        origine dell'inferiorità della donna 122
    istinti visti con sospetto 395–6
    nascita della consapevolezza di sé 141
    rovesciamento della mitologia precedente 140
    serpente nel 133, 395
Germania 311
Gerusalemme
    Asherah 53
    caduta di 41
    conquista di 373
    Religioni Abramitiche 429–30
    Saladino 9
    Tempio 53, 140
Gesù Cristo 383–4 *vedi anche* Cristianesimo
    amore e compassione da 174
    Atti Gnostici di Giovanni citazione 384
    Aurora Consurgens e 477
    'bottiglie nuove' 436
    castità di 162
    dispute dottrinali pedanti 136
    donne, atteggiamento verso le 159
    Emissario del Fondamento Divino 383–384
    Esseni 57, 58
    fratelli 162
    Giovane Re, come 469
    'molte mansioni' 376
    Maria Maddalena 160–1
    Regno di Dio 45
    rivelazione portata da 384
    Sé e 260
    Spirito Santo, Madre di 54

Trasfigurazione 532–3
trasformazione della coscienza, bisogno di 161, 383–4
   risvegliare l'occhio del cuore 161, 383
Vangelo di Tommaso citazione 271, 384
Vergine Maria e 224
Gerzon, Mark 315
Gheddafi, Colonnello 279
ghiacciai 232
Giappone 12, 480
Giardino dell'Eden
   Albero della Vita 74
   espulsione di Adamo ed Eva 41, 133, 137, 177
   serpente 133, 395
giardini 28, 140, 375–6
Gilgamesh xvi, 111–12
Gimbutas, Marija 30, 61, 66, 89
'Gioielli della Sposa celeste, I' 47
Giordano, Fiume 233
Giovane Re 468, 469, 471
Giovane Regina 471, 481
Girolamo, San 54
Girona 41
Giudaismo *vedi anche* Qabbalah
   narrazione cristiana e 421
   qabbalismo e 41, 47
   Antico Testamento 47
   Shekinah 46
   mitologia solare 124
Giuliana di Norwich 527
Giuliano, Vescovo di Eclano 147
Giustiniano, Imperatore 137, 499
Giza 89
Gnostici
   'Bella Addormentata', La e 209
   Basilide 257
   esclusione dei testi 430
   Jung e i testi gnostici 247
   libri sugli 34
   Madre Divina 53, 54
   Nag Hammadi 29, 49, 72, 224, 247, 428
   profondissimo fondamento di realtà 376
Goering, Hermann 316
"Goldilocks' pianeta 190
Gollancz, Victor 306
Goodall, Jane 336
Goodchild, Veronica 531
Gopi Krishna 533
Gorbaciov, Mikhail 304
Gorgone, La 78, 113, 271
Goswami, Amit 346
governi, posizione predefinita dei 460
Govinda, Lama Anagarika 497
Graal leggende vedi Santo Graal
Grande Acceleratore di Particelle 335
Grande biblioteca (Alessandria) 119
Grande diluvio 64, 111, 525
Grande Madre, La 31, 63–8, 71, 81, 361 *vedi anche* Divino Femminile; Madre Divina; Femminile, Il; Dea, La anima e 360–1
   Anima Mundi e Anima Cosmica, origine di 81

animale, uccello e serpente rappresentazioni della 65, 67, 76
antica immagine che governa la vita dell'umanità 21
Artemide di Efeso 79
cambiamento della rappresentazione archetipica 78, 121–2
Cosmo come 63, 64–5
'Dea degli Animali' 67
Divina Immanenza perduta 121
dominio della 63, 65, 66, 87
dualità di spirito e natura 110, 120–2
Egitto 74–8
   Hathor e Iside 74–7
   incarnazione divina armonia, ordine e bellezza della vita 79
epifanie 67
eredità della, a Occidente, a Oriente 80
Età del Bronzo 72 8, 81, 361
   Età del Ferro 78–80
Eva e 140
Terra come 63, 83
figurine, 'Antica Europa' 63
fondazione di culture più tarde 64
Gnosticismo, Grande Madre dello 29
Grande Padre prendo il posto della 110, 120–2
   Natura e Cosmo senz'anima 120
governatrice di cielo, terra, aldilà 63, 65
labirinto e spirale 65, 66
   NewGrange, tripla spirale di 89
Legge Immutabile della Vita 65
Luna e 69–70, 227
'Madre di tutti i Viventi' 65
mare e 70–1
nessuna separazione tra Sorgente e forme di vita 79
Ordine Sacro della 63
origine delle Dee dell'Età del Bronzo 63, 72, 361
origine di Shekinah 47, 64
Paleolitica 30, 63, 72, 428
perdita del senso di partecipazione nella vita di un essere materno 31
   durante la Fase di Separazione 31, 219
perdita della visione della realtà che ci collega con la Terra e il Cosmos 32
prime esperienze dello spirito 64
prime immagini 72, 420
Rete della Vita 81
serpente e 65, 139, 395
'terribile' aspetto della 64
utero e Madre di tutta la vita 63
Vergine Maria e 138
Grande Opera, La, dell'Alchimia **457–486**
   Fasi dell'Opera 478–483, 484
   redenzione dello spirito 458, 463, 476, 483–4
   riunione di corpo, anima e spirito 485
   matrimonio sacro 485
   trasformazione dello spirito 484
Grande Padre, Il 29, 110, 120–2 *vedi anche* Padre, Dio
'Grande Vacca, La' 67
Grande Risveglio 437
Graziano 157, 164

Gray, Colin 299
Gray, John 285, 296, 312
Gray, William 42
Grecia ellenica 72 *vedi anche* Grecia
Grecia
    Atena 53
    Delfi 92
    Egitto e 95
    Era Ellenica 72
    Parmenide 96–7
        e i riti di incubazione 97
    Platone 97–101, 361
    Pre-Socratici 95–7
    rappresentazioni lunari and solari 29
    Regno Immortale 84
    tolleranza di culti differenti 120
    tra cultura lunare e cultura solare 78
    tragedie 175
    uomini e donne 158, 159, 163, 165
    viaggi dell'autrice 20
Greenham Common 229
Greenpeace 230
Gregorio VII, Papa 150
Gregorio Magno, Papa 150, 499
Griffiths, Bede 384, 421, 440, 484
Grof, Stanislav
    esperienza perinatale 407
    insoliti stati di coscienza 91, 200, 203
    stati olotropici 378, 501
Guardie della Rivoluzione (Iran) 279
guerra **295–322**
    anima, effetto sull' 295, 296–7, 317–19
    armi nucleari 302–7, 322–3
    attacchi dei droni 307–8
    attitudini verso 299–301
    Carta della Terra per proteggere il pianeta 317
    commercio delle armi 283–5, 308–9
    costo della 310
    crimini della 316–7
    Dio appello a per protezione 298
        cooptazione di 306, 309
    dipendenza dalla 299, 321
    demonizzazione del nemico 310–16
    donne in 299
    effetti sull'ambiente 316
    era solare e 296, 297–9, 302–3, 311
    George W. Bush 118
    guerra e vittime di traumi 317–19
    guerra nucleare 296–7
    in avanti 319–22
    istinto e 298, 301–2, 319
    messaggio dei maestri spirituali 309
    militarismo come un patogeno 320–21
    mura costruzione 313
    nuova leadership richiesta 322
    Ordine Sacro, crimine contro 295, 302, 306
    pericolo crescente dalla 233
    proiezioni Ombra 303, 311–15
    radici arcaiche della 301
    religioni abramitiche 297

Russell–Einstein Manifesto 296
Guerra Fredda 228, 288, 313
'Guerra al Terrore' 175, 313
Guerre Sante 113, 115–16 *vedi anche* Crociate
guerrieri **117–18**, 235, **297–9**

H

HAARP (High–frequency Active Auronal Research Programme) 317
Haisch, Bernard 329, 339, 342–3, 532
Hale–Bop cometa 188
Harvey, Andrew 35, 182
Hastings, Max 301
Hathor 75, 76, 77, 361
Hatshepsut, Regina 75
Havel, Václav xv
Hawaii 413
Hawken, Paul 230, 531
Hawking, Stephen 336, 490
Hazrat Inayat Khan 238
Heisenberg Principio di indeterminazione 343
Herschel telescopio 189
Hezbollah 305
HFC (idrofluorocarburi) 231
Higgs bosone 328, 335, 475
Hillman, James 319, 533
Hinduismo *vedi anche* India
    Akashiche registrazioni 378
    Cristianesimo e 13–14
    forte attrazione per 11
    insegnamenti 15, 434
        che sottolineano l'unità della creazione 434
    Islam e 526
    Monte Kailas 87
    Monte Sumeru 12
    Shiva e Shakti 46
    visione del mondo 44, 434
Hiroshima 225, 228, 302, 304, 287
    conquista, tema della 116
    cancellazione di Hiroshima e Nagasaki 225, 302
    Oppenheimer e la bomba 287–8
Hitler, Adolf 127, 289, 424
Hoffman, David 303, 304, 305
Hokhmah *vedi* Divina Sapienza
Holland, Jack 140, 145, 158
Homs 399
Horizon (BBC) 341
Horus 76
Howell, Alice 386
Hua–Yen Buddhismo 363, 365 *vedi anche* Buddhismo
Hubble, Edwin 327, 328
Hubble telescopio 189, 193, 203, 327
Hughes, Ted 109, 126
Human Rights Commission (Pakistan) 169
humanitas (Cicerone) xiii
Hussein, Saddam 290, 311
Huxley, Aldous 426, 433
Huxley, Julian 327, 432
hybris 286–7 *vedi anche* ego secondo Jung

I

I Ching 367, 448, 451
Iatromantis 97
Ibn Rushd (Averroè) 43
Iconoclastia 121, 129
Ida 396, 472
idea di uomo realizzato xii
Iliade (Omero) 79, 92, 116, 119
illuminazione xvi, 14
Illuminazione, l' (storica) 423, 431
Immanenza Divina 38, 46–7, 49, 50, 52, 121–2, 434–7
    perdita dell'immanenza divina 101, 121–2
    perdita dell'immagine della Grande Madre 121–2
immaginazione 197, 381, 399, 412, 457
immortalità 492 *vedi anche* vita dopo la morte
Impero Britannico, estensione di 124
Impero Moghul 526
Inanna 53, 67, 73, 79
Incarnazione, l' 536
    dottrina dell', nuova importanza 372
inconscio, l' 248–51
    introduzione all' 16
inconscio collettivo 19, 249–50, 349
        vedi anche Jung, Carl Gustav
incubazione 96, 97
India
    Akashiche Registrazioni 378
    Arunachala 12
    Arundhati Roy 307
    bomba nucleare e 306–7
    concetto di illuminazione 14
    cosmologia 434
    donne in 122–3, 236–7
    Durga 67
    effetti del Buddha sulla cultura di 469
    esborso in armi 284
    grandi sapienti di 434
    impatto sull'autrice 11–12, 14
    Kali 63
    luoghi di pellegrinaggio 87
    onnipresenza dello spirito 435
    Rete di Indra 63–5, 386, 475, 514
    scienza dell'anima 434
        insegnamenti che sottolineano l'unità della creazione 434
        paragonata alla Qabbalah 434
    sistema delle caste 14, 498
    Sri Aurobindo 37, 419, 385, 468
    Sri Ramana 12, 13, 368, 523
    testi sacri 435, 442, 525
        Bhagavad–Gita citazioni 85, 441, 442, 523, 525, 526–7
        Brihadaranyaka Upanishad citazione 525
        Confluenza dei due mari, Principe Dara 526
individualismo 124
individuazione 20, 254–8, 463
Indonesia 126, 230
Indra, Rete di, 63–5, 386, 475, 514
Indo Valle dell', civiltà 65

Infedele (Ayaan Hirsi Ali) 168
ingegneria genetica 351
inni 72, 73, 76, 361
'Inno a Dio, il mio Dio' (John Donne) 517
Innocenzo II, Papa 150
Innocenzo III, Papa 43
Innocenzo VIII, Papa 166
Inquisizione
    creazione dell' 43
    culmine dei suoi poteri 149
    Malleus Maleficarum 166
    ordinazione delle donne e primo ufficio dell' 171
    Sant'Agostino e 136
Insegnamenti dell'eletto 57
Inverno Nucleare 228
Instituto di Psicologia Clinica e Psicoterapia, Dresda 412
Instituto di HeartMath 400–4
Instituto di Scienze Noetiche 227
Internet 235, 285
Iran
    attacco militare preventivo su 273
    Guardie della Rivoluzione 279
    infedeli e apostati 42
    probabile energia nucleare 303
    Shirin Ebadi 236
Iraq
    danni collaterali 276
    guerre religiose 283
    oppressione delle donne 170
    paludi, ripristino delle 290
    proiezioni Ombra 312
Ireneo 163
Irlanda, rapporti sull'abuso di bambini 173
Isaacson, Rupert 91
Isabella (di Spagna) 43
Isaia, Libro di 369
Ishtar 67, 73
Iside **76–8**
    adorata per millenni 76
    Apuleio 27, 39, 52
    File, tempio di 72
    Grande Madre e 361
    Hathor e 75
    Inni a 76–77
    Madonna Nera e 128
    Osiride 32, 51, 73, 76
    Persefone e 79
    Sapienza 53
    Stella del Mare 71
    veste nera di, e Shekinah 51
Islam *vedi anche* Musulmani
    Ayaan Hirsi Ali 169
    Cattedrale di Chartres 373–4
        abilità degli artigiani musulmani 374
    conquista e conversione 14, 116
    Cristianesimo e 116, 175, 44
    donne e 235, 431
    espulsione dei Mori 43–4
    età d'oro, in Spagna 42–4
    evangelizzazione 430

fondamentalismo 143
Hinduismo e 526
infedeli e apostati 42
jihad 116
lotta militante 127, 233
mitologia solare e 124
omosessualità 289
Primavera Araba 237
riscoperta delle opere di Platone, Aristotle, Euclide 374
Sunniti e Sciiti, inimicizia tra 313, 431
Toledo e Cordoba 43, 373
tradizione mistica, la 433
Israele
    Assiria, pulizia etnica di 53, 139
    costruzione muro 313
    armi nucleari 303
    mitologia solare 295
    a rischio di gas tossici 305
istinto **269–73**, **391–416** *vedi anche* corpo
    anima primordiale e ombra 269–73
        modello di predator e preda 270–3
    come potere cosmico 395–9
    coscienza e 62, 397
    cuore, fulcro dell'istinto 400–4
    risanare il cuore 414
    drago come immagine di paura primordiale e istinti più antichi 268
    e senso dell'Ordine Sacro 194
    ego, emersione dall' 126
    guerra e istinto di sopravvivenza 298, 301–2, 319–21
        e istinti sconvolti 317–19
    identificato con caos, oscurità e femminile 396
    contaminato da colpa e paura 394
    immaginazione, origine dell' 398, 399
    importanza dell' 393, **397–8**, 399
    innalzato a stato di coscienza illuminato 396, 472
    leone simbolo di 391–3
    detto di Gesù 271
    mente conscia separata dall' 394
    parto e 406
    trascurare i bisogni istintivi 392–3, 411–12
    primaria espressione dell'anima 24
    serpente archetipico come immagine dell' 24, 395
    serpente come immagine del potere ingannevole degli istinti 395
        come guardiano e guida nelle tradizioni orientali 396
istinti primordiali 268–73
Italia xvi, 8–9, 10, 469

J

James, William xx, 181, 199, 491
Jankovich, Stefan von 510
Jefferies, Richard 361–2
jihad 116, 429, 437
Johnson, Chalmers 283
Joy, Bill 352
Jung, Carl Gustav **243–65**, 421, 422
    Alchimia 254–8, 463
        e concetto di individuazione 256, 463
        Mysterium Coniunctionis 463
        e *unus mundus* 257, 463
    analisi Junghiana 17, 18
    anima 245, 259
    anima, definizione di 256 *vedi anche* sotto l'anima
        realtà vivente indipendente 247
            materia e spirito due polarità dello spettro sottostante della realtà 257
        necessità di riconnetersi con 256
    anima primordiale 267–273
    recupero della dimensione persa dell' 243, 263
    domande dell'anima poste di nuovo 245
    animus 245, 259
    Answer to Job 263
    archetipo femminile, enfasi sull' 29, 243, 258–9
    astronauta dell'anima 245
    Bolle Papali (1950 and 54) 224–5
    bomba all'idrogeno, mondo appeso a un filo sottile 229
    citato xxi, 3, 23, 243, 245, 247–8, 249, 250, 251–2, 253, 254, 255–6, 258, 259, 261, 262, 264, 267, 291, 311, 313, 315, 321, 359, 360, 422, 470, 490
    compito della donna 235–6
    coscienza xix, 251–2, 397
    coscienza solare e lunare riconnessa 244
    Cristianesimo 245, 258
    dimensione psicoide della realtà 263
    dimensioni lunare e solare ricollegate 244
    Dio 258, 261, 422
        dipendenza di Dio dall'uomo 261
        noi come partecipanti della vita divina 261
        lato oscuro di, terribile tentazione del potere 261
    drago 268–70
    ego, pericolo della hybris 252–4, 470
        importanza vitale dell'ego conscio 251, 480
    film, *Matter of Heart* 262
    funzione trascendente e atrocità norvegese 313
    Gnostici e 247
    immaginazione, potere dell' 381
    inconscio, l' 19, 25, 248–51
    individuo, vitale importanza dell'229, 262, 263
    individuazione 20, 254–8, 261
    introduzione dell'autrice a 16
    Lettera a Miguel Serrano 264
    Libro Rosso, Il 247, 257, 263, 480
    mare, immagine primordiale dell'anima 367
    Maria Maddalena, potere di un archetipo che ritorna 225
    mente, inflazione della moderna 252, 253–4, 470
    Ombra, l' 262–4 *vedi anche* 267–93
        anima primordiale 263, 267–73

arretratezza morale della nostra specie 262
due aspetti dell' 267
eredità di Jung dell'intuizione nella natura dell' 291
Germania Nazista e psicosi 311, 313
inconscio spacca le dighe della coscienza, l' 321
proiezione del male sugli altri 311, 313
    erigere muri 313
rendere coscia l'oscurità 291
paura delle donne, causa della 171
perdita del mito vivente, connessione agli istinti 251–2
psiche 103, 244, 251, 256, 257
    "la più grande di tutte le meraviglie cosmiche" 251
psicologia del profondo 125
'radice e rizoma dell'anima' 198–9, 249
razionalismo critico, sul 490
sciamano, Jung come 244, 246, 263
Sé, il 259–62
sogni 20, 250, 253–4
'Spirito del Profondo' 247–8
Spirito Santo, forza stimolante 422
Sincronicità, concetto di 263
storia interiore del mondo 429
unus mundus 257
L'uomo e i suoi simboli xxi, 265
Vergine Maria e Bolle Papali 224–5
avvertimenti da 258, 262, 313, 321
Woman in Europe 235
Jung, Emma 19

K

Kaaba 87
Kabir 523
Kahunas 88, 413
Kailas, Monte 87
Kali 63
Kali Yuga 182
karma 13, 498
Kazakhstan 305
Kazanis, Deno 379
Keats, John xviii, 359
Keen, Sam 117, 314
Kenton, Warren (Z'ev ben Shimon Halevi) 41, 46
Keplero, Giovanni 334
    cercando God 419, 440
    Copernico e 244, 334
    Illuminazione e 431
    Newton e 334
    scienza e metafisica 333
    visione medievale del mondo trasformata xix, 244, 424
Keplero (osservatorio; telescopio) 190, 191
Kether 49
Khan, Hazrat Inayat 238
al-Khatib, Hamza 234, 278
al-Khidr 383
Khomeini, Ayatollah 300
Kids Company 410
Kingsley, Dr Peter 96, 100

Knight, Andrew 336
Knowth 88
Kogi Indios 63, 88
Korten, David 205
Kovács, Betty J. 519
Krishna 526
Kübler–Ross, Dr Elisabeth 501–5
Kundalini 396, 397, 472
Kundalini (Gopi Krishna) 533
Kundalini Rising 533
Kundalini Yoga 378, 458, 472, 533
Kundera, Milan 316
Kwan Yin 63, 71, 367

L

labirinto 65–6
La congiunzione dei due oceani 526
Lampo accecante 44
Lao Tzu 448, 449
Lascaux 90–1
Laszlo, Dr. Ervin 346, 347, 498
Lawrence, D.H. 110, 137, 152
Leboyer, Frederick 406, 407, 529
Lega Araba 234
Legge Canonica 170–1
Legge della Sharia 169
leone, immagine dell'istinto 391–2
    Androclo e 391–2
    insegnamento di Gesù nel Vangelo di Tommaso 271
Levi, Primo 278
Lévy–Brühl, Lucien 25
Lhasa 94
libertà xix, 536
Libro dei Mutamenti *vedi I Ching*
Libro dello Splendore *vedi Zohar*
Libro dei Morti 496
Libro egizio dei morti 509
Libro tibetano dei morti 497, 503
Libro tibetano della Grande Liberazione 332
Linee di Nazca 88
lobi frontali 197 *vedi anche* cervello
Logos, Cristo come 53
Logos Dottrina 151
Lommel, Dr. Pim van 501, 505, 506
Lourdes 87
Lovelock, James
    catastrofe tecnologica 231
    citazione 202
    emissioni effetto serra 232
    Gaia 229, 364
    sistemi della Terra 229
Luce 512, 532–5
    Albero della Vita ed emanazione di 49
    anima e sostiene tutti i mondi, dimensioni della realtà 512
    battaglia tra Luce e Oscurità 109, 111, 270, 335
    collega scienza e metafisica 379
    David Bohm, 'materia come luce gelata' 344
    descrizione di Gopi Krishna 534

emanazione di, nello Gnosticismo 54
emanazione di, nella Qabbalah 44, 48–9, 343
eroe solare identificato con 111
Heisenberg Principio di Indeterminazione e, 343
luce cosmica, fondamento di vita e di coscienza 195, 512
mare (oceano) di luce 512
    e vacuum quantico 342–3, 532
Mellen–Thomas Benedict descrizione 539–48
Pulsazione del Cosmo 523
testimonianze di pre–morte, 535
Trasfigurazione di Cristo in Pistis Sophia 533
luce fluente della divinità, La (Matilde di Magdeburgo) 464
Lukhang Tempio, The 94
lumen naturae 484
Luna, La **68–70**
    Albedo simbolo, Alchimia 481
    Apollo 11 227
    fase oscura 91, 210
    mito di morte e rinascita
    mitologia della Grande Madre 69
    origine del concetto di legge divina 70
    origine dell'idea di reincarnazione 69
    Persefone e i misteri di morte e rinascita 79
    rituali di sacrificio connessi a 71
    simbolo della matrice della coscienza e del Femminile
    Terra vista dalla 227
luoghi sacri 370–4
Luria, Isaac 41
Lutero, Martin 152, 173–4, 423
Lutto, risanare il trauma del 511

M

Maat 53, 74–5
Mack, Professor John 354
MacLean, Paul 196
macrocosmo e microcosmo 260
Madonne Nere
    Europa 87, 371
    Isis e 128
    significato numinoso 34
    pellegrinaggi verso i templi delle 128, 222
Madre *vedi anche* Divino Femminile; Divina Madre; Dea; Grande Madre
    assenza di nella Trinità cristiana 32
    Cosmo immaginato come Madre 63, 64
    importanza del concetto di Madre 64
    Madre come utero cosmico 63
    Madre Primordiale nel Taoismo 63, 447, 448
    'Madre Terribile' 48, 64
    Mito della dea sulla 31
    processo di separazione come avanzamento evolutivo 62
Madre Divina 53–54, 57, 63
    vedi anche Divino Femminile, Dea, la
    nel *Vangelo Esseno di Pace* 57–8
    Shekinah come 49–51
Madre Dea, *vedi* Dea; Grande Madre, Madre
Madre e figlio, importanza del legame 406–10
'Madre di tutti i viventi' 65

'Madre Terrible' 64
madri, esaurimento delle moderne 411
Mahabharata, Il 113
Maharishi Mahesh Yoga 433
Mahayana Buddhismo 50, 363, 378 *vedi anche* Buddhismo
Male, il 141, 142
male 273–5 *vedi anche* Bene e Male
    chiunque capace di 278
    George W. Bush sul 111
    propensione umana per il 530
    continuo e cumulativo 313
    origine del 134
    proiettare 311
    progetti per sradicare 287
    Sant'Agostino 145
Malesia 230
Malkuth 50, 51
Malleus Maleficarum 166
Malta, templi 65, 88–9
mandala 66, 540
Mandelbrot, Benoit 349
Manhattan Project 287
Manichei 145, 148
Maometto, il Profeta 300
Maori 94
Mao Tse–tung 127
Marduk 112, 113, 136
mare 70–1, 367–9, 379
Maria, Vangelo di 160, 161
Maria, Vergine *vedi* Vergine Maria
Maria e Marta 529
Maria Maddalena 138, 160–1, 225
    donna 'caduta' 138
    in *Dialogo del Salvatore*
    in *Pistis Sophia*
    irritazione di Pietro con 161
    prima tra gli Apostoli 161
    relazione stretta con Gesù 160
    Vangelo di 161
Maria Profetessa 457, 462
Marshack, Alexander 29
Marta e Maria 529
Martello delle streghe 166
Marx, Karl 424
Maslach, Christina 274
materia 55, 333, 440
materia oscura 192, 340–1, 379
Matilde di Magdeburgo 464
matrici 540
Matrimonio Sacro, Il **48–9** (Qabbalah), **73**, **485**
    Alchimia, matrimonio dei due aspetti della psiche 470–2
    Cantico dei Cantici 470
    con Fondamento Divino 485
    Coscienza Stellare e 470
    dea e dio, Età del Bronzo 46, 48, 73–4, 470
    dimensione invisibile e questo mondo 470
    di testa e di cuore 470
    e Kundalini Yoga 396, 472
    e Albero della Vita, unione di re e regina 472

Fiabe e 470
la Bella Addormentata 209–214
Mito della Dea 223
Vergine Maria e 224–5
matrimoni forzati 169
Maya 88
McGilchrist, Iain 101, 198, 201, 276, 337–8, 345
cervello trasmettitore di coscienza 201
citazioni 101, 198, 201
emisferi cerebrali 198, 276
pensiero frammentato 345
Ravi Ravindra e 337
McLean, Adam 486
Mead, G.R.S. 515, 516, 533
Meadows, Dennis 228
Meadows, Donella 228
Mecca 87
Medici, Cosimo de' 128
Medio Evo
alchimia 462, 464
Crociate 300
cultura Ideativa 184
eredità artistica distrutta dalla Riforma 129
humanitas xiii
mastri costruttori 474
misoginia 166
Ordine Sacro sopravvive nel 84, 128
Medio Oriente 233, 300, 305
Meditazione sul corpo 179
Meditazione Trascendentale 433
Mediterraneo 7, 20
Megaliti 65, 88–90
megere 212–13
Mehta, Vijay 283–4, 285
Meister Eckhart *vedi* Eckhart, Meister
memoria 378
mentalità corporativa, pericoli della 275–7
mente 78, 126, 336–8, 449
mente e corpo 393–5, 396, 405
Mercante di Venezia 382
Mercurio 472, 474–5
Meru, Monte 363
Mesopotamia
Albero della Vita 74
donne che inveiscono contro uomini 122
Grande Madre in 65
Matrimonio Sacro 73
rappresentazioni lunari e solari 29
meta–narrazioni 62, 84, 113, 133, 134, 174, 176, 424, 426, 437
coscienza cosmica 184
Cosmo come Grande Madre 63
cristiana 133, 134, 182, 421
laiche, secolari 182–3, 424, 426
lunare e solare 62, 84
Mito della Caduta 133, 174, 176
nuove 421–3, 437–9
Original Sin 134
solare 113, 426
metafisica 379
metempsicosi 499

Mezzaluna Fertile 114
Michele, Arcangelo 9
Michele, San 113
Michell, John 89
Michigan, Università del 191
miele 67, 525
Brihadaranyaka Upanishad 525
Milgram Esperimento 274
militarismo 283–5
Miller, Alice 280
Milne, Joseph 334
Milosevic, Slobodan 127
Minerva 7
Minotauro 113
misoginia 135, **140**, **157–9**, 163–6, 170–1, 176 *vedi anche* donne
religioni abramitiche 140
bambini, effetto sui 173
Caduta, la e abuso continuato delle donne 171
catena di idee derivanti dal ruolo di Eva 33
Chiesa Cattolica 170–1
costumi sociali e 157–9, 165, 168–70
Cristianesimo e 135, **159–66**, 170–1
culture Patriarcali e paura delle donne 171
dualismo dell'era solare e origine della 165
eredità di proiezioni negative sulle donne 164–6
lapidazione 169
Maria Maddalena 160–1
matrimoni forzati 169
mitologia solare e oppressione delle donne 165
natura difettosa delle donne 163–6
Peccato Originale e 162
pratiche mediche, cliterodectomia 167–8, 178
processi delle streghe 166
Sant'Agostino 145, 150, 163–4
società islamiche e oppressione delle donne 168–70
stupro 153, 157, 171, 172, 174, 234, 237, 290, 299
violenza domestica 172
Missili Cruise 229
missili Hellfire 308
missili Pershing 229
missili Scud 305
Missili Trident 305, 310, 322
Misteri Eleusini 79
altri mondi 91, 95
certezza dell'immortalità 79, 496
Demetra 78, 79, 137
Demetra e Persefone 73
distruzione dei templi 120, 137
Misteri orfici xvi, 95
Mitchell, Edgar 227, 529
mito 139, 255, 437, **465–7** *vedi anche* mitologia lunare e solare
Caduta, la e la fase di Separazione 133
cambio di ruolo della natura nel 114
colpa, proiezioni che emergono dalla 134, 135, 141–3
come apertura segreta 465
Grande Padre, il rimpiazza la Grande Madre 121
Grande Madre, la 63–7, 361
influenza di sole e luna sul 61–2

mito lunare 68–9
mito solare 109
nuovo mito e Matrimonio Sacro 223
Terra unificata, nuovo mito della 227
Mito, il della Caduta **133–54**
   Adamo ed Eva incorrono nella punizione divina 177
   Albero della Vita nel 74, 140
   Città di Dio 146
   commentari ebraici 157, 159
   corpo separato dallo spirito 184
      dall'anima 138
   Darwin e 424
   demitizzare la dea 47, 139
   descrive il process di alienazione, separazione e perdita 114, 137
   D.H. Lawrence sul 137
   dualismo, il della natura divisa dallo spirito, del corpo dall'anima 176
   effetto sui bambini 134, 173
   effetto sulla psiche cristiana 134, 165
   effetto sulle donne 134, 173
   effetto sulla Civiltà occidentale 134
   eredità negativa del 134–7, 420–1
   ferita all'immagine della donna nell'uomo 134, 153–4
   interpretazione alternativa 140–1
   interpretazione letterale del 135
   malattia nella cultura cristiana 135
   metafora della nascita della coscienza 144, 177
   misoginia emergente da 33, 139, 140, 153, 171–2, 174
   misoginia si spande come un virus nelle religioni abramitiche 140
      il mito fornisce fondamento scritturale alla misoginia 139
   mito influentissimo della Fase di Separazione 133
   mito fissato **139**
   natura, la separata dallo spirito, il corpo dall'anima 136, 138
   ossessione con peccato e colpa 134, 143–5
   patologia del mito, 176
   paura della punizione di Dio 134
   peccato della Caduta redento solo dalla morte sacrificale del Figlio di Dio 152
   Peccato Originale, seconda meta-narrazione 134
   perdita della partecipazione nell'Ordine Sacro 133
   potente influenza del xxiii
   Presidente Carter citazione 153–4
   preminenza nel cristianesimo primitivo 137
   proiezione di colpa inconscia 140–3
   riflette la Fase solare di Separazione 133
   ruolo di Eva che porta il peccato, la sofferenza, la morte nel mondo 134, 139
      titolo 'Madre di tutti i Viventi' detenuto anche dalla Shekinah
   ruolo di Dio 135
   separazione dalla natura xxii, 395
   sofferenza del corpo 136
   svolta, la sbagliata del Cristianesimo 136, 495
Mladic, Ratko 273
Modello Standard dell'universo 328, 340, 341

Moltke, Helmuth Graf von 300
Mongolia 91, 414
Monsanto 351
'Montagna Sacra, la' 5, 12
Monte Cassino 375
Monte Gargano 9
Montefiore, Simon Sebag 297
Moore, Henry 222
Moorjani, Anita 506, 509
Mori
   Alhambra 43
   Cordoba 8
   cultura avanzata dei 42, 43
   espulsione dalla Spagna 175
   giardini 375
morte 91–2, 489–90, **493–5** *vedi anche* vita dopo la morte
Mortificatio 479
Movimento Ambientalista 223, 226, 230
Movimento delle Suffragette 235
Mozart, Wolfgang Amadeus xv, 197
Mubarak, Hosni 279
Mucalinda 24
multiplicatio 483
Mumtaz Mahal 526
Murphy Report 173
Musée de Cluny 359
Musulmani **168–70** *vedi anche* Islam
   confronto con 301
   Crociate effetto sui 43, 175
   espulsione dei Mori 43–4
   cultura moresca in Spagna 42–3
   proiezioni negative sui 300
   pellegrinaggio 87
   mitologia solare e 297
   Srebrenica 273
Musulmani Sciiti 313, 431, 432
Musulmani Sunniti, animosità tra Sciiti e 127, 313, 431

N

Nachman, Rabbi, di Bratislava 37
Nag Hammadi
   importanza della scoperta 54
   perdita originaria del Cristianesimo 428
   pubblicazione 54
   scoperta 29, 34, 49, 53–4, 72, 224, 247, 428
   Spirito Santo nei 39
Naga 94
Nagasaki 225, 287–8, 302
Nagayāna 396
Nammu 71, 368
nanotecnologia 350–1 *vedi anche* tecnologia
Napoli 79
Narby, Jeremy 88
Nasa 190
nascita 64, 406–10
Nascita di Venere (Sandro Botticelli) 128
nascita in acqua 406 *vedi anche* nascita
Natura
   Aristotele 101

Carmina Gadelica 414
come avversaria 114, 129
come teofania 436–7
crimini contro 126, 220
con anima **83–103**, 333
    e immaginazione visionaria 129
    di un'Intelligenza Creativa inimmaginabile 333
dea identificata con 33
Fase di Separazione; l'era solare ci ha strappati dalla 110
fisica quantistica e l'illusione del dominio della 320
mito solare e battaglia contro la 111, 335
permeata di divinità (Plotino e Pitagora) 129
Platone 99
Rachel Carson e il mito scientifico del controllo 226
senz'anima 120, 335
separazione da 31
separata dall'Ordine Cosmico 334
scienza e conquista della 334–6, 337
separata dallo spirito, corpo separato dall'anima 136, 138
sfruttata a vantaggio della nostra specie 33
spirito
    'Bella Addormentata', la 211
    dalla cultura lunare a quella solare 110
    dissociazione tra spirito e natura, creatore e creazione xxiii, 32, 33, 84, 108, 110, 121–2, 136, 182, 420
    dissociazione sotto il Grande Padre 122, 136
    rinascita del Femminile, riconnessione col 223
    riunione dello 224–5 nelle Bolle Papali
Stati Uniti 337
Taoismo e 447
Ted Hughes citazione 109
uomo al di sopra della natura 335
Vergine Maria 37
ritirarsi dalla xxiii, 110, 201–3
Naydler, Jeremy 74, 88, 98, 99
Nazioni Unite 319–20
Nazisti 288
Nefertari, Regina 75
Nekhbet 76
Nekyia 246
neo–corticale cervello 196, 199 vedi anche cervello
Neolitico **63–72**
    agricoltura 69
    cacciatori raccoglitori 117
    donne nel 70
    Grande Madre nel *vedi* Grande Madre
    immagini sacre 28
    viaggi per mare 65
Neo–Platonismo 128 vedi anche Plotino
    Anima Mundi 27, 38, 81, 361
    emanazione 128
    Enneadi 27, 365
    opere perdute 499
    natura come espressione dell'Anima del Mondo 129
        permeata di divinità 129
Neumann, Erich 28, 29
neurocardiologia 400 vedi anche cuore, il
neuropeptidi 405

nevrosi 256
Newgrange 65, 89
Newton, Isaac 183, 334, 431
Nietzsche, Friedrich 424, 427
nigredo 383, 478, 479
Nilo, Fiume 76, 461
Nillson, Lennart 415
Ninhursag 67
Nord Africa 234 *vedi anche* Africa
Norimberga, Processi 301
Norvegia 313
Notre Dame, Parigi 464
nous 98
numerologia 89
Nuova Zelanda 94
nuovo paradigma, nascita del 330–2
Nut 75
nutrizione 415

O

obbedienza 277
occhio del cuore 379–84
Odent, Michael 406, 529
Odisseo 79, 80
Office of National Statistics (UK) 174
Olimpiadi 235, 528
Olimpiadi 2012 235, 528
Olocausto, L' 127, 274
Oltretomba 77 *vedi anche* Aldilà
Oltretomba
    animale guardiano dell' 66
    Grande Madre governatrice dell' 63, 65, 66
    Iside 77
    Parmenide 96, 99
    Persefone 79, 96
Ombra, L' e l'Anima Primordiale 267–91, 311–15
    abitudini primordiali e 267–9, 270–3
    affermazione di Gesù 271
    aggressione maligna 280
    commercio delle armi 283–4, 308–9
    drago incarna il potere immenso degli istinti 268–71
    era solare 289–91, 303
    guerra e 303, 311–15
    Jung sull' **262–4**, 267, 291
    ombra della politica, militarismo 283–5
    ombra della religione 282–3
    ombra della scienza 287–8
    origini del male 273–280
    proiezioni dall' 303, 311–15
    redimere l'ombra dell'era solare 289–90
    riconoscere 288–9
    sadismo e violenza come 'Spettacolo' 281–2
    sindrome dell'arroganza 286–7
Ombra, Terre dell' 514
omeopatia 433, 461
Omero 79, 126, 137
omosessualità 10, 143, 174, 289
O'Murchu, Diarmuid xxi
onde elettro–magnetiche 317

ONU 319–20
ONU Risoluzione 1325 sulle donne 236
ONU Conferenza mondiale sulle donne, Quarta 237
Oppenheimer, Robert 276, 287, 303
Ora d'Oro, *hora aurea* 482
Ordinazione delle donne
    Chiesa cattolica decreto sull' 2010 170–1
    difficoltà affrontate 164
    Karen Armstrong 157
    scismi 174
    Tertulliano sull' 163
Ordine Esplicito 343, 349
Ordine Implicito 343, 349, 379
Origene 54, 144, 499
Ormuzd 113
oro *vedi* Alchimia
Orwell, George 275
Oscura notte dell'Anima 383
Osiride
    Uomo Verde e 474
    Iside e 32, 51, 73, 76
    Giudizio dei morti 75, 509
ossitocina 403
ostetriche 415
Ouliades 97
Owen, Dr David 286, 287
Oxford University 9–10, 20

P

Padmasambhava 497
Padre *vedi anche* Grande Padre e Dio
    era cristiana xii
    dissociazione dalla natura 31
    Dio come unico Padre nelle religioni patriarcali 420
    domanda di Parsifal a Re del Graal xxii
Padre Divino nel *Vangelo Esseno di Pace* 57–8
    vedi anche Padre; Grande Padre
Padre Pio 9
Padri Cristiani, abuso dei bambini 173
Padri Cristiani 70, 137, 144
    Luther e Calvin 151, 173
Padri del Deserto 142
Pagels, Elaine 29, 34, 54, 224
Pakistan
    attacchi con droni 307
    atteggiamenti verso le donne 169, 236
    blasfemia leggi 170
    stupri di Rochdale 172
Palazzo del Potala 94
Paleolitico
    cacciatori raccoglitori 117
    Grande Madre 30, 63, 72, 428
    prime immagini sacre 28
Palestina 43, 46, 121, 313
Papa Innocenzo III (Crociata contro gli Albigesi 1208) 43
    Bolle di Pio XII (1950, 54) 224
    Innocenzo VIII (Bolla 1485)
        conduce al *Malleus Maleficarum* 166
    Sisto IV (Inquisizione 1464) 43

Paolo, San
    Dionigi 372
    Caduta, importanza della 137
    Antico Re e 469
    peccato originale insegnato da 145
    corpo di resurrezione 516
    donne e 157
Paracelso
    natura controversa 462, 473
    allievo 482
    putrefazione, sulla 479
    citazione 457
Pardes Rimmonim (Moses Cordovero) 41
Parigi 499
Parmenide 96–8, 99, 100
Parmenide (Platone) 96
Parsifal xxii, 437
'Partecipazione Finale' 103
'Partecipazione Originaria' 84
'particella di Dio' *vedi* bosone di Higgs
patrimonio di sapienza 457
Pauli, Wolfgang 340
paura maschile della donna 171
Pearce, Joseph Chilton 400, 402
Peccato Originale, Dottrina del **133–54** *vedi anche* Mito della Caduta
    Adamo progenitore 146
    cappa sulla nostra vita 421
    Concilio di Cartagine 145, 418
    ferite inflitte dal 149, 177
    karma e 13, 498
    Lutero e Calvino 152
    misoginia e 162 *vedi* misoginia
    ossessione con peccato e colpa 134, 141–3 143–6
    Pelagio e 147
    pietra fondativa della Dottrina Cristiana 146–7
    primaria meta–narrazione della Fase di Separazione
    rapporto sessuale come trasmissione di 146, 150
    repressione della sessualità, effetti della 142
    rimozione, possibile effetto della 177
    Sant'Agostino 134, 146–7, 367
    sviluppo della credenza xxiii
    svolta sbagliata per il Cristianesimo 136
Pechino 11, 237
pedofilia 153
Pelagio 146–7
Peloponneso 20 *vedi anche* Grecia
Penelope 79, 80
Perera, Sylvia Brinton 34
Periphyseon 436
perla di grande valore 384, 385, 465
Persefone 73, 79, 96, 480
Persepolis 118
Perseo 113
Pert, Candace 199, 200, 404
Pettit, Ann 229
PFC (perfluorocarburi) 231
Pfeiffer, Trish 354
Pholarchos 97
Pietra ai piedi dell'Albero 5, 10, 42, 51

Pietro, l'Apostolo 160, 161
pellegrinaggio 87, 88, 94, 371
    Asia 87
    Europa 87, 128, 222, 371
    Gange 88
    Lukhang, Tempio di 94
Pindaro 95
Ping Fan 278
Pingala 396, 472
Pio XII, Papa 224
Pistis Sophia 161, 533
Pitagora 95–6, 100, 128, 349
Pizan, Christine de 166–7
Planck, Max 327, 333, 342
Platone 27, **97–102**
    Abate Sugerio ispirato da 374
    caduta dallo stato elevato 141
    caverna xvii, 99, 328
    corpo come prigione 99, 100, 144, 145, 396
    contrasto con Aristotele 101
    dialoghi xii
    disponibilità delle opere 366
    eredità 98, 126, 365
    Fedone 489
    Fedro 99, 514
    Forme Eterne 98, 100, 101, 158
    Logos, dottrina derivata da 151
    McGilchrist su 101
    misoginia 33, 158
    mitologia solare e 123
    natura, la non dimora più nello spirito 99, 100
    nous, 98
    opere perdute 499
    psuche tou kosmou 38, 98, 361
    Repubblica, Libro VII, 99
    riscoperta 373
    riunione col mondo divino 101
    Timeo 98
    tradotto 128, 366, 499
    trasmette divisione tra mente e corpo 100
    Sant'Agostino e 145
Pleroma 257, 265, 376
Plotino 19, 27, 38–9, 128, 361, 365–6, 476 *vedi anche* Neo–Platonismo
    anima individuale e Anima del Cosmo 366
    Anima Mundi 27, 38, 81, 361
    eredità 341, 365
    esplorazione dell'anima 19
    natura come espressione dell'Anima del Mondo 129
        permeata divinità 129
    citazione 365–6
    tradotto da Marsilio Ficino 128
Plum Village 433
Plutarco 76, 101
Polinesia 94
Pol Pot 127
Polonia 17
Politkovskaya, Anna 296
Popoli del mare 114
Popoli Indigeni 85, 91, 93, 94, 103, 364
    parentela con tutta la creazione 93
    relazione con la Terra e il Cosmo 103
Porfirio 365
pornografia 153, 171, 175, 281
Porritt, Jonathan 232
Portoghese 331
Poseidone 78
positivismo logico 10
Praga 461
predatore/preda imprint sulla psiche 271–3
    e origine del male 273
predestinazione 174
Pre–Socratici 95–7
Priamo 119
Prima Guerra Mondiale 71, 117, 235, 246
prima materia 472, 473, 481
Primavera (Sandro Botticelli) 128
Primavera Araba 234
Primo Tempio, Gerusalemme 52, 53
prostituzione 172
Protestanti/esimo
    Apocrypha esclusi dalla Bibbia 52
    donne, atteggiamento verso 174
    Lutero e Calvino 152, 173–4
        Lutero e sentiero diretto verso Dio 423
    reazione dell'autrice al 6, 9
    Riforma 129, 152, 174
    senso di colpa, vergogna e colpevolizzazione di sé 174
Proverbi, Libro dei 29, 39, 52, 476
Psiche *vedi anche* anima; separazione tra mente e anima;
    Jung coscienza mantenuta in relazione alla matrice 81
    incontro con l'inconscio 16–19
    Grof sui livelli transpersonali di 200
    Jung su 103, 244, 256
        mente conscia come testimone del mondo 251
        ignoranza del terreno più profondo della 256
        importanza dei sogni che collegano due aspetti della 250
        uomo o donna vecchio di due milioni di anni 250
    ricollegare gli aspetti lunari e solari della 244
    re e regina (alchimia) incarnano due aspetti della 471
    patologia, squilibrio della civiltà occidentale 142, 204
    riflette l'intelligenza cosmica 203
    malattia della moderna 204, 257
    aspetti lunari della silenziati 86
    trauma della separazione tra spirito e natura 110
    due poli della: conscio e inconscio 19, 244, 249–51
psicologia del profondo 19, 125 *vedi anche* Jung, Carl Gustav
psicosi 200, 289
psicoterapia 16
psuche tou kosmou 38, 98, 361
Public Health Command (US Army) 318
Punto Omega 440
Purce, Jill 414
Purusha 525
Putrefactio 479
Pythia 92

Q

Qabbalah **41–53**, 195, 332, 458, 442, 472 *vedi anche* Shekhinah
    Albero della Vita 42, 44, 49, 74, 362, 496
    Alchimia e 458, 462, 472
    aspetti femminile e maschile della divinità, relazione indissolubile degli 46
    'Bella Addormentata', la e 209
    campi, piani o livelli della realtà interconnessi 259
    collegamento all'Età del Bronzo 38
    Cordovero, Moses 41, 435
    cosmologia, moderno recupero dell'antico 341
    Divino Femminile 36–8, 49–53
    Dottrina dell'Emanazione della Luce 44, 48–9, 496
        Lampo Luminoso come percorso a zig–zag 44
    etimologia 41
    Eva e la Shekinah 140
    fiabe, Cenerentola 51
    'Gioielli della Sposa celeste' come tradizione orale nascosta 47
    Jung e i maestri della Qabbalah 255
    Kundalini Yoga e 397, 472
    'matrimonio sacro' dei divini Madre–Padre 48–9
    mondi annidati all'interno dei mondi 45
    mondi sottili all'interno dei mondi 46, 377, 496
    natura come 'veste di Dio' 49
    Pico della Mirandola e Ficino 366
    plenum quantico 343
    principi archetipici, matrimonio dei oggi 222
    religioni orientali e 434
    rete unificata della vita, unica entità cosmica 45
    risvegliarsi alla coscienza cosmica 397, 472
    Santo e la sua Shekinah, il matrimonio del 225
    Shekinah **36–38, 46–8, 49–51**, 361
        come aspetto femminile dello spirito 36
    'Sopra e Sotto' 44, 68, 496
    spirito sia trascendente che immanente 50, 442
    storia della 41–2
    temi principali della 44–5, 48–9, 485
    tradizione della 46
    trasmissione della Luce 48–9
    'Voce della Colomba' e la tradizione nascosta 47
    Warren Kenton sulla 46
    Zohar, Libro della Radianza o Splendore 41, 48, 49, 525
al–Qaeda 307
qi 448
Quarta Crociata 300
Quarta Conferenza Onu delle Donne 237
Quick Coherence Heartmath technique 403–4
Quispel, Professor Gilles 54

R

Ramses II 75
Randall, Edward C. 513
Ranke–Heinemann, Dr. Uta 176
Raffaele, Arcangelo 382
Ravenna 499
Ravindra, Professor Ravi 337, 352, 434
Raziel 41
Ra, dio egizio del sole 77
redenzione 145, 147, 152, 177, 463, 512
    alchimista recupera l'aspetto perduto dello spirito 458, 463, 467, 468, 483–4, 485
    Agostino, Sant' solo attraverso la Grazia di Dio 145
    dramma divino, il compiuto tramite noi 463
    Pelagio e 147
    redimere noi stessi 512
    morte sacrificale, la del Figlio di Dio compie la nostra 152, 177, 463
Redon, Odilon 183
Rees, Lord
    cinquanta–cinquanta chance di sopravvivenza 289
    Just Six Numbers 190
    nanotechnologie 351
    universo isola nell'arcipelago cosmico 191
    universo e multiverso 341
regimi totalitari 279
Regno dei Cieli 369
Regno Unito
    vendita di armi 308
    bambini in cura 411
    violenza domestica 172
    mutilazione genitale femminile 168
    stupro, atteggiamenti verso 174
    Trident 305
Regressione, vita passata 499–500
reincarnazione 13, 69, 497–9, 545
Relatività 328, 399 *vedi anche* Einstein, Albert
religione 282–3 *vedi anche* fedi individuali
religioni misteriche 136
Renne, sciamani delle 91 vedi anche sciamani
Re Pescatore 437
Repubblica (Platone) 99
Repubblica Democratica del Congo 172
Repubblica Dominicana 94
respirazione olotropica 378
respiro 404, 413
Resurgence rivista 232
Rete di Indra 363–5, 383–4, 386, 475, 514
Ricordi, sogni, riflessioni (Carl Gustav Jung)
    Alchimia 463
    coniunctio 464
    sogni ricordati 253, 254
    prologo 246
    letture raccomandate 265
Riduzionismo Scientifico (Scientismo) 182–7, 193, 329–30, 337, 490
Rievaulx xiii
Riforma, La 5, 129, 152, 174, 224
Rilke, Rainer Maria 26, 219, 382, 492
Rinascimento, il 42, 128, 225, 366
    Alchimia nel 462
    Qabbalismo nel 42
    Marsilio Ficino 42, 128, 366
    pittura 8, 10, 16, 225
    Pico della Mirandola 42, 128, 366
Rinpoche, Sogyal 433, 491, 500, 511, 517
    immergersi nella luce 500

compassione verso i morti recenti 511
Il Libro tibetano del vivere e del morire 433, 491, 517
riscaldamento globale 231, 233
ritmo 67
Rivelazione, Libro della 113, 285, 432
Rivoluzione Industriale 129
Rochdale 172
Rodriguez, Robert 281
Roman de la Rose 166
Romani
 Iside 77
 eredità 159
 costumi sociali 158, 165
 tolleranza 120
rosa, simbolismo della 20–1, 374–5
 e le Grandi dee 374
 rosoni di Chartres 374
 simbolo di anima risvegliata 374
 simbolo della Tradizione di Sapienza 374
 Vergine Maria come *rosa mistica* 374
Roth, Eli 281
Rotherham 172
Rousseau, Jean–Jacques 268, 270
Roy, Arundhati 307
Royal College di Ostetricia e Ginecologia 167
Rubedo 478, 482–3
Rudgely, Richard 86
Ruether, Rosemary 34
Ruland, Martin (il Lessicografo) 457, 482, 516
Rumi 426, 433, 523
Rumsfeld, Donald 276
Ruota delle Rinascite 123
Russell, Bertrand 185, 490
Russell–Einstein Manifesto 296
Ruysbroeck, Jan van 381, 527
Rwanda 172
Ryan Report 173

S

Sacre du printemps (Igor Stravinsky) 71
Sacro (Cosmico) Ordine xvii, 47, 61, 62, 80, 83–4, 86, 90, 92, 110, 177, 203, 204, 221, 239, 437, 465, 535
 Artemide di Efeso incarna 79
 corpo e materia parte del, 394–5
 coscienza moderna disallineata con 62
 Cosmo come essere vivente materno 31–2, 63–65
 culture sciamaniche 83, 85, 103, 203, 437
 D.H. Lawrence sul 110
 Femminile e, 221, 239
 guerra, un crimine contro 295, 302, 306
 natura e corpo esclusi da 100, 394–5
 natura parte di 177
 natura con anima 84
 partecipazione all' Ordine Sacro, cultura lunare **61–81**
 perdita del xvii, 61, 84, 103, 137, 203, 219, 295, 420
  dualità e 133
  frammentazione 202, 394
  istinto per perduto 194, 219
  capovolgimento della mitologia lunare, Mito della Caduta 140
 coscienza di sé e rottura del 137
 culture sciamaniche in contrasto con quella industriale 203
 profonda relazione con Terra e Cosmo 103
 realizzazione della vita all'interno 385
 scienza e separazione della materia dallo spirito 334–5
 spezzato dal Mito della Caduta 137
 templi di pietra megalitici e 89–90
 Terra non più entità sacra 31
 universo come 354
 vivere nel 83, 84, 86, 535
sacrificio 71–2
sadismo 280, 281
sado–masochismo 174
Safed 41, 43
Sagar, Keith 126
Sagenkahn, Malcolm 345
Sahtouris, Elisabet 192, 349
Sakel, Dr. Manfred 10
Saladino 9
Salomone 53, 476–7
Samaria 53, 139
Santa Madre preghiere della 241
Santo Graal 45, 212
 e dimensione cosmica dell'Anima 259
 mito che collega a 466
 diffusione delle leggende 43
 Divina Sapienza e 55
 aridità dell'anima 459
 archetipo femminile e 212
 Vecchio Re nella leggenda del Graal 469
 Parsifal xxii, 437
 Ricerca del xvi, 45, 80, 212
 Shekhinah 51
 Terra desolata, stato di atrofia psichica 469
San Vitale, Ravenna 499
Sapienti Vedici 80
Sapienza di Salomone 41, 52, 476–7
Sapienza Divina e Femminile 53, 475–6
 connessione persa con il Femminile 53
 che presiede l'immagine dell'Alchimia 475
Sapienza Divina e Spirito Santo 47–8, 52–3, 475–6
 Alchimia, che presiede l'immagine della 484
 alchimisti figli della 484
 Apocrypha Ben Sirach (Ecclesiaste) 29, 39, 52, 71
 Spirito Santo in 32, 39, 52
 Boezio, visione di 27
 Libro dei Proverbi 29, 52
 Cattedrale di Chartres 373
 Anima Cosmica 39, 53, 475–6
 Spirito Santo oggi 55
 Regina del cielo come, Gnosticismo 53
 Shekinah e 47, 52
Sarajevo 44
Sargon di Akkad, Re 115, 116, 124
Sassetta 8
Satana 139, 141
Saul, John Ralston 187, 275
Savile, Jimmy 172
Scala di Giacobbe 88

Schaup, Susanne 429
Schell, Jonathan 229
schiavi del sesso 172
schiavitù 119, 172
schizofrenia 10
Scholem, Gershom 36, 47–8
School of Tropical Medicine, Londra 168
Schumacher, E.F. 181, 188, 228
scienza **327–55** *vedi anche* tecnologia
    aprirsi al mondo 188–9
    approccio alternativo all'universo (Tarnas) 338–9
    Aristotele 101–2
    bomba atomica 335
    campi morfici 348–9, 379
    Cern e il bosone di Higgs 328
    'Competenza della Natura' 333–6
    Coscienza come fondamento della realtà 331–3, 339–342
    credenza che la coscienza non sopravviva alla morte del cervello fisico 186, 489
    credenze riduzioniste storpiano/costringono lo spirito umano 490
        desolazione metafisica delle 491
    Dichiarazione di Cambridge sulla coscienza negli Animali non umani 336
    direzione etica per 353–5
    eliocentricità 333–4
    esperimenti sugli animali 336
    interconnessione non riconosciuta dalla 36
    Materia, definizione di Max Planck 333
    materia oscura, energia oscura, flusso oscuro 191–2, 340–1, 379
    mente razionale e esilio dell'anima 204, 336–8, 491
    metafisica e 379
    mitologia solare, influenza della 335
    natura 111, 332–3, 334–6, 337
        animata da un'Intelligenza Creativa inimmaginabile 333
    nuova cosmologia 328, 339
    nuovo paradigma, nascita di un 330–3
    non–località 346–7
    ombra della, grandiosità e onnipotenza 287–8
    osservare le cose come isolate 365
    pericoli della 350–3
    riduzionismo (Scientismo)182–7, 193, 329–30, 337, 490
    universo olografico 347–8, 350
    universo *vedi* universo
    vuoto quantico 332, 342–5
        David Bohm e l'"Ordine Implicito' 343–5, 379
scienza nucleare 352
Scientific and Medical Network, The 330
scrittura, invenzione della 120
Scuola di ornamenti floreali 363
scuole dell'infanzia 410
Scuola Platonica (Chartres) 374
Sé 259–62, 382–7
Sé più elevato 540
Sebag Montefiore, Simon 297
Secondo Concilio di Costantinopoli 499
Secondo Tempio, distruzione del 53

Seconda Guerra Mondiale
    affermazione delle donne e 235
    'guerra fine di tutte le guerre' 301
    Henry Moore disegni 222
    libri sulla 300–1
    peggiori atrocità mai viste 273
    preghiera alla madre Santa 241
segreto del fiore d'oro, Il 252
secolarismo 183, 184, 185–8, 198
Sefiroth 49, 51
Sekhmet 76
Sentiero del Serpente, Kundalini 396–7, 472
separatio 479
separazione o dissociazione tra spirito e natura, creatore e creazione xxiii, 32, 33, 84, 108, 110, 121–2, 136, 182, 420
    donna identificata con la natura, uomo con lo spirito 108
    natura e corpo esclusi dall'Ordine Sacro 100
        esclusi da anima e spirito 100
    tra materia e spirito, corpo e anima 100
    tra mente e corpo 100, 393–4
    tra 'vie di conoscenza' solare e lunare 84
    tra pensare e sentire and feeling, mente conscia e anima istintiva 125–6, 181, 130, 252, 302, 339, 394
Serbi 273
Sermone della Montagna 309
serpenti
    apparizione in un sogno visionario xxi, 24, 395
    Asherah e il Serpente sfacciato 121, 139
    concetto Orientale del 396
    Eva e 139, 141, 396
    Genesi 140, 396
    immagine dell'istinto 395–6
    Kundalini Yoga e i serpenti gemelli 396
    Silbury Hill, grande serpente di 89
    simbolo del male 395
    simbolo di rinnovamento e rigenerazione 141
Serrano, Miguel 264
Servan–Schreiber, Dr. David 401
Serveto, Michele 152
sessualità **143–9**
    atteggiamento verso la 162
    colpa 134, 139, 143–4
    culture islamiche 168–70
    Dee e 81
    donne accomunate alla peccaminosità della 166
    ossessione con 134, 143, 394, 411
    paura cristiana della 135
    peccaminosità della 144–6, 148, 150, 163, 175
    sacrificio di piacere a Dio 135, 175
    Sant'Agostino e il Peccato Originale **144–52**, 163
    solo per la procreazione 150
    spostamento al centro della cultura secolare 185
    trasmissione del peccato originale attraverso l'atto sessuale 150
    vergogna e 139, 159
Shah Jehan 526
Shakespeare, William 41
Shakti, matrimonio con Shiva 46
Shaktipat 397

Shekinah 36–8, **46–52**, 361, 475
   anima e 361
   Anima Cosmica, Anima del Cosmo 36, 37, 39, 46, 47, 81, 361
   'corpo di luce' dell'anima umana 50
   dimensioni invisibili 83, 84
   Divina Immanenza 46, 47
   Divina Maternità 47
   Divina Sapienza 48, 475
   divinità della vita 38, 56
   Eva e 140
   Gnosticismo e 54
   Graal e 51
   Grande Madre e immagine di Shekinah 64, 361
   Grandi Dee e 361
   Madre Celestiale 49
   'Madre di Tutti i Viventi' 47, 140
   natura animata da 47
   porta l'antica rappresentazione del Divino Femminile e dello Spi-rito Santo 37
   'Pietra Preziosa', 'Pietra dell'Esilio' 'Perla', 'Carbone Ardente' 51
   'Presenza di Dio nel mondo' 36
   ripristina la cosmologia mancante dell'Anima 36
      incarna l'Anima come entità cosmica 37
   'Matrimonio Sacro' in nel Giardino dei Melograni 375
   Rete della Vita 37, 47
   Il Santo e 225
   Sofia e 475
   Spirito Santo 37–8, 48, 476
   Spirito Santo di Sapienza 47, 48
   unità della divinità 47
   utero cosmico come Mare di Luce 49
   visione della donna cosmica 38
   Volto Femminile di Dio 46
   Zohar, lo e 48
Sheldrake, Rupert
   vita come impresa di cooperazione 349
   campi morfici 370, 379, 398
   The Science Delusion 329, 348
Shelob 271
Sherrard, Philip 150
Shiva 46
Shiva, Vandana 351
Shlain, Dr Leonard 119
Silbury Hill 89
siccità, cambiamento di clima 233
siepe di spine 210, 211, 213, 331
significato, uomo in cerca di 399
'Signora delle Bestie' 67
Simon Peter 160, 161
sistema nervoso 199
sistema solare 544
Sisters of Mercy 173
Sisto IV, Papa 43
Sole, il *vedi* era solare
Socrate 98, 120, 489
Soissons xiii
solfuro d'idrogeno 193
Solzhenitsyn, Alexander 299

Somalia 168, 233
Somers, Barbara 482
Sofia **475–6** *vedi anche* Divina Sapienza
   alchimia e 468
   Boezio visione di 27, 39
   Gnosticismo 209
   Gesù e la Vergine Maria 224
   Vergine Maria 29
'Sogno dell'Acqua, il' 5, 10, 464
Sogno del Cosmo, il xx, xxi, 56, 536
sogni 23–7
   alchimia 464–5, 467
   anima comunica attraverso 26, 213
   che guariscono 92
   dell'autrice
      dinosauro 268–9
      disegnatrice di abiti 17
      donna cosmica 26, 38–9, 61, 221, 260, 362
      donna levriero 17
      fibbia smaltata 362
      luna & torre fallica 18, 23, 61, 181
      muro di fuoco e Giardiniere 464
      pietra che chiede aiuto 435, 443
      rivelazione della valigia 36
      serpente che morde la mano xxi
      serpente che emerge dal burrone 24, 395
      torri e libri 25
   dopo 9/11 sogno 321
   Jules Cashford, sogno del giardino in rovina 28
   Jung 20, 23, 250, 253–4
   Seguaci di Parmenide 97
   serpenti nei xxi, 24–5, 141, 395
   sciamanesimo e 88
   Talmud sentenze 23
Sommersi e i salvati, I (Primo Levi) 278
'Sopra e il Sotto', Il 44, 68, 465, 483, 496
sopravvivenza dell'anima **489–520** *vedi* anima, sopravivenza dell'Sorokin, Pitirim 184–5, 331
Spagna
   Andalusia 8
   Spirito Santo 55
   Ebrei in 41, 46
   Mori 175, 462
Sparta 117
Spinoza, Baruch 431
spirali 65, 68
spiriti 85, 87
spirito **435**, **436–7**, **439**, **440–444**
   alchimista redentore dello 458, 463, 468, 483–4, 485
   anima e 38, 483, 485
   Aristotele 101–2
   Aspetto Femminile dello nella Qabbalah 36
   Aspetto Femminile ripudiato dalle religioni patriarcali 29, 429
   come Coscienza Cosmica 440–444
   come guida e compagno dell'anima illuminata 482
   come *prima materia* 473
   culture sciamaniche 83–4, 85, 88, 91–3
   definito 31
   Femminile, aspetto disconosciuto dello 476

salvataggio del dagli alchimisti 476, 478
Grande Madre diventa Grande Padre 121–2
Grande Madre immagine primaria dello 63
immagine unicamente maschile nelle religioni patriarcali 121–2
immagine superata dello 469
Mercurio incarnazione dello 474, 481
natura dissociata da xxiii, 32, 33, 84, 108, 110, 121–2, 182, 420
reunite con lo spirito nel 'matrimonio sacro' 224–5
natura animata dallo 84, 93
vedi anche natura: spirito e; Ordine Sacro
natura, materia e corpo come manifestazione dello 468
Nawang Tsering su mantenere vivo lo spirito 182
niente oltre o fuori dallo spirito 485
nuova immagine dello **440–3**
onnipresente 442
rivelazione data dall'alchimia 485
Sri Aurobindo citazioni 37, 419
trascendente e immanente 440, 442
unità di corpo, anima e 56, 485
unicorno come immagine di 359
spirito corpo 514, 516
'Spirito del Profondo' 247–8
Spirito Divino 48
Spirito Santo 245
Spirito Santo (Cristiano)
alchimisti 484
Anima del Mondo e 39
definito come maschio nella Terza persona della Trinità 32, 37–8
Divina Sapienza e 52, 55
flusso vitale, come 485
identità 39
Jung sullo 422
Mercurio e 474
parla nel Libro dei Proverbi 29, 52
Apocrypha 29, 32, 39, 52
Vangelo di Eva 527
Vergine Maria e 162
Spirito Santo (Qabbalah) 48, 53, 54, 55–6
Shekhinah e 37–8, 48
Spirito Santo oggi 55–6
Spirito Santo di Sapienza *vedi* Divina Sapienza
spiritualità, nuova 435, 439, 441
risveglio della coscienza dell'umanità 444, 536
spirito del mondo 84, 87–88, 89, 90, 91–3, 513–15
Splendor Solis (Trismosin) 469
Sposa Divina, Shekinah come 50
Srebenica 72, 273
Sri Aurobindo
anima come guida e sovrana 385
citazioni 37, 419, 385, 468
incarnazione progressiva dello spirito 421
Vita Divina, La 37, 468
Sri Ramana 12, 13, 368, 523
St. Denis, Abbazia di 372
St-Jean des Vignes, Soissons xiii
Stalin, Joseph 274
Star Wars 228

Stati Uniti
vendita armi 308
spesa per la difesa 310
attacchi con i droni 307
siccità 233
sfruttamento della natura 337
violenza dei media e aggressione maligna 281
corruzione dei bambini 282
spesa militare 284
nozioni di difesa 308
potere dell'impero militare 283
attacchi preventivi 273
testate 304
donne assassinate dai partner 172
Steiner, Rudolf 400
Stella del mare, Maria come 71
Stella Polare 88
Stele di Rosetta 465
Stern, Karl 337
Stockholm International Peace Research Institute (SIPRI) 284, 285
Stonehenge 89
Strachan, Gordon 373–4
strato di ozono 231
streghe 164
Stravinsky, Igor 71
Studd, Professor John 167
studiosi tedeschi e Gnosticismo 247
Stukeley, Sir Thomas 89
stupro 153, 157, 171, 172, 174, 234, 237, 290, 299
Sufi 332, 369, 383, 377, 382
alam al–mittal 369
al-Khidr 383
Conferenza degli Uccelli 67
Hazrat Inayat Khan 238
Henri Corbin 382
Principe Dara 526
realtà dell'Anima del Mondo 377, 382
simbolismo della rosa 21, 375
spirito guida 382
'Terra Celestiale' 377
Sugerio, Abate 373, 374
suicidio 318
Sumer
cura dei malati 234
Epopea di Gilgamesh xvi, 111–12
Età del Bronzo 70–1
inni 72, 73
Inanna 53, 67, 73, 79
Ninhursag 67
Sumeru, Monte 12
Sung dynastia 11, 451
Sushumna 396, 472
Sutton Hoo 362
Suzuki, D.T. 364
Swami Muktananda 523
Swimme, Brian 192
sincronicità 93, 263
Sinodo di Whitby 436
Siria

Alawita minoranza 283
armi russe vendute alla 305
Assiri e 115
atrocità 273
civili disarmati, assassinio di 274
Hamza al–Khatib 278
gruppi 'buoni' e gruppi 'cattivi' 311
Marie Colvin 399
Nazioni Unite 319
stupro in 172, 237
Szekely, Edmond Bordeaux 57

T

Taiwan, Tesoro Imperiale 11
Taj Mahal 526
Talebani 122, 169, 234, 307
Talete di Mileto 95
Talmud, The 23
Tammuz 73, 474
T'ang, dinastia 447, 451
Tantrismo 94, 525
Tao Teh Ching 295, 448
Taoismo 80, 332, **447–52**
    Buddhismo Hua–Yen e 363
    comprensione sciamanica dell'unità di tutta la vita 80
    coscienza primordiale 85
    Cristianesimo in contrasto con 13
    diecimila cose 368, 451
    equilibrio lunare alla coscienza solare 447
    essenza del 80, 448
    forte attrazione verso il 11
    I–Ching 448
    Madre Primordiale 63, 447 448
    Richard Wilhelm e la storia del mago della pioggia 451
    sapienti Taoisti 80
    visione della guerra 298
    Wu Wei 449
    Yin e Yang 46, 448
Tara (tibetana) 50, 63
Tarantino, Quentin 281
Tarnas, Richard 85, 128, 130–1, 338–9
Tavoletta di smeraldo 465, 479
Taylor, Jill Bolte 198
tecnologia 23 *vedi anche* scienza
    arroganza della mente moderna 23
    avvertimenti 351, 352–3
    cultura secolare e 187
    ethos amorale rivelato 352
    nanotecnologia 350–1
    natura della xiii
    pericoli 337, 351, 353
    rischi della biotecnologia 351, 352–3
    scienza e 337, 352
    sfruttamento della natura 337
    tecnologia del bronzo e guerra 113
    trasformazione mediante 329
Teilhard de Chardin, Pierre
    citazioni 327, 419, 523
    due opere di 530
    nuove immagini richieste 427
    Omega Point 427
    storia interiore del mondo 421
    verità, i suoi effetti iii, 528
Tempio (Gerusalemme) 53, 140
Teodora, Imperatrice 499
Teodorico, Imperatore 27
Teodosio, Imperatore 119, 136, 148–9, 247
Teoria della Relatività 328, 399
Teresa d'Avila, St. 45
Terra **227–33**
    cambiamento necessario nella nostra relazione con 35
    Capo Seattle, Terra come Madre 93
    Cosmo e, unità di 30
    destino della dipende dall'individuo 263
    devastata dall'umanità xxiv
    femminile represso 221
    Genesi, all'uomo è dato il dominio sulla xxii, 31, 123, 133–5, 334, 395
    Grande Madre come 63, 83
    grande estinzione della vita 193
    mito della unificata 437
    Movimenti Ambientalisti, nuovo rispetto per 130
    non più 'Tu' ma 'essa' 31
    nostra casa nel Cosmo xviii
    perdita di partecipazione nella vita della 136
    processore e trasformatore di energia, come 544, 545
    relazione con 202
    riguardante le armi 317
    ritmi della 69
    sacra, come xvii, 78
    Sacro Ordine Cosmico 81
    strato di ozono 231
    vista della dalla luna 227–8
    visione di San Francesco 128
'Terra Celestiale' 377
Terra desolata xvii, 243, 469 *vedi anche* Santo Graal
Tertulliano 143, 163
Teseo 113
Tesmoforie 79
tesoro xvi, 213, 214, 465, 467–8, 483, 484
    nome del, in alchimia 467, 483
    perla di gran valore 384, 385, 465
Thailandia 13, 24
Thich Nhat Hanh 309, 433, 530–1
Thorne, Brian 531
Thoth 474 *vedi anche* Ermete Trismegisto
Tre esperimenti nell'imposizione del dolore 274–5
Tiamat 112, 113
Tibet
    Buddhismo 433, 495, 496–7
    invasione cinese 94, 433
    Monte Kailas 87
    Tantrismo 525
    Tara 50, 63
    Vuoto, il 49
Tick, Edward 317, 318, 500
Timeo (Platone) 27, 98
Times, The 173

Tipareth 51, 472
Tiruvannamalai 12
Tobia e l'Angelo Raffaele 382
Todorov, Tzvetan 287, 288
Toledo 43, 373
Tolkien, J.R.R. 271
Tolomeo (astronomo) 328, 333, 423
Tolomeo II (faraone) 76
Tolstoy, Lev 296
Tommaso, Vangelo di 161, 271, 384, 436
Torjesen, Karen Jo 158, 165
Torres, Ana Julia 393
Torri 23, 24, 26
Torri gemelle, distruzione delle 460
Toscana 8
Toynbee, Arnold xv, xvi,
Traherne, Thomas 366
Trasformazione 255–6, 428, 460, 483
trauma 480, 499–500, 511
Trento, Concilio di 150
Trimorphic Protennoia 54
Trinità, la 32, 38, 53
Trismosin, Salomon 469
Triplice Dea 68
trovatori 43
Troia 115, 119
Tsering, Nawang 182
Turchia 169
Turner, Frederick 130, 142
Twitter 273
Tzu Jan 451

U

uccelli 67, 92
Ufficio di Statistica Nazionale (UK) 174
Unione Sovietica 288, 303–5, 313
universo
    Anima dell' 368
    campi morfici 348–9
    età ed estensione 191
    immaginare 376
    materia oscura ed energia oscura 192, 340–1, 379
    Mellen–Thomas Benedict 542–4
    Modello Standard 340–1
    nascita dell' 327, 345
    ologramma come 347–8, 350
    Richard Tarnas 338
    sistema evolutivo di abitudini, un 398
Università di Basilea, Paracelso 473
unus mundus 257, 463, 483
    alchimisti 344, 483
    Jung e gli alchimisti 257, 463
    unione con 478
Uomo verde 73, 373, 474
Upanishad
    Brahman 525, 528
    Brihadaranyaka Upanishad 525
    concetti di divinità 498
    fasi di rinnovamento xii
    Principe Dara traduttore delle 526
    testi sublimi 80, 85
ureo 76, 77
Utøya 313

V

van der Post, Sir Laurens 245
Vancouver 238
Vangelo di Eva 527
Vangelo di Giovanni 160
Vangelo di Maria 160, 161
Vangelo di Filippo 160, 161
Vangelo degli Ebrei 54
Vangelo di Tommaso 161, 271, 384, 436
Vangeli xii
Vangeli, Sinottici 532–3
Vangeli Gnostici 54, 160, 161, 224
    Madre Divina, Spirito Santo 54
    Divina Sapienza e Spirito Santo 53
    Madre come utero immateriale 54
Vaticano 57
Vaughan, Thomas 434
Vaughan–Lee, Llewellyn 365
vecchie megere 212–13
Vecchio Re 468, 469, 470
Veda
    attrazione per i 14
    cosmologia 341
    divino in ogni cosa 38
    Grande Diluvio 525
    Indra 363 *vedi anche* rete d'Indra
    piani di realtà 259
    raffigurazioni poetiche 80, 85
    temi principali 485
    fisica quantistica e 340
Velia 96, 97
Venezuela 412
Venere (dea) 128
Venere (pianeta) 21, 374
Vergine Maria
    Bolle Papali (1950, 54) 224
    Cattedrale di Chartres consacrata alla 371, 373
    cattedrali Gotiche 128, 222
    dichiarata *Theotokos* 162
    distruzione delle immagini della, Riforma 129
    Editto Papale (1854) 162
    Grande Madre e 138
    Immacolata Concezione 162
    Incoronazione della, in pittura 225
    Iside e 76
    Lourdes 87
    mare e 71, 368
    Maria Maddalena e 161
    origini, immagini antiche del Divino Femminile 28, 29
    preghiere d'intercessione 423
    Regina del cielo 162, 224
    rosa, connessione con 21, 374
        come *rosa mystica* 374
    Shekinah e 37

Sophia e 27
verginità 150, 162, 170
Vergine 190
verità 528
Via Lattea 75, 190, 341
viaggio dell'eroe 243
vie di conoscenza, lunare e solare 84
Vietnam 317
Violenza come 'spettacolo' 281–2
violenza domestica 172
Virgilio 248
Visione Sciamanica, la **83–104** *vedi anche* era lunare
    Antenati, connessione con gli 91
    Aristotele 101
    axis mundi 87, 90
    consapevolezza dell'Ordine Sacro 83, 90, 103, 203
    credenza collettiva sostituisce 121
    Culture Indigene 85, 94–5, 103
    divinazione 92
    dualismo e 84
    eredità 119
    Filosofi greci Pre-Socratici 95–7
    Geografia Sacra 86–88, 90, 95
    Grande Madre manifestazioni 66
    Incubazione, pratica di 93, 96, 97, 99
    intelligenza cosmica 203
    Jung 103, 244, 246, 263
    parentela con tutta la creazione 93
    Parmenide 96–7
    Partecipazione Originaria descritta 84–5
    Platone e perdita della visione sciamanica 97–100
    quiete 93
    Sacro Ordine Cosmico 85–6, 90, 103
    serpenti come guide 25
    Sciamani **90–7**
    sogni e visioni, importanza dei 92, 97
    spirito del mondo 84, 87–88, 89, 90, 91–3
    Stella Polare, importanza della 88
    Taoismo e 80, 447–52
    Tempio degli Spiriti Serpenti, Lhasa 94
    territorio e 87, 95
    ubiquità dello spirito 85, 100
    Via Lattea 75
    viaggio verso altri mondi/dimensioni 91, 97
    vita dopo la morte 495–6, 508–9
visioni del mondo, lunare e solare *vedi anche* meta-narrazioni 62, 84
    corrente 84, 219
    nuova emergente 221–30, 234–5, 238–40, 535
    lunare 83–4
    solare 109–11, 113
vita dopo la morte **489–520** *vedi* sopravvivenza dell'anima
vita su altri pianeti 190–1
'Voce della Colomba, La' 47
Vuoto, Il 49, 518, 542
vuoto quantico 332, 342–5, 532

W

Waddell, Helen 20
Wadjet 76
Walden, Ron 290
Wang Wei 447
Ward, Barbara 228
water–boarding (tortura) 275
Watkins, T.H. 130
Waziristan 307
Wells, H.G. 168
Weston, Jessie 212
Whitby 436
Wilde, Oscar 3
Wilhelm, Richard 451
Winehouse, Amy 412
Woodman, Marion 34
Woolger, Roger 499
Wordsworth, William 129
Wu Wei 449

Y

Yahweh 121, 139
Yin e Yang 46, 448
Yanomami, David Kopenawa 83, 93
Yeats, W.B. 383
yoga 137, 378, 472
Yucatan 88
yuga 542
    Kali Yuga 182
Yugoslavia 35

Z

Zabkar, Louis V. 77
Zeus 78
Zilboorg, Gregory 166
Zimbardo, Philip 274
Zoë 32, 361
Zohar 41, 48, 49, 525
Zosimo di Panopolis 457, 458, 461–2
Zurich 224

lxx

www.ingramcontent.com/pod-product-compliance
Lightning Source LLC
Chambersburg PA
CBHW081142230426
43664CB00018B/2774